경영경제수학 첫걸음

김진헌, 이재원 지음

지은이 **김진한** jinhankim@kumoh.ac.kr

서강대학교 경영학과를 졸업하였고, 동 대학교 대학원에서 경영과학 전공으로 석사 및 박사학위를 취득하였다. 한국외환은행 경제연구소, 현대경제연구원, 포스코경영연구원으로 활동하였고, 피츠버그대학교에서 과학적 의사결정, 신사업, 기술혁신과 네트워크 등에 대한 컨설팅과 프로젝트를 수행하였다. 서강대학교, 이화여자대학교, 건국대학교, 인천대학교, 세종대학교 등에서 강의를 진행하였다. 현재 금오공과대학교 경영학과에 재직 중이며 '통계 및 계량경영', '서비스운영관리', '기술경영', '공급사슬관리', '빅데이터분석' 과목을 강의하고 있다. 한국경영학회, 한국경영과학회, 한국생산관리학회, 한국서비스경영학회, 한국컨설팅학회에서 회원으로도 활동하고 있다. 주요 저서로는 『서비스 운영 관리』(박영사, 2021), 『공급사슬관리』(박영사, 2021), 『기술경영』(박영사, 2021), 『AI와 서비스경영』(박영사, 2023), 『전문서비스경영』(박영사, 2023) 등이 있다.

지은이 **이재원** ljaewon@kumoh.ac.kr

성균관대학교 수학과를 졸업하였고, 동 대학교 대학원에서 이학석사, 이학박사 학위를 취득하였다. 1996년부터 현재까지 국립 금오공과대학교 응용수학과에 재직하고 있으며, 미국 아이오와대학교에서 객원 교수를 지냈다. 현재 한국수학교육학회, 대한수학회, 영남수학회에서 회원으로 활동하고 있다. 또한 『알기 쉬운 미분적분학(개정판)』(북스힐, 2010), 『확률과 보험통계(개정판)』(경문사, 2012), 『대학수학 Plus』(한빛아카데미, 2013), 『이자론 중심으로 배우는 금융수학 : 보험계리사 시험 대비』(한빛아카데미, 2014), 『(실생활 소재로 쉽게 설명한) 경영경제통계학』(북스힐, 2015), 『생생한 사례로 배우는 확률과 통계』(한빛아카데미, 2016), 『공학인증을 위한 확률과 통계 (제4판)』(북스힐, 2019), 『문제 풀며 정리하는 확률과 통계』(북스힐, 2019), 『기초수학(2판)』(한빛아카데미, 2020), 『EXCEL을 활용한 확률과 통계』(북스힐, 2021), 『공학도라면 반드시 알아야 할 최소한의 수학(8판)』(한빛아카데미, 2022), 『확률과 통계 입문(2판)』(한빛아카데미, 2023) 등 다수의 수학/통계 관련 교재의 집필 및 번역 활동을 활발히 하고 있다.

경영경제수학 첫걸음 : 경영 · 경제학을 시작했다면 반드시 알아야 할 수학의 기초

초판발행 2023년 7월 31일

지은이 김진한, 이재원 / **펴낸이** 전태호
펴낸곳 한빛아카데미(주) / **주소** 서울시 서대문구 연희로2길 62 한빛아카데미(주) 2층
전화 02-336-7112 / **팩스** 02-336-7199
등록 2013년 1월 14일 제2017-000063호 / **ISBN** 979-11-5664-668-6 93320

총괄 김현용 / **책임편집** 김은정 / **기획** 윤세은 / **편집** 임선진 / **기술교정** 안우혁
디자인 윤혜원 / **전산편집** 박종희 / **제작** 박성우, 김정우
영업 김태진, 김성삼, 이정훈, 임현기, 이성훈, 김주성 / **마케팅** 길진철, 김호철, 심지연

이 책에 대한 의견이나 오탈자 및 잘못된 내용에 대한 수정 정보는 아래 이메일로 알려주십시오.
잘못된 책은 구입하신 서점에서 교환해 드립니다. 책값은 뒤표지에 표시되어 있습니다.
홈페이지 www.hanbit.co.kr / 이메일 question@hanbit.co.kr

Published by HANBIT Academy, Inc. Printed in Korea

경영경제수학 첫걸음

김진한, 이재원 지음

**경영·경제학을 시작했다면
반드시 알아야 할 수학의 기초**

한빛아카데미
Hanbit Academy, Inc.

지은이 머리말

이 책 『경영경제수학 첫걸음』은 수학적 방법론을 이용하여 경영 · 경제 현상을 이해하고 문제의 해답을 구하는 데 꼭 필요한 기초 수학을 담은 책이다. 지금까지 경영 · 경제학은 기업의 경영과 국가 경제에 관한 현상을 설명하기 위해 수학, 심리학, 사회학, 정치학 등 다양한 방법론을 접목시켜 왔다. 그중에서도 수학은 경영과 경제를 기술이 아닌 과학으로서 발전시키는 데 큰 기여를 하였다. 즉 수학적 방법론의 규칙을 적용하여 현재 경영 · 경제 현상을 하나의 응용과학으로 발전시키는 토대를 마련하였다.

경영 · 경제학의 역사 가운데 수학적 방법론을 활용하기 힘겨울 때도 있었지만, 기본적으로 수학적 방법론을 적용함에 따라 논리적 정교성이 향상되어 경영경제수학은 꾸준히 발전해왔다. 경영 · 경제학을 이해하는 데 수학적 방법론을 적용하면 다양한 현상을 이해하는 통찰력을 키울 수 있다. 즉 경영 · 경제 현상에서 나타나는 다양한 변수 중 가장 중요한 영향을 찾아내고, 찾은 변수 사이의 관계를 명확한 논리로 설명이 가능하다. 또한 변수 사이의 수학적 관계를 통해 최적의 해를 구할 수 있으며, 이는 관련 의사결정자에게도 매우 중요한 일이다. 이와 같이 경영 · 경제학에서 꼭 필요한 수학을 소개하고, 이를 경영 · 경제학에 제대로 적용하는 법을 보이고자 이 책 『경영경제수학 첫걸음』을 집필하게 되었다.

이 책의 특징

이 책의 몇 가지 특징을 정리하면 다음과 같다.

첫째, 경영 · 경제학을 학습하는 학생들이 수학에 부담을 느끼는 현실을 고려하였다. 학부생의 눈높이에서 쉽게 이해할 수 있도록 수학의 기본 개념 위주로 수록하였다. 경영 · 경제학을 학습할 때 수학의 기본 원리를 명확히 알지 않고 바로 경영 · 경제 현상을 분석하면 이 학습법이 단순 암기로 그칠 가능성이 있다. 그렇기 때문에 이해가 바탕이 되도록 수학 원리를 자세하게 설명하였다.

둘째, 경영 · 경제 현상을 이해하는 데 필요한 주제를 풍부하게 포함하였다. 다른 경영경제수학 책은 대부분 경제 현상과 관련한 개념만을 포함한다. 이에 경영학도에게도 수학의 필요성을 제대로 전달할 수 있도록 경영학 관련 개념을 소개함과 동시에 다양한 경제학 개념도 수록하였다. 이 책은 경영학과 경제학에 대한 다양하고 풍부한 내용을 담으려고 했으므로 한 학기에 모든 과정을 소화하기에는 분량이 많을 것으로 예상한다. 그러나 경영학과 경제학에 관한 내용을 적당히 선별하여 학습한다면 한 학기에 충분히 학습할 수 있다. 또한 경영학과 학생과 경제학과 학생에게 서로의 전공에 어떤 차이가 있는지 간접적으로 체험할 수 있는 기회를 제공하였다.

셋째, 경영학과 경제학의 학부 전반에 걸쳐 필수로 학습해야 하는 중요한 내용을 다양하게 수록하였다. 이 책의 학습 대상인 1~2학년 학생들이 경영학과 경제학의 전 과정에서 어떤 내용을 배우는지 미리 간접적으로 체험할 수 있게 구성하였다. 또한 특정 분야를 처음 접하는 대학원생에게도 도움이 되는 중요한 주제를 예제로 다수 포함시켰다.

이 책의 기획에서 출간까지 수고를 아끼지 않은 한빛아카데미(주) 관계자분들께 감사드린다. 마지막으로 한없이 희생해 주신 부모님, 삶의 교훈을 안겨준 가족, 다 표현할 수 없지만 여러 친구들께도 감사의 마음을 전한다.

김진한, 이재원

이 책의 구성

이 책은 7개 장으로 구성되어 있다. 각 장에서 해당 수학을 적용할 수 있는 경영학 개념 및 경제학 개념을 골고루 학습할 수 있다. 경영학, 경제학 두 곳에 공통으로 포함된 개념은 두 학문에서 모두 학습해야 할 내용이다.

	수학 개념	경영학 개념	경제학 개념
1장 기초수학	• 집합과 구간 • 함수 • 수열과 급수 • 지수함수와 로그함수	• 손익분기점 분석 • 리틀의 공식 • 확률과정의 집합 표현 • 경영 · 경제에서 수열 • 경영 · 경제 관련 함수의 표현 • 시계열분석	• 확률과정의 집합 표현 • 경영 · 경제에서 수열 • 경영 · 경제 관련 함수의 표현 • 시계열분석
2장 행렬과 행렬식	• 벡터와 행렬 • 역행렬 • 행렬식 • 연립선형방정식 • 고윳값과 고유벡터	• 다양한 행렬 표현 • 마코프 체인을 이용한 브랜드 선택 • 자동차 보험 할인 및 할증시스템 • 계층분석법에 고유벡터의 적용 • 딥러닝에서 행렬의 응용	• 다양한 행렬 표현 • 경제학의 균형분석 • 투입산출모형(산업연관분석)
3장 미분법	• 함수의 극한과 연속 • 도함수 • 미분법 • 평균값 정리 • 함수의 극대와 극소	• 도함수를 이용한 가격변화 예측 • 재고의 경제적 주문량의 모형 • 학습곡선의 추정	• 수요함수의 점탄력성 • 한계이익에 적용 • 한계효용에 적용 • 비교정태분석에 적용 • 수요의 소득탄력성 • IS-LM곡선의 기울기
4장 편미분	• 다변수함수와 편도함수 • 편미분법 • 이변수함수의 극대와 극소	• 다변수함수의 최대 · 최소에 적용	• 동차함수를 위한 오일러 정리 • 생산함수의 대체탄력성 • 단일시장모형 비교정태분석에 적용 • 균형국민소득모형에서 승수효과 • 효용함수와 무차별곡선 • 보완재와 대체재의 판별
5장 최적화이론	• 선형계획법 • 헤시안 극값 판정법 • 라그랑주 승수법	• 선형계획모형 • 선형계획모형의 쌍대 문제 • 정수계획법 • 딥러닝에서 학습 • 성과평가모형 • 2인 제로섬게임	• 선형계획모형 • 선형계획모형의 쌍대 문제 • 성과평가모형 • 2인 제로섬게임 • 쿤-터커 조건의 적용 • 마셜과 힉스 수요함수
6장 적분법	• 부정적분 • 치환적분법과 부분적분법 • 정적분 • 이상적분	• 확률질량함수와 한계분석 • 이산형 수요의 신문팔이 문제 • 연속형 수요의 신문팔이 문제 • 입찰모형	• 확률질량함수와 한계분석 • 한계와 총계 개념 • 소비자 잉여와 생산자 잉여
7장 기초 회귀분석	• 결합분포와 조건부분포 • 단순선형회귀모형 • 선형회귀직선의 모수 추정 • 결정계수	• 회귀분석을 통한 인과관계 • 시계열자료에 대한 회귀분석 • 두 변수 사이의 선형관계	• 회귀분석을 통한 인과관계 • 시계열자료에 대한 회귀분석 • 두 변수 사이의 선형관계

표준 강의 계획표

주	해당 장	주제	주	해당 장	주제
1	1장	기초수학	9	4장	경영 · 경제에의 응용
2	1장	경영 · 경제에의 응용	10	5장	최적화이론
3	2장	행렬과 행렬식	11	5장	경영 · 경제에의 응용
4	2장	경영 · 경제에의 응용	12	6장	적분법
5	3장	미분법	13	6장	경영 · 경제에의 응용
6	3장	경영 · 경제에의 응용	14	7장	기초 회귀분석
7	4장	편미분	15	7장	경영 · 경제에의 응용
8	중간고사		16	기말고사	

학습 로드맵

일반적으로는 1장에서 7장까지 순차적으로 학습한다. 다만 수학 이론을 연결하여 학습하고 싶으면 아래 학습 로드맵의 ➡를 참고하여 학습하면 도움이 될 것이다. 각 장마다 연관된 경영 · 경제학 이론도 ····으로 연결하여 표현하였으니 참고하여 같이 학습하면 좋다.

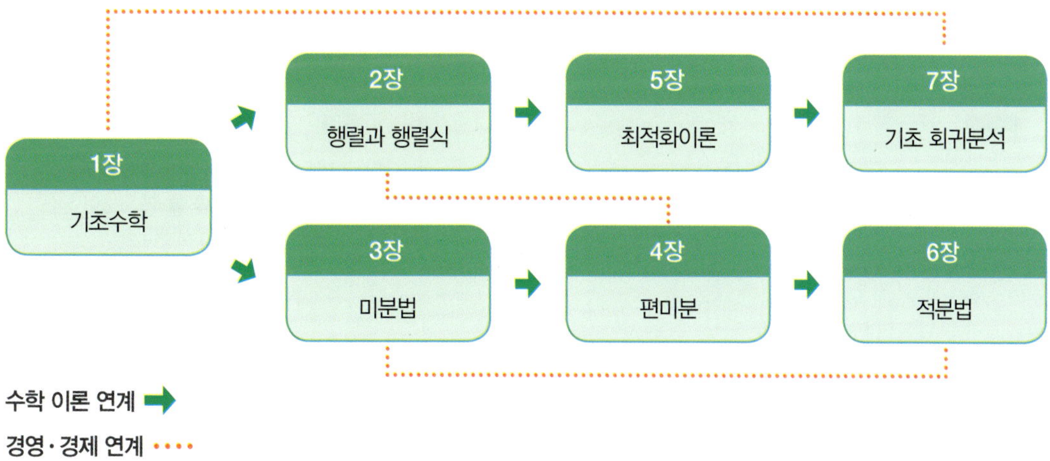

미리보기

각각 2의 배수의 집합과 3의 배수의 집합을 이용하여 표현할 수 있다. 이 절에서는 이러한 집합의 표현법에 대해 살펴볼 것이다.

[그림 1-2(a)]와 같이 두 집합 A와 B에 대하여 집합 A 또는 집합 B의 원소로 구성된 집합을 A와 B의 **합집합** union of sets이라 하고, 다음과 같이 나타낸다.

$$A \cup B = \{x \mid x \in A \text{ 또는 } x \in B\}$$

[그림 1-2(b)]와 같이 집합 A와 B가 공통으로 갖는 원소로 구성된 집합을 A와 B의 **교집합** intersection of sets이라 하고, 다음과 같이 나타낸다.

$$A \cap B = \{x \mid x \in A \text{ 그리고 } x \in B\}$$

[그림 1-2(c)]와 같이 집합 A에는 있으나 집합 B에는 없는 원소들의 집합을 **차집합** difference of sets이라 하고, 다음과 같이 나타낸다.

$$A - B = \{x \mid x \in A \text{ 그리고 } x \notin B\}$$

핵심 용어

본문 내용 중 핵심이 되는 용어는 별도의 색 표시로 강조하였다.

주요 수식

본문에서 중요한 수식은 박스 모양으로 강조하였다.

정리

본문에서 중요한 명제를 뽑아 정리로 소개한다.

정리 2-3 행렬의 곱에 대한 성질

합과 곱이 정의되는 행렬 A, B, C와 스칼라 α, β에 대하여 다음이 성립한다.

(1) $(AB)C = A(BC)$ 결합법칙

(2) $\alpha(AB) = (\alpha A)B = A(\alpha B)$

(3) $(\alpha A + \beta B)C = \alpha AC + \beta BC$ 배분(분배)법칙

(4) $A(\alpha B + \beta C) = \alpha AB + \beta AC$

다음은 전치행렬에 대한 성질이다.

정의

본문에서 기억해야 할 주요 개념을 보여준다.

정의 2-5 일차독립과 일차종속

(1) 벡터 $\mathbf{v}_1, \mathbf{v}_2, \cdots, \mathbf{v}_k$의 일차결합이 $c_1\mathbf{v}_1 + c_2\mathbf{v}_2 + \cdots + c_k\mathbf{v}_k = \mathbf{0}$일 때, 모든 스칼라가 $c_1 = 0, c_2 = 0, \cdots, c_k = 0$인 경우에만 등식이 성립하면 벡터 $\mathbf{v}_1, \mathbf{v}_2, \cdots, \mathbf{v}_k$는 일차독립이라 한다.

(2) 벡터 $\mathbf{v}_1, \mathbf{v}_2, \cdots, \mathbf{v}_k$의 일차결합이 $c_1\mathbf{v}_1 + c_2\mathbf{v}_2 + \cdots + c_k\mathbf{v}_k = \mathbf{0}$일 때, 적어도 하나의 스칼라가 $c_i \neq 0$에 대해 등식이 성립하면 벡터 $\mathbf{v}_1, \mathbf{v}_2, \cdots, \mathbf{v}_k$는 일차종속이라 한다.

예를 들어 3차원 공간의 세 벡터 $\mathbf{i} = (1, 0, 0)$, $\mathbf{j} = (0, 1, 0)$, $\mathbf{k} = (0, 0, 1)$에 대한 일차결합이 다음과 같이 영벡터라고 하자.

예제 2-17

다음 연립선형방정식의 해를 구하라.

(a) $\begin{cases} x + 2y = 3 \\ -x + 3y = 2 \end{cases}$ (b) $\begin{cases} x + y + 2z = 8 \\ -x - 2y + 3z = 1 \\ 3x - 7y + 4z = 10 \end{cases}$

TIP 먼저 계수행렬 A와 역행렬 A^{-1}을 구하고 $\mathbf{x} = A^{-1}\mathbf{b}$를 구한다.

풀이

(a) ① 먼저 행렬 $A = \begin{bmatrix} 1 & 2 \\ -1 & 3 \end{bmatrix}$을 구하고는 [예제 2-10(a)]에서 구하였으므로 역행렬 A^{-1}는 $A^{-1} = \begin{bmatrix} \frac{3}{5} & -\frac{2}{5} \\ \frac{1}{\cdot} & \frac{1}{\cdot} \end{bmatrix}$임을 알 수 있다.

예제 및 TIP

본문에서 다룬 개념에 대한 응용문제를 상세한 풀이와 함께 보여준다. 문제를 풀 때 도움이 되는 공식이나 내용을 TIP으로 제시한다.

지수가 무리수 x인 경우에도 양수 a에 대해 a^x을 정의할 수 있으며, [정리 1-4]의 지수법칙이 성립한다.

예제 1-11

다음 식을 간단히 하라.

(a) $2^{-2} \times 4^{-\frac{3}{2}} \times \left(\frac{1}{8}\right)^{-2}$ (b) $(27^{-3})^{\frac{1}{18}} \times \sqrt{\frac{1}{3}} \div 3^{-4}$ (c) $\dfrac{\sqrt{\sqrt[3]{512} \times \sqrt{27}}}{\sqrt[4]{\sqrt[3]{16} \times \sqrt{36}}}$

풀이

설명 QR코드

본문 내용 중 부가 설명이나 증명이 필요한 부분은 QR코드를 통해 확인할 수 있도록 하였다.

경영·경제 관련 함수의 표현 M E

경영학과 경제학에서 접할 수 있는 몇 가지 대표적인 함수를 소개한다.

▪ 생산함수와 비용함수

미시경제학의 생산자(기업)이론은 생산함수와 비용함수의 개념을 기반으로 한다. **생산함수**production function는 생산량이 어떤 요인에 의해 결정되는지를 수학적으로 표현한 함수이다. 생산량을 결정하는 요인에는 유형적 요소와 무형적 요소가 있으며, 생산량은 이러한 요소가 어떻게 결합하느냐에 따라 결정된다.

❶ 유형적 요소 : 노동, 자본, 토지 등 생산을 위한 유형적 투입물

❷ 무형적 요소 : 지식, 생산기술, 특허 등 생산을 위한 무형적 투입물

다만 이러한 요소를 모두 고려한다면 측정가능성도 문제이지만 함수가 매우 복잡해질 것이다. 따라서 단순하면서도 핵심인 요소만 고려하여 함수 관계를 표현한다. 경제학에서 다루는 대표적인 생산함수로 선형 생산함수, 레온티에프 생산함수, 콥-더글라스 생산함수 등이 있다. 세 함수를 하나씩 살펴

경영/경제 표시

'경영·경제에의 응용' 절에서 **경영**과 관련된 주제는 M, **경제**와 관련된 주제는 E, **경영·경제**와 모두 관련된 주제는 M E로 표시하여 소개한다.

사례

경영·경제학 이론이 실생활에서 어떻게 활용되는지 사례를 통해 설명한다.

사례 1 경영학에서는 일정한 투입물input을 이용한 일이나 활동(변환활동)으로 일정한 산출물output을 만들어 내는 일련의 활동을 **프로세스**process라 한다. 산출물이 제품이면 변환과정은 생산시스템(프로젝트, 잡샵, 셀, 플로우샵, 연속형 등)이고, 산출물이 서비스이면 변환과정은 다양한 서비스 프로세스이다. 조직은 프로세스를 효과적으로 관리할 목표가 있으므로 구성원의 성과를 적절히 측정해야 한다. 이러한 성과를 측정하는 지표에는 재고, 흐름률flow rate, 흐름시간flow time 등이 있다. 재고inventory는 프로세스 내 흐름단위의 수를 나타내며 프로세스 내 제품단위, 인원 수, 화폐단위 등으로 측정한다. 흐름률은 흐름단위가 프로세스를 이동하는 속도(단위시간당 수량)를 나타낸다. 흐름시간은 흐름단위가 프로세스를 처음부터 끝까지 통과할 때까지 소요되는 시간을 의미한다. 그러면 리틀의 공식을 이용하여 성과지표를 다음과 같이 프로세스 관점에서 해석할 수 있다.

$$\text{재고}(L) = \text{흐름률}(\lambda) \times \text{흐름시간}(W)$$

참고

본문을 이해하는 데 도움이 되는 참고 내용과 심화 내용을 소개한다.

참고 α와 β의 추정값인 a와 b를 구하는 방법

잔차제곱합 SSE를 최소로 하는 a와 b를 구하기 위하여 다음과 같이 SSE를 a와 b로 각각 편미분한다.

$$\frac{\partial SSE}{\partial a} = -2\sum[y_i - (a + bx_i)]$$
$$\frac{\partial SSE}{\partial b} = -2\sum x_i[y_i - (a + bx_i)]$$

또한, 이 결과를 각각 0이라 놓고 다음과 같은 방정식의 해 a와 b를 구한다.

$$\sum y_i = na + b\sum x_i, \quad \sum x_i y_i = a\sum x_i + b\sum x_i^2$$

이러한 방정식을 **정규방정식**normal equation이라 한다. 이 정규방정식의 해 a와 b를 구하면 각각 다음과 같다.

2장 연습문제

01. 다음 벡터의 크기를 구하라.

(a) $\mathbf{a} = (-1, 3)$ (b) $\mathbf{b} = (2, 5, -3)$

(c) $\mathbf{c} = (1, -2, 1)$ (d) $\mathbf{d} = (-1, 1, 2, 2)$

02. 두 벡터 $\mathbf{a} = (3, 3, 1)$과 $\mathbf{b} = (-1, 2, -4)$에 대해 다음 벡터를 구하라.

(a) $2\mathbf{a} - \mathbf{b}$ (b) $\frac{1}{3}\mathbf{a} + \frac{1}{2}\mathbf{b}$

(c) $-\mathbf{a} - 2\mathbf{b}$ (d) $2\mathbf{a} + 3\mathbf{b}$

03. 두 행렬 $A = \begin{bmatrix} 1 & 3 & 1 \\ 2 & 1 & 2 \\ 0 & 2 & 1 \end{bmatrix}$, $B = \begin{bmatrix} -1 & 2 & 3 \\ 1 & -1 & 1 \\ 2 & 3 & 4 \end{bmatrix}$에 대해 다음 행렬을 구하라.

연습문제

해당 장에서 학습한 내용을 점검할 수 있는 여러 가지 문제를 제시한다.

• 강의자용 : **강의보조자료 다운로드**

한빛출판네트워크 접속(http://www.hanbit.co.kr) → [교수전용] 클릭 → [강의자료] 클릭

• 학습자용 : **일부 연습문제 정답 다운로드**

한빛출판네트워크 접속(http://www.hanbit.co.kr) → [SUPPORT] 클릭 → [자료실] 클릭

목차

지은이 소개 · 2
지은이 머리말 · 4
이 책의 구성 · 6
강의 계획 및 학습 로드맵 · 7
미리보기 · 8

들어가기에 앞서

1 경영경제수학의 필요성 · 14
2 경영 · 경제의 관심 대상 · 16
3 경영 · 경제모형이란 · 18

1장 기초수학

1.1 집합과 구간 · 22
1.2 함수 · 30
1.3 수열과 급수 · 43
1.4 지수함수와 로그함수 · 54
1.5 경영 · 경제에의 응용 · 62
연습문제 · 96

2장 행렬과 행렬식

2.1 벡터와 행렬 · 102
2.2 역행렬 · 120
2.3 행렬식 · 125
2.4 연립선형방정식 · 134
2.5 고윳값과 고유벡터 · 143
2.6 경영 · 경제에의 응용 · 147
연습문제 · 175

3장 미분법

3.1 함수의 극한과 연속 · 180
3.2 도함수 · 194
3.3 미분법 · 201
3.4 평균값 정리 · 216
3.5 함수의 극대와 극소 · 222
3.6 경영 · 경제에의 응용 · 234
연습문제 · 263

4장 편미분

4.1 다변수함수와 편도함수 · 268
4.2 편미분법 · 279
4.3 이변수함수의 극대와 극소 · 284
4.4 경영 · 경제에의 응용 · 289
연습문제 · 302

5장 최적화이론

5.1 선형계획법 · 306
5.2 헤시안 극값 판정법 · 333
5.3 라그랑주 승수법 · 338
5.4 경영 · 경제에의 응용 · 343
연습문제 · 377

목차

6장 적분법

6.1 부정적분 · 382

6.2 치환적분법과 부분적분법 · 386

6.3 정적분 · 391

6.4 이상적분 · 404

6.5 경영 · 경제에의 응용 · 419

연습문제 · 437

7장 기초 회귀분석

7.1 결합분포와 조건부분포 · 442

7.2 단순선형회귀모형 · 449

7.3 선형회귀직선의 모수 추정 · 453

7.4 결정계수 · 457

7.5 경영 · 경제에의 응용 · 462

연습문제 · 469

부록 · 472

찾아보기 · 474

들어가기에 앞서

CONTENTS

1 경영경제수학의 필요성
2 경영·경제의 관심 대상
3 경영·경제모형이란

들어가기에 앞서

본격적으로 다양한 경영경제수학의 이론, 모형, 방법론에 들어가기에 앞서 왜 우리가 이 주제를 학습해야 하는지, 이 개념은 무엇인지, 어떤 과정을 거쳐 문제를 해결해야 하는지에 대해 소개할 것이다. 물론 이러한 설명으로 이 책에서 학습할 모든 내용과 과정을 완벽하게 이해할 수는 없지만 기본적인 준비와 학습의 방향을 설정하는 데 많은 도움이 될 것이다.

1 경영경제수학의 필요성

포털사이트에서 '경영·경제'와 '수학'이라는 단어를 검색하면 '영화 굿윌헌팅', '단찌히의 선형계획법', '내쉬균형', '입사시험에 수학문제 내는 구글·MS', '수학은 기업경영 핵심 수단', '수학을 알면 경제가 보인다', '4차산업혁명과 수학', 'AI에서 수학이 중요한 이유'. '현대경영은 수학이다', 'BMW 수학으로 최적 공급계획 찾다'와 같은 제목의 사이트를 쉽게 발견할 수 있다. 이는 모두 수학이 경영·경제학 분야에서 매우 중요한 위치를 차지한다는 것을 암시한다.

수학이 경영·경제에 적용될 때 경영경제수학이 된다. 즉, 경영경제수학은 경영과 경제학 분야에 연관된 수학적 개념으로 구성된 분야이다. 경영경제수학은 선형대수학, 미분적분학과 같은 수학 분야뿐만 아니라 이익, 비용, 가격, 이자의 개념을 넘어서 리스크, 게임, 빅데이터 애널리틱스, 인공지능 등 다른 여러 응용 분야를 포함한다.

이처럼 경영경제수학이 다양하게 활용 폭을 넓히고 있는 이유는 경영경제수학이 일상의 기업운영부터 전략적 계획뿐 아니라 국가 전체의 경제 수준에서 다양한 경제현상을 이해하고 미래를 위한 정책수립을 지원하는 효과적인 도구가 되고 있기 때문이다. 이러한 관점에서 경영경제수학은 경영·경제 문제를 분석하고 이해하는 데 유용하고, 적절한 해결책을 제공하기 때문에 중요하다고 볼 수 있다.

기업과 국가의 중요 결정권자들은 수학적 모형과 방법론을 이용하여 주어진 현상을 객관적으로 이해한다. 또한 이러한 이해에 기초하여 가장 바람직하고 중요한 의사결정을 하기 위해 경영경제수학을 학습하고 활용한다. 그러나 수학의 단점도 존재한다. 가장 대표적인 것은 과도한 단순화이다. 경영·경제와 관련한 현재의 이론은 심리학과 같은 통찰에 기초하여 더욱 현실적인 모형으로 대체되어야 한다. 더욱 현실적인 모형은 더욱 복잡한 수학을 필요로 할 것이지만, 아무리 복잡한 수학적 모델이라 할지라도 현실을 완벽하게 반영할 수는 없다. 그럼에도 불구하고, 경영·경제에서 수학의 사용은 다음과 같은 편리성을 제공한다.

수학의 편리성

첫째, 수학은 정교하므로 어떤 현상을 설명하기에 가장 편리하다. 경영·경제와 관련한 현상은 점점 복잡해지고 있다. 이러한 복잡한 상황에서 주어진 현상이 무엇을 의미하는지 모든 사람이 정확히 이해할 수 있게 설명한다는 것은 매우 중요한 의미가 있다. 이러한 설명에 수학을 이용하면 어떤 이론이 타당한지 아닌지를 쉽게 논의할 수 있다. 이와 같이 수학적 모형은 세상이 어떻게 작동하는지에 대한 믿음을 표현할 수 있는 수단이다. 이러한 수단은 매우 많은 장점을 지닌다. 수학은 잘 정의된 규칙을 갖는 매우 정교하면서도 간략한 언어이기 때문에 우리가 아이디어를 형성하고 바탕이 되는 가정을 잡도록 돕는다. 또한 수학은 수학자들이 오랜 세월 동안 입증한 모든 결과들을 이용할 수 있다는 이점도 있다.

둘째, 대부분의 경영·경제 문제는 시간 혹은 불확실성을 포함한다. 투자 여부 결정, 가격책정, 교육훈련과 같은 경영의 모든 의사결정은 시간과 불확실성을 포함하고, 경제성장은 경제가 어떻게 시간에 따라 발전하는지와 관련된다. 여기에는 기후변화와 기술적 진보와 같은 요인으로부터 발생하는 많은 불확실성도 포함한다. 경영·경제 문제에서 수학을 사용하지 않고는 이러한 불확실성을 기술하거나 설명하는 것이 쉽지 않다.

셋째, 의사결정에 필요한 해결책을 풀어 나갈 수 있는 첫머리를 제공해 준다. 어떤 문제를 명확히 이해하고 행동하는 이유는 어떤 의사결정에 활용하기 위함이다. 최적의 의사결정을 위해서는 현상에 대한 적절하고 명확한 이해가 필요하며, 이러한 이해를 바탕으로 새로운 정보 또는 지식을 만들어 내야 한다. 지식에 기초하여 수립된 의사결정 대안 또는 최적의 의사결정은 비록 가정에 기초한 해결책이 될지라도 현실에 근사한 바람직한 의사결정대안을 도출할 수 있다.

결론

결과적으로 경영경제수학은 경영·경제의 이론을 도출하고 설명하는 데 정밀성을 확보하여 준다. 경영경제 데이터의 분석에 수학을 적용함으로써 관련 이론을 추론하고 관련 변수를 측정하는 데 정확성을 제공한다. 경영·경제학이 인기를 끌면서 근간을 이루는 이론과 분석이 점점 복잡해지고 있다. 따라서 단순한 설명과 분석만으로는 기존의 현상을 설명하기에 어려움이 있다. 이러한 어려움을 극복하기 위해 수학을 적용하면 여러 가지 사회의 다양한 현상에 대한 분석을 할 수 있고, 설명할 때 더욱 쉽고 빠르고 간단하게 할 수 있다. 즉, 경영·경제에서 발생하는 다양한 현상의 원인과 결과에 대한 관계는 수학적으로 표현될 수 있다. 뒤에서 다루겠지만 이를 모형화(formulation)라고 한다.

2 경영·경제의 관심 대상

수학은 과학의 언어로 불리며 산업, 물리학, 생명과학, 경제, 사회 및 인문학, 공학과 기술에서 많은 실제 세계의 문제를 해결하는 데 사용된다 이러한 실제 세계의 문제들을 어떻게 해결할 수 있을 것인가? 먼저, 수학적 용어인 중요한 변수들을 찾고 그 변수 간의 연관관계 또는 인과관계를 밝히는 것부터 시작해야 할 것이다. 다음의 여러 현실적인 경영·경제 문제들을 먼저 살펴보자.

경영·경제 문제

다음은 경영 분야에서 다루는 문제들이다.

❶ ESG경영의 실행방안과 투자대비 성과는 무엇인가?

❷ 공급사슬의 붕괴를 막고 유연성과 회복성을 강화하기 위한 최적의 공급네트워크전략과 물류전략은 무엇인가?

❸ SNS를 통한 고객의 긍정적 및 부정적 구전이 매출에 미치는 효과는 무엇인가?

❹ 다양한 신성장 사업에 대한 투자 방안과 최적으로 자원을 배분하는 방법은 무엇인가?

❺ 배터리 소재 제조기술을 취득할 때 적절한 기술가치는 어떻게 결정할 것인가?

❻ 창의적이고 혁신적인 인재육성을 위해 자원배분을 어떻게 할 것인가?

❼ 기업의 지속성장을 위해 미래형 신성장 제품, 기존 수익창출 제품, 성숙기 제품 사이의 최적의 제품배합을 어떻게 해야 할 것인가?

다음은 경제 분야에서 다루는 문제들이다.

❶ GDP와 같은 국민소득은 어떻게 결정되고 이를 증가시키기 위해서 경제당국이 어떤 경제적 의사결정을 취해야 하는가?

❷ 미국과 한국의 환율 차이는 우리나라의 무역수지, 금리, 주가에 어떤 영향을 미치는가?
❸ COVID-19 팬데믹으로 인한 실업과 국민의 임금 격차는 어떤 영향을 받으며, 이를 해결할 정부의 정책 방안에는 어떠한 것이 있는가?
❹ 부동산 가격변동의 심화가 민간기업의 투자에 어떤 영향을 미치는가?
❺ 환율, 물가, 금리가 모두 상승하는 3고 현상으로 인한 슬로우플레이션(slowflation)이나 스태그플레이션(stagflation)의 가능성은 어떻게 진행되는 것이며 그 해결방안은 무엇인가?
❻ 악화된 재정건전성 하에서 성장관련 재정지출을 최적화하는 방안은 무엇인가?
❼ 명절 물가를 낮추기 위해 어떤 정책대안이 가장 큰 효과를 발휘할 것인가?
❽ 어떤 물건의 사회적으로 최적인 생산량은 얼마인가?
❾ 한 나라의 세금비율의 적정 수준은 어느 정도인가?

물론 이러한 예시는 중요한 경영·경제 관련 문제의 일부분일 뿐이다. 여기서 생각할 점은 이들을 문제로만 봐서는 안 되고 그 해결책을 찾아야 한다는 것이다. 즉, 문제점으로 부각되는 현상을 정확히 인식(또는 이해)하고 문제를 해결할 수 있는 해결책(또는 의사결정 대안)을 찾아내야 한다.

가격과 수요의 관계

어떤 제품의 가격과 수요의 관계를 밝히는 데 관심이 있다고 하자. 어떤 제품의 수요를 설명하는 여러 변수가 존재하는데 일반적으로 그중에서 가장 중요한 것은 바로 가격이다. 이 관계를 다음과 같이 표현해 보자.

$$\text{수요} = f(\text{가격})$$

여기서 f는 'function'의 약자로서 수요는 가격의 함수와 동일하다는 의미이다. 가격에 의해 수요가 결정되는 것이다. 이처럼 수요와 공급, 가격, 실업률, 물가상승률, 이자율, 환율, 국제 수지 등의 주요 경제변수들이 존재하고 이들 간의 관계는 어떤 수식으로 표현될 수 있다. 이 수식이 바로 변수 간의 연관관계(또는 인과관계)를 나타낸다. 따라서 경영경제수학에서는 중요한 변수들을 도입하고, 이 변수들 간의 연관관계 또는 인과관계를 수식으로 표현하는 방식을 취하여 그 관계에 대한 현상을 이해하고 이론을 정립한다.

이와 같이 수식을 활용한 표현이나 수학적 방법론은 현상을 간략하면서도 명확하게 이해하고,

향후 새로운 이론을 개발하는 데 매우 유익하다. 물론 경영경제수학이 경영과 경제학의 목표가 될 수는 없으며, 단지 하나의 수단일 뿐이다.

결론

결과적으로 경영경제수학의 주요 관심 대상을 정리하면 다음과 같다.

❶ **경영·경제 현상에 대한 명확한 이해 :** "중요한 영향을 미치는 변수는 무엇인가?"에 대한 논의에 초점을 두어 현상을 단순화하지만 중요한 변수를 고려하여 인간이 인지할 수 있는 수준에서 명확한 핵심변수를 도입하는 데 주된 목적이 있다.

❷ **변수들 간의 연관관계 및 인과관계를 규명 :** 가장 중요한 핵심변수 사이의 관계를 설정하여 수학적으로 표현함으로써 추가적인 관계의 전개를 고려하는 데 도움을 받을 수 있다.

3 경영·경제모형이란

수학적 모형의 개념과 고려사항

경영·경제 문제는 비록 엄격한 가정이 포함되어야 하지만 모두 수학적으로 표현할 수 있다. 따라서 경영·경제를 수학으로 해결하기 위해 가장 먼저 해야 할 일은 관련된 문제에 대한 수학적 모형을 적절하게 수립하는 것이다. 그러나 실제 세계는 너무 복잡하므로 모든 수학적 모형에는 상충관계가 따른다. 따라서 어떤 시스템의 가장 중요한 부분을 규명하여 수학적 모형에 포함시켜야 한다. 또한 고려해야 할 두 번째 상충관계로는 가치있는 수학적 조작의 양에 대한 관심이다. 비록 수학이 일반적인 결과를 보여주는 잠재력을 갖고 있을지라도 그 결과는 사용된 식의 형태에 긴밀하게 의존한다. 그 식의 구조에서 작은 변화는 매우 큰 수학적 방법의 변화를 요구할 수 있으므로 쉽게 해결할 수 있는 적절한 식으로 모형화하는 것이 필요하다. 수학적 모형의 세 번째 고려사항으로는 수학적 모형을 위해서 반드시 가정을 필요로 한다는 점이다. 그러나 가정이 너무 많으면 비현실성이 증가할 것이고 너무 적으면 그 모형을 실제 문제에 적용하기 부적절해지는 경향이 있다. 따라서 초기에는 엄격한 가정 아래 수학적 모형을 도출하고 향후 이 가정을 완화하는 개선된 모형으로 진화시키는 것이 필요할 것이다.

모형의 예를 들면 가격결정모형, 블랙숄즈모형이 있다. 이러한 모형들은 복잡성과 가정의 엄격성이 있지만, 그럼에도 불구하고 그 수학적 모형의 효용은 크다. 가격결정모형으로부터 도출된 블랙숄즈모형(Black Scholes Model)을 간단히 살펴보면 다음과 같다.

$$C = SN(d_1) - Ke^{-rT}N(d_2)$$

여기서 C는 유럽 옵션의 가치, S는 주가, K는 행사가격, r은 리스크가 없는 이자율, T는 만기, $N(d)$는 표준 정규확률변수가 d보다 작거나 같을 확률을 나타낸다. 또한 d_1과 d_2는 각각 다음과 같다.

$$d_1 = \frac{\ln\left(\frac{S}{K}\right) + \left(r + \frac{\sigma^2}{2}\right)T}{\sigma\sqrt{T}}, \quad d_2 = d_1 - \sigma\sqrt{T}$$

여기서 σ는 변동성을 의미한다. 결과적으로 콜옵션의 가치는 옵션행사 시 수령할 것으로 예상되는 금액의 현재가치에서 옵션행사 시 지급할 것으로 예상되는 금액의 현재가치를 제외한 가치가 된다. 이 식은 노벨경제학상을 받을 만큼 유명한 모형인데, 실제 옵션의 기댓값을 산정하는 데 사용되고 있다. 그러나 이 식의 가정은 매우 엄격하다. 주가가 거래비용/세금/배당이 없고 무위험 차익거래는 존재하지 않을뿐더러 일정한 무위험 이자율로 차입과 대출이 가능하고 거래가 연속적으로 발생한다는 가정 등이 필요하다. 만약 이러한 가정이 없었다면 위 식이 도출되지 않을 것이다.

이렇게 블랙숄즈모형을 통해서 평균적으로 옵션이라는 파생상품의 가격이 예상된다는 중요한 정보를 얻을 수 있으므로 이 모형의 효용은 클 수밖에 없다. 수학적 모형은 일견 비현실적으로 보일지 모르지만 어떤 현상을 쉽게 이해하는 데 도움을 주고 의사결정을 하는 데 중요한 지침을 제공하기 때문에 그 효용가치는 매우 높다고 할 수 있다.

수학적 모형의 유형

수학적 모형의 분류는 다양한 분류방식을 통해 여러 형태로 나타날 수 있지만 이 책에서는 의사결정 대안에 초점을 두어 유형을 제시한다. 결과적으로 어떤 수학적 모형은 문제에 대한 발생가능한 대안의 결정 또는 해를 발생시키는 데 사용되지만, 다른 모형은 특정한 잠재적인 의사결정 집합을 평가하는 데도 사용될 수 있다.

들어가기에 앞서

첫째, 어떤 의사결정자가 선택할 수 있는 대안을 만드는 모형을 생성모형(generative model)이라고 한다. 선형계획법, 정수계획법, 동태적계획법, 비선형계획법과 같은 수학적 기법은 특정 문제에 대한 솔루션을 발생시킨다. 다른 생성모형은 차분방정식, 네트워크 모형, 의사결정분석, 대수론, 타부탐색(tabu search), 유전자 알고리즘(genetic algorithm), 게임이론 등을 포함한다. 이 모형은 복잡한 상황의 해결을 가능하게 하고 대안 혹은 해결책을 제공할 수 있다.

둘째, 이미 결정된 여러 대안 중에서 선택을 위한 성과측정에 초점을 두는 모형을 평가모형(evaluative model)이라고 한다. 이 유형의 수학적 모형은 다양하고 적절한 성과측정 기준에 따라 다양한 문제에 대한 해결책을 평가하는 데 사용될 수 있다. 그 예로 대기행렬모형, 페트리 넷(Petri Net), 의사결정모형, 자료포괄분석(data envelopment analysis), 시뮬레이션 등이 있다.

수학적 모형의 전개 과정

앞서 말했듯이 대부분의 경영·경제 문제는 수학적으로 표현되는 이른바 모형화가 가능하다. 일반적으로 수학적 모형을 이용한 경영·경제 문제해결 과정은 '분석 – 적용 – 실행' 단계를 거친다. 수학적인 모형은 '분석(analysis)'을 통하여 해를 구한 후에 적절한 해석을 거쳐 실제 문제에 '적용(implementation)'된다. 여기서 분석은 수학적 모형이 다시 어떤 유용한 정보를 제공하기 위해 수학적으로 가공됨을 의미하며, 이 분석으로부터 얻어진 지식을 시스템, 상황, 문제에 대한 행동으로 전환하는 것을 '실행(execution)'이라 한다. 이러한 과정을 거쳐 경영과학, 계량경영학, 경영통계, 계량경제학, 수리경제학 등의 과목에서 경영·경제에서 접하는 다양한 상황에 대한 현상을 이해하고 최적의 의사결정을 하는 법을 다룰 것이다. 이러한 과정에서 경영학도와 경제학도에게 수학이라는 학문은 필수적으로 학습하고 극복해야 할 과제이다.

1장

기초수학

CONTENTS

1.1 집합과 구간

1.2 함수

1.3 수열과 급수

1.4 지수함수와 로그함수

1.5 경영 · 경제에의 응용

연습문제

학습목표

1장에서는 가장 기초적인 수학 개념인 집합과 구간, 함수의 개념, 수열과 급수, 지수함수와 로그함수를 다룬다. 이후 이를 응용할 수 있는 경영·경제학의 손익분기점 분석, 리틀의 공식, 확률과정의 집합 표현, 피보나치 수열, 이자, 연금, 생산함수, 수요함수, 효용함수, 시계열분석 등을 설명한다.

1.1 집합과 구간

경영학이나 경제학에서 나타나는 대부분의 이론은 수학적인 개념을 바탕으로 이루어진다. 이 절에서는 수학의 기본인 수와 집합에 대해 살펴볼 것이다.

실수의 체계

우리를 둘러싼 모든 환경에는 '수'라는 개념이 포함된다. 아침에 일어나는 시각, 약속 장소까지 이동하는 시간이나 거리, 지하철 정거장 수, 마트에서 구입한 물건의 개수와 가격 등 많은 곳에 수의 개념이 들어 있다. 특히 경영학 또는 경제학에서 취급하는 대상들, 예를 들어 생산량, 수요량, 공급량 및 가격과 수익 등은 수를 통하여 표현된다.

우리에게 친숙한 수로는 '1, 2, 3, ⋯' 등이 있다. 이와 같이 직접 셀 수 있으며 순서를 셀 때 사용되는 수의 체계를 **자연수**natural number 또는 **양의 정수**positive integer number라 한다. 5~6세기경 인도에서 숫자 '0'이 발견되면서 '−1, −2, −3, ⋯'과 같은 **음의 정수**integer number의 개념도 나타났다. 이로써 양의 정수와 0, 음의 정수로 구성된 수의 체계가 만들어졌다. 이러한 수의 체계를 **정수**integer number라 한다. 그러나 피자 한 판을 여덟 조각으로 나눈 것은 정수로 표현할 수 없다. 여기서 수를 **유리수**rational number로 확장하면 가능하다. 유리수는 정수와 기약분수로 이루어진 수의 체계이다. **분수**fractional number란 어떤 정수 a를 0이 아닌 정수 b로 나눈 수이며, 이는 다음과 같이 $\frac{a}{b}$ 또는 a/b로 나타낸다.

$$\frac{1}{2},\ \frac{2}{4},\ \frac{3}{6},\ \frac{4}{8},\ \cdots$$

이 분수들은 모두 같은 값이지만 $\frac{2}{4}$, $\frac{3}{6}$, $\frac{4}{8}$와 달리 $\frac{1}{2}$은 분모와 분자가 1 이외의 공약수를 갖지 않는다. 이와 같이 분모와 분자가 1 이외의 공약수를 갖지 않는 분수를 **기약분수**irreducible fractional number라 한다. 이러한 유리수는 $\frac{1}{2} = 0.5$ 또는 $\frac{51}{99} = 0.515151\cdots$과 같이 소수로 표현할 수 있다. 이때 $\frac{1}{2} = 0.5$와 같이 소수점 아래의 0이 아닌 수가 유한개인 소수를 **유한소수**terminating decimal라 하고, $\frac{51}{99} = 0.515151\cdots$ 과 같이 소수점 아래의 수가 하나 또는 여러 개의 숫자들이 무한히 반복되는 소수를 **순환소수**repeating decimal라 한다.

한편 원주율 $\pi = 3.141592\cdots$와 같이 순환하지 않는 소수를 **무리수**irrational number라 하고, 이러한 유리수와 무리수를 합하여 **실수**real number라 한다. 실수의 체계를 그림으로 나타내면 [그림 1-1]과 같이 구축된다.

- 실수
  - 유리수
    - 정수
      - 자연수
      - 0
      - 음의 정수
    - 분수
      - 유한소수
      - 순환소수
  - 무리수(순환하지 않는 무한소수)

그림 1-1 실수의 체계

집합

COVID-19 전염병의 확산을 방지하기 위하여 정부는 식당 등에 대해 집합금지를 실시한 바 있다. 여기서 '집합금지'라는 말은 모임을 금지한다는 뜻이었으므로 집합은 모임을 의미하였음을 알 수 있다. 집합에 대해 간단한 예를 통해 좀 더 살펴보자. 경영학개론을 수강하는 전체 학생 100명을 강의실에 모았다고 하자. 그러면 특정한 조건 '경영학개론을 수강하는 학생'인 100명을 대상으로 한 모임이라고 할 수 있다. 이와 같이 특정한 조건에 맞는 서로 구별되는 대상의 모임을 **집합**set이라 하며, 집합을 구성하는 것을 **원소**element라 한다. 위의 예시에서는 강의실에 모인 학생 각각이 원소가 되는 것이다. 또한 모든 원소로 구성된 집합을 **전체집합**universal set이라 하고, 이를 기호로는 U로 나타낸다. 집합은 알파벳 대문자와 중괄호 { }를 이용하고 원소는 알파벳 소문자를 이용하여 나타낸다. 'a는 A의 원소이다'는 $a \in A$[1]로 표시하고, 'a는 A의 원소가 아니다'는 $a \notin A$로 나타낸다.

정의 1-1 집합의 표시방법

집합을 구성하는 모든 원소를 나열하여 표현하는 방법을 **원소나열법**tabular form이라 하고, 조건을 이용하여 표현하는 방법을 **조건제시법**set-builder form이라 한다.

예를 들어 제품의 수요량에 영향을 미치는 주요 요인으로 가격, 소득, 대체재, 보완재, 소비자의 예상, 취향 등을 생각한다고 하자. 그러면 주요 요인으로 구성된 집합 A는 다음과 같이 원소나열법으로 나타낼 수 있다.

$$A = \{가격, 소득, 대체재, 보완재, 소비자의예상, 취향\}$$

---

1 수학 기호 ∈는 element의 e에 대한 그리스 문자 ε(epsilon)을 변형한 것이다.

그러나 자연수 전체의 집합 $\mathbb{N}$은 원소나열법으로 나타내는 것보다 다음과 같이 조건제시법으로 나타내는 것이 더욱 편리하다.

$$\mathbb{N} = \{x \mid x\text{는 자연수}\}$$

한편 원소가 하나도 없는 집합을 **공집합**empty event이라 하며, 기호로는 $\varnothing$[2]으로 나타낸다.

■ 집합의 관계

경영학개론을 수강하는 전체 학생 100명으로 구성된 집합을 B라 하고, 그중 안경 쓴 학생들의 집합을 A라 하자. 그러면 집합 A를 구성하는 학생은 모두 경영학개론을 수강하는 학생이므로 집합 B에도 속한다. 이와 같은 두 집합 B와 A의 관계를 다음과 같이 정의한다.

정의 1-2 집합의 관계

(1) 두 집합 A와 B에 대해 A의 모든 원소가 B에 속하면 A는 B의 **부분집합**subset이라 하고, 기호로는 $A \subset B$로 나타낸다. 즉, 모든 $a \subset A$가 $a \subset B$를 만족하면 $A \subset B$이다.

(2) $A \subset B$이면서 $B \subset A$일 때 두 집합 A와 B는 서로 **상등** 또는 **같다**equality라고 하고 $A = B$로 나타낸다.

그러나 집합 B를 구성하는 모든 학생이 집합 A에 속하는 것은 아니다. 예를 들어 $A = \{1\}$, $B = \{1, 2\}$이면 $A \subset B$이지만 $2 \not\in A$이다. $A \subset B$이지만 $A \neq B$이면 A는 B의 **진부분집합**proper subset이라 한다. 예를 들어 자연수 전체의 집합을 $\mathbb{N}$, 정수 전체의 집합을 $\mathbb{Z}$[3], 유리수 전체의 집합을 $\mathbb{Q}$, 그리고 실수 전체의 집합을 $\mathbb{R}$이라 하면 다음 관계가 성립한다.

$$\mathbb{N} \subset \mathbb{Z} \subset \mathbb{Q} \subset \mathbb{R}$$

A를 5 이하의 자연수로 구성된 집합이라 하고, $B = \{1, 2, 3, 4, 5\}$라 하면 두 집합 A와 B는 서로 같은 집합, 즉 $A = B$이다.

■ 집합의 연산

2의 배수 또는 3의 배수의 집합과, 2의 배수인 동시에 3의 배수의 집합을 생각해 보자. 두 집합은

---

2 프랑스의 수학자 베일(1906~1998)이 노르웨이어 알파벳의 한 문자를 도입하였으나, 이후에 활자가 없어 그리스 어 알파벳인 φ(파이)를 사용하였다. 이 기호는 '영(0)이 아니다(/)'를 결합하여 만들었다는 말도 있다.

3 Z는 수(number)를 나타내는 독일어 'Zahl'에서 유래하였다.

각각 2의 배수의 집합과 3의 배수의 집합을 이용하여 표현할 수 있다. 이 절에서는 이러한 집합의 표현법에 대해 살펴볼 것이다.

[그림 1-2(a)]와 같이 두 집합 A와 B에 대하여 집합 A 또는 집합 B의 원소로 구성된 집합을 A와 B의 **합집합**union of sets이라 하고, 다음과 같이 나타낸다.

$$A \cup B = \{x \mid x \in A \text{ 또는 } x \in B\}$$

[그림 1-2(b)]와 같이 집합 A와 B가 공통으로 갖는 원소로 구성된 집합을 A와 B의 **교집합**intersection of sets이라 하고, 다음과 같이 나타낸다.

$$A \cap B^{4} = \{x \mid x \in A \text{ 그리고 } x \in B\}$$

[그림 1-2(c)]와 같이 집합 A에는 있으나 집합 B에는 없는 원소들의 집합을 **차집합**difference of sets이라 하고, 다음과 같이 나타낸다.

$$A - B = \{x \mid x \in A \text{ 그리고 } x \notin B\}$$

[그림 1-2(d)]와 같이 전체집합 U에 대해 $A^c = U - A$를 집합 A의 **여집합**complementary set이라 한다.

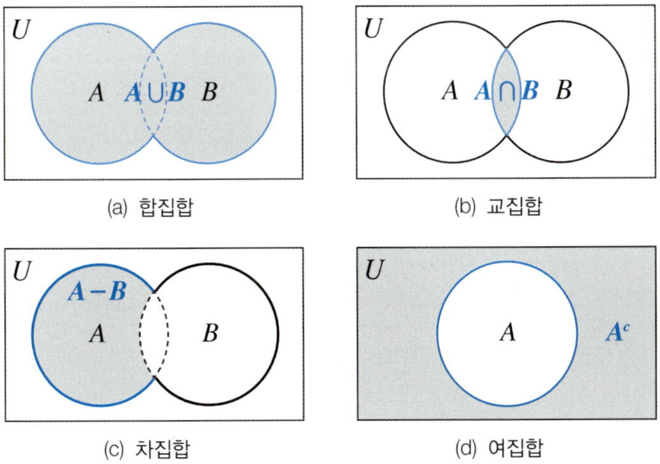

그림 1-2 여러 가지 집합

4 합집합과 교집합 기호 ∪, ∩은 각각 논리기호 ∨, ∧에서 유래하였다.

두 집합 A와 B에 공통인 원소가 없으면 A와 B를 **서로소** disjoint라 하며, 기호는 다음과 같다.

$$A \cap B = \varnothing$$

예제 1-1

10 이하의 자연수 중에서 짝수의 집합을 A, 3의 배수인 수들의 집합을 B라 할 때, 다음 집합을 구하라.

(a) $A \cup B$ **(b)** $A \cap B$ **(c)** $A-(A \cap B)$ **(d)** A^c

TIP 전체집합과 집합 A와 B를 구한다.

풀이

10 이하의 자연수만 생각하므로 전체집합은 $U=\{1, 2, 3, 4, 5, 6, 7, 8, 9, 10\}$이다. 이 중 짝수의 집합은 $A=\{2, 4, 6, 8, 10\}$, 3의 배수의 집합은 $B=\{3, 6, 9\}$이다.

(a) $A \cup B=\{2, 3, 4, 6, 8, 9, 10\}$

(b) $A \cap B=\{6\}$

(c) $A-(A \cap B)=\{2, 4, 8, 10\}$

(d) $A^c=\{1, 3, 5, 7, 9\}$

이를 그림으로 나타내면 다음과 같다.

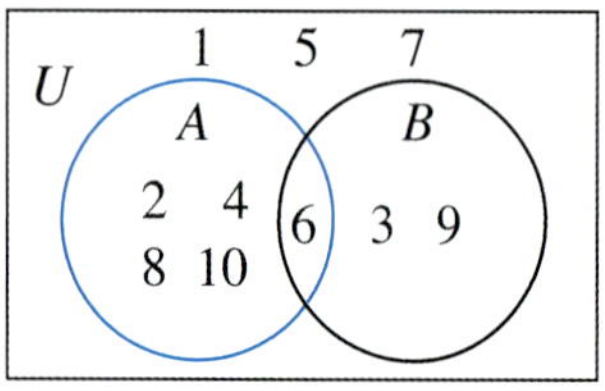

전체집합 U와 집합 A, B, C에 대하여 다음과 같은 집합의 연산에 관한 성질이 성립한다.

정리 1-1 집합의 연산

(1) $A \cup A = A,\ A \cap A = A$ 멱등법칙

(2) $A \cup B = B \cup A,\ A \cap B = B \cap A$ 교환법칙

(3) $(A \cup B) \cup C = A \cup (B \cup C)$
$(A \cap B) \cap C = A \cap (B \cap C)$ 결합법칙

(4) $(A \cup B) \cap C = (A \cap C) \cup (B \cap C)$
$(A \cap B) \cup C = (A \cup C) \cap (B \cup C)$ 배분(분배)법칙

(5) $U \cup A = U,\ U \cap A = A,\ \varnothing \cap A = \varnothing,\ \varnothing \cup A = A$

(6) $A \cup A^c = U,\ A \cap A^c = \varnothing$

(7) $(A \cup B)^c = A^c \cap B^c,\ (A \cap B)^c = A^c \cup B^c$ 드 모르간(De Morgan)의 법칙

(8) $A \subset B \iff A \cap B = A,\ A \subset B \iff A \cup B = B$

예제 1-2

전체집합 $U = \{1, 2, 3, 4, 5, 6, 7\}$에 대해 $A = \{1, 2, 3, 4\}$, $B = \{2, 4, 6\}$, $C = \{3, 5, 7\}$이라 할 때, 다음 집합을 구하라.

(a) $(A \cup B) \cap C$ (b) $(A \cap B) \cup C$ (c) $(A \cup B)^c$ (d) $(A \cap B)^c$

풀이

두 집합 A와 B의 합집합과 교집합은 각각 다음과 같다.

$$A \cup B = \{1, 2, 3, 4, 6\},\ A \cap B = \{2, 4\}$$

(a) $(A \cup B) \cap C = \{1, 2, 3, 4, 6\} \cap \{3, 5, 7\} = \{3\}$

(b) $(A \cap B) \cup C = \{2, 4\} \cup \{3, 5, 7\} = \{2, 3, 4, 5, 7\}$

(c) $(A \cup B)^c = U - (A \cup B) = U - \{1, 2, 3, 4, 6\} = \{5, 7\}$

(d) $(A \cap B)^c = U - (A \cap B) = U - \{2, 4\} = \{1, 3, 5, 6, 7\}$

■ 좌표와 구간

두 사람이 영화관 앞에서 만나기로 약속했다고 하자. 각자 집에서 영화관까지 가는 길을 찾기 위해 휴대전화로 검색하면, 검색 결과는 좌표의 개념을 이용하여 가장 빠른 경로를 알려줄 것이다. 이때 휴대전화에 표시되는 실직선 위에 한 정점 O를 택하고 이 점 O를 중심으로 오른쪽 방향을 양의 방향, 왼쪽 방향을 음의 방향이라 하자. 이때 실수 0을 점 O에 대응시키고 이 점으로부터 오른쪽 방향

으로 x 만큼 떨어진 위치의 점을 양의 실수 x 에 대응시키고, 왼쪽 방향으로 x 만큼 떨어진 위치의 점을 음의 실수 x 에 대응시킨다.

정의 1-3 좌표

모든 실수를 실직선 위의 점과 대응시킬 수 있으며, 실직선 위의 점을 실수로 표현한 것을 **좌표** coordinate라 한다.

예를 들어 [그림 1-3]과 같이 정점 O의 좌표 0으로부터 양의 방향으로 1만큼 떨어진 점의 좌표는 1이고, 정점 O로부터 음의 방향으로 2만큼 떨어진 점의 좌표는 -2 이다.

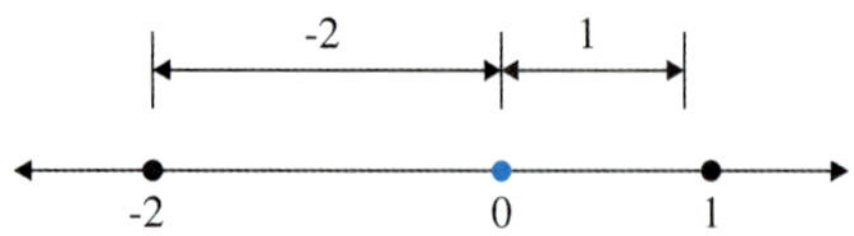

그림 1-3 좌표의 예

한편 임의의 두 실수 a 와 b 에 대하여 $\mathbb{R}$ 의 부분집합을 **구간** interval이라 하며, [표 1-1]과 같이 실수의 포함관계에 따라 구간을 실직선 위에 표현할 수 있다.

표 1-1 구간에 따른 실직선 위의 표현

구간	실직선 위의 표현
$[a, b] = \{x \in \mathbb{R} \mid a \leq x \leq b\}$	
$(a, b) = \{x \in \mathbb{R} \mid a < x < b\}$	
$[a, b) = \{x \in \mathbb{R} \mid a \leq x < b\}$	
$(a, b] = \{x \in \mathbb{R} \mid a < x \leq b\}$	
$(-\infty, a] = \{x \in \mathbb{R} \mid x \leq a\}$	
$[a, \infty) = \{x \in \mathbb{R} \mid a \leq x\}$	
$(-\infty, a) = \{x \in \mathbb{R} \mid x < a\}$	
$(a, \infty) = \{x \in \mathbb{R} \mid a < x\}$	
$(-\infty, \infty) = \mathbb{R}$	

이때 양 끝점을 포함하는지에 따라 구간을 다음과 같이 구분한다.

- **닫힌구간**closed interval : $[a, b]$와 같이 양 끝점을 포함하는 구간
- **열린구간**open interval : (a, b)와 같이 양 끝점을 포함하지 않은 구간
- **반열린구간**half-open interval 또는 **반닫힌구간**half-closed interval : $[a, b)$ 또는 $(a, b]$와 같이 어느 한 끝점을 포함하지 않는 구간

위에서와 같이 유한한 두 수 a, b에 의해 제한된 구간은 **유한구간**finite interval이라 한다. 반면에 $(-\infty, a]$, $[a, \infty)$, $(-\infty, a)$, (a, ∞) 등을 **무한구간**infinite interval이라 한다.

한편, 수직선에서 정점 O로부터 양의 방향 또는 음의 방향으로 a만큼 떨어진 점까지 거리를 $|a|$로 나타내며, 이 수를 실수 a의 **절댓값**absolute value이라 한다. 따라서 임의의 실수 a의 절댓값을 다음과 같이 정의한다.

$$|a| = \begin{cases} -a \ (a < 0) \\ a \ (a > 0) \end{cases}$$

즉 a가 양수이면 절댓값은 자기 자신이지만, a가 음수이면 이 수에 음수 부호를 뗀 값이다. 따라서 임의의 양수 a에 내해 다음이 성립한다.

- $x < |a|$를 만족하는 집합 : $(-a, a) = \{x \in \mathbb{R} \mid -a < x < a\} = \{x \in \mathbb{R} \mid |x| < a\}$
- $x \leq |a|$를 만족하는 집합 : $[-a, a] = \{x \in \mathbb{R} \mid -a \leq x \leq a\} = \{x \in \mathbb{R} \mid |x| \leq a\}$

1.2 함수

COVID-19의 유행 초기에 마스크의 수요가 급증했지만 공급이 따라가지 못해 마스크 가격이 크게 올랐으나 시간이 지남에 따라 마스크의 공급은 늘어났지만 수요가 감소하여 마스크 가격은 계속해서 내려갔던 것을 경험하였다. 이처럼 일반적으로 수요가 많으면 가격이 오르고, 공급이 많으면 가격이 내려간다. 이러한 수요와 공급에 따른 가격의 관계는 함수를 이용하면 쉽게 해석할 수 있다. 이 절에서는 이처럼 수리적 모형을 정형화하는 함수에 대해 살펴볼 것이다.

대응관계와 데카르트 좌표

[그림 1−4]와 같은 사다리 게임에서 1, 2, 3, 4는 각각 c, d, a, b와 짝을 이룬다.

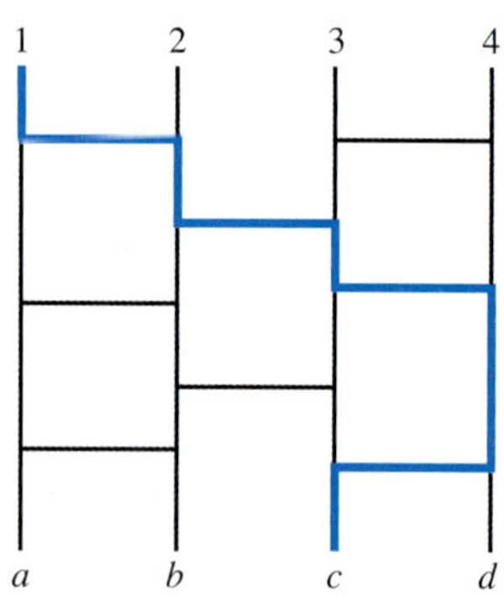

그림 1-4 사다리 게임

이와 같이 수 1, 2, 3, 4와 문자 a, b, c, d 사이에 짝을 짓는 것을 **대응**correspondence이라 하며, 이를 다음과 같은 순서쌍으로 나타낼 수 있다.

$$(1, c),\ (2, d),\ (3, a),\ (4, b)$$

다시 말해 [그림 1−4]의 대응은 두 집합 $X = \{1, 2, 3, 4\}$ 의 원소와 집합 $Y = \{a, b, c, d\}$ 의 원소를 짝짓는 것으로 볼 수 있다. 보통 두 집합의 대응관계는 [그림 1−5]와 같이 여러 가지 형태로 나타낸다.

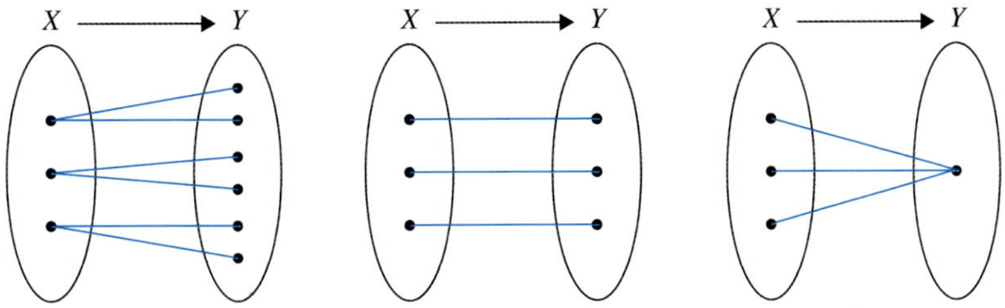

(a) 1대2 대응 (b) 1대1 대응 (c) 3대1 대응

그림 1-5 두 집합의 대응관계

이와 같은 대응관계는 순서쌍으로도 생각할 수 있다. 이 순서쌍을 다음과 같은 좌표계를 이용하여 평면 위의 점으로 표현할 수 있다.

정의 1-4 좌표계와 좌표축

(1) 평면 위에서 두 개의 축을 서로 수직으로 교차하여 만든 좌표계를 **직교좌표계** orthogonal coordinates system 또는 **데카르트 좌표계** Cartesian axis system 라 한다. 이때의 평면을 **좌표평면** coordinate plane 이라 한다.

(2) 수평선(x 축)과 수직선(y 축)을 **좌표축** coordinate axis 이라 한다. 두 좌표축이 만나는 정점을 **원점** origin 이라 하며, 기호로는 O로 나타낸다.

x 축에서 원점으로부터 오른쪽 방향은 양의 x 값을 나타내고, y 축에서 원점으로부터 위쪽 방향은 양의 y 값을 나타낸다. 한편 직교좌표계를 이용하여 평면 위의 점 P는 순서쌍으로 표현할 수 있다. [그림 1-6]과 같이 점 P에서 x축과 y축 위에 수선을 내린 뒤 교점의 좌표를 각각 a와 b라 했을 때, 점 P의 좌표는 순서쌍 (a, b)로 나타낼 수 있다.

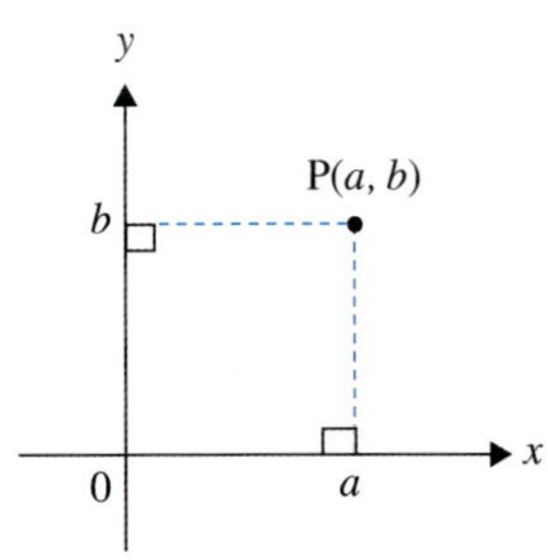

그림 1-6 점 P의 좌표

함수

공집합이 아닌 집합 X의 원소와 집합 Y의 원소 사이에는 일반적으로 [그림 1-5]와 같은 다양한 대응관계가 이루어질 수 있다. 그중 [그림 1-5(b)] 또는 [그림 1-5(c)]에서 집합 X의 각 원소 x가 Y의 한 원소 y와 대응한다. 이러한 대응규칙에 따라 다음과 같이 정의한다.

정의 1-5 **함수와 변수**

공집합이 아닌 두 집합 X와 Y에 대하여

(1) X의 각 원소 x가 Y 의 한 원소 y와 대응할 때, 이러한 대응규칙 f를 X에서 Y로의 **함수**function라 하고, 이를 기호 $f : X \to Y$로 나타낸다.

(2) 함수 $f : X \to Y$에서 집합 X의 원소 x에 대응하는 집합 Y의 원소 y를 x에서 f의 **함숫값**value이라 하며, 이를 기호로 $y = f(x)$로 나타낸다.

(3) 함수 $y = f(x)$에서 x를 **독립변수**independent variable라 하고, y를 **종속변수**dependent variable라 한다.

함숫값 y가 존재하게 되는 x들의 집합을 함수 f의 **정의역**domain이라 하고, 함숫값 y의 집합을 함수 f의 **치역**range이라 한다. 또한 X에서 Y로의 함수 $y = f(x)$에 대해 순서쌍 (x, y) 또는 $(x, f(x))$의 집합을 함수 $y = f(x)$의 **그래프**graph라 하고, 식으로는 다음과 같이 나타낸다.

$$G = \{(x, y) \mid y = f(x),\ x \in X\}$$

함수 $y = f(x)$의 그래프를 좌표평면 위에 나타내면 정의역에 따라 [그림 1-7]과 같이 점 또는 선으로 표시된다.

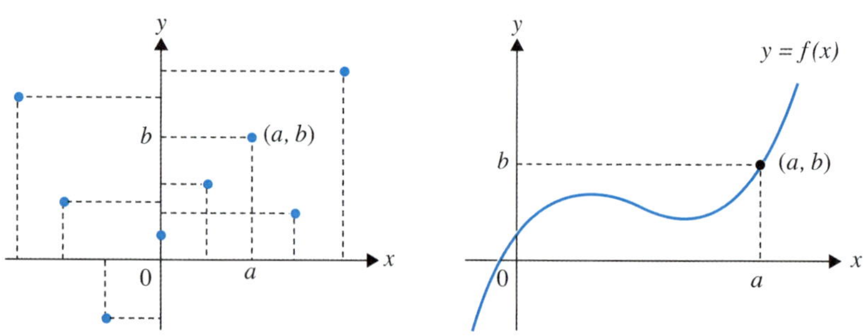

(a) 정의역의 원소가 유한할 때　　(b) 정의역이 구간일 때

그림 1-7 함수 $y = f(x)$의 그래프의 예

■ 함수의 연산

경영·경제학에서 다루는 함수는 대부분 실수 전체의 집합을 정의역으로 하므로, 이제부터 특별한 언급이 없으면 실수의 범위에서만 생각할 것이다. 실수와 비슷하게 함수에서도 다음과 같이 사칙연산을 정의한다. 여기서 두 함수는 $f(x)$, $g(x)$이고, k는 실수이다.

❶ $(kf)(x) = kf(x)$

❷ $(f+g)(x) = f(x) + g(x)$

❸ $(f-g)(x) = f(x) - g(x)$

❹ $(f \cdot g)(x) = f(x) \cdot g(x)$

❺ $\left(\frac{f}{g}\right)(x) = \frac{f(x)}{g(x)}$, 단 $g(x) \neq 0$

■ 합성함수

두 함수 $f: X \to Y$, $g: Y \to Z$가 있다고 하자. $x \in X$는 $y = f(x)$에 의해 $y \in Y$로 대응하고, $y \in Y$는 $z = g(y)$에 의해 $z \in Z$로 대응한다. 그러면 [그림 1-8]과 같이 $x \in X$는 두 함수 f와 g에 의해 $z \in Z$로 대응한다.

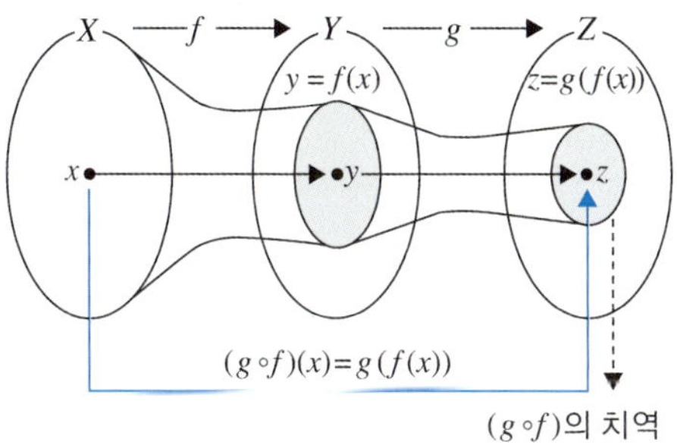

그림 1-8 합성함수 $g \circ f$

이처럼 $x \in X$가 집합 Y의 원소를 매개로 $z \in Z$와 대응하는 함수를 f와 g의 **합성함수**composite function라 하고, $g \circ f : X \to Z$로 나타낸다. 식은 다음과 같다.

$$z = (g \circ f)(x) = g(f(x))$$

예제 1-3

두 함수 $f(x) = \frac{1}{x+1}$, $g(x) = x^2 - 2$에 대하여 다음 합성함수의 식과 정의역을 각각 구하라.

(a) $(g \circ f)(x)$ **(b)** $(f \circ g)(x)$ **(c)** $(g \circ g)(x)$

풀이

(a) ① 합성함수를 구한다.

$$(g \circ f)(x) = g(f(x)) = \{f(x)\}^2 - 2 = \left(\frac{1}{x+1}\right)^2 - 2 = -\frac{2x^2+4x+1}{(x+1)^2}$$

② 분모가 0이 될 수 없으므로 정의역은 $x = -1$이 아닌 모든 실수의 집합이다.

(b) ① 합성함수를 구한다.

$$(f \circ g)(x) = f(g(x)) = \frac{1}{g(x)+1} = \frac{1}{(x^2-2)+1} = \frac{1}{x^2-1}$$

② 분모가 0이 될 수 없으므로 정의역은 $x = -1, 1$이 아닌 모든 실수의 집합이다.

(c) ① 합성함수를 구한다.

$$(g \circ g)(x) = g(g(x)) = \{g(x)\}^2 - 1 = (x^2-2)^2 - 2 = x^4 - 4x + 2$$

② 모든 실수에서 함숫값이 존재하므로 정의역은 모든 실수의 집합이다.

■ 단사함수와 전사함수

독립변수 x와 종속변수 y의 관계에 따라 다음과 같이 함수의 특성을 결정할 수 있다.

정의 1-6 단사함수, 전사함수, 전단사함수

(1) 정의역 X의 임의의 두 원소 x_1, x_2에 대하여 다음이 성립하는 함수 $y = f(x)$를 X에서 Y로의 **단사함수**injection라 한다.

$$x_1 \neq x_2 \;\Rightarrow\; f(x_1) \neq f(x_2)$$

(2) 임의의 $y \in Y$에 대하여 함수 $y = f(x)$를 만족하는 $x \in X$가 존재하는 함수를 X에서 Y로의 **전사함수**surjection라 한다.

(3) 단사함수이면서 동시에 전사함수인 함수 $y = f(x)$를 **전단사함수**bijection 또는 **일대일 대응함수**one-to-one correspondence function라 한다.

[정의 1-6(1)]에서 $y = f(x)$가 단사함수일 조건을 다음과 같이 나타낼 수 있다.

$$f(x_1) = f(x_2) \;\Rightarrow\; x_1 = x_2$$

다음 [그림 1-9]는 단사함수, 전사함수, 전단사함수이다. [그림 1-9(c)]에서 볼 수 있듯이 원소의 개수가 유한한 두 집합 X, Y에 전단사함수가 존재하면 두 집합의 원소의 개수는 같다.

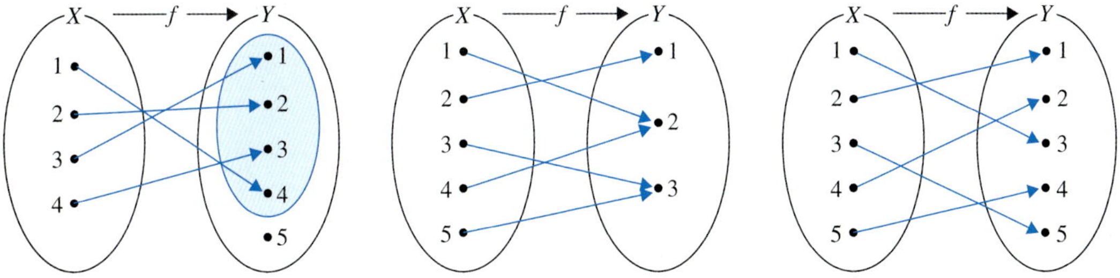

(a) 단사함수 (b) 전사함수 (c) 전단사함수

그림 1-9 단사함수와 전사함수

이 개념은 [예제 1-4(c)]와 같이 원소의 개수가 무한한 경우에 대해서도 확장할 수 있다.

예제 1-4

$\mathbb{R}$을 실수 전체의 집합이라 하고 $\mathbb{R}^+$를 음이 아닌 실수 전체의 집합이라 하자. 정의역과 공역이 다음과 같이 주어졌을 때, 함수 $y = f(x) = x^2$이 단사함수, 전사함수, 전단사함수 중 무엇인지 구하라.

(a) $f : \mathbb{R} \rightarrow \mathbb{R}^+$ **(b)** $f : \mathbb{R}^+ \rightarrow \mathbb{R}$ **(c)** $f : \mathbb{R}^+ \rightarrow \mathbb{R}^+$

TIP $\mathbb{R}$과 $\mathbb{R}^+$에서 함수 $f(x)$의 그림을 그린다.

풀이

(a) ① 서로 다른 두 $x = -1$, $x = 1$에 대해 $x^2 = 1$, 즉 $f(-1) = f(1) = 1$이므로 단사함수가 아니다.

② 임의의 양의 실수, 즉 양수 y에 대하여 $y = x^2$을 만족하는 x 값 $-\sqrt{y}$와 $\sqrt{y}$가 존재하므로 전사함수다.

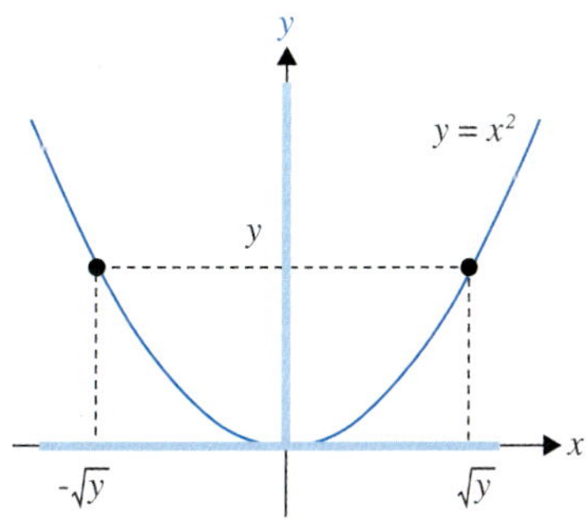

(b) ① 서로 다른 양수 $x_1 \neq x_2$에 대하여 $x_1^2 \neq x_2^2$이므로 단사함수다.

② 임의의 양수 y에 대하여 $y = x^2$을 만족하는 양수 $x = \sqrt{y}$가 존재하지만, 음수 y에 대하여 $y = x^2$을 만족하는 실수는 존재하지 않으므로 전사함수가 아니다.

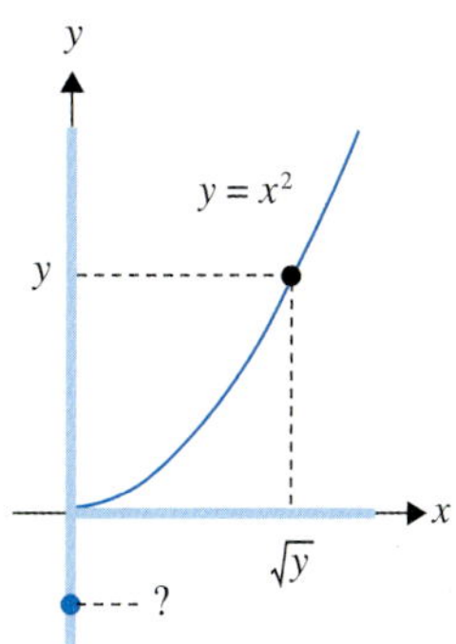

(c) ① 서로 다른 양수 $x_1 \neq x_2$에 대하여 $x_1^2 = x_2^2$이므로 단사함수다.

② 임의의 양수 y에 대하여 $y = x^2$을 만족하는 양수 $x = \sqrt{y}$가 존재하므로 전사함수다.

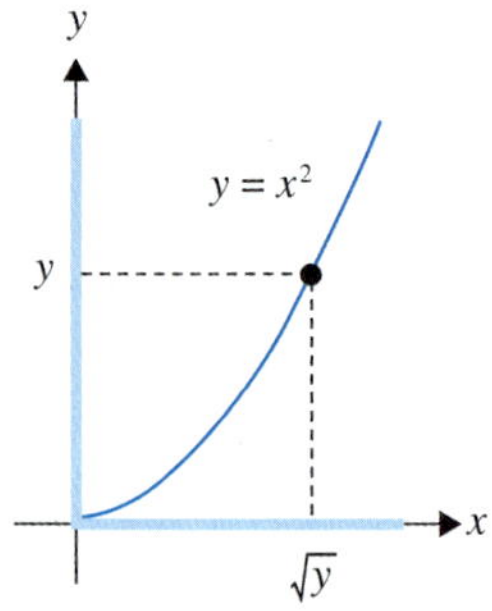

■ **역함수**

전단사함수 $f : X \to Y$에 대하여 [그림 1-10]과 같이 집합 Y의 원소 y를 집합 X의 원소 x에 대응하는 함수를 f의 **역함수**inverse function라 하고, 이를 기호로 f^{-1}로 나타낸다. 즉, 역함수 f^{-1}은 함수 f의 대응을 역으로 나타내므로 역함수 $x = f^{-1}(y)$의 정의역은 $y = f(x)$의 치역이다.

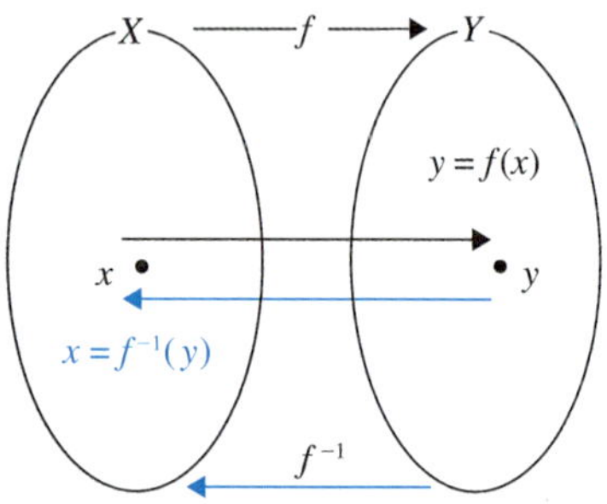

그림 1-10 **함수 f와 역함수 f^{-1}**

함수 $y = f(x)$의 역함수는 다음과 같은 방법으로 구한다.

❶ $y = f(x)$를 x에 관한 방정식으로 생각하고 $x = f^{-1}(y)$를 구한다.

❷ 관습적으로 독립변수와 종속변수를 바꾸어 $y = f^{-1}(x)$로 표현한다.

그러면 역함수 관계인 두 함수 $y = f(x)$와 $y = f^{-1}(x)$의 그래프는 [그림 1-11]과 같이 $y = x$에 대해 대칭이다.

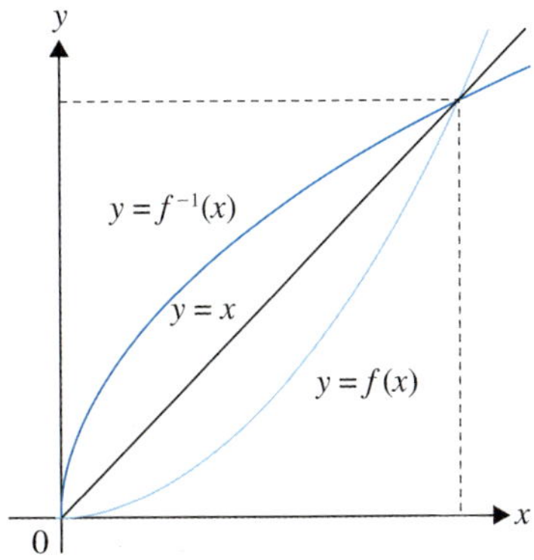

그림 1-11 역함수의 대칭관계

예제 1-5

주어진 정의역에서 다음 함수의 역함수를 구하라.

(a) $y = 3x - 1$, 정의역은 모든 실수의 집합 $\mathbb{R}$ 이다.

(b) $y = x^2 + 1$, 정의역은 음이 아닌 실수 전체의 집합 $\mathbb{R}^+$ 이다.

풀이

(a) $y - 3x \quad 1$을 x에 관해 나타내면 $x = \dfrac{1}{3}(y + 1)$이다. 이제 독립변수와 종속변수를 바꾸면 역함수는 $y = \dfrac{1}{3}(x + 1)$이다.

(b) $x \geq 0$ 이므로 $y = x^2 + 1$을 x에 관해 나타내면 $x = \sqrt{y - 1}$ 이다. 이제 독립변수와 종속변수를 바꾸면 역함수는 $y = \sqrt{x - 1}$ 이다.

■ 증가함수와 감소함수

함숫값의 성질에 따라 증가함수와 감소함수를 다음과 같이 정의한다.

정의 1-7 증가함수와 감소함수

(1) 임의의 두 실수 x_1, x_2에 대해 $x_1 < x_2 \Rightarrow f(x_1) < f(x_2)$를 만족하는 함수를 **증가함수**increasing function라 한다.

(2) 임의의 두 실수 x_1, x_2에 대해 $x_1 < x_2 \Rightarrow f(x_1) > f(x_2)$를 만족하는 함수를 **감소함수**decreasing function라 한다.

$y = f(x)$가 증가함수이거나 감소함수이면 전단사함수이므로 역함수가 반드시 존재한다.

다항함수

일반적으로 함수는 다양한 형태의 식으로 구성된다. 식을 구성하는 기본 요소를 **항**term이라 하며, 특히 수와 거듭되는 단일 문자의 곱으로 이루어진 식을 **단항식**monomial이라 한다. 예를 들어 x , $3x$, $2x^2$ 등은 다음과 같이 수와 단일 문자의 곱으로 나타낼 수 있으므로 다항식이다.

$$x = 1 \times x\ ,\ 3x = 3 \times x\ ,\ 2x^2 = 2 \times x \times x$$

단항식에서 문자에 곱해진 실수 1 , 3 , 2 는 **계수**coefficient라 하고, 곱해진 문자의 개수를 **차수**degree라 한다. 또한 두 개 이상의 단항식을 더한 식을 **다항식**polynomial이라 하며, 다항식을 구성하는 문자의 최고 차수를 다항식의 차수라 한다. 예를 들어 다항식 $-x^3 + 2x^2 - 2x + 1$ 의 차수는 3 이다. 이 식에서 1과 같이 문자를 포함하지 않고 숫자만으로 구성된 항을 **상수항**constant term이라 한다. 한편 다음과 같이 최고 차수가 n 인 다항식으로 정의되는 함수를 n 차 **다항함수**polynomial function라 하며, 이 함수는 모든 실수에서 정의된다.

$$f(x) = a_0 x^n + a_1 x^{n-1} + a_2 x^2 + \cdots + a_{n-1} x + a_n$$

이 절에서 소개하는 함수들은 모두 다항함수의 일종이다.

■ 상수함수

앞에서 살펴본 [그림 1-5(c)]와 같이 정의역의 모든 실수 x 가 오로지 한 실수 a 와 대응하는 함수를 **상수함수**constant function라 하며, $y = f(x) = a,\ \forall x \in \mathbb{R}$ 로 나타낸다.

■ 선형함수

다음과 같이 변수 x 에 관한 일차식으로 표현되는 함수 $y = f(x)$를 **일차함수** 또는 **선형함수**liner function 라 한다.

$$y = ax + b(a \neq 0\ ,\ a\ ,\ b \text{ 는 상수})$$

일차함수의 정의역과 치역은 실수 전체의 집합 $\mathbb{R}$ 이고 그래프는 직선으로 나타난다. 이때 일차항의 계수 a 를 **기울기**slope라 하는데, 기울기는 x 값의 증가량에 대한 y 값의 증가량의 비율이다. 여기서 $a > 0$ 이면 x 가 1단위 증가할 때 y 는 a 단위만큼 증가하고, 그래프는 [그림 1-12]와 같다. 반면에 $a < 0$ 이면 x 가 1단위 증가할 때 y 는 a 단위만큼 감소하며, 그래프는 [그림 1-12(b)]와 같다.

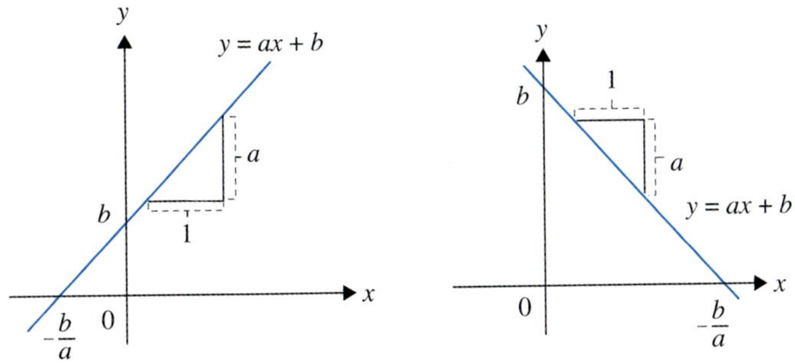

(a) $a>0$인 경우 (b) $a<0$인 경우

그림 1-12 선형함수의 그래프

선형함수의 그래프는 [그림 1-12]와 같이 x축 및 y축과 만나며, 이 교점을 **절편**intercept이라 한다. 따라서 일차함수 $y=ax+b$에서 $y=0$이면 $0=ax+b$이므로 x절편은 $x=-\frac{b}{a}$이고 $x=0$이면 $y=a\times 0+b$이므로 y절편은 $y=b$이다.

지금까지 다룬 함수 개념을 경영·경제학에 적용해 보자. 현재 커피 가격이 4,000원이라고 할 때, 원두값이나 인건비 등의 비용이 변하지 않았다는 조건에서 커피가 10,000원으로 오르면 커피 수요가 줄어들 것이다. 반대로 커피값이 1,000원으로 내려가면 커피 수요가 늘어날 것이다. 이렇게 관련재의 가격이나 인구 등을 비롯한 다른 모든 조건이 같을 때, 생산요소의 가격이 오르면 수요량이 감소하고 가격이 내리면 수요량은 증가한다. 따라서 $a>0$, $b>0$에 대해 가격 p와 수요량 Q_d 사이에 다음과 같은 음의 선형관계가 성립하는데, 이러한 함수를 **선형수요함수**linear demand function라 한다.

$$Q_d = a - bp$$

이번에는 배추를 파는 농부의 입장에서 가격을 생각해 보자. 배추의 가격이 내려간다면 팔아도 이윤이 크지 않기 때문에 공급이 줄어들고, 가격이 올라간다면 많이 팔아야 이득이므로 공급이 늘어날 것이다. 이렇게 어떤 양의 수준을 초과하지 않는 공급은 이루어지지 않는다는 조건에서 가격이 내려가면 공급이 줄어들고 가격이 올라가면 공급도 늘어난다. 즉 $c>0$, $d>0$에 대해 가격 p와 공급량 Q_s 사이에 다음과 같은 양의 선형관계가 성립하는데, 이러한 함수를 **선형공급함수**linear supply function라 한다.

$$Q_s = -c + dp$$

지금까지 살펴본 선형수요함수와 선형공급함수의 그래프는 [그림 1-13]과 같다.

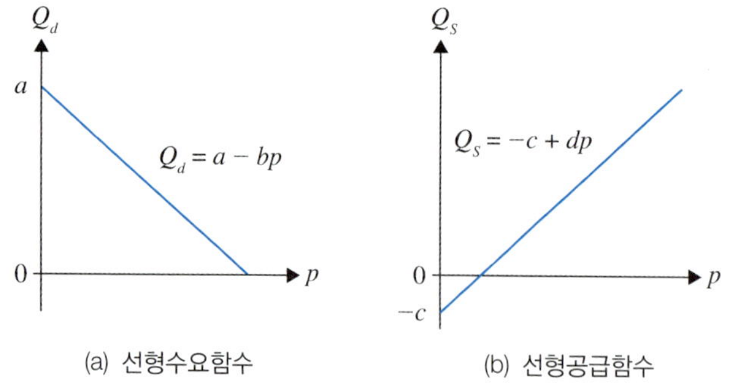

그림 1-13 선형수요함수와 선형공급함수의 그래프

수요함수와 공급함수는 1.5절에서 좀 더 자세히 다룰 것이다.

■ 이차함수

다음과 같이 변수 x에 관한 이차 다항식으로 표현되는 함수 $y = f(x)$를 **이차함수** quadratic function 라 한다.

$$y = ax^2 + bx + c \,(a \neq 0\,,\ a\,,\ b\,,\ c \text{는 상수})$$

이차함수는 실수 전체의 집합 $\mathbb{R}$ 에서 정의되며 이차항의 계수인 a 값에 따라 함수의 그래프가 다르게 나타난다. $a > 0$ 이면 [그림 1-14(a)]와 같이 아래로 볼록판 포물선이 되고, $a < 0$ 이면 [그림 1-14(b)]와 같이 위로 볼록한 포물선이 된다. 여기서 상수항 c는 y 절편을 나타낸다.

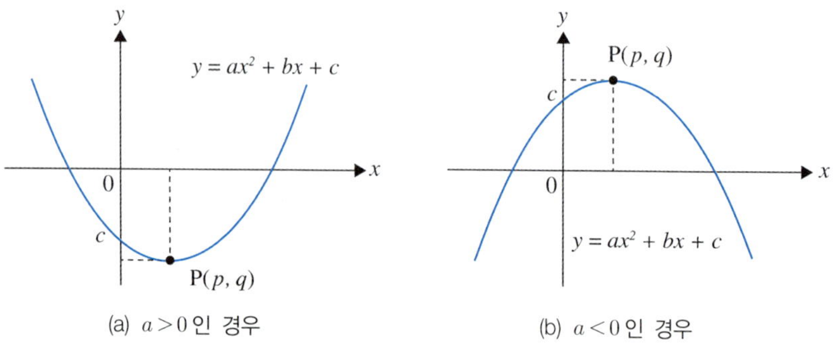

그림 1-14 이차함수의 그래프

[그림 1-14]에서 점 P $(p,\ q)$를 이차함수 그래프의 꼭짓점이라 한다. 완전제곱식을 이용하여 이차함수를 표현하면 다음과 같다.

$$f(x) = ax^2 + bx + c = a\left(x + \frac{b}{2a}\right)^2 - \frac{b^2 - 4ac}{4a} = a(x - p)^2 + q$$

이때 꼭짓점의 좌표는 각각 $p = -\dfrac{b}{2a}$, $q = -\dfrac{b^2-4ac}{4a}$ 이고, 그래프는 $x = p$에 대해 대칭이다. $a > 0$ 이면 [그림 1-14(a)]와 같이 $f(x)$의 최솟값은 $f(p) = q$ 이며, $a < 0$ 이면 [그림 1-14(b)]와 같이 $f(x)$의 최댓값은 $f(p) = q$ 이다.

예제 1-6

다음 이차함수에 대해 x 절편, y 절편, 꼭짓점의 좌표를 구하고, 최댓값 또는 최솟값을 구하라.

(a) $y = x^2 - x - 2$　　**(b)** $y = -x^2 + 5x - 6$

TIP 이차함수를 완전제곱식으로 표현한다.

풀이

(a) 구하고자 하는 값들은 각각 다음과 같다.

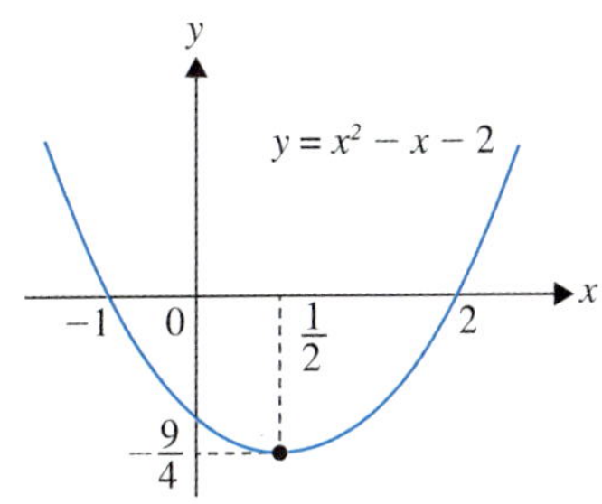

① $y = 0$ 이면 $x^2 - x - 2 = (x+1)(x-2) = 0$ 이므로 $x = -1$ 과 $x = 2$ 를 얻는다. 따라서 x 절편은 -1 과 2 이다.

② $x = 0$ 이면 $y = -2$ 이므로 y 절편은 -2 이다.

③ $y = x^2 - x - 2 = \left(x - \dfrac{1}{2}\right)^2 - \dfrac{9}{4}$ 이므로 꼭짓점의 좌표는 $\left(\dfrac{1}{2},\ -\dfrac{9}{4}\right)$이다.

④ $x = \dfrac{1}{2}$ 일 때 최솟값은 $-\dfrac{9}{4}$ 이다.

(b) 구하고자 하는 값들은 각각 다음과 같다.

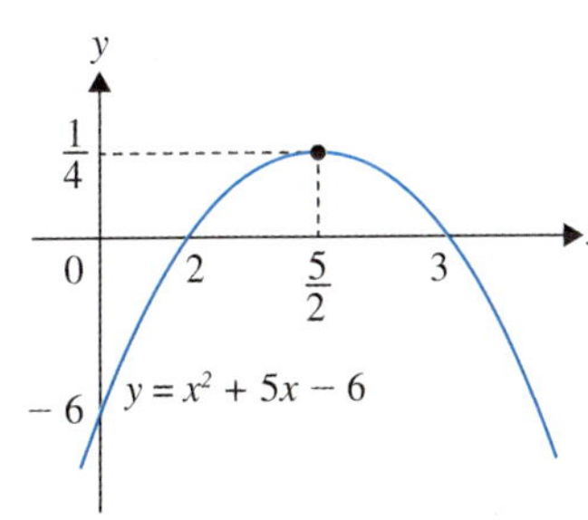

① $y = 0$ 이면 $-x^2 + 5x - 6 = -(x-2)(x-3) = 0$으로부터 $x = 2$와 $x = 3$을 얻는다. 따라서 x 절편은 $x = 2$와 $x = 3$이다.

② $x = 0$이면 $y = -6$이므로 y절편은 $y = -6$이다.

③ $y = -x^2 + 5x - 6 = -\left(x - \dfrac{5}{2}\right)^2 + \dfrac{1}{4}$ 이므로 꼭짓점의 좌표는 $\left(\dfrac{5}{2},\ \dfrac{1}{4}\right)$이다.

④ $x = \dfrac{5}{2}$ 일 때 최댓값은 $\dfrac{1}{4}$ 이다.

대수적 함수

임의의 두 다항함수 $p(x)$, $q(x)$(단, $q(x) \neq 0$)에 대해 $f(x) = \dfrac{p(x)}{q(x)}$를 **유리함수**rational function라 한다. 유리함수는 분모가 0이 아닌 모든 실수에서 정의된다. 예를 들어 삼차함수 $p(x) = x^3 - 2x + 1$과 이차함수 $q(x) = x^2 - 3x + 2$에 대해 다음과 같이 유리함수 $f(x)$를 정의할 수 있다. 이때 함수 $f(x)$는 $x = 1, 2$를 제외한 모든 실수에서 정의된다.

$$f(x) = \frac{x^3 - 2x + 1}{x^2 - 3x + 2} = \frac{x^3 - 2x + 1}{(x-1)(x-2)}$$

경영·경제학에서는 총수입이 일정할 때 상품의 가격과 수량 사이의 관계를 설명하기 위해 다음과 같이 유리함수를 생각할 수 있다.

$$y = \frac{a}{x} \text{ 또는 } xy = a(a \neq 0)$$

이때 두 변수 x와 y는 **반비례**inverse proportion 관계에 있다고 하며, 이러한 대응관계가 성립하는 함수 $f(x) = \dfrac{a}{x}$를 **반비례함수**reciprocal proportion function라 한다. 이 함수의 그래프는 [그림 1-15]와 같이 **직각쌍곡선**rectangular hyperbola으로 나타난다.

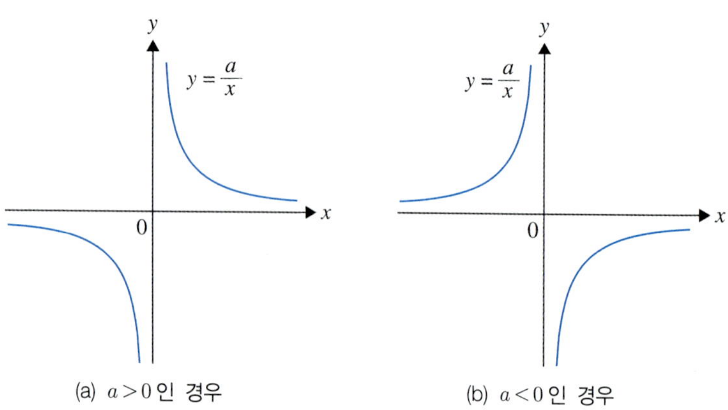

그림 1-15 반비례함수의 그래프

1.3 수열과 급수

이 절에서는 수의 나열인 수열과 수열의 모든 항을 덧셈으로 연결한 급수에 대해 살펴본다. 수열과 급수는 금융에서 이자와 원리금 합계 또는 연금 등에서 직접 사용되는 개념이기도 하다.

수열

짝수를 2, 4, 6, ⋯, $2n$, ⋯과 같이 순서대로 나열한다고 하자. 이러한 수의 나열은 2에서 시작하고, 앞의 수에 2를 더하여 다음 수를 얻는다는 규칙이 있음을 관찰할 수 있다.

정의 1-8 수열과 항

어떤 규칙에 따라 차례로 나열된 수의 열을 **수열**sequence이라 하며, 나열된 개개의 수를 수열의 **항**term이라 한다.

수열을 나타낼 때에는 다음과 같이 항이 나열된 순서를 아래첨자로 두어 a_1, a_2, ⋯, a_n, ⋯으로 나타낸다. 이때 n번째 항 a_n을 **일반항**general term이라 한다.

$$a_1 = 2,\ a_2 = 4,\ a_3 = 6,\ \cdots,\ a_n = 2n,\ \cdots$$

위의 수열에서 수가 나열된 규칙을 f라 하면 n번째 항 a_n은 다음과 같이 표현할 수 있다.

$$a_n = f(n) = 2n$$

짝수의 수열에서 n번째 항 a_n은 자연수 n을 실수 $2n$으로 대응시키는 함수로 생각할 수 있다. 음이 아닌 실수 전체의 집합 $\mathbb{R}^+$에 대해 함수 $f : \mathbb{R}^+ \to \mathbb{R}$, $f(x) = 2x$의 그래프는 [그림 1-16]에서 실선이고, 수열 $a_n = 2n$의 그래프는 점으로 표현된다.

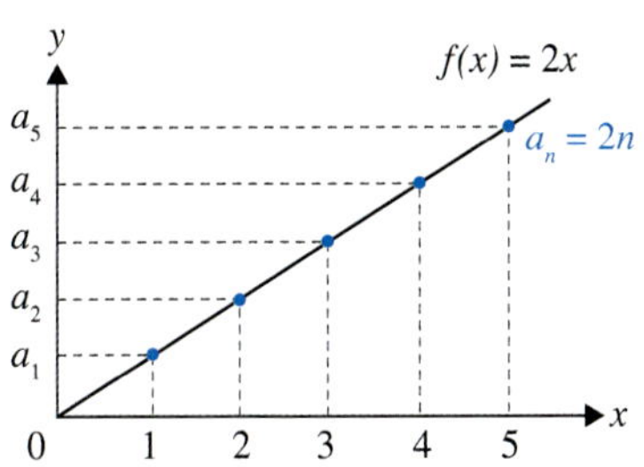

그림 1-16 함수와 수열

수학에서는 정의역이 자연수 전체의 집합 $\mathbb{N}$인 함수 $f : \mathbb{N} \rightarrow \mathbb{R}$을 수열이라 하는데, 수열은 다음과 같이 여러 가지 방법으로 나타낼 수 있다.

$$\{a_1, a_2, a_3, \cdots, a_n, \cdots\}, \quad \{a_n\}, \{a_n\}_{n=1}^{\infty}$$

이때 다음과 같은 두 종류의 특별한 수열을 생각할 수 있다.

① 수열 $\{2n-1\}$은 첫 번째 항 1에 일정한 수 2를 계속하여 더하는 규칙에 의해 그 다음 항이 만들어진다.

② 수열 $\{2^{n-1}\}$은 첫 번째 항 1에 일정한 수 2를 곱하는 규칙에 의해 그 다음 항이 만들어진다.

정의 1-9 등차수열과 등비수열

(1) 첫 번째 항 a에 일정한 수 d를 계속하여 더하여 그 다음 항이 만들어지는 수열을 **등차수열**arithmetic sequence이라 하며, d를 **공차**common difference라 한다.

(2) 첫 번째 항 a에 일정한 수 r을 계속하여 곱하여 그 다음 항이 만들어지는 수열을 **등비수열**geometric sequence이라 하며, r을 **공비**common ratio라 한다.

[정의 1-9(1)]에서 공차 d는 연속한 두 항의 차이를 나타내므로 $a_{n+1} - a_n = d$가 성립한다. 그러면 모든 자연수 n에 대해 첫 번째 항이 a이고 공차가 d인 등차수열의 일반항은 다음과 같다.

$$a_n = a + (n-1)d$$

[정의 1-9(2)]에서 공비 r은 연속한 두 항의 비를 나타내므로 $\frac{a_{n+1}}{a_n} = r$이 성립한다. 그러면 모든 자연수 n에 대해 첫 번째 항이 a이고 공비가 r인 등비수열의 일반항은 다음과 같다.

$$a_n = ar^{n-1}$$

예제 1-7

다음 수열의 공차 또는 공비를 구하고, 일반항을 구하라.

(a) $\{4, 7, 10, \cdots\}$

(b) $\left\{4, 2, 1, \frac{1}{2}, \frac{1}{4}, \cdots\right\}$

TIP 각 항이 이루는 규칙을 찾는다.

풀이

(a) 첫 번째 항은 4이고 앞의 항에 3씩 계속 더하는 등차수열이므로 공차는 $d = 3$이다. 따라서 일반항은 $a_n = 4 + (n-1)\times 3 = 3n + 1$이다.

(b) 첫 번째 항은 4이고 앞의 항에 $\frac{1}{2}$씩 계속 곱하는 등비수열이므로 공비는 $r = \frac{1}{2}$이다.

따라서 일반항은 $a_n = 4\times\left(\frac{1}{2}\right)^{n-1} = \frac{1}{2^{n-3}}$이다.

■ 수열의 합

매월 고정금리가 3%이고 복리로 계산하여 일정 금액을 저축한다고 하자. 이자가 포함된 월별 적립금을 나열한 것을 수열이라 생각할 수 있다. 매월 납입한 금액에 대한 5년 후의 원리금을 계산한다면, 60개월 동안 적립한 금액의 총합이 된다. 따라서 수리적으로는 적립금의 총합을 수열의 각 항을 더한 것으로 이해할 수 있다.

수열의 첫 번째 항이 a_1이고 공차가 d인 등차수열의 n번째 항까지의 합을 S_n이라 하면, $a_n = a_1 + (n-1)d$이므로 S_n을 다음과 같이 전개할 수 있다.

$$\begin{aligned} S_n &= a_1 + a_2 + a_3 + \cdots + a_n \\ &= a_1 + (a_1 + d) + (a_1 + 2d) + \cdots + [a_1 + (n-1)d] \\ &= na_1 + [1 + 2 + \cdots + (n-1)]d \\ &= na_1 + \frac{n(n-1)}{2}d = \frac{n[2a_1 + (n-1)d]}{2} \end{aligned}$$

따라서 첫 번째 항이 a이고 공차가 d인 등차수열의 n번째 항까지의 합 S_n은 다음과 같다.

$$S_n = \frac{n[2a + (n-1)d]}{2}$$

이번에는 등비수열의 합을 구해 보자. 첫 번째 항이 a이고 공비가 $r\,(r \neq 1)$인 등비수열의 n번째 항까지의 합을 S_n이라 하면, $a_n = ar^{n-1}$이므로 S_n과 rS_n을 각각 다음과 같이 구할 수 있다.

$$S_n = a + ar + ar^2 + ar^3 + \cdots + ar^{n-1}$$
$$rS_n = \quad ar + ar^2 + ar^3 + \cdots + ar^{n-1} + ar^n$$

두 식에서 양변을 각각 빼고, $r \neq 1$임을 이용하면 다음을 얻는다.

$$S_n - rS_n = a - ar^n \quad \text{즉,}\ S_n = \frac{a(1-r^n)}{1-r}$$

따라서 첫 번째 항이 a이고 공비가 $r\,(r \neq 1)$인 등비수열의 n번째 항까지의 합 S_n은 다음과 같다.

$$S_n = \frac{a(1-r^n)}{1-r} \tag{1.1}$$

만약 $r = 1$이면 $S_n = na$이다.

예제 1-8

다음 수열에 대해 처음 다섯 개의 항의 합을 구하라.

(a) $\{4,\ 7,\ 10,\ \cdots\}$

(b) $\left\{4,\ 2,\ 1,\ \frac{1}{2},\ \frac{1}{4},\ \cdots\right\}$

풀이

(a) 첫 번째 항이 $a = 4$, 공차가 $d = 3$, 항의 수가 $n = 5$이므로 처음 다섯 번째 항의 합은 다음과 같다.

$$S_5 = \frac{5 \times (8 + 4 \times 3)}{2} = 50$$

(b) 첫 번째 항이 $a = 4$, 공비가 $d = \frac{1}{2}$, 항의 수가 $n = 5$이므로 처음 다섯 번째 항의 합은 다음과 같다.

$$S_5 = \frac{4 \times (1 - (1/2)^5)}{1 - (1/2)} = \frac{31}{4}$$

■ 수열의 극한

수열 $\{a_n\}$에서 n이 한없이 커질 때, a_n이 어떻게 되는지 생각해보자. 예를 들어 수열 $a_n = 1 - \dfrac{1}{n+1}$이 있다고 하자. n이 한없이 커지면 $\dfrac{1}{n+1}$은 0에 가까워지고, [그림 1-17]과 같이 $a_n = 1 - \dfrac{1}{n+1}$은 1에 가까워진다.

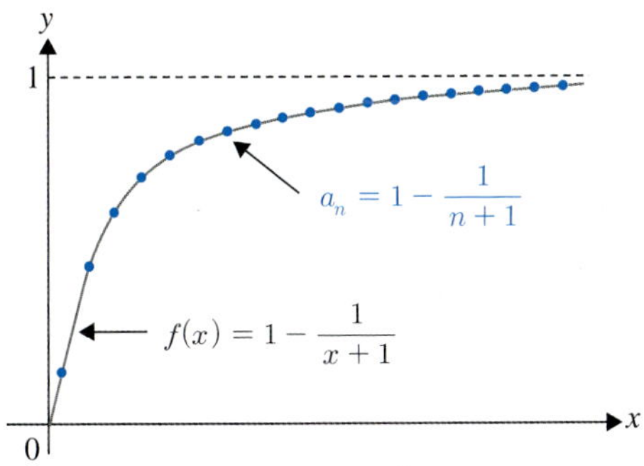

그림 1-17 **함수 $f(x) = 1 - \dfrac{1}{x+1}$과 수열 $a_n = 1 - \dfrac{1}{n+1}$의 극한**

정의 1-10 수열의 극한

(1) n이 한없이 커질 때 a_n이 일정한 수 L에 가까워지면, 수열 $\{a_n\}$은 L에 **수렴**converge한다고 하고, "$n \to \infty$ 일 때 $a_n \to L$" 또는 $\lim_{n\to\infty} a_n = L$로 나타낸다. 수렴하지 않으면 수열 a_n은 **발산**diverge한다고 한다.

(2) a_n이 가까워지는 수 L을 수열 $\{a_n\}$의 **극한값**value of limit 또는 **극한**limit이라 한다.

예를 들어 $a_n = 1 - \dfrac{1}{n+1}$은 n이 한없이 커질수록 1에 가까워지므로 수열 $\left\{1 - \dfrac{1}{n+1}\right\}$은 극한 1로 수렴하고, 다음과 같이 나타낸다.

$$\lim_{n\to\infty}\left(1 - \frac{1}{n+1}\right) = 1$$

수열 $\{a_n\}$의 일반항 $a_n = 2n - 3$은 n이 커질수록 a_n이 양의 값을 가지며 이 값은 한없이 커지므로 수열 $\{2n-3\}$은 발산한다. 이렇게 n이 커질수록 a_n이 양의 값을 가지며 한없이 커지는 수열 $\{a_n\}$은 양의 **무한대**infinity로 발산한다 하고 $\lim_{n\to\infty} a_n = \infty$[5]로 나타낸다.

5 무한대 기호 ∞는 수가 아니라 계속하여 커지는 상태를 나타낸다.

수열 $\{a_n\}$의 일반항 $a_n = 10 - 2n$은 6번째 항부터 음의 값을 가지며 각 항의 절댓값이 한없이 커지므로 수열 $\{10 - 2n\}$은 발산한다. 이렇게 n이 커질수록 a_n이 음의 값을 가지며 절댓값이 한없이 커지는 수열 $\{a_n\}$은 음의 **무한대**infinity로 발산한다 하고 $\lim_{n\to\infty} a_n = -\infty$로 나타낸다.

수열 $\{a_n\}$의 일반항 $a_n = (-1)^n$은 -1과 1이 교대로 나타나는데, n이 커질수록 각 항이 일정한 값으로 접근하지 않으므로 수열 $\{(-1)^n\}$은 발산한다. 특히 이러한 수열은 진동한다고 한다. 한편 수렴하는 두 수열 $\{a_n\}$과 $\{b_n\}$에 대하여 다음이 성립한다.

정리 1-2 수열의 성질

수열 $\{a_n\}$과 $\{b_n\}$에 대하여 $\lim_{n\to\infty} a_n = \alpha$, $\lim_{n\to\infty} b_n = \beta$이고 α, β, k가 실수일 때 다음이 성립한다.

(1) $\lim_{n\to\infty} k = k$

(2) $\lim_{n\to\infty} ka_n = k\lim_{n\to\infty} a_n = k\alpha$

(3) $\lim_{n\to\infty} (a_n + b_n) = \lim_{n\to\infty} a_n + \lim_{n\to\infty} b_n = \alpha + \beta$

(4) $\lim_{n\to\infty} (a_n - b_n) = \lim_{n\to\infty} a_n - \lim_{n\to\infty} b_n = \alpha - \beta$

(5) $\lim_{n\to\infty} a_n b_n = \left(\lim_{n\to\infty} a_n\right)\left(\lim_{n\to\infty} b_n\right) = \alpha\beta$

(6) $\lim_{n\to\infty} \dfrac{a_n}{b_n} = \dfrac{\lim_{n\to\infty} a_n}{\lim_{n\to\infty} b_n} = \dfrac{\alpha}{\beta}$ (단, $b_n \neq 0$, $\beta \neq 0$)

(7) $\lim_{n\to\infty} (a_n)^k = \left[\lim_{n\to\infty} a_n\right]^k = \alpha^k$

(8) 모든 n에 대해 $a_n \le b_n$이면 $\lim_{n\to\infty} a_n \le \lim_{n\to\infty} b_n$이다.

등비수열 $\{r^n\}$은 공비 r의 값에 따라 수렴과 발산의 여부를 알 수 있다.

❶ $r > 1$이면 $\lim_{n\to\infty} r^n = \infty$이다.

❷ $r = 1$이면 $\lim_{n\to\infty} r^n = 1$이다.

❸ $-1 < r < 1$이면 $\lim_{n\to\infty} r^n = 0$이다.

❹ $r \le -1$이면 수열 $\{a_n\}$은 발산한다.

설명

예제 1-9

다음 수열의 극한을 구하라.

(a) $\left\{\dfrac{2}{n+1}\right\}$ (b) $\left\{\dfrac{3n}{6n+1}\right\}$ (c) $\dfrac{n^2+n-1}{n^2+1}$ (d) $\left\{1+\left(-\dfrac{1}{3}\right)^n\right\}$

풀이

(a) $\lim\limits_{n\to\infty} 2 = 2$ 이고 $\lim\limits_{n\to\infty}(n+1) = \infty$ 로 $\lim\limits_{n\to\infty}\dfrac{1}{n+1} = 0$ 이므로 구하고자 하는 극한은 다음과 같다.

$$\lim_{n\to\infty}\frac{2}{n+1} = \lim_{n\to\infty}2\cdot\lim_{n\to\infty}\frac{1}{n+1} = 2\cdot 0 = 0$$

(b) $\lim\limits_{n\to\infty}3n = \infty$ 이고 $\lim\limits_{n\to\infty}(6n+1) = \infty$ 이므로 [정리 1-2]를 바로 이용할 수 없다. 일반항에서 분모와 분자의 최고차항인 n 으로 나누고 $\lim\limits_{n\to\infty}\dfrac{1}{n} = 0$ 을 이용하면 다음 극한을 얻는다.

$$\lim_{n\to\infty}\frac{3n}{6n+1} = \frac{\lim\limits_{n\to\infty}3}{\lim\limits_{n\to\infty}\left(6+\dfrac{1}{n}\right)} = \frac{3}{\lim\limits_{n\to\infty}6+\lim\limits_{n\to\infty}\dfrac{1}{n}} = \frac{3}{6+0} = \frac{1}{2}$$

(c) $\lim\limits_{n\to\infty}(n^2+n-1) = \infty$ 이고 $\lim\limits_{n\to\infty}(n^2+1) = \infty$ 이므로 [정리 1-2]를 바로 이용할 수 없다. 일반항에서 분모와 분자의 최고차항인 n^2 으로 나누고 $\lim\limits_{n\to\infty}\dfrac{1}{n} = 0$ 과 $\lim\limits_{n\to\infty}\dfrac{1}{n^2} = 0$ 을 이용하면 다음 극한을 얻는다.

$$\lim_{n\to\infty}\frac{n^2+n-1}{n^2+1} = \frac{\lim\limits_{n\to\infty}\left(1+\dfrac{1}{n}-\dfrac{1}{n^2}\right)}{\lim\limits_{n\to\infty}\left(1+\dfrac{1}{n^2}\right)} = \frac{\lim\limits_{n\to\infty}1+\lim\limits_{n\to\infty}\dfrac{1}{n}-\lim\limits_{n\to\infty}\dfrac{1}{n^2}}{\lim\limits_{n\to\infty}1+\lim\limits_{n\to\infty}\dfrac{1}{n^2}}$$

$$= \frac{1+0-0}{1+0} = 1$$

(d) 등비수열 $\left\{\left(-\dfrac{1}{3}\right)^n\right\}$ 의 공비가 $r = -\dfrac{1}{3}$ 이므로 $\lim\limits_{n\to\infty}\left(-\dfrac{1}{3}\right)^n = 0$ 이다. 따라서 구하고자 하는 극한은 다음과 같다.

$$\lim_{n\to\infty}\left\{1+\left(-\frac{1}{3}\right)^n\right\} = \lim_{n\to\infty}1+\lim_{n\to\infty}\left(-\frac{1}{3}\right)^n = 1+0 = 1$$

■ 여러 가지 수열

[정의 1-7]과 같이 수열 $\{a_n\}$도 다음과 같이 분류할 수 있다.

정의 1-11 여러 가지 수열

(1) 모든 자연수 n에 대하여 $a_n < a_{n+1}$이면 $\{a_n\}$을 **증가수열**increasing sequence이라 하고, $a_n > a_{n+1}$이면 **감소수열**decreasing sequence이라 한다. 그리고 증가하거나 감소하는 수열을 **단조수열**monotone sequence이라 한다.

(2) 모든 자연수 n에 대하여 $a_n \le M$을 만족하는 실수 M이 존재하면 $\{a_n\}$은 **위로 유계**bounded above라 하고, $a_n \ge m$을 만족하는 실수 m이 존재하면 $\{a_n\}$은 **아래로 유계**bounded below라 한다. 그리고 위로 유계이면서 동시에 아래로 유계인 수열을 **유계수열**bounded sequence이라 한다.

몇 가지 수열의 예를 통해 단조수열과 유계수열의 여부를 확인해 보자. 수열 $\left\{1 - \frac{1}{n+1}\right\}$은 [그림 1-17]과 같이 $a_n < a_{n+1}$이므로 증가수열이고, 모든 자연수 n에 대하여 $0 < a_n < 1$이므로 유계수열이다. 수열 $\{2n\}$은 $a_n < a_{n+1}$이므로 증가수열이고, 모든 항이 $a_n > 0$이므로 아래로 유계이지만 한없이 커지므로 위로 유계가 아니다. 수열 $\{10 - 2n\}$은 $a_n > a_{n+1}$이므로 감소수열이고, 모든 항이 $a_n < 10$이므로 위로 유계이지만 한없이 작아지므로 아래로 유계는 아니다. 수열 $\{(-1)^n\}$은 모든 항이 $-1 \le a_n \le 1$이므로 유계수열이지만 1과 -1 사이에서 교대로 나타나며 진동하므로 단조수열이 아니다. 이때 유계수열이고 단조수열인 $\left\{1 - \frac{1}{n+1}\right\}$은 다음과 같이 극한이 존재하는 것을 알 수 있다.

$$\lim_{n \to \infty}\left(1 - \frac{1}{n+1}\right) = 1$$

그러나 단조수열이더라도 유계수열이 아닌 수열 $\{2n\}$, $\{10 - 2n\}$은 발산하며, 유계수열이더라도 단조수열이 아닌 수열 $\{(-1)^n\}$도 발산한다. 이로부터 유계인 단조수열에 대해 다음 **단조수렴 정리**monotone convergence theorem가 성립한다.

정리 1-3 단조수렴 정리

모든 유계인 단조수열은 항상 수렴한다.

[정리 1-3]을 이용한 대표적인 예가 수열 $a_n = \left(1+\dfrac{1}{n}\right)^n$ 이다. 이 수열은 모든 자연수 n에 대해 증가하며, 모든 항이 3보다 작다. 따라서 모든 항에 대해 다음과 같이 유계수열임을 알 수 있다.

$$2 \le \left(1+\frac{1}{n}\right)^n < 3$$

따라서 단조수렴 정리에 의해 수열 $\left(1+\dfrac{1}{n}\right)^n$ 은 수렴한다. 이 수열의 극한은 약 $2.718\cdots$ 인 무리수이며, 이를 **자연상수**natural number 또는 **오일러 수**Euler's number라 하며 문자 e로 나타낸다. 즉 무리수 e를 다음 극한으로 정의한다.[6]

$$\lim_{n\to\infty}\left(1+\frac{1}{n}\right)^n = e$$

급수

사망할 때까지 일정한 금액을 적립하는 사망보험과 같이 기한이 정해지지 않았을 때, 사망 시기에 지급되는 연금액을 구하며 필요한 수학적 도구가 무한급수이다. 이러한 사망보험은 매월 납입하는 일정한 금액에 이자율이 추가되는 월별 적립금인 수열의 합인 무한급수로 나타난다.

수열 $\{a_n\}$이 주어지면 다음과 같이 첫 번째 항부터 n번째 항까지 더하여 새로운 수열을 만들 수 있다.

$$\begin{aligned} S_1 &= a_1 \\ S_2 &= a_1 + a_2 \\ S_3 &= a_1 + a_2 + a_3 \\ &\vdots \\ S_n &= a_1 + a_2 + \cdots + a_n \\ &\vdots \end{aligned}$$

이렇게 만든 새로운 수열 $\{S_n\}$을 수열 $\{a_n\}$에 대한 **부분합 수열**sequence of partial sum이라 하고, 부분합 수열의 n번째 항을 일반적으로 다음과 같이 나타낸다.

6 이 무리수는 복리이자 계산(1.5절 참고), 신기술 확산 측정 및 판매량 예측 등에서 자주 사용된다.

$$S_n = \sum_{k=1}^{n} a_k = a_1 + a_2 + \cdots + a_n$$ [7]

다음과 같이 수열 $\{a_n\}$의 각 항을 차례대로 덧셈 기호 '+'로 연결한 식을 **무한급수**infinite series 또는 간단히 **급수**series라 하고, $\sum_{n=1}^{\infty} a_n$ 또는 간단히 $\sum a_n$으로 나타낸다.

$$\sum_{n=1}^{\infty} a_n = a_1 + a_2 + a_3 + \cdots + a_n + \cdots$$

무한급수는 다음과 같이 부분합 수열 $\{S_n\}$의 극한을 의미한다. 부분합 수열이 일정한 값 S로 수렴하면 급수 $\sum_{n=1}^{\infty} a_n$은 S로 **수렴**converge한다고 한다.

$$\lim_{n \to \infty} S_n = \lim_{n \to \infty} \sum_{k=1}^{n} a_k = \sum_{n=1}^{\infty} a_n = S$$

또한 급수가 수렴하지 않으면 **발산**diverge한다고 한다. 한편 다음과 같이 첫 번째 항이 $a\,(a \neq 0)$이고 공비가 $r\,(r \neq 1)$인 등비수열의 합을 **무한등비급수**infinite geometric series라 한다.

$$a + ar + ar^2 + \cdots + ar^{n-1} + \cdots = \sum_{n=1}^{\infty} ar^{n-1}$$

앞에서 살펴본 식 (1.1)을 참고하여 공비 $r\,(r \neq 1)$에 대해 n 번째 항까지 등비수열의 합은 다음과 같다.

$$S_n = \frac{a(1-r^n)}{1-r}$$

$r = 1$이면 $S_n = na$이므로 무한등비급수는 공비 r의 값에 따라 수렴과 발산을 알 수 있다.

❶ $r > 1$이면 $\lim_{n \to \infty} r^n = \infty$이므로 $\sum ar^{n-1}$은 발산한다.

❷ $r = 1$이면 $S_n = na$이므로 $\sum ar^{n-1}$은 발산한다.

---

7 수학 기호 $\sum$는 '더한다'는 영문 'Sum'에서 대문자 S에 대응한 그리스 문자이고 'sigma'로 읽는다.

❸ $-1 < r < 1$ 이면 $\lim_{n\to\infty} r^n = 0$ 이므로 $\lim_{n\to\infty} S_n = \lim_{n\to\infty} \frac{a(1-r^n)}{1-r} = \frac{a}{1-r}$ 이다.

즉, $\sum ar^{n-1} = \frac{a}{1-r}$ 이다.

❹ $r \le -1$ 이면 수열 $\{a_n\}$은 진동하므로 $\sum ar^{n-1}$ 은 발산한다.

예제 1-10

다음 급수의 합을 구하라.

(a) $\sum_{n=1}^{\infty} \frac{1}{2^n}$ **(b)** $\sum_{n=1}^{\infty} \left(-\frac{1}{2}\right)^n$ **(c)** $\sum_{n=1}^{\infty} 2^n$ **(d)** $\sum_{n=1}^{\infty} (-2)^n$

풀이

(a) 첫 번째 항이 $\frac{1}{2}$ 이고 공비가 $\frac{1}{2}$ 인 무한등비급수이므로 $\sum_{n=1}^{\infty} \frac{1}{2^n} = \frac{\frac{1}{2}}{1-\frac{1}{2}} = 1$ 이다.

(b) 첫 번째 항이 $-\frac{1}{2}$ 이고 공비가 $-\frac{1}{2}$ 인 무한등비급수이므로 $\sum_{n=1}^{\infty} \left(-\frac{1}{2}\right)^n = \frac{-\frac{1}{2}}{1-(-\frac{1}{2})}$

$= -\frac{1}{3}$ 이다.

(c) 공비가 2 이므로 무한등비급수는 발산한다.

(d) 공비가 -2 이므로 무한등비급수는 발산한다.

1.4 지수함수와 로그함수

실수 $a\,(a \neq 1)$와 자연수 n에 대하여 a^n은 a를 n번 거듭제곱한 것으로 정의한다. 이 절에서는 n을 자연수에서 실수로 확장한 함수인 지수함수와 그 역함수인 로그함수를 살펴본다. 지수함수와 로그함수는 기술혁신의 파급, 금융이자분석, 경제성장, 동태분석 등 경영학과 경제학의 다양한 개념에 사용된다.

지수

$a^n = \underbrace{a \cdots a}_{n}$과 같이 $a \neq 0$인 임의의 실수 a를 n번 거듭하여 곱한 결과를 a의 n**거듭제곱**power이라 한다. 이때 자연수 n을 a의 **지수**exponent, a를 **밑**base이라 한다. 또한, 실수 $a\,(a \neq 0)$에 대해 지수가 0 또는 음의 정수이면 다음과 같이 정의한다.

$$a^0 = 1, \quad a^{-n} = \frac{1}{a^n}$$

여기서 n은 자연수이며, 임의의 실수 a와 두 자연수 n, m에 대하여 다음을 얻는다.

$$a^n \cdot a^m = \underbrace{a \cdots a}_{n} \cdot \underbrace{a \cdots a}_{m} = \underbrace{a \cdots a}_{n+m} = a^{n+m}$$

이와 같은 방법을 이용하여 **지수법칙**law of exponents이라 부르는 다음 성질을 얻을 수 있다.

정리 1-4 지수법칙

임의의 실수 a, b와 자연수 n, m에 대하여 다음이 성립한다.

(1) $a^n a^m = a^{n+m}$

(2) $\dfrac{a^n}{a^m} = a^n \cdot \dfrac{1}{a^m} = a^n \cdot a^{-m} = a^{n-m}$(단, $a \neq 0$)

(3) $(ab)^n = a^n b^n$

(4) $\left(\dfrac{a}{b}\right)^n = \dfrac{a^n}{b^n} = a^n \cdot b^{-n}$ (단, $b \neq 0$)

(5) $(a^n)^m = a^{nm}$

여기서 지수를 모든 실수로 확장할 수 있다. 만일 자연수 n에 대하여 $a^n = b$를 만족하는 실수 b가 존재한다면, 이 수를 a의 n **제곱근**square root이라 하고 다음과 같이 나타낸다.

$$\sqrt[n]{a} = a^{\frac{1}{n}}$$

양수 a와 임의의 두 정수 p, $q(q>0)$에 대하여 지수가 유리수 $\frac{p}{q}$로 주어지는 실수를 다음과 같이 정의한다.

$$a^{\frac{p}{q}} = \left(a^{\frac{1}{q}}\right)^p = (\sqrt[q]{a})^p = \sqrt[q]{a^p}$$

지수가 무리수 x인 경우에도 양수 a에 대해 a^x을 정의할 수 있으며, [정리 1-4]의 지수법칙이 성립한다.

설명

예제 1-11

다음 식을 간단히 하라.

(a) $2^{-2} \times 4^{-\frac{3}{2}} \times \left(\frac{1}{8}\right)^{-2}$ **(b)** $(27^{-3})^{\frac{1}{18}} \times \sqrt{\frac{1}{3}} \div 3^{-4}$ **(c)** $\dfrac{\sqrt{\sqrt[3]{512} \times \sqrt{27}}}{\sqrt[4]{\sqrt[4]{16} \times \sqrt{36}}}$

풀이

(a) $4^{-\frac{3}{2}} = (2^2)^{-\frac{3}{2}} = 2^{2\left(-\frac{3}{2}\right)} = 2^{-3}$이고, $\left(\frac{1}{8}\right)^{-2} = (2^{-3})^{-2} = 2^{(-3)(-2)} = 2^6$이므로 구하고자 하는 식의 값은 다음과 같다.

$$2^{-2} \times 4^{-\frac{3}{2}} \times \left(\frac{1}{8}\right)^{-2} = 2^{-2} \times 2^{-3} \times 2^6 = 2^{-2-3+6} = 2^1 = 2$$

(b) $(27^{-3})^{\frac{1}{18}} = \{(3^3)^{-3}\}^{\frac{1}{18}} = (3^{-9})^{\frac{1}{18}} = 3^{(-9)\left(\frac{1}{18}\right)} = 3^{-\frac{1}{2}}$이고, $\sqrt{\frac{1}{3}} = \frac{1}{\sqrt{3}} = \frac{1}{3^{\frac{1}{2}}} = 3^{-\frac{1}{2}}$ 이므로 구하고자 하는 식의 값은 다음과 같다.

$$(27^{-3})^{\frac{1}{18}} \times \sqrt{\frac{1}{3}} \div 3^{-4} = 3^{-\frac{1}{2}} \times 3^{-\frac{1}{2}} \times 3^4 = 3^{\left(-\frac{1}{2}\right)+\left(-\frac{1}{2}\right)+4} = 3^3 = 27$$

(c) 분자와 분모의 각 항을 간단히 하면 다음과 같다.

$$\sqrt[3]{512} = (2^9)^{\frac{1}{3}} = 2^{(9)(\frac{1}{3})} = 2^3$$

$$\sqrt{27} = \sqrt{3^3} = (3^3)^{\frac{1}{2}} = 3^{(3)(\frac{1}{2})} = 3^{\frac{3}{2}}$$

$$\sqrt[4]{16} = \sqrt[4]{2^4} = (2^4)^{\frac{1}{4}} = 2^{(4)(\frac{1}{4})} = 2$$

$$\sqrt{36} = \sqrt{2^2 \times 3^2} = (2^2 \times 3^2)^{\frac{1}{2}} = (2^2)^{\frac{1}{2}} \times (3^2)^{\frac{1}{2}} = 2^{(2)(\frac{1}{2})} \times 3^{(2)(\frac{1}{2})} = 2 \times 3$$

$$\sqrt{\sqrt[3]{512} \times \sqrt{27}} = \sqrt{2^3 \times 3^{\frac{3}{2}}} = (2^3 \times 3^{\frac{3}{2}})^{\frac{1}{2}} = (2^3)^{\frac{1}{2}} \times (3^{\frac{3}{2}})^{\frac{1}{2}} = 2^{\frac{3}{2}} \times 3^{\frac{3}{4}}$$

$$\sqrt[4]{\sqrt[4]{16} \times \sqrt{36}} = \sqrt[4]{2 \times 2 \times 3} = (2^2 \times 3)^{\frac{1}{4}} = 2^{\frac{1}{2}} \times 3^{\frac{1}{4}}$$

그러므로 구하고자 하는 식의 값은 다음과 같다.

$$\frac{\sqrt{\sqrt[3]{512} \times \sqrt{27}}}{\sqrt[4]{\sqrt[4]{16} \times \sqrt{36}}} = \frac{2^{\frac{3}{2}} \times 3^{\frac{3}{4}}}{2^{\frac{1}{2}} \times 3^{\frac{1}{4}}} = \left(2^{\frac{3}{2}} \times 3^{\frac{3}{4}}\right) \times \left(2^{-\frac{1}{2}} \times 3^{-\frac{1}{4}}\right)$$

$$= 2^{(\frac{3}{2})+(-\frac{1}{2})} \times 3^{(\frac{3}{4})+(-\frac{1}{4})} - 2^1 \times 3^{\frac{1}{2}} - 2\sqrt{3}$$

지수함수

일반적으로 임의의 양수 $a\,(a \neq 1)$가 주어질 때, 임의의 실수 x에 대하여 a^x이 오로지 하나씩 대응한다. 따라서 함수 $f(x) = a^x$은 대응관계 $f : \mathbb{R} \rightarrow \mathbb{R}$이며, $y = a^x$을 밑이 a인 **지수함수**exponential function라고 한다. $x = -2,\ -1,\ 0,\ 1,\ 2$일 때 $y = 2^x$과 $y = \left(\frac{1}{2}\right)^x$의 좌표점을 곡선으로 연결하면 [그림 1-18]과 같다.

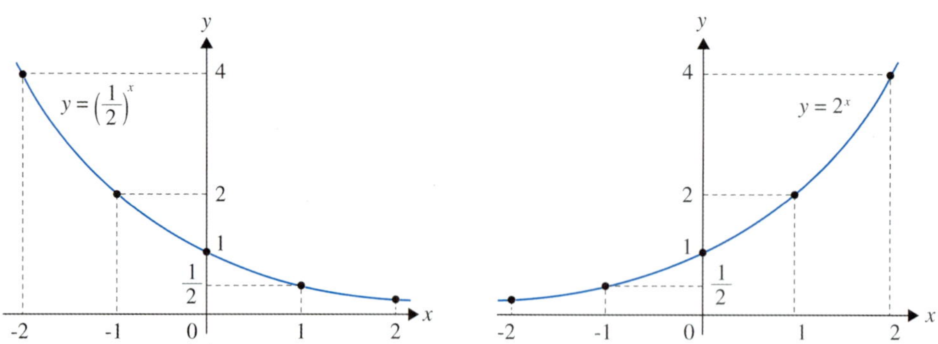

(a) $y = \left(\frac{1}{2}\right)^x$ 의 그래프　　(b) $y = 2^x$ 의 그래프

그림 1-18 지수함수 $y = \left(\frac{1}{2}\right)^x$과 $y = 2^x$의 그래프

두 지수함수의 그래프를 살펴보면 정의역이 실수 전체의 집합이고, 치역이 양수 전체의 집합이다. 또한 양수 a에 대해 $a^0 = 1$이므로 두 지수함수는 모두 $y = 1$을 지난다. 단, $a = 1$이면 임의의 실수 x에 대하여 $y = 1^x = 1$이므로 $f(x) = 1^x$은 지수함수가 아닌 상수함수이다. 특히 [그림 1-19]에서 보는 바와 같이 $a > 1$이면 지수함수는 증가함수이고, $0 < a < 1$이면 감소함수임을 알 수 있다. 이러한 사실을 종합하면 지수함수 $f(x) = a^x$에 대해 다음 성질을 얻는다.

표 1-2 지수함수의 성질

	$0 < a < 1$인 경우	$a > 1$인 경우
(1)	정의역 : $-\infty < x < \infty$	정의역 : $-\infty < x < \infty$
(2)	치역 : $0 < y < \infty$	치역 : $0 < y < \infty$
(3)	y축 절편 : $y = 1$	y축 절편 : $y = 1$
(4)	감소함수	증가함수
(5)	전단사함수	전단사함수
(6)	x가 커질수록 a^x은 0에 한없이 가까워지고, x가 음수이고 절댓값이 커질수록 a^x은 한없이 증가한다.	x가 커질수록 a^x은 한없이 증가하고, x가 음수이고 절댓값이 커질수록 a^x은 0에 한없이 가까워진다.

따라서 밑 a에 따라 지수함수의 그래프는 [그림 1-19]와 같다.

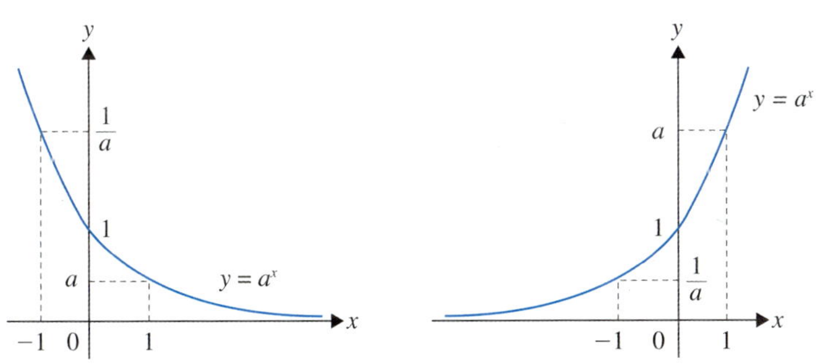

(a) $0<a<1$인 경우 (b) $a>1$인 경우

그림 1-19 지수함수 $y=a^x$의 그래프

특히 밑 a가 1.3절에서 정의한 무리수 e이면 지수함수 $f(x) = e^x$을 **자연지수함수**natural exponential function라 한다. 자연지수함수의 그래프는 $e > 1$이므로 [그림 1-19(b)]와 같은 형태이다.

로그함수

지수함수 $y = 2^x$은 증가함수이고 [정의 1-7]에 따라 전단사함수이므로 역함수 $y = f^{-1}(x)$가 존재한다. 이 역함수는 [그림 1-20]과 같이 직선 $y = x$에 대해 대칭이다.

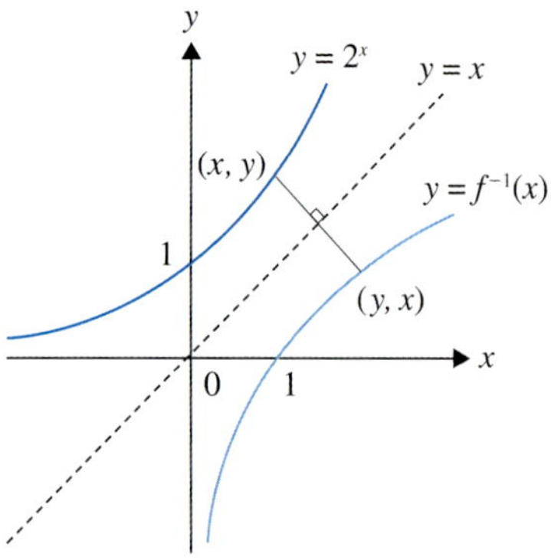

그림 1-20 함수 $y = 2^x$ 과 그 역함수

양수 $a\,(a \neq 1)$에 대해 지수함수 $y = a^x$ 은 항상 역함수 $y = f^{-1}(x)$를 갖는다. 이때 이 역함수를 밑이 a인 **로그함수**logarithmic function라 하고, 이를 기호로 $y = \log_a x$라 나타낸다. 따라서 로그함수 $y = \log_a x$는 지수함수 $y = a^x$ 의 역함수이므로 [표 1-2]를 참고하면 다음 성질을 얻을 수 있다.

표 1-3 로그함수의 성질

	$0 < a < 1$인 경우	$a > 1$인 경우
(1)	정의역 : $0 < x < \infty$	정의역 : $0 < x < \infty$
(2)	치역 : $-\infty < y < \infty$	치역 : $-\infty < y < \infty$
(3)	x축 절편 : $x = 1$	x축 절편 : $x = 1$
(4)	감소함수	증가함수
(5)	전단사함수	전단사함수
(6)	$x > 1$이 커질수록 $\log_a x$는 음수이고 절댓값이 한없이 증가하며, 양수 x가 0에 한없이 가까워지면 $\log_a x$는 한없이 커진다.	$x > 1$이 커질수록 $\log_a x$는 한없이 증가하고, 양수 x가 0에 한없이 가까워지면 $\log_a x$는 음수이고 절댓값이 한없이 커진다.

따라서 밑 a에 따라 로그함수의 그래프는 [그림 1-21]과 같다.

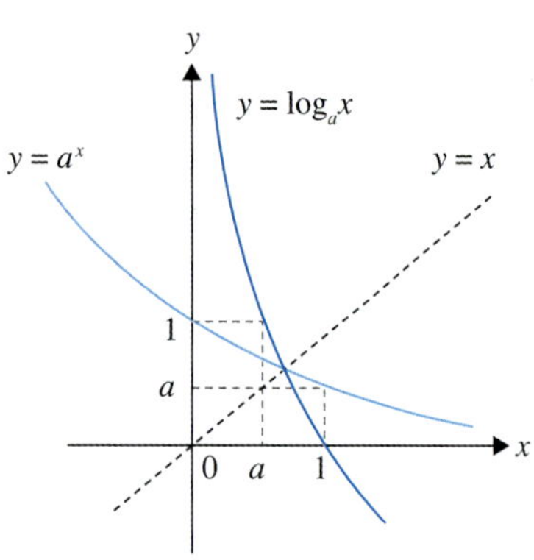

(a) $0 < a < 1$인 경우

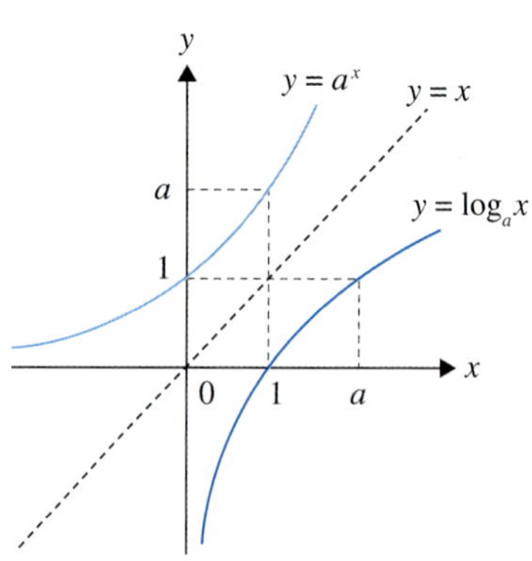

(b) $a > 1$인 경우

그림 1-21 로그함수 $y = \log_a x$의 그래프

$y = f(x)$의 역함수는 $x = f^{-1}(y)$이므로 다음을 얻는다.

$$y = \log_a x \Leftrightarrow x = a^y$$

1이 아닌 양수 a에 대하여 $a^0 = 1,\ a^1 = a,\ a^{-1} = \frac{1}{a}$이므로 밑이 a인 로그에 대해 다음을 얻는다.

$$\log_a 1 = 0,\ \log_a a = 1,\ \log_a \frac{1}{a} = \log_a a^{-1} = -1$$

로그함수와 지수함수가 서로 역함수이므로 두 함수를 합성하면 다음이 성립한다.

$$\log_a a^x = x(-\infty < x < \infty),\ a^{\log_a x} = x(x > 0)$$

밑이 무리수 e인 로그함수를 **자연로그함수**natural logarithmic function라 하고, 다음과 같이 표현한다.

$$\log_e x = \ln x$$ [8]

특히 $e > 0$이므로 다음 성질이 성립한다.

$$\ln 1 = 0,\ \ln e = 1,\ \ln \frac{1}{e} = \ln e^{-1} = -1$$

또한, 자연로그함수와 자연지수함수가 역함수이므로 다음 관계를 얻는다.

$$\ln e^x = x(\infty < x < \infty),\ e^{\ln x} = x(x > 0)$$

특히 $a = 10$인 로그함수를 **상용로그함수**common logarithmic function라 하며, 이 경우에 보편적으로 첨자를 생략하고 다음과 같이 나타낸다.

$$\log_{10} x = \log x$$

이렇게 로그함수와 자연로그함수에 대해 다음과 같은 **로그법칙**law of logarithm이 성립한다.

---

8 자연로그를 나타내는 기호 'ln'은 자연로그라는 영문 '**n**atural **l**ogarithm'에서 따왔다.

정리 1-5 **로그법칙**

임의의 실수 $a(a>0,\ a\neq 1)$와 양수 x, y에 대하여 다음이 성립한다.

(1) $\log_a xy = \log_a x + \log_a y$ $\qquad$ $\ln xy = \ln x + \ln y$

(2) $\log_a \dfrac{y}{x} = \log_a y - \log_a x$ $\qquad$ $\ln \dfrac{y}{x} = \ln y - \ln x$

(3) $\log_a x^m = m\log_a x$ $\qquad$ $\ln x^m = m\ln x$

(4) $\log_a a^m = m$ $\qquad$ $\ln e^m = m$

(5) $\log_a x = \dfrac{\log_c x}{\log_c a}$ (단, $c\neq 1$ 인 양수) $\qquad$ $\log_a x = \dfrac{\ln x}{\ln a}$

(6) $\log_a b = \dfrac{1}{\log_b a}$ (단, $b\neq 1$ 인 양수)

예제 1-12

로그법칙을 이용하여 다음 식을 간단히 하라.

(a) $\log_2 4 + \log_2 64$ $\qquad$ (b) $\log_3 9 - \log_3 27$ $\qquad$ (c) $2\log_5 50 - \log_5 100$

풀이

(a) $\log_2 4 + \log_2 64 = \log_2 2^2 + \log_2 2^6 = 2\log_2 2 + 6\log_2 2 = 2 + 6 = 8$

(b) $\log_3 9 - \log_3 27 = \log_3 3^2 - \log_3 3^3 = 2\log_3 3 - 3\log_3 3 = 2 - 3 = -1$

(c) $2\log_5 50 - \log_5 100 = 2\log_5(5\times 10) - \log_5 10^2 = 2(\log_5 5 + \log_5 10) - 2\log_5 10$

$= 2\log_5 5 = 2$

예제 1-13

다음 방정식을 풀어라.

(a) $\log_2(x+1) = 4$ $\qquad$ (b) $e^{3-2x} = 8$ $\qquad$ (c) $\ln x + \ln(x-2) = 0$

TIP 로그함수와 지수함수의 정의를 이용한다.

풀이

(a) 다음 순서에 따라 방정식의 해를 구한다.

① 우변의 4를 밑이 2인 로그로 표현한다.

$$4 = \log_2 2^4 = \log_2 16$$

② 로그함수가 전단사함수인 것을 이용한다.

$$\log_2(x+1) = \log_2 16 \Rightarrow x+1 = 16$$

③ 해를 구하면 $x = 15$이다.

(b) 다음 순서에 따라 방정식의 해를 구한다.

① 양변에 자연로그를 취한다.

$$\ln e^{3-2x} = \ln 8$$

② 자연지수와 자연로그의 관계를 이용한다.

$$3 - 2x = 3\ln 2$$

③ 해를 구하면 $x = \dfrac{3}{2}(1 - \ln 2)$이다.

(c) 다음 순서에 따라 방정식의 해를 구한다.

① 로그법칙을 이용하여 양변을 자연로그로 간단히 한다.

$$\ln x + \ln(x-2) = \ln x(x-2) = \ln 1$$

② 자연로그함수가 전단사함수인 것을 이용한다.

$$x(x-2) = 1$$

③ 근의 공식으로 해를 구한다.

$$x = 1 - \sqrt{2} \text{ 또는 } x = 1 + \sqrt{2}$$

④ $\ln x$, $\ln(x-2)$가 모두 정의되려면 $x > 0$, $x - 2 > 0$이다. 따라서 해는 $x > 2$를 만족하는 $x = 1 + \sqrt{2}$이다.

1.5 경영 · 경제에의 응용

지금까지 살펴본 기초수학과 관련이 있으면서도 경영·경제에서 기본적인 몇 가지 주제를 소개한다. 앞으로 경영학이나 경제학에서 필요한 수학을 학습하기 전에 기초수학의 내용이 경영학과 경제학에서 어떻게 응용되는지를 살펴보면, 수학이 경영·경제에 왜 필요한지를 이해할 수 있을 것이다.

손익분기점 분석

M

손익분기점break-even point 분석은 회계나 재무 분야에서 수익과 비용 관점으로 의사결정을 할 때 자주 사용되는 분석 도구이며, 함수 개념만 간단히 이해해도 살펴볼 수 있어 유용하다. 손익분기점은 일정 기간 비용지출과 수익이 일치하는 지점을 의미한다. [그림 1-22]에서는 수익선과 비용선이 교차하는 점을 나타낸다. 손익분기점 이전은 과다한 비용지출로 인해 순손실(수익 − 비용 < 0)이 발생하고, 손익분기점 이후는 매출액이 증가하여 순이익(수익 − 비용 > 0)이 발생한다. 따라서 손익분기점은 순손실에서 순이익으로 전환하는 지점이다.

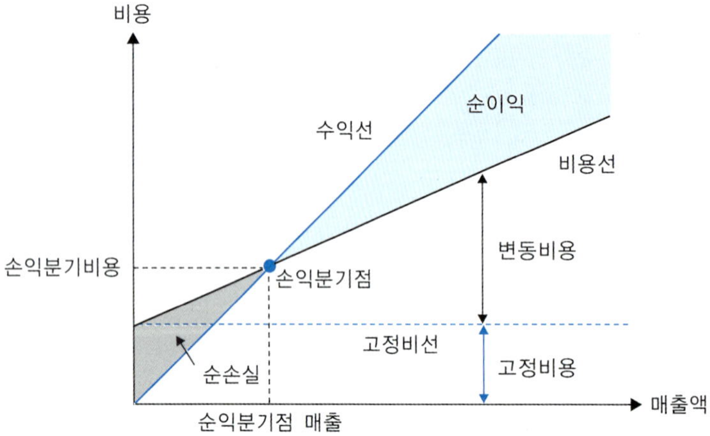

그림 1-22 손익분기점의 개념

손익분기점을 수학적으로 나타내보자. 총수익을 TR Total Revenue이라 하고, 총비용을 TC Total Cost라 하면, 손익분기점은 TR = TC가 되는 매출액을 의미한다. 이때 총비용 TC는 다음과 같이 고정비용(FC)Fixed Cost과 변동비용(VC)Variable Cost의 합으로 표현된다.

$$TC = FC + VC$$

여기서 고정비용은 매출액(S)Sales volume의 크기에 상관없이 일정하게 발생하는 비용이고 변동비용은 매출액이 증가함에 따라 늘어나는 비용을 의미한다. 이 고정비용은 토지비용, 임대료, 감가상각비, 관리비, 이자, 공과금 등을 포함하고 변동비용은 재료비, 원가, 인건비 등을 반영한다. 따라서 손익분기점을 다음과 같이 수식으로 표현할 수 있다.

$$\text{손익분기점} = \frac{\mathrm{FC}}{1-(\mathrm{VC}/\mathrm{S})}$$

분모의 $1-(\mathrm{VC}/\mathrm{S})$는 (1 − 변동비율)이며, 공헌이익률을 나타낸다. 이 공헌이익(혹은 한계이익)은 매출액에서 변동비용을 차감한 금액을 의미하며, 이 공헌이익과 고정비용이 일치하는 매출을 손익분기점 매출이라고도 한다.

리틀의 공식

M

다들 한 번쯤은 맛집에 방문했다가 대기하는 사람이 너무 많아서 식사를 포기한 경험이 있을 것이다. 사업자 입장에서 **대기열**waiting line은 서비스가 인기 있고 명성이 높음을 알리는 신호이므로 대기열이 긴 것을 선호할 것이다. 그러나 고객 입장에서는 대기열이 길면 서비스를 받을 때까지 시간이 불필요하게 낭비되고, 기다리기도 불편하기 때문에 서비스를 포기할 수도 있다. 경영과학에는 이러한 서비스 분야의 대기열을 수학적으로 다루는 **대기행렬**queuing 이론이 있으며, 그중 기본적인 법칙으로 리틀의 공식이 있다. 이 공식은 대기행렬 이론을 비롯해 통신 분야, 인적자원관리, 생산운영 및 프로세스의 효과적 관리 및 평가를 위해서도 자주 적용된다. 예를 들어 고객이 맛집의 대기열에서 얼마나 시간을 소비하는지 알아보고 싶다고 하자. 고객은 ❶ 대기열에서 순서를 기다린 뒤 ❷ 서비스를 받는다. 이 전체 과정(❶ → ❷)을 시스템이라 하며, 각 과정에 어떤 시간이 소요된다. 여기서 요구되는 몇 가지 기호는 다음과 같다.

- W : 고객이 시스템에서 소비한 전체 시간의 평균
- W_q : 고객이 대기열에서 순서를 기다리는 시간의 평균
- W_s : 고객이 서비스를 받는 시간의 평균
- λ : 고객이 단위시간 동안 시스템에 진입한 고객의 평균 인원수
- L : 시스템에 존재하는 고객의 평균 인원수
- L_q : 대기열에서 순서를 기다리는 고객의 평균 인원수
- L_s : 서비스를 받는 고객의 평균 인원수

여기서 모든 평균은 안정상태의 평균을 의미하며, **리틀의 공식**Little's Law은 다음과 같다.

$$L = \lambda W,\ L_q = \lambda W_q,\ L_s = \lambda W_s$$

첫 번째 식은 상주하는 직원이 한 명이고 한 번에 한 손님만 계산할 수 있는 편의점을 생각하면 쉽게 이해할 수 있다. 이 편의점에서 대기열 시스템은 다음과 같은 순서로 구성된다.

$$\text{고객진입} \rightarrow \text{둘러보기} \rightarrow \text{카운터 계산} \rightarrow \text{이탈}$$

고객이 편의점에 진입하는 비율(도착률)과 편의점을 이탈하는 비율(이탈률)이 같다면 그 시스템은 안정상태에 있다. 그러나 도착률이 이탈률을 초과하면 시스템이 불안정하며, 편의점에서 대기하는 고객은 무한히 증가할 것이다. 리틀의 공식에 따라 편의점 안에 있는 고객의 평균 인원수 L은 고객이 편의점에 도착한 비율 λ와 고객이 편의점에서 소비하는 전체 시간의 평균 W의 곱이다. 특히 λ와 W의 곱 λW는 편의점 안에 있는 고객의 수이므로 L과 λW는 단위가 같다.

이제 먼저 온 고객부터 서비스를 받는다는 선입선출법에 따른 대기시스템을 생각해 보자. 고객은 임의의 시각에 도착한다고 가정한다. 각 고객은 서비스가 완료될 때까지 시스템에 머무르고, 앞선 고객이 이탈한 순간에도 평균적으로 시스템 안에 L명의 고객이 있을 것이다. 시스템에 남아 있는 고객은 앞서 도착한 고객이 시스템에서 소비하는 시간 동안에 도착하는 고객 λ을 포함한다. 이때 초반에 도착한 고객이 시스템 안에서 평균 W시간을 소비하므로 λW의 고객이 시스템에 도착하게 된다. 따라서 $L = \lambda W$가 성립한다. 시스템에서 소비한 전체 시간은 대기열에서 순서를 기다리는 시간과 서비스를 받는 시간의 합이므로 다른 두 식에도 같은 논리로 적용한다.

리틀의 공식은 대기행렬 시스템을 분류하는 서버server의 수, 도착시간 분포, 서비스 원칙, 서비스 시간 분포와 무관하므로 시스템이 안정상태에 있으면 어떤 대기행렬 시스템에도 적용할 수 있다. 이번에는 리틀의 공식을 생산운영관리와 인적자원관리에서 어떻게 사용하는지 두 가지 사례를 살펴본다.

사례 1 경영학에서는 일정한 투입물input을 이용한 일이나 활동(변환활동)으로 일정한 산출물output을 만들어 내는 일련의 활동을 **프로세스**process라 한다. 산출물이 제품이면 변환과정은 생산시스템(프로젝트, 잡샵, 셀, 플로우샵, 연속형 등)이고, 산출물이 서비스이면 변환과정은 다양한 서비스 프로세스이다. 조직은 프로세스를 효과적으로 관리할 목표가 있으므로 구성원의 성과를 적절히 측정해야 한다. 이러한 성과를 측정하는 지표에는 재고, 흐름률flow rate, 흐름시간flow time 등이 있다. 재고inventory는 프로세스 내 흐름단위의 수를 나타내며 프로세스 내 제품단위, 인원 수, 화폐단위 등으로 측정한다. 흐름률은 흐름단위가 프로세스를 이동하는 속도(단위시간당 수량)를 나타낸다. 흐름시간은 흐름단위가 프로세스를 처음부터 끝까지 통과할 때까지 소요되는 시간을 의미한다. 그러면 리틀의 공식을 이용하여 성과지표를 다음과 같이 프로세스 관점에서 해석할 수 있다.

$$\text{재고}(L) = \text{흐름률}(\lambda) \times \text{흐름시간}(W)$$

이를 이용하여 에스컬레이터에 탑승한 전체 인원을 구해 보자. 초당 평균 3명이 에스컬레이터에 탑승하고, 목적지까지 이동하는 데 평균 50초가 걸린다고 가정한다. 이를 프로세스 관점에서 보면 에스컬레이터에 탑승한 전체 인원은 재고(L)이고, 매초 에스컬레이터에 탑승한 평균 3명이 흐름률(λ)이며 이동 시간인 50초가 흐름시간(W)이다. 따라서 재고는 다음과 같이 150명이다.

$$\text{탑승 인원(재고)} = \text{흐름률} \times \text{흐름시간} = 3\text{명/초} \times 50\text{초} = 150\text{명}$$

사례 2 연평균 300명이 재직하는 어떤 조직에 대해 직원들의 평균 재직 연수를 구해 보자. 이 조직은 매년 채용을 진행하며 다양한 이유로 퇴직하는 직원도 있다. 퇴직하는 인원이 연간 평균 30명(흐름률)이라고 할 때, 리틀의 공식을 이용하면 다음과 같이 직원들은 평균 10년 동안(흐름시간) 재직함을 알 수 있다.

$$\text{재직인원} = \text{흐름률} \times \text{흐름시간},\ 300\text{명} = 30\text{명/년} \times \text{흐름시간},\ \text{흐름시간} = \frac{300}{30} = 10\,(\text{년})$$

예제 1-14

고객 업무를 처리하는 시간이 일정한 어떤 은행을 생각하자. 이 은행은 창구가 한 개이며, 고객의 대기시간을 줄이는 방법을 찾고 있다고 할 때, 다음 물음에 답하라.

(a) 현재 하나의 창구에 대기하는 고객이 시간당 평균 5명이고, 은행에 들어온 고객이 시간당 평균 10명이라고 할 때, 고객의 평균 대기시간을 구하라.

(b) 다른 조건이 모두 같은 창구를 하나 더 개설하면 고객의 대기시간이 얼마나 줄어들지 구하라.

풀이

(a) 현재 고객이 대기열에서 소비하는 평균 시간을 구하기 위해 $L_q = \lambda W_q$을 활용한다. 먼저 식을 변형하면 다음과 같다.

$$W_q = \frac{L_q}{\lambda}$$

이를 적용하면 $\frac{5}{10} = 0.5$ 이므로 고객이 대기하는 평균 대기시간은 0.5시간, 즉 30분이다.

(b) 만일 다른 조건이 모두 같은 하나의 창구를 개설하였다면 **(a)**의 결과에서 반을 나누면 된다. 혹은 위에서 변형한 식을 사용하여 구할 수 있다. 따라서 $\frac{30}{2} = 15(\text{분})$ 또는 $\frac{2.5}{10} = 0.25(\text{시간})$으로 0.25시간, 즉 15분이 줄어든다.

위와 같이 고객의 대기시간이 얼마나 줄어들지 구하였으나, [예제 1-14(b)]의 조건은 비현실적이다.

창구직원의 업무 능률, 고객이 은행에 방문한 시간 분포, 업무별 처리 시간 분포, 대기 원칙 등의 현실적인 특징들을 감안할 필요가 있다. 리틀의 법칙은 켄달 표기법Kendall's notation($M/M/1/GD/\infty/\infty$ 등)을 따라 다양한 조건(대기로 인한 수요의 상실, 서버 휴가 등)을 반영하여 대기행렬이론으로 확장될 수 있다.

확률과정의 집합 표현 ME

경영학과 경제학에서 확률적인 현상은 수학적 모형으로 나타낼 수 있다. 이때 수학적 모형에 포함된 상수 또는 계수의 확률이 1로 고정되면 모든 상황에서 상수 또는 계수가 나타나며, 이러한 수학적 모형을 **확정모형**deterministic model이라 한다. 상황에 따라 상수 또는 계수가 나타날 확률이 다양하다면 이러한 수학적 모형을 **확률모형**probabilistic model이라 한다.

▪ 확률과정

공정한 주사위를 한 번 던질 때 1의 눈이 나올 확률이 $\frac{1}{6}$인 것처럼, 확률은 보편적으로 고정된 값이다. 그러나 특정 주식의 주가가 오르거나 내려갈 확률은 시간이 지남에 따라 달라질 수도 있다. 이와 같이 시간이 흐름에 따라 어떤 사건이 발생할 확률이 변하는 확률모형을 **확률과정**stochastic process 혹은 추계적 과정이라 한다.

확률과정은 특정 사건이 발생할 확률이 고정되지 않기 때문에 다음과 같이 집합으로 표현할 수 있다.

$$\{X(t) : t \geq 0\}$$

이 집합은 시간 t를 변수로 하는 확률변수 $X(t)$의 모임이다. 따라서 집합 $X(t)$는 시간 t에서 과정의 상태(states)를 의미한다. 이때 t가 음이 아닌 정수이면 이 확률과정을 **이산시간확률과정**discrete time stochastic process이라 하고 t가 연속이면 **연속시간확률과정**continuous time stochastic process이라 한다. 특히 t가 이산시간확률과정일 때 다음과 같이 나타낼 수 있다.

$$\{X_n : n = 0, 1, 2, \dots\}$$

여기서 X_n의 값이 i이면 어떤 시스템이 n번째 시기에 상태 i에 있다고 한다. 예를 들어 연꽃 위를 계속하여 이동하는 개구리를 생각해 보자. 처음에 i_0번 연꽃에 앉아 있던 개구리가 한 번 점프하여 i_1 연꽃으로 이동한다. 같은 방법으로 n번째 점프하여 $i_n = i$번 연꽃에 이동한다. 그다음 개구리는 $n+1$번째 점프하여 주위에 있는 $i_{n+1} = j$번 연꽃으로 이동할 수도 있고 i번 연꽃에 머무를 수도 있다. 여기서 머무를 확률은 n번째 점프하여 옮겨간 i번 연꽃에만 의존한다. 이때 개구리가 점프한

횟수를 '이산시간'으로 본다면, 개구리가 머무르는 연꽃은 '상태'이다. 따라서 처음에 i_0 번 연꽃에 앉아 있던 개구리가 n 번째 점프하여 i 번째 연꽃으로 이동한 뒤, 다음 시도에서 j 번째 연꽃으로 이동할 확률을 이산시간확률과정으로 볼 수 있다. 즉 처음의 상태가 i_0 이고 n 번째에 상태 i 인 이산시간확률과정에서 $n+1$ 번째에 상태 j 에 있을 확률은 n 번째에 상태 i 일 확률에만 의존한다. 따라서 $n+1$ 번째에 상태 j 에 있을 확률 p_{ij} 는 다음과 같다.

$$\begin{aligned} p_{ij} &= P(X_{n+1} = j \mid X_n = i,\ X_{n-1} = i_{n-1},\ \cdots,\ X_1 = i_1,\ X_0 = i_0) \\ &= P(X_{n+1} = j \mid X_n = i) \end{aligned}$$

여기서 $i_0, i_1, \cdots, i_{n-1}, i, j$ 는 이산시간확률과정의 상태이고 n 은 음이 아닌 정수이다. 이때 n 번째에 상태 i 인 시스템에서 $n+1$ 번째에 상태 j 에 있을 확률 p_{ij} 는 **전이확률** transition probability 이라 한다. 또한 이러한 확률과정을 **마코프 체인** Markov chain 이라 한다. 마코프 체인은 과거 상태 $X_0, X_1, \cdots, X_{n-1}, X_n$ 이 주어질 때 과거 $n-1$ 번째에 상태와 무관하게 현재 상태 X_n 에 의해 미래의 상태 X_{n+1} 이 결정된다. 여기서 모든 확률은 음수가 아니며, 확률들의 합은 1이므로 전이확률은 다음 조건을 만족한다.

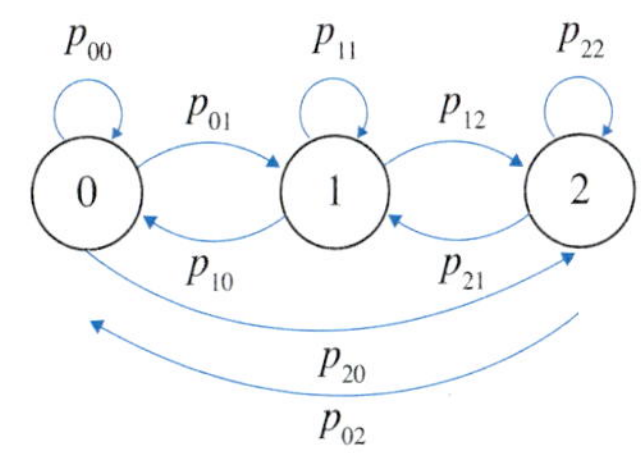

그림 1-23 마코프 체인 예시

$$p_{ij} \geq 0,\ i, j = 0, 1, 2, \cdots,\ \sum_{j=0}^{\infty} p_{ij} = 1,\ i = 0, 1, 2, \cdots$$

■ 취보모형

마코프 체인의 특수한 형태로 **취보모형** 혹은 **랜덤워크** random walking process 가 있다. 이 모형은 계량경제학과 재무관리의 예측을 위한 기본 전제로 자주 사용된다. 예를 들어 경찰관이 음주운전 여부를 확인하기 위해 운전자에게 직선 차선 위를 걷게 시켰다고 하자. 운전자는 차선 위를 똑바로 걷거나(상태 0) 왼쪽으로 걸을 수도 있고(상태 -1), 오른쪽으로 걸을 수도 있다(상태 1). 여기서 오른쪽으로 갈 확률을 p 라 할 때 각 상태로 갈 전이확률은 다음과 같다.

$$p_{i,i+1} = p,\ p_{i,i-1} = 1 - p(i = 0,\ \pm 1,\ \pm 2,\ \cdots)$$

이와 같은 마코프 체인을 도식화하면 [그림 1-24]와 같다.

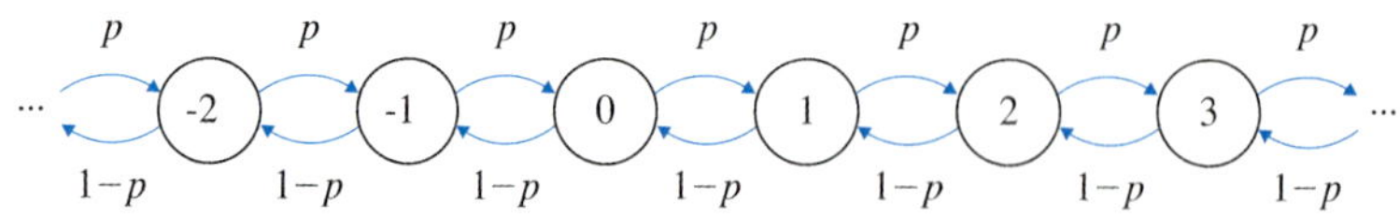

그림 1-24 취보

취보모형은 어떤 주가가 다음 시기에 유지될지, 올라갈지, 아니면 내려갈지를 결정하는 문제를 비롯하여 다양한 상황에 적용할 수 있다. 2장에서 마코프 체인이 경영·경제에 어떻게 활용되는지 더 자세히 살펴본다.

경영 · 경제에서 수열

M E

수열의 개념은 경영과학, 마케팅, 재무관리, 회계학, 화폐금융경제학 등의 분야를 학습하는 데 기본적이고 필수적이다.

■ 피보나치 수열

토끼 1쌍이 1달 뒤에 토끼 1쌍을 낳고, 다시 1달 뒤에 부모 토끼와 자식 토끼가 각각 토끼 1쌍을 낳는다고 하자. 번식 방식이 이대로 유지될 때, 매달 토끼의 쌍은 **피보나치 수열**Fibonacci sequence로 표현할 수 있다. 그러면 [그림 1-25]와 같이 셋째 달부터 토끼의 쌍은 이전 두 달 동안 증식한 토끼의 쌍을 더하는 규칙으로 증가한다.

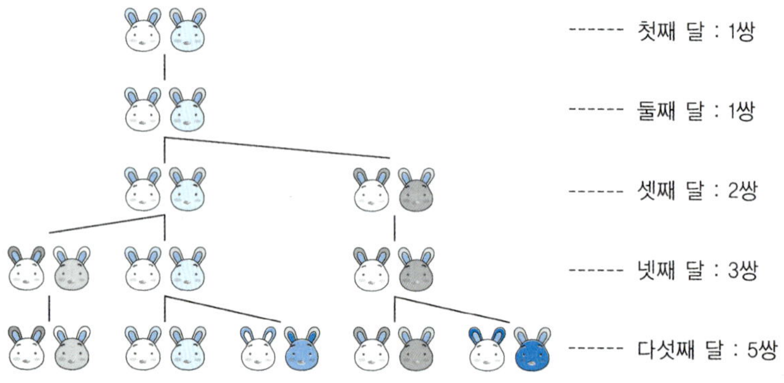

그림 1-25 피보나치 수열

피보나치 수열은 다음과 같으며 수열의 각 항은 **피보나치 수**Fibonacci number라 한다.

$$1,\ 1,\ 2,\ 3,\ 5,\ 8,\ 13,\ \cdots$$

피보나치 수열의 n번째 항은 $n-1$번째 항과 $n-2$번째 항의 합으로 만들어진다. $F_0=0$이라 하면 피보나치 수열 $\{F_n | n=0, 1, 2, \cdots\}$은 다음의 규칙으로 만들어진다.

$$F_0=0,\ F_1=1,\ F_n=F_{n-1}+F_{n-2}(n=2, 3, 4, \cdots)$$

피보나치 수열은 다음과 같이 이웃한 두 항의 비율이 **황금비율** golden section ratio을 이루는 것으로도 알려져 있다.

$$\frac{F_{n+1}}{F_n}=\frac{1+\sqrt{5}}{2}\approx 1.6180339\cdots$$

경영학과 경제학에서는 어떤 함수의 최적해를 구할 때 황금비율을 적용하기도 한다. 게다가 시각적, 심리적으로 안정감을 준다는 이유로 스마트폰이나 디스플레이, 신용카드 등 다양한 제품을 설계할 때 가로, 세로 비율에 황금비율을 적용하기도 한다.

■ 단리 이자

경영·경제에서 소비의 시간선호 time preference란 경제 주체가 현재의 소비를 미래의 소비보다 상대적으로 얼마나 더 선호하는가를 반영한다. 일반적으로 사람은 불확실성으로 인해 미래의 소비보다 현재의 소비를 더 선호할 것이기 때문에 시산선호의 측정지표인 시간신호율은 일반적으로 양의 값으로 정의된다.

이 개념에 기초하여 은행에 돈을 예치한 뒤 이자를 받는 상황을 수학적 모형으로 살펴보자. 먼저 관련 용어를 살펴본다. 현재 소비자가 제공받은 재화나 서비스의 양을 **원금** principal이라 하고, 이러한 편익을 누린 대가로 원금에 추가로 지급해야 하는 양을 **이자** interest라 한다. 원금(X)에 대해 1년 동안 발생한 이자의 비율을 **이자율** 또는 **금리** interest rate라 하며, 원금과 이자의 합을 **원리금** principal and interest이라 한다. 투자한 원금에 대해 이자가 매년 일정하게 늘어나면, 이때의 이자율을 **단리** simple interest라 한다.

이제 연이자율이 r이고 매년 단리로 원금 P를 n년 동안 예금할 때, n년 후의 원리금 $A(n)$을 구해보자. 이자는 원금에 대해 매년 일정하게 발생하므로 기간에 따른 원리금은 [표 1-4]와 같이 나타낼 수 있다.

표 1-4 단리에 따른 원리금

기간	원금	이자	원리금
1년 후	P	Pr	$P+Pr=P(1+r)$
2년 후	P	Pr	$P(1+r)+Pr=P(1+2r)$
3년 후	P	Pr	$P(1+2r)+Pr=P(1+3r)$
⋮	⋮	⋮	⋮
n년 후	P	Pr	$P\{1+(n-1)r\}+Pr=P(1+nr)$

단리에 따랐으므로 원리금은 등차수열의 형태로 증가한다. 따라서 원금 P를 단리이자율 r로 n년 동안 예금할 때 원리금을 $A(n)$이라 하면 다음과 같다.

$$A(n) = \text{원금} + \text{이자} = \text{원금} + \text{원금} \times \text{기간} \times \text{이율} = P(1+rn)$$

예제 1-15

은행에 원금 1,000만 원을 단리로 예금할 때 다음 물음에 답하라.

(a) 원리금이 1,150만 원일 때 1년 후의 이자율을 구하라.

(b) 이자율이 (a)와 동일하고 매년 단리로 10년 동안 예금할 때의 원리금을 구하라.

(c) 10년 후의 총이자를 구하라.

TIP 1년 후의 원리금은 $A(1)=P(1+r)$이고 10년 후의 원리금은 $A(10)=P(1+10r)$이다.

풀이

(a) 원금 $X=1000$에 대해 1년 후 원리금이 $A(1)=1150$이므로 $1000(1+r)=1150$이다. 따라서 이자율은 $r=\frac{1150}{1000}-1=0.15$, 즉 15%이다.

(b) 10년 후의 원리금은 $A(10)=1000(1+10\times0.15)=1000\times2.5=2500$, 즉 2,500만 원이다.

(c) 10년 후의 총이자는 $A(10)-P=2500-1000=1500$, 즉 1,500만 원이다.

■ 복리 이자

지금까지는 이자가 매년 원금에 대해서만 발생하는 단리 이자를 살펴보았다. 이번에는 원금과 전년도에 발생한 이자를 합한 금액에 다시 이자를 적용하는 방법을 생각해 보자. 이처럼 원금과 이자를 합한 금액에 대해 이자를 적용한다면, 이때의 이자율을 **복리** compound interest라 한다. 예를 들어 연이자율이 10%이고 매년 복리로 원금 100만 원을 예금한다면 1년 후의 원리금은 다음과 같다.

$$100 \times (1 + 0.1) = 100 \times 1.1 = 110$$

복리에서는 원리금 110만 원을 원금으로 보고 2차 연도에 연이자율 10%를 적용한다. 따라서 첫 예금액의 2년 후의 원리금은 다음과 같다.

$$110 \times (1 + 0.1) = 110 \times 1.1 = 121$$

동일하게 원리금 121만 원이 원금이 되어 3차 연도에 연이자율 10%가 적용된다. 이와 같이 원금 P를 n년 동안 복리이자율 r로 예금할 때, n년 후의 원리금 $A(n)$은 [표 1-5]와 같이 나타낸다.

표 1-5 복리에 따른 원리금

기간	원금	이자	원리금
1년 후	P	Pr	$P+Pr = P(1+r)$
2년 후	$P(1+r)$	$P(1+r)r$	$P(1+r)+P(1+r)r = P(1+r)^2$
3년 후	$P(1+r)^2$	$P(1+r)^2 r$	$P(1+r)^2+P(1+r)^2 r = P(1+r)^3$
⋮	⋮	⋮	⋮
n년 후	$P(1+r)^{n-1}$	$P(1+r)^{n-1}r$	$P(1+r)^{n-1}+P(1+r)^{n-1}r = P(1+r)^n$

복리에 따랐으므로 원리금은 등비수열의 형태로 증가한다. 따라서 원금 P를 복리이자율 r로 n년 동안 예금할 때 원리금을 $A(n)$이라 하면 다음과 같다.

$$A(n) = \text{원금} + \text{이자} = \text{원금} \times (1 + \text{이율})^{\text{기간}} = P(1+r)^n$$

예제 1-16

은행에 원금 1,000만 원을 복리로 예금하면 1년 후 원리금이 1,150만 원이라 할 때, 다음 물음에 답하라.

(a) 10년 동안 투자할 때의 원리금을 구하라.

(b) 10년 후의 총이자를 구하라.

풀이

원금 1,000만 원에 대해 1년 후에 원리금이 1,150만 원이므로 이자율은 $r = 0.15$이다.

(a) 10년 후의 원리금은 $A(10) = 1000(1 + 0.15)^{10} \approx 1000 \times 4.046 = 4046$, 즉 4,046만 원이다.

(b) 10년 후의 총이자는 $A(10) - P = 4026 - 1000 = 3026$, 즉 3,026만 원이다.

1.3절에서 소개한 자연상수 e는 복리 예금과 연관지어 이해할 수 있다. 연이자율이 100%이고 복리로 1억 원을 1년 동안 예금할 때, 원리금은 $1 \cdot (1+100\%)^1 = 2$이므로 2억 원이다. 이번에는 $\frac{1}{2}$년 동안의 이자율을 $50\%\left(=\frac{100}{2}\%\right)$라고 하고 복리로 1억 원을 1년 동안 예금한다고 하자. 그러면 원리금은 $1 \cdot \left(1+\frac{1}{2}\right)^2 = 2.25$이므로 2억 2,500만 원이다. 이렇게 1년을 n등분해서 이자율 $\frac{100}{n}\%$에 복리로 1억 원을 1년 동안 예금하고, $n \to \infty$로 늘린다면 원리금은 다음과 같이 계산된다.

$$1 \times \lim_{n\to\infty}\left(1+\frac{1}{n}\right)^n = 1 \times e \approx 2.7182$$

즉, 원리금은 약 2억 7,182만 원이다. 이러한 방식으로 이자를 적용한다면, 이때의 이자율을 연속복리continuous compounding라고 한다. 따라서 연이자율이 r이고 연속복리로 원금 P를 n년 동안 예금하면 n년 후의 원리금 $A(n)$은 다음과 같다.

$$A(n) = Pe^{rn}$$

예제 1-17

연이자율이 7%이고 연속복리로 원금 5,000만 원을 5년 동안 예금할 때, 5년 후의 총이자를 구하라.

풀이

원리금은 다음과 같이 계산한다.

$$A(n) = Pe^{rn} = 5000e^{0.07\times 5} = 5000 \times 1.41906 \cdots \fallingdotseq 7{,}095.337$$

따라서 총이자는 $7095.337 - 5000 = 2095.337$, 즉 2,095만 3,370원이다.

■ 현재가치

기업의 영업활동은 크게 현금유입과 현금유출로 나눌 수 있다. 이러한 현금흐름을 관리하는 것은 자금관리 문제와 직결되므로 기업경영에 매우 중요하다. 특히 **현재가치(PV)**Present Value는 미래의 현금흐름을 현재 시점으로 본 것을 의미하며 재무관리나 회계, 경제학 등 여러 분야에서 자주 등장하는 개념이다. 수열 개념을 이용하여 현재가치가 무엇을 의미하는지, 어떻게 구하는지 살펴본다.

한편 경영학과 경제학에서는 **미래가치(FV)**Future Value를 어떤 재화 및 서비스가 미래에 가질 가치라고 본다. 즉 이자율이 r일 때 복리로 n년 동안 투자한 후의 원리금 $A(n) = P(1+r)^n$이 미래가치이며, 이를 식으로 나타내면 다음과 같다.

$$FV = P(1+r)^n$$

이때 미래가치 FV가 원리금 $A(n)$과 일치하려면 현재 투자해야 할 원금 P는 다음과 같다.

$$P = \frac{A(n)}{(1+r)^n} = \frac{FV}{(1+r)^n}$$

즉 최초 투자 원금 P를 미래가치 FV에 대한 현재가치 PV라고 한다. 현재가치와 미래가치의 예를 살펴보자. 연복리 10% 로 원금 100원을 은행에 예금할 때, 100원에 대한 1년 후의 미래가치는 110원이다. 반대로 연복리 10% 로 은행에 예금하여 1년 후에 110원을 만들고 싶다면, 현재 예금해야 하는 원금인 현재가치는 100원이다. 이때 시간이 미래로 진행하는 방향의 가치를 **적립된다**accumulated 고 하고, 과거로 진행하는 방향의 가치를 **할인된다**discounted고 한다. 예를 들어 최초에 1,000만 원을 투자하여 5년 후에 1,100만 원을 얻었다고 하자. [그림 1-26]과 같이 1,000만 원을 5년 동안 적립한 미래가치가 1,100만 원이고, 5년 후의 1,100만 원을 현재가치로 할인하면 1,000만 원이다.

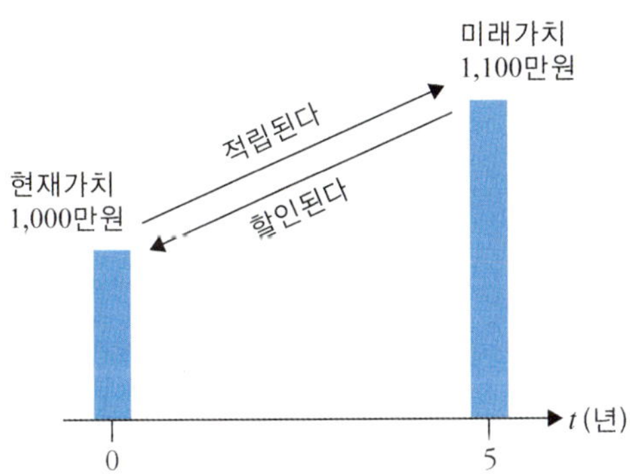

그림 1-26 현재가치와 미래가치

한편 시점이 $t = t_k$(단, $k = 1, 2, \cdots, n$)일 때, 원리금을 P_k라고 하자. 원리금 P_k가 수입 또는 지출되는 과정을 **현금흐름**cash flow이라 한다. 현금흐름에서 수입이 있으면 **현금유입**cash inflow이라 하고 지출이 있으면 **현금유출**cash outflow이라 한다. 최초에 원리금 P_0를 투자하여 n년 동안 매년 P_k의 수입이 생기면 현금흐름은 [표 1-6]과 같다. 여기서 최초 투자한 원리금 P_0는 지출이므로 음의 부호로 표시하고, P_k는 수입이므로 양의 부호로 표시한다.

표 1-6 현금흐름

시점(년)	0	1	2	$\cdots$	n
현금흐름	$-P_0$	P_1	P_2	$\cdots$	P_n

그러면 [표 1-6]에서 $t = 0$(현시점)에서 자금 P_0를 연복리 r로 1년간 투자할 때 발생하는 원리금이 P_1이면 다음 식이 성립한다.

$$P_1 = P_0(1+r) \text{ 또는 } P_0 = \frac{P_1}{1+r}$$

즉, 1차 연도의 수입인 원리금 P_1에 대한 $t = 0$에서의 현재가치는 다음과 같다.

$$PV = \frac{P_1}{1+r}$$

$t = 0$에서 자금 P_0를 2년간 투자할 때 발생하는 원리금이 P_2이면 다음 식이 성립한다.

$$P_2 = P_0(1+r)^2 \text{ 또는 } P_0 = \frac{P_2}{(1+r)^2}$$

따라서 2차 연도의 수입인 원리금 P_2에 대한 $t = 0$에서의 현재가치는 다음과 같다.

$$PV = \frac{P_2}{(1+r)^2}$$

같은 방법으로 현시점에서 자금 P_0를 n년간 투자할 때의 원리금을 P_n이라 하면, P_n에 대한 현재가치는 다음과 같다.

$$PV = \frac{P_n}{(1+r)^n}$$

따라서 $t = 0$에서부터 매년 발생한 수입인 원리금 P_t(단, $t = 1, 2, \cdots, n$)의 총액에 대한 현재가치는 다음과 같다.

$$PV = \frac{P_1}{1+r} + \frac{P_2}{(1+r)^2} + \cdots + \frac{P_n}{(1+r)^n} = \sum_{i=1}^{n} \frac{P_i}{(1+r)^i}$$

지금까지의 내용을 정리하여 도식으로 나타내면 [그림 1-27]과 같다.

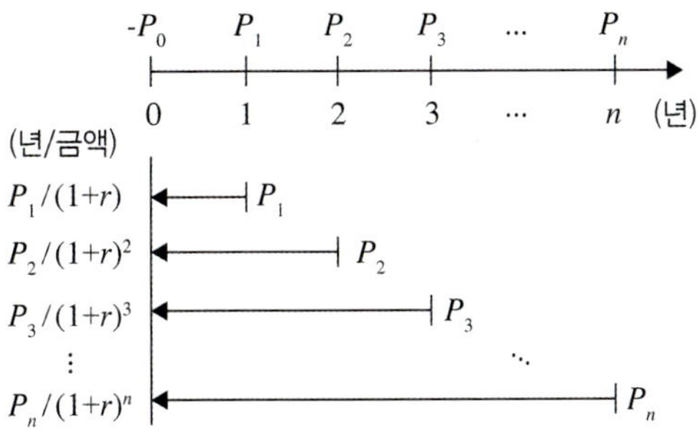

그림 1-27 현금흐름에 대한 현재가치

매년 발생하는 수입인 원리금 P_t 가 일정하다면 이자율 r 과 현재가치 PV 사이에 다음 관계가 성립한다.

❶ 이자율이 상승하면 현재가치는 감소한다.

❷ 이자율이 하락하면 현재가치는 증가한다.

매년 발생하는 수입의 현재가치와 초기 투자비용 P_0 와의 차이를 **순현재가치(NPV)**Net Present Value라 한다. 순현재가치 NPV를 수학적 모형으로 나타내면 다음과 같다.

$$NPV = PV - P_0 = -P_0 + \sum_{i=1}^{n} \frac{P_i}{(1+r)^i}$$

여기서 최초 투자비용 P_0는 지출로 보기 때문에 음의 부호(−)를 붙인다. 순현재가치 NVP는 어떤 투자 프로젝트에 투자했을 때 예상되는 미래의 현금흐름을 현재가치로 환산한 것이므로 NPV 값에 따라 투자할지를 다음과 같이 결정할 수 있다.

❶ $NPV > 0$ 이면 투자한다.

❷ $NPV \le 0$ 이면 은행에 예금하여 받는 이자보다 수입이 낮으므로 투자를 피한다.

투자금이 같은 두 개의 투자 프로젝트 A와 B가 있을 때, 프로젝트 A와 B의 순현재가치를 각각 NPV_A 와 NPV_B라 하자. $NPV_A > NPV_B$이면 투자 프로젝트 A가 더 큰 이윤을 내기에 더 바람직하다.

예제 1-18

연말에 30만 원, 40만 원, 20만 원, 30만 원, 50만 원 순으로 수입이 발생하는 투자 프로젝트 A와 매년 연말에 34만 원의 수입이 발생하는 투자 프로젝트 B가 있다고 하자. 현재 100만 원을 복리 5%로 두 투자 프로젝트 A, B에 5년 동안 투자하려고 할 때, 다음 물음에 답하라.

(a) 투자 프로젝트 A에 투자할지를 판단하라.

(b) 두 투자 프로젝트 A, B 중에서 이윤을 내기에 더 바람직한 프로젝트를 구하라.

TIP 순현재가치를 구한다.

풀이

(a) ① 프로젝트 A에 대한 순현재가치를 구한다.

$$NPV_A = -100 + \frac{30}{1+0.05} + \frac{40}{(1+0.05)^2} + \frac{20}{(1+0.05)^3} + \frac{30}{(1+0.05)^4} + \frac{50}{(1+0.05)^5} \approx 45.9867$$

② $NPV > 0$ 이므로 이 투자 프로젝트는 투자한다.

(b) ① 프로젝트 B에 대한 순현재가치를 구한다.

$$NPV_B = -100 + \frac{34}{1+0.05} + \frac{34}{(1+0.05)^2} + \frac{34}{(1+0.05)^3} + \frac{34}{(1+0.05)^4} + \frac{34}{(1+0.05)^5} \approx 47.2022$$

② $NPV_B > NPV_A$ 이므로 프로젝트 B가 프로젝트 A보다 이윤을 내기에 더 바람직하다.

어떤 투자 프로젝트의 사업성을 평가할 때는 순현재가치 외에도 내부수익률 개념도 자주 사용한다. **내부수익률(IRR)**Internal Rate of Return은 순현재가치가 0, 즉 $NPV = 0$ 이 되는 할인율 r을 의미한다. 다시 말해 다음 관계식을 만족하는 이자율 r^*가 내부수익률이다.

$$NPV = -P_0 + \sum_{i=1}^{n} \frac{P_i}{(1+r^*)^i} = 0$$

그러면 내부수익률 IRR과 투자자가 기대하는 최소수익률인 요구수익률(또는 회사가 기대하는 최소수익률인 목표수익률)을 비교하여 투자할지를 다음과 같이 결정할 수 있다.

❶ IRR이 요구수익률보다 크면 투자한다.

❷ IRR이 요구수익률보다 작으면 투자를 피한다.

예를 들어, 어떤 회사의 투자 프로젝트에 100만 원을 투자하여 1년 후에 110만 원의 현금유입이 발생했다면 내부수익률 IRR은 다음과 같이 계산한다.

$$NPV = -100 + \frac{110}{1+r^*} = 0 \Rightarrow IRR = r^* = 0.1\,(= 10\%)$$

이 회사에서 결정한 목표수익률이 5% 라면 이러한 투자 프로젝트를 채택할 필요가 있지만, 목표수익률이 12% 라면 피하는 것이 좋다.

예제 1-19

연복리 6% 일 때 어떤 회사의 투자 프로젝트가 다음 표와 같다고 하자. 이 프로젝트의 NPV와 IRR을 각각 구하고 투자할지를 결정하라.

기간(년)	2023	2024	2025	2026	2027
현금흐름(천 원)	−6500	1500	1500	2400	2000
목표수익률	10%				

단, 4차 방정식 $20 + 24t + 15t^2 + 15t^3 - 65t^4 = 0$ 의 양수 해는 $t \approx 1.05$ 이다.

TIP 순현재가치 $NPV = 0$ 을 만족하는 r^* 를 구한다.

풀이

① NPV를 구한다.

$$NPV = -6500 + \frac{1500}{1+0.06} + \frac{1500}{(1+0.06)^2} + \frac{2400}{(1+0.06)^3} + \frac{2000}{(1+0.06)^4}$$

$$\approx -150.637$$

② IRR을 구한다.

$$\begin{aligned} NPV &= -6500 + \frac{1500}{1+r^*} + \frac{1500}{(1+r^*)^2} + \frac{2400}{(1+r^*)^3} + \frac{2000}{(1+r^*)^4} \\ &= \frac{1}{(1+r^*)^4}\{2000 + 2400(1+r^*) + 1500(1+r^*)^2 + 1500(1+r^*)^3 \\ &\quad - 6500(1+r^*)^4\} = 0 \end{aligned}$$

즉, $20 + 24(1+r^*) + 15(1+r^*)^2 + 15(1+r^*)^3 - 65(1+r^*)^4 = 0$

③ 주어진 방정식의 해에 의해 r^* 를 얻는다.

$$1 + r^* \approx 1.05 \Rightarrow \quad r^* \approx 0.05$$

④ 따라서 $NPV \approx -150.637$, $IRR \approx 0.05$ 이다.

⑤ $NPV < 0$ 이고, $IRR = 5\% < 10\%$ 이므로 투자를 피한다.

■ 영구연금에 적용

연금 수령자가 사망할 때까지 지급되는 연금을 **영구연금**perpetuity이라 한다. 즉 영구연금은 종료 시점이 없이 지정된 기일마다 일정 금액이 지급되는 지속적인 현금흐름을 의미하며, 이를 채권으로 보면 **영구채** 또는 **콘솔**console이라고 한다. 이 연금은 만기일이 없으므로 만기일에 지급하는 액면가도 없으며, 오직 매년 말에 고정된 이자지급액(쿠폰coupon)만을 받는다. 이때 복리 r에 의해 매년 지급되는 이자지급액을 P라 하면 영구연금의 현재가치는 [그림 1-28]과 같이 도식화할 수 있다.

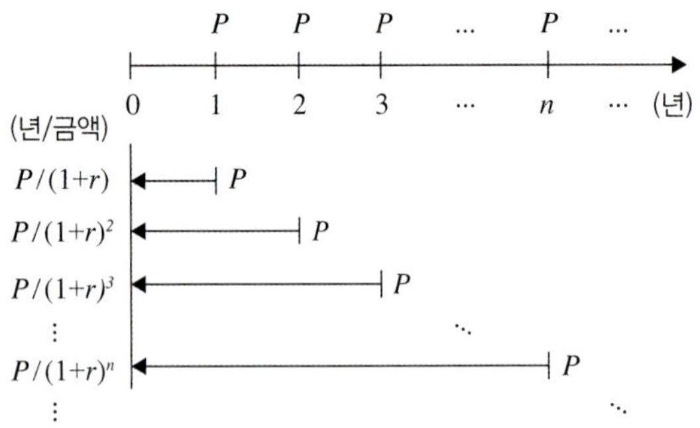

그림 1-28 영구연금의 현재가치

영구연금의 현재가치 PV를 식으로 나타내면 다음과 같다.

$$\begin{aligned} PV &= \frac{P}{1+r} + \frac{P}{(1+r)^2} + \frac{P}{(1+r)^3} + \cdots \\ &= \frac{P}{1+r}\left\{1 + \frac{1}{1+r} + \frac{1}{(1+r)^2} + \cdots\right\} \end{aligned}$$

위 식의 중괄호는 첫 번째 항이 1이고 공비가 $\frac{1}{1+r}$인 무한등비급수이다. 따라서 현재가치 PV는 다음과 같이 간단히 구할 수 있다.

$$PV = \frac{P}{1+r} \cdot \frac{1}{1 - \frac{1}{1+r}} = \frac{P}{r}$$

예제 1-20

고정이자율 5%로 가입 1년 후부터 사망할 때까지 매년 100만 원씩 지급하는 영구연금에 가입하였다. 다음 물음에 답하라.

(a) 이 연금의 현재가치를 구하라.

(b) 다른 조건이 같고 연금 가입 5년 후부터 매년 100만 원씩 지급된다고 할 때, 이 연금의 현재

가치를 구하라.

TIP $t = 4$ 년인 시점의 영구연금에 대한 현재가치를 $t = 0$ 인 현시점의 현재가치로 환산하여 구한다.

풀이

(a) $PV = \dfrac{100}{0.05} = 2000$ 이므로 이 연금의 현재가치는 2,000만 원이다.

(b) 이 연금의 현재가치에 대해 도식화하면 다음과 같다.

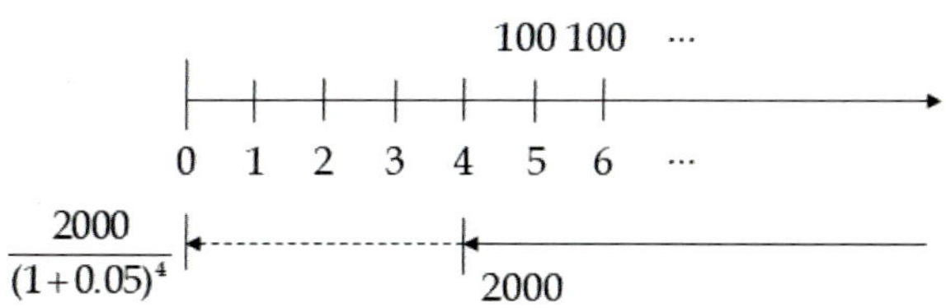

연금에 가입한 지 4년이 되었을 때, 영구연금의 $t = 0$ (현시점)에서의 현재가치는 다음과 같다.

$$PV_0 = \frac{2000}{1.05^4} \approx 1645.405$$

따라서 연금 가입 5년 후부터 매년 100만 원씩 지급되는 연금의 현재가치는 약 1,645만 4,050원이다.

■ 일반연금

종료 시점이 없는 종신연금과 달리 **연금**annuity은 일반적으로 한정된 기간에만 일정 금액 P를 지급한다. 연금의 현재가치를 도식화하면 [그림 1-29]와 같다.

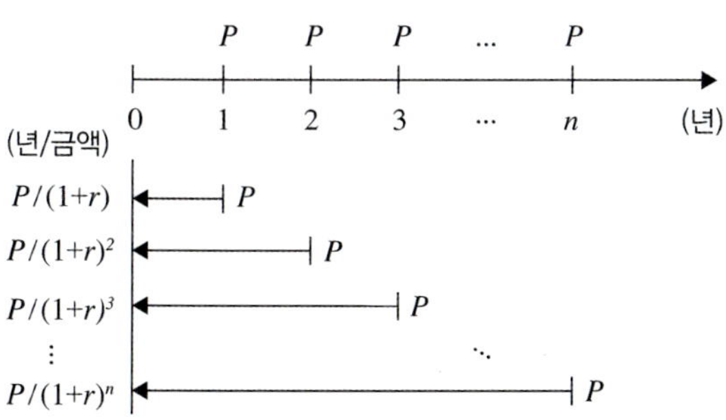

그림 1-29 일반연금의 현재가치

일반연금의 현재가치 PV는 다음과 같다.

$$PV = \frac{P}{1+r} + \frac{P}{(1+r)^2} + \frac{P}{(1+r)^3} + \cdots + \frac{P}{(1+r)^n}$$
$$= \frac{P}{1+r}\left\{1 + \frac{1}{1+r} + \frac{1}{(1+r)^2} + \cdots + \frac{1}{(1+r)^{n-1}}\right\}$$

이 식의 중괄호는 첫 번째 항이 1이고 공비가 $\frac{1}{1+r}$ 인 등비수열의 n 번째 항까지의 합이다. 이를 구하면 다음과 같다.

$$1 + \frac{1}{1+r} + \frac{1}{(1+r)^2} + \cdots + \frac{1}{(1+r)^{n-1}} = \frac{1 - \left(\frac{1}{1+r}\right)^n}{1 - \frac{1}{1+r}} = \frac{1+r}{r}\left(1 - \frac{1}{(1+r)^n}\right)$$

따라서 일반연금의 현재가치 PV는 다음과 같이 간단히 구할 수 있다.

$$PV = \frac{P}{r}\left\{1 - \frac{1}{(1+r)^n}\right\}$$

예제 1-21

은행에서 연이자율 5%로 1억 원을 대출받아 5년 동안 매년 일정 금액을 상환한다고 하자. 이때 매년 상환해야 할 금액을 구하라.

풀이

매년 상환해야 할 금액을 P라 하면 이 대출금의 현재가치는 다음과 같다.

$$PV = \frac{P}{0.05}\left(1 - \frac{1}{1.05^5}\right)$$

이 금액이 은행에서 대출받은 1억 원과 같아야 하므로 다음이 성립한다.

$$1\text{억} = \frac{P}{0.05}\left(1 - \frac{1}{1.05^5}\right) \Rightarrow 10000(\text{만 원}) = \frac{P}{0.05}\left(1 - \frac{1}{1.05^5}\right)$$

$$10000 \approx (4.32948)P \Rightarrow P \approx \frac{10000}{4.32948} \approx 2309.7462$$

따라서 매년 상환해야 할 금액은 2,329만 7,462원이다.

한편 일반연금의 미래가치를 도식화하면 [그림 1-30]과 같다.

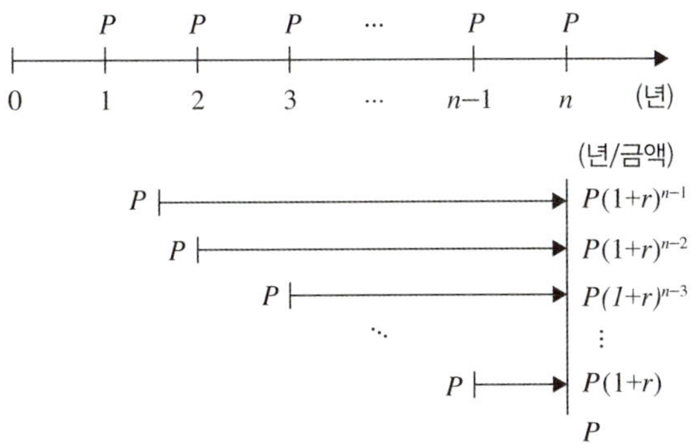

그림 1-30 일반연금의 미래가치

따라서 연복리가 r이고 매년 말에 일정 금액 P를 지급하면 n년 말의 원리금의 미래가치 FV는 다음과 같은 식으로 나타낼 수 있다. 이 식은 첫 번째 항이 P이고 공비가 $1+r$인 등비급수의 n번째 항까지의 합으로 나타난다.

$$\begin{aligned} FV &= P + P(1+r) + P(1+r)^2 + \cdots + P(1+r)^{n-1} \\ &= \frac{P}{r}\{(1+r)^n - 1\} \end{aligned}$$

예제 1-22

5년 후에 1억 원을 만들기 위해 어떤 은행의 적금에 가입했다. 연이자율이 5%라면, 매년 이 은행에 지불해야 할 금액을 구하라.

풀이

매년 지불해야 할 금액을 P라 하면, 이 금액의 미래가치는 다음과 같다.

$$FV = \frac{P}{0.05}(1.05^5 - 1)$$

5년 후의 적립금이 1억 원이므로 단위를 만 원으로 바꾸면 다음 관계식이 성립한다.

$$10000 = \frac{P}{0.05}(1.05^5 - 1)$$

$$10000 \approx (5.52563)P \Rightarrow P \approx \frac{10000}{5.52563} \approx 1809.75$$

따라서 매년 지불해야 할 금액은 1,809만 7,500원이다.

■ 연평균복합성장률

일반적으로 평균은 산술평균으로 이해하지만, 경제성장률이나 매출액 증가율과 같이 성장률의 평균은 기하평균을 이용한다. **기하평균**geometric mean은 자료 n개를 모두 곱한 값의 n제곱근이라 정의하며, 이를 기호로 $\bar{x}_g$라고 한다.

$$\bar{x}_g = \sqrt[n]{x_1 x_2 \cdots x_n}$$

어느 시점을 기준으로 n년 동안 매년 성장률이 $x_1, x_2, \cdots, x_n$이라 하면 각 전년도 대비 증감의 크기는 $1+x_1, 1+x_2, \cdots, 1+x_n$이다. n년 동안의 평균 성장률을 $\bar{x}_g$라 하면 기준 연도로부터 n년 후에 성장한 결과에 대해 다음이 성립한다.

$$(1+\bar{x}_g)^n = (1+x_1)(1+x_2)\cdots(1+x_n)$$

따라서 기준 연도로부터 n년 동안의 평균 성장률 $\bar{x}_g$은 다음과 같다.

$$\bar{x}_g = \sqrt[n]{(1+x_1)(1+x_2)\cdots(1+x_n)} - 1 \qquad (1.2)$$

평균 성장률은 기준 연도로부터 n년 동안 성장률의 증감 추이에 대한 평균을 의미하며, 이 평균 성장률 $\bar{x}_g$를 **연평균복합성장률(CAGR)**Compound Annual Growth Rate이라 한다. 이때 기준 연도의 성장률이 1이면 n년 후의 성장한 결과는 $(1+x_1)(1+x_2)\cdots(1+x_n)$이므로 $CAGR$은 다음과 같이 구할 수도 있다.

$$\bar{x}_g = \left(\frac{\text{최종 연도 값}}{\text{기준 연도 값}}\right)^{\frac{1}{n}} - 1$$

연평균복합성장률은 경영·경제에서뿐 아니라 주변 실생활에도 많이 사용한다. 예를 들어 2021년도를 기준으로 어느 회사의 5년간 매출액과 매출액에 대한 연도별 수익, 전년도 대비 성장률이 [표 1-7]과 같다고 하자.

표 1-7 어느 회사의 연도별 수익과 전년도 대비 성장률

연도(년)	매출액 (억 원)	수익금 (억 원)	전년도 대비 성장률
2021	5		
2022	50	45	$\frac{45}{5}=9\,(=900\%)$
2023	60	10	$\frac{10}{50}=0.2\,(=20\%)$
2024	55	-5	$-\frac{5}{60}\approx-0.08\,(=-8\%)$
2025	65	10	$\frac{10}{55}\approx0.18\,(=18\%)$

4년간의 평균 성장률을 산술평균으로 구하면 다음과 같이 232.5%이다.

$$\frac{1}{4}(9+0.2-0.08+0.18)=2.325(=232.5\%)$$

이번에는 기하평균의 개념을 이용하여 $CAGR$의 식 (1.2)로 구하면 다음과 같이 90%이다.

$$CAGR=\sqrt[4]{(1+9)(1+0.2)(1-0.08)(1+0.18)}-1\approx0.9\,(=90\%)$$

또는 기준 연도인 2021년도의 매출액 5억 원에 대해 2025년도의 매출액이 65억 원임을 이용하여 $CAGR$ 식에 대입하면 다음과 같이 90%이다.

$$CAGR=\sqrt[4]{\frac{65}{5}}-1\approx0.9\,(=90\%)$$

지금까지의 결과를 종합하면 이 회사의 평균 성장률에 대해 다음과 같은 사실을 알 수 있다.

❶ 산술평균으로 구한 평균 성장률 232.5%는 $CAGR$ 90%에 비해 약 2.6배이다.

❷ $CAGR$은 기준 연도(2021년)와 마지막 연도(2025년)의 매출액을 이용하므로 중간 연도의 매출액은 평균 성장률에 영향을 미치지 않는다.

여기서 산술평균에 의한 평균 성장률이 $CAGR$보다 높은 이유는 전년도 대비 성장률을 기간별로 산술평균을 적용했기 때문인데, 이는 복리로 계산해야 함을 간과한 데에서 기인한다. 따라서 기간별 성장률의 추세를 분석할 때는 산술평균보다는 $CAGR$ 개념이 더 적절하다. 다만 $CAGR$은 기준 연도와 마지막 연도의 자료만 이용하므로 기준 연도에 민감하게 영향을 받는다는 단점이 있다. [표 1-7]의 회사를 다시 살펴보자. 이 회사의 매출액은 2021년에서 2022년으로 넘어갈 때 폭발적으로 늘어

난 이후, 매출액이 비슷한 수준으로 나타났다. 따라서 기준 연도를 2022년으로 택하면 2025년까지 3년 동안의 $CAGR$은 다음과 같이 9%이므로, 2021년을 기준으로 한 4년간의 $CAGR$(90%)에 비해 성장률이 둔화되었다고 볼 수 있다.

$$CAGR = \sqrt[3]{\frac{65}{50}} - 1 \approx 0.09\,(= 9\%)$$

예제 1-23

어느 회사의 6년간 매출액이 다음 표와 같다고 하자. 이 회사의 5년간 평균 성장률을 산술평균과 연평균복합성장률로 각각 구하고 이를 비교하라.

년도	2021	2022	2023	2024	2025	2026
매출액(억 원)	30	53	60	70	55	35

TIP 연도별 수익과 전년도 대비 성장률을 나타내는 표를 작성한다.

풀이

이 회사의 연도별 수익과 전년도 대비 수익률은 다음 표와 같다.

년도	매출액	수익금	전년도 대비 성장률
2021	30		
2022	53	23	$\frac{23}{30} \approx 0.7667\,(= 76.67\%)$
2023	60	7	$\frac{7}{53} \approx 0.1321\,(= 13.21\%)$
2024	70	10	$\frac{10}{60} \approx 0.1667\,(= 16.67\%)$
2025	55	-15	$-\frac{15}{70} \approx -0.2143\,(= -21.43\%)$
2026	35	-20	$-\frac{20}{55} \approx -0.3636\,(= -36.36\%)$

평균 성장률을 산술평균으로 구하면 다음과 같다.

$$\frac{1}{5}(0.7667 + 0.1321 + 0.1667 - 0.2143 - 0.3636) = 0.09752\,(\approx 9.75\%)$$

평균 성장률을 연평균복합성장률 $CAGR$로 구하면 $CAGR = \sqrt[5]{\frac{35}{30}} - 1 \approx 0.0313\,(\approx 3\%)$이다. 따라서 산술평균 9.75%는 연평균복합성장률 3%에 비해 약 3.25배이다.

경영·경제 관련 함수의 표현 ME

경영학과 경제학에서 접할 수 있는 몇 가지 대표적인 함수를 소개한다.

■ 생산함수와 비용함수

미시경제학의 생산자(기업)이론은 생산함수와 비용함수의 개념을 기반으로 한다. **생산함수**production function는 생산량이 어떤 요인에 의해 결정되는지를 수학적으로 표현한 함수이다. 생산량을 결정하는 요인에는 유형적 요소와 무형적 요소가 있으며, 생산량은 이러한 요소가 어떻게 결합하느냐에 따라 결정된다.

❶ 유형적 요소 : 노동, 자본, 토지 등 생산을 위한 유형적 투입물
❷ 무형적 요소 : 지식, 생산기술, 특허 등 생산을 위한 무형적 투입물

다만 이러한 요소를 모두 고려한다면 측정가능성도 문제이지만 함수가 매우 복잡해질 것이다. 따라서 단순하면서도 핵심인 요소만 고려하여 함수 관계를 표현한다. 경제학에서 다루는 대표적인 생산함수로 선형 생산함수, 레온티에프 생산함수, 콥-더글라스 생산함수 등이 있다. 세 함수를 하나씩 살펴보자.

제품의 생산량은 노동과 자본이라고 하는 두 생산요소에 의해 결정된다. 생산요소는 서로 대체할 수 있으며 생산량(Y)은 노동 투입량(L) 및 자본 투입량(K)과 선형적 관계에 있는데, 이를 **선형 생산함수**liner production function로 표현한다. 선형 생산함수를 식으로 나타내면 다음과 같다.

$$Y = \alpha L + \beta K$$

여기서 α와 β[9]는 각각 노동의 생산탄력성과 자본의 생산탄력성을 나타내는 모수이다. 이번에는 생산요소인 노동과 자본이 서로 대체할 수 없다고 가정한다. 그러면 제품을 생산하려면 α만큼의 노동과 ν[10]만큼의 자본이 필요하며, 이를 **레온티에프 생산함수**Leontief production function로 표현한다. 레온티에프 생산함수를 식으로 나타내면 다음과 같다.

$$Y = \min\left(\frac{L}{\alpha}, \frac{K}{\nu}\right)$$

여기서 $\min(a, b)$는 a와 b 중에서 작은 값을 나타내는 함수이다. 또한 생산량(Y), 노동 투입량(L), 자본 투입량(K), 노동 생산탄력성(α), 자본 생산탄력성(β)으로 나타낸 다음과 같은 유형의 함

9 α와 β는 그리스 문자로 각각 alpha와 beta라 읽는다.
10 ν는 그리스 문자로 nu라 읽는다.

수를 **콥-더글라스 생산함수**Cobb-Douglas production function라 한다.

$$Y = L^{\alpha} K^{\beta}$$

이 함수는 $\alpha + \beta$ 값에 따라 따라 노동과 자본의 투입량을 z 배만큼 늘리면 다음과 같이 **규모의 효과**returns to scale가 결정된다.

❶ $\alpha + \beta > 1$ 이면, 생산량이 z 배 이상으로 증가하여 **규모의 증가효과**increasing returns to scale가 발생한다.

❷ $\alpha + \beta = 1$ 이면, 생산량이 z 배만큼 증가하여 **규모의 불변효과**constant returns to scale가 발생한다.

❸ $\alpha + \beta < 1$ 이면, 생산량이 z 배 이하로 증가하여 **규모의 감소효과**decreasing returns to scale가 발생한다.

생산량이 결정될 때, 그 생산을 위해 소요되는 비용에 관한 함수를 **비용함수**cost function라 한다. 이때 비용은 주로 경제학에서 다루는 기회비용으로, 고정비용과 가변비용을 합한 총비용을 의미한다. 단기 비용함수는 자본이 고정된 상태이므로 생산량이 증가하면 노동비용이 증가하고 지수함수나 역S자 함수의 형태로 나타난다. 장기비용함수는 등비용선과 등량선 개념을 이용하여 비용을 최소화하는데, 이는 미시경제학에서 상세히 다룬다. 비용함수는 콥-더글라스 생산함수에도 적용할 수 있지만 이 장의 범위를 벗어나므로 생략한다.

예제 1-24

재화 1개를 생산하기 위해 노동 3단위와 자본 8단위가 소요된다고 가정하자. 이때 어떤 기업이 노동 10단위와 자본 4단위를 보유한다고 할 때, 생산가능 여부를 다음의 관점에서 각각 분석하라.

(a) 레온티에프 생산함수의 관점에서 생산가능 여부를 분석하라.

(b) 선형 생산함수의 관점에서 생산가능 여부를 분석하라.

풀이

(a) 레온티에프 생산함수는 생산요소가 서로 완전히 대체될 수 없다. 따라서 노동은 생산하기에 충분하여도 자본이 4단위 부족하므로 생산이 불가능하다.

(b) 선형 생산함수는 생산요소가 서로 대체될 수 있다. 따라서 자본이 4단위 부족하더라도 노동(기계 대신 사람이 작업하는 등)으로 생산이 가능하다.

예제 1-25

콥-더글라스 생산함수에서 규모의 효과를 판별하는 방법을 보여라.

TIP L과 K에 각각 z를 곱한 생산함수와 $Y = L^{\alpha}K^{\beta}$를 비교한다.

풀이

L과 K에 각각 일정한 상수 z를 곱한 경우에 생산함수는 다음과 같다.

$$(zL)^{\alpha}(zK)^{\beta} \text{ 또는 } (z^{\alpha+\beta})L^{\alpha}K^{\beta} = z^{\alpha+\beta}Y$$

즉, 노동과 자본을 z 배만큼 증가시킬 때 생산량은 $z^{\alpha+\beta}$만큼 증가하게 된다. 따라서 다음 결과를 얻는다.

① $\alpha+\beta > 1$이면 $z^{\alpha+\beta} > z$이므로 생산량이 z배 이상으로 증가한다.

② $\alpha+\beta = 1$이면 $z^{\alpha+\beta} = z$이므로 생산량이 z배만큼 증가한다.

③ $\alpha+\beta < 1$이면 $z^{\alpha+\beta} < z$이므로 생산량이 z배 이하로 증가한다.

■ 수요함수와 공급함수

미시경제학에서 시장의 균형을 설명하는 수요함수와 공급함수는 시장경제의 가장 기초 지식을 제공하는 중요한 함수이다. **수요함수**demand function는 어떤 제품의 수요에 영향을 미치는 요인(변수)들의 관계를 나타낸 식으로 시장의 수요량을 설명한다. 실생활에서 수요에 영향을 미치는 요소는 많다. 자동차의 기름값 등락이나 평균 소득 증가에 따른 사치품 구매 증가, 식료품이 다른 것보다 소비가 많이 되는 등, 재화 및 관련재의 가격, 미래 소득수준, 구매 선호도 등은 수요에 영향을 미친다. 실생활에서 수요에 영향을 미치는 요소는 많지만 가장 중요한 요소는 가격이다. 수요함수는 바로 가격과 수요 사이의 관계를 설명한다. 따라서 가격과 수요를 축으로 하는 평면 위에 수요곡선(수요함수의 그래프)을 나타낼 수 있다. 이때 가격이 증가하면 수요가 감소하고 반대로 가격이 감소하면 수요가 증가하므로 수요함수 그래프의 기울기는 음수이다.

어떤 제품의 공급에 영향을 미치는 요인들의 관계를 나타낸 식으로 시장의 공급량을 설명하는 함수를 **공급함수**supply function라 한다. 또한 공급에 영향을 미치는 가장 중요한 요소는 그 제품의 시장가격이다. 이때 가격이 증가하면 기업은 이익을 늘리려 하므로 공급량이 증가하고, 가격이 감소하면 기업은 생산량을 줄이므로 공급량이 감소하여 공급함수 그래프의 기울기는 양수가 된다. 예를 들어 식료품의 수요가 많이 늘수록 식료품에서 발생하는 효용은 개인의 수요를 고려하면 비선형이 더 적합해 보일 수 있다. 그러나 여기서는 단순화와 간소화를 위해 다음과 같은 선형의 함수를 생각할 수 있다.

$$\text{수요량 } Q_d = -2P + 3000\ (\text{수요함수})$$

$$\text{공급량 } Q_s = \frac{10}{3}P - 2000\ (\text{공급함수})$$

예제 1-26

어떤 재화의 수요량 Q_d와 공급량 Q_s가 다음과 같이 가격 P에 대한 수요함수와 공급함수로 주어졌다고 할 때(단위 : 천 원), 다음 물음에 답하라.

$$\text{수요량 } Q_d = -2P + 100$$
$$\text{공급량 } Q_s = 3P + 50$$

(a) 수요량과 공급량이 균형을 이루는 최적의 시장가격을 구하라.

(b) 가격이 2천 원일 때, 수요량과 공급량을 각각 구하라.

(c) **(b)**가 수요초과인지 공급초과인지 판단하라.

(d) 이 상황을 그래프로 표현하라.

TIP 수요량과 공급량의 균형은 두 함수가 일치하는 가격에서 형성된다.

풀이

(a) 최적의 시장가격은 $Q_d = Q_s$일 때의 P 값이므로 다음과 같이 계산한다.

$$Q_d = Q_s \Rightarrow -2P + 100 = 3P + 50 \Rightarrow 5P = 50 \Rightarrow P = 10$$

따라서 최적의 시장가격은 10천 원으로 1만 원이다.

(b) $P = 2$일 때 수요량 Q_d와 공급량 Q_s는 각각 다음과 같다.

$$Q_d = -2(2) + 100 = 96,\quad Q_s = 3(2) + 50 = 56$$

(c) 가격이 2천 원일 때 최적의 시장가격인 1만 원보다 낮기 때문에 수요초과이다.

(d) 이 상황을 그래프로 표현하면 오른쪽과 같으며, 여기서 수요와 공급이 일치하는 지점을 최적점이라고 한다.

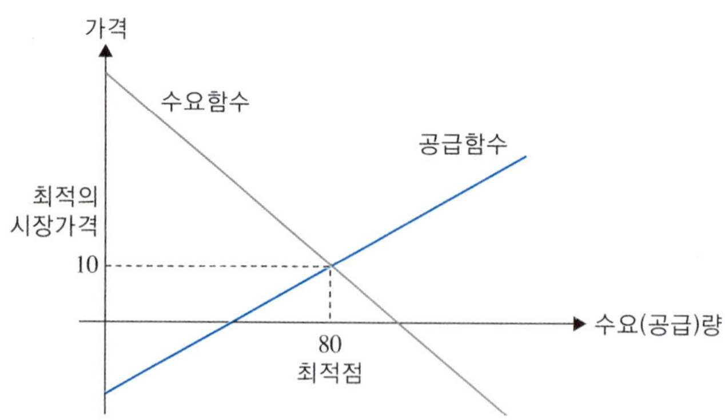

■ 효용함수

효용함수는 미시경제학의 소비자선택이론에서 중요하게 사용된다. 소비자가 어떤 제품을 소비하여 얻는 만족을 **효용**utility이라 한다. 또한 소비자가 특정 제품을 소비하여 얻은 만족수준을 함수로 표현한 것을 **효용함수**utility function라 한다. 효용함수는 소비자가 실제로 소비한 양과 만족수준의 관계를 수학적으로 나타낸다. 일반적으로 소비의 효용함수는 소비량에 의해 결정되며, 소비량 대비 효용의 크기가 점차 감소하는 형태로 나타난다. 소비량 C와 효용의 크기 u에 대해 $u = \sqrt{C}$와 같은 간단한 효용함수를 생각할 수 있다. 예를 들어 옷이 2벌 있는 A와 옷이 200벌 있는 B에게 각각 새로운 옷을 10벌씩 무상으로 제공한다고 하자. [그림 1-31]과 같이 A의 효용은 크지만 B의 효용은 A보다 작을 것이다.

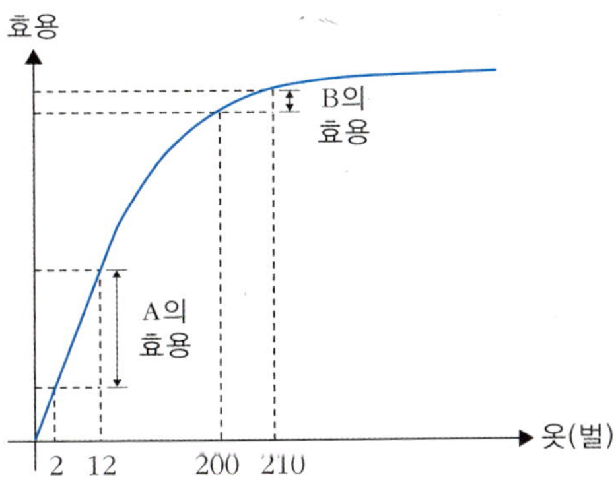

그림 1-31 재화의 증가에 따른 효용의 차이

이와 같이 소비량이 증가할수록 효용이 상대적으로 감소하는 함수는 한계효용 체감의 법칙을 효과적으로 보여준다. [그림 1-31]의 그래프를 통해 소유한 재화가 특정 개수를 넘어가면 1단위 소비로 얻을 수 있는 효용의 증가분이 점차 감소함을 알 수 있다. 이 개념은 3장에서 함수의 기울기를 다룰 때 다시 살펴본다.

이번에는 옷(C)과 식료품(F)에 대한 효용함수가 $u(F, C) = \sqrt{FC}$와 같다고 하자. 그러면 소비자에게 동일한 효용을 제공하는 재화(옷과 식료품)의 관계를 나타내는 곡선은 [그림 1-32]와 같다. 즉 동일한 효용을 나타내는 양의 상수 k에 대해 곡선 $u(F, C) = k$는 C와 F의 묶음 (C, F)를 나타낸다. 이와 같이 동일한 효용으로 이루어진 곡선을 **무차별곡선**indifferent curve이라 한다. 따라서 무차별곡선은 두 제품을 소비할 때, 다르지 않은 동일한 효용으로 이루어진 각 제품의 소비량(단, 점으로 나타난다)을 연결한 선을 의미한다. [그림 1-32]는 효용의 크기가 $u = 2, 3, 4$일 때 옷과 식료품에 대한 무차별곡선을 나타낸다. [그림 1-32]에서 가장 아래쪽에 있는 곡선은 효용의 크기 u가 2일 때 옷과 식료품의 관계를 나타낸다. 이때 식료품 1개와 옷 4벌의 효용(A)과 식료품 4개와 옷

1벌 (B)의 효용이 같으며, 만족의 정도는 $u_1 < u_2 < u_3$ 이다. [그림 1-32]를 보면 무차별곡선은 원점을 향해 볼록한 형태이고 원점에서 멀어질수록 효용이 크게 나타나며, 이 곡선은 서로 교차하지 않음을 알 수 있다. 한편 어떤 재화 X와 Y의 관계에 따라 무차별곡선의 수식을 추정하고 그래프를 그릴 수 있다. 다음 사례 두 가지를 보자.

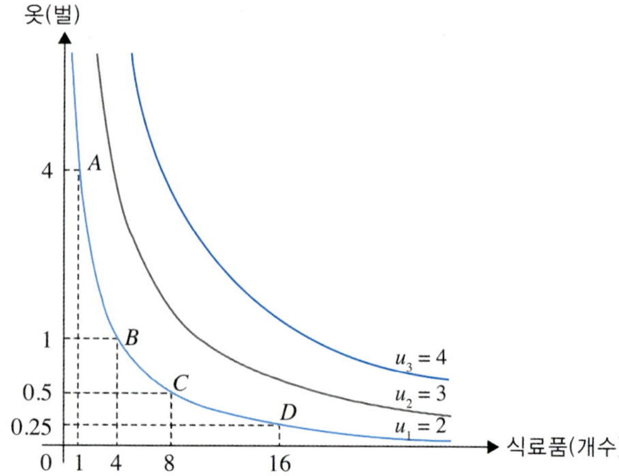

그림 1-32 재화의 증가에 따른 동일한 효용의 차이

사례 1 재화 X의 가격이 오르면 재화 Y의 수요가 증가하고 X의 가격이 내려가면 Y의 수요가 감소할 때, 두 재화 X와 Y를 서로 대체재라고 한다. 대체재의 예로 커피와 홍차가 있다. 만약 극단적으로 서로를 완전히 대체할 수 있는 제품 X, Y가 존재한다고 하자. 이를 나타내는 무차별곡선(or 효용함수)의 수식을 추정하고 그래프를 그린다.

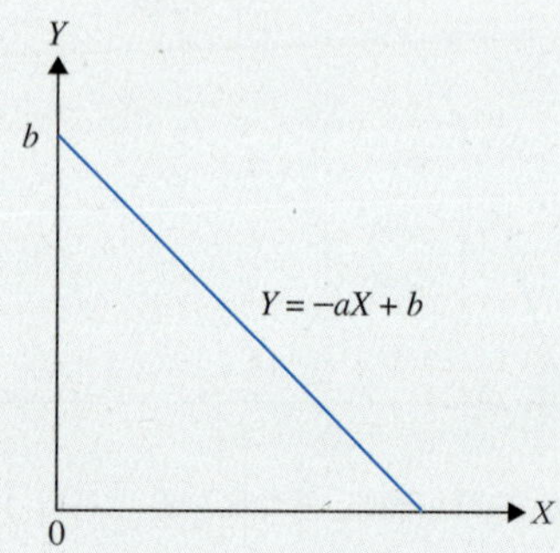

완전 대체재인 재화 X와 Y는 X의 소비량이 증가하면 Y의 소비량이 감소하고, X의 소비량이 감소하면 Y의 소비량이 증가하므로 양수 a와 b에 대해 $Y = -aX + b$인 관계가 성립한다. 이를 그래프로 나타내면 오른쪽의 모양과 같다.

사례 2 재화 X의 가격이 오르면 재화 Y의 수요가 감소하고, X의 가격이 내려가면 Y의 수요가 증가할 때, 두 재화 X와 Y를 서로 보완재라고 한다. 보완재의 예로 소시지와 핫도그, 자동차와 휘발유가 있다. 만약 극단적으로 서로를 완전히 보완할 수 있는 제품 X, Y가 존재한다고 하자. 이를 나타내는 무차별곡선(or 효용함수)의 수식을 추정하고 그래프를 그린다. 총효용이 같다면 완전 보완재인 두 재화 X와 Y는 X의 소비량이 증가하더라도 한 제품

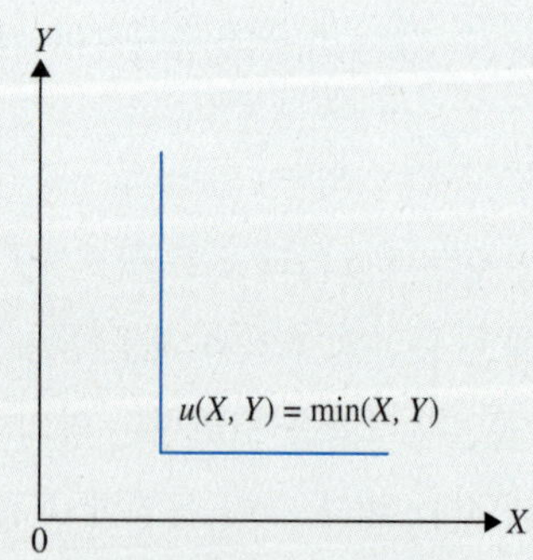

소비량 의 증가가 총효용을 증가시키지는 않으므로 Y의 소비량이 증가하지 않고, Y의 소비량이 증가하더라도 X의 소비량이 증가하지 않는 관계가 성립한다. 결국 두 재화의 최소 소비량이 동일한 무차별 효용을 결정하기 때문에 $\min(X, Y)$가 된다. 이를 그래프로 나타내면 오른쪽의 모양과 같다.

■ 로지스틱함수의 응용

벨기에 수학자 **피에르 F 베르헐스트**Pierre F. Verhulst는 1838년에 인구 증가율에 대한 수학적 모형을 연구하였다. 베르헐스트는 관찰 시점의 인구를 P_0라 하고 평균출생률을 a, 평균사망률을 b라 하면 x년 후의 인구 $P(x)$를 다음과 같은 식으로 나타낼 수 있음을 발견했다.

$$P(x) = \frac{aP_0}{bP_0 + (a - bP_0)e^{-ax}}$$

이와 같은 형태의 함수를 **로지스틱함수**logistic function라 하며, 그래프는 [그림 1-35]의 아래쪽 그래프와 같이 S자 모양이다. 이 함수는 오늘날 기술경영경제, 마케팅, 통계학 등의 여러 분야에서 널리 사용되는데, 특히 신기술의 시장 수요예측, 기술혁신의 확산, 신제품의 제품 수명 주기, 통신시스템의 진화, 시스템의 대체, 에너지 원천의 미래와 같은 다양한 주제에서 볼 수 있다. 일반적으로 시간에 따른 제품의 수명 주기는 [그림 1-33]의 위쪽 그래프와 같이 곡선이 종 모양처럼 나타나며, 특정 시간까지의 누적 성장은 [그림 1-33]의 아래쪽 그래프와 같이 S자 모양으로 나타난다. 이 모양을 S자곡선이라 하며, 이를 만드는 가장 간단한 함수가 바로 로지스틱함수이다.

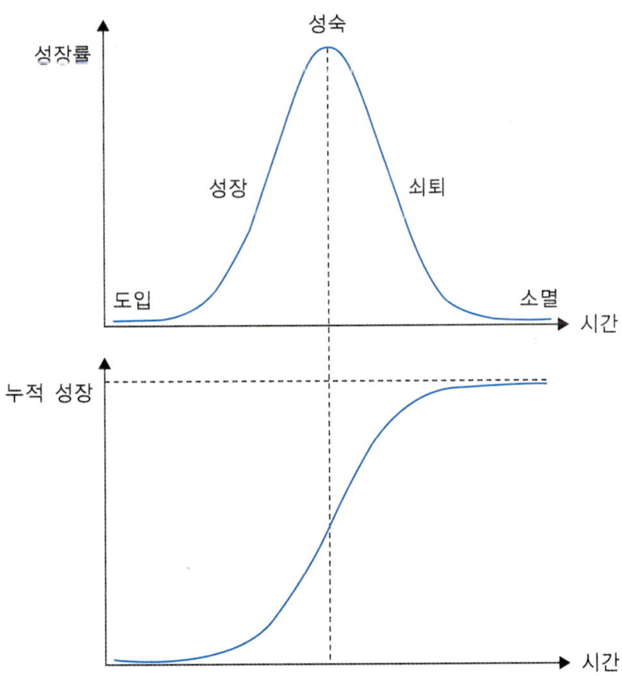

그림 1-33 종 모양의 제품 수명 주기와 S자 모양의 누적 성장

대부분은 S자곡선을 기존 실제 데이터에 기반한 로지스틱함수로 표현한다. 모수를 추정하여 자연성장의 법칙을 수치화하여 나타내고 S자곡선의 상한선과 곡선의 경사(가장 가파른 곳)로 값을 밝힌다. 이러한 과정을 수식으로 표현하면 다음과 같다.

$$y(t) = \frac{1}{1+e^{-t}}$$

이 함수는 **시그모이드함수**sigmoid function라 하며 0에서 1 사이의 값을 가진다. 이 함수는 통계학의 로지스틱 회귀모델의 기본 함수로 자주 활용될 뿐 아니라 인공지능 중 하나인 딥러닝(deep learning)에서도 자주 활용된다.

어떤 특정 사건이 발생할 확률을 p라 할 때, 성공과 실패의 비율 odds $= \frac{p}{1-p}$를 **오즈**odds라 한다. 이 오즈에 자연로그를 취해서 **로짓함수**logit function를 만들 수 있다. 즉, 로짓함수의 식은 $\text{logit}(p) = \ln\frac{p}{1-p} = f(x)$이고 방정식 $\ln\frac{p}{1-p} = f(x)$를 확률 p에 대하여 풀면 다음과 같다.

$$p = \frac{e^{f(x)}}{1+e^{f(x)}} = \frac{e^{f(x)}}{1+e^{f(x)}}\frac{\frac{1}{e^{f(x)}}}{\frac{1}{e^{f(x)}}} = \frac{1}{\frac{1}{e^{f(x)}}+1} = \frac{1}{1+e^{-f(x)}}$$

이 결과는 확률 p가 시그모이드함수의 형태임을 보여주며, 이러한 형태의 함수도 시그모이드함수라 한다. 특히 $f(x)$에 회귀분석과 같은 함수식을 넣으면 종속변수가 이산형인 **로지스틱 회귀모형**logistics regression model이 된다. 그 예는 다음과 같다.

$$f(x) = w_0x_0 + w_1x_1 + \cdots + w_nx_n$$

시계열분석

M E

계량경제학을 포함한 생산운영관리, 마케팅, 재무관리 등의 분야에서 빈번하게 활용되는 중요한 통계 예측 및 기법을 소개한다. 통계숫자를 시간흐름에 따라 일정한 간격으로 기록하는 자료를 **시계열자료**time series data라 한다. 예를 들어 월별 국내총생산, 일별 매출량, 연도별 종합주가지수 등은 모두 시간에 따라 관측되는 자료이므로 시계열자료라 할 수 있다. 이 자료의 연구목적에 따라 특정한 원인에 따른 변동부분만 추출하거나 삭제할 때가 있는데 이와 같은 통계기술을 사용하는 연구를 **시계열분석**time series analysis이라 한다. 시계열분석은 시계열자료의 과거 패턴이 미래에도 계속 유지된다는 가정에서 사용된다. 과거의 데이터를 기초로 미래에 대한 예측을 하기 때문이다. 이러한 시계열자료들은 시간에 의해 영향을 받으므로 관측 시점이 중요하고, 이러한 시계열은 시간 t에 기초하여 다음과 같이 표현된다.

$$\{X_t : t = 1,\ 2,\ 3,\ \cdots\} \text{ 또는 } X_1,\ X_2,\ X_3,\ \cdots$$

일반적으로 시계열자료 X_t에 영향을 주는 여러 가지 변동요인은 [그림 1-34]와 같은 추세변동(T_t), 계절변동(S_t), 순환변동(C_t), 불규칙변동(R_t) 등이 있다.

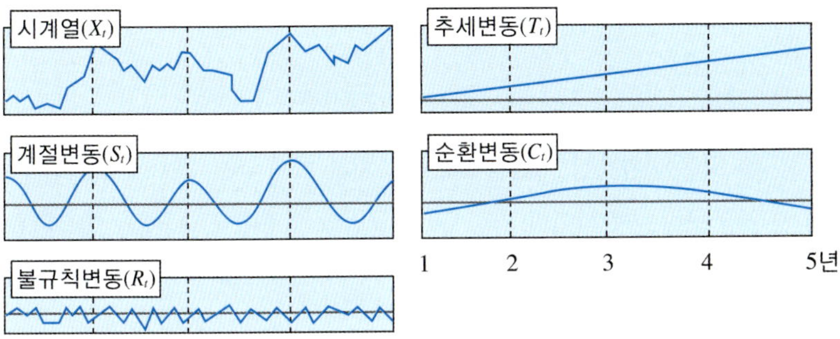

그림 1-34 시계열자료의 변동요인

변동요인 사이의 관계는 가법모형 혹은 승법모형으로 설명한다. **가법모형**additive model은 다음과 같이 관측값 X_t가 독립인 네 변동요인의 합으로 설명될 수 있다고 가정한다.

$$X_t = T_t + C_t + S_t + R_t$$

이에 반하여 **승법모형**multiplicative model은 다음과 같이 네 변동요인의 곱으로 설명될 수 있다고 가정한다.

$$X_t = T_t \cdot C_t \cdot S_t \cdot R_t$$

이제 시계열분석에서 사용하는 기법을 몇 가지 간단히 소개한다.

■ 단순이동평균법

단순이동평균법simple moving average method은 최근 몇 관측값의 단순평균(산술평균)을 다음 기간의 예측치(F_{t+1})로 추정하는 방법으로서 계절변동과 불규칙변동을 제거하여 추세변동과 순환변동만 갖는 시계열자료로 변환하는 **평활법**smoothing method이다. 예측치를 식으로 나타내면 다음과 같다.

$$F_{t+1} = \frac{X_t + X_{t-1} + \cdots + X_{t-n+1}}{n}$$

■ 가중이동평균법

단순이동평균법은 가중치가 모두 같다고 가정하지만, 특정 시기의 자료에 가중치를 다르게 설정해야 할 때가 있다. 자료별로 가중치를 다르게 주어 예측치를 추정하는 방법을 **가중이동평균법**weighted moving average method이라 한다. 이때의 예측치를 식으로 나타내면 다음과 같다.

$$F_{t+1} = w_1 X_t + w_2 X_{t-1} + \cdots + w_n X_{t-n+1}$$

여기서 w_i는 해당 기간의 가중치로서 $0 < w_i < 1$이고 $\sum_{i=1}^{n} w_i = 1$이다.

■ 지수평활법

지수평활법exponential smoothing method은 최근에 관측한 자료일수록 가중치를 크게 주고 과거에 관측할 자료일수록 가중치를 적게 주어 평균을 구하는 방식이며 가중이동평균법의 일종이다. 이때의 예측치를 식으로 나타내면 다음과 같다.

$$F_t = \alpha X_{t-1} + (1-\alpha) F_{t-1}$$

위 식에서 가중치 α를 지수평활계수라 하며 $0 < \alpha < 1$이다. 그러면 이 예측치는 다음과 같이 변경할 수 있다.

$$\begin{aligned} F_t &= \alpha X_{t-1} + F_{t-1} - \alpha F_{t-1} \\ &= F_{t-1} + \alpha (X_{t-1} - F_{t-1}) \end{aligned}$$

이때 F_t는 새로운 예측치, F_{t-1}은 과거 예측치, $X_{t-1} - F_{t-1}$은 예측오차이다. 여기서 지수평활계수 α가 관찰치의 변동을 평활시키는 역할을 한다. 특히 불규칙변동이 큰 자료에서는 α를 작은 값으로 적용하고, 불규칙변동이 작은 자료에서는 α를 큰 값으로 적용한다. 지금까지 소개한 기법 외에도 변동요인을 분해하는 방법, 모형에 의한 방법(ARMA, ARIMA 등) 등이 있다.

예제 1-27

다음 표가 1월부터 5월까지 어떤 제품의 실제 수요를 측정한 자료라 할 때, 다음 물음에 답하여라.

월(t)	1	2	3	4	5
실제수요(X_t)	4	3	4	5	?

(a) 이동평균기간을 4개월로 보고 단순이동평균법을 이용해 5월과 6월의 예측치를 각각 구하라.

(b) 직전 달의 가중치는 0.4, 2개월 전의 가중치는 0.3, 3개월 전의 가중치는 0.2, 4개월 전의 가중치는 0.1로 설정하여 가중이동평균법을 이용해 5월과 6월의 예측치를 각각 구하라.

풀이

(a) 단순이동평균법을 적용하면 다음과 같다.

$$F_5 = \frac{5+4+3+4}{4} = 4, \quad F_6 = \frac{4+5+4+3}{4} = 4$$

따라서 5월의 예측치는 4, 6월의 예측치는 4이다.

(b) 가중이동평균법을 적용하면 다음과 같다.

$$F_5 = 0.4(5) + 0.3(4) + 0.2(3) + 0.1(4) = 4.2$$

$$F_6 = 0.4(4.2) + 0.3(5) + 0.2(4) + 0.1(3) = 4.28$$

따라서 5월의 예측치는 4.2, 6월의 예측치는 4.28이다.

1장 연습문제

01. 다음 집합을 원소나열법으로 나타내라.

(a) $A = \{x \mid 0 \le x \le 5,\ x$는 자연수$\}$

(b) $A = \{x \mid 0 < x < 10,\ x$는 3의 배수$\}$

(c) $A = \{x \mid x$는 10의 약수$\}$

(d) $A = \{x \mid 1 < x^2 < 10,\ x$는 정수$\}$

02. 다음 집합을 조건제시법으로 나타내라.

(a) $A = \{4, 8, 12, 16, 20, \cdots\}$

(b) $A = \{-2, -1, 0, 1, 2\}$

(c) $A = \{-2, 2\}$

(d) $A = \{2, 3, 5, 7\}$

(e) $A = \{0, 2, 4, 8, 10\}$

03. 10 이하의 음이 아닌 정수에 대해 짝수의 집합을 A, 소수의 집합을 B, 제곱수의 집합을 C라 할 때 다음 집합을 구하라.

(a) $A \cup B$ **(b)** $A \cap C$ **(c)** $B \cup C$ **(d)** $B \cap C$

(e) $(A \cup B) \cap C$ **(f)** $(A \cap B) \cup C$ **(g)** $(A \cup B)^c$ **(h)** $(A \cap C)^c$

04. 실수 전체의 집합 $\mathbb{R}$에서 $A = \{x \mid x < 2\}$, $B = \{x \mid |x| \le 5\}$라 할 때 다음을 구하라.

(a) $A \cup B$ **(b)** $A \cap B$ **(c)** A^c **(d)** B^c

05. 두 함수 $f(x) = x + 1$, $g(x) = \dfrac{1}{x^2 - 1}$에 대하여 다음 합성함수와 정의역을 각각 구하라.

(a) $(f \circ g)(x)$

(b) $(g \circ f)(x)$

06. 함수 $f : A \to B$가 다음과 같을 때 정의역 A와 치역 B을 구하라. 또한 함수 f가 단사함수, 전사함수, 전단사함수 중 무엇인지 조사하라.

(a) $f(x) = 2^{2x-1}$

(b) $f(x) = e^{|x|}$

(c) $f(x) = \log_2(x - 1)$

(d) $f(x) = |x - 1|$

07. 다음 이차함수에 대해 x축 절편, y축 절편, 꼭짓점의 좌표를 구하라. 또한, 각 이차함수의 최댓값 또는 최솟값을 구하라.

(a) $y = x^2 - 2x - 1$

(b) $y = x^2 + 4x + 4$

(c) $y = -x^2 + 4x + 5$

(d) $y = -2x^2 + 8x - 6$

08. 다음 수열의 일반항을 구하라.

(a) $\{-1,\ 3,\ 7,\ 11,\ \cdots\}$

(b) $\{10,\ 7,\ 4,\ 1,\ \cdots\}$

(c) $\left\{3,\ 1,\ \frac{1}{3},\ \frac{1}{9},\ \cdots\right\}$

(d) $\left\{\frac{1}{4},\ \frac{1}{2},\ 1,\ 2,\ \cdots\right\}$

09. 다음 수열이 수렴하는지를 판정하라. 만일 수렴하면 극한을 구하라.

(a) $\left\{\frac{2n-5}{n+1}\right\}$

(b) $\{2+(-2)^{n-1}\}$

(c) $\left\{\frac{n^2-3n+5}{n^2+2n-1}\right\}$

(d) $\left\{\left(1+\frac{3}{n}\right)^n\right\}$

(e) $\left\{1+\left(\frac{1}{2}\right)^n\right\}$

(f) $\left\{\frac{(-1)^n}{n}\right\}$

10. 다음 식을 간단히 하라.

(a) $\sqrt[4]{3^{-2}}\times 6^2\times\frac{1}{15^2}$

(b) $(64^{-2})^{\frac{1}{3}}\times\frac{2}{9}\div 6^{-3}$

11. 자연로그를 이용하여 다음 식을 간단히 하라.

(a) $\log_3 e+\ln 9-\log_9 4$

(b) $\log_2 16+\log_9 27-\ln 4$

12. 다음 방정식을 풀어라.

(a) $\log_3(x^2+1)=2$

(b) $2^{x^2-1}=8$

(c) $\ln(1-x)+\ln(x+3)=0$

13. M 어떤 회사가 단위당 판매가가 1,000원인 제품을 생산하여 판매할 때마다 단위당 변동지출이 600원씩 발생한다고 하자. 이 제품이 손익분기점에 도달할 때의 판매량과 매출액을 각각 구하라. 단, 고정원가는 1억 원이다.

14. M 리틀의 공식을 이용하여 다음을 구하라.

(a) 어떤 드라이브인 햄버거 가게에 고객차량이 시간당 40대씩 도착하고 평균 6분(0.1시간)씩 머무른다고 가정하자. 이때 이 대기열에 머무는 평균 고객의 차량 수를 구하라.

(b) 4인용 테이블만 갖춘 어떤 식당에는 점심시간에 시간당 평균 50명이 방문하고, 1명이 식사하는 데 평균 30분이 소요된다고 하자. 고객이 한 번에 4명씩 입장한다고 할 때, 이 식당이 갖추어야 할 테이블의 최소 개수를 구하라.

1장 연습문제

15. 단리이자 개념을 이용하여 다음을 구하라.
M E

(a) 연초 은행에 연이율 4.5%로 4,000만 원을 예금하였다면 3년 말에 받을 이자는 얼마가 될지 구하라.

(b) 4,000만 원으로 차를 구입하기 위해 은행에서 3년 동안 연 15%의 이자율로 2,000만 원을 대출받았다면 3년 말에 은행에 지불해야 하는 총금액(이자와 대출금)은 얼마인지 구하라.

16. 복리이자 개념을 이용하여 다음을 구하라.
M E

(a) 1백만 원을 월별 복리로 계산되는 3%의 연간 이자율로 은행에 저축하였다면 10년 뒤 투자의 가치는 얼마가 될지 구하라. 단, 이자율은 연간이지만 복리는 월별이다.

(b) 1백만 원을 연간 복리로 계산되는 5%의 연간 이자율로 은행에 예금하고자 한다면 향후 5년 동안 매해 말에 받는 이자는 얼마일지 구하라.

17. 현재가치 개념을 이용하여 다음을 구하라.
M E

(a) 연간 4%의 이자율이 주어지는 은행에 예금하여 3년 후에 1백만 원을 받기 원한다면 처음에 어느정도 예금해야 할지 금액을 구하라.

(b) 분기별 복리로 연간 4%의 이자율이 주어지는 은행에 예금하여 10년 후에 2백만 원을 받기 원한다면 처음에 어느정도 예금해야 할지 금액을 구하라.

18. 미래가치 개념을 이용하여 다음을 구하라.
M E

(a) 5%의 이자율인 곳에 5년 동안 1백만 원을 투자한다고 할 때 미래가치를 구하라.

(b) 연간 복리 방식으로 5%의 이자율로 5년 동안 1백만 원을 투자한다고 할 때 미래가치를 구하라.

19. 현재 1백만 원을 연복리 5%로 은행 A와 은행 B 중의 한 곳에 3년 동안 예치할 계획이다. 은행 A는 첫 번째 연도에 30만 원, 두 번째 연도에 40만 원, 세 번째 연도에 50만 원의 이자가 발생한다. 은행 B는 매년 말에 40만 원씩 이자가 발생한다. 이때 은행 A, B 중 어떤 것에 예치할지를 순현재가치를 이용하여 결정하라.
M E

20. 내부수익률 개념을 이용하여 다음을 구하라.
M E

(a) 오늘 1백만 원을 연복리 5%로 투자했을 경우 1년 뒤부터 3년 뒤까지의 현금흐름이 30만 원, 45만 원, 50만 원이라면 이 투자안의 내부수익률을 구하라.

(b) 19번 문항의 **(b)**와 조건이 동일한 상황에서 은행 A, B 중 어느 곳에 예치할지 결정한다고 할 때, 어떤 은행에 예치할 내부수익률을 이용하여 결정하라.

21. 영구연금 개념을 이용하여 다음을 구하라.
M E

(a) 매년 1천만 원을 받는 영구채를 갖고 있다. 이 채권에 7%의 이자율이 적절하다고 할 때, 현재가치를 구하라.

(b) 연간 주당 1백만 원의 배당을 주는 기업에 투자하고 있다. 당신이 연간 배당금의 6%의 성장을 기대하고 이 리스크에서 15%의 수익률을 기대할 때 한 주당 가치를 계산하라. 단, 성장영구연금의 현재가치는 $= \frac{\text{이자 지급액}}{\text{복리} - \text{성장률}}$ 이다.

22. 일반연금 개념을 이용하여 다음을 구하라.
M E

(a) 현재 3천만 원을 투자하여 향후 20년 동안 매달 250만 원을 받기 위한 어떤 연금에 가입했다고 하자. 이자율이 5%일 때 이 연금의 현재가치를 구하라.

(b) 이자율이 5%이고 향후 5년 동안 매년 1천만 원을 지급받는 일반연금이 존재한다고 할 때, 이 연금의 미래가치를 분석하라.

23. 2021년부터 2025년까지 A 제품의 연도별 매출액이 다음 표와 같다고 하자. 연평균 성장률 개념을 이용하여 다음을 구하라.
M E

연도(년)	2021	2022	2023	2024	2025
매출액(억 원)	10	20	25	30	50

(a) 전년 대비 성장률을 구하라.

(b) 전년 대비 성장률의 산술평균을 구하라.

(c) 연평균 성장률을 구하라. 이 값을 **(a)** 및 **(b)**와 비교하라.

1장 연습문제

24. 가용한 자본이 1,000만 원이고, 이용할 수 있는 노동력이 2,000시간이며 지수가 $\alpha = 0.6$, $\beta = 0.4$ 일 때 생산량을 구하라. 만약 노동과 자본을 각각 2배로 증가시키면 총생산량은 어떻게 되는지 콥-더글라스 생산함수를 이용하여 구하라.

M E

25. 수요함수와 공급함수 개념을 이용하여 다음을 구하라.

M E

(a) 수요함수와 공급함수가 각각 $Q_d = -2P+20$, $Q_s = 2P-10$일 때, 수요량과 공급량이 균형을 이루는 최적의 시장가격과 수량을 각각 구하라.

(b) 수요량과 공급량이 균형을 이룰 때, $P=8$이면 수요초과인지 공급초과인지를 판단하라.

26. 효용함수 개념을 이용하여 다음을 구하라.

M E

(a) 효용함수가 $u(x_1, x_2) = x_1^{0.5}x_2$로 주어질 때 다음 이용절차에 따라 무차별곡선을 그려라.

이용절차

① 특정수준에서 효용 k : $x_1^{0.5}x_2 = k$

② x_2에 대해 정리 : $x_2 = \dfrac{k}{x_1^{0.5}}$

③ k에 특정 값(예, 10 또는 20) 지정 후 그림 : $x_2 = \dfrac{10}{x_1^{0.5}}$ 또는 $x_2 = \dfrac{20}{x_1^{0.5}}$

(b) (a)와 동일한 절차를 거쳐 효용함수 $u(x, y) = xy$에 대한 무차별곡선을 그려라.

27. 다음 표는 1월부터 5월까지 어떤 제품의 실제 수요를 측정한 자료이다. 물음에 답하라.

M E

월(t)	1	2	3	4	5
실제수요(X_t)	3	4	4	5	?

(a) 이동평균기간 3개월로 단순이동평균법을 이용해 5월과 6월의 예측치를 구하라.

(b) 4월에는 0.4, 3월에는 0.3, 2월에는 0.2, 1월에는 0.1로 설정하고 가중이동평균법을 이용해 5월의 예측치를 구하라. 또한 2월에 0.1, 3월에 0.2, 4월에 0.3, 5월에 0.4라 했을 때의 6월의 예측치를 구하라.

(c) 지난달의 수요 예측치가 100개, 실제 수요가 110개이고 평활상수 α는 0.3일 때 이번 달의 수요 예측치를 구하라.

2장

행렬과 행렬식

CONTENTS

2.1 벡터와 행렬
2.2 역행렬
2.3 행렬식
2.4 연립선형방정식
2.5 고윳값과 고유벡터
2.6 경영 · 경제에의 응용
연습문제

학습목표

2장에서는 벡터와 행렬, 역행렬, 행렬식, 연립선형방정식, 고윳값과 고유벡터에 대해 다룬다. 이후 이를 응용할 수 있는 경영·경제학의 공분산 행렬, 생산성 측정모형, 사회네트워크 행렬, 마코프 체인, 보험, 계층분석법, 딥러닝, 균형분석, 투입산출모형 등을 설명한다.

2.1 벡터와 행렬

가전, TV, 모바일, 컴퓨터 사업으로 구성된 어느 기업의 분기별 영업실적(%)이 다음과 같다고 하자.

- **가전** : 100, 110, 95, 115
- **TV** : 98, 112, 120, 125
- **모바일** : 108, 116, 137, 151
- **컴퓨터** : 105, 111, 115, 121

이때 사업별 영업실적의 나열만으로는 아무런 의미가 없으며, 이 자료가 갖는 특성을 알 수 없다. 따라서 사업별 영업실적을 비교하기 위해서는 주로 다음과 같은 표를 이용한다.

표 2-1 사업별 분기당 영업실적

분기 / 사업	1분기	2분기	3분기	4분기
가전	100	110	95	115
TV	98	112	120	125
모바일	108	116	137	151
컴퓨터	105	111	115	121

[표 2-1]은 다음과 같이 표시할 수도 있다.

$$\begin{array}{r} \\ \text{가전} \\ \text{TV} \\ \text{모바일} \\ \text{컴퓨터} \end{array} \begin{array}{c} \begin{array}{cccc} \text{1분기} & \text{2분기} & \text{3분기} & \text{4분기} \end{array} \\ \begin{bmatrix} 100 & 110 & 95 & 115 \\ 98 & 112 & 120 & 125 \\ 108 & 116 & 137 & 151 \\ 105 & 111 & 115 & 121 \end{bmatrix} \end{array}$$

이 절에서는 이렇게 괄호를 이용하여 표현하는 방법에 대해 살펴보도록 한다.

벡터와 행렬

여기서는 벡터와 행렬을 정의하고, 행렬의 특수한 경우인 벡터에 대해 살펴본다.

■ 벡터

n개의 실수 $a_1, a_2, \cdots, a_n$을 다음과 같이 순서쌍으로 표현한 것을 **벡터**vector라 한다.

$$\mathbf{a} = (a_1, a_2, \cdots, a_n) \text{ 또는 } \mathbf{a} = \begin{bmatrix} a_1 \\ a_2 \\ \vdots \\ a_n \end{bmatrix}$$

여기서 n개의 실수 $a_1, a_2, \cdots, a_n$을 벡터 a의 **성분**component 이라 하고, 성분의 개수를 **차원**dimension 이라 한다. a는 성분의 개수가 n개이므로 n차원 벡터이고, n차원 벡터 a는 n차원 공간 안의 한 점 $P(a_1, a_2, \cdots, a_n)$을 대응시킨다. 이때 벡터 a는 원점 O에서 시작하여 점 P에서 끝나는 방향을 갖는 선분을 나타내며, 이 선분을 **유향선분**directed segment이라 한다.

정의 2-1 **위치벡터**

평면(또는 공간)좌표 위의 원점 O에서 시작하여 점 P의 위치를 나타내는 벡터를 **위치벡터**position vector라 하며, 점 P를 **종점**end point이라 한다.

이때 위치벡터는 [그림 2-1]과 같이 화살표로 표시한다. 예를 들어 위치벡터 $\mathbf{a} = (2, 1)$은 [그림 2-1]과 같이 평면 위의 원점 0에서 시작하여 점 $P(2, 1)$에서 끝난다. 이때 유향선분의 길이를 벡터의 **길이**length, **노옴**norm, **크기**magnitude라 하며 $\|\mathbf{a}\|$로 나타낸다.

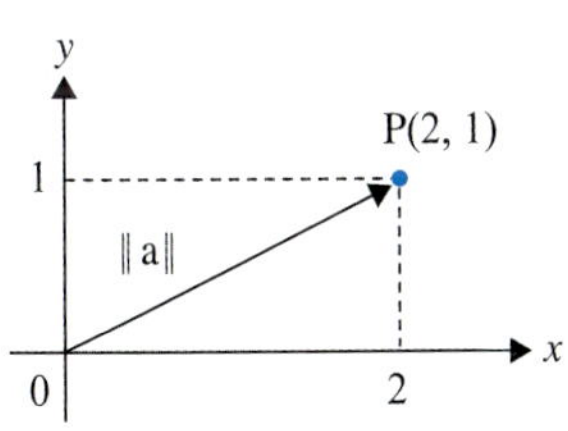

그림 2-1 벡터의 기하학적 의미

위치벡터 $\mathbf{a} = (a_1, a_2, \cdots, a_n)$의 길이는 다음과 같다.

$$\|\mathbf{a}\| = \sqrt{a_1^2 + a_2^2 + \cdots + a_n^2}$$

예제 2-1

다음 벡터의 길이를 구하라.

(a) 평면 위의 위치벡터 $\mathrm{a} = (3, 4)$의 길이를 구하라.

(b) 공간 위의 위치벡터 $\mathrm{b} = (1, 2, 3)$의 길이를 구하라.

풀이

(a) 위치벡터 $\mathrm{a} = (3, 4)$의 길이는 $\|\mathrm{a}\| = \sqrt{3^2 + 4^2} = \sqrt{25} = 5$이다.

(b) 위치벡터 $\mathrm{b} = (1, 2, 3)$의 길이는 $\|\mathrm{b}\| = \sqrt{1^2 + 2^2 + 3^2} = \sqrt{14}$ 이다.

모든 성분(크기)이 0 인 벡터를 **영벡터** zero vector라 하고 $\mathbf{0}$로 나타낸다.

■ 행렬

nm 개의 실수 $a_{11}, \cdots, a_{1m}$; $a_{21}, \cdots, a_{2m}$; $\cdots$; $a_{n1}, \cdots, a_{nm}$을 직사각형 괄호 안에 배열했을 때의 모양은 다음과 같으며, 이를 **행렬** matrix이라 한다.

$$A = \begin{bmatrix} a_{11} \cdots a_{1j} \cdots a_{1m} \\ \vdots \\ a_{i1} \cdots a_{ij} \cdots a_{im} \\ \vdots \\ a_{n1} \cdots a_{nj} \cdots a_{nm} \end{bmatrix}$$

이때 행렬 A의 가로 방향에 놓이는 수의 배열을 **행** row, 세로 방향에 놓이는 수의 배열을 **열** column이라 한다. 이때 행렬 A와 같이 행의 개수가 n이고 열의 개수가 m인 행렬을 $n \times m$ 행렬이라 하고, 다음과 같이 나타낸다.

$$A_{n \times m}, \ A_{nm}, \ A = (a_{ij})_{\substack{i=1,2,\cdots,n \\ j=1,2,\cdots,m}}, \ A = (a_{ij})$$

행렬 A의 i번째 행과 j번째 열에 있는 수 a_{ij}를 A의 (i, j)**성분** entry이라 한다. 모든 성분이 0 인 $n \times m$ 행렬을 **영행렬** null matrix이라 하며 O으로 나타낸다. 특히 다음과 같은 i번째 행 r_i를 행렬 A의 i **행벡터** row vector라 하며, j번째 열 c_j를 행렬 A의 j **열벡터** column vector라 한다.

$$\mathrm{r}_\mathrm{i} = (a_{i1}, \cdots, a_{ij}, \cdots, a_{im}), \quad \mathrm{c}_\mathrm{j} = \begin{bmatrix} a_{1j} \\ \vdots \\ a_{ij} \\ \vdots \\ a_{nj} \end{bmatrix}$$

또한 다음과 같이 n 차원에서의 행벡터 a는 $1 \times n$ 행렬이라 하고 열벡터 b는 $n \times 1$ 행렬이라 한다.

$$\mathrm{a} = (a_1, a_2, \cdots, a_n) \text{ 또는 } \mathrm{b} = \begin{bmatrix} a_1 \\ a_2 \\ \vdots \\ a_n \end{bmatrix}$$

다음과 같이 행의 개수와 열의 개수가 n 개로 같은 행렬을 n 차 **정방행렬**square matrix이라 한다.

$$A = \begin{bmatrix} a_{11} \cdots a_{1n} \\ \vdots \\ a_{n1} \cdots a_{nn} \end{bmatrix}$$

특히 n 차 정방행렬에서 $a_{11}, a_{22}, \cdots, a_{nn}$ 을 **주대각 원소**main diagonal elements라 하며, 주대각 원소가 모두 1 이고 그 이외의 모든 성분이 0 인 정방행렬을 **단위행렬**unit matrix이라 한다. 이는 I 또는 I_n 으로 나타낸다.

$$I_n = \begin{bmatrix} 1\,0 \cdots 0\,0 \\ 0\,1 \cdots 0\,0 \\ \vdots \\ 0\,0 \cdots 0\,1 \end{bmatrix}$$

한편 $n \times m$ 행렬 A 에서 행과 열을 바꾼 $m \times n$ 행렬을 A 의 **전치행렬**transpose matrix이라 하고 A' 또는 A^t 로 나타낸다.

$$A = \begin{bmatrix} a_{11} \cdots a_{1j} \cdots a_{1m} \\ \vdots \\ a_{i1} \cdots a_{ij} \cdots a_{im} \\ \vdots \\ a_{n1} \cdots a_{nj} \cdots a_{nm} \end{bmatrix} \quad \Rightarrow \quad A' = \begin{bmatrix} a_{11} \cdots a_{i1} \cdots a_{n1} \\ \vdots \\ a_{1j} \cdots a_{ij} \cdots a_{nj} \\ \vdots \\ a_{1m} \cdots a_{im} \cdots a_{nm} \end{bmatrix}$$

n 차 정방행렬 A 에 대하여 행과 열을 바꾼 성분이 서로 같은, 즉 $a_{ij} = a_{ji}$ 이면 **대칭행렬**symmetric matrix이라 한다. 여기서 $a_{ij} = -a_{ji}$ 이면 **교대행렬**alternative matrix이다. 이때 정방행렬 A 가 대칭행렬이면 $A' = A$ 이고 교대행렬이면 $A' = -A$ 가 성립한다. 예를 들어 다음 행렬 A 는 대칭행렬이고 행렬 B 는 교대행렬이다.

$$A = \begin{bmatrix} 1 & 2 & 3 \\ 2 & 4 & 1 \\ 3 & 1 & 2 \end{bmatrix}, \quad B = \begin{bmatrix} 0 & 2 & 3 \\ -2 & 0 & -1 \\ -3 & 1 & 0 \end{bmatrix}$$

벡터와 행렬의 연산

n차원 벡터 $\mathbf{a}$, $\mathbf{b}$가 있다고 하자. 이는 각각 $\mathbf{a} = (a_1, a_2, \cdots, a_n)$, $\mathbf{b} = (b_1, b_2, \cdots, b_n)$이다. 이때 같은 위치에 놓이는 성분들이 모두 같으면, 즉 $i = 1, 2, \cdots, n$에 대해 $a_i = b_i$이면 두 벡터 $\mathbf{a}$와 $\mathbf{b}$는 **동치**equivalent 또는 **상등**이라 하고 $\mathbf{a} = \mathbf{b}$로 나타낸다. 또한, 두 벡터의 합과 스칼라 곱은 다음과 같이 정의할 수 있다.

정의 2-2 벡터의 합과 스칼라 곱

(1) 두 벡터의 합은 대응하는 각각의 성분끼리 합한 벡터이며, 식으로 표현하면 다음과 같다.

$$\mathbf{a} + \mathbf{b} = (a_1, a_2, \cdots, a_n) + (b_1, b_2, \cdots, b_n) = (a_1 + b_1, a_2 + b_2, \cdots, a_n + b_n)$$

(2) 벡터의 스칼라 곱은 모든 성분에 스칼라 k를 곱한 벡터이다.

$$k\mathbf{a} = k(a_1, a_2, \cdots, a_n) = (ka_1, ka_2, \cdots, ka_n)$$

예를 들어, 벡터 $\mathbf{a} = (a_1, a_2)$와 $\mathbf{b} = (b_1, b_2)$를 합한 $\mathbf{a} + \mathbf{b}$는 [그림 2-2(a)]와 같다. 벡터 $\mathbf{b}$를 평행이동하여 $\mathbf{b}$의 시점을 벡터 $\mathbf{a}$의 종점과 일치하도록 했을 때, $\mathbf{b}$의 종점은 점 $(a_1 + b_1, a_2 + b_2)$를 나타낸다. 또한 [그림 2-2(b)]와 같이 $k > 1$인 스칼라 k에 대하여 벡터의 스칼라 곱은 벡터 $\mathbf{a}$와 같은 방향이고, 벡터의 크기가 k배로 늘어난다. 또한 $0 < k < 1$인 스칼라 k에 대한 $k\mathbf{a}$는 같은 방향으로 k배 축소된 벡터이다.

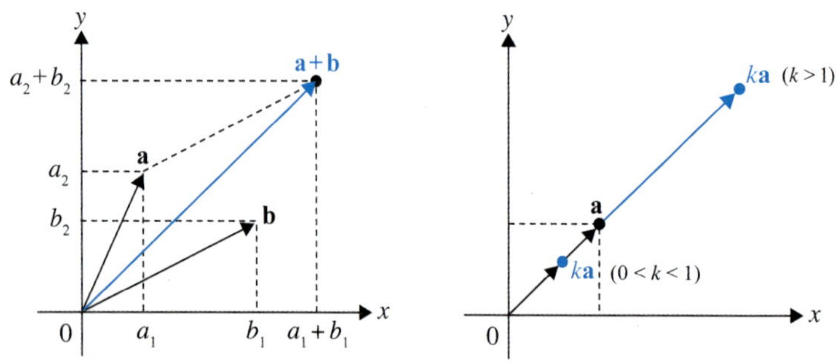

(a) 두 벡터의 합 (b) 벡터의 스칼라 곱

그림 2-2 두 위치벡터의 합과 스칼라 곱

한편 $k = -1$이면 벡터 $k\mathbf{a} = -\mathbf{a}$는 다음과 같이 각 성분에 -1을 곱한 벡터이며, 이 벡터를 $\mathbf{a}$의 **음벡터**negative vector라 한다.

$$-\mathbf{a} = (-a_1, -a_2, \cdots, -a_n)$$

$\mathbf{a}$의 음벡터 $-\mathbf{a}$는 벡터 $\mathbf{a}$와 크기는 같지만 방향이 반대이며, 이를 그림으로 나타내면 [그림 2-3(a)]와 같다. 또한 두 벡터 $\mathbf{a} = (a_1, a_2, \cdots, a_n)$와 $\mathbf{b} = (b_1, b_2, \cdots, b_n)$의 차 $\mathbf{a} - \mathbf{b}$는 벡터 $\mathbf{a}$와 벡터 $\mathbf{b}$의 음벡터 $-\mathbf{b}$의 합으로 구할 수 있으며, 그림으로 나타내면 [그림 2-3(b)]와 같다. 이를 성분으로 나타내면 다음과 같다.

$$\mathbf{a} - \mathbf{b} = \mathbf{a} + (-\mathbf{b}) = (a_1 - b_1,\ a_2 - b_2,\ \cdots,\ a_n - b_n)$$

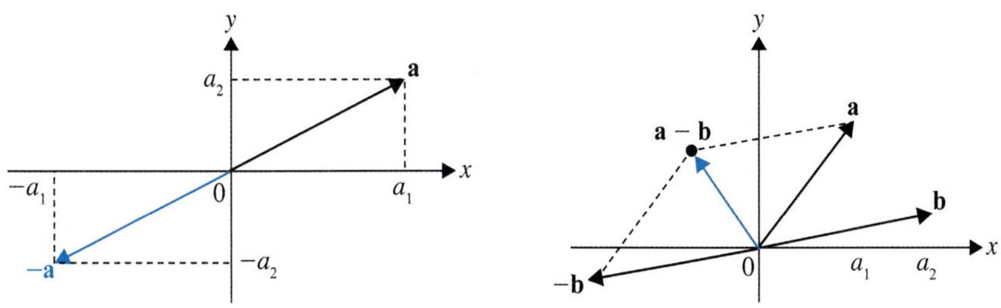

(a) 음벡터 (b) 두 벡터의 차

그림 2-3 음벡터 $-\mathbf{a}$와 벡터의 차

예제 2-2

두 벡터 $\mathbf{a} = (1, -2, 2)$와 $\mathbf{b} = (3, 1, -2)$에 대해 다음 벡터를 구하라.

(a) $\mathbf{a} + 2\mathbf{b}$ **(b)** $-\mathbf{b}$ **(c)** $-\mathbf{a} + 2\mathbf{b}$ **(d)** $2\mathbf{a} - \frac{1}{2}\mathbf{b}$

풀이

(a) $\mathbf{a} + 2\mathbf{b} = (1, -2, 2) + 2(3, 1, -2) = (1, -2, 2) + (6, 2, -4) = (7, 0, -2)$

(b) $-\mathbf{b} = (-1)(3, 1, -2) = (-3, -1, 2)$

(c) $-\mathbf{a} + 2\mathbf{b} = (-1)(1, -2, 2) + 2(3, 1, -2) = (-1, 2, -2) + (6, 2, -4)$
$= (5, 4, -6)$

(d) $2\mathbf{a} - \frac{1}{2}\mathbf{b} = 2(1, -2, 2) - \frac{1}{2}(3, 1, -2) = (2, -4, 4) + \left(-\frac{3}{2}, -\frac{1}{2}, 1\right)$
$= \left(\frac{1}{2}, -\frac{9}{2}, 5\right)$

■ 행렬의 기본 연산

n차원 벡터는 $1 \times n$ 행렬 또는 $n \times 1$ 행렬이므로 벡터의 연산을 행렬에 적용할 수 있다. 이를 살펴보기 전 $n \times m$ 행렬 $A = (a_{ij})$와 $B = (b_{ij})$를 생각하자. 이때 두 행렬의 같은 위치에 놓이는 성분 모두가 서로 같으면 행렬 A와 B는 **동치**equivalent 또는 **상등**이라 하고, $A = B$로 나타낸다. 즉

$i=1, 2, \cdots, n$과 $j=1, 2, \cdots, m$에 대하여 $a_{ij}=b_{ij}$이면 $A=B$이다. 예를 들어 두 행렬 $A=\begin{bmatrix} x & 0 \\ 1 & 2 \end{bmatrix}$, $B=\begin{bmatrix} 1 & 0 \\ 1 & y \end{bmatrix}$가 서로 같기 위한 필요충분조건은 $x=1$, $y=2$이다. 여기서 행렬의 합과 스칼라 곱은 다음과 같이 정의한다.

정의 2-3 **행렬의 합과 스칼라 곱**

(1) 두 행렬 $A=(a_{ij})$와 $B=(b_{ij})$의 합 $A+B$는 같은 위치의 성분끼리 더한 행렬이다.

$$A+B=(a_{ij}+b_{ij})$$

(2) 두 행렬 $A=(a_{ij})$와 $B=(b_{ij})$의 차 $A-B$는 같은 위치의 성분끼리 뺀 행렬이다.

$$A-B=(a_{ij}-b_{ij})$$

(3) 행렬 $A=(a_{ij})$의 스칼라 곱은 행렬 A 안의 모든 성분에 스칼라 k를 곱한 행렬이다.

$$kA=(ka_{ij})$$

예제 2-3

두 행렬 $A=\begin{bmatrix} 0 & 1 \\ 2 & 0 \end{bmatrix}$, $B=\begin{bmatrix} 1 & 3 \\ 2 & 0 \end{bmatrix}$에 대해 다음 행렬을 구하라.

(a) $A+B$ (b) $2A$ (c) $-A$ (d) $A-2B$

풀이

(a) $A+B=\begin{bmatrix} 0 & 1 \\ 2 & 0 \end{bmatrix}+\begin{bmatrix} 1 & 3 \\ 2 & 0 \end{bmatrix}=\begin{bmatrix} 0+1 & 1+3 \\ 2+2 & 0+0 \end{bmatrix}=\begin{bmatrix} 1 & 4 \\ 4 & 0 \end{bmatrix}$

(b) $2A=\begin{bmatrix} 2\cdot 0 & 2\cdot 1 \\ 2\cdot 2 & 2\cdot 0 \end{bmatrix}=\begin{bmatrix} 0 & 2 \\ 4 & 0 \end{bmatrix}$

(c) $-A=(-1)A=\begin{bmatrix} -1\cdot 0 & -1\cdot 1 \\ -1\cdot 2 & -1\cdot 0 \end{bmatrix}=\begin{bmatrix} 0 & -1 \\ -2 & 0 \end{bmatrix}$

(d) $A-2B=\begin{bmatrix} 0 & 1 \\ 2 & 0 \end{bmatrix}-2\begin{bmatrix} 1 & 3 \\ 2 & 0 \end{bmatrix}=\begin{bmatrix} 0 & 1 \\ 2 & 0 \end{bmatrix}-\begin{bmatrix} 2 & 6 \\ 4 & 0 \end{bmatrix}=\begin{bmatrix} 0-2 & 1-6 \\ 2-4 & 0-0 \end{bmatrix}=\begin{bmatrix} -2 & -5 \\ -2 & 0 \end{bmatrix}$

[정의 2-3]으로부터 임의의 $n\times m$ 행렬에 대한 성질은 [정리 2-1]과 같이 정리할 수 있다.

정리 2-1 행렬의 합과 스칼라 곱에 대한 성질

임의의 $n \times m$ 행렬 A, B, C와 스칼라 α, β에 대하여 다음이 성립한다.

(1) $A+B=B+A$ **덧셈에 관한 교환법칙**

(2) $(A+B)+C=A+(B+C)$ **덧셈에 관한 결합법칙**

(3) $A+O=O+A=A$ **덧셈에 관한 항등원**

(4) $A+(-A)=O$ **덧셈에 관한 역원**

(5) $\alpha(A+B)=\alpha A+\alpha B$

(6) $(\alpha+\beta)A=\alpha A+\beta A$

(7) $\alpha(\beta A)=(\alpha\beta)A=\beta(\alpha A)$

(8) $1A=A$

한편 n차원 벡터는 $1\times n$ 행렬 또는 $n\times 1$ 행렬이므로 [정리 2−1]에서의 행렬 A, B, C를 벡터 $\mathbf{a}$, $\mathbf{b}$, $\mathbf{c}$로 바꿀 수 있다. 또한 영행렬 O를 영벡터 $\mathbf{0}$로 바꾸면, 벡터에 대해서도 [정리 2−1]의 성질이 동일하게 성립한다.

■ 내적

두 벡터의 곱의 결과는 일반적으로 스칼라인 경우와 벡터인 경우가 있다. 여기서는 두 벡터의 곱이 스칼라인 경우에 대해 살펴본다. 먼저, **스칼라 곱** scalar product을 벡터의 내적이라고 한다.

정의 2-4 내적

n차원 공간 안의 벡터 $\mathbf{a}=(a_1, a_2, \cdots, a_n)$과 $\mathbf{b}=(b_1, b_2, \cdots, b_n)$의 성분을 곱하고, 곱한 값을 모두 더하면 이를 $\mathbf{a}$와 $\mathbf{b}$의 **내적** inner product이라 한다. 식으로 나타내면 다음과 같다.

$$\mathbf{a}\cdot\mathbf{b}=(a_1, a_2, \cdots, a_n)\cdot(b_1, b_2, \cdots, b_n)=a_1b_1+a_2b_2+\cdots+a_nb_n$$

이때 내적의 결과는 실수이다. 한편 벡터 $\mathbf{b}$를 전치시킨 열벡터 $\mathbf{b}'$을 이용하면 내적을 다음과 같이 표현할 수 있다.

$$\mathbf{a}\cdot\mathbf{b}'=[a_1, a_2, \cdots, a_n]\cdot\begin{bmatrix} b_1 \\ \vdots \\ b_i \\ \vdots \\ b_n \end{bmatrix}=a_1b_1+a_2b_2+\cdots+a_nb_n$$

따라서 두 벡터의 내적에 대해 다음 성질이 성립한다.

정리 2-2 내적의 성질

임의의 벡터 a, b, c와 스칼라 k에 대하여 다음이 성립한다.

(1) $\mathbf{a} \cdot \mathbf{0} = \mathbf{0} \cdot \mathbf{a} = 0$

(2) $\mathbf{a} \cdot \mathbf{b} = \mathbf{b} \cdot \mathbf{a}$ 교환법칙

(3) $\mathbf{a} \cdot (\mathbf{b} + \mathbf{c}) = \mathbf{a} \cdot \mathbf{b} + \mathbf{a} \cdot \mathbf{c}$ 배분(분배)법칙

(4) $\mathbf{a} \cdot (k\mathbf{b}) = (k\mathbf{a}) \cdot \mathbf{b} = k(\mathbf{a} \cdot \mathbf{b})$

(5) $\mathbf{a} \cdot \mathbf{a} \geq 0$ (특히 $\mathbf{a} \cdot \mathbf{a} = 0$일 필요충분조건은 $\mathbf{a} = \mathbf{0}$)

예제 2-4

벡터 $\mathbf{a} = (2, 1, 2)$와 $\mathbf{b} = (1, -2, 2)$의 내적을 구하라.

풀이

a와 b의 내적은 다음과 같다.

$$\mathbf{a} \cdot \mathbf{b} = (2, 1, 2) \cdot (1, -2, 2) = (2)(1) + (1)(-2) + (2)(2) = 4$$

■ 행렬의 곱

두 행렬 A와 B를 곱한 행렬 AB는 행렬 A의 열의 개수와 B의 행의 개수가 같아야 정의된다. 행렬 AB의 각 성분은 두 벡터의 내적을 적용하여 얻을 수 있다. 행렬의 곱을 정의하기 위해 A는 $n \times k$ 행렬이고 B는 $k \times m$ 행렬이라 하자. 행렬 A의 i번째 행벡터를 $\mathbf{r}_i$, 행렬 B의 j번째 열벡터를 $\mathbf{c}_j$라 하면, $\mathbf{r}_i$와 $\mathbf{c}_j$의 내적은 다음과 같다.

$$\mathbf{r}_i \cdot \mathbf{c}_j = [a_{i1}, a_{i2}, \cdots, a_{ik}] \cdot \begin{bmatrix} b_{1j} \\ b_{2j} \\ \vdots \\ b_{kj} \end{bmatrix} = a_{i1}b_{1j} + a_{i2}b_{2j} + \cdots + a_{ik}b_{kj}$$

이때 두 행렬의 곱을 $AB = C$라 하면 행렬 C의 성분 C_{ij}는 [그림 2-4]와 같이 $\mathbf{r}_i$와 $\mathbf{c}_j$의 내적 $\mathbf{r}_i \cdot \mathbf{c}_j$이다. 그러면 행렬 C의 행과 열의 개수는 A의 행의 개수와 B의 열의 개수와 일치하므로 C는 $n \times m$ 행렬이다.

$$\mathrm{r}_i \begin{bmatrix} a_{11} & a_{12} & \cdots & a_{1k} \\ & \vdots & & \\ a_{i1} & a_{i2} & \cdots & a_{ik} \\ & \vdots & & \\ a_{n1} & a_{n2} & \cdots & a_{nk} \end{bmatrix} \overset{\mathrm{c}_j}{\begin{bmatrix} b_{11} & \cdots & b_{1j} & \cdots & b_{1m} \\ b_{21} & \cdots & b_{2j} & \cdots & b_{2m} \\ & & \vdots & & \\ b_{k1} & \cdots & b_{kj} & \cdots & b_{km} \end{bmatrix}} = (\mathrm{r}_i \cdot \mathrm{c}_j)_{n \times m}$$

$n \times k$ 행렬　　　　$k \times m$ 행렬

그림 2-4 두 행렬의 곱

예를 들어, 행렬 $A = \begin{bmatrix} 2 & 1 \\ 3 & 2 \\ 1 & 0 \end{bmatrix}$, $B = \begin{bmatrix} 1 & -2 \\ 3 & 4 \end{bmatrix}$이면 AB는 다음과 같이 3×2 행렬이다.

$$AB = \begin{bmatrix} 2 & 1 \\ 3 & 2 \\ 1 & 0 \end{bmatrix} \begin{bmatrix} 1 & -2 \\ 3 & 4 \end{bmatrix} = \begin{bmatrix} 2 \cdot 1 + 1 \cdot 3 & 2 \cdot (-2) + 1 \cdot 4 \\ 3 \cdot 1 + 2 \cdot 3 & 3 \cdot (-2) + 2 \cdot 4 \\ 1 \cdot 1 + 0 \cdot 3 & 1 \cdot (-2) + 0 \cdot 4 \end{bmatrix} = \begin{bmatrix} 5 & 0 \\ 9 & 2 \\ 1 & -2 \end{bmatrix}$$

그러나 행렬 B의 열의 개수는 2개이고 행렬 A의 행의 개수가 3개이므로 행렬 B와 A의 곱 BA는 성립되지 않는다.

▪ 행렬의 곱에 대한 특수성

행렬의 곱에는 다음과 같은 특수성이 존재한다.

❶ 벡터의 내적은 교환법칙이 성립하지만 행렬의 곱은 교환법칙이 성립하지 않는다.

먼저 벡터의 내적에 대해서는 다음과 같이 교환법칙이 성립한다.

$$\begin{aligned} \mathrm{a} \cdot \mathrm{b} &= (a_1, a_2, a_3) \cdot (b_1, b_2, b_3) = a_1 b_1 + a_2 b_2 + a_3 b_3 \\ &= b_1 a_1 + b_2 a_2 + b_3 a_3 = \mathrm{b} \cdot \mathrm{a} \end{aligned}$$

다음으로 행렬 $A = \begin{bmatrix} 2 & 1 \\ 3 & 2 \end{bmatrix}$, $B = \begin{bmatrix} 1 & -2 \\ 3 & 4 \end{bmatrix}$에 대해 AB와 BA는 각각 다음과 같다.

$$AB = \begin{bmatrix} 2 & 1 \\ 3 & 2 \end{bmatrix} \begin{bmatrix} 1 & -2 \\ 3 & 4 \end{bmatrix} = \begin{bmatrix} 2 \cdot 1 + 1 \cdot 3 & 2 \cdot (-2) + 1 \cdot 4 \\ 3 \cdot 1 + 2 \cdot 3 & 3 \cdot (-2) + 2 \cdot 4 \end{bmatrix} = \begin{bmatrix} 5 & 0 \\ 9 & 2 \end{bmatrix},$$

$$BA = \begin{bmatrix} 1 & -2 \\ 3 & 4 \end{bmatrix} \begin{bmatrix} 2 & 1 \\ 3 & 2 \end{bmatrix} = \begin{bmatrix} 1 \cdot 2 + (-2) \cdot 3 & 1 \cdot 1 + (-2) \cdot 2 \\ 3 \cdot 2 + 4 \cdot 3 & 3 \cdot 1 + 4 \cdot 2 \end{bmatrix} = \begin{bmatrix} -4 & -3 \\ 18 & 11 \end{bmatrix}$$

이 경우에 $AB \neq BA$이며, 일반적인 행렬의 곱셈에서는 교환법칙이 성립하지 않음을 알 수 있다. 단, n차 정방행렬 A와 n차 단위행렬 I, n차 영행렬 O에 대하여 다음과 같이 교환법칙이 성립한다.

$$AI = IA = A, \quad AO = OA = O$$

❷ 영행렬이 아닌 두 행렬의 곱이 영행렬이 될 수 있다.

행렬 $A = \begin{bmatrix} 1 & 3 \\ 2 & 6 \end{bmatrix}$, $B = \begin{bmatrix} -3 & 3 \\ 1 & -1 \end{bmatrix}$에 대하여 다음과 같이 $AB = O$임을 알 수 있다.

$$AB = \begin{bmatrix} 1 & 3 \\ 2 & 6 \end{bmatrix}\begin{bmatrix} -3 & 3 \\ 1 & -1 \end{bmatrix} = \begin{bmatrix} 1\cdot(-3)+3\cdot 1 & 1\cdot 3+3\cdot(-1) \\ 2\cdot(-3)+6\cdot 1 & 2\cdot 3+6\cdot(-1) \end{bmatrix} = \begin{bmatrix} 0 & 0 \\ 0 & 0 \end{bmatrix}$$

❸ 행렬 A, B, C에 대해 $B \neq C$이지만 $AB = AC$가 성립할 수 있다.

행렬 $A = \begin{bmatrix} 0 & 1 \\ 0 & 2 \end{bmatrix}$, $B = \begin{bmatrix} 1 & 2 \\ 3 & 4 \end{bmatrix}$, $C = \begin{bmatrix} 2 & 5 \\ 3 & 4 \end{bmatrix}$에 대해 $B \neq C$이지만 $AB = AC$가 성립함을 알 수 있다.

$$AB = \begin{bmatrix} 0 & 1 \\ 0 & 2 \end{bmatrix}\begin{bmatrix} 1 & 2 \\ 3 & 4 \end{bmatrix} = \begin{bmatrix} 0\cdot 1+1\cdot 3 & 0\cdot 2+1\cdot 4 \\ 0\cdot 1+2\cdot 3 & 0\cdot 2+2\cdot 4 \end{bmatrix} = \begin{bmatrix} 3 & 4 \\ 6 & 8 \end{bmatrix},$$

$$AC = \begin{bmatrix} 0 & 1 \\ 0 & 2 \end{bmatrix}\begin{bmatrix} 2 & 5 \\ 3 & 4 \end{bmatrix} = \begin{bmatrix} 0\cdot 2+1\cdot 3 & 0\cdot 5+1\cdot 4 \\ 0\cdot 2+2\cdot 3 & 0\cdot 5+2\cdot 4 \end{bmatrix} = \begin{bmatrix} 3 & 4 \\ 6 & 8 \end{bmatrix}$$

위에서 행렬의 곱은 교환법칙이 성립하지 않는다고 하였다. 그러나 결합법칙과 배분법칙이 성립하는 몇 가지 경우가 있으며, 이는 다음과 같다.

정리 2-3 행렬의 곱에 대한 성질

합과 곱이 정의되는 행렬 A, B, C와 스칼라 α, β에 대하여 다음이 성립한다.

(1) $(AB)C = A(BC)$ **결합법칙**

(2) $\alpha(AB) = (\alpha A)B = A(\alpha B)$

(3) $(\alpha A + \beta B)C = \alpha AC + \beta BC$ **배분(분배)법칙**

(4) $A(\alpha B + \beta C) = \alpha AB + \beta AC$

다음은 전치행렬에 대한 성질이다.

정리 2-4 전치행렬의 성질

합과 곱이 정의되는 행렬 A, B의 전치행렬인 A', B'과 스칼라 α에 대하여 다음이 성립한다.

(1) $(A')' = A$

(2) $(A+B)' = A' + B'$

(3) $(AB)' = B'A'$

(4) $(\alpha A)' = \alpha A'$

예제 2-5

두 행렬 $A=\begin{bmatrix}2 & 1\\4 & 2\end{bmatrix}$, $B=\begin{bmatrix}-1 & 2\\0 & 3\end{bmatrix}$에 대해 다음 행렬을 구하라.

(a) AB　　(b) BA　　(c) $(A-B)'$　　(d) $(AB)'$

풀이

(a) $AB=\begin{bmatrix}2 & 1\\4 & 2\end{bmatrix}\begin{bmatrix}-1 & 2\\0 & 3\end{bmatrix}=\begin{bmatrix}2\cdot(-1)+1\cdot 0 & 2\cdot 2+1\cdot 3\\4\cdot(-1)+2\cdot 0 & 4\cdot 2+2\cdot 3\end{bmatrix}=\begin{bmatrix}-2 & 7\\-4 & 14\end{bmatrix}$

(b) $BA=\begin{bmatrix}-1 & 2\\0 & 3\end{bmatrix}\begin{bmatrix}2 & 1\\4 & 2\end{bmatrix}=\begin{bmatrix}-1\cdot 2+2\cdot 4 & (-1)\cdot 1+2\cdot 2\\0\cdot 2+3\cdot 4 & 0\cdot 1+3\cdot 2\end{bmatrix}=\begin{bmatrix}6 & 3\\12 & 6\end{bmatrix}$

(c) $A-B=\begin{bmatrix}2 & 1\\4 & 2\end{bmatrix}-\begin{bmatrix}-1 & 2\\0 & 3\end{bmatrix}=\begin{bmatrix}3 & -1\\4 & -1\end{bmatrix}$이므로 $(A-B)'=\begin{bmatrix}3 & -1\\4 & -1\end{bmatrix}'=\begin{bmatrix}3 & 4\\-1 & -1\end{bmatrix}$

(d) $(AB)'=\begin{bmatrix}-2 & -4\\7 & 14\end{bmatrix}$

일차독립과 위수

n차원 공간에서 k개의 벡터 $\mathbf{v}_1, \mathbf{v}_2, \cdots, \mathbf{v}_k$를 k개의 스칼라 $c_1, c_2, \cdots, c_k$와 각각 곱한 다음 더한다. 이를 식으로 나타내면 $c_1\mathbf{v}_1+c_2\mathbf{v}_2+\cdots+c_k\mathbf{v}_k$와 같으며, 이러한 형태의 합을 $\mathbf{v}_1, \mathbf{v}_2, \cdots, \mathbf{v}_k$의 **일차결합** linear combination이라 한다. 일차결합의 형태에 따라 벡터가 **일차독립** linearly independent인지 **일차종속** linearly dependent인지 판별할 수 있다. 일차독립과 일차종속의 정의는 다음과 같다.

정의 2-5 일차독립과 일차종속

(1) 벡터 $\mathbf{v}_1, \mathbf{v}_2, \cdots, \mathbf{v}_k$의 일차결합이 $c_1\mathbf{v}_1+c_2\mathbf{v}_2+\cdots+c_k\mathbf{v}_k=\mathbf{0}$일 때, 모든 스칼라가 $c_1=0, c_2=0, \cdots, c_k=0$인 경우에만 등식이 성립하면 벡터 $\mathbf{v}_1, \mathbf{v}_2, \cdots, \mathbf{v}_k$는 일차독립이라 한다.

(2) 벡터 $\mathbf{v}_1, \mathbf{v}_2, \cdots, \mathbf{v}_k$의 일차결합이 $c_1\mathbf{v}_1+c_2\mathbf{v}_2+\cdots+c_k\mathbf{v}_k=\mathbf{0}$일 때, 적어도 하나의 스칼라가 $c_i\neq 0$에 대해 등식이 성립하면 벡터 $\mathbf{v}_1, \mathbf{v}_2, \cdots, \mathbf{v}_k$는 일차종속이라 한다.

예를 들어 3차원 공간의 세 벡터 $\mathbf{i}=(1,0,0)$, $\mathbf{j}=(0,1,0)$, $\mathbf{k}=(0,0,1)$에 대한 일차결합이 다음과 같이 영벡터라고 하자.

$$c_1\mathbf{i}+c_2\mathbf{j}+c_3\mathbf{k}=\mathbf{0}$$

여기서 다음과 같이 벡터의 상등에 의해 $c_1 = 0$, $c_2 = 0$, $c_3 = 0$인 경우에만 등식이 성립한다.

$$c_1\mathbf{i} + c_2\mathbf{j} + c_3\mathbf{k} = c_1(1, 0, 0) + c_2(0, 1, 0) + c_3(0, 0, 1) = (c_1, c_2, c_3) = (0, 0, 0)$$

따라서 3차원 공간의 세 벡터 $\mathbf{i}$, $\mathbf{j}$, $\mathbf{k}$는 일차독립이다. 한편 세 벡터 $\mathbf{v}_1 = (1, 0, 0)$, $\mathbf{v}_2 = (0, 1, 0)$, $\mathbf{v}_3 = (2, 1, 0)$에 대한 일차결합은 다음과 같이 영벡터라고 하자.

$$c_1\mathbf{v}_1 + c_2\mathbf{v}_2 + c_3\mathbf{v}_3 = \mathbf{0}$$

여기서 다음과 같은 관계식을 얻을 수 있다.

$$\begin{aligned} c_1\mathbf{v}_2 + c_2\mathbf{v}_2 + c_3\mathbf{v}_3 &= c_1(1, 0, 0) + c_2(0, 1, 0) + c_3(2, 1, 0) \\ &= (c_1 + 2c_3, c_2 + c_3, 0) = (0, 0, 0) \end{aligned}$$

따라서 $c_1 + 2c_3 = 0$, $c_2 + c_3 = 0$이 된다. 이때 $c_3 = -1$이라 하면 $c_1 = 2$, $c_2 = 1$이다. 즉 0이 아닌 스칼라 $c_1 = 2$, $c_2 = 1$, $c_3 = -1$에 대해 등식 $2\mathbf{v}_1 + \mathbf{v}_2 - \mathbf{v}_3 = \mathbf{0}$가 성립하므로 세 벡터 $\mathbf{v}_1$, $\mathbf{v}_2$, $\mathbf{v}_3$는 일차종속이다. 이 경우에 $\mathbf{v}_3 = 2\mathbf{v}_1 + \mathbf{v}_2$로도 표현할 수 있다. 이와 같이 일차종속인 벡터들에 대해 어느 한 벡터를 다른 벡터들의 일차결합으로 표현할 수 있다.

벡터들의 일차독립과 일차종속을 기하학적으로 살펴본다. 두 개의 n차원 벡터 $\mathbf{v}_1$, $\mathbf{v}_2$가 일차종속이면 [그림 2-5(a)] 또는 [그림 2-5(b)]와 같이 두 벡터가 동일한 직선 위에 놓이고, 방향은 같거나 반대이다. 그러나 두 벡터가 일차독립이면 [그림 2-5(c)]와 같이 동일한 직선 위에 놓이지 않는다.

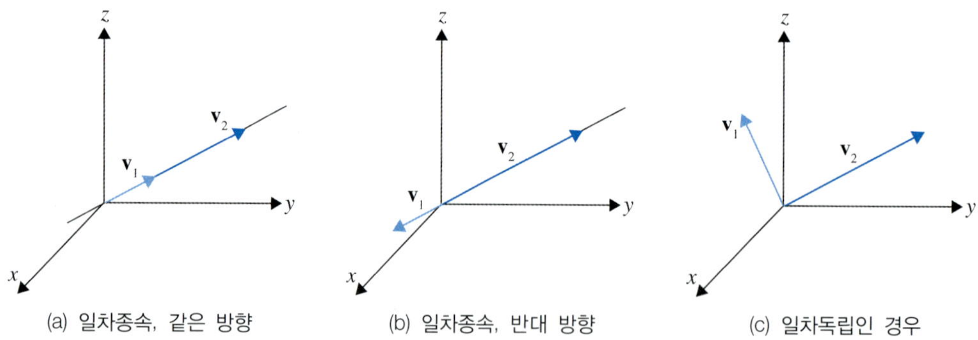

그림 2-5 두 벡터의 일차독립과 일차종속의 기하학적 의미

세 벡터 $\mathbf{v}_1$, $\mathbf{v}_2$, $\mathbf{v}_3$가 일차종속이면 [그림 2-6(a)] 또는 [그림 2-6(b)]와 같이 세 벡터가 원점을 지나는 동일한 평면 위에 놓이며, 그렇지 않으면 일차독립이다.

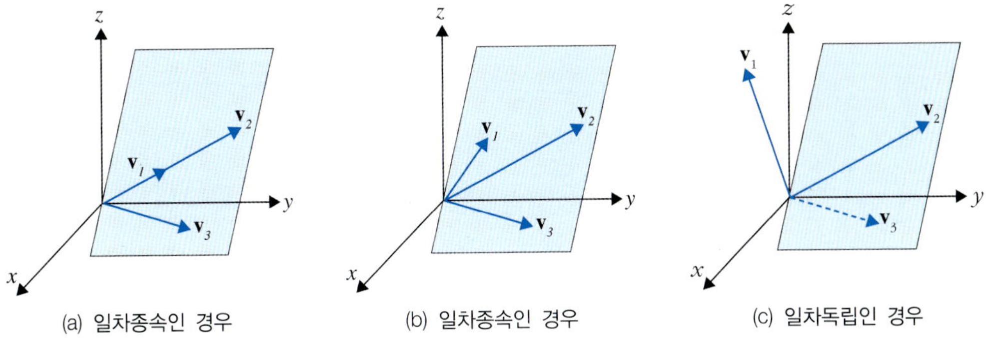

그림 2-6 세 벡터의 일차독립과 일차종속의 기하학적 의미

예제 2-6

다음 벡터들이 일차독립인지 일차종속인지 판정하라.

(a) $\mathrm{v}_1 = (3,\ 1,\ 1)$, $\mathrm{v}_2 = (2,\ 5,\ 1)$, $\mathrm{v}_3 = (1,\ -4,\ -1)$

(b) $\mathrm{v}_1 = (1,\ 3,\ 1)$, $\mathrm{v}_2 = (1,\ 1,\ 0)$, $\mathrm{v}_3 = (3,\ 7,\ 2)$

풀이

(a) 다음의 순서로 일차독립인지, 일차종속인지 판정한다.

① v_1, v_2, v_3의 일차결합을 0라 한다. $c_1\mathrm{v}_1 + c_2\mathrm{v}_2 + c_3\mathrm{v}_3 = 0$

② 좌변의 벡터를 정리한다.

$$\begin{aligned} c_1\mathrm{v}_1 + c_2\mathrm{v}_2 + c_3\mathrm{v}_3 &= c_1(3,\ 1,\ 1) + c_2(2,\ 5,\ 1) + c_3(1,\ -4,\ -1) \\ &= (3c_1 + 2c_2 + c_3,\ c_1 + 5c_2 - 4c_3,\ c_1 + c_2 - c_3) \\ &= (0,\ 0,\ 0) \end{aligned}$$

③ 스칼라 c_1, c_2, c_3에 대한 연립방정식을 만든다.

$$3c_1 + 2c_2 + c_3 = 0,\ \ c_1 + 5c_2 - 4c_3 = 0,\ \ c_1 + c_2 - c_3 = 0$$

④ c_1, c_2, c_3에 대한 연립방정식을 푼다. $c_1 + c_2 - c_3 = 0$에서 $c_3 = c_1 + c_2$로 바꾸어 이를 처음 두 식에 대입하면 $4c_1 + 3c_2 = 0$, $-3c_1 + c_2 = 0$이 된다.

⑤ c_1, c_2에 대한 연립방정식을 푼다. $c_1 = 0$, $c_2 = 0$이므로 $c_3 = c_1 + c_2 = 0$이다.

⑥ $c_1 = 0$, $c_2 = 0$, $c_3 = 0$이므로 v_1, v_2, v_3는 일차독립이다.

(b) 다음의 순서로 일차독립인지 일차종속인지 판정한다.

① v_1, v_2, v_3의 일차결합을 0라 한다. $c_1\mathrm{v}_1 + c_2\mathrm{v}_2 + c_3\mathrm{v}_3 = 0$

② 좌변의 벡터를 정리한다.

$$c_1\mathrm{v}_1 + c_2\mathrm{v}_2 + c_3\mathrm{v}_3 = c_1(1,\ 3,\ 1) + c_2(1,\ 1,\ 0) + c_3(3,\ 7,\ 2)$$

$$= (c_1 + c_2 + 3c_3,\ 3c_1 + c_2 + 7c_3,\ c_1 + 2c_3) = (0,\ 0,\ 0)$$

③ 스칼라 c_1, c_2, c_3에 대한 연립방정식을 만든다.

$$c_1 + c_2 + 3c_3 = 0,\ 3c_1 + c_2 + 3c_3 = 0,\ c_1 + 2c_3 = 0$$

④ c_1, c_2, c_3에 대한 연립방정식을 푼다. $c_1 + 2c_3 = 0$에서 $c_1 = -2c_3$로 바꾸어 이를 처음 두 식에 대입하면 $c_2 + c_3 = 0$, $c_2 + c_3 = 0$이 된다.

⑤ c_1, c_2에 대한 연립방정식을 푼다. $c_2 = -c_3$이므로 $c_3 = 1$에 대해 $c_2 = -1$, $c_1 = 2$이다.

⑥ $c_1 = 2$, $c_2 = -1$, $c_3 = 1$이므로 v_1, v_2, v_3는 일차종속이다.

■ 위수

$n \times m$ 행렬 A에 대해 일차독립인 행벡터 또는 열벡터의 최대 개수 r을 행렬 A의 **위수**rank라 하고 $r = \mathrm{rank}(A)$로 나타낸다. 이때 영행렬의 위수는 0이고, 영행렬이 아닌 임의의 행렬의 위수는 1보다 크거나 같다. 이와 같은 행렬의 위수는 일차연립방정식에 대한 해의 유형을 결정하는 데 매우 중요한 역할을 한다. 예를 들어, 행렬 $A = \begin{bmatrix} 1 & 2 \\ -1 & 3 \end{bmatrix}$에 대한 행벡터를 $\mathbf{r}_1 = (1,\ 2)$, $\mathbf{r}_2 = (-1,\ 3)$이라 하자. 다음과 같이 $\mathbf{r}_1$, $\mathbf{r}_2$의 일차결합을 영벡터로 놓는다.

$$c_1\mathbf{r}_1 + c_2\mathbf{r}_2 = c_1(1,\ 2) + c_2(-1,\ 3) = (c_1 - c_2,\ 2c_1 + 3c_2) = (0,\ 0)$$

여기서 연립방정식 $c_1 - c_2 = 0$, $2c_1 + 3c_2 = 0$에서 $c_1 = 0$, $c_2 = 0$이 나온다. 그러므로 행벡터는 일차독립이고 개수는 2개이다. 따라서 행렬 A의 위수는 $\mathrm{rank}(A) = 2$이다. 행렬 $A = \begin{bmatrix} 1 & 0 & 0 \\ 0 & 1 & 0 \\ 2 & 1 & 0 \end{bmatrix}$에 대한 행벡터를 $\mathrm{v}_1 = (1,\ 0,\ 0)$, $\mathrm{v}_2 = (0,\ 1,\ 0)$, $\mathrm{v}_3 = (2,\ 1,\ 0)$이라 하면, v_1, v_2, v_3는 일차독립이 아님을 앞에서 살펴봤다. 여기서 $c_1\mathrm{v}_1 + c_2\mathrm{v}_2 = \mathbf{0}$라 하면 다음을 얻는다.

$$c_1\mathrm{v}_1 + c_2\mathrm{v}_2 = (c_1,\ c_2,\ 0) = (0,\ 0,\ 0)$$

따라서 두 행벡터 v_1, v_2가 일차독립이므로 행렬 A의 위수는 $\mathrm{rank}(A) = 2$이다. 이러한 방식으로 위수를 구하기 위해 행벡터 또는 열벡터의 독립성을 조사할 수 있다. 그러나 이 방법은 매우 불편하므로 따라서 위수에 대한 성질을 이용하여 위수를 구하면 매우 편리하다.

정리 2-5 **위수의 성질**

(1) 전치행렬의 위수는 $\text{rank}(A) = \text{rank}(A')$ 으로 같다.

(2) 임의의 두 행(또는 열)을 교환하여도 위수는 동일하다.

(3) 모든 성분이 0인 행(또는 열)을 제거해도 위수는 동일하다.

(4) 한 행(또는 열)의 모든 성분에 상수 k $(k \neq 0)$를 곱해도 위수는 동일하다.

(5) 임의의 행(또는 열)에 상수 k $(k \neq 0)$를 곱하여 다른 행(또는 열)에 더하여도 위수는 동일하다.

주어진 행렬에 [정리 2-5]를 적용하여 각 행에서 0이 아닌 성분이 들어 있는 행의 개수를 구한다. 그 개수가 위수이다. 예를 들어 행렬 $A = \begin{bmatrix} 0 & 2 & -2 & 1 & -1 \\ 1 & 2 & 3 & 4 & 1 \\ 2 & 5 & 1 & 2 & 1 \end{bmatrix}$의 위수를 구하기 위해 [정리 2-5]를 적용하면 다음과 같다.

$$\text{rank}(A) = \text{rank}\begin{bmatrix} 0 & 2 & -2 & 1 & -1 \\ 1 & 2 & 3 & 4 & 1 \\ 2 & 5 & 1 & 2 & 1 \end{bmatrix}$$

① 1행과 2행을 교환하면 다음과 같다.

$$\text{rank}\begin{bmatrix} 1 & 2 & 3 & 4 & 1 \\ 0 & 2 & -2 & 1 & -1 \\ 2 & 5 & 1 & 2 & 1 \end{bmatrix}$$

② 1행에 -2를 곱한 후 이를 3행에 더하면 다음과 같다.

$$\text{rank}\begin{bmatrix} 1 & 2 & 3 & 4 & 1 \\ 0 & 2 & -2 & 1 & -1 \\ 0 & 1 & -5 & -6 & -1 \end{bmatrix}$$

③ 2행과 3행을 교환하면 다음과 같다.

$$\text{rank}\begin{bmatrix} 1 & 2 & 3 & 4 & 1 \\ 0 & 1 & -5 & -6 & -1 \\ 0 & 2 & -2 & 1 & -1 \end{bmatrix}$$

④ 2행에 -2를 곱한 후 이를 3행에 더하면 다음과 같다.

$$\text{rank}\begin{bmatrix} 1 & 2 & 3 & 4 & 1 \\ 0 & 1 & -5 & -6 & -1 \\ 0 & 0 & 8 & 13 & 1 \end{bmatrix}$$

따라서 각 행에 0이 아닌 성분을 갖는 행의 개수가 3이므로 $\text{rank}(A) = 3$이다.

예제 2-7

다음 행렬의 위수를 구하라.

(a) $A = \begin{bmatrix} 1 & 3 & 2 \\ 2 & 5 & 1 \\ 3 & 1 & 1 \end{bmatrix}$ **(b)** $B = \begin{bmatrix} 1 & 3 & 1 \\ 1 & 1 & 0 \\ 3 & 7 & 2 \end{bmatrix}$

TIP 위수의 성질을 이용하여 구한다.

풀이

(a) ① $\text{rank}(A) = \text{rank}\begin{bmatrix} 1 & 3 & 2 \\ 2 & 5 & 1 \\ 3 & 1 & 1 \end{bmatrix}$의 1행에 -2를 곱한 후 이를 2행에 더한다. 또한, 1행에 -3을 곱한 후 이를 3행에 더한다.

$$\text{rank}\begin{bmatrix} 1 & 3 & 2 \\ 0 & -1 & -3 \\ 0 & -8 & -5 \end{bmatrix}$$

② 2행에 -8을 곱한 후 이를 3행에 더한다.

$$\text{rank}\begin{bmatrix} 1 & 3 & 2 \\ 0 & -1 & -3 \\ 0 & 0 & 29 \end{bmatrix}$$

각 행에 0이 아닌 성분을 갖는 행의 개수가 3이므로 $\text{rank}(A) = 3$이다.

(b) ① $\text{rank}(B) = \text{rank}\begin{bmatrix} 1 & 3 & 1 \\ 1 & 1 & 0 \\ 3 & 7 & 2 \end{bmatrix}$의 1행에 -1을 곱한 후 이를 2행에 더한다. 또한, 1행에 -3을 곱한 후 이를 3행에 더한다.

$$\text{rank}\begin{bmatrix} 1 & 3 & 1 \\ 0 & -2 & -1 \\ 0 & -2 & -1 \end{bmatrix}$$

② 2행에 -1을 곱한 후 이를 3행에 더한다.

$$\text{rank}\begin{bmatrix} 1 & 3 & 1 \\ 0 & -2 & -1 \\ 0 & 0 & 0 \end{bmatrix}$$

각 행에 0이 아닌 성분을 갖는 행의 개수가 2이므로 $\text{rank}(B) = 2$이다.

특히 위수를 이용하면 n차원 공간에서 n개의 위치벡터 $\mathrm{v}_1, \mathrm{v}_2, \cdots, \mathrm{v}_n$에 대한 일차독립성을 쉽게 알 수 있다.

정리 2-6 위수와 벡터의 일차독립성

n 차원 공간에서 n 개의 위치벡터 $\mathbf{v}_1,\ \mathbf{v}_2,\ \cdots,\ \mathbf{v}_n$을 행벡터 또는 열벡터로 갖는 행렬 A에 대하여 $\text{rank}(A)=n$ 이면 $\mathbf{v}_1,\ \mathbf{v}_2,\ \cdots,\ \mathbf{v}_n$은 일차독립이고 $\text{rank}(A)<n$이면 $\mathbf{v}_1,\ \mathbf{v}_2,\ \cdots,\ \mathbf{v}_n$은 일차종속임이 성립한다.

예제 2-8

다음 벡터가 일차독립인지 일차종속인지 판정하라.

(a) $\mathbf{v}_1 = (1, 3, 2),\ \mathbf{v}_2 = (2, 5, 1),\ \mathbf{v}_3 = (3, 1, 1)$

(b) $\mathbf{v}_1 = (1, 3, 1),\ \mathbf{v}_2 = (1, 1, 0),\ \mathbf{v}_3 = (3, 7, 2)$

풀이

(a) $\mathbf{v}_1,\ \mathbf{v}_2,\ \mathbf{v}_3$를 행벡터로 갖는 행렬의 위수를 구한다.

① $\mathbf{v}_1,\ \mathbf{v}_2,\ \mathbf{v}_3$를 행벡터로 갖는 행렬을 만든다. $A = \begin{bmatrix} 1 & 3 & 2 \\ 2 & 5 & 1 \\ 3 & 1 & 1 \end{bmatrix}$

② 행렬 A의 위수를 구한다. [예제 2-7(a)]에서 $\text{rank}(A) = 3$ 임을 구했다.

③ 위수와 차원이 동일하므로 $\mathbf{v}_1,\ \mathbf{v}_2,\ \mathbf{v}_3$는 일차독립이다.

(b) $\mathbf{v}_1,\ \mathbf{v}_2,\ \mathbf{v}_3$를 행벡터로 갖는 행렬의 위수를 구한다.

① $\mathbf{v}_1,\ \mathbf{v}_2,\ \mathbf{v}_3$를 행벡터로 갖는 행렬을 만든다. $B = \begin{bmatrix} 1 & 3 & 1 \\ 1 & 1 & 0 \\ 3 & 7 & 2 \end{bmatrix}$

② 행렬 A 의 위수를 구한다. [예제 2-7(b)]에서 $\text{rank}(B) = 2$ 임을 구했다.

③ 위수가 차원보다 작으므로 $\mathbf{v}_1,\ \mathbf{v}_2,\ \mathbf{v}_3$는 일차종속이다.

따라서 n 차원 공간에서 n 개의 벡터 $\mathbf{v}_1,\ \mathbf{v}_2,\ \cdots,\ \mathbf{v}_n$ 이 일차독립이면 n 차원 공간 안의 임의의 벡터 $\mathbf{u}$ 는 $\mathbf{v}_1,\ \mathbf{v}_2,\ \cdots,\ \mathbf{v}_n$ 의 일차결합으로 표현된다. 예를 들어 3 차원 공간 안의 벡터 $\mathbf{u} = (4, 1, -1)$은 일차독립인 벡터 $\mathbf{v}_1 = (1, 3, 2),\ \mathbf{v}_2 = (2, 5, 1),\ \mathbf{v}_3 = (3, 1, 1)$에 대해 다음과 같이 표현된다.

$$\mathbf{u} = -\frac{43}{19}\mathbf{v}_1 + \frac{25}{19}\mathbf{v}_2 + \frac{23}{19}\mathbf{v}_3$$

그러나 벡터 $\mathbf{u}$는 일차종속인 벡터 $\mathbf{v}_1 = (1, 3, 1),\ \mathbf{v}_2 = (1, 1, 0),\ \mathbf{v}_3 = (3, 7, 2)$의 일차결합으로 표현할 수 없다.

2.2 역행렬

일반적으로 n차 정방행렬 A와 B에 대하여 $AB \neq BA$임을 2.1절에서 살펴보았다. 그러나 모든 n차 정방행렬 A에 대하여 교환법칙이 성립하지 않는 것은 아니다. 만일 n차 정방행렬 A와 n차 단위행렬이 $I = \begin{bmatrix} 1 & 0 \\ 0 & 1 \end{bmatrix}$이라 할 때 $AB = BA = I$에 대하여 만족하는 행렬 B가 존재한다면, 행렬 B를 A의 **역행렬**inverse matrix이라 하고 $B = A^{-1}$로 나타낸다. 또한 등식 $AB = BA = I$를 만족하는 행렬 A를 **정칙행렬**regular matrix이라 하며, 모든 정칙행렬 A에 대해 항상 $AA^{-1} = A^{-1}A = I$가 성립한다. 여기서 정칙행렬은 다음의 성질을 만족한다.

정리 2-7 정칙행렬의 성질

두 행렬 A, B가 정칙행렬이면 다음이 성립한다.

(1) $(A^{-1})^{-1} = A$

(2) $(A')^{-1} = (A^{-1})'$

(3) AB도 정칙행렬이고 $(AB)^{-1} = B^{-1}A^{-1}$이다.

(4) 임의의 0 아닌 상수 k에 대하여 kA는 정칙이고 $(kA)^{-1} = \frac{1}{k}A^{-1}$이다.

(5) $AX = AY$이면 $X = Y$이다.

한편 정칙행렬이 아닌 정방행렬을 **특이행렬**singular matrix이라 한다. 예를 들어 두 행렬 $A = \begin{bmatrix} 1 & 2 \\ -1 & 3 \end{bmatrix}$과 $B = \begin{bmatrix} \frac{3}{5} & -\frac{2}{5} \\ \frac{1}{5} & \frac{1}{5} \end{bmatrix}$에 대해 다음을 얻는다고 하자.

$$AB = \begin{bmatrix} 1 & 2 \\ -1 & 3 \end{bmatrix} \begin{bmatrix} \frac{3}{5} & -\frac{2}{5} \\ \frac{1}{5} & \frac{1}{5} \end{bmatrix} = \begin{bmatrix} 1 \cdot \frac{3}{5} + 2 \cdot \frac{1}{5} & 1 \cdot \left(-\frac{2}{5}\right) + 2 \cdot \frac{1}{5} \\ (-1) \cdot \frac{3}{5} + 1 \cdot \frac{3}{5} & (-1) \cdot \left(-\frac{2}{5}\right) + 3 \cdot \frac{1}{5} \end{bmatrix} = \begin{bmatrix} 1 & 0 \\ 0 & 1 \end{bmatrix},$$

$$BA = \begin{bmatrix} \frac{3}{5} & -\frac{2}{5} \\ \frac{1}{5} & \frac{1}{5} \end{bmatrix} \begin{bmatrix} 1 & 2 \\ -1 & 3 \end{bmatrix} = \begin{bmatrix} \frac{3}{5} \cdot 1 + \left(-\frac{2}{5}\right)(-1) & \frac{3}{5} \cdot 2 + \left(-\frac{2}{5}\right) \cdot 3 \\ \frac{1}{5} \cdot 1 + \frac{1}{5} \cdot (-1) & \frac{1}{5} \cdot 2 + \frac{1}{5} \cdot 3 \end{bmatrix} = \begin{bmatrix} 1 & 0 \\ 0 & 1 \end{bmatrix}$$

따라서 행렬 B는 A의 역행렬이고 A는 B의 역행렬임을 알 수 있으며, $B = A^{-1}$이고 $A = B^{-1}$라 나타낸다. 예를 들어 $A = \begin{bmatrix} 1 & 2 \\ 2 & 4 \end{bmatrix}$가 역행렬을 갖는다면 행렬 A와 역행렬 $A^{-1} = \begin{bmatrix} a & b \\ c & d \end{bmatrix}$는 다음을 만족한다.

$$AA^{-1} = \begin{bmatrix} 1 & 2 \\ 2 & 4 \end{bmatrix}\begin{bmatrix} a & b \\ c & d \end{bmatrix} = \begin{bmatrix} a+2c & b+2d \\ 2a+4c & 2b+4d \end{bmatrix} = \begin{bmatrix} 1 & 0 \\ 0 & 1 \end{bmatrix}$$

따라서 다음과 같은 연립방정식을 얻을 수 있다.

$$a + 2c = 1\,,\ b + 2d = 0\,,\ 2a + 4c = 0\,,\ 2b + 4d = 1$$

그러나 $a + 2c = 1$ 이므로 세 번째 식에서 $2a + 4c = 2(a + 2c) = 2 = 0$ 이라는 모순을 얻는다. 그러므로 행렬 A 의 역행렬은 존재하지 않으며, 이 행렬을 특이행렬이라 한다.

예제 2-9

행렬 $A = \begin{bmatrix} 1 & 2 \\ -1 & 3 \end{bmatrix}$ 의 역행렬을 구하라.

풀이

① 역행렬을 $A^{-1} = \begin{bmatrix} a & b \\ c & d \end{bmatrix}$ 라 놓는다.

② $AA^{-1} = I$ 라 놓는다.

$$AA^{-1} = \begin{bmatrix} 1 & 2 \\ -1 & 3 \end{bmatrix}\begin{bmatrix} a & b \\ c & d \end{bmatrix} = \begin{bmatrix} a+2c & b+2d \\ -a+3c & -b+3d \end{bmatrix} = \begin{bmatrix} 1 & 0 \\ 0 & 1 \end{bmatrix}$$

③ 행렬의 상등에 의해 연립방정식을 얻는다.

$$a + 2c = 1\,,\ b + 2d = 0\,,\ -a + 3c = 0\,,\ -b + 3d = 1$$

④ 연립방정식을 풀어 a, b, c, d를 얻는다. $-a+3c=0$에서 $a=3c$로 바꾸어 이를 $a+2c=1$에 대입하면 $5c=1$이 되므로 $c=\frac{1}{5}$, $a=\frac{3}{5}$이다. $b+2d=0$에서 $b=-2d$로 바꾸어 이를 $-b+3d=1$에 대입하면 $5d=1$이 되므로 $b=-\frac{2}{5}$, $d=\frac{1}{5}$이다.

따라서 역행렬 $A^{-1} = \begin{bmatrix} a & b \\ c & d \end{bmatrix}$는 $A^{-1} = \begin{bmatrix} \frac{3}{5} & -\frac{2}{5} \\ \frac{1}{5} & \frac{1}{5} \end{bmatrix} = \frac{1}{5}\begin{bmatrix} 3 & -2 \\ 1 & 1 \end{bmatrix}$ 이다.

2차 정칙행렬의 경우에 [예제 2-9]와 같이 쉽게 구할 수 있다. 그러나 이 방법은 3차 이상의 정칙행렬에 대한 역행렬을 구할 때에는 적용하기 어렵다.

■ 행등가행렬

3차 이상의 정칙행렬에 대한 역행렬을 구할 때 **기본행연산자**elementary row operator를 사용하면 행 사이의 연산 혹은 행 변환을 통해 역행렬을 보다 쉽게 구할 수 있다. 기본행연산자는 다음과 같이 세 종류로 정의된다.

정의 2-6 기본행연산자의 정의

(1) R_{ij} : i행과 j행을 서로 교환한다.

(2) $R_i(k)$: i행에 0이 아닌 상수 k를 곱한다.

(3) $R_{ij}(k)$: i행에 0이 아닌 상수 k를 곱하여 j행에 더한다.

행렬 A에 기본행연산자를 유한 번 적용하면 새로운 행렬 B를 얻을 수 있다. 이를 A의 **행등가행렬**row equivalent matrix이라 하며, $A \sim B$로 나타낸다.

이제 n차 정칙행렬 A의 역행렬을 구해 보자. 다음과 같은 행렬 A의 마지막 열에 n차 단위행렬 I를 추가한 $n \times 2n$ 행렬 $(A \mid I)$를 정의한다.

$$(A \mid I) = \left[\begin{array}{cccc|cccc} a_{11} & a_{12} & \cdots & a_{1n} & 1 & 0 & \cdots & 0 \\ a_{21} & a_{22} & \cdots & a_{2n} & 0 & 1 & \cdots & 0 \\ & & \vdots & & & & \vdots & \\ a_{n1} & a_{n2} & \cdots & a_{nn} & 0 & 0 & \cdots & 1 \end{array}\right]$$

여기에 기본행연산자를 이용하여 다음과 같은 행렬 $(A \mid I)$의 등가행렬 $(I \mid B)$를 얻는다.

$$(I \mid B) = \left[\begin{array}{cccc|cccc} 1 & 0 & \cdots & 0 & b_{11} & b_{12} & \cdots & b_{1n} \\ 0 & 1 & \cdots & 0 & b_{21} & b_{22} & \cdots & b_{2n} \\ & & \vdots & & & & \vdots & \\ 0 & 0 & \cdots & 1 & b_{n1} & b_{n2} & \cdots & b_{nn} \end{array}\right]$$

그러면 등가행렬 $(I \mid B)$의 오른쪽에서 $n \times n$ 행렬 B를 얻을 수 있는데, 이 행렬 B가 A의 역행렬이다. 예를 들어, 행렬 $A = \begin{bmatrix} 1 & 0 & 2 \\ 2 & 1 & 3 \\ 3 & -1 & 1 \end{bmatrix}$에 대하여 다음과 같이 기본행연산자를 적용할 수 있다.

$$(A \mid I) = \left[\begin{array}{ccc|ccc} 1 & 0 & 2 & 1 & 0 & 0 \\ 2 & 1 & 3 & 0 & 1 & 0 \\ 3 & -1 & 1 & 0 & 0 & 1 \end{array}\right] \xrightarrow[R_{13}(-3)]{R_{12}(-2)} \left[\begin{array}{ccc|ccc} 1 & 0 & 2 & 1 & 0 & 0 \\ 0 & 1 & -1 & -2 & 1 & 0 \\ 0 & -1 & -5 & -3 & 0 & 1 \end{array}\right]$$

$$\xrightarrow{R_{23}(1)} \left[\begin{array}{ccc|ccc} 1 & 0 & 2 & 1 & 0 & 0 \\ 0 & 1 & -1 & -2 & 1 & 0 \\ 0 & 0 & -6 & 5 & 1 & 1 \end{array}\right]$$

$$\xrightarrow{R_{3}(-1/6)} \left[\begin{array}{ccc|ccc} 1 & 0 & 2 & 1 & 0 & 0 \\ 0 & 1 & -1 & -2 & 1 & 0 \\ 0 & 0 & 1 & 5/6 & -1/6 & -1/6 \end{array}\right]$$

$$\xrightarrow[R_{31}(-2)]{R_{32}(1)} \left[\begin{array}{ccc|ccc} 1 & 0 & 0 & -4/6 & 2/6 & 2/6 \\ 0 & 1 & 0 & -7/6 & 5/6 & -1/6 \\ 0 & 0 & 1 & 5/6 & -1/6 & -1/6 \end{array}\right]$$

따라서 A의 역행렬은 다음과 같다.

$$A^{-1} = \begin{bmatrix} -4/6 & 2/6 & 2/6 \\ -7/6 & 5/6 & -1/6 \\ 5/6 & -1/6 & -1/6 \end{bmatrix} = \frac{1}{6}\begin{bmatrix} -4 & 2 & 2 \\ -7 & 5 & -1 \\ 5 & -1 & -1 \end{bmatrix}$$

만일 행렬 $(A \mid I)$의 등가행렬 $(I \mid B)$를 얻을 수 없다면 행렬 A는 역행렬을 갖지 않는 특이행렬이다.

예제 2-10

다음 행렬의 역행렬을 구하라.

(a) $A = \begin{bmatrix} 1 & 2 \\ -1 & 3 \end{bmatrix}$ **(b)** $A = \begin{bmatrix} 1 & 2 & 1 \\ 2 & 1 & 1 \\ 3 & 1 & 2 \end{bmatrix}$

풀이

(a) 다음과 같이 기본행연산자를 이용하여 역행렬을 구한다.

$$(A \mid I) = \left[\begin{array}{cc|cc} 1 & 2 & 1 & 0 \\ -1 & 3 & 0 & 1 \end{array}\right] \xrightarrow{R_{12}(1)} \left[\begin{array}{cc|cc} 1 & 2 & 1 & 0 \\ 0 & 5 & 1 & 1 \end{array}\right] \xrightarrow{R_{2}(1/5)} \left[\begin{array}{cc|cc} 1 & 2 & 1 & 0 \\ 0 & 1 & 1/5 & 1/5 \end{array}\right]$$

$$\xrightarrow{R_{21}(-2)} \left[\begin{array}{cc|cc} 1 & 0 & 3/5 & -2/5 \\ 0 & 1 & 1/5 & 1/5 \end{array}\right]$$

따라서 역행렬은 $A^{-1} = \begin{bmatrix} 3/5 & -2/5 \\ 1/5 & 1/5 \end{bmatrix} = \frac{1}{5}\begin{bmatrix} 3 & -2 \\ 1 & 1 \end{bmatrix}$이다.

(b) 다음과 같이 기본행연산자를 이용하여 역행렬을 구한다.

$$(A \mid I) = \left[\begin{array}{ccc|ccc} 1 & 2 & 0 & 1 & 0 & 0 \\ 2 & 1 & 1 & 0 & 1 & 0 \\ 3 & 1 & 2 & 0 & 0 & 1 \end{array}\right] \xrightarrow[R_{13}(-3)]{R_{12}(-2)} \left[\begin{array}{ccc|ccc} 1 & 2 & 0 & 1 & 0 & 0 \\ 0 & -3 & 1 & -2 & 1 & 0 \\ 0 & -5 & 2 & -3 & 0 & 1 \end{array}\right]$$

$$\xrightarrow{R_{23}(-5/3)} \left[\begin{array}{ccc|ccc} 1 & 2 & 0 & 1 & 0 & 0 \\ 0 & -3 & 1 & -2 & 1 & 0 \\ 0 & 0 & 1/3 & 1/3 & -5/3 & 1 \end{array}\right]$$

$$\xrightarrow[R_3(3)]{R_2(-1/3)} \left[\begin{array}{ccc|ccc} 1 & 2 & 0 & 1 & 0 & 0 \\ 0 & 1 & -1/3 & 2/3 & -1/3 & 0 \\ 0 & 0 & 1 & 1 & -5 & 3 \end{array}\right]$$

$$\xrightarrow{R_{32}(1/3)} \left[\begin{array}{ccc|ccc} 1 & 2 & 0 & 1 & 0 & 0 \\ 0 & 1 & 0 & 1 & -2 & 1 \\ 0 & 0 & 1 & 1 & -5 & 3 \end{array}\right]$$

$$\xrightarrow{R_{23}(-2)} \left[\begin{array}{ccc|ccc} 1 & 0 & 0 & -1 & 4 & -2 \\ 0 & 1 & 0 & 1 & -2 & 1 \\ 0 & 0 & 1 & 1 & -5 & 3 \end{array}\right]$$

따라서 역행렬은 $A^{-1} = \begin{bmatrix} -1 & 4 & -2 \\ 1 & -2 & 1 \\ 1 & -5 & 3 \end{bmatrix}$ 이다.

2.3 행렬식

모든 n차 정방행렬 A는 $|A|$으로 표현하며 A의 성분을 이용하여 어떠한 실수로 대응시킬 수 있다. 이와 같은 대응관계를 나타내는 것을 행렬식이라 한다. 행렬식을 이용하면 연립방정식의 해를 구할 수 있다. 이 절에서는 행렬식의 개념과 성질을 이용하여 행렬식 값을 구하는 방법에 대해 살펴보도록 한다.

행렬식의 개념

1차 정방행렬 $A=(a)$에 대해 A의 **행렬식**determinant을 $|A|=|a|=a$[1]로 정의한다. 또한 2차 정방행렬 $A=\begin{bmatrix} a & b \\ c & d \end{bmatrix}$에 대한 행렬식을 2차 행렬식이라 하며, 식은 다음과 같이 $ad-bc$로 나타낸다.

$$|A|=\begin{vmatrix} a & b \\ c & d \end{vmatrix}=ad-bc$$

3차 행렬식은 다음과 같다.

$$\begin{aligned}|A|&=\begin{vmatrix} a_{11} & a_{12} & a_{13} \\ a_{21} & a_{22} & a_{23} \\ a_{31} & a_{32} & a_{33} \end{vmatrix} \\ &=a_{11}a_{22}a_{33}-a_{11}a_{23}a_{32}+a_{12}a_{31}a_{23}-a_{12}a_{21}a_{33}+a_{13}a_{21}a_{32}-a_{13}a_{22}a_{31}\end{aligned}$$

[그림 2-7]은 2차 행렬식과 3차 행렬식을 도식화한 것으로, 이와 같은 방법으로 행렬식의 값을 구하는 것을 **사루스 방법**Sarrus' method이라 한다.

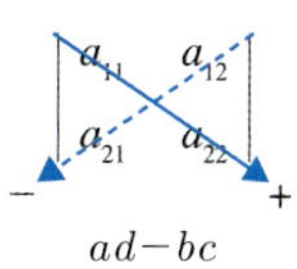

(a) 2차 행렬식의 값

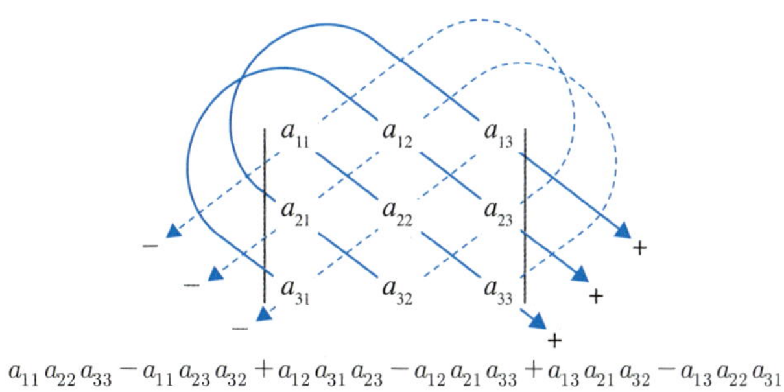

(b) 3차 행렬식의 값

그림 2-7 사루스 방법

---

1 $|A|=|a|$는 절댓값 기호와 동일하지만 실수의 절댓값이 아닌 1×1 행렬식 기호이다.

예제 2-11

다음 행렬식의 값을 구하라.

(a) $\begin{vmatrix} 1 & 2 \\ -1 & 3 \end{vmatrix}$

(b) $\begin{vmatrix} 1 & 2 & 1 \\ 2 & 1 & 1 \\ 3 & 1 & 2 \end{vmatrix}$

풀이

(a) $\begin{vmatrix} 1 & 2 \\ -1 & 3 \end{vmatrix} = (1)(3) - (-1)(2) = 5$

(b) $$\begin{vmatrix} 1 & 2 & 1 \\ 2 & 1 & 1 \\ 3 & 1 & 2 \end{vmatrix} = (1)(1)(2) + (2)(1)(1) + (3)(1)(2) - (1)(1)(3) - (2)(2)(2) - (1)(1)(1)$$
$$= -2$$

이제 2차와 3차 행렬식을 구하는 규칙을 찾아보도록 할 것이다. 다음의 3차 행렬식을 다시 생각해 보자.

$$\begin{aligned}
&a_{11}a_{22}a_{33} - a_{11}a_{23}a_{32} + a_{12}a_{31}a_{23} - a_{12}a_{21}a_{33} + a_{13}a_{21}a_{32} - a_{13}a_{22}a_{31} \\
&= a_{11}(a_{22}a_{33} - a_{23}a_{32}) - a_{12}(a_{21}a_{33} - a_{31}a_{23}) + a_{13}(a_{21}a_{32} - a_{22}a_{31}) \\
&= (-1)^{1+1}a_{11}(a_{22}a_{33} - a_{23}a_{32}) + (-1)^{1+2}a_{12}(a_{21}a_{33} - a_{31}a_{23}) + (-1)^{1+3}a_{13}(a_{21}a_{32} - a_{22}a_{31}) \\
&= (-1)^{1+1}a_{11}\begin{vmatrix} a_{22} & a_{23} \\ a_{32} & a_{33} \end{vmatrix} + (-1)^{1+2}a_{12}\begin{vmatrix} a_{21} & a_{23} \\ a_{31} & a_{33} \end{vmatrix} + (-1)^{1+3}a_{13}\begin{vmatrix} a_{21} & a_{22} \\ a_{31} & a_{32} \end{vmatrix}
\end{aligned}$$

따라서 3차 행렬식의 값은 다음과 같이 정의할 수 있다.

$$\begin{vmatrix} a_{11} & a_{12} & a_{13} \\ a_{21} & a_{22} & a_{23} \\ a_{31} & a_{32} & a_{33} \end{vmatrix} = (-1)^{1+1}a_{11}\begin{vmatrix} a_{22} & a_{23} \\ a_{32} & a_{33} \end{vmatrix} + (-1)^{1+2}a_{12}\begin{vmatrix} a_{21} & a_{23} \\ a_{31} & a_{33} \end{vmatrix} + (-1)^{1+3}a_{13}\begin{vmatrix} a_{21} & a_{22} \\ a_{31} & a_{32} \end{vmatrix}$$

위의 식에 따라 3차 행렬식은 다음과 같은 순서로 구할 수 있으며, 이를 도식화하면 [그림 2-8]과 같다.

❶ 첫 번째 행에 있는 성분을 이용하여 구하고, 각 성분이 위치한 행과 열을 제외하여 2차 행렬을 만든다.

❷ 만든 2차 행렬의 행렬식을 구하고, 첫 번째 행의 각 성분과 곱한다.

❸ 각 성분이 놓여 있는 위치를 나타내는 아래 첨자의 합이 짝수이면 양의 부호를 부여하고, 홀수이면 음의 부호를 부여한다.

❹ 이 모든 값을 더한다.

이렇게 첫 번째 행에 있는 성분에 대한 2차 행렬식을 이용하여 3차 행렬식의 값을 구할 수 있다. 이때 첫 번째 행뿐만 아니라 다른 행(또는 열)의 성분을 이용하여 3차 행렬식의 값을 구할 수 있다.

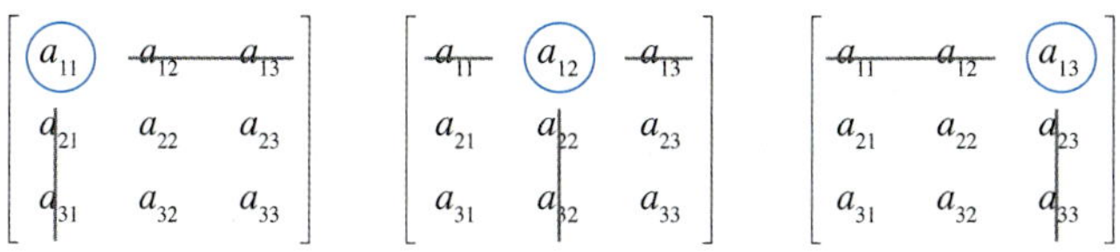

그림 2-8 소행렬식

[그림 2-8]은 3차 행렬식에서 성분 a_{11}, a_{12}, a_{13}에 대한 소행렬식을 구하기 위해 삭제되는 성분을 보여준다. 일반적으로 n차 행렬식의 (i, j)성분 a_{ij}에 대해 i번째 행과 j번째 열을 제외한 $(n-1)\times(n-1)$ 행렬식을 (i, j)**소행렬식**minor determinant이라 하고 M_{ij}로 나타낸다. 또한 (i, j)소행렬식 M_{ij}에 대해 다음과 같이 정의되는 수 A_{ij}를 (i, j)**여인수**cofactor라 한다.

$$A_{ij} = (-1)^{i+j} M_{ij}$$

한편 n차 행렬식 $|A|$는 i번째 행 또는 j번째 열에 있는 각 성분을 이용하여 다음과 같은 식으로 나타낸다.

❶ i번째 행을 이용하는 경우 : $|A| = \sum_{j=1}^{n} a_{ij}A_{ij} = \sum_{j=1}^{n}(-1)^{i+j}a_{ij}M_{ij}$

❷ j번째 열을 이용하는 경우 : $|A| = \sum_{i=1}^{n} a_{ij}A_{ij} = \sum_{i-1}^{n}(-1)^{i+j}a_{ij}M_{ij}$

예제 2-12

제2행의 성분을 이용하여 행렬식 $|A| = \begin{vmatrix} 1 & 0 & 1 \\ 0 & 2 & 1 \\ 1 & 2 & 3 \end{vmatrix}$의 값을 구하라.

풀이

① 제2행의 성분 0, 2, 1에 대한 소행렬식을 구한다.

$$M_{21} = \begin{vmatrix} 0 & 1 \\ 2 & 3 \end{vmatrix} = -2,\ M_{22} = \begin{vmatrix} 1 & 1 \\ 1 & 3 \end{vmatrix} = 2,\ M_{23} = \begin{vmatrix} 1 & 0 \\ 1 & 2 \end{vmatrix} = 2$$

② 각 성분에 대한 여인수를 구한다.

$$A_{21} = (-1)^{2+1}M_{21} = 2,\ A_{22} = (-1)^{2+2}M_{22} = 2,\ A_{23} = (-1)^{2+3}M_{23} = -2$$

③ 각 성분과 여인수의 곱을 모두 더한다. $|A| = (0)(2) + (2)(2) + (1)(-2) = 2$

그러나 이러한 사루스 방법이나 소행렬식을 이용하여 4차 이상의 행렬식의 값을 구하려면 매우 복잡해질 수 있다.

행렬식의 성질

4차 이상의 행렬식은 어떻게 쉽게 구할 수 있을지 생각해보자. 이를 위해 행렬식의 여러 가지 성질을 먼저 살펴보면 다음과 같다.

정리 2-8 행렬식의 성질

(1) 행렬식의 한 행 또는 열의 모든 성분이 0이면, $|A| = 0$이다.

$$\begin{vmatrix} a_{11} & a_{12} & \cdots & a_{13} \\ & & \vdots & \\ 0 & 0 & \cdots & 0 \\ & & \vdots & \\ a_{n1} & a_{n2} & \cdots & a_{nn} \end{vmatrix} = 0 \text{ 또는 } \begin{vmatrix} a_{11} & \cdots & 0 & \cdots & a_{13} \\ a_{21} & \cdots & 0 & \cdots & a_{23} \\ & & \vdots & & \\ a_{n1} & \cdots & 0 & \cdots & a_{nn} \end{vmatrix} = 0$$

(2) $a_{11} \neq 0$ 이고 제1행 또는 열의 모든 원소가 0이면, 행렬식 값은 제1행과 제1열을 제외한 $(n-1)\times(n-1)$ 행렬식 값에 a_{11}을 곱한 것과 같다.

$$\begin{vmatrix} a_{11} & 0 \cdots & 0 \\ a_{21} & a_{22} \cdots & a_{2n} \\ & \vdots & \\ a_{n1} & a_{n2} \cdots & a_{nn} \end{vmatrix} = a_{11} \begin{vmatrix} a_{22} \cdots & a_{2n} \\ \vdots & \\ a_{n2} \cdots & a_{nn} \end{vmatrix} \text{ 또는 } \begin{vmatrix} a_{11} & a_{12} \cdots & a_{1n} \\ 0 & a_{22} \cdots & a_{2n} \\ & \vdots & \\ 0 & a_{n2} \cdots & a_{nn} \end{vmatrix} = a_{11} \begin{vmatrix} a_{22} \cdots & a_{2n} \\ \vdots & \\ a_{n2} \cdots & a_{nn} \end{vmatrix}$$

(3) 주대각 원소 위 또는 아래의 성분이 모두 0이면, 행렬식 값은 주대각 원소들의 곱이다.

$$\begin{vmatrix} a_{11} & 0 \cdots & 0 \\ a_{21} & a_{22} \cdots & 0 \\ & \vdots & \\ a_{n1} & a_{n2} \cdots & a_{nn} \end{vmatrix} = a_{11}a_{22} \cdots a_{nn} \text{ 또는 } \begin{vmatrix} a_{11} & a_{12} \cdots & a_{1n} \\ 0 & a_{22} \cdots & a_{2n} \\ & \vdots & \\ 0 & 0 \cdots & a_{nn} \end{vmatrix} = a_{11}a_{22} \cdots a_{nn}$$

(4) 행렬식에서 임의의 두 행 또는 열이 일치하거나 비례하면 행렬식 값은 0이다.

(5) 행렬식의 한 행 또는 열의 모든 원소에 상수 k를 곱하여 다른 행 또는 열에 더해도 행렬식 값은 변하지 않는다. 따라서 행렬식의 임의의 두 행 또는 열을 가감해도 행렬식 값은 변화가 없다.

$$\begin{vmatrix} a_{11} & a_{12} \cdots & a_{1n} \\ & \vdots & \\ a_{i1} & a_{i2} \cdots & a_{in} \\ & \vdots & \\ a_{j1}+ka_{i1} & a_{j2}+ka_{i2} \cdots & a_{jn}+ka_{in} \\ & \vdots & \\ a_{n1} & a_{n2} \cdots & a_{nn} \end{vmatrix} = |A| \text{ 또는}$$

$$\begin{vmatrix} a_{11} \cdots a_{1i} \cdots ka_{1i}+a_{1j} \cdots a_{1n} \\ \vdots \\ a_{n1} \cdots a_{ni} \cdots ka_{1i}+a_{nj} \cdots a_{nn} \end{vmatrix} = |A|$$

(6) 어느 한 행 또는 열의 모든 성분에 상수 k를 곱하면 행렬식 값도 k배이다.

$$\begin{vmatrix} a_{11} & a_{12} \cdots a_{1n} \\ & \vdots \\ ka_{i1} & ka_{i2} \cdots ka_{in} \\ & \vdots \\ a_{n1} & a_{n2} \cdots a_{nn} \end{vmatrix} = k \begin{vmatrix} a_{11} & a_{12} \cdots a_{1n} \\ & \vdots \\ a_{i1} & a_{i2} \cdots a_{in} \\ & \vdots \\ a_{n1} & a_{n2} \cdots a_{nn} \end{vmatrix} \text{ 또는}$$

$$\begin{vmatrix} a_{11} \cdots ka_{1j} \cdots a_{1n} \\ \vdots \\ a_{i1} \cdots ka_{ij} \cdots a_{in} \\ \vdots \\ a_{n1} \cdots ka_{nj} \cdots a_{nn} \end{vmatrix} = k \begin{vmatrix} a_{11} \cdots a_{1j} \cdots a_{1n} \\ \vdots \\ a_{i1} \cdots a_{ij} \cdots a_{in} \\ \vdots \\ a_{n1} \cdots a_{nj} \cdots a_{nn} \end{vmatrix}$$

(7) 임의의 두 행 또는 열을 교환하면 행렬식은 절댓값이 같고 부호가 바뀐다.

$$\begin{vmatrix} a_{11} & a_{12} \cdots a_{1n} \\ & \vdots \\ a_{i1} & a_{i2} \cdots a_{in} \\ & \vdots \\ a_{j1} & a_{j2} \cdots a_{jn} \\ & \vdots \\ a_{n1} & a_{n2} \cdots a_{nn} \end{vmatrix} = (-1) \begin{vmatrix} a_{11} & a_{12} \cdots a_{1n} \\ & \vdots \\ a_{j1} & a_{j2} \cdots a_{jn} \\ & \vdots \\ a_{i1} & a_{i2} \cdots a_{in} \\ & \vdots \\ a_{n1} & a_{n2} \cdots a_{nn} \end{vmatrix}$$

(8) 행렬식에서 한 행 또는 열의 모든 원소들이 두 수의 합으로 되어 있으면 그 행 또는 열의 원소들이 각각의 수로 이루어진 두 행렬식의 합과 같다.

$$\begin{vmatrix} a_{11} \cdots & a_{1n} \\ \vdots & \\ a_{i1} + b_{i1} \cdots a_{in} + b_{in} & \\ \vdots & \\ a_{n1} \cdots & a_{nn} \end{vmatrix} = \begin{vmatrix} a_{11} \cdots a_{1n} \\ \vdots \\ a_{i1} \cdots a_{in} \\ \vdots \\ a_{n1} \cdots a_{nn} \end{vmatrix} + \begin{vmatrix} a_{11} \cdots a_{1n} \\ \vdots \\ b_{i1} \cdots b_{in} \\ \vdots \\ a_{n1} \cdots a_{nn} \end{vmatrix}$$

(9) 두 행렬식의 곱은 각각의 행렬식의 곱과 같다. 즉, $|AB| = |A||B|$이다.

(10) 행렬 A^k의 행렬은 A의 행렬식을 k번 거듭제곱한 것과 같다. 즉, $|A^k| = |A|^k$이다.

(11) 정방행렬 A와 전치행렬 A'의 행렬식은 같다. 즉, $|A| = |A'|$이다.

(12) 정칙행렬 A에 대한 역행렬의 행렬식은 A의 행렬식의 역수이다. 즉, $|A^{-1}| = \dfrac{1}{|A|}$이다. 이때 $|A| \neq 0$이어야 한다.

(13) n차 정방행렬 A에 상수 k를 곱한 행렬 kA의 행렬식은 A의 행렬식에 k^n을 곱한 것과 같다. 즉, $|kA| = k^n|A|$이다.

예제 2-13

행렬식의 성질을 이용하여 다음 행렬식의 값을 구하라.

(a) $|A| = \begin{vmatrix} 1 & 0 & 1 \\ 0 & 2 & 1 \\ 1 & 2 & 3 \end{vmatrix}$ **(b)** $|A| = \begin{vmatrix} 1 & 0 & 1 \\ 2 & -2 & 4 \\ 4 & -2 & 6 \end{vmatrix}$

풀이

(a) ① $|A| = \begin{vmatrix} 1 & 0 & 1 \\ 0 & 2 & 1 \\ 1 & 2 & 3 \end{vmatrix}$ 에서 3행에서 1행을 뺀다. $|A| = \begin{vmatrix} 1 & 0 & 1 \\ 0 & 2 & 1 \\ 0 & 2 & 2 \end{vmatrix}$

② 3행에서 2행을 뺀다. $|A| = \begin{vmatrix} 1 & 0 & 1 \\ 0 & 2 & 1 \\ 0 & 0 & 1 \end{vmatrix}$

③ 주대각선 아래 성분이 모두 0이므로 행렬식 값은 주대각 원소들의 곱이다.

$$|A| = (1)(2)(1) = 2$$

(b) ① $|A| = \begin{vmatrix} 1 & 0 & 1 \\ 2 & -2 & 4 \\ 4 & -2 & 6 \end{vmatrix}$ 에서 2행과 3행에 각각 2가 곱해져 있음을 찾는다. 어느 한 행의 모든 성분에 상수 k를 곱하면 행렬식 값도 k배임을 이용하여 상수 k를 앞으로 보낸다.

$$|A| = (2)(2)\begin{vmatrix} 1 & 0 & 1 \\ 1 & -1 & 2 \\ 2 & -1 & 3 \end{vmatrix}$$

② 1행과 2행을 더한 값을 3행에서 뺀다. $|A| = 4\begin{vmatrix} 1 & 0 & 1 \\ 1 & -1 & 2 \\ 0 & 0 & 0 \end{vmatrix}$

③ 3행의 모든 성분이 0이므로 $|A| = 0$이다.

■ n 차원 공간의 벡터에 대한 일차독립성

행렬식을 이용하면 n 차원 공간에서 n 개의 위치벡터 v_1, v_2, $\cdots$, v_n 에 대한 일차독립성을 쉽게 알 수 있다. 이 벡터들을 행벡터 또는 열벡터로 갖는 행렬 A에 대해 다음이 성립한다.

❶ 행렬 A에 대한 행렬식이 0 이면, 즉 $|A| = 0$ 이면 v_1, v_2, $\cdots$, v_n은 일차종속이다.

❷ 행렬 A에 대한 행렬식이 0 이 아니면, 즉 $|A| \neq 0$ 이면 v_1, v_2, $\cdots$, v_n은 일차독립이다.

예제 2-14

다음 벡터가 일차독립인지 일차종속인지 판정하라.

(a) $\mathrm{v}_1 = (1, 3, 2)$, $\mathrm{v}_2 = (2, 5, 1)$, $\mathrm{v}_3 = (3, 1, 1)$

(b) $\mathrm{v}_1 = (1, 3, 1)$, $\mathrm{v}_2 = (1, 1, 0)$, $\mathrm{v}_3 = (3, 7, 2)$

풀이

(a) $\mathbf{v}_1$, $\mathbf{v}_2$, $\mathbf{v}_3$를 행벡터로 갖는 행렬의 행렬식을 구한다.

① $\mathbf{v}_1$, $\mathbf{v}_2$, $\mathbf{v}_3$를 행벡터로 갖는 행렬을 만든다. $A=\begin{bmatrix}1&3&2\\2&5&1\\3&1&1\end{bmatrix}$

② 사루스 방법에 의해 A의 행렬식을 구한다. $|A|=-19$

③ $|A|\neq 0$이므로 $\mathbf{v}_1$, $\mathbf{v}_2$, $\mathbf{v}_3$는 일차독립이다.

(b) $\mathbf{v}_1$, $\mathbf{v}_2$, $\mathbf{v}_3$를 행벡터로 갖는 행렬의 행렬식을 구한다.

① $\mathbf{v}_1$, $\mathbf{v}_2$, $\mathbf{v}_3$를 행벡터로 갖는 행렬을 만든다. $B=\begin{bmatrix}1&3&1\\1&1&0\\3&7&2\end{bmatrix}$

② 사루스 방법에 의해 B의 행렬식을 구한다. $|B|=0$

③ $|B|=0$이므로 $\mathbf{v}_1$, $\mathbf{v}_2$, $\mathbf{v}_3$는 일차종속이다.

이렇게 행렬식의 성질을 이용하면 행렬식의 값과 일차독립성을 쉽게 알 수 있다.

여인수 행렬과 역행렬

이 절에서는 n차 정방행렬 A가 역행렬을 갖기 위한 필요충분조건을 행렬식을 이용하여 살펴보고, 이를 통해 역행렬을 구하는 방법에 대해 알아볼 것이다. 먼저 2×2 정칙행렬 $A=\begin{bmatrix}a&b\\c&d\end{bmatrix}$의 역행렬을 $A^{-1}=\begin{bmatrix}x&y\\z&w\end{bmatrix}$라 하자. 역행렬의 정의로부터 다음을 얻을 수 있다.

$$AA^{-1}=\begin{bmatrix}a&b\\c&d\end{bmatrix}\begin{bmatrix}x&y\\z&w\end{bmatrix}=\begin{bmatrix}ax+bz&ay+bw\\cx+dz&cy+dw\end{bmatrix}=\begin{bmatrix}1&0\\0&1\end{bmatrix}$$

여기서 다음 연립방정식을 도출할 수 있다.

$$\begin{cases}ax+bz=1\\cx+dz=0\end{cases}\quad\begin{cases}ay+bw=0\\cy+dw=1\end{cases}$$

이때 $|A|=\begin{vmatrix}a&b\\c&d\end{vmatrix}$이므로 두 연립방정식이 유일한 해를 갖기 위한 필요충분조건은 $ad-bc\neq 0$이다. 따라서 연립방정식의 해를 구하면 다음과 같다.

$$x=\frac{d}{ad-bc}=\frac{d}{|A|},\quad y=-\frac{b}{ad-bc}=-\frac{b}{|A|}$$
$$z=-\frac{c}{ad-bc}=-\frac{c}{|A|},\quad w=\frac{a}{ad-bc}=\frac{a}{|A|}$$

따라서 2차 행렬 $A = \begin{pmatrix} a & b \\ c & d \end{pmatrix}$의 역행렬은 다음과 같다.

$$A^{-1} = \frac{1}{|A|}\begin{bmatrix} d & -b \\ -c & a \end{bmatrix}$$

역행렬 A^{-1}의 각 성분에서 d, c, b, a는 [그림 2-9]와 같이 행렬 A의 성분 a, b, c, d에 대한 소행렬식 $M_{11} = |d| = d$, $M_{12} = |c| = c$, $M_{21} = |b| = b$, $M_{22} = |a| = a$이다.

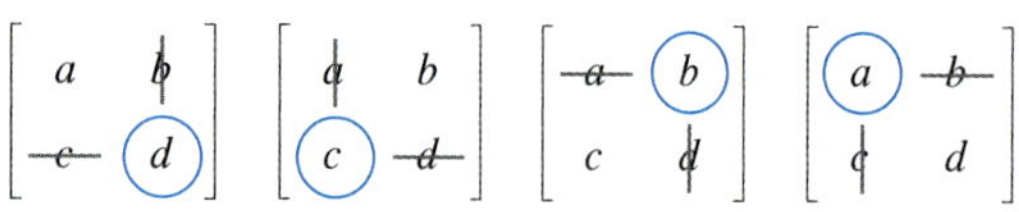

그림 2-9 **소행렬식 M의 각 성분 d, c, b, a**

역행렬 A^{-1}의 성분 d, $-c$, $-b$, a는 다음과 같이 행렬 A의 성분 a, b, c, d의 여인수임을 알 수 있다.

$$A_{11} = d,\ A_{12} = -c,\ A_{21} = -b,\ A_{22} = a$$

즉, 역행렬 A^{-1}는 행렬식 $|A|$와 행렬 A의 각 성분의 여인수를 이용하여 다음과 같이 얻을 수 있다.

$$A^{-1} = \frac{1}{|A|}\begin{bmatrix} d & -b \\ -c & a \end{bmatrix} = \frac{1}{|A|}\begin{bmatrix} A_{11} & A_{21} \\ A_{12} & A_{22} \end{bmatrix}$$

이때 행렬 A의 모든 성분의 여인수를 성분으로 갖는 행렬 C를 **여인수 행렬**matrix of cofactor이라 한다. 또한, 여인수 행렬의 전치행렬을 **수반행렬**adjoint matrix이라 하고 $\text{adj}(A)$로 나타낸다.

$$C = \begin{bmatrix} A_{11} & A_{12} \\ A_{22} & A_{22} \end{bmatrix},\quad \text{adj}(A) = C' = \begin{bmatrix} A_{11} & A_{21} \\ A_{12} & A_{22} \end{bmatrix}$$

이를 n차 정방행렬에 적용하면 다음과 같이 역행렬을 구할 수 있다.

정리 2-9 **n차 정방행렬 A의 역행렬**

n차 정방행렬 A가 역행렬을 갖기 위한 필요충분조건은 $|A| \neq 0$이고, 역행렬은 다음과 같다.

$$A^{-1} = \frac{1}{|A|}\text{adj}(A)$$

행렬 A의 여인수 행렬과 수반행렬은 각각 다음과 같다.

$$C=\begin{bmatrix} A_{11} & A_{12}\cdots & A_{1n} \\ A_{21} & A_{22}\cdots & A_{2n} \\ & \vdots & \\ A_{n1} & A_{n2}\cdots & A_{nn}\end{bmatrix},\quad \text{adj}(A)=\begin{bmatrix} A_{11} & A_{21}\cdots & A_{n1} \\ A_{12} & A_{22}\cdots & A_{n2} \\ & \vdots & \\ A_{1n} & A_{2n}\cdots & A_{nn}\end{bmatrix}$$

예제 2-15

수반행렬을 이용하여 행렬 $A=\begin{bmatrix}1&0&1\\0&2&1\\1&2&3\end{bmatrix}$의 역행렬을 구하라.

풀이

① 사루스 방법에 의해 행렬식을 구한다. [예제 2-13]에서 2임을 구하였다.

$$|A|=\begin{vmatrix}1&0&1\\0&2&1\\1&2&3\end{vmatrix}=2$$

② 각 성분의 소행렬식을 구한다.

$$M_{11}=\begin{vmatrix}2&1\\2&3\end{vmatrix}=4,\quad M_{12}=\begin{vmatrix}0&1\\1&3\end{vmatrix}=-1,\quad M_{13}=\begin{vmatrix}0&2\\1&2\end{vmatrix}=-2,$$
$$M_{21}=\begin{vmatrix}0&1\\2&3\end{vmatrix}=-2,\quad M_{22}=\begin{vmatrix}1&1\\1&3\end{vmatrix}=2,\quad M_{23}=\begin{vmatrix}1&0\\1&2\end{vmatrix}=2,$$
$$M_{31}=\begin{vmatrix}0&1\\2&1\end{vmatrix}=-2,\quad M_{32}=\begin{vmatrix}1&1\\0&1\end{vmatrix}=1,\quad M_{33}=\begin{vmatrix}1&0\\0&2\end{vmatrix}=2$$

③ 각 성분에 대한 여인수를 구한다.

$$C_{11}=(-1)^{1+1}M_{11}=4,\quad C_{12}=(-1)^{1+2}M_{12}=1,\quad C_{13}=(-1)^{1+3}M_{13}=-2,$$
$$C_{21}=(-1)^{2+1}M_{21}=2,\quad C_{22}=(-1)^{2+2}M_{22}=2,\quad C_{23}=(-1)^{2+3}M_{23}=-2,$$
$$C_{31}=(-1)^{3+1}M_{31}=-2,\quad C_{32}=(-1)^{3+2}M_{32}=-1,\quad C_{33}=(-1)^{3+3}M_{33}=2$$

④ 여인수 행렬과 수반행렬을 구한다.

$$C=\begin{bmatrix}4&1&-2\\2&2&-2\\-2&-1&2\end{bmatrix},\quad C'=\begin{bmatrix}4&2&-2\\1&2&-1\\-2&-2&2\end{bmatrix}$$

⑤ 역행렬을 구한다.

$$A^{-1}=\frac{1}{2}\begin{bmatrix}4&1&-2\\2&2&-2\\-2&-1&2\end{bmatrix}=\frac{1}{2}\begin{bmatrix}4&2&-2\\1&2&-1\\-2&-2&2\end{bmatrix}=\begin{bmatrix}2&1&-1\\\frac{1}{2}&1&-\frac{1}{2}\\-1&-1&1\end{bmatrix}$$

2.4 연립선형방정식

상수 a_1, a_2, a_3, a_4, b_1, b_2와 미지수 x, y에 대해 다음과 같은 연립선형방정식을 생각하자.

$$\begin{cases} a_1 x + a_2 y = b_1 \\ a_3 x + a_4 y = b_2 \end{cases}$$

연립선형방정식에 따른 두 직선에 대해서 세 가지 경우를 생각해볼 수 있으며, 이를 도식화하면 [그림 2-10]과 같다.

❶ 두 직선이 한 점에서 교차하는 경우

❷ 두 직선이 서로 겹치는 경우

❸ 두 직선이 평행인 경우

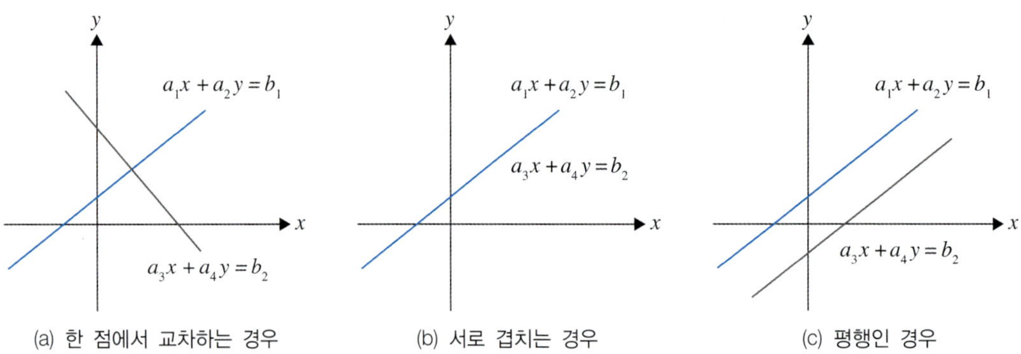

그림 2-10 연립선형방정식의 해에 대한 세 가지 유형

또한 각 경우에 대해 연립선형방정식의 해는 다음과 같다.

❶ 두 직선이 서로 한 점에서 교차하는 경우, 유일한 해를 갖는다.

❷ 두 직선이 서로 겹치는 경우, 무수히 많은 해를 가지며 이 해는 부정해라 한다.

❸ 두 직선이 평행인 경우, 해가 존재하지 않는다.

연립선형방정식의 해를 구하기 위해서 일반적으로는 대입법, 등치법, 가감법이라는 방법을 이용한다.

❶ **대입법 :** 연립선형방정식 $x - y = 0$, $x + y = 2$의 해를 구하기 위해서는 첫 번째 식으로부터 $x = y$를 도출한다. 도출한 식을 두 번째 식에 대입하면 $x + y = 2x = 2$이고 $x = 1$이므로 $y = 1$을 얻는다.

❷ **가감법 :** 연립선형방정식 $x - 2y = 1$, $2x - 4y = 2$의 해를 구하기 위해서는 첫 번째 식에

2를 곱하여 x 혹은 y를 소거할 수 있는 식을 도출한다. 도출한 식을 두 번째 식에 빼면 $0 = 0$임을 알 수 있다. 이는 미지수 x, y에 대한 두 식이 일치하는 것을 나타내므로 식 $x - 2y = 1$을 만족하는 x, y의 해가 무수히 많다.

❸ **등치법 :** 연립선형방정식 $x + 2y = 3$, $2x + 4y = 2$의 해를 구하기 위해서는 첫 번째 식에 2를 곱하여 두 번째 식과 비교할 수 있는 식을 도출한다. 도출한 식을 두 번째 식과 등치시키면 x 혹은 y는 동일하지만 우변이 6과 2로 다르다는 모순을 얻는다. 따라서 이 연립선형방정식의 해는 존재하지 않는다.

그러나 이러한 방법을 이용하여 미지수가 4개 이상인 연립선형방정식의 해를 구하려면 매우 복잡해질 수 있다. 따라서 이 절에서는 좀 더 간단히 해를 구할 수 있는 행렬과 행렬식을 이용하는 방법에 대해 살펴볼 것이다.

■ 기본행연산자를 이용한 해법

다음과 같이 n개의 미지수 $x_1, x_2, \cdots, x_n$과 m개의 방정식을 갖는 연립선형방정식을 **선형방정식계**system of linear equations라 한다.

$$\begin{aligned} a_{11}x_1 + a_{12}x_2 + \cdots + a_{1n}x_n &= b_1 \\ a_{21}x_1 + a_{22}x_2 + \cdots + a_{2n}x_n &= b_2 \\ &\vdots \\ a_{m1}x_1 + a_{m2}x_2 + \cdots + a_{mn}x_n &= b_m \end{aligned}$$

연립선형방정식은 계수, 미지수, 상수항으로 구성된다. 다음과 같이 행렬 A와 미지수 벡터 x, 상수항 벡터 b로 나타낼 때 $m \times n$ 행렬 A를 연립선형방정식의 **계수행렬**coefficient matrix이라 한다.

$$A = \begin{bmatrix} a_{11} & a_{12} \cdots & a_{1n} \\ a_{21} & a_{22} \cdots & a_{2n} \\ & \vdots & \\ a_{m1} & a_{m2} \cdots & a_{mn} \end{bmatrix}, \quad \mathrm{x} = \begin{bmatrix} x_1 \\ x_2 \\ \vdots \\ x_n \end{bmatrix}, \quad \mathrm{b} = \begin{bmatrix} b_1 \\ b_2 \\ \vdots \\ b_m \end{bmatrix}$$

연립선형방정식의 좌변에 있는 식들은 계수행렬의 각 행벡터와 미지수 벡터 x의 곱이다. 따라서 행렬을 이용하여 다음과 같이 표현할 수 있다.

$$A\mathrm{x} = \begin{bmatrix} a_{11} \cdots & a_{1j} & \cdots a_{1n} \\ & \vdots & \\ a_{i1} \cdots & a_{ij} & \cdots a_{\in} \\ & \vdots & \\ a_{m1} \cdots & a_{mj} & \cdots a_{mn} \end{bmatrix} \begin{bmatrix} x_1 \\ \vdots \\ x_j \\ \vdots \\ x_n \end{bmatrix} = \begin{bmatrix} b_1 \\ \vdots \\ b_j \\ \vdots \\ b_n \end{bmatrix} = \mathrm{b}$$

미지수의 개수와 방정식의 개수가 다른 경우에 2.3절에서 살펴본 기본행연산자를 이용하면 해를 쉽게 구할 수 있다. 다음과 같이 계수행렬 A 의 마지막 열에 상수항 벡터를 추가한 행렬을 생각해 보자. 이 행렬을 **확대행렬**augmented matrix이라 한다.

$$(A|\mathrm{b}) = \left[\begin{array}{cccc|c} a_{11} & a_{12} & \cdots & a_{1n} & b_1 \\ a_{21} & a_{22} & \cdots & a_{2n} & b_2 \\ & & \vdots & & \vdots \\ a_{m1} & a_{m2} & \cdots & a_{mn} & b_m \end{array}\right]$$

이 확대행렬에 기본행연산자를 적용하여 각 행에서 첫 번째 1인 숫자 아래의 숫자들이 0이 되는 등가행렬을 만든다. 그림으로 나타내면 [그림 2-11]과 같으며, 이와 같은 등가행렬을 **행사다리꼴**row echelon form이라 한다. 특히 첫 번째 1인 숫자의 위와 아래의 숫자들이 모두 0이 되는 행사다리꼴 행렬을 **기약행사다리꼴**reduced row echelon form이라 한다.

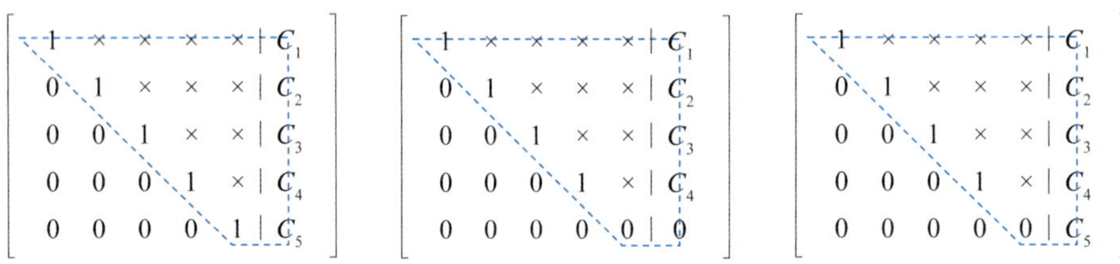

(a) 유일한 해를 갖는 경우 (b) 무수히 많은 해를 갖는 경우 (c) 해가 없는 경우

그림 2-11 행사다리꼴 행렬

[그림 2-11]의 행렬에서 마지막 열은 상수항이고 그 외의 행렬은 각각 미지수의 계수를 나타낸다. 예를 들어 [그림 2-11(a)]의 마지막 행은 $0x_1 + 0x_2 + 0x_3 + 0x_4 + 1x_5 = c_5$가 되고, 즉 $x_5 = c_5$ 임을 의미한다. 만일 [그림 2-11(a)]의 '×'로 표시된 수들이 모두 0인 기약행사다리꼴 행렬이었다면 연립선형방정식의 해는 $x_1 = c_1$, $x_2 = c_2$, $x_3 = c_3$, $x_4 = c_4$, $x_5 = c_5$를 얻는다. [그림 2-11(b)]의 마지막 행은 $0x_1 + 0x_2 + 0x_3 + 0x_4 + 0x_5 = 0$이 되고, 항등식을 의미한다. 즉 실수 전체에 대해 항등식이 성립하므로 연립선형방정식의 해는 무수히 많다. 또한 [그림 2-11(c)]의 마지막 행은 $0x_1 + 0x_2 + 0x_3 + 0x_4 + 0x_5 = c_5\,(c_5 \neq 0)$가 되고, 식이 성립하지 않음을 의미한다. 즉 연립방정식은 해를 갖지 않는다.

이번에는 연립선형방정식을 이용하여 방정식을 푸는 과정과 행연산자에 의한 등가행렬로 해를 구하는 과정을 비교해 본다. 다음 세 연립선형방정식을 생각해 보자.

$$x + 2y - z = 2, \quad -x + y + 3z = -1, \quad 2x + 7y - z = 8$$

표 2-2 연립선형방정식과 행연산자에 의한 등가행렬

<table>
<tr><th>단계</th><th>연립선형방정식</th><th>행연산자에 의한 등가행렬</th></tr>
<tr><td>방정식</td><td>$\begin{array}{lrcl} L_1 : & x+2y-\ z & = & 2 \\ L_2 : & -x+\ y+3z & = & -1 \\ L_3 : & 2x+7y-\ z & = & 8 \end{array}$</td><td>$\left[\begin{array}{rrr|r} 1 & 2 & -1 & 2 \\ -1 & 1 & 3 & -1 \\ 2 & 7 & -1 & 8 \end{array}\right]$</td></tr>
<tr><td>(1)</td><td>$L_1+L_2,\quad (-2)L_1+L_3$
$\begin{array}{lrcl} L_1 : & x+2y-\ z & = & 2 \\ L_2 : & 3y+2z & = & 1 \\ L_3 : & 3y+\ z & = & 4 \end{array}$</td><td>$R_{12}(1),\quad R_{13}(-2)$
$\left[\begin{array}{rrr|r} 1 & 2 & -1 & 2 \\ 0 & 3 & 2 & 1 \\ 0 & 3 & 1 & 4 \end{array}\right]$</td></tr>
<tr><td>(2)</td><td>$(-1)L_2+L_3$
$\begin{array}{lrcl} L_1 : & x+2y-\ z & = & 2 \\ L_2 : & 3y+2z & = & 1 \\ L_3 : & -\ z & = & 3 \end{array}$</td><td>$R_{23}(-1),\quad R_{24}(1)$
$\left[\begin{array}{rrr|r} 1 & 2 & -1 & 2 \\ 0 & 3 & 2 & 1 \\ 0 & 0 & -1 & 3 \end{array}\right]$</td></tr>
<tr><td>(3)</td><td>$(-1)L_3$
$\begin{array}{lrcl} L_1 : & x+2y-\ z & = & 2 \\ L_2 : & 3y+2z & = & 1 \\ L_3 : & z & = & -3 \end{array}$</td><td>$R_3(-1)$
$\left[\begin{array}{rrr|r} 1 & 2 & -1 & 2 \\ 0 & 3 & 2 & 1 \\ 0 & 0 & 1 & -3 \end{array}\right]$</td></tr>
<tr><td>(4)</td><td>$L_1+L_3,\ L_2+(-2)L_3$
$\begin{array}{lrcl} L_1 : & x+2y & = & -1 \\ L_2 : & 3y & = & 7 \\ L_3 : & z & = & -3 \end{array}$</td><td>$R_4(1/2)$
$\left[\begin{array}{rrr|r} 1 & 2 & 0 & 2 \\ 0 & 3 & 0 & 1 \\ 0 & 0 & 1 & -3 \end{array}\right]$</td></tr>
<tr><td>(5)</td><td>$(1/3)L_2$
$\begin{array}{lrcl} L_1 : & x+2y & = & -1 \\ L_2 : & y & = & \frac{7}{3} \\ L_3 : & z & = & -3 \end{array}$</td><td>$R_2(1/3)$
$\left[\begin{array}{rrr|r} 1 & 2 & 0 & 2 \\ 0 & 1 & 0 & \frac{7}{3} \\ 0 & 0 & 1 & -3 \end{array}\right]$</td></tr>
<tr><td>(6)</td><td>$(-2)L_2+L_1$
$\begin{array}{lrcl} L_1 : & x & = & -\frac{17}{3} \\ L_2 : & y & = & \frac{7}{3} \\ L_3 : & z & = & -3 \end{array}$</td><td>$R_{21}(-2)$
$\left[\begin{array}{rrr|r} 1 & 0 & 0 & -\frac{17}{3} \\ 0 & 1 & 0 & \frac{7}{3} \\ 0 & 0 & 1 & -3 \end{array}\right]$</td></tr>
<tr><td>결론</td><td>$x=-\frac{17}{3},\ y=\frac{3}{3},\ z=-3$</td><td>$x=-\frac{17}{3},\ y=\frac{3}{3},\ z=-3$</td></tr>
</table>

한편 n 개의 미지수 $x_1, x_2, \cdots, x_n$과 m 개의 방정식을 갖는 연립선형방정식 $A\mathbf{x} = \mathbf{b}$에 대해 계수행렬 A와 확대행렬 $(A|\mathbf{b})$의 위수는 동일한 점을 짚고 넘어간다.

$$\operatorname{rank}(A) = \operatorname{rank}(A|\mathbf{b})$$

이제 해의 존재성과 위수 사이의 관계를 살펴보기 위해 두 연립선형방정식을 살펴본다.

$$2x + y = 2\ ,\ -x + 3y = 4$$

확대행렬에 행연산자를 이용하여 등가행렬을 만들면 다음과 같다.

$$(A\,|\,\mathrm{b}) = \left[\begin{array}{rr|r} 2 & 1 & 2 \\ -1 & 3 & 4 \end{array}\right] \xrightarrow{R_2(-1)} \left[\begin{array}{rr|r} 2 & 1 & 2 \\ 1 & -3 & -4 \end{array}\right] \xrightarrow{R_{12}} \left[\begin{array}{rr|r} 1 & -3 & -4 \\ 2 & 1 & 2 \end{array}\right]$$

$$\xrightarrow{R_{12}(-2)} \left[\begin{array}{rr|r} 1 & -3 & -4 \\ 0 & 7 & 10 \end{array}\right]$$

마지막 등가행렬의 위수가 2 이므로 $\mathrm{rank}(A\,|\,\mathrm{b}) = 2$이고 미지수의 개수도 두 개다. 이때 이 연립선형방정식은 유일한 해를 가지며 마지막 확대행렬은 $x - 3y = -4$, $7y = 10$을 의미한다. 따라서 이 연립선형방정식의 해는 $x = \dfrac{2}{7}$, $y = \dfrac{10}{7}$ 이다.

이번엔 세 연립선형방정식 $x + 2y - 3z = 6$, $2x - y + 4z = 2$, $4x + 3y - 2z = 14$를 살펴보자. 확대행렬에 행연산자를 이용하여 등가행렬을 만들면 다음과 같다.

$$(A\,|\,\mathrm{b}) = \left[\begin{array}{rrr|r} 1 & 2 & -3 & 6 \\ 2 & -1 & 4 & 2 \\ 4 & 3 & -2 & 14 \end{array}\right] \xrightarrow[R_{13}(-4)]{R_{12}(-2)} \left[\begin{array}{rrr|r} 1 & 2 & -3 & 6 \\ 0 & -5 & 10 & -10 \\ 0 & -5 & 10 & -10 \end{array}\right] \xrightarrow{R_{23}(-1)} \left[\begin{array}{rrr|r} 1 & 2 & -3 & 6 \\ 0 & -5 & 10 & -10 \\ 0 & 0 & 0 & 0 \end{array}\right]$$

$$\xrightarrow{R_2(-1/5)} \left[\begin{array}{rrr|r} 1 & 2 & -3 & 6 \\ 0 & 1 & -2 & 2 \\ 0 & 0 & 0 & 0 \end{array}\right] \xrightarrow{R_{21}(-2)} \left[\begin{array}{rrr|r} 1 & 0 & 1 & 2 \\ 0 & 1 & -2 & 2 \\ 0 & 0 & 0 & 0 \end{array}\right]$$

마지막 등가행렬의 제3행에 있는 모든 성분이 0 이므로 위수는 2 이다. 여기서 $z = t$라 하면 $x = 2 - t$, $y = 2 + 2t$ 인 부정해를 갖는다. 즉 이 연립선형방정식은 하나의 미지수 z에 의한 부정해를 갖는다. 이는 미지수의 개수는 세 개이고, 위수가 2 이므로 미지수의 개수에서 위수를 뺀 나머지 미지수 z(또는 x, y가 될 수 있다)에 의한 부정해를 가짐을 알 수 있다. 이렇게 일반적으로 연립선형방정식에서는 미지수의 개수에서 위수를 뺀 수에 해당하는 미지수에 의한 부정해를 갖는다. 이와 같이 확대행렬의 위수와 연립선형방정식 해의 존재성에 대해서는 다음 성질이 성립함을 알 수 있다.

정리 2-10 확대행렬의 위수와 해의 존재성

미지수가 n개이고 방정식이 m개인 연립선형방정식 $A\mathrm{x} = \mathrm{b}$에 대해 다음이 성립한다.

(1) $\mathrm{rank}(A\,|\,\mathrm{b}) = n$이면 연립선형방정식은 유일한 해를 갖는다.

(2) $\mathrm{rank}(A\,|\,\mathrm{b}) = r < n$이면 연립선형방정식은 $n - r$개의 미지수에 의한 부정해를 갖는다.

예제 2-16

행연산자를 이용하여 다음 연립선형방정식의 해를 구하라.

(a) $\begin{cases} x + 2y + z = 2 \\ 2x + y + z = 1 \\ 3x + y + 2z = 4 \end{cases}$ **(b)** $\begin{cases} x - y + 2z = 5 \\ 2x - 2y + 4z = 10 \\ 3x - 3y + 6z = 15 \end{cases}$

TIP 확대행렬에 기본행연산자를 이용하여 등가행렬을 만들어 구한다.

풀이

(a) ① 확대행렬을 만든다.

$$(A \mid \mathrm{b}) = \begin{bmatrix} 1 & 2 & 1 & 2 \\ 2 & 1 & 1 & 1 \\ 3 & 1 & 2 & 4 \end{bmatrix}$$

② 확대행렬에 대한 등가행렬을 구한다.

$$(A \mid \mathrm{b}) = \begin{bmatrix} 1 & 2 & 1 & 2 \\ 2 & 1 & 1 & 1 \\ 3 & 1 & 2 & 4 \end{bmatrix} \xrightarrow[R_{13}(-3)]{R_{12}(-2)} \begin{bmatrix} 1 & 2 & 1 & 2 \\ 0 & -3 & -1 & -3 \\ 0 & -5 & -1 & -2 \end{bmatrix} \xrightarrow[R_3(-1/5)]{R_2(-1/3)} \begin{bmatrix} 1 & 2 & 1 & 2 \\ 0 & 1 & \frac{1}{3} & 1 \\ 0 & 1 & \frac{1}{5} & \frac{2}{5} \end{bmatrix}$$

$$\xrightarrow{R_{23}(-1)} \begin{bmatrix} 1 & 2 & 1 & 2 \\ 0 & 1 & \frac{1}{3} & 1 \\ 0 & 0 & -\frac{2}{15} & -\frac{3}{5} \end{bmatrix} \xrightarrow{R_3(-15/2)} \begin{bmatrix} 1 & 2 & 1 & 2 \\ 0 & 1 & \frac{1}{3} & 1 \\ 0 & 0 & 1 & \frac{9}{2} \end{bmatrix}$$

$$\xrightarrow{R_{32}(-1/3)} \begin{bmatrix} 1 & 2 & 1 & 2 \\ 0 & 1 & 0 & -\frac{1}{2} \\ 0 & 0 & 1 & \frac{9}{2} \end{bmatrix} \xrightarrow[R_{32}(-1)]{R_{31}(-2)} \begin{bmatrix} 1 & 0 & 0 & -\frac{3}{2} \\ 0 & 1 & 0 & -\frac{1}{2} \\ 0 & 0 & 1 & \frac{9}{2} \end{bmatrix}$$

③ 구하고자 하는 해는 $x = -\frac{3}{2}$, $y = -\frac{1}{2}$, $z = \frac{9}{2}$이다.

(b) ① 확대행렬을 만든다.

$$A = \begin{bmatrix} 1 & -1 & 2 & 5 \\ 2 & -2 & 4 & 10 \\ 3 & 3 & 6 & 15 \end{bmatrix}$$

② 확대행렬에 대한 등가행렬을 구한다.

$$(A \mid \mathrm{b}) = \begin{bmatrix} 1 & -1 & 2 & 5 \\ 2 & -2 & 4 & 10 \\ 3 & 3 & 6 & 15 \end{bmatrix} \xrightarrow[R_{13}(-3)]{R_{12}(-2)} \begin{bmatrix} 1 & 2 & 1 & 2 \\ 0 & 0 & 0 & 0 \\ 0 & 6 & 0 & 0 \end{bmatrix} \xrightarrow{R_{23}} \begin{bmatrix} 1 & 2 & 1 & 2 \\ 0 & 6 & 0 & 0 \\ 0 & 0 & 0 & 0 \end{bmatrix}$$

③ 위수가 $\mathrm{rank}(A \mid \mathrm{b}) = 2$이므로 부정해를 갖는다.

■ 역행렬을 이용한 해법

n개의 미지수와 n개의 방정식을 갖는 선형방정식계 $A\mathrm{x} = \mathrm{b}$에 대해 계수행렬은 n차 정방행렬이다. 특히 계수행렬 A가 정칙행렬이면 역행렬 A^{-1}가 존재하고 $A^{-1}A = I$가 성립한다. 여기서 I는 n차 단위행렬이다. 또한 $I\mathrm{x} = \mathrm{x}$이므로 선형방정식계 $A\mathrm{x} = \mathrm{b}$에 대해 양변의 왼쪽에서 A^{-1}를 곱하면 다음과 같이 연립선형방정식의 해를 구할 수 있다.

$$A^{-1}(A\mathrm{x}) = A^{-1}\mathrm{b} \Rightarrow (A^{-1}A)\mathrm{x} = A^{-1}\mathrm{b} \Rightarrow I\mathrm{x} = A^{-1}\mathrm{b} \Rightarrow \mathrm{x} = A^{-1}\mathrm{b}$$

다시 말해서 n차 계수행렬 A가 역행렬을 갖는다면, 연립선형방정식 $A\mathrm{x} = \mathrm{b}$의 유일한 해는 $\mathrm{x} = A^{-1}\mathrm{b}$와 같다. 예를 들어 연립선형방정식 $2x + y = 2$, $-x + 3y = 4$의 계수행렬 A와 그 역행렬을 나타내면 다음과 같다.

$$A = \begin{bmatrix} 2 & 1 \\ -1 & 3 \end{bmatrix}, \quad A^{-1} = \begin{bmatrix} \frac{3}{7} & -\frac{1}{7} \\ \frac{1}{7} & \frac{2}{7} \end{bmatrix}$$

그러므로 $A\mathrm{x} = \mathrm{b}$의 양변에서 왼쪽에 역행렬 A^{-1}를 곱하면 다음과 같은 연립선형방정식의 해를 얻을 수 있다.

$$\mathrm{x} = A^{-1}\mathrm{b} \Rightarrow \mathrm{x} = \begin{bmatrix} x \\ y \end{bmatrix} = \begin{bmatrix} \frac{3}{7} & -\frac{1}{7} \\ \frac{1}{7} & \frac{2}{7} \end{bmatrix} \begin{bmatrix} 2 \\ 4 \end{bmatrix} = \begin{bmatrix} \frac{2}{7} \\ \frac{10}{7} \end{bmatrix}$$

예제 2-17

다음 연립선형방정식의 해를 구하라.

(a) $\begin{cases} x + 2y = 3 \\ -x + 3y = 2 \end{cases}$

(b) $\begin{cases} x + y + 2z = 8 \\ -x - 2y + 3z = 1 \\ 3x - 7y + 4z = 10 \end{cases}$

TIP 먼저 계수행렬 A와 역행렬 A^{-1}를 구하고 $\mathrm{x} = A^{-1}\mathrm{b}$를 구한다.

풀이

(a) ① 먼저 행렬 $A = \begin{bmatrix} 1 & 2 \\ -1 & 3 \end{bmatrix}$을 구하고는 [예제 2-10(a)]에서 구하였으므로 역행렬 A^{-1}는

$A^{-1} = \begin{bmatrix} \frac{3}{5} & -\frac{2}{5} \\ \frac{1}{5} & \frac{1}{5} \end{bmatrix}$ 임을 알 수 있다.

② $\mathbf{x} = A^{-1}\mathbf{b}$를 구한다. $\mathbf{b} = \begin{bmatrix} 3 \\ 2 \end{bmatrix}$이므로 $\mathbf{x} = A^{-1}\mathbf{b}$는 다음과 같다.

$$\mathbf{x} = A^{-1}\mathbf{b} = \begin{bmatrix} \frac{3}{5} & -\frac{2}{5} \\ \frac{1}{5} & \frac{1}{5} \end{bmatrix} \begin{bmatrix} 3 \\ 2 \end{bmatrix} = \begin{bmatrix} 1 \\ 1 \end{bmatrix}$$

③ 따라서 구하고자 하는 해는 $x = 1$, $y = 1$이다.

(b) ① 먼저 계수행렬 A는 다음과 같다.

$$A = \begin{bmatrix} 1 & 1 & 2 \\ -1 & -2 & 3 \\ 3 & -7 & 4 \end{bmatrix}$$

② 확대행렬을 이용하여 역행렬을 구하면 다음과 같다.

$$A^{-1} = \begin{bmatrix} \frac{1}{4} & -\frac{9}{26} & \frac{7}{52} \\ \frac{1}{4} & -\frac{1}{26} & -\frac{5}{52} \\ \frac{1}{4} & \frac{5}{26} & -\frac{1}{52} \end{bmatrix}$$

③ $\mathbf{x} = A^{-1}\mathbf{b}$를 구한다. $\mathbf{b} = \begin{bmatrix} 8 \\ 1 \\ 10 \end{bmatrix}$이므로 $\mathbf{x} = A^{-1}\mathbf{b}$는 다음과 같다.

$$\mathbf{x} = A^{-1}\mathbf{b} = \begin{bmatrix} \frac{1}{4} & -\frac{9}{26} & \frac{7}{52} \\ \frac{1}{4} & -\frac{1}{26} & -\frac{5}{52} \\ \frac{1}{4} & \frac{5}{26} & -\frac{1}{52} \end{bmatrix} \begin{bmatrix} 8 \\ 1 \\ 10 \end{bmatrix} = \begin{bmatrix} 3 \\ 1 \\ 2 \end{bmatrix}$$

④ 따라서 구하고자 하는 해는 $x = 3$, $y = 1$, $z = 2$이다.

■ 크래머 공식을 이용한 해법

미지수의 개수와 방정식의 개수가 같고, 계수행렬 A가 정칙행렬 $|A| \neq 0$이면 행렬식을 이용할 수 있다. 행렬식을 이용한 방법으로 연립선형방정식의 해를 쉽게 구할 수 있는 **크래머 공식** Cramer's formula 에 대해 살펴보자.

정리 2-11 크래머 공식

계수행렬 A가 정칙행렬이면 연립선형방정식 $A\mathbf{x} = \mathbf{b}$의 해는 다음과 같다. 여기서 $|A_j|$는 $|A|$의 j번째 열을 상수항 벡터 $\mathbf{b}$로 대치한 행렬식이다.

$$x_1 = \frac{|A_1|}{|A|}, \; x_2 = \frac{|A_2|}{|A|}, \; \cdots, \; x_n = \frac{|A_n|}{|A|}$$

연립선형방정식 $2x + y = 2$, $-x + 3y = 4$ 의 계수행렬 A 를 구하고, 행렬 A 의 열을 상수행렬 b 로 대치한 행렬을 구하면 다음과 같다.

$$A = \begin{bmatrix} 2 & 1 \\ -1 & 3 \end{bmatrix}, \quad A_x = \begin{bmatrix} 2 & 1 \\ 4 & 3 \end{bmatrix}, \quad A_y = \begin{bmatrix} 2 & 2 \\ -1 & 4 \end{bmatrix}$$

이 행렬의 행렬식을 구하면 $|A| = 7$, $|A_x| = 2$, $|A_y| = 10$ 이다. 따라서 이 연립선형방정식의 해는 다음과 같다.

$$x = \frac{|A_x|}{|A|} = \frac{2}{7}, \quad y = \frac{|A_y|}{|A|} = \frac{10}{7}$$

예제 2-18

다음 연립선형방정식의 해를 구하라.

(a) $\begin{cases} 2x - 3y = 1 \\ -3x + 2y = 2 \end{cases}$

(b) $\begin{cases} x + y + 2z = 8 \\ -x - 2y + 3z = 1 \\ 3x - 7y + 4z = 10 \end{cases}$

TIP 사루스 방법을 이용하여 행렬식 값을 구하고 크래머 공식을 이용한다.

풀이

(a) ① 사루스 방법을 이용하여 행렬식 값을 구하면 다음과 같다.

$$|A| = \begin{vmatrix} 2 & -3 \\ -3 & 2 \end{vmatrix} = -5, \quad |A_x| = \begin{vmatrix} 1 & -3 \\ 2 & 2 \end{vmatrix} = 8, \quad |A_y| = \begin{vmatrix} 2 & 1 \\ -3 & 2 \end{vmatrix} = 7$$

② 크래머 공식을 이용하면 해는 $x = -\frac{8}{5}$, $y = -\frac{7}{5}$ 이다.

(b) ① 사루스 방법을 이용하여 행렬식 값을 구한다.

$$|A| = \begin{vmatrix} 1 & 1 & 2 \\ -1 & -2 & 3 \\ 3 & -7 & 4 \end{vmatrix} = 52, \quad |A_x| = \begin{vmatrix} 8 & 1 & 2 \\ 1 & -2 & 3 \\ 10 & -7 & 4 \end{vmatrix} = 156,$$

$$|A_y| = \begin{vmatrix} 1 & 8 & 2 \\ -1 & 1 & 3 \\ 3 & 10 & 4 \end{vmatrix} = 52, \quad |A_z| = \begin{vmatrix} 1 & 1 & 8 \\ -1 & -2 & 1 \\ 3 & -7 & 10 \end{vmatrix} = 104$$

② 크래머 공식을 이용하면 해는 $x = \frac{156}{52} = 3$, $y = \frac{52}{52} = 1$, $z = \frac{104}{52} = 2$ 이다.

앞으로 편의를 위해 '연립선형방정식'은 '연립방정식'으로 표현한다.

2.5 고윳값과 고유벡터

이 절에서는 행렬 연산에 필요한 고윳값과 고유벡터를 학습하도록 한다. 여기의 개념은 조금 어렵더라도 수리경제학과 계량경제학뿐만 아니라 경영과학 및 의사결정 등에서도 적용되므로 집중적인 학습이 필요하다.

주어진 n차 정방행렬 A가 주어졌을 때 다음 방정식을 생각해 보자.

$$A\mathbf{x} = \lambda\mathbf{x},\ A = \begin{bmatrix} a_{11} \cdots a_{1n} \\ \vdots \\ a_{n1} \cdots a_{nn} \end{bmatrix},\ \mathbf{x} = \begin{bmatrix} x_1 \\ \vdots \\ x_n \end{bmatrix}$$

여기서 λ는 구해야 되는 스칼라이고 $\mathbf{x}$는 λ에 따라서 결정되어야 할 벡터이다. 여기서 $\mathbf{x} = \mathbf{0}$일 때 모든 스칼라 λ에 대해 등식이 성립한다. 이때 $\mathbf{x} \neq \mathbf{0}$인 $\mathbf{x}$에 대해 위 방정식이 성립한다면, 벡터 $\mathbf{x}$를 A의 **고유벡터** eigenvector 라 하고 스칼라 λ를 A의 **고윳값** eigenvalue 이라 한다. 예를 들어 $A = \begin{bmatrix} 3 & 4 \\ -1 & 7 \end{bmatrix}$, $\mathbf{x} = \begin{bmatrix} 2 \\ 1 \end{bmatrix}$, $\lambda = 5$를 생각해 보자. 이에 대해 다음이 성립한다.

$$\begin{bmatrix} 3 & 4 \\ -1 & 7 \end{bmatrix}\begin{bmatrix} 2 \\ 1 \end{bmatrix} = \begin{bmatrix} 10 \\ 5 \end{bmatrix} = 5\begin{bmatrix} 2 \\ 1 \end{bmatrix}$$

따라서 $\mathbf{x} = \begin{bmatrix} 2 \\ 1 \end{bmatrix}$은 행렬 A의 고유벡터이고 $\lambda = 5$는 고윳값이다. 한편 n차 단위행렬 I에 대해 $\lambda\mathbf{x} = \lambda I\mathbf{x}$라 할 수 있으므로 $A\mathbf{x} = \lambda\mathbf{x}$는 다음과 같이 표현할 수 있다.

$$(A - \lambda I)\mathbf{x} = \mathbf{0}$$

그러면 다음과 같은 제차연립방정식을 얻는다.

$$\begin{aligned} (a_{11} - \lambda)x_1 + \quad a_{12}x_2 + \cdots + \quad a_{1n}x_n &= 0 \\ a_{21}x_1 + (a_{22} - \lambda)x_2 + \cdots + \quad a_{2n}x_n &= 0 \\ &\vdots \\ a_{n1}x_1 + \quad a_{n2}x_2 + \cdots + (a_{nn} - \lambda)x_n &= 0 \end{aligned}$$

따라서 이 연립방정식은 0이 아닌 해벡터 $\mathbf{x}$를 갖기 위해 계수행렬식이 0이어야 하므로 다음이 성립해야 한다.

$$\begin{vmatrix} a_{11}-\lambda & a_{12} & \cdots & a_{1n} \\ a_{21} & a_{22}-\lambda & \cdots & a_{2n} \\ & & \vdots & \\ a_{n1} & a_{n2} & \cdots & a_{nn}-\lambda \end{vmatrix} = 0 \quad \text{또는} \quad |A-\lambda I| = 0$$

이때 $|A-\lambda I| = 0$을 행렬 A의 **특성방정식** characteristic equation이라 한다.

예제 2-19

다음 행렬에 대한 고윳값과 고유벡터를 구하라.

(a) $A = \begin{bmatrix} 1 & 3 \\ 2 & 2 \end{bmatrix}$ **(b)** $A = \begin{bmatrix} 2 & 0 & 1 \\ 1 & 2 & 0 \\ 1 & 0 & 2 \end{bmatrix}$

풀이

(a) 먼저 행렬 A에 대한 특성방정식을 구하면 다음과 같다.

$$|A-\lambda I| = \left| \begin{bmatrix} 1 & 3 \\ 2 & 2 \end{bmatrix} - \lambda \begin{bmatrix} 1 & 0 \\ 0 & 1 \end{bmatrix} \right| = \begin{vmatrix} 1-\lambda & 3 \\ 2 & 2-\lambda \end{vmatrix}$$
$$= \lambda^2 - 3\lambda - 4 = (\lambda+1)(\lambda-4) = 0$$

이 특성방정식의 해를 구하면 고윳값은 $\lambda = -1$, $\lambda = 4$이며, 여기서 고유벡터를 구하면 다음과 같다.

① $\lambda = -1$에 대한 고유벡터 : $(A+I)\mathbf{x} = \begin{bmatrix} 2 & 3 \\ 2 & 3 \end{bmatrix}\begin{bmatrix} x_1 \\ x_2 \end{bmatrix} = \begin{bmatrix} 2x_1+3x_2 \\ 2x_1+3x_2 \end{bmatrix} = \begin{bmatrix} 0 \\ 0 \end{bmatrix}$이므로 $2x_1 + 3x_2 = 0$이다. 따라서 $x_1 = -3$이면 $x_2 = 2$이고 고유벡터는 $\mathbf{x} = \begin{bmatrix} -3 \\ 2 \end{bmatrix}$이다.

② $\lambda = 4$에 대한 고유벡터 : $(A-4I)\mathbf{x} = \begin{bmatrix} -3 & 3 \\ 2 & -2 \end{bmatrix}\begin{bmatrix} x_1 \\ x_2 \end{bmatrix} = \begin{bmatrix} -3x_1+3x_2 \\ 2x_1-2x_2 \end{bmatrix} = \begin{bmatrix} 0 \\ 0 \end{bmatrix}$이므로 $-3x_1 + 3x_2 = 0$, $2x_1 - 2x_2 = 0$이다. 따라서 $x_2 = 1$이면 $x_1 = 1$이고 고유벡터는 $\mathbf{x} = \begin{bmatrix} 1 \\ 1 \end{bmatrix}$이다.

(b) 먼저 행렬 A에 대한 특성방정식을 구하면 다음과 같다.

$$|A-\lambda I| = \left| \begin{bmatrix} 2 & 0 & 1 \\ 1 & 2 & 0 \\ 1 & 0 & 2 \end{bmatrix} - \lambda \begin{bmatrix} 1 & 0 & 0 \\ 0 & 1 & 0 \\ 0 & 0 & 1 \end{bmatrix} \right| = \begin{vmatrix} 2-\lambda & 0 & 1 \\ 1 & 2-\lambda & 0 \\ 1 & 0 & 2-\lambda \end{vmatrix}$$
$$= -\lambda^3 + 6\lambda^2 - 11\lambda + 6 = -(\lambda-1)(\lambda-2)(\lambda-3) = 0$$

이 특성방정식의 해를 구하면 고윳값은 $\lambda = 1$, $\lambda = 2$, $\lambda = 3$이며, 여기서 고유벡터를 구하면 다음과 같다.

① $\lambda = 1$에 대한 고유벡터 : $(A - I)\mathbf{x} = \begin{bmatrix} 1 & 0 & 1 \\ 1 & 1 & 0 \\ 1 & 0 & 1 \end{bmatrix} \begin{bmatrix} x_1 \\ x_2 \\ x_3 \end{bmatrix} = \begin{bmatrix} x_1 + x_3 \\ x_1 + x_2 \\ x_1 + x_3 \end{bmatrix} = \begin{bmatrix} 0 \\ 0 \\ 0 \end{bmatrix}$ 이므로

$x_1 + x_3 = 0$, $x_1 + x_2 = 0$, $x_1 + x_3 = 0$이다. 따라서 $x_3 = 1$이면 $x_1 = -1$,

$x_2 = 1$이고 고유벡터는 $\mathbf{x} = \begin{bmatrix} -1 \\ 1 \\ 1 \end{bmatrix}$ 이다.

② $\lambda = 2$에 대한 고유벡터 : $(A - 2I)\mathbf{x} = \begin{bmatrix} 0 & 0 & 1 \\ 1 & 0 & 0 \\ 1 & 0 & 0 \end{bmatrix} \begin{bmatrix} x_1 \\ x_2 \\ x_3 \end{bmatrix} = \begin{bmatrix} x_3 \\ x_1 \\ x_1 \end{bmatrix} = \begin{bmatrix} 0 \\ 0 \\ 0 \end{bmatrix}$ 이므로

$x_1 = 0$, $x_3 = 0$이다. 따라서 $x_2 = 1$라 하면 고유벡터는 $\mathbf{x} = \begin{bmatrix} 0 \\ 1 \\ 0 \end{bmatrix}$ 이다.

③ $\lambda = 3$에 대한 고유벡터 :$(A - 3I)\mathbf{x} = \begin{bmatrix} -1 & 0 & 1 \\ 1 & -1 & 0 \\ 1 & 0 & -1 \end{bmatrix} \begin{bmatrix} x_1 \\ x_2 \\ x_3 \end{bmatrix} = \begin{bmatrix} -x_1 + x_3 \\ x_1 - x_2 \\ x_1 - x_3 \end{bmatrix} = \begin{bmatrix} 0 \\ 0 \\ 0 \end{bmatrix}$

이므로 $-x_1 + x_3 = 0$, $x_1 - x_2 = 0$, $x_1 - x_3 = 0$이다. 따라서 $x_3 = 1$이면 $x_1 = 1$,

$x_2 = 1$이고 고유벡터는 $\mathbf{x} = \begin{bmatrix} 1 \\ 1 \\ 1 \end{bmatrix}$ 이다.

행렬 $A - \lambda I$에 영벡터 $\mathbf{0}$를 추가한 확대행렬을 이용해서도 고유벡터를 구할 수 있다. 예를 들어, [예제 2-19(b)]에서 구한 고윳값 $\lambda = 1$에 대한 고유벡터 $\mathbf{x} = (x_1, x_2, x_3)'$을 구하기 위해서는 다음과 같은 행연산자를 적용한다.

$$(A - I \mid \mathbf{0}) = \left[\begin{array}{ccc|c} 1 & 0 & 1 & 0 \\ 1 & 1 & 0 & 0 \\ 1 & 0 & 1 & 0 \end{array}\right] \xrightarrow{R_{13}(-1)} \left[\begin{array}{ccc|c} 1 & 0 & 1 & 0 \\ 1 & 1 & 0 & 0 \\ 0 & 0 & 0 & 0 \end{array}\right]$$

그 결과로 [예제 2-19(b)]의 풀이과정에 얻은 방정식 $x_1 + x_3 = 0$, $x_1 + x_2 = 0$을 동일하게 얻을 수 있다. 한편 고윳값에 대해 다음과 같은 성질이 성립하는 것을 쉽게 살펴볼 수 있다.

❶ 단위행렬 I의 고윳값은 1이다.

❷ 행렬 A의 고윳값이 λ이면 A^n의 고윳값은 λ^n이다.

❸ 0이 아닌 임의의 상수 k에 대해 행렬 kA의 고윳값은 $k\lambda$이다.

❹ 행렬 A와 B의 고윳값이 각각 λ와 η이면 $A + B$의 고윳값은 $\lambda + \eta$이다.

이와 같은 성질로부터 행렬 A의 고윳값이 λ이면 행렬다항식 $f(A)$의 고윳값은 $f(\lambda)$이다.

예제 2-20

행렬 $A = \begin{pmatrix} 2 & 1 \\ 1 & 2 \end{pmatrix}$에 대해 다음을 구하라.

(a) A의 고윳값과 고유벡터

(b) $B = A^2$의 고윳값과 고유벡터

풀이

(a) A의 고윳값을 구한다.

$$|A - \lambda I| = \begin{vmatrix} 2-\lambda & 1 \\ 1 & 2-\lambda \end{vmatrix} = (\lambda - 1)(\lambda - 3) = 0 \Rightarrow \lambda = 1,\ \lambda = 3$$

① $\lambda = 1$의 고유벡터 : $(A - I)\mathbf{x} = \begin{bmatrix} 1 & 1 \\ 1 & 1 \end{bmatrix}\begin{bmatrix} x_1 \\ x_2 \end{bmatrix} = \begin{bmatrix} x_1 + x_2 \\ x_1 + x_2 \end{bmatrix} = \begin{bmatrix} 0 \\ 0 \end{bmatrix}$이므로

$x_1 + x_2 = 0$이다. 따라서 $x_2 = 1$이면 $x_1 = -1$이고 고유벡터는 $\mathbf{x} = \begin{bmatrix} -1 \\ 1 \end{bmatrix}$이다.

② $\lambda = 3$의 고유벡터 : $(A - 3I)\mathbf{x} = \begin{bmatrix} -1 & 1 \\ 1 & -1 \end{bmatrix}\begin{bmatrix} x_1 \\ x_2 \end{bmatrix} = \begin{bmatrix} -x_1 + x_2 \\ x_1 - x_2 \end{bmatrix} = \begin{bmatrix} 0 \\ 0 \end{bmatrix}$이므로

$x_1 - x_2 = 0$이다. $x_2 = 1$이면 $x_1 = 1$이고 고유벡터는 $\mathbf{x} = \begin{bmatrix} 1 \\ 1 \end{bmatrix}$이다. 따라서 고윳값은 $\lambda = 1$, $\lambda = 3$이고, 고유벡터는 각각 $\mathbf{x} = \begin{bmatrix} -1 \\ 1 \end{bmatrix}$, $\mathbf{x} = \begin{bmatrix} 1 \\ 1 \end{bmatrix}$이다.

(b) $B = A^2$의 고윳값은 A의 고윳값을 이용하여 구하면 되므로 $\lambda_1 = 1^{2=1}$, $\lambda_2 = 3^2 = 9$이다.

① A^2을 구한다. $A^2 = \begin{bmatrix} 2 & 1 \\ 1 & 2 \end{bmatrix}\begin{bmatrix} 2 & 1 \\ 1 & 2 \end{bmatrix} = \begin{bmatrix} 5 & 4 \\ 4 & 5 \end{bmatrix}$

② $\lambda_1 = 1$의 고유벡터 : $(B - I)\mathbf{x} = \begin{bmatrix} 4 & 4 \\ 4 & 4 \end{bmatrix}\begin{bmatrix} x_1 \\ x_2 \end{bmatrix} = \begin{bmatrix} 4x_1 + 4x_2 \\ 4x_1 + 4x_2 \end{bmatrix} = \begin{bmatrix} 0 \\ 0 \end{bmatrix}$이므로

$4x_1 + 4x_2 = 0$이다. $x_2 = 1$이면 $x_1 = -1$이고 고유벡터는 $\mathbf{x} = \begin{bmatrix} -1 \\ 1 \end{bmatrix}$이다.

③ $\lambda_2 = 9$의 고유벡터 : $(B - 9I)\mathbf{x} = \begin{bmatrix} -4 & 4 \\ 4 & -4 \end{bmatrix}\begin{bmatrix} x_1 \\ x_2 \end{bmatrix} = \begin{bmatrix} -4x_1 + 4x_2 \\ 4x_1 - 4x_2 \end{bmatrix} = \begin{bmatrix} 0 \\ 0 \end{bmatrix}$

이므로 $4x_1 - 4x_2 = 0$이다. $x_2 = 1$이면 $x_1 = 1$이고 고유벡터는 $\mathbf{x} = \begin{bmatrix} 1 \\ 1 \end{bmatrix}$이다.

따라서 고윳값은 $\lambda_1 = 1$, $\lambda_2 = 9$이고, 고유벡터는 각각 $\mathbf{x} = \begin{bmatrix} -1 \\ 1 \end{bmatrix}$, $\mathbf{x} = \begin{bmatrix} 1 \\ 1 \end{bmatrix}$이다.

2.6 경영 · 경제에의 응용

경영·경제학에서 확률모형, 다기준 의사결정, 균형분석, 국민소득분석 등에서 보이는 복잡한 형태의 수학적 표현은 벡터와 행렬을 이용하여 일목요연하게 전개된다. 이 절에서는 이러한 벡터와 행렬의 경영·경제학에서의 활용에 대해 살펴볼 것이다.

다양한 행렬 표현

M E

■ 공분산 행렬

어떤 기업의 직원이 자신의 팀에서 생산한 신제품의 월별 판매량을 조사했다. 그러나 이 수치를 모아 놓기만 해서는 수치가 갖는 의미를 제대로 이해할 수 없다. 수치를 분석하여야만 판매량이 최저인 달에는 원인이 무엇인지, 매월 얼마나 많은 상품이 팔렸는지 등을 알 수 있다. 이를 통해 앞으로 얼마나 많은 양의 제품을 생산할지를 결정할 수 있다.

이렇게 분석하기 위해 수집한 수치를 **자료**data라 한다. 또한 이런 자료를 수집하고, 분석하고, 요약하고, 판단하는 과학을 **기술통계학**descriptive statistics이라 한다. 이때 수집한 자료가 어떤 하나의 수치에 집중된다면 전체 자료를 대표적인 어떤 하나의 수치로 표현할 수 있으며 이를 **중심위치의 척도**measure of centrality라 한다. 이 수치로 가장 많이 사용하는 척도가 **평균**mean이다. 평균은 수집한 자료 x_1, x_2, $\cdots$, x_n에 대해 다음과 같이 정의한다.

$$\bar{x} = \frac{1}{n}(x_1 + x_2 + \cdots + x_n)$$

예를 들어 여기서 같은 제품을 생산하는 두 기업이 있다고 가정하자. 두 기업의 판매량의 평균이 같아도 월별 판매량의 추이가 같다고는 볼 수 없다. 같은 제품에 대한 두 회사의 판매량이 다음 [그림 2-12]와 같다면, 두 회사의 판매량은 평균적으로 7백만 개로 같지만 판매량의 분포 모양은 다름을 알 수 있다.

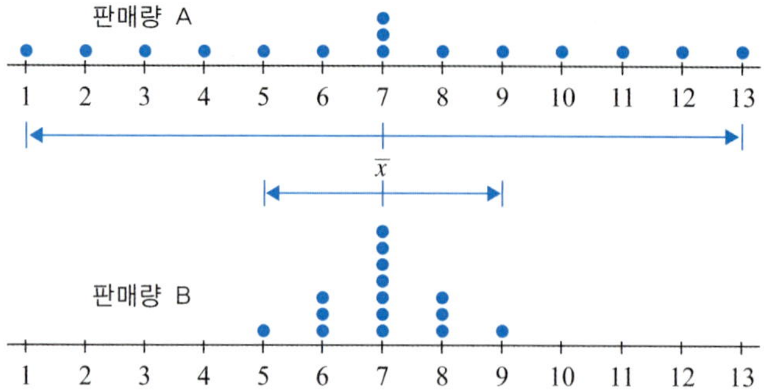

그림 2-12 두 회사의 판매량의 중심위치와 흩어진 모양

이때 수집한 자료가 평균을 중심으로 [그림 2-12]의 판매량 B와 같이 한곳에 밀집하는지 아니면 판매량 A와 같이 넓게 퍼지는지를 나타내기 위해 다음과 같은 **분산**variance을 사용한다.

$$s^2 = \frac{1}{n-1}\left(\sum_{i=1}^{n} x_i^2 - n\bar{x}^2\right)$$

또한 다음과 같이 정의되는 분산 s^2에 대한 양의 제곱근 s를 **표준편차**standard deviation라 한다.

$$s = \sqrt{\frac{1}{n-1}\left(\sum_{i=1}^{n} x_i^2 - n\bar{x}^2\right)}$$

이제 어떤 중고차 시장에 나와 있는 승용차에 대한 사용기간(x)에 따른 가격(y)을 조사한 결과가 [표 2-3]과 같다고 하자.

표 2-3 승용차의 사용기간에 따른 가격(단위 : 년/만 원)

사용기간(x)	2	3	4	4	5	6	6	7	8	9	10
가격(y)	1989	1205.1	1146.6	1111.5	1041.3	994.5	959.4	819	819	772.2	561.6

이때 두 자료집단 사용기간과 가격 사이의 선형적 관계를 나타내는 척도는 **공분산**covariance을 이용하여 다음과 같이 정의된다.

$$s_{xy} = \frac{1}{n-1}\sum_{i=1}^{n}(x_i - \bar{x})(y_i - \bar{y}) = \frac{1}{n-1}\left(\sum_{i=1}^{n} x_i y_i - n\bar{x}\bar{y}\right)$$

공분산 s_{xy}의 값에 따른 두 자료집단 x와 y 사이의 관계를 도식화하면 [그림 2-13]과 같다. [그림 2-13(a)]에서 쌍으로 이루어진 자료 (x_i, y_i)로 가장 최적화한 직선을 그리면 기울기가 양수인 직선으로 표현된다. 또한, [그림 2-13(b)]에서는 최적화한 직선의 기울기가 음수이지만, [그림 2-13(c)]에서는 최적화한 직선으로 표현할 수 없음을 알 수 있다.

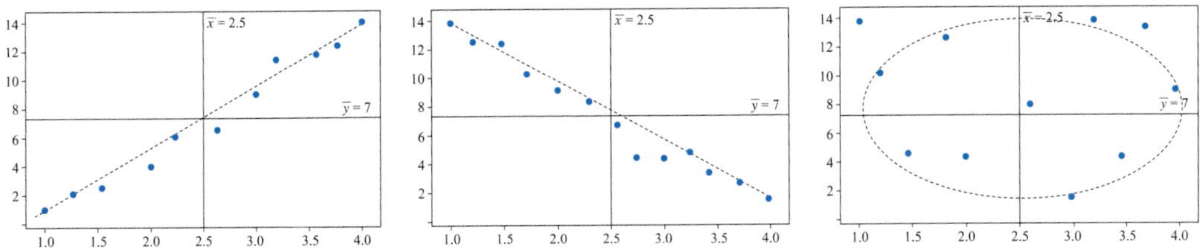

(a) 양의 선형관계($s_{xy} > 0$)　(b) 음의 선형관계($s_{xy} < 0$)　(c) 무상관($s_{xy} = 0$)

그림 2-13 공분산과 두 자료집단 사이의 관계

이러한 사실로부터 공분산의 부호를 이용하여 다음과 같은 사실을 알 수 있다.

1. $s_{xy} > 0$ 이면 대부분 자료의 값은 제1, 3사분면에 놓이게 되며, x 가 증가하면 y 도 증가한다. 이때 x 와 y 는 **양의 상관관계**positive correlation를 갖는다고 한다.
2. $s_{xy} < 0$ 이면 대부분 자료의 값은 제2, 4사분면에 놓이게 되며, x 가 증가하면 y 는 감소한다. 이때 x 와 y 는 **음의 상관관계**negative correlation를 갖는다고 한다.
3. $s_{xy} = 0$ 이면 자료의 값이 4개의 사분면에 고르게 놓이며, x 와 y 는 선형적 관계를 갖지 않는다고 한다. 즉 x 와 y 는 **무상관관계**non-correlation를 갖는다고 한다.

만일 키(x)와 몸무게(y)의 상관관계를 알기 위해 공분산을 사용한다면 공분산의 단위는 kg · cm이다. 여기서 kg · cm라는 단위의 모호성이 생기게 되므로 단위가 없는 척도로 다음과 같이 정의되는 **상관계수**correlation coefficient를 사용한다.

$$\rho_{xy} = \frac{s_{xy}}{s_x s_y}$$

여기서 s_x 와 s_y 는 각각 자료집단 x와 y의 표준편차이다. 이때 상관계수는 $-1 \le \rho \le 1$ 사이의 값을 가지며 공분산과 같은 부호를 갖는다. 이 중 상관계수의 값에 따라 두 자료 사이의 관계를 알 수 있다.

1. $\rho > 0$ 이면 x 와 y 는 양의 상관관계가 있다. 특히, $\rho = 1$ 이면 강한 양의 상관관계가 있다고 한다.
2. $\rho < 0$ 이면 x 와 y 는 음의 상관관계가 있다. 특히, $\rho = -1$ 이면 강한 음의 상관관계가 있다고 한다.
3. $\rho = 0$ 이면 x 와 y 는 상관관계가 없다.

예제 2-21

국회의원선거에 당선된 의원의 공약 실천의지를 알아보고자 한다. 이를 위해 국회의원을 대상으로 후보 시절에 내세운 공약의 개수와 당선 후 공약 실천 횟수를 조사하였다. 다음 표는 표본조사의 결과이다. 아래 표를 보고 다음 물음에 답하라.

약속된 공약수(x)	20	30	30	40	50	50	60
실천된 공약수(y)	7	6	5	4	3	2	1

(a) 약속한 공약의 개수와 실천한 공약의 개수 사이의 공분산을 구하라.

(b) 약속한 공약의 개수와 실천한 공약의 개수 사이의 상관계수를 구하라.

(c) 약속한 공약의 개수와 실천한 공약의 개수 사이의 상관관계를 해석하라.

풀이

① x와 y에 대해 다음 표를 작성한다.

	x_i	y_i	x_i^2	y_i^2	$x_i y_i$
1	20	7	400	49	140
2	30	6	900	36	180
3	30	5	900	25	150
4	40	4	1600	16	160
5	50	3	2500	9	150
6	50	2	2500	4	100
7	60	1	3600	3	60
합계	280	28	12400	140	940

② x와 y의 평균을 구한다.

$$\bar{x} = \frac{1}{7}\sum_{i=1}^{7} x_i = \frac{280}{7} = 40, \quad \bar{y} = \frac{1}{7}\sum_{i=1}^{7} y_i = \frac{28}{7} = 4$$

③ 분산과 표준편차를 구한다.

$$s_x^2 = \frac{1}{6}[12400 - (7)(40)^2] = \frac{1200}{6} = 200, \quad s_x = \sqrt{200} \approx 14.14$$

$$s_y^2 = \frac{1}{6}[140 - (7)(4)^2] = \frac{28}{6} \approx 4.67, \quad s_y = \sqrt{4.67} \approx 2.16$$

(a) 공분산을 구한다. $s_{xy} = \dfrac{1}{6}[940 - (7)(40)(4)] = -30$

(b) 상관계수를 구한다. $\rho = -\dfrac{30}{(14.14)(2.16)} \approx -0.9822$

(c) 상관계수 $\rho \approx -0.9822$는 -1에 매우 가깝다고 할 수 있으므로 후보 시절에 표방한 공약의 개수와 당선 후 공약 실천 횟수 사이에는 강한 음의 상관관계가 있다. 즉, 위의 표본에 의하면 약속한 공약수가 많을수록 실천한 공약수는 적게 나타난다.

특히 공분산 또는 상관계수는 다음 성질을 갖는다.

❶ 같은 자료집단에 대한 공분산은 그 자료집단의 분산과 동일하다. 즉 $s_{xx} = \sigma^2$이다.

❷ 두 자료집단 x와 y의 공분산 s_{xy}는 y와 x의 공분산 s_{yx}와 같다. 즉 $s_{xy} = s_{yx}$이다.

❸ 두 자료집단 x와 y의 상관계수 ρ_{xy}는 y와 x의 상관계수 ρ_{yx}와 같다. 즉 $\rho_{xy} = \rho_{yx}$이다.

한편 두 자료집단 x_i, x_j 사이의 공분산 또는 상관계수를 n개의 자료집단 $x_1, \cdots, x_n$으로 확대할 수 있다. 두 자료집단 $x_i, x_j (i, j = 1, 2, \cdots, n)$의 공분산을 s_{ij}, 자료집단 x_i의 분산을 s_i^2이라 할 때 n개의 자료집단에 대한 공분산들로 구성된 n차 정방행렬을 얻을 수 있으며, 그 행렬은 다음과 같다.

$$\Sigma = \begin{bmatrix} s_{11} & s_{12} & \cdots & s_{1n} \\ s_{21} & s_{22} & \cdots & s_{2n} \\ & & \vdots & \\ s_{n1} & s_{n2} & \cdots & s_{nn} \end{bmatrix} = \begin{bmatrix} s_1^2 & s_{12} & \cdots & s_{1n} \\ s_{21} & s_2^2 & \cdots & s_{2n} \\ & & \vdots & \\ s_{n1} & s_{n2} & \cdots & s_n^2 \end{bmatrix}$$

이와 같이 주대각 원소가 각 자료집단의 분산이고, 그 이외의 성분들이 두 자료집단의 공분으로 구성된 n차 정방행렬을 **공분산 행렬**covariance matrix이라 한다. 이 행렬을 이용하면 여러 개의 자료집단이 서로 어떤 관계를 갖는지 쉽게 표현할 수 있어 주로 주성분분석principal component analysis 등의 다변량분석을 설명하거나 딥러닝deep learning과 같은 인공지능 분야에서 수학적 접근법을 시도할 때에 유용하게 활용된다. 특히 이 개념은 경영통계와 계량경제학에서의 자료를 분석하는 도구로써 사용되고 다양한 통계모형의 기본 연산을 위해 사용되는 중요한 개념이니 꼼꼼히 학습하도록 한다.

■ 생산성 측정모형의 행렬과 벡터의 표현

경영·경제학에서 어떤 조직의 성과를 평가하기 위해 생산성과 효율성의 측정은 매우 중요하다. 특히 생산 및 서비스 운영부분에서 의사결정단위는 한 기간 동안 조직을 운영한 성과를 평가하는 목적과 여러 기간 동안 조직 운영의 변화를 통해 얻은 성과를 평가하는 목적도 갖고 있다. 이 측정을 위해 계량경제학에서 많이 사용하는 방법은 다음과 같다.

❶ **모수적 방법**parametric method : 생산함수가 알려져 있다고 가정하고 접근하는 방법

❷ **비모수적 방법**nonparametric method : 생산함수에 대한 아무런 정보가 없다고 가정하고 접근하는 방법

특히 비모수적 방법은 투입물과 산출물의 가격정보가 없거나 이들 사이의 관계를 표현하는 적절한 함수를 찾기 힘든 경우에 사용된다. 혹은 여러 종류의 투입물과 산출물이 존재하는 경우에 사용되는데, 이 방법을 **자료포괄분석(DEA)**Data Envelopment Analysis이라 한다.

행렬과 벡터를 이용하여 비모수적 방법에 기초한 모형을 표현하는 방법을 살펴보기 위해 여러 가지 기호를 다음과 같이 정의한다.

- **조직 또는 의사결정단위(DMU)**Decision Making Unist : 평가받는 의사결정단위 $j_0(j=1, \cdots, j_0, \cdots, n)$
- **투입물** : j 번째 의사결정단위의 i 번째 투입물의 양 $x_{ij}(i=1, 2, \cdots, m)$
- **산출물** : j 번째 의사결정단위의 r 번째 산출물의 양 $y_{rj}(r=1, 2, \cdots, s)$

각 의사결정단위 또는 조직의 실제 관찰된 산출물을 Y, 투입물을 X 라고 하자. 여기서 두 행벡터 $\mathrm{Y_j}=(y_{1j}, y_{2j}, \cdots, y_{sj})$와 $\mathrm{X_j}=(x_{1j}, x_{2j}, \cdots, x_{mj})$는 각각 관찰된 산출물과 투입물의 j 번째 의사결정단위이다. 이때 실제의 경험적 관찰치를 비교하여 상대적 개념에서 생산성 혹은 기술적 효율성을 평가하며, 이를 위해 모든 의사결정단위 j는 동일한 투입물과 동일한 산출물을 운용함으로 가정한다. 이렇게 되면 투입물에서 산출물로의 변환과정이 유사함을 의미하고, 의사결정단위 j의 생산가능집합 F_j는 다음과 같이 정의할 수 있다.

$$\mathrm{F}_j=\{(\mathrm{Y}_j, \mathrm{X}_j) \mid \mathrm{X}_j \text{는 } \mathrm{Y}_j \text{를 산출할 수 있다.}\}\ (j=1, 2, \cdots, n)$$

특히 모든 생산가능집합 F_j의 교집합 F는 모든 의사결정단위들의 생산가능집합을 의미한다. 이는 단일의 투입물과 산출물이 존재하면 여러 투입물과 산출물의 조합으로서 설명될 수 있으며, 도식화하면 [그림 2-14]와 같다. [그림 2-14]에서 모든 의사결정단위는 이용한 투입물과 운영의 결과로 나타난 산출물의 크기에 따라 생산가능집합을 구성한다. 이 집합의 교집합이 F이며, 이때 동일한 양의 투입물에 대해서 가장 큰 양의 산출물로 구성된 의사결정단위들의 집합을 파레토Pareto 효율성이라 한다. 이 효율성의 관점에서 생산가능집합 중 가장 산출물이 높은 경계로 함수를 만드는데, 이를 생산가능함수라 하며 [그림 2-14]와 같이 볼록한 형태로 존재하게 된다. 이렇게 존재하게 된 생산가능함수는 기존의 계량경제학적인 방법에서 이용한 생산가능함수보다 가장 우수한 의사결정단위들로 생산가능함수를 구성하므로 생산성 측정을 위해서는 적절한 방법이 된다.

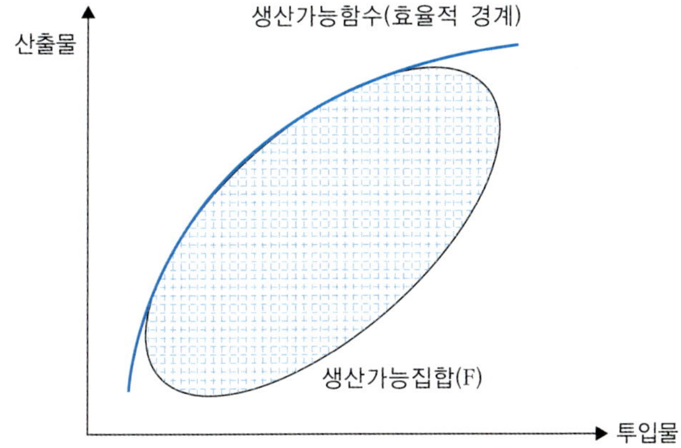

그림 2-14 DEA의 생산가능집합과 생산가능함수

■ 사회네트워크 행렬

사람들은 "두세 다리만 건너면 거의 모든 사람이 연결된다."는 말과 같이 세상은 참 좁다는 얘기를 자주 한다. 실제로 우연히 만난 어떤 사람과 이야기를 하다보면 서로 알고 있는 사람이 등장한 경험이 있을 것이다. 이런 현상은 미국 영화배우의 이름을 딴 케빈 베이컨 게임Kevin Bacon game[2]에서도 전 세계의 영화배우가 어떤 작품을 통해서 어떻게 연결되는지 확인할 수 있으며, 대부분 6단계 이내에서 출연한 작품을 통해 모두 연결된다. 이는 세상의 많은 일들이 네트워크로써 설명될 수 있음을 보여준다.

우리 주위의 모든 현상을 어떤 주체와 다른 주체 사이의 관계로 설명할 수 있을까? 오늘날 계열사 지분구조, 물류운송, 공급사슬, 신경망, 경제주체 간 경제정책의 파급효과, 학벌 및 종교 네트워크, 전염병의 확산, SNS 활동, 바이럴 마케팅viral marketing의 고객 등 매우 다양한 네트워크를 경험하고 있다. 사회적 자본이 중요시되는 현재에 이러한 네트워크를 통하여 어떤 주체의 성과나 형태를 예측하여 기회와 제약을 결정하는 중요한 위치를 파악할 수 있다. 이러한 이유로 사회네트워크 분석social network analysis은 우리 주변에 존재하는 다양한 형태의 네트워크 데이터를 분석하는 데 매우 효과적인 도구로 활용된다. 사회네트워크는 단순히 주체 사이의 관계로 정의되며, 이 정의는 관계를 연결하는 패턴을 나타내기 위해 수학의 그래프와 행렬을 이용한다. 그중 하나가 [그림 2-15]와 같은 **소시오그램**sociogram이다. 이는 노드와 라인으로 이루어진 그래프를 시각적으로 표현한 것이다.

2 https://oracleofbacon.org/

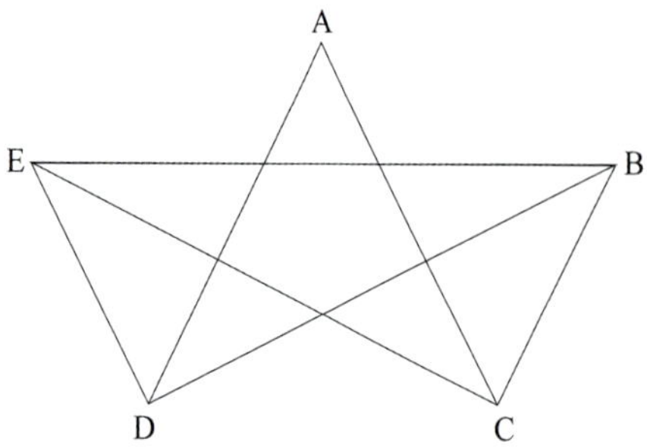

그림 2-15 **소시오그램의 예시**

[그림 2-15]의 소시오그램은 5개의 주체와 그들이 형성하는 7개의 관계로 이루어져 있으며, 사회네트워크를 시각화하여 직관적으로 이해할 수 있다. 여기서 이 소시오그램은 연결관계의 방향이 존재하지 않는 비방향 그래프이다. 각 연결관계의 중요도 혹은 강도가 모두 동일한 비계량적 그래프이기도 하다.

그러나 이러한 도식은 어떤 분석이나 수학적 연산에 사용하기 어려워 분석을 위한 다양한 연산이 가능한 **소시오매트릭스**sociomatrix라 부르는 행렬로 표현될 필요가 있다. 소시오그램이 비방향이고 비계량 그래프라고 하였으니 소시오메트릭스는 모든 성분이 0과 1뿐인 대칭행렬로 나타난다. 연결관계가 있으면 1, 없으면 0을 나타낸다. 다음은 [그림 2-15]에 대한 소시오메트릭스를 나타낸 것이다. A, B, C, D, E를 각 행과 열로 갖는다.

$$
\begin{array}{c} \\ A \\ B \\ C \\ D \\ E \end{array}
\begin{array}{c} \begin{array}{ccccc} A & B & C & D & E \end{array} \\
\begin{bmatrix} 0 & 0 & 1 & 1 & 0 \\ 0 & 0 & 1 & 1 & 1 \\ 1 & 1 & 0 & 0 & 1 \\ 1 & 1 & 0 & 0 & 1 \\ 0 & 1 & 1 & 1 & 0 \end{bmatrix} \end{array}
$$

반면에 [그림 2-16(a)]와 같이 A, B, C, D, E 사이에 방향성이 존재한다면, 이에 대한 소시오메트릭스는 [그림 2-16(b)]와 같을 것이다.

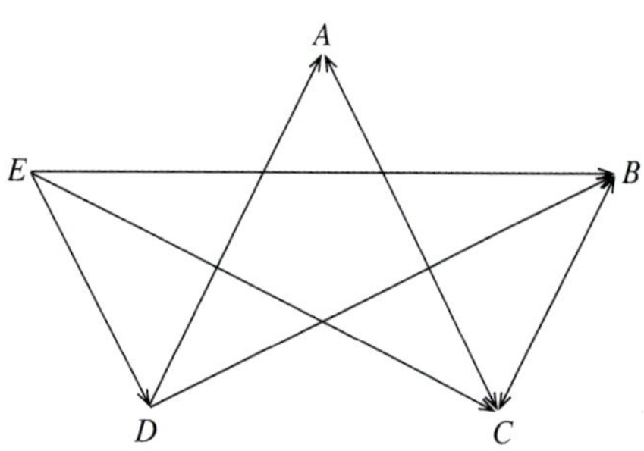

$$
\begin{array}{c} \\ A \\ B \\ C \\ D \\ E \end{array}
\begin{array}{c} \begin{array}{ccccc} A & B & C & D & E \end{array} \\
\begin{bmatrix} 0 & 0 & 0 & 0 & 0 \\ 0 & 0 & 4 & 0 & 0 \\ 1 & 4 & 0 & 0 & 0 \\ 2 & 3 & 0 & 0 & 0 \\ 0 & 2 & 2 & 1 & 0 \end{bmatrix} \end{array}
$$

(a) 방향을 갖는 소시오그램　　(b) 소시오메트릭스

그림 2-16 **계량 데이터를 갖는 소시오그램의 방향성과 소시오메트릭스**

예제 2-22

다음 소시오그램은 비방향이며 비계량인 스타네트워크, 서클네트워크, 라인네트워크이다. 이 세 가지 네트워크의 소시오메트릭스를 행렬로 표현하라.

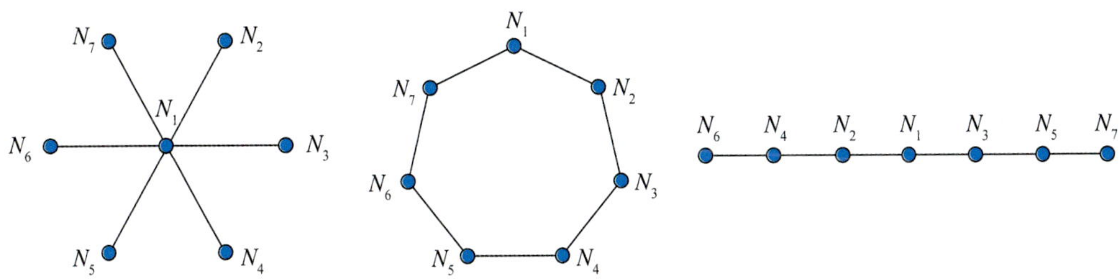

풀이

각 행과 열을 $N_i(i = i, 2, \cdots, n)$이라 하면 각 행렬은 다음과 같다.

스타네트워크

$$\begin{bmatrix} 0 & 1 & 1 & 1 & 1 & 1 & 1 \\ 1 & 0 & 0 & 0 & 0 & 0 & 0 \\ 1 & 0 & 0 & 0 & 0 & 0 & 0 \\ 1 & 0 & 0 & 0 & 0 & 0 & 0 \\ 1 & 0 & 0 & 0 & 0 & 0 & 0 \\ 1 & 0 & 0 & 0 & 0 & 0 & 0 \\ 1 & 0 & 0 & 0 & 0 & 0 & 0 \end{bmatrix}$$

서클네트워크

$$\begin{bmatrix} 0 & 1 & 0 & 0 & 0 & 0 & 1 \\ 1 & 0 & 1 & 0 & 0 & 0 & 0 \\ 0 & 1 & 0 & 1 & 0 & 0 & 0 \\ 0 & 0 & 1 & 0 & 1 & 0 & 0 \\ 0 & 0 & 0 & 1 & 0 & 1 & 0 \\ 0 & 0 & 0 & 0 & 1 & 0 & 1 \\ 1 & 0 & 0 & 0 & 0 & 1 & 0 \end{bmatrix}$$

라인네트워크

$$\begin{bmatrix} 0 & 1 & 1 & 0 & 0 & 0 & 0 \\ 1 & 0 & 0 & 1 & 0 & 0 & 0 \\ 1 & 0 & 0 & 0 & 1 & 0 & 0 \\ 0 & 1 & 0 & 0 & 0 & 1 & 0 \\ 0 & 0 & 1 & 0 & 0 & 0 & 1 \\ 0 & 0 & 0 & 1 & 0 & 0 & 0 \\ 0 & 0 & 0 & 0 & 1 & 0 & 0 \end{bmatrix}$$

마코프 체인을 이용한 브랜드 선택

M

1.5절에서 소개한 마코프 체인은 경영·경제학에서 재무, 생산, 마케팅, 인사, 보험, 계량경제 등에 적용된다. 이렇게 마코프 체인은 미래의 상태 및 확률이 과거의 상태와는 상관없이 오직 현재의 상태에만 의존해 결정된다는 전제가 기본이다. 이는 과거의 특징 또는 패턴에 의해 미래가 결정된다는 회귀분석과 시계열분석의 가정과는 상반되는 가정이다.

1.5절에서 학습한 연꽃 위를 옮겨 다니는 개구리를 다시 생각해 보자. 현재 어떤 연꽃 위에 있는 개구리가 계속 점프하면서 옮겨 다닐 때, 미래에 다른 연꽃으로 이동하는가는 오로지 현재의 연꽃 위치에만 의존한다. 또한 이런 현상은 시간에 따라 변하는 주가 변동, 시장지분, 승진과 퇴직 여부, 기간별 인구수, 도박따른 수입과 지출 자금, 자동차 사고에 따른 보험료 할인과 할증 등에 적용할 수 있다. 이때 전이확률 $p_{ij} = P(X_{t+1} = j \mid X_t = i)$는 시간 t에서 상태 i에 있는 시스템이 시간 $t+1$에는 상태 j에 있을 확률을 말한다. 즉 전이확률은 현재 상태에 대한 미래의 상태와 연관된 확률이 시간에 따라 변하지 않음을 암시한다. 이러한 마코프 체인을 안정적인 마코프 체인stationary Markov chain이라고도 한다.

안정적인 마코프 체인을 분석하기 위해 사슬이 시간 $t=0$에서 상태 i에 있을 확률을 $q_i = P(X_0 = i)$라 하자. 이때 벡터 $\mathbf{q} = (q_1, q_2, \cdots, q_s)$를 마코프 체인의 초기 확률분포라 하며, 대부분의 전이확률은 다음과 같이 $s \times s$의 전이확률행렬 P로 표현한다.

$$P = \begin{bmatrix} p_{11} & p_{12} & \cdots & p_{1s} \\ p_{21} & p_{22} & \cdots & p_{2s} \\ & & \vdots & \\ p_{s1} & p_{s2} & \cdots & p_{ss} \end{bmatrix}$$

시스템이 시간 t에서 머무르고 있는 상태를 i라 하면, 이 시스템은 시간 $t+1$에 상태 i에 있거나 아니면 어떤 상태 j로 옮겨가야 하므로 각 i에 대해 다음을 얻는다.

$$\sum_{j=1}^{s} p_{ij} = \sum_{j=1}^{s} P(X_{t+1} = j \mid X_t = i) = 1$$

따라서 전이확률행렬 P의 각 행에 나타나는 전이확률의 합은 반드시 1이어야 한다. 여기서 행렬 P의 모든 성분은 전이확률이므로 $p_{ij} \geq 0 (i, j = 1, 2, \cdots, s)$이다.

잠시 전체 음료수 산업이 오직 두 종류의 음료수만 생산한다고 가정할 때, 다음과 같은 상황을 설정해 본다.

어떤 사람이 마지막으로 음료수 1을 구매했다면 다음에 그녀가 음료수 1을 구매하게 될 가능성은 90%이다. 또한 이 사람이 마지막에 음료수 2를 구매했다면 다음에 음료수 2를 구매할 가능성은 80%이다. 단, 이 사람의 음료수 선택은 과거의 선택과는 상관없이 오직 현재의 음료수에 대한 관심과 취향으로만 결정된다고 가정한다.

이때 다음과 같은 문제를 생각할 수 있다.

① 만약 이 사람이 현재 음료수 2를 구매하고 있다면, 이 사람이 앞으로 두 번째에 음료수 1을 구매할 확률은 얼마일까?

② 만약 그 사람이 현재 음료수 1을 구매하고 있다면, 이 사람이 앞으로 세 번째에 음료수 1을 구매할 확률은 얼마일까?

③ 상당히 긴 시간이 지났을 때, 이 사람이 음료수 1을 선택할 확률과 음료수 2를 선택할 확률은 얼마일까?

이는 다른 어떤 조건이 주어져 있지 않으므로 마코프 체인 조건이 유지된다는 가정에서 일정 기간 동안 어떤 소비자가 특정 브랜드의 음료수를 선택할 확률을 구하는 문제이다. 즉, 시각 m 에서 상태 i 에 머무르는 어떤 시스템이 마코프 체인에 따라 n 기간 이후에 상태 j 에 있을 확률을 구하는 것이다. 이러한 문제해결을 위해 다음과 같은 전이확률을 이해해야 한다.

$$p_{ij}(n) = P(X_{m+n} = j \mid X_m = i) = P(X_n = j \mid X_0 = i)$$

여기서 $p_{ij}(n)$은 상태 i 에 놓여있는 시스템이 n 번 전이하여 상태 j 로 이전할 확률을 의미하며, 이를 n 단계 확률이라 한다. 따라서 명백히 $p_{ij}(1) = p_{ij}$가 성립한다.

한편 상태 i 에 있는 시스템이 두 번 전이하여 상태 j 에 머무르는 경우는 [그림 2-17]로 나타낼 수 있다. 이때 상태 i 에 있는 시스템이 상태 j 로 옮겨가기 위해서는 반드시 상태 $k(k = 1, 2, \cdots, s)$를 거쳐야 한다.

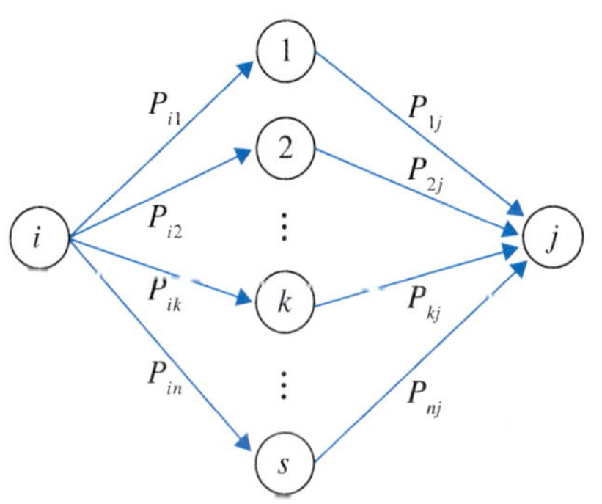

그림 2-17 상태 i 에서 두 번 전이하여 상태 j 로 이동하는 경우

여기서 상태 i 에 있는 시스템이 두 번 전이하여 상태 j 로 옮겨갈 확률 $p_{ij}(2)$ 는 다음과 같이 전이확률행렬 P 의 행벡터 i 와 열벡터 j 의 스칼라 곱이다. 즉, $p_{ij}(2)$ 는 행렬 P^2 의 (i, j)성분이다.

$$P_{ij}(2) = \sum_{k=1}^{s} p_{ik}\, p_{kj}$$

같은 방법으로 상태 i 에 있는 시스템이 n 번 전이하여 상태 j 로 옮겨갈 확률 $p_{ij}(n)$은 행렬 P^n 의 (i, j)성분인 것을 쉽게 알 수 있다. 특히 상태 i 에 있는 시스템이 전이를 하지 않고 상태 j 에 있을 확률은 0이므로 다음과 같은 성질을 얻는다.

$$p_{ii}(0) = P(X_0 = i \mid X_0 = i) = 1\,,$$
$$p_{ij}(0) = P(X_0 = j \mid X_0 = i) = 0(j \neq i\,,\ j = 1, 2, \cdots, s)$$

즉, 두 상태 i와 상태 j에 대해 다음의 관계가 성립한다.

$$p_{ij}(0) = \begin{cases} 1(j = i) \\ 0(j \neq i) \end{cases}$$

한편 시스템이 충분히 전이를 많이 하면, 즉 $n \to \infty$이면 매우 긴 기간 동안 전이확률이 변동적이지 않고 안정적인 상태를 보인다고 할 수 있다. 이 경우에 확률이 어떻게 결정될지를 분석하기 위해서는 다음의 정리를 이해해야 한다.

정리 2-12 마코프 체인의 안정상태 분포

어떤 전이행렬 P가 **에르고딕 연쇄**ergodic chain면 다음을 충족시키는 벡터 $\boldsymbol{\pi} = (\pi_1, \pi_2, \cdots, \pi_n)$가 존재한다.

$$\lim_{n \to \infty} P^n = \begin{bmatrix} \pi_1 & \pi_2 & \cdots & \pi_n \\ \pi_1 & \pi_2 & \cdots & \pi_n \\ & & \vdots & \\ \pi_1 & \pi_2 & \cdots & \pi_n \end{bmatrix}$$

따라서 [정리 2-12]는 어떤 초기 상태 i에 대해 $\lim_{n \to \infty} p_{ij}(n) = \pi_j$이고, 매우 큰 n에 대해 P^n은 동일한 행을 갖는 행렬로 접근한다. 이는 매우 긴 시간이 지난 후 초기 상태 i와 무관하게 마코프 체인이 정착하여 상태 j에 있을 확률 π_j가 존재한다는 의미이다. 이때 벡터 $\boldsymbol{\pi} = (\pi_1, \pi_2, \cdots, \pi_s)$를 마코프 체인의 **안정상태 분포**steady-state distribution 또는 **균형 분포**equilibrium distribution라 한다. 이에 따라 충분히 큰 n과 모든 i에 대해 전이확률행렬 P를 갖는 마코프 체인은 다음 성질을 갖는다.

❶ $p_{ij}(n+1) \approx p_{ij}(n) \approx \pi_j$

❷ $p_{ij}(n+1) = \sum_{k=1}^{s} p_{ik}(n) p_{kj}$

❸ $\pi_j = \sum_{k=1}^{s} \pi_k p_{kj}$

여기서 $p_{ij}(n+1)$이 행렬 P^n의 i 또는 j열이므로 성질 ❷가 성립하며, 성질 ❸은 성질 ❶과 ❷를 통해 나오는 결론이다. 따라서 성질 ❸은 행렬을 이용하면 $\pi = \pi P$로 나타낼 수 있다. 그러나 행렬 P의 위수는 항상 상태의 개수 s에서 $s-1$보다 작거나 같으므로 이 연립방정식은 부정해를 갖는다. 그러므로 마코프 체인이 안정상태를 유지하기 위해서는 어떤 n과 i에 대해 다음과 같은 관계식을 필요로 한다.

$$p_{i1}(n) + p_{i2}(n) + \cdots + p_{is}(n) = 1$$

여기서 시스템이 충분히 전이를 많이 한 상태, 즉 $n \to \infty$ 이면 다음 식을 얻는다.

$$\pi_1 + \pi_2 + \cdots + \pi_s = 1$$

한편 에르고딕 연쇄란 상당한 기간이 지난 후에 시스템이 최초의 상태와 거의 비슷한 상태로 돌아가는 마코프 체인이다. 그러나 이에 대한 설명은 기초수준을 벗어나기 때문에 생략한다.

자동차 보험 할인 및 할증시스템

M

자동차 보험료의 할인 및 할증시스템은 사고실적이 높은 계약자의 보험료는 올라가고 무사고인 계약자의 보험료는 할인함으로써 공정하게 보험료를 부과하고, 보험계약자에게 사고예방의식을 고취시켜 손해실적을 개선하는 데 목적이 있다. 할인 및 할증요율이 보험료의 산정에 미치는 영향을 고려한다면, 이 제도는 보험사와 보험계약자에게 의미가 크다. 특히 이 제도는 보험사의 수입 변화에 중요한 영향을 끼치므로 적절하지 못한 시스템을 적용하게 되면 보험사의 적자요인이 되기도 한다.

할인 및 할증요율이 평가대상기간 중 발생한 사고건수의 함수이고 미래 상태 사이의 전이확률은 평가대상기간의 전이확률에 의해 결정된다고 가정한다. 더욱 현실적인 자동차 보험시스템과 결합된 시스템을 개발하기 위해 다음을 생각해보자.

- 갱신계약의 할인 및 할증에 영향을 미치는 요소는 사고건수이다. 할증에 영향을 미치는 사고는 사고 내용 및 원인과 관계없이 건당 1점으로 점수를 고정한다.
- 마코프 체인의 상태는 할인 및 할증 보험료로 나타낸다.
- 평가대상기간과 계약기간은 각각 1년이다.
- 최고 할인율은 60%이고 최고 할증률은 120%이다. 최고 할인율이 60%이므로 이 할인율에 도달하였을 때 그 이후에 사고가 발생하지 않더라도 계속 60%를 적용한다. 또한 최고 할증률이 120%이므로 이 할증률에 도달하였을 때 그 이후에 사고가 발생하더라도 계속 120%를 적용한다.
- 평가대상기간에서 무사고일 때 할인은 10%이고 할증 또한 사고건당 사고점수가 1점으로 고정되어 있으므로 사고 1건당 10%씩으로 한다.

이에 따라 할인 및 할증시스템의 상태에 대해 정리한 내용은 [표 2-4]와 같다.

표 2-4 할증 및 할인 보험료

상태	정의
1	60%를 할인한 보험료
2	50%를 할인한 보험료
3	40%를 할인한 보험료
⋮	⋮
7	기본 보험료
8	10%를 할증한 보험료
⋮	⋮
19	120%를 할증한 보험료

따라서 이러한 조건 아래서 적합한 마코프 체인의 전이확률행렬은 다음과 같다.

$$P = \begin{bmatrix} p_0 & p_1 & p_2 & p_3 & \cdots & 0 & 0 & 0 & 0 \\ p_0 & 0 & p_1 & p_2 & \cdots & 0 & 0 & 0 & 0 \\ 0 & p_0 & 0 & p_1 & \cdots & 0 & 0 & 0 & 0 \\ 0 & 0 & p_0 & 0 & \cdots & 0 & 0 & 0 & 0 \\ & & \vdots & & \ddots & & & \vdots & \\ 0 & 0 & 0 & 0 & \cdots & 0 & p_1 & p_2 & 1-p_0-p_1-p_2 \\ 0 & 0 & 0 & 0 & \cdots & p_0 & 0 & p_1 & 1-p_0-p_1 \\ 0 & 0 & 0 & 0 & \cdots & 0 & p_0 & 0 & 1-p_0 \\ 0 & 0 & 0 & 0 & \cdots & 0 & 0 & p_0 & 1-p_0 \end{bmatrix}$$

이러한 전이확률행렬 P에서 각 상태는 [표 2-4]에서 정의한 것과 같이 1, 2, ⋯, 19이다. 여기서 전이확률 p_0는 평가대상기간 중 사고가 나지 않을 확률, p_1은 사고가 한번 일어날 확률, p_2는 사고가 두 번 일어날 확률, p_3는 사고가 세 번 이상 일어날 확률을 의미한다.[3] 또한 행렬의 각 성분은 평가대상기간 중 발생한 사고건수에 따라 할인 또는 할증 보험료가 갱신계약에서 추가적인 할인 또는 할증 보험료로 전이될 확률을 나타낸다.

예를 들어 P의 첫 번째 행을 보면 상태 1에서 상태 1로 가는 전이확률은 p_0로서 이미 60%의 할인 혜택을 받고 있는 보험계약자가 더 이상 사고가 나지 않더라도 최고 할인율 60% 이상으로 할인되지 않음을 의미한다. 또한 상태 1에서 상태 2로 옮겨가는 전이확률 p_1은 사고가 한 번 발생하여 다음 갱신계약에서 10%의 할증이 이루어졌음을 의미하고, 상태 0에서 상태 2로 옮겨가는 전이확률은 사고가 두 번 발생한 경우이므로 p_2가 된다. 전이확률행렬 P의 마지막 열은 행렬의 각 행의 합이 1이 되기 위한 전이확률이다.

3 사고가 네 번 이상 날 확률은 매우 작으므로 편의상 이 확률은 사고가 세 번 이상 일어날 확률에 포함시켰다.

이러한 전이확률행렬 아래서 보험시스템이 장기적으로 유지되기 위해서 전체 보험료와 전체 보험금이 일치할 필요가 있다.[4] 이를 위해서는 안정상태확률을 구할 필요가 있으며, 결국 에르고딕 연쇄에 해당한다. 따라서 유일한 안정상태확률이 다음과 같이 존재한다. 앞서 설명한 식을 이용하면 이 식을 계산할 수 있다.

$$\lim_{n \to \infty} p_{ij}(n) = \pi_j \, (j = 0, 1, 2, \cdots)$$

계층분석법에 고유벡터의 적용

M

계층분석법(AHP) Analytic Hierarchy Process은 경영학, 행정학, 산업공학을 포함한 여러 학문에서 전문가의 판단에 근거한 **다기준 의사결정방법**multi-criteria decision making method으로 자주 활용되고 있다. 이 분석법은 각 대안들을 여러 가지 기준 아래서 효과적으로 평가할 수 있는 방법이다. 예를 들어 취업을 앞둔 취업 준비생 철수는 자신이 원하는 목적을 충족하는 직업을 선택한다고 하자. 이때 철수가 다음의 목적을 설정하였다.

① 목적 1 : 높은 임금
② 목적 2 : 직장이 위치한 도시의 삶의 질
③ 목적 3 : 업무에 대한 흥미
④ 목적 4 : 가족 근처에 직장 위치

그다음 자신이 원하는 목적에 대한 가중치 $w_i(i = 1, 2, 3, 4)$를 다음과 같이 정했다.

$$w_1 = 0.5115\,,\ w_2 = 0.0986\,,\ w_3 = 0.2433\,,\ w_4 = 0.1466$$

철수가 선택하려고 고민하는 직업을 $j(j = 1, 2, 3)$로 두고 취업 목적에 대한 가중치와 각 직업의 목적별 점수를 계산하면 결과는 [표 2-5]와 같다.

표 2-5 학생의 각 직업과 목적에 대해 부여된 점수

목적	직업 1	직업 2	직업 3
높은 임금	0.571	0.286	0.143
삶의 질	0.159	0.252	0.589
업무 흥미	0.088	0.669	0.243
가족 인근 지역	0.069	0.426	0.506

4 물론 보험사의 이익과 관련 비용을 제외해야 한다.

그러면 [표 2-5]에 따라 직업 1은 높은 임금의 목적을 가장 잘 충족시키나 다른 모든 목적에는 최악의 점수를 받는다고 해석할 수 있다. 다음은 각 직업의 최종점수이다.

- 직업 1의 전체 점수 $= 0.5115 \times 0.571 + 0.0986 \times 0.159 + 0.2433 \times 0.088 + 0.1466 \times 0.069 \approx 0.338$
- 직업 2의 전체 점수 $= 0.5115 \times 0.286 + 0.0986 \times 0.252 + 0.2433 \times 0.669 + 0.1466 \times 0.426 \approx 0.396$
- 직업 3의 전체 점수 $= 0.5115 \times 0.143 + 0.0986 \times 0.589 + 0.2433 \times 0.243 + 0.1466 \times 0.506 \approx 0.266$

철수는 이렇게 [표 2-5]를 이용하여 최선의 직업을 선택할 것이고, 최종적으로 가장 높은 점수를 보인 직업 2를 선택할 것이다.

한편 이 결과는 다음과 같이 각 목적의 가중치인 행벡터 W와 각 목적별 점수를 나타내는 행렬 J를 이용하여 구할 수 있다. 행벡터 W와 행렬 J는 다음과 같다.

$$\mathrm{W} = (0.5115,\ 0.0986,\ 0.2433,\ 0.1466)$$

$$J = \begin{bmatrix} 0.571 & 0.286 & 0.143 \\ 0.159 & 0.252 & 0.589 \\ 0.088 & 0.669 & 0.243 \\ 0.06 & 0.426 & 0.506 \end{bmatrix}$$

이때 두 행렬의 곱을 구하면 직업별 최종 점수를 얻을 수 있으며, 이는 다음과 같다.

$$\begin{aligned} \mathrm{W} \cdot J &= \begin{bmatrix} 0.5115 \times 0.571 + 0.0986 \times 0.159 + 0.2433 \times 0.088 + 0.1466 \times 0.069 \\ 0.5115 \times 0.286 + 0.0986 \times 0.252 + 0.2433 \times 0.069 + 0.1466 \times 0.426 \\ 0.5115 \times 0.143 + 0.0986 \times 0.589 + 0.2433 \times 0.243 + 0.1466 \times 0.506 \end{bmatrix}^t \\ &\approx (0.338,\ 0.396,\ 0.266) \end{aligned}$$

여기에서는 가중치인 행벡터 W가 이미 알려져 있음을 가정한다. 그러나 다기준 의사결정 문제는 일반적으로 각 기준 또는 목적에 대한 상대적인 중요도가 알려져 있지 않으므로 가중치들을 먼저 결정해야 한다. 이러한 가중치를 결정하는 방법으로 고유벡터 방법, 가중최소자승 방법, 엔트로피 방법, LINMAP 등이 있으나, 이 절에서는 가장 대중적인 방법이라 할 수 있는 고유벡터 방법에 대해 설명하도록 한다.

■ 고유벡터 방법

주말에 갈 카페를 선정하기 위해 다섯 가지 기준으로 '맛, 분위기, 가격, 접근성, 서비스'를 잡았다고 하자. 이 기준으로 짝을 만들고 각 짝에 대한 상대적인 중요도를 판단하기 위해 10개의 짝에 대한 비교치로 구성된 행렬을 만든다. 이때 동일한 기준에 대해서는 서로 비교할 수 없으므로 같은 기준에 대한 짝은 1로 정의한다. 이와 같이 여러 개의 대안에 관한 의사결정을 내리기 위하여 두 개씩 짝을 지어 비교할 수 있도록 만든 행렬을 **쌍대비교행렬**pairwise comparison matrix이라 한다.

n 개의 기준이 설정되면 이 기준들을 두 개씩 짝으로 만들 수 있는 방법은 모두 ${}_nC_2 = \dfrac{n(n-1)}{2}$ 개이며, 최대 고윳값을 이용하여 기준들의 중요도를 산출할 수 있다. 먼저 다음의 쌍대비교행렬을 생각해 보자.[5]

$$A = \begin{bmatrix} a_{11} & a_{12} & \cdots & a_{1n} \\ a_{21} & a_{22} & \cdots & a_{2n} \\ & & \vdots & \\ a_{n1} & a_{n2} & \cdots & a_{nn} \end{bmatrix}$$

이때 행렬 A에 대해 모든 성분이 양수이며 호환적 특성을 지닌 행렬을 **호환행렬**reciprocal matrix이라 하며 그 성질은 다음과 같다.

$$a_{ij} = \frac{1}{a_{ji}} \quad \text{그리고} \quad a_{ij} = \frac{a_{ik}}{a_{jk}} \, (i,\, j,\, k = 1,\, 2,\, \cdots,\, n)$$

이 행렬은 호환성을 지닌 정방행렬이기 때문에 일관적이므로 다음 기수적 관계가 유시된다.

$$a_{ik} = a_{ij}\, a_{jk} \, (i,\, j,\, k = 1,\, 2,\, \cdots,\, n)$$

한편 쌍대행렬 내 판단이 일관적이지 않고 정확한 측정으로 이루어졌다면 가중치 w_i와 판단 a_{ij} 사이의 관계는 단순히 다음과 같다.

$$\frac{w_i}{w_j} = a_{ij} \, (i,\, j = 1,\, 2,\, \cdots,\, n)$$

따라서 호환행렬 $A = \dfrac{w_i}{w_j}$와 가중치 열벡터 $\mathrm{W} = (w_1,\, w_2,\, \cdots,\, w_n)'$에 대해 다음 연립방정식이 성립한다.

---

5 이 행렬의 값은 AHP만의 독특한 9점의 비율 척도를 사용한다.

$$AW = \begin{bmatrix} \frac{w_1}{w_1} & \frac{w_1}{w_2} \cdots & \frac{w_1}{w_n} \\ \frac{w_2}{w_1} & \frac{w_2}{w_2} \cdots & \frac{w_2}{w_n} \\ & \vdots & \\ \frac{w_n}{w_n} & \frac{w_n}{w_2} \cdots & \frac{w_n}{w_n} \end{bmatrix} \begin{bmatrix} w_1 \\ w_2 \\ \vdots \\ w_n \end{bmatrix} = n \begin{bmatrix} w_1 \\ w_2 \\ \vdots \\ w_n \end{bmatrix} = nW$$

여기서도 $(A - nI)W = O$가 성립한다. 한편 이 방정식은 $a_{ij} = \dfrac{a_{ik}}{a_{jk}}$가 호환성을 지닌 정방행렬이므로 일관적인 특성으로 인하여 명백한 해를 갖는다. 그러나 각 기준에 대한 가중치의 합은 1이므로 $w_1 + w_2 + \cdots + w_n = 1$을 추가하여 유일한 해를 얻는다. 일반적으로 $\dfrac{w_i}{w_j}$의 정확한 값은 알려지지 않으므로 추정해야 하며, 현실적으로는 전문가의 판단이 너무 정확해서 $a_{ij} = \dfrac{a_{ik}}{a_{jk}}$가 완전히 만족됨은 현실적으로는 힘들다. 만약 A에 대한 전문가의 추정치를 A'이라 하고, A'에 대응하는 가중치 열벡터를 W'이라 하면 선형방정식을 통해서 다음과 같이 W'을 얻을 수 있다.

$$A'\mathrm{W}' = \lambda_{\max}\mathrm{W}'$$

여기서 $\lambda_{\max}$는 A'의 가장 큰 고윳값이다.

예제 2-23

어떤 의사결정에 있어 세 개의 기준이 제시되고, 이 기준에 대해 전문가가 판단하여 다음 쌍대비교행렬이 도출되었다고 하자. 이때, 고윳값을 이용하여 세 기준의 가중치를 각각 결정하라.

$$A = \begin{bmatrix} 1 & \frac{1}{4} & \frac{1}{2} \\ 4 & 1 & 2 \\ 2 & \frac{1}{2} & 1 \end{bmatrix}$$

풀이

① A의 고윳값을 구한다.

$$|A - \lambda I| = \begin{vmatrix} 1-\lambda & \frac{1}{4} & \frac{1}{2} \\ 4 & 1-\lambda & 2 \\ 2 & \frac{1}{2} & 1-\lambda \end{vmatrix} = -\lambda^3 + 3\lambda^2 = 0 \Rightarrow \lambda = 0(\text{중근}),\ \lambda = 3$$

② A의 가장 큰 고윳값을 선택한다. $\lambda_{\max} = 3$

③ $\lambda_{max} = 3$ 에 대해 $|A - \lambda I| = 0$ 을 만족하는 방정식을 구한다.

$$(A - 3I)W = \begin{bmatrix} -2 & \frac{1}{4} & \frac{1}{2} \\ 4 & -2 & 2 \\ 2 & \frac{1}{2} & -2 \end{bmatrix} \begin{bmatrix} w_1 \\ w_2 \\ w_3 \end{bmatrix} = \begin{bmatrix} 0 \\ 0 \\ 0 \end{bmatrix}$$

$$-2w_1 + \frac{1}{4}w_2 + \frac{1}{2}w_3 = 0,\ 4w_1 - 2w_2 + 2w_3 = 0,\ 2w_1 + \frac{1}{2}w_2 - 2w_3 = 0$$

④ ③에서 얻은 방정식과 $w_1 + w_2 + w_3 = 1$ 을 만족하는 해를 구한다.

$$w_1 = \frac{1}{7},\ w_2 = \frac{4}{7},\ w_3 = \frac{2}{7}$$

⑤ 세 기준의 가중치는 $w_1 = \frac{1}{7}$, $w_2 = \frac{4}{7}$, $w_3 = \frac{2}{7}$ 이다.

딥러닝에서 행렬의 응용

최근 컴퓨터의 발달로 인해 인공지능은 중요한 관심사로 떠올랐다. 컴퓨터에 의한 학습으로 간단히 정의될 수 있는 인공지능은 비록 중복되는 요소가 많이 있지만 머신러닝machine learning, **딥러닝**deep learning 등으로 개념이 분류될 수 있다. 이 절에서는 대중적이고 강력한 딥러닝의 기본 개념에 대해 소개하도록 한다.

인공지능의 한 방법론인 신경망neural network은 세 개의 계층으로 구성된다. 이 구조를 도식화하면 [그림 2-18]과 같다. 세 개의 계층은 입력, 은닉, 출력 계층layer으로 나뉜다. 또한 신경망 각 층의 요소를 뉴런이라 한다. 입력(x_i)이 들어오면 각 입력의 가중치(w_i)가 곱해지고 다시 이 값에 편향bias을 전부 더한 후(가중합)에 활성함수 $a(\cdot)$를 통해 출력된다. 이 과정을 도식화하면 [그림 2-19]와 같으며 활성함수는 계단함수로 나타낼 수 있다.

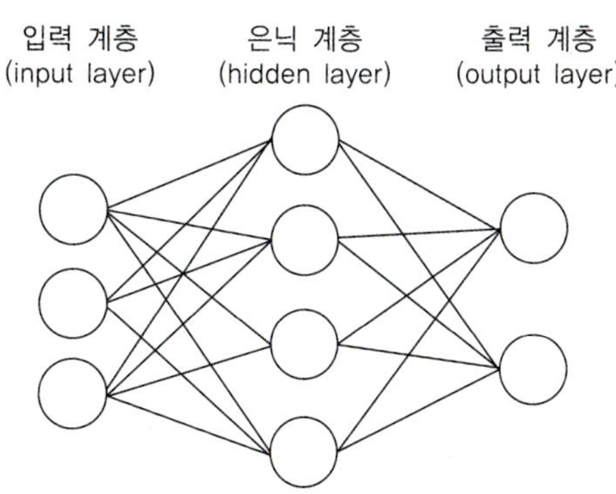

그림 2-18 신경망의 구조

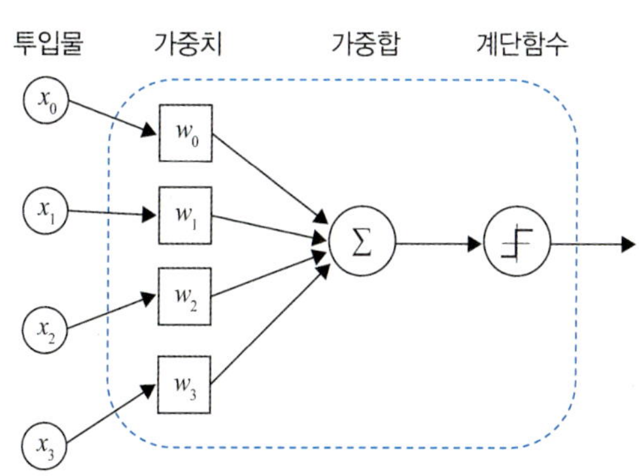

그림 2-19 뉴런의 기본 개념

여기서 계단함수 y는 다음과 같다.

$$y = a\left(\sum_{i=0}^{N-1} w_i x_i + b\right)$$

이 식을 벡터 $\mathbf{w} = (w_0, w_1, \cdots, w_{M-1})$, $\mathbf{x} = (x_0, x_1, \cdots, x_{M-1})'$이라 하면 입력치와 가중치를 곱한 $\sum_{i=0}^{N-1} w_i x_i = \mathbf{w} \cdot \mathbf{x}'$으로 볼 수 있으므로 다음과 같이 표현할 수 있다.

$$y = a(\mathbf{w} \cdot \mathbf{x}' + b)$$

이때 $\mathbf{w} \cdot \mathbf{x}'$은 두 벡터 $\mathbf{w}$와 $\mathbf{x}$의 내적이며, y가 단 하나의 값으로 결정된다.

한편 [그림 2-20]과 같이 완전히 연결된 층을 가지면, y가 M개의 값 $y_0, y_1, \cdots, y_{M-1}$을 가진다. 이는 다음과 같이 표현한다.

$$\begin{aligned} y_0 &= a(w_0' x_0 + b_0) \\ y_1 &= a(w_1' x_1 + b_1) \\ &\vdots \\ y_{M-1} &= a(w_{M-1}' x_{M-1} + b_{M-1}) \end{aligned}$$

따라서 벡터 $\mathbf{y} = (y_0, y_1, \cdots, y_{M-1})'$, $\mathrm{W} = (w_0, w_1, \cdots, w_{M-1})'$, $\mathrm{b} = (b_0, b_1, \cdots, b_{M-1})'$을 이용하여 표현하면 다음과 같다.

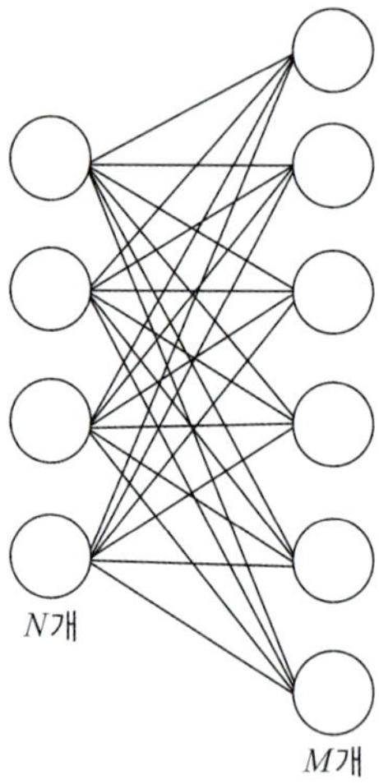

그림 2-20 완전히 연결된 층의 예시

$$\mathrm{y} = a(\mathrm{W} \cdot \mathrm{x} + \mathrm{b})$$

이와 같은 딥러닝 방식은 향후에 실제값과 관찰값의 차이를 최소화하는 방식으로 계속 학습하게 된다.

경제학의 균형분석

E

경제학에서는 변화하려는 경향이 없는 상태가 **균형**equilibrium이며, 이러한 균형 상태를 분석하는 것이 **균형분석**equilibrium analysis이다. 이때 **정태분석**static analysis은 균형 상태를 전제로 하여 경제현상을 규명하고자 하는 분석이다. 반면에 어떤 균형에서 어떤 경로를 거쳐 새로운 균형으로 이동할 때, 시간의 흐름에 따라 변화하는 상태를 분석하는 것을 **동태분석**dynamic analysis이라 한다. 구체적으로 균형이란 어떤 모형에 포함된 특정 변수들과 관련해서 의미를 갖고, 모든 변수들이 동시에 정지 상태에 있는 것을 의미한다. 여기서 정지 상태란 오직 모형의 내재적 힘에 의해서만 변화가 이루어지고 외부적 요소는 일정할 때를 뜻한다.

■ 부분시장 균형분석

미시경제학에서는 하나의 상품만 존재하는 단일 상품시장에서 이 상품의 수요함수와 공급함수가 다음과 같이 선형으로 표현된다고 가정한다. 수요와 공급량을 Q, 가격을 P라고 하면 1.5절에서 언급한 바와 같이 수요함수와 공급함수는 다음과 같다.

- **수요함수** : $Q_d = a - bP(a > 0,\ b > 0)$
- **공급함수** : $Q_s = -c + dP(c > 0,\ d > 0)$

또한 수요함수와 공급함수의 그래프는 [그림 2-21]과 같다.

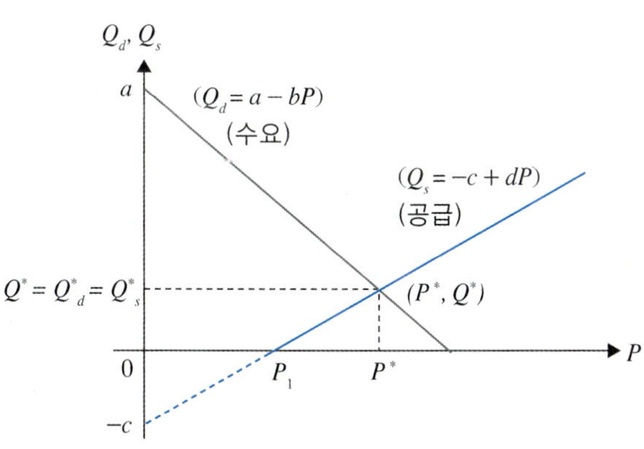

그림 2-21 수요곡선과 공급곡선

이제 수요함수와 공급함수로부터 $Q_d^* = Q_s^*$를 만족하는 균형해 Q^*와 P^*를 구해 보자. 먼저, 연립방정식 $Q^* + bP = a$, $Q^* - dP = -c$에 대해 크래머 공식을 적용한다. 이를 위해 행렬식을 구하면 다음과 같다.

$$|A| = \begin{vmatrix} 1 & b \\ 1 & -d \end{vmatrix} = -d - b = -(b+d)$$

$$|A_q| = \begin{vmatrix} a & b \\ -c & -d \end{vmatrix} = -ad + bc = -(ad - bc)$$

$$|A_p| = \begin{vmatrix} 1 & a \\ 1 & -c \end{vmatrix} = -c - a = -(a+c)$$

크래머 공식을 이용하면 다음과 같은 균형값 $Q^* = Q^d = Q^s$, P^*를 얻는다.

$$Q^* = \frac{|A_q|}{|A|} = \frac{ad - bc}{b+d}, \quad P^* = \frac{|A_p|}{|A|} = \frac{a+c}{b+d}$$

예제 2-24

어떤 상품의 수요함수와 공급함수가 다음과 같을 때, 균형량 Q^*와 균형가격 P^*를 구하라.

$$Q_d = 50 - 2P, \qquad Q_s = -20 + 4P$$

풀이

수요함수와 공급함수로부터 크래머 공식을 적용하면 $Q^* = Q^d = Q^s = \dfrac{ad - bc}{b+d}$, $P^* = \dfrac{a+c}{b+d}$를 얻는다. 따라서 이 식에 각 숫자를 대입하면, 균형량과 균형가격이 각각 다음과 같다.

$$Q^* = \frac{50(4) - 2(-20)}{-2+4} = 120, \quad P^* = \frac{50 + (-20)}{(-2)+4} = 15$$

따라서 균형량은 120, 균형가격은 15이다.

■ 균형국민소득모형

거시경제학에서 실질국민소득을 설명하는 이론은 크게 고전학파와 케인즈학파로 분류된다. 고전학파는 공급이 국민소득을 결정한다는 입장으로, 자체의 균형 상태로 복귀하는 시장 시스템이 있으므로 과도한 정부의 개입을 피해야 한다고 주장한다. 이에 비해 케인즈학파는 시장 시스템이 불안전하므로 정부가 시장에 적극 개입하여야 한다고 주장하며, 유효수요에 의해 소비가 미덕이 되어 국민소득이 결정된다는 관점을 취한다. 케인즈학파에서는 가계와 기업으로 구성된 민간경제에서의 총수요는 투자수요와 소비수요의 합으로 구성된다고 하였는데, 여기서 몇 가지 가정이 필요하다. 이 가정은 국민소득은 잉여생산능력 보유와 물가 고정이고, 소비는 소득과 조세의 함수이며, 투자지출·정부지출·순수출은 외생변수라는 것이다. 즉, 균형국민소득은 국민소득의 수요 측면에 의해 결정되고, 구체적으로 소비, 투자, 정부지출, 순수출의 함수로서 표현할 수 있다. 여기서 Y^*는 균형국민소득, C는 소비,

I는 투자지출, G는 정부지출, X는 수출, M은 수입을 의미하며 식은 다음과 같다.

$$Y^* \sim \text{총 수요(국민소득의 수요측면)} = C + I + G + X - M$$

이때 수출과 수입이 제외된 폐쇄경제라 했을 때 이를 단순하게 표현할 수 있다. Y는 총수요이고 I_0와 G_0 투자는 외생적으로 결정된다고 하면 다음과 같다.

$$Y = C + I_0 + G_0$$

또한 소비수요는 소득에서 조세 T를 제외한 것의 증가함수이므로 식으로 표현하면 다음과 같다. 여기서 a는 생존을 위해 소득이 없어도 소비해야 하는 최소의 소비수준을 뜻한다. 즉, 소득 이외의 요인에 의해 결정되는 소비를 의미한다. 또한 b는 한계소비성향으로서 소득이 증가한 만큼 소비가 증가하지 않으므로 크기가 0보다 크고 1보다 작다.

$$C = a + b(Y - T)(a > 0,\ 0 < b < 1)$$

이때 조세 T는 소득세율의 함수로서 다음과 같이 표현된다.

$$T = tY(0 < t < 1)$$

이와 같은 가정 아래서 케인즈학파에 의하면 국민소득은 다음 연립방정식으로 표현할 수 있다.

$$Y \quad C = I_0 + G_0,\ -bY + C + bT = a,\ -tY + T = 0$$

여기의 변수 Y, C, T에 대한 이 연립방정식을 행렬로 나타내면 다음과 같다.

$$\begin{bmatrix} -1 & -1 & 0 \\ -b & 1 & b \\ -t & 0 & 1 \end{bmatrix} \begin{bmatrix} Y \\ C \\ T \end{bmatrix} = \begin{bmatrix} I_0 + G_0 \\ a \\ 0 \end{bmatrix}$$

또한 계수행렬식과 각 변수의 계수를 상수항으로 대체하면 다음과 같은 행렬식이 나온다.

$$|A| = \begin{vmatrix} 1 & -1 & 0 \\ -b & 1 & b \\ -t & 0 & 1 \end{vmatrix} = 1 - b + bt = 1 + b(1 - t)$$

$$|A_y| = \begin{vmatrix} I_0 + G_0 & -1 & 0 \\ a & a & b \\ 0 & 0 & 1 \end{vmatrix} = I_0 + G_0 + a$$

$$|A_c| = \begin{vmatrix} 1 & I_0 + G_0 & 0 \\ -b & a & b \\ -t & 0 & 1 \end{vmatrix} = a + b(1-t)(I_0 + G_0)$$

$$|A_t| = \begin{vmatrix} 1 & -1 & I_0 + G_0 \\ -b & 1 & a \\ -t & 0 & 0 \end{vmatrix} = -t(-d - I_0 - G_0) = t(a + I_0 + G_0)$$

따라서 Y^*, C^*, T^*는 다음과 같다.

$$Y^* = \frac{|A_y|}{|A|} = \begin{vmatrix} 1 & -1 & I_0 + G_0 \\ -b & 1 & a \\ -t & 0 & 0 \end{vmatrix}$$

$$C^* = \frac{|A_c|}{|A|} = \frac{a + b(1-t)(I_0 + G_0)}{(1-b)(1-t)}$$

$$T^* = \frac{|A_t|}{|A|} = \frac{t(a + I_0 + G_0)}{(1-b)(1-t)} = tY^*$$

예제 2-25

케인즈의 균형국민소득모형에서 조세를 고려하지 않고 다음 연립방정식으로 국민소득이 결정되며, 나머지 조건은 모두 동일하다고 하자. 이때 국민소득을 결정하라.

$$Y = C + I_0 + G_0,\quad C = a + bY(a > 0,\ 0 < b < 1)$$

풀이

① 연립방정식을 다음과 같이 재배열한다.

$$Y - C = I_0 + G_0,\quad -bY + C = a$$

② 계수행렬식과 변수에 대응하는 행렬식을 구한다.

$$|A| = \begin{vmatrix} 1 & -1 \\ -b & 1 \end{vmatrix} = 1 - b,$$

$$|A_y| = \begin{vmatrix} I_0 + G_0 & -1 \\ a & 1 \end{vmatrix} = I_0 + G_0 + a,$$

$$|A_c| = \begin{vmatrix} 1 & I_0 + G_0 \\ -b & a \end{vmatrix} = a + b(I_0 + G_0)$$

③ 해를 구한다.

$$Y^* = \frac{|A_y|}{|A|} = \frac{I_0 + G_0 + a}{1 - b},\quad C^* = \frac{|A_c|}{|A|} = \frac{a + b(I_0 + G_0)}{1 - b}$$

따라서 국민소득은 $\frac{I_0 + G_0 + a}{1 - b}$가 된다.

투입산출모형(산업연관분석) E

방송 매체 또는 신문에서 어떤 투자 혹은 어떤 정책의 경제적 기여 또는 경제적 파급효과 분석에 대한 기사를 많이 보았을 것이다. 이러한 분석의 대부분은 산업연관분석이라는 방법론을 통해 수행된다. 한 국가 경제에서 각 산업들은 생산활동을 위해 상호 간에 재화와 서비스를 구입하고 판매하는 과정을 통해 서로 관계를 맺게 된다. 각 산업은 농업, 공업, 서비스업 등의 다양한 산업으로 나누어질 수 있다. 어떤 산업에서는 생산한 제품을 다른 산업에 제공하기도 하고 다른 산업의 생산물을 중간재로 이용하여 생산하기도 한다. 산업연관표는 일정 기간(보통 1년) 동안 이러한 산업 간 재화의 흐름, 즉 거래관계를 일정한 원칙에 따라 하나의 행렬로 기록한 통계표이다. 이때 산업연관표를 이용하여 산업 간 상호의존관계를 수량적으로 분석하는 것을 **산업연관분석**inter-industry analysis 또는 **투입산출분석**input-output analysis이라 하며, 소행렬식과 여인수 개념을 응용하는 대표적 경제모형 중 하나이다. 예를 들어 농업과 제조업의 두 개 산업으로 표현한 산업연관표 사례는 [표 2-6]과 같다.

표 2-6 산업연관표의 기본 구조

투입 \ 산출		중간수요		최종수요	총 산출액
		농업	제조업		
중간투입	농업	X_{11}	X_{12}	d_1	X_1
	제조업	X_{21}	X_{22}	d_2	X_2
기본 생산요소		Y_1	Y_2		Y
총 투입액		X_1	X_2		

여기서 각 산업은 고정투입비율로 하나의 동질적 제품만 생산하고 생산 규모의 수익불변 조건이 필요하다. 생산 규모의 수익불변 조건이란 생산 규모가 증가하여도 수익은 규모와 동일한 비율로 늘어난다는 가정이다. 산업연관표에서 각 열은 그 부문의 투입물의 구조를 반영하고 각 부문의 행은 그 산출물의 배분구조를 반영한다. 투입물을 고려하여 총 산출액은 계산하면 다음과 같다.

$$X_{11} + X_{12} + d_1 = X_1, \quad X_{21} + X_{22} + d_2 = X_2$$

상품 j를 한 단위 산출하기 위해 투입해야 할 상품 i의 투입량을 의미하는 투입계수를 잡고, 이때 투입계수를 $\frac{X_{ij}}{X_j} = a_{ij}(0 \le a_{ij} < 1)$라 하면 산출액 식은 다음과 같다.

$$a_{11}X_1 + a_{12}X_2 + d_1 = X_1$$
$$a_{21}X_1 + a_{22}X_2 + d_2 = X_2$$

[표 2-6]에서는 농업부문에서 1단위 산출을 하려면 농업부문은 $\dfrac{X_{11}}{X_1}$, 제조업부문은 $\dfrac{X_{21}}{X_1}$이 투입되어야 하고, 제조업부문에서 1단위 산출을 하려면 농업부문에서 $\dfrac{X_{12}}{X_2}$, 제조업부문에서 $\dfrac{X_{22}}{X_2}$이 투입되어야 함을 알 수 있다. 이때 행렬로 위 식을 나타내면 다음과 같은 A, X, d이다.

$$A = \begin{bmatrix} a_{11} & a_{12} \\ a_{21} & a_{22} \end{bmatrix},\ X = \begin{bmatrix} X_1 \\ X_2 \end{bmatrix},\ d = \begin{bmatrix} d_1 \\ d_2 \end{bmatrix}$$

이 행렬은 연립방정식 $AX + d = X$로 표현할 수 있으며 다음과 같다.

$$\begin{bmatrix} a_{11} & a_{12} \\ a_{21} & a_{22} \end{bmatrix}\begin{bmatrix} X_1 \\ X_2 \end{bmatrix} + \begin{bmatrix} d_1 \\ d_2 \end{bmatrix}$$

따라서 연립방정식 $AX + d = X$의 해벡터 X는 다음과 같이 구한다.

$$\mathrm{X} = (I - A)^{-1}d$$

여기서 $I - A$를 산업연관분석의 창시자의 이름을 차용하여 **레온티에프[6] 행렬**Leontief matrix이라 한다. 또한 수요측면의 산업연관모형인 투입역행렬 $Q = (I - A)^{-1}$를 생산유발계수행렬 또는 레온티에프 역행렬이라 한다. 이는 일반균형론적 측면에서 산업별 최종수요를 충족시키기 위한 산업별 총 산출액을 나타내는 승수의 개념이다.

예제 2-26

어떤 경제시스템은 세 개의 A, B, C 산업으로 구성되어 있다. 이 시스템의 투입계수행렬이 다음과 같은 행렬 A로 나타낼 수 있을 때, 물음에 답하라.

$$A = \begin{bmatrix} \frac{1}{5} & \frac{1}{5} & 0 \\ \frac{2}{5} & \frac{3}{5} & \frac{1}{5} \\ \frac{3}{5} & \frac{2}{5} & \frac{1}{5} \end{bmatrix}$$

6 레온티에프(Wassily Leontief, 1906~1999), 독일에서 태어난 미국의 계량 경제학자로 하버드 대학교의 교수를 지냈다.

(a) A 산업은 1억 원, B 산업은 2억 원, C 산업은 1억 원의 가치를 지닌 재화를 산출할 때, 소비자에게 공급될 수 있는 재화의 양을 구하라.

(b) 행렬 A의 레온티에프 역행렬을 구하라.

(c) A 산업에서 산출하는 재화의 소비자 수요가 3억 원, B 산업에서 2억 원 C 산업에서 1억 원일 때, 각 산업분야에서 산출해야 할 재화의 양을 구하라.

풀이

(a) ① 각 산업당 산출하는 재화의 가치를 행렬로 표현하면, $X = (1,\ 2,\ 1)'$이다.

② 산업당 공급될 수 있는 재화의 양을 d로 놓았을 때, $AX + d = X$를 행렬로 나타낸다.

$$\begin{bmatrix} \frac{1}{5} & \frac{1}{5} & 0 \\ \frac{2}{5} & \frac{3}{5} & \frac{1}{5} \\ \frac{3}{5} & \frac{2}{5} & \frac{1}{5} \end{bmatrix} \begin{bmatrix} 1 \\ 2 \\ 1 \end{bmatrix} + \begin{bmatrix} d_1 \\ d_2 \\ d_3 \end{bmatrix} = \begin{bmatrix} 1 \\ 2 \\ 1 \end{bmatrix} \Rightarrow \begin{bmatrix} \frac{3}{5} \\ \frac{9}{5} \\ \frac{8}{5} \end{bmatrix} + \begin{bmatrix} d_1 \\ d_2 \\ d_3 \end{bmatrix} = \begin{bmatrix} 1 \\ 2 \\ 1 \end{bmatrix}$$

③ d_1, d_2, d_3를 구한다.

$$\begin{bmatrix} d_1 \\ d_2 \\ d_3 \end{bmatrix} = \begin{bmatrix} \frac{2}{5} \\ \frac{1}{5} \\ -\frac{3}{5} \end{bmatrix}$$

따라서 소비자에게 공급될 수 있는 재화의 양은 A 산업이 $\frac{2}{5}$, B 산업이 $\frac{1}{5}$, C 산업이 $-\frac{3}{5}$이다.

(b) ① 레온티에프 행렬을 구한다.

$$I - A = \begin{bmatrix} \frac{4}{5} & -\frac{1}{5} & 0 \\ -\frac{2}{5} & \frac{2}{5} & -\frac{1}{5} \\ -\frac{3}{5} & -\frac{2}{5} & \frac{4}{5} \end{bmatrix} = \frac{1}{5}\begin{bmatrix} 4 & -1 & 0 \\ -2 & 2 & -1 \\ -3 & -2 & 4 \end{bmatrix}$$

② $B = \begin{bmatrix} 4 & -1 & 0 \\ -2 & 2 & -1 \\ -3 & -2 & 4 \end{bmatrix}$의 행렬식을 구한다. $|B| = \begin{vmatrix} 4 & -1 & 0 \\ -2 & 2 & -1 \\ -3 & -2 & 4 \end{vmatrix} = 13$

③ B에 대한 소행렬식을 구한다.

$$M_{11} = \begin{vmatrix} 2 & -1 \\ -2 & 4 \end{vmatrix} = 6, \quad M_{12} = \begin{vmatrix} -2 & -1 \\ -3 & 4 \end{vmatrix} = -11,$$

$$M_{13} = \begin{vmatrix} -2 & 2 \\ -3 & -2 \end{vmatrix} = 10, \quad M_{21} = \begin{vmatrix} -1 & 0 \\ -2 & 4 \end{vmatrix} = -4,$$

$$M_{22} = \begin{vmatrix} 4 & 0 \\ -3 & 4 \end{vmatrix} = 16, \quad M_{23} = \begin{vmatrix} 4 & -1 \\ -3 & -2 \end{vmatrix} = -11,$$

$$M_{31} = \begin{vmatrix} -1 & 0 \\ 2 & -1 \end{vmatrix} = 1, \quad M_{32} = \begin{vmatrix} 4 & 0 \\ -2 & -1 \end{vmatrix} = -4,$$

$$M_{33} = \begin{vmatrix} 4 & -1 \\ -2 & 2 \end{vmatrix} = 6$$

④ 여인수를 구한다.

$$C_{11} = (-1)^{1+1}M_{11} = 6,\ C_{12} = (-1)^{1+2}M_{12} = 11,\ C_{13} = (-1)^{1+3}M_{33} = 10,$$
$$C_{21} = (-1)^{2+1}M_{21} = 4,\ C_{22} = (-1)^{2+2}M_{22} = 16,\ C_{23} = (-1)^{2+3}M_{23} = 11,$$
$$C_{31} = (-1)^{3+1}M_{31} = 1,\ C_{32} = (-1)^{3+2}M_{32} = 4,\ C_{33} = (-1)^{3+3}M_{33} = 6$$

⑤ 여인수 행렬과 수반행렬을 구한다.

$$C = \frac{1}{13}\begin{bmatrix} 6 & 11 & 10 \\ 4 & 16 & 11 \\ 1 & 4 & 6 \end{bmatrix}, \quad C' = \frac{1}{13}\begin{bmatrix} 6 & 4 & 1 \\ 11 & 16 & 4 \\ 10 & 11 & 6 \end{bmatrix}$$

⑥ B의 역행렬을 구한다. $B^{-1} = \frac{1}{13}\begin{bmatrix} 6 & 4 & 1 \\ 11 & 16 & 4 \\ 10 & 11 & 6 \end{bmatrix}$

⑦ $I - A = \frac{1}{5}B$의 역행렬을 구한다.

$$(I - A)^{-1} = 5B^{-1} = \frac{5}{13}\begin{bmatrix} 6 & 4 & 1 \\ 11 & 16 & 4 \\ 10 & 11 & 6 \end{bmatrix}$$

따라서 행렬 A의 레온티에프 역행렬은 $\frac{5}{13}\begin{bmatrix} 6 & 4 & 1 \\ 11 & 16 & 4 \\ 10 & 11 & 6 \end{bmatrix}$이다.

(c) 각 산업분야에서 산출해야 할 재화의 양을 A 산업은 X_1, B 산업은 X_2, C 산업은 X_3이라고 놓았을 때, $X = (I - A)^{-1}d$이므로 X_1, X_2, X_3은 다음과 같다.

$$X = \begin{bmatrix} X_1 \\ X_2 \\ X_3 \end{bmatrix} = \frac{5}{13}\begin{bmatrix} 6 & 4 & 1 \\ 11 & 16 & 4 \\ 10 & 11 & 6 \end{bmatrix}\begin{bmatrix} 3 \\ 2 \\ 1 \end{bmatrix} = \frac{5}{13}\begin{bmatrix} 27 \\ 69 \\ 58 \end{bmatrix}$$

따라서 $X_1 = \frac{5}{13} \times 27 = \frac{135}{13} \fallingdotseq 10.38$, $X_2 = \frac{5}{13} \times 69 = \frac{345}{13} \fallingdotseq 26.54$, $X_3 = \frac{5}{13} \times 58 = \frac{290}{13} \fallingdotseq 22.31$이므로 각 산업에서 산출해야 할 재화의 양은 대략 A 산업은 10.38, B 산업은 26.54, C 산업은 22.31이다.

2장 연습문제

01. 다음 벡터의 크기를 구하라.

(a) $\mathrm{a}=(-1, 3)$　　(b) $\mathrm{b}=(2, 5, -3)$

(c) $\mathrm{c}=(1, -2, 1)$　　(d) $\mathrm{d}=(-1, 1, 2, 2)$

02. 두 벡터 $\mathrm{a}=(3, 3, 1)$과 $\mathrm{b}=(-1, 2, -4)$에 대해 다음 벡터를 구하라.

(a) $2\mathrm{a}-\mathrm{b}$　　(b) $\frac{1}{3}\mathrm{a}+\frac{1}{2}\mathrm{b}$

(c) $-\mathrm{a}-2\mathrm{b}$　　(d) $2\mathrm{a}+3\mathrm{b}$

03. 두 행렬 $A=\begin{bmatrix}1&3&1\\2&1&2\\0&2&1\end{bmatrix}$, $B=\begin{bmatrix}-1&2&3\\1&-1&1\\2&3&4\end{bmatrix}$에 대해 다음 행렬을 구하라.

(a) $A-2B$　　(b) $\frac{1}{2}A-B$

(c) $2A-\frac{1}{2}B$　　(d) $-A+\frac{1}{2}B$

04. 기저벡터 i, j, k를 이용하여 다음 벡터를 표현하라.

(a) $\mathrm{a}=(1, 2, 3)$　　(b) $\mathrm{b}=(-3, 0, 2)$

(c) $\mathrm{c}=(1, -2, 1)$　　(d) $\mathrm{d}=(-1, -2, -3)$

05. 다음 두 벡터의 내적을 구하라.

(a) $\mathrm{a}=(-1, 0, -2)$, $\mathrm{b}=(1, 4, -2)$　　(b) $\mathrm{a}=(1, 3, -1)$, $\mathrm{b}=(1, 2, 1)$

06. 두 행렬 $A=\begin{bmatrix}1&2&3\\2&5&1\\1&0&4\end{bmatrix}$, $B=\begin{bmatrix}1&3&2\\2&4&1\\1&5&3\end{bmatrix}$에 대해 다음을 구하라.

(a) AB　　(b) BA

(c) $(AB)^t$　　(d) $(BA)^t$

07. 다음 벡터들이 일차독립인지, 일차종속인지 판정하라.

(a) $\mathrm{v}_1=(1, 1, 1)$, $\mathrm{v}_2=(2, 1, -1)$, $\mathrm{v}_3=(1, 3, 2)$

(b) $\mathrm{v}_1=(1, 1, 1)$, $\mathrm{v}_2=(2, 1, -1)$, $\mathrm{v}_3=(1, 0, -2)$

(c) $\mathrm{v}_1=(3, 2, 4)$, $\mathrm{v}_2=(1, 3, 1)$, $\mathrm{v}_3=(-1, 0, 1)$

(d) $\mathrm{v}_1=(4, 3, 1)$, $\mathrm{v}_2=(2, 1, 1)$, $\mathrm{v}_3=(2, 2, 0)$

2장 연습문제

08. 다음 행렬의 위수를 구하라.

(a) $\begin{bmatrix} 1 & 1 & 2 & 3 \\ 1 & 2 & 3 & 4 \\ 0 & 4 & 0 & 4 \end{bmatrix}$ (b) $\begin{bmatrix} 1 & -2 & 1 & 3 \\ 2 & 1 & 4 & 0 \\ 1 & 1 & -3 & 2 \end{bmatrix}$

(c) $\begin{bmatrix} 2 & 1 & 3 & 2 \\ 1 & 2 & -4 & 1 \\ 4 & 5 & 5 & 4 \end{bmatrix}$ (d) $\begin{bmatrix} -4 & 0 & 1 & 2 \\ 2 & 1 & 5 & -1 \\ 1 & -5 & 6 & 3 \\ 3 & -4 & 11 & 2 \end{bmatrix}$

09. 등가행렬을 이용하여 다음 행렬의 역행렬이 존재하면 역행렬을 구하라.

(a) $A = \begin{bmatrix} 1 & 2 & 3 \\ 1 & 4 & 7 \\ 2 & 3 & 5 \end{bmatrix}$ (b) $B = \begin{bmatrix} 1 & 3 & 2 \\ 2 & 5 & 1 \\ 4 & 11 & 5 \end{bmatrix}$

10. 다음 행렬식의 값을 구하라.

(a) $\begin{vmatrix} 2 & 1 \\ 1 & 5 \end{vmatrix}$ (b) $\begin{vmatrix} 1 & 4 & 2 \\ 0 & 1 & 2 \\ 1 & 5 & 3 \end{vmatrix}$ (c) $\begin{vmatrix} 1 & 0 & 3 \\ 0 & 1 & 2 \\ 3 & 2 & 5 \end{vmatrix}$ (d) $\begin{vmatrix} 1 & 0 & 1 & 2 \\ 2 & 4 & 6 & 2 \\ 3 & -2 & 0 & 1 \\ 4 & 1 & 0 & 2 \end{vmatrix}$

11. 수반행렬을 이용하여 다음 행렬의 역행렬을 구하라.

(a) $A = \begin{bmatrix} 1 & 2 & 1 \\ 2 & 3 & 1 \\ 1 & 4 & 0 \end{bmatrix}$ (b) $B = \begin{bmatrix} 2 & 1 & 2 \\ 1 & 3 & 1 \\ 1 & 2 & 2 \end{bmatrix}$

12. 크래머 공식을 이용하여 다음 연립방정식을 풀어라.

(a) $\begin{cases} x + 3y + 4z = 2 \\ x + y + 2z = 1 \\ x + 2y + z = 4 \end{cases}$ (b) $\begin{cases} x + y + z = 6 \\ -x - 2y + 3z = 4 \\ 3x - 5y + 4z = 5 \end{cases}$

(c) $\begin{cases} x + 2y + 3z = 4 \\ 3x - y + 5z = 2 \\ 4x + y + 3z = 1 \end{cases}$ (d) $\begin{cases} x - 2y + z = 3 \\ x + 3y - z = 2 \\ 2x - y - 2z = 4 \end{cases}$

13. 계수행렬의 역행렬을 이용하여 다음 연립방정식을 풀어라.

(a) $\begin{cases} x + 2y + 3z = 2 \\ -x - 3y + z = 3 \\ 2x + y + 2z = 1 \end{cases}$ (b) $\begin{cases} 4x - 3y + 2z = 4 \\ x + 2y - 4z = 6 \\ -x + 3y - 2z = 3 \end{cases}$

(c) $\begin{cases} -2x + y - 3z = -1 \\ 2x - 3y - z = 3 \\ -x + 2y + 3z = -2 \end{cases}$ (d) $\begin{cases} 2x - 4y + 3z = 1 \\ -x + 3y - z = -1 \\ 4x + y - 2z = -4 \end{cases}$

14. 행사다리꼴 등가행렬을 이용하여 다음 연립방정식의 해가 존재하는지 조사하고, 해가 존재하면 구하라.

(a) $\begin{cases} x + 3y + 4z = 2 \\ x + y + 2z = 1 \\ 2x + 4y + 6z = 5 \end{cases}$ (b) $\begin{cases} x + y + z = 6 \\ -x - 2y + 3z = 4 \\ 2x + y + 6z = 22 \end{cases}$

15. 다음 행렬의 고윳값과 고유벡터를 구하라.

(a) $\begin{bmatrix} 4 & 2 \\ 2 & 1 \end{bmatrix}$ (b) $\begin{bmatrix} -1 & 2 \\ 1 & 0 \end{bmatrix}$ (c) $\begin{bmatrix} 1 & 1 & 1 \\ 1 & 0 & 1 \\ 0 & 1 & 0 \end{bmatrix}$ (d) $\begin{bmatrix} 2 & 0 & 2 \\ 1 & -2 & 2 \\ 0 & 1 & 1 \end{bmatrix}$

16. M E 다음은 7개의 도서의 페이지 수와 만족도(10점 만점)에 대해 조사한 표이다. 여기서 만족도는 10점 만점이라 할 때, 물음에 답하라.

페이지 수(X)	200	350	300	420	250	150	230
만족도(Y)	5	8	7	9	7	6	8

(a) X와 Y 각각의 평균을 구하라.

(b) 분산과 표준편차를 구하라

(c) 공분산을 구하라.

(d) 상관계수를 구하라.

(c) 공분산행렬을 구하라.

17. M 자동차 제조회사의 부품을 공급하는 기업 A, B, C, D는 다음과 같은 관계를 가지고 있다. 다음의 소시오그램을 참고하여 이 관계를 행렬로 표현하라.

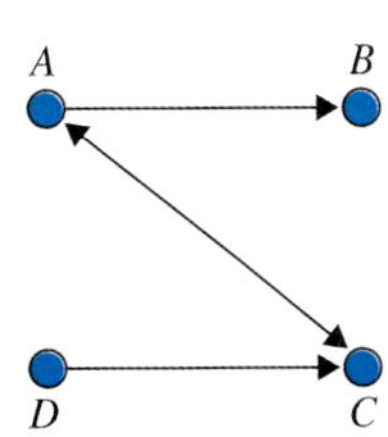

18. E 어떤 제품의 수요함수와 공급함수가 다음과 같을 때 균형량과 균형가격을 구하라.

$$Q_d = 20 - 2P, \quad Q_s = -10 + 2P$$

2장 연습문제

19. M 어떤 사람이 마지막으로 음료수 1을 구매했다면 그다음에 음료수 1을 구매하게 될 가능성이 90%이고, 같은 사람이 마지막에 음료수 2를 구매했다면 그다음에 음료수 2를 구매할 가능성은 80%라고 하자. 이를 바탕으로 다음을 구하라. 단, 이 사람의 음료수 선택은 과거의 선택과는 상관없이 오직 현재의 음료수에 대한 관심과 취향으로만 결정된다고 가정한다.

(a) 만약 이 사람이 현재 음료수 2를 구매하고 있다면, 앞으로 두 번째 구매에 음료수 1을 구매할 확률을 구하라.

(b) 만약 이 사람이 현재 음료수 1을 구매하고 있다면, 앞으로 세 번째 구매에 음료수 1을 구매할 확률을 구하라.

(c) 상당히 긴 시간이 지났을 때, 이 사람이 음료수 1을 선택할 확률과 음료수 2를 선택할 확률을 구하라.

20. M 어떠한 기준 세 가지 에 대한 쌍대비교행렬이 다음과 같다고 하자. 다음의 행렬의 고윳값을 이용하여 각 기준의 가중치 w_1, w_2, w_3를 구하라.

$$A = \begin{bmatrix} 1 & 5 & 4 \\ \frac{1}{5} & 1 & \frac{1}{3} \\ \frac{1}{4} & 3 & 1 \end{bmatrix}$$

21. E 조세를 고려하지 않는 케인즈의 균형국민소득모형에서 다음의 연립방정식으로 국민소득이 결정되며, 나머지 조건은 모두 동일하다고 하자. 이때 균형국민소득을 결정하라.

$$Y = C + I_0 + G_0, \quad C = a + bY$$

여기서 $I_0 = 200$, $G_0 = 100$, $a = 100$, $b = 0.8$이다.

22. E 어떤 경제시스템은 두 개의 A, B 산업으로 구성되어 있다. 이 시스템의 투입계수행렬이 다음과 같을 때, 다음을 구하라.

$$A = \begin{bmatrix} 0.8 & 0.2 \\ 0.9 & 0.7 \end{bmatrix}$$

(a) A 산업은 1억 원, B 산업은 2억 원의 가치를 지닌 재화를 산출할 때, 소비자에게 공급될 수 있는 재화의 양을 구하라.

(b) 레온티에프 역행렬을 구하라.

(c) A 산업에서 산출하는 재화의 소비자 수요가 2억 원, B 산업에서 12억 원일 때, 각 산업분야에서 산출해야 할 재화의 양을 구하라.

3장

미분법

CONTENTS

3.1 함수의 극한과 연속
3.2 도함수
3.3 미분법
3.4 평균값 정리
3.5 함수의 극대와 극소
3.6 경영·경제에의 응용
연습문제

학습목표

3장에서는 함수의 극한과 연속, 도함수, 미분법, 평균값 정리, 극대와 극소에 대해 다룬다. 이후 이를 응용할 수 있는 경영·경제학의 가격변화 예측, 경제적 주문량의 모형, 학습곡선의 추정, 수요함수의 점탄력성, 한계이익, 한계효용, 비교정태분석, 소득탄력성, IS-LM곡선 등을 설명한다.

3.1 함수의 극한과 연속

함수의 극한과 연속은 경영·경제학에서 중요하게 다루는 도함수의 기초가 되는 개념이다. 이를 1장에서 살펴본 여러 가지 함수의 그래프를 이용하여 직관적으로 살펴볼 것이다.

함수의 극한

KTX를 타고 부산을 간다고 하자. 서울역에서 부산역까지는 2시간 30분이 걸린다. 이때 탑승하고 있는 시간을 x, 열차와 부산역까지의 거리를 $f(x)$로 두면, 승객은 시간 x가 지날수록 열차와 부산역과의 거리 $f(x)$가 0에 가까워짐을 느낄 것이다. 이 상황을 수학적으로 표기하면 '$x \to 2.5 \Rightarrow f(x) \to 0$'이다.

이제 함수의 극한을 직관적으로 알아보자. 두 함수 $f(x) = x + 1$과 $g(x) = \dfrac{x^2 - 1}{x - 1}$이 있다. 함수 $f(x)$는 $x = 1$에서 정의되지만 $g(x)$는 $x = 1$에서 정의되지 않는다. 그러나 $x \neq 1$인 x가 1에 접근하면 두 함수의 그래프 위의 점 (x, y)는 점 $(1, 2)$에 접근한다. 또한 함숫값도 2에 가까워지게 되는데, 이를 그림으로 나타내면 [그림 3-1]과 같다.

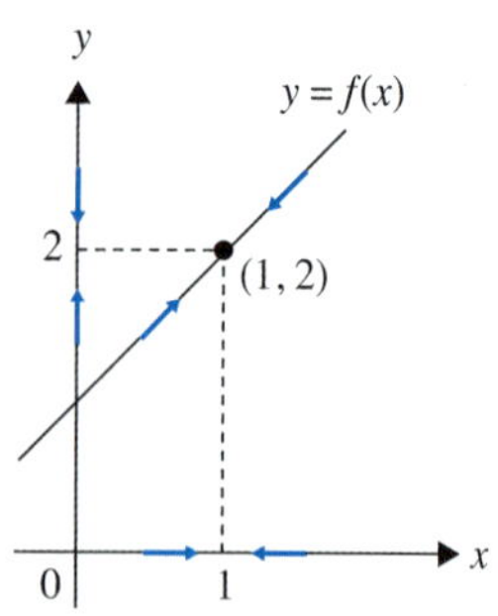

(a) $x = 1$에서 정의되는 $f(x)$

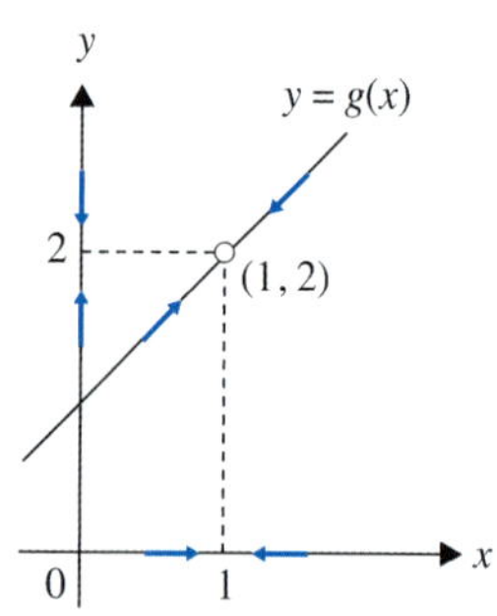

(b) $x = 1$에서 정의되지 않는 $g(x)$

그림 3-1 함수의 극한

> **정의 3-1 극한**
>
> 함수 $y = f(x)$가 정점 $x = a$를 제외한 a의 부근에서 정의된다고 하자. 이때 $x\,(x \neq a)$가 정점 a에 접근할 때 함숫값 $f(x)$가 어떤 유일한 값 L에 가까워지면 "x가 a에 접근할 때 $f(x)$는 **극한**limit L에 **수렴한다**converge"하고, 식으로는 다음과 같이 나타낸다.
>
> 「$x \to a$이면, $f(x) \to L$」 또는 $\displaystyle\lim_{x \to a} f(x) = L$

■ 좌극한과 우극한

[그림 3-1]에서와 같이 x가 1에 접근하는 방법에는 두 가지가 있었다. 하나는 x가 1보다 작은 쪽에서 접근하는 것이고 다른 하나는 x가 1보다 큰 쪽에서 접근하는 것이다. 이와 같이 $x < a$이고 $x \to a$인 경우, 즉 x가 a의 왼쪽에서 접근할 때 $f(x)$가 어떤 일정한 값 L_1에 접근하면 다음과 같이 나타낸다. 이때 L_1을 $f(x)$의 **좌극한**left hand limit이라 한다.

$$\text{「}x \to a^- \text{ 이면, } f(x) \to L_1\text{」 또는 } \lim_{x \to a^-} f(x) = L_1$$

반면에 $x > a$이고 $x \to a$인 경우, 즉 x가 a의 오른쪽에서 접근할 때 $f(x)$가 어떤 일정한 값 L_2에 접근하면 다음과 같이 나타낸다. 이때 L_2를 $f(x)$의 **우극한**right hand limit이라 한다.

$$\text{「}x \to a^+ \text{ 이면, } f(x) \to L_2\text{」 또는 } \lim_{x \to a^+} f(x) = L_2$$

여기서 좌극한 L_1과 우극한 L_2가 항상 서로 같은 것은 아니다. 예를 들어 다음 함수를 살펴보자.

$$f(x) = \begin{cases} -1, & x < 0 \\ 1, & x \geq 0 \end{cases}$$

이를 그림으로 나타내면 [그림 3-2]와 같다. 그림을 보면 $x = 0$에서 함수 $f(x)$의 좌극한은 $\lim_{x \to 0^-} f(x) = -1$이고 우극한은 $\lim_{x \to 0^+} f(x) = 1$이므로 좌극한과 우극한이 서로 다름을 알 수 있다.

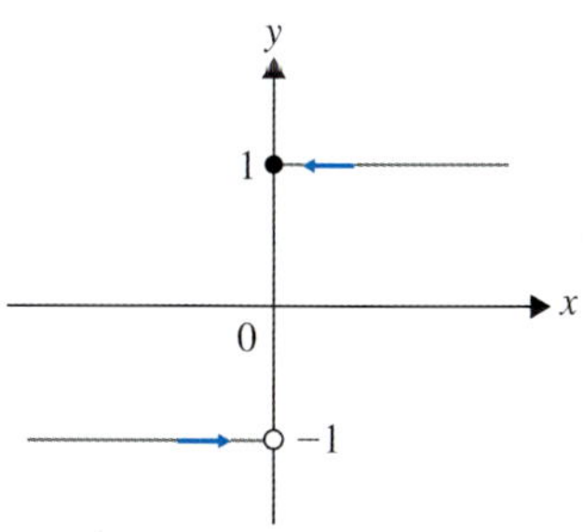

그림 3-2 $x = 0$에서 좌극한과 우극한

이와 같이 좌극한과 우극한이 서로 다르면 극한이 유일하지 않으므로 [정의 3-1]에 따라 극한은 존재하지 않는다. 따라서 $x \to a$일 때 $f(x)$의 극한이 존재하기 위한 필요충분조건은 좌극한과 우극한이 어떤 유일한 값 L에 가까워지는 것이다. 즉, 다음이 성립할 때 극한이 존재한다.

$$\lim_{x \to a^-} f(x) = \lim_{x \to a^+} f(x) = L$$

예제 3-1

$x = 1$에서 다음 함수의 극한을 구하라.

(a) $f(x) = \begin{cases} -(x-1)^2+2, & x<1 \\ x+1, & x \geq 1 \end{cases}$ **(b)** $f(x) = \begin{cases} -(x-1)^2+2, & x<1 \\ x-1, & x \geq 1 \end{cases}$

TIP 좌극한과 우극한을 구하여 두 극한이 일치하는지 살펴본다.

풀이

(a) ① 좌극한을 구한다. $x<1$이면 $f(x) = -(x-1)^2+2$이므로 좌극한은 다음과 같다.

$$\lim_{x\to 1^-} f(x) = \lim_{x\to 1^-} [-(x-1)^2+2] = 2$$

② 우극한을 구한다. $x \geq 1$이면 $f(x) = x+1$이므로 우극한은 다음과 같다.

$$\lim_{x\to 1^+} f(x) = \lim_{x\to 1^+} (x+1) = 2$$

③ 두 극한이 일치하므로 $\lim_{x\to 1} f(x) = 2$이다.

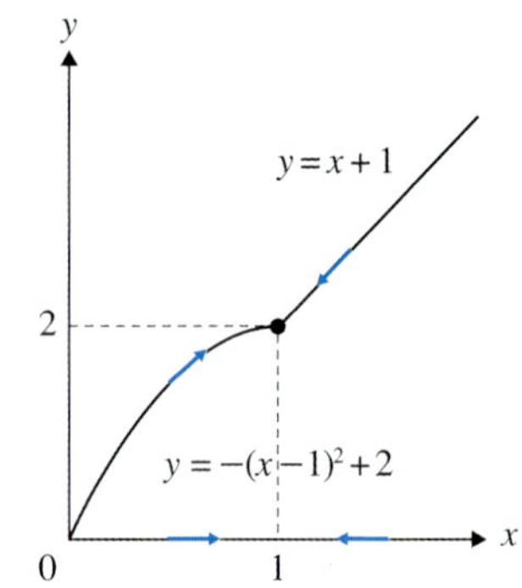

(b) ① 좌극한을 구한다. $x<1$이면 $f(x) = -(x-1)^2+2$이므로 좌극한은 다음과 같다.

$$\lim_{x\to 1^-} f(x) = \lim_{x\to 1^-} [-(x-1)^2+2] = 2$$

② 우극한을 구한다. $x>1$이면 $f(x) = x-1$이므로 우극한은 다음과 같다.

$$\lim_{x\to 1^+} f(x) = \lim_{x\to 1^+} (x-1) = 0$$

③ 두 극한이 일치하지 않으므로 극한 $\lim_{x\to 1} f(x)$가 존재하지 않는다.

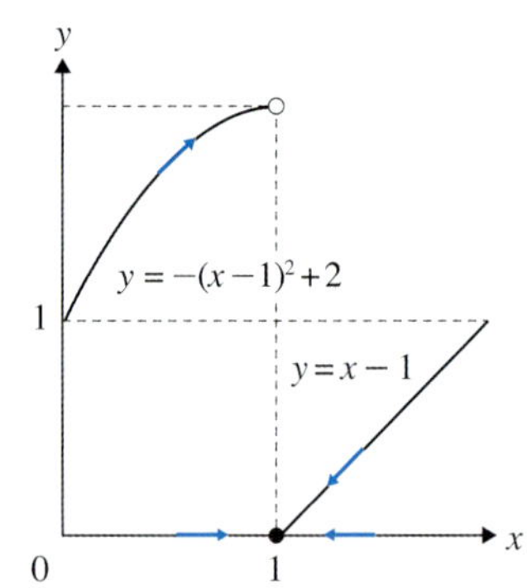

■ 무한대로의 발산

함수 $f(x) = \dfrac{1}{x^2}$의 그래프를 보면, x가 0에 접근할 때 함숫값 $f(x)$는 어떤 일정한 값에 가까워지지 않고 한없이 커진다. 이 모습을 [그림 3-3(a)]에서 확인할 수 있다. 또한 함수 $f(x) = -\dfrac{1}{x^2}$의 그래프는 x가 0에 접근할 때 함숫값 $f(x)$는 음수이며 절댓값이 한없이 커진다. 이는 [그림 3-3(b)]에서 확인할 수 있다.

정의 3-2 **발산**

(1) x가 a에 접근할 때 함숫값 $f(x)$가 양수이면서 한없이 커지면 "$x \to a$이면 $f(x)$는 양의 무한대로 **발산한다**diverge"하고, 식으로는 다음과 같이 나타낸다.

$$「x \to a\text{이면, } f(x) \to \infty」 \text{ 또는 } \lim_{x \to a} f(x) = \infty$$

(2) x가 a에 접근할 때 함숫값 $f(x)$가 음수이면서 절댓값이 한없이 커지면 "$x \to a$이면 $f(x)$는 음의 무한대로 발산한다"하고, 식으로는 다음과 같이 나타낸다.

$$「x \to a\text{ 이면, } f(x) \to -\infty」 \text{ 또는 } \lim_{x \to a} f(x) = -\infty$$

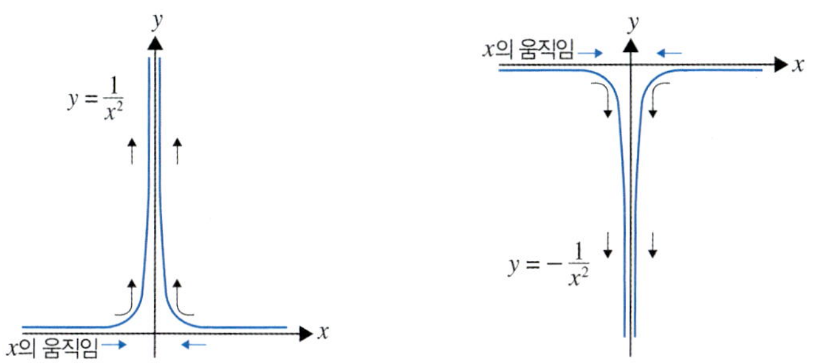

(a) 양의 무한대로 발산하는 경우 (b) 음의 무한대로 발산하는 경우

그림 3-3 무한대로의 발산

이와 같은 무한대로의 발산은 한쪽 극한에도 적용할 수 있다. [그림 3-4(a)]의 그래프를 보면 $f(x) = \dfrac{1}{x}$은 $x = 0$에서 정의되지 않고, $x \to 0^+$이면 $f(x)$는 양의 무한대로 발산, $x \to 0^-$이면 음의 무한대로 발산한다. 이를 식으로 나타내면 다음과 같다.

$$\lim_{x \to a^+} f(x) = \infty, \quad \lim_{x \to a^-} f(x) = -\infty$$

여기서 $x \to a^-$, $x \to a^+$ 또는 $x \to a$일 때, $f(x) \to \infty$ 또는 $f(x) \to -\infty$이면 직선 $x = a$를 함수 $f(x)$의 **수직점근선**vertical asymptotic line이라 한다.

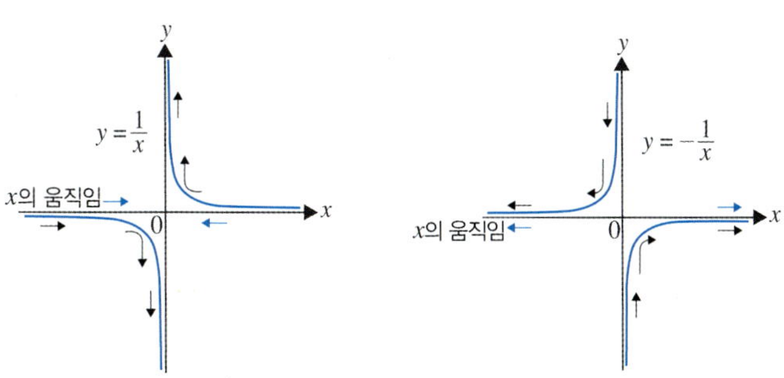

(a) $x \to 0^-$와 $x \to 0^+$인 경우 (b) $x \to -\infty$와 $x \to \infty$인 경우

그림 3-4 $f(x) = \dfrac{1}{x}$**의 그래프**

■ 무한대에서의 극한

양수 x가 한없이 커질수록 함수 $f(x)$가 유일한 수 L에 접근하거나 음수 x의 절댓값이 한없이 커질수록 함수 $f(x)$가 유일한 수 L에 접근하는 경우를 생각한다. 예를 들어 [그림 3-4(b)]에서 함수 $y = -\frac{1}{x}$은 양수 x가 한없이 커질수록 함수 $f(x)$는 유일한 수 0에 접근하며, 음수 x의 절댓값이 한없이 커질수록 함수 $f(x)$는 유일한 수 0에 접근한다. 이와 같이 양수 x가 한없이 커질수록 함수 $f(x)$가 유일한 수 L에 접근하면 "무한대에서 함수 $f(x)$는 극한 L을 가진다"하고 $\lim_{x \to \infty} f(x) = L$로 표현한다. 또한 음수 x의 절댓값이 한없이 커질수록 함수 $f(x)$가 유일한 수 L에 접근하면, "음의 무한대에서 함수 $f(x)$는 극한 L을 가진다"하고 $\lim_{x \to -\infty} f(x) = L$로 표현한다. 이때 직선 $y = L$을 함수 $f(x)$의 **수평점근선**horizontal asymptotic line이라 한다.

예제 3-2

$x = 2$에서 다음 함수의 극한을 구하라.

(a) $f(x) = \frac{1}{x-2}$ **(b)** $g(x) = \frac{1}{(x-2)^2}$

TIP 함수의 그래프를 그린다.

풀이

(a) $f(x)$의 그래프를 그리면 오른쪽과 같다.

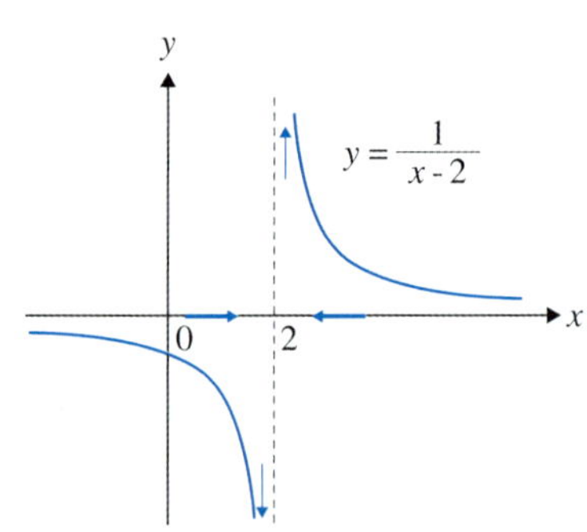

① 좌극한을 구한다. $x < 2$에서 $x \to 2$이면 $f(x)$가 음수이고 절댓값이 한없이 커지므로 $\lim_{x \to 2^-} f(x) = -\infty$이다.

② 우극한을 구한다. $x > 2$에서 $x \to 2$이면 $f(x)$가 양수이면서 한없이 커지므로 $\lim_{x \to 2^+} f(x) = \infty$이다.

③ 좌극한과 우극한이 음과 양의 무한대로 발산하므로 극한이 존재하지 않는다.

(b) $g(x)$의 그래프를 그리면 오른쪽과 같다.

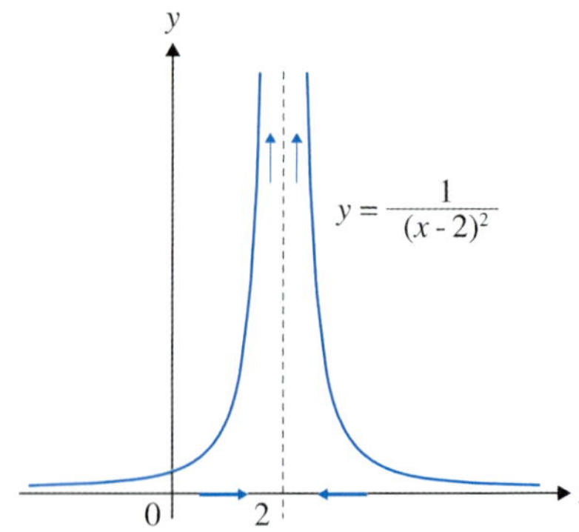

① 좌극한을 구한다. $x < 2$에서 $x \to 2$이면 $g(x)$가 양수이면서 한없이 커지므로 $\lim_{x \to 2^-} f(x) = \infty$이다.

② 우극한을 구한다. $x > 2$에서 $x \to 2$이면 $g(x)$가 양수이면서 한없이 커지므로 $\lim_{x \to 2^+} f(x) = \infty$이다.

③ 좌극한과 우극한이 모두 양의 무한대로 발산하므로 극한이 존재하지 않는다.

지금까지 함수의 그래프를 이용하여 직관적인 개념에서 함수의 극한을 살펴보았다. 그러나 모든 함수의 그래프를 정확히 그리는 것은 매우 어려우며 불가능한 경우도 있으므로 극한에 대한 성질을 이용하여 함수의 극한을 구하는 방법을 살펴볼 것이다.

■ 극한의 성질

두 함수의 극한이 존재하는 경우에 다음 성질이 성립한다.

정리 3-1 극한의 성질

$\lim_{x \to a} f(x) = A$와 $\lim_{x \to a} g(x) = B$가 존재한다면 상수 k에 대하여 다음이 성립한다.

(1) $\lim_{x \to a} k = k$ 상수의 극한

(2) $\lim_{x \to a} [f(x)+g(x)] = A+B$ 합의 극한

(3) $\lim_{x \to a} [f(x)-g(x)] = A-B$ 차의 극한

(4) $\lim_{x \to a} [kf(x)] = kA$ 상수 배의 극한

(5) $\lim_{x \to a} [f(x)g(x)] = AB$ 곱의 극한

(6) $\lim_{x \to a} \dfrac{f(x)}{g(x)} = \dfrac{A}{B}\ (B \neq 0)$ 비의 극한

상수함수 $f(x)=k$는 실수 전체에 대해 함숫값이 변하지 않고 일정하므로 [정리 3-1(1)]이 성립함을 알 수 있다. 또한 함수 $f(x)=x$는 임의의 실수 x에 대해 그 자신 x를 함숫값으로 가지므로 $x \to a$이면 $f(x) \to a$이며, $\lim_{x \to a} x = a$이다. 특히 $a>0$에 대해 제곱근 함수의 그래프를 이용하면, $\lim_{x \to a} \sqrt{x} = \sqrt{a}$가 성립한다.

[정리 3-1(2)], [정리 3-1(3)]에서 극한이 존재하는 두 함수의 합 또는 차의 극한은 두 함수의 극한의 합 또는 차와 같다. 또한 [정리 3-1(4)]는 함수에 상수 k배를 한 함수의 극한은 함수의 극한에 상수 k배와 같음을 보여준다. [정리 3-1(5)]와 [정리 3-1(6)]은 두 함수의 곱 또는 나눗셈의 극한은 두 함수의 극한의 곱 또는 나눗셈과 같음을 보여준다. 한편 $\lim_{x \to a} x = a$에 [정리 3-1(5)]를 적용하면 n차 함수 $f(x)=x^n$에 대해 $\lim_{x \to a} x^n = a^n$의 성질을 얻는다. 여기서 n은 자연수이다. 식 $\lim_{x \to a} x^n = a^n$과 성질 [정리 3-1(1) ~ (5)]를 n차 다항함수 $f(x) = c_0x^n + c_1x^{n-1} + c_2x^2 + \cdots + c_{n-1}x + c_n$에 적용하면 다음이 성립한다.

$$\begin{aligned}\lim_{x \to a} f(x) &= \lim_{x \to a} (c_0 x^n + c_1 x^{n-1} + c_2 x^{n-2} + \cdots + c_{n-1} x + c_n) \\ &= c_0 a^n + c_1 a^{n-1} + c_2 a^{n-2} + \cdots + c_{n-1} a + c_n \\ &= f(a)\end{aligned}$$

따라서 임의의 두 다항함수 $f(x)$와 $g(x)$에 대해 각각 다음을 얻는다.

$$\lim_{x \to a} f(x) = f(a), \quad \lim_{x \to a} g(x) = g(a)$$

이때 $g(a) \neq 0$이면 [정리 3-1(6)]에 의해 두 함수의 나눗셈의 극한은 두 함수의 극한 나눗셈과 같으므로 유리함수에 대한 극한을 얻는다. 이를 식으로 나타내면 다음과 같다.

$$\lim_{x \to a} \frac{f(x)}{g(x)} = \frac{f(a)}{g(a)}$$

또한 [정리 3-1(5)]에 따라 $g(x) = f(x)$이면 다음과 같은 식을 얻는다.

$$\lim_{x \to a} [f(x)]^2 = \lim_{x \to a} [f(x)f(x)] = \left(\lim_{x \to a} f(x)\right)\left(\lim_{x \to a} f(x)\right) = \left[\lim_{x \to a} f(x)\right]^2$$

따라서 어떤 함수 $f(x)$의 n제곱의 극한은 다음과 같이 어떤 함수 $f(x)$의 극한의 n제곱과 같음을 알 수 있다. 여기서 n은 자연수이다.

$$\lim_{x \to a} [f(x)]^n = \left[\lim_{x \to a} f(x)\right]^n$$

예제 3-3

다음 극한을 구하라.

(a) $\displaystyle\lim_{x \to -1} (x^3 - x^2 + 1)$　　**(b)** $\displaystyle\lim_{x \to 2} \frac{x^3 + x^2 - 1}{x + 1}$　　**(c)** $\displaystyle\lim_{x \to 1} \frac{x^4 - 1}{x - 1}$

풀이

(a) $f(x)$가 3차 다항함수이므로 극한은 다음과 같다.

$$\lim_{x \to -1} (x^3 - x^2 - 1) = (-1)^3 - (-1)^2 + 1 = 1$$

(b) 분모와 분자의 극한을 구하여 [정리 3-1(6)]을 이용한다.

① 분자의 극한 : $\displaystyle\lim_{x \to 2} (x^3 + x^2 - 1) = 8 + 4 - 1 = 11$

② 분모의 극한 : $\lim_{x \to 2}(x+1) = 3$

③ [정리 3-1(6)]에 의해 극한을 구하면 다음과 같다.

$$\lim_{x \to 2} \frac{x^3 + x^2 - 1}{x+1} = \frac{11}{3}$$

(c) 분모와 분자의 극한을 구하여 [정리 3-1(6)]을 이용할 수 있는지 살펴본다.

① 분자의 극한 : $\lim_{x \to 1}(x^4 - 1) = 0$

② 분모의 극한 : $\lim_{x \to 1}(x-1) = 0$

③ 분모의 극한이 0이므로 [정리 3-1(6)]을 이용할 수 없다. 따라서 분자와 분모에서 인수 $x-1$을 제거하고 극한을 구하면 다음과 같다.

$$\lim_{x \to 1} \frac{x^4 - 1}{x-1} = \lim_{x \to 1} \frac{(x-1)(x+1)(x^2+1)}{x-1}$$
$$= \lim_{x \to 1}(x+1)(x^2+1) = (2)(2) = 4$$

특히 $x = a$를 포함하는 어떤 열린구간에서 $f(x) \le g(x) \le h(x)$이고 $\lim_{x \to a} f(x) = \lim_{x \to a} h(x) = L$이면 $\lim_{x \to a} g(x) = L$이 성립하며, 이를 **압축정리**Sandwich theorem라 한다.

예제 3-4

$x > 0$에서 $x + 2 \le f(x) \le x^2 - 2x + 4$일 때 $\lim_{x \to 2} f(x)$의 극한을 구하라.

풀이

좌변과 우변의 함수에 대해 극한을 구하면 다음과 같다.

$$\lim_{x \to 2}(x+2) = 4, \ \lim_{x \to 2}(x^2 - 2x + 4) = 4$$

따라서 압축정리에 따라 $\lim_{x \to 0} f(x) = 4$이다.

지수함수와 로그함수의 극한

1.4절에서 살펴본 지수함수와 로그함수의 성질을 이용하면 함수의 무한대에서의 극한과 무한대로의 발산을 얻을 수 있다.

■ 지수함수의 극한

1.4절 [표 1-2]에서 살펴본 지수함수 $y = a^x (a > 0,\ a \neq 1)$의 성질은 다음과 같다.

❶ $0 < a < 1$이면 x가 커질수록 a^x은 0에 가까워지고, x가 음수이고 절댓값이 커질수록 a^x은 한없이 증가한다.

❷ $a > 1$이면 x가 커질수록 a^x은 한없이 증가하고, x가 음수이고 절댓값이 커질수록 a^x은 0에 가까워진다.

이와 같은 성질로부터 밑 a에 따른 지수함수와 자연지수함수의 극한에 대한 성질을 얻을 수 있다.

❶ $0 < a < 1$이면 $\lim_{x \to -\infty} a^x = \infty$, $\lim_{x \to \infty} a^x = 0$이다([그림 3-5(a)]참고).

❷ $a > 1$이면 $\lim_{x \to -\infty} a^x = 0$, $\lim_{x \to \infty} a^x = \infty$이다. 특히 $\lim_{x \to -\infty} e^x = 0$, $\lim_{x \to \infty} e^x = \infty$이다([그림 3-5(b)] 참고).

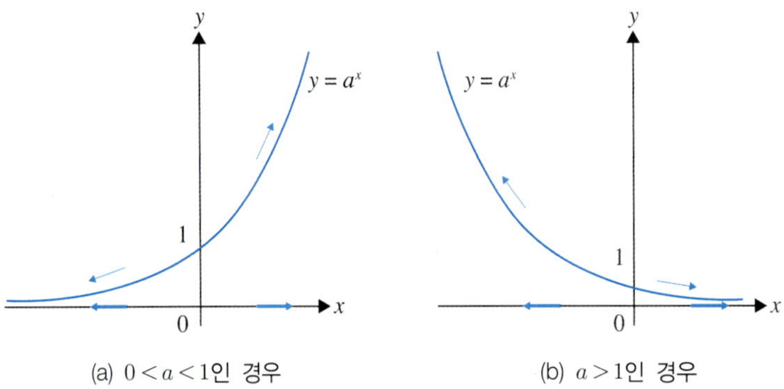

그림 3-5 지수함수의 극한

여기서 지수함수는 수평점근선 $y = 0$을 갖지만 수직점근선을 갖지 않음을 알 수 있다.

■ 로그함수의 극한

로그함수 $y = \log_a x (a > 0,\ a \neq 1)$의 성질인 1.4절 [표 1-3]으로부터 다음을 살펴보았다.

❶ $0 < a < 1$이면 $x > 1$이 커질수록 $\log_a x$는 음수이고 절댓값이 한없이 증가하며, 양수 x가 0에 가까워질수록 $\log_a x$는 한없이 커진다.

❷ $a > 1$이면 $x > 1$이 커질수록 $\log_a x$는 한없이 증가하고, 양수 x가 0에 한없이 가까워질수록 $\log_a x$는 음수이고 절댓값이 한없이 커진다.

이와 같은 성질로부터 밑 a에 따른 로그함수와 자연로그함수의 극한에 대한 성질을 얻는다.

❶ $0 < a < 1$ 이면 $\lim_{x \to 0^+} \log_a x = \infty$, $\lim_{x \to \infty} \log_a x = -\infty$ 이다([그림 3-6(a)] 참고).

❷ $a > 1$ 이면 $\lim_{x \to 0^+} \log_a x = -\infty$, $\lim_{x \to \infty} \log_a x = \infty$ 이다. 특히 $\lim_{x \to 0^+} \ln x = -\infty$, $\lim_{x \to \infty} \ln x = \infty$ 이다([그림 3-6(b)] 참고).

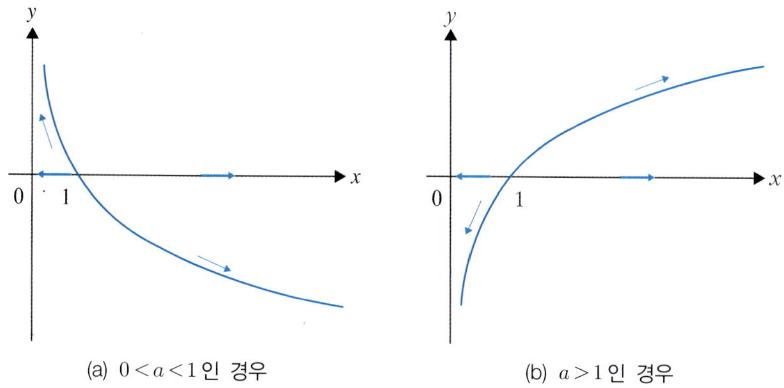

그림 3-6 지수함수의 극한

여기서 로그함수는 수직점근선 $x = 0$을 갖지만 수평점근선을 갖지 않음을 알 수 있다.

함수의 연속성

두 함수 $f(x) = x + 1$과 $g(x) = \dfrac{x^2 - 1}{x - 1}$을 다시 생각해 보자. x가 1에 접근하면 두 함숫값은 모두 2에 가까워진다. 그러나 [그림 3-1]에서 보는 바와 같이 $f(x)$의 그래프는 점 $(1, 2)$에서 연결되지만 $g(x)$의 그래프는 점 $(1, 2)$에서 끊어져 있다. 이때 함수 $f(x)$와 같이 특정한 $x = a$에서 그래프가 연결되어 있으면 함수 $f(x)$는 점 $x = a$에서 연속이라 한다.

정의 3-3 **함수의 연속**

(1) 함수 $f(x)$가 다음 세 조건을 만족할 때, $f(x)$는 $x = a$에서 **연속** continuous이라 한다.

❶ $x = a$에서 정의된다. 즉, $f(a)$가 존재한다.

❷ $\lim_{x \to a} f(x)$가 존재한다.

❸ $\lim_{x \to a} f(x) = f(a)$

(2) $x = a$에서 함수 $f(x)$가 연속이 아니면 **불연속** discontinuous이라 한다.

예를 들어 함수 $f(x) = \dfrac{x^2 - 1}{x - 1}$은 $x = 1$에서 정의되지 않으므로 $x = 1$에서 불연속이다. 앞서 살펴본 [그림 3-2]에서와 같이 다음 함수는 $x = 0$에서 함숫값 $f(0) = 1$이 존재하지만 $x = 0$에서 극한이 존재하지 않으므로 이 함수는 $x = 0$에서 불연속이다.

$$f(x) = \begin{cases} -1, & x < 0 \\ 1, & x \geq 0 \end{cases}$$

또한 다음의 함수는 $x = 1$에서 정의되고 극한도 존재하지만 $\lim_{x \to 1} f(x) = 2 \neq f(1) = 1$이므로 $x = 1$에서 불연속이다.

$$f(x) = \begin{cases} \dfrac{x^2 - 1}{x - 1}, & x \neq 1 \\ 1, & x = 1 \end{cases}$$

함수 $f(x)$가 어떤 열린구간 I 안의 모든 점에서 연속이면 $f(x)$는 열린구간 I에서 연속이라 한다. 특히 $f(x)$가 열린구간 $(a,\ b)$에서 연속이고 다음을 만족하면, 함수 $f(x)$는 닫힌구간 $[a,\ b]$에서 연속이라 한다.

$$\lim_{x \to a^+} f(x) = f(a), \quad \lim_{x \to b^-} f(x) = f(b)$$

이러한 연속함수에 대해 다음 성질이 성립한다.

정리 3-2 연속함수의 성질

함수 $f(x)$와 $g(x)$가 $x = a$에서 연속이고 k가 상수이면 다음 함수들도 $x = a$에서 연속이다.

(1) $f(x) + g(x)$

(2) $f(x) - g(x)$

(3) $kf(x)$

(4) $f(x)g(x)$

(5) $\dfrac{f(x)}{g(x)}$(단, $g(a) \neq 0$)

3.1절에서 살펴본 바와 같이 다항함수 $f(x)$에 대해 $\lim_{x \to a} f(x) = f(a)$이므로 다항함수는 실수 전체의 구간 $\mathbb{R} = (-\infty,\ \infty)$에서 연속이다. 또한 임의의 유리함수는 이 함수가 정의되는 모든 점에서 연속이다. 지수함수는 $\mathbb{R}$에서 연속이고 로그함수는 구간 $(0,\ \infty)$에서 연속이다. 또한 제곱근 함수는 구간 $[0,\ \infty)$에서 연속이다.

한편 $f(x)=\sqrt{x}$는 $x=9$에서 연속이고 $g(x)=x^3+1$은 $x=2$에서 연속이다. 이때 두 함수 $f(x)$, $g(x)$와 합성함수 $(f\circ g)(x)=\sqrt{x^3+1}$에 대해 다음 극한과 함숫값을 얻는다.

$$\lim_{x\to 2}(x^3+1)=9,\quad \lim_{x\to 9}\sqrt{x}=3,\quad \lim_{x\to 2}\sqrt{x^3+1}=3,\quad (f\circ g)(2)=\sqrt{9}=3$$

또한, 다음 등식이 성립한다.

$$\lim_{x\to 2}\sqrt{x^3+1}=\sqrt{\lim_{x\to 2}(x^3+1)}=\sqrt{9}=3$$

$$\lim_{x\to 2}f[g(x)]=f[g(2)]=3$$

따라서 연속인 두 함수의 합성함수에 대해 다음과 같은 성질을 얻는다.

정리 3-3 합성함수의 연속성

(1) $\lim_{x\to a}g(x)=b$이고 $f(x)$가 $x=b$에서 연속이면 $\lim_{x\to a}f[g(x)]=f\left[\lim_{x\to a}g(x)\right]=f(b)$이다.

(2) 함수 $g(x)$가 $x=a$에서 연속이고, 함수 $f(x)$가 $g(a)=b$에서 연속이면 합성함수 $f[g(x)]$는 $x=a$에서 연속이다.

한편 함수 $f(x)$가 열린구간 (a, b) 안의 모든 점에서 연속이면 $f(x)$가 열린구간 (a, b)에서 연속이라 한다. 또한 닫힌구간 $[a, b]$에서는 다음의 성질을 만족하면 $f(x)$는 닫힌구간 $[a, b]$에서 연속이라 한다.

❶ 열린구간 (a, b)에서 연속이다.

❷ $\lim_{x\to a^+}f(x)=f(a)$

❸ $\lim_{x\to b^-}f(x)=f(b)$

닫힌구간 $[a, b]$에서 연속인 함수 $f(x)$에 대해 다음이 성립한다.

정리 3-4 닫힌구간에서 연속인 함수의 성질

(1) 최대 · 최소정리 mini-max theorem

닫힌구간 $[a, b]$에서 함수 $f(x)$의 최댓값 M과 최솟값 m이 반드시 존재한다.

(2) 중간값 정리 intermediate value theorem

$f(a) \neq f(b)$이면, $f(a)$와 $f(b)$ 사이의 임의의 실수 k에 대하여 $f(c) = k$를 만족하는 c가 a와 b 사이에 적어도 하나 존재한다.

[정리 3-4(1)]은 함수 $f(x)$가 닫힌구간 $[a, b]$에서 연속이면 반드시 최댓값 M과 최솟값 m이 존재함을 말하며, 이를 그림으로 나타내면 [그림 3-7(a)]와 같다. 하지만 함수 $f(x) = \dfrac{1}{x}$은 닫힌구간 $[-1, 1]$ 안의 $x = 0$에서 불연속이므로 [그림 3-7(b)]와 같이 최댓값과 최솟값이 모두 존재하지 않는다. 또한 열린구간 $(0, 1)$에서도 마찬가지이다.

한편 [정리 3-4(2)]는 함수 $f(x)$가 닫힌구간 $[a, b]$에서 연속이면 [그림 3-7(a)]와 같이 $f(a) < k < f(b)$인 임의의 실수 k에 대하여 $f(c) = k$를 만족하는 c가 열린구간 (a, b) 안에 반드시 존재함을 알 수 있다. 그러나 $x = 0$에서 불연속인 함수 $f(x) = \dfrac{1}{x}$은 [그림 3-7(b)]와 같이 $f(-1) < 0 < f(1)$이지만 $f(c) = \dfrac{1}{c} = 0$을 만족하는 c가 -1과 1 사이에 존재하지 않음을 알 수 있다.

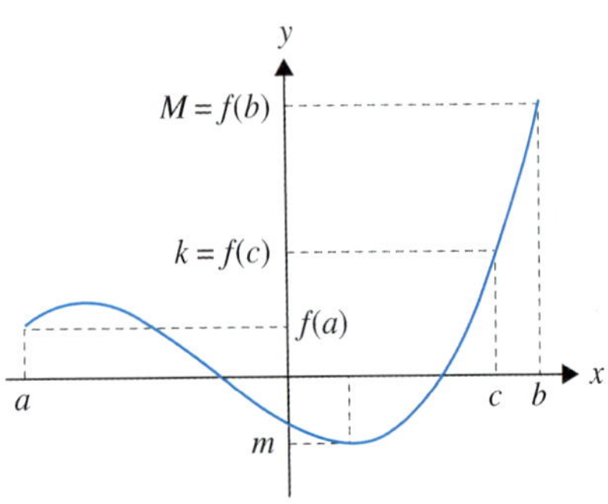

(a) 닫힌구간에서 연속인 경우

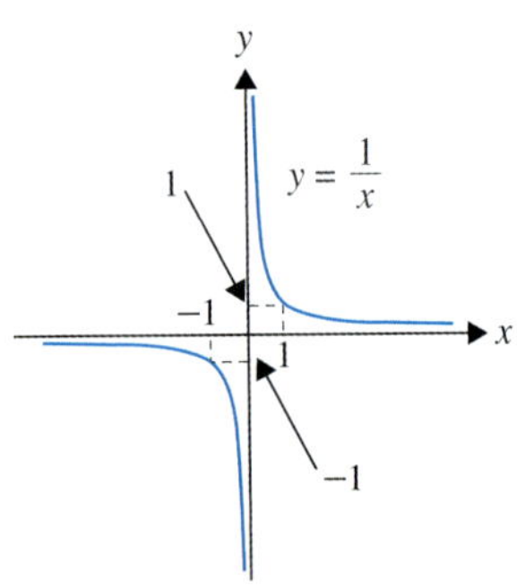

(b) 닫힌구간에서 불연속인 경우

그림 3-7 최대 · 최소정리와 중간값 정리

이때 $f(x)$가 닫힌구간 $[a, b]$에서 연속이고 $f(a)$와 $f(b)$가 서로 다른 부호를 갖는다면, 즉 $f(a) < 0 < f(b)$이면 중간값 정리에 의해 $f(c) = 0$을 만족하는 c가 열린구간 (a, b) 안에 존재한다. 따라서, 방정식 $f(x) = 0$을 만족하는 해 $x = c$가 a와 b 사이에 존재한다.

예제 3-5

이차함수 $f(x)=x^2-2x+2$에 대해 다음을 구하라.

(a) 닫힌구간 $[-1, 4]$에서 최댓값과 최솟값을 구하라.

(b) $f(x)=6$을 만족하는 x를 구하라.

풀이

$f(x)$는 이차함수이므로 실수 전체의 구간에서 연속이다. 따라서 닫힌구간 $[-1, 4]$에서 연속이다.

(a) ① $f(x)=(x-1)^2+1$이므로 $x=1$에서 최솟값 $f(1)=1$을 갖는다.
② 닫힌구간 $[-1, 4]$의 경곗값에서 함숫값을 구하면 $f(-1)=5$, $f(4)=10$이다.
③ 최솟값과 경곗값 중에서 가장 큰 10이 최댓값이고 가장 작은 1이 최솟값이다.

(b) 구간 $[-1, 4]$에서 $f(x)=6$을 만족하는 x를 구한다.
$x^2-2x+2=6$, 즉 $x^2-2x-4=0$을 풀면 $x=1-\sqrt{5}$, $x=1+\sqrt{5}$이지만 $[-1, 4]$ 안에 있어야 하므로 $x=1+\sqrt{5}$이다.

3.2 도함수

어떤 기업의 CEO가 되었다고 생각해 보자. 어떤 제품이 잘 팔린다면 그 제품의 가격을 얼마나 올려야 괜찮을지 고민이 될 것이다. 이러한 고민은 도함수를 이용하여 구할 수 있다. 이렇게 경영·경제학에서는 상품을 생산하거나 남은 재고를 저장하는 데 드는 비용을 계산할 때나 이자비용 혹은 기회비용의 산출, 가격에 대한 수요량의 변화를 분석할 때 도함수를 이용한다. 이와 같이 도함수의 개념은 경영·경제학의 최적화 문제를 해결하는 데 매우 중요한 역할을 한다. 이 절에서는 이러한 도함수의 개념과 여러 가지 성질에 대해 살펴본다.

변화율

닫힌구간 $[a, b]$에서 연속인 함수 $f(x)$에 대해 $x = a$에서 $x = b$까지 x가 증가한 크기를 Δx라 하고, $f(a)$에서 $f(b)$까지 y가 증가한 크기를 Δy라 한다. 여기서 증가한 크기는 각각 다음과 같으며, 이 크기 Δx와 Δy를 각각 x와 y의 **증분**increments이라 한다.

$$\Delta x = b - a, \ \Delta y = f(b) - f(a)$$

정의 3-4 **평균변화율**

x가 증가한 크기에 대한 y가 증가한 크기의 비율을 닫힌구간 $[a, b]$에서 함수 $y = f(x)$의 **평균변화율**average rate of change이라 한다.

$$\frac{\Delta y}{\Delta x} = \frac{f(b) - f(a)}{b - a}$$

기하학적으로 평균변화율은 함수 $f(x)$의 그래프 위에 있는 두 점 $\mathrm{P}(a, f(a))$와 $\mathrm{Q}(b, f(b))$를 지나는 직선의 기울기를 의미하며, 이를 그림으로 나타내면 [그림 3-8]과 같다. 다시 말해 x가 $x = a$에서 $x = b$까지 변할 때, 함숫값의 평균적인 변화율이 $\dfrac{\Delta y}{\Delta x}$이다.

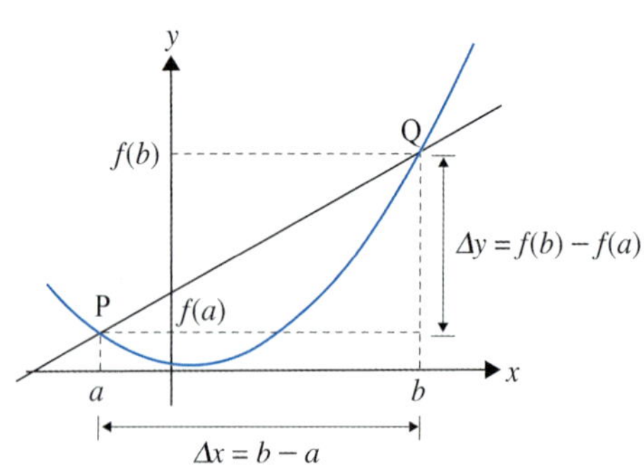

그림 3-8 평균변화율

이제 지금까지 다룬 개념을 경영·경제학에 적용해 볼 것이다. 예를 들어 가격이 오르면 공급이 증가한다는 공급법칙에 의해 가격 x와 공급 y 사이에 $y = x^2 + 1$의 관계가 성립한다고 하자. 이때 가격이 1에서 3까지 변한다면 공급은 2에서 10까지 변한다. 따라서 가격의 변화량은 $\Delta x = 2$이고 공급의 변화량은 $\Delta y = 8$이므로 가격이 1 단위 증가하면 공급이 평균적으로 4 단위 증가함을 의미한다. 이를 식으로 나타내면 다음과 같다.

$$\frac{\Delta y}{\Delta x} = \frac{8}{2} = 4$$

한편, b가 a를 향하여 접근할수록 그래프 위의 점 Q도 역시 그래프 위에서 점 P를 향하여 변하며, 이를 그림으로 나타내면 [그림 3-9]와 같다. 여기서, 두 점 P와 Q를 지나는 직선은 점 P를 스치고 지나는 접선을 향하게 된다. 이때 닫힌구간 $[a, b]$에서 함수 $f(x)$의 평균변화율 $\frac{\Delta y}{\Delta x}$는 점 P에서 순간적인 변화율을 나타내며, 결국 점 P에서 접선 PT의 기울기와 일치하게 된다.

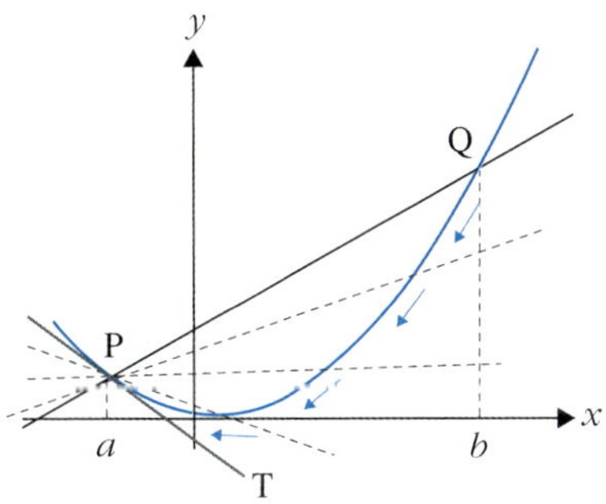

그림 3-9 순간변화율

정의 3-5 **순간변화율**

$x = a$에서 함수 $f(x)$의 **순간변화율** instantaneous rate of change 또는 **미분계수** differential coefficient는 $f'(a)$로 나타내며, 식은 다음과 같다.

$$f'(a) = \lim_{x \to a} \frac{\Delta y}{\Delta x} = \lim_{x \to a} \frac{f(x) - f(a)}{x - a}$$

위 극한 $f'(a)$가 존재할 때 함수 $f(x)$는 $x = a$에서 **미분가능** differentiable하다고 한다.

순간변화율은 $x = a$에서 함수 $f(x)$의 평균변화율 $\frac{\Delta y}{\Delta x}$의 극한을 의미한다. 식으로 나타내면 다음과 같다.

$$f'(a) = \lim_{\Delta x \to 0} \frac{f(a+\Delta x) - f(a)}{\Delta x} = \lim_{h \to 0} \frac{f(a+h) - f(a)}{h}$$

또한 순간변화율 $f'(a)$는 점 $\mathrm{P}(a, f(a))$에서 접선 PT의 기울기이므로 함수 $f(x)$가 $x = a$에서 미분가능하면 곡선 위의 점 P에서 접선의 방정식은 다음과 같다.

$$y = f'(a)(x-a) + f(a)$$

여기서 열린구간 I 안의 모든 점에서 함수 $f(x)$가 미분가능하면, "함수 $f(x)$는 구간 I에서 미분가능하다"고 한다. 또한 $f'(a)$가 존재하지 않으면 "함수 $f(x)$는 $x = a$에서 미분가능하지 않다"고 한다.

예제 3-6

함수 $f(x) = x^2$에 대하여 $x = 1$에서 순간변화율과 접선의 방정식을 구하라.

풀이

① $x = 1$에서 $h \to 0$일 때 순간변화율을 구하면 다음과 같다.

$$f'(1) = \lim_{h \to 0} \frac{f(1+h) - f(1)}{h} = \lim_{h \to 0} \frac{(1+h)^2 - 1^2}{h}$$
$$= \lim_{h \to 0} \frac{2h + h^2}{h} = \lim_{h \to 0}(2+h) = 2$$

② 접선의 기울기가 2임을 알았으므로 곡선 위의 점 $(1, 1)$에서 접선의 방정식을 구한다.

$$y - 1 = 2(x-1) \Rightarrow y = 2x - 1$$

예제 3-7

함수 $f(x) = |x|$에 대하여 $x = 0$에서 미분가능한지 조사하라.

풀이

$x = 0$에서 순간변화율의 좌극한과 우극한을 구하면 다음과 같다.

① 좌극한 : $\displaystyle\lim_{h \to 0^-} \frac{f(0+h) - f(0)}{h} = \lim_{h \to 0^-} \frac{|h|}{h} = \lim_{h \to 0^-} \frac{-h}{h} = -1$

② 우극한 : $\displaystyle\lim_{h \to 0^+} \frac{f(0+h) - f(0)}{h} = \lim_{h \to 0^+} \frac{|h|}{h} = \lim_{h \to 0^+} \frac{h}{h} = 1$

순간변화율의 좌극한과 우극한이 같지 않으므로 함수 $f(x)$는 $x = 0$에서 미분가능하지 않다.

함수 $f(x) = |x|$의 그래프를 살펴보자. [그림 3-10(a)]의 그래프 위에 있는 점 $(0, 0)$과 같이 그래프 모양이 뾰족한 점을 **첨점**cusp이라 한다. 일반적으로 [그림 3-10]의 함수 $f(x)$ 그래프에서와 같이 첨점이거나 불연속인 점에서는 미분가능하지 않다.

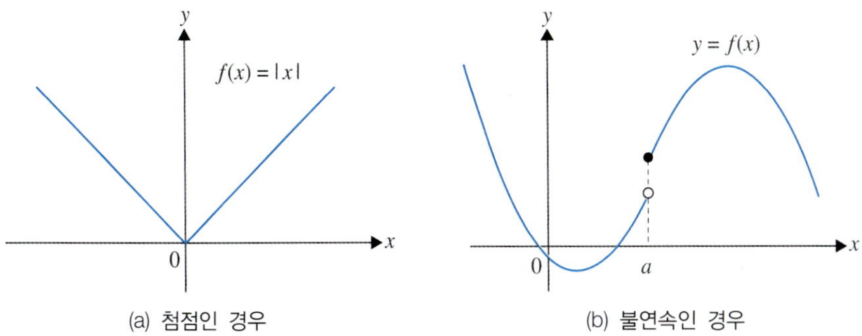

그림 3-10 미분가능하지 않은 경우

이제, 지금까지 다룬 개념을 경제학에 적용해 보자. 경제학에서는 어떤 회사가 특정 상품을 x 단위로 생산할 때 소요되는 총비용 $C(x)$를 **비용함수**cost function라 한다. 이 상품의 생산단위가 a에서 b로 $\Delta x = b - a$만큼 증가할 때 추가비용은 $\Delta C = C(b) - C(a)$이다. 여기서 소요되는 비용의 평균변화율은 다음과 같다.

$$\frac{\Delta C}{\Delta x} = \frac{C(b) - C(a)}{b - a} = \frac{C(a + \Delta x) - C(a)}{\Delta x}$$

특히 $\Delta x \to 0$일 때 다음과 같은 평균변화율의 극한은 생산한 단위 수에 대한 비용의 순간변화율을 나타내며, 이 순간변화율 $C'(a)$를 **한계비용**marginal cost이라 한다.

$$C'(a) = \lim_{\Delta x \to 0} \frac{\Delta C}{\Delta x} = \lim_{\Delta x \to 0} \frac{C(a + \Delta x) - C(a)}{\Delta x}$$

예를 들어 어떤 회사가 특정 상품을 x 단위로 생산할 때 소요되는 총비용이 $C(x) = x^2$이라 하면, 상품 1개의 생산수준에서 한계비용은 [예제 3-6]과 같이 풀이하여 $C'(1) = 2$이다.

예제 3-8

판매량이 x일 때 총비용함수가 $C(x) = 2x^2 + 3x$이다. 이때 평균비용과 한계비용을 구하라.

풀이

① 평균비용은 다음과 같이 구한다.

$$\frac{\Delta C}{\Delta x}=\frac{2x^2+3x}{x-0}=2x+3$$

② 한계비용은 다음과 같이 구한다.

$$\lim_{h\to 0}\frac{C(x+h)-C(x)}{h}=\lim_{h\to 0}\frac{\{2(x+h)^2+3(x+h)\}-(2x^2+3x)}{h}$$
$$=\lim_{h\to 0}(4x+3+2h)=4x+3$$

지금까지 함수 $f(x)$의 정의역 안에 있는 특정한 점 $x=a$에서 순간변화율을 구하는 방법을 살펴보았다.

도함수

위에서 배운 순간변화율의 개념은 함수의 정의역 안의 모든 점으로 일반화할 수 있다.

정의 3-6 도함수

함수 $f(x)$의 정의역 안에 있는 임의의 점 x에서의 순간변화율 $f'(x)$을 함수 $f(x)$의 **도함수** derivative라 한다.

$$f'(x)=\lim_{h\to 0}\frac{f(x+h)-f(x)}{h}$$

도함수는 다음과 같이 여러 가지 방법으로 나타낼 수 있다.

$$y',\ f'(x),\ \frac{dy}{dx},\ \frac{df}{dx},\ \frac{d}{dx}f(x),\ Df(x)$$ [1]

도함수 $f'(x)$는 함수 $f(x)$가 미분가능한 임의의 점에서의 순간변화율을 나타내는 함수이므로 $x=a$에서의 순간변화율 $f'(a)$는 $f'(x)$에 $x=a$를 대입한 값임을 알 수 있다. 또한 도함수 $f'(x)$는 함수 $f(x)$의 미분가능한 모든 점에서 접선의 기울기를 나타내는 함수이다. 함수 $f(x)$의 도함수 $f'(x)$를 구하는 것을 **미분한다** differentiate라 하고, 도함수를 구하는 방법을 **미분법** differentiation이라 한다.

1 라이프니츠(Gottfried Wilhelm Leibniz, 1646~1716, 독일)와 뉴턴(Isaac Newton, 1642~1727, 영국)은 각각 독립적으로 미적분학을 발견했으며, dy/dx 기호는 라이프니츠가 처음 사용했다.

예제 3-9

함수 $f(x)=x^2$에 대하여 다음을 구하라.

(a) 도함수의 정의에 의한 $f'(x)$ **(b)** $x=1$에서 미분계수 **(c)** $x=1$에서 접선의 방정식

풀이

(a) $f'(x) = \lim_{h \to 0} \dfrac{f(x+h)-f(x)}{h} = \lim_{h \to 0} \dfrac{(x+h)^2-x^2}{h}$

$= \lim_{h \to 0} \dfrac{2xh+h^2}{h} = \lim_{h \to 0}(2x+h) = 2x$

(b) $f'(x)=2x$이므로 $f'(1)=(2)(1)=2$이다.

(c) $f(1)=1$이므로 접선의 방정식은 다음과 같다.

$$y-1=f'(1)(x-1)=2(x-1) \Rightarrow y = 2x - 1$$

한편 $x = a$에서 미분가능한 함수 $f(x)$는 [정의 3-5]에 의해 다음이 성립한다.

$$f'(a) = \lim_{x \to a} \frac{f(x)-f(a)}{x-a}$$

여기서 $x \neq a$이면 $f(x)-f(a)$를 다음과 같이 변형할 수 있다.

$$f(x)-f(a) = \frac{f(x)-f(a)}{x-a} \cdot (x-a)$$

위 식의 양변에 극한 $x \to a$를 취하면 다음과 같다.

$$\begin{aligned} \lim_{x \to a}[f(x)-f(a)] &= \lim_{x \to a}\frac{f(x)-f(a)}{x-a} \cdot (x-a) \\ &= \lim_{x \to a}\frac{f(x)-f(a)}{x-a} \cdot \lim_{x \to a}(x-a) \\ &= f'(x) \cdot 0 = 0 \end{aligned}$$

따라서 함수 $f(x)$가 $x=a$에서 미분가능하면 $\lim_{x \to a}[f(x)-f(a)]=0$, 즉 $\lim_{x \to a} f(x)=f(a)$가 성립하므로 $f(x)$는 $x=a$에서 연속이다. 그러나 함수 $f(x)=|x|$는 $x=0$에서 연속이지만 $x=0$에서 미분가능하지 않다. 이 사실로부터 연속성과 미분가능성에 대한 다음과 같은 관계를 알 수 있다.

정리 3-5 연속성과 미분가능성

함수 $f(x)$가 $x=a$에서 미분가능하면 $x=a$에서 연속이다. 그러나 역은 성립하지 않는다.

이제, 지금까지 다룬 개념을 경영·경제학에 적용해 볼 것이다. 경영·경제학에서 가장 기본적인 한계수익함수와 한계이익함수는 도함수의 개념으로부터 얻어진다. 예를 들어 어떤 회사가 특정 상품을 x 단위로 판매할 때 이 회사가 책정할 수 있는 단위당 가격을 **수요함수**demand function라 하고, $P(x)$로 나타낸다. 또한 x 단위로 판매할 때 수익을 **수익함수**revenue function라 하고, $R(x) = x\,P(x)$로 나타낸다. 즉, 수익함수는 상품의 판매 수량과 단위당 가격의 곱이다. 또한 x 단위를 생산할 때 드는 비용을 비용함수라 하고, $C(x)$로 나타낸다. 이 비용함수에 대해 x 단위를 판매할 때 총이윤은 **이윤함수**profit function라 하고, $P(x) = R(x) - C(x)$로 나타낸다.

정의 3-7 **한계함수**

수익함수의 도함수 $R'(x)$를 **한계수익함수**marginal revenue function라 하며, 이윤함수의 도함수 $P'(x)$를 **한계이윤함수**marginal profit function라 한다.

한계수익함수는 판매한 단위 수에 대한 수익의 변화율이다. 예를 들어 어떤 대리점에서 한 달 동안 1개당 120만 원의 스마트폰 40개를 판매한다. 이 대리점은 소비자에게 1개당 10만 원씩 할인해주면, 한 달에 판매량이 5개씩 증가함을 알고 있다. 이때 한 달 동안 판매되는 스마트폰의 개수를 x라 하고 매월 증가하는 판매량을 $x - 40$이라 하면 5개씩 더 판매할 때마다 가격은 10만 원씩 할인된다. 따라서 한 대가 추가로 판매될 때마다 가격은 $\frac{1}{5} \times 10 = 2$만 원씩 내려가고 수요함수와 수익함수는 각각 다음과 같다.

$$P(x) = 120 - 2(x - 40) = -2x + 200$$
$$R(x) = x\,P(x) = 200x - 2x^2$$

여기서 수익이 최대가 되기 위한 수익함수 $R(x)$의 최댓값을 구하기 위해 식을 다음과 같이 정리한다.

$$R(x) = 200x - 2x^2 = -2(x - 50)^2 + 5000$$

따라서 한계수익함수 $R(x)$의 최댓값은 $x = 50$일 때 생긴다. 이에 대한 1개당 가격은 $P(50) = -2 \times 50 + 200 = 100$이므로 할인가격은 $120 - 100 = 20$이다. 즉, 스마트폰 1개당 20만 원을 할인해 줄 때 이 대리점의 수입이 최대가 된다. 이렇게 도함수의 개념을 이용하여 수익의 최댓값을 구하였다. 다음 절에서는 도함수를 좀 더 간단하게 구하는 방법을 학습할 것이다.

3.3 미분법

주어진 함수를 도함수의 개념의 정석적인 방법으로 구하면 매우 복잡하다. 따라서 이 절에서는 도함수를 쉽게 구하는 미분법에 대해 살펴볼 것이다.

기본 공식

[예제 3-9]에서 함수 $f(x) = x^2$에 대한 도함수는 $f'(x) = 2x$임을 살펴보았다. 이를 구조적으로 나타내면 [그림 3-11]과 같다. 또한 이 구조를 정리하면 [정리 3-6]과 같다.

$$(x^{2})' = 2x = 2x^{2-1}$$

그림 3-11 $f(x) = x^2$에 대한 도함수의 구조

정리 3-6 함수 $f(x) = c$와 $f(x) = x^n$의 도함수

(1) $f(x) = c$이면 $f'(x) = 0$이다. 단, c는 상수이다.

(2) $f(x) = x^n$이면 $f'(x) = nx^{n-1}$이다. 단, n은 자연수이다.

한편 미분가능한 두 함수의 사칙연산과 상수 배에 대해서는 다음과 같은 성질이 성립한다.

정리 3-7 미분가능한 함수의 사칙연산

$f(x)$와 $g(x)$가 미분가능하면 다음이 성립한다.

(1) $\frac{d}{dx}\{kf(x)\} = kf'(x)$ (k는 상수) 상수 배의 도함수

(2) $\frac{d}{dx}\{f(x)+g(x)\} = f'(x)+g'(x)$ 합의 도함수

(3) $\frac{d}{dx}\{f(x)-g(x)\} = f'(x)-g'(x)$ 차의 도함수

(4) $\frac{d}{dx}\{f(x)g(x)\} = f'(x)g(x)+f(x)g'(x)$ 곱의 도함수

(5) $\frac{d}{dx}\left\{\frac{f(x)}{g(x)}\right\} = \frac{f'(x)g(x)-f(x)g'(x)}{\{g(x)\}^2}$ (단, $g(x) \neq 0$) 비의 도함수

[정리 3-7(5)]에 따르면 $f(x)=1$이면 $f'(x)=0$이므로 다음을 얻을 수 있다.

$$\frac{d}{dx}\left\{\frac{1}{g(x)}\right\} = -\frac{g'(x)}{\{g(x)\}^2}$$

특히, $g(x) = x^n$이면 $g'(x) = nx^{n-1}$이므로 위 식에 대입하면 다음 식을 얻는다.

$$\frac{d}{dx}\left(\frac{1}{x^n}\right) = -\frac{nx^{n-1}}{(x^n)^2} = -\frac{nx^{n-1}}{x^{2n}} = -nx^{(n-1)-2n} = -nx^{-n-1}$$

이때 $\frac{1}{x^n} = x^{-n}$이므로 지수가 음의 정수여도 [정리 3-6(2)]의 방법으로 다음과 같이 도함수를 얻을 수 있다.

$$\frac{d}{dx}\left(\frac{1}{x^n}\right) = \frac{d}{dx}(x^{-n}) = -nx^{-n-1}$$

따라서 모든 정수 n에 대해 다음과 같이 도함수를 얻는다.

정리 3-8 $f(x) = x^n$ **의 도함수**

정수 n에 대해 $f(x) = x^n$의 도함수는 $f'(x) = nx^{n-1}$이다.

예제 3-10

다음 함수의 도함수를 구하라.

(a) $f(x) = x^3 - 2x^2 + 3x + 4$ (b) $g(x) = \frac{1}{x^2+1}$ (c) $h(x) = \frac{x^2 - x + 1}{x^2 - 2}$

풀이

(a) $f'(x) = (x^3 - 2x^2 + 3x + 4)' = (x^3)' - (2x^2)' + (3x)' + 4'$

$= 3x^2 - 2(2x) + 3 + 0 = 3x^2 - 4x + 3$

(b) 분수식인 함수는 분자와 분모의 도함수를 먼저 구한다.

① 분모의 도함수를 구하면 다음과 같다.

$$(x^2+1)' = (x^2)' + 1' = 2x$$

② $g(x)$의 도함수를 구하면 다음과 같다.

$$g'(x) = -\frac{2x}{(x^2+1)^2}$$

(c) 분수식인 함수는 분자와 분모의 도함수를 먼저 구한다.

① 분자와 분모의 도함수를 구한다.

$$(x^2-x+1) = (x^2)' - (x)' + 1' = 2x-1,\ (x^2-2)' = (x^2)' - 2' = 2x$$

② $h(x)$의 도함수를 구한다.

$$h(x) = \frac{(x^2-x+1)'(x^2-2) - (x^2-x+1)(x^2-2)'}{(x^2-2)^2}$$

$$= \frac{(2x-1)(x^2-2) - (x^2-x+1)(2x)}{(x^2-2)^2} = \frac{x^2-6x+2}{(x^2-2)^2}$$

여기서 $f(x) = 1$은 $f(x) = 1 = x^0$이고, $f'(x) = 0$은 $f'(x) = 0 = 0 \cdot x^{0-1}$으로 생각할 수 있다. 위에서 학습한 내용으로 3.2절 마지막 부분에서 구하였던 어떤 대리점의 최대의 수입을 다시 구해 보자. 미분법을 이용하면 한계수익은 $R'(x) = 200 - 4x$ 이며, $R(x)$의 최댓값은 $R'(x) = 0$일 때 나타난다. 따라서 $x = 50$일 때 최댓값임을 알 수 있으며, 그 이후의 풀이는 3.2절과 동일하다.

합성함수와 역함수의 미분법

두 함수 $f(x) = x^{100}$과 $g(x) = 2x+1$의 합성함수 $y = f(g(x)) = (2x+1)^{100}$의 도함수를 구해 보자. 이 함수를 전개하여 101개의 각 항에 [정리 3-6]과 [정리 3-7(2)]의 합의 도함수를 이용하여 합성함수의 도함수를 구하고, 다시 간단한 식으로 정리한다면 매우 번거로울 것이다. 따라서 이 절에서는 번거로운 과정 없이 간단히 구하는 방법을 학습하도록 한다. 합성함수의 도함수를 구하는 방법으로 역함수의 도함수 또한 쉽게 구할 수 있다.

■ 합성함수의 미분법

두 함수 $f(x) = x^2$과 $g(x) = 2x+1$에 대해 합성함수 $y = f(g(x))$를 구하면 다음과 같다.

$$y = f(g(x)) = (2x+1)^2 = 4x^2+4x+1$$

여기서 $y = f(u)$, $u = g(x)$라 할 때, 세 함수 $f(u)$, $g(x)$, $f(g(x))$의 도함수는 각각 $f'(u) = 2u$, $g'(x) = 2$, $f(g(x))' = 8x+4$이다. 이 합성함수의 도함수를 구하는 과정을 위의 함수로 표현하면 다음과 같다.

$$f(g(x))' = 8x + 4 = 2(2x+1)(2) = 2u(2) = f'(u)\,g'(x) = \frac{dy}{du}\frac{du}{dx}$$

이와 같은 구조적인 사실을 이용하여 위에서 언급했던 $f(x) = x^{100}$과 $g(x) = 2x+1$의 합성함수 $y = f(g(x)) = (2x+1)^{100}$의 도함수를 구해 보자. $u = g(x) = 2x+1$이라 할 때, 합성함수 $y = (2x+1)^{100}$의 도함수는 다음과 같다.

$$\frac{dy}{dx} = \frac{d}{dx}(2x+1)^{100} = \frac{dy}{du}\frac{du}{dx} = 100u^{99}(2) = 200(2x+1)^{99}$$

이에 따라 두 함수의 합성함수에 대한 도함수를 구할 수 있는 방법은 다음과 같은 미분법으로 정리할 수 있으며, 이러한 미분법을 **연쇄법칙**chain rule이라 한다.

정리 3-9 합성함수의 미분법

미분가능한 두 함수 $y = f(u)$와 $u = g(x)$에 대해 합성함수 $y = f(g(x))$는 미분가능하다. 또한, $y = f(g(x))$의 도함수는 다음과 같다.

$$\frac{dy}{dx} = \frac{dy}{du}\frac{du}{dx} = f'(g(x))\,g'(x)$$

[정리 3-9]는 세 개 이상의 미분가능한 함수가 합성되는 경우에도 적용할 수 있다. 예를 들어, 미분가능한 세 함수 $y = f(u)$, $u = g(v)$, $v = h(x)$의 합성함수 $y = f[g(h(x))]$의 도함수는 다음과 같다.

$$\frac{dy}{dx} = \frac{dy}{du}\frac{du}{dv}\frac{dv}{dx}$$

예제 3-11

다음 함수의 도함수를 구하라.

(a) $f(x) = (x^3 - x)^{100}$ **(b)** $g(x) = \dfrac{1}{(2x-3)^5}$ **(c)** $h(x) = (x+2)^{10}(x^2 - x + 1)^{20}$

TIP 괄호 안의 함수를 다른 변수 u로 치환하고 연쇄법칙을 이용한다.

풀이

(a) ① 괄호 안의 함수를 변수 $u = x^3 - x$라 하고 $f(x)$를 u의 함수로 표현하면 다음과 같다.

$$y = u^{100}$$

② 두 함수의 도함수를 구하면 다음과 같다.

$$\frac{dy}{du} = 100u^{99},\ \frac{du}{dx} = 3x^2 - 1$$

③ 연쇄법칙을 이용하면 다음과 같은 식을 구할 수 있다.

$$\frac{dy}{dx} = \frac{dy}{du}\frac{du}{dx} = 100u^{99}(3x^2 - 1)$$

④ $u = x^3 - x$ 를 도함수에 대입한다.

$$\frac{dy}{dx} = \frac{dy}{du}\frac{du}{dx} = 100(3x^2 - 1)(x^3 - x)^{99}$$

(b) ① 괄호 안의 함수를 변수 $u = 2x - 3$이라 하고 $g(x)$를 u의 함수로 표현하면 다음과 같다.

$$y = \frac{1}{u^5}$$

② 두 함수의 도함수를 구하면 다음과 같다.

$$\frac{dy}{du} = -\frac{5}{u^6},\ \frac{du}{dx} = 2$$

③ 연쇄법칙을 이용하면 다음과 같은 식을 구할 수 있다.

$$\frac{dy}{dx} = \frac{dy}{du}\frac{du}{dx} = \left(-\frac{5}{u^6}\right)(2)$$

④ $u = 2x - 3$ 을 도함수에 대입한다.

$$\frac{dy}{dx} = \frac{dy}{du}\frac{du}{dx} = -\frac{10}{(2x-3)^6}$$

(c) ① 괄호 안의 함수를 변수 $u = x + 2,\ v = x^2 - x + 1$이라 하고 $h(x)$를 $u,\ v$의 함수로 표현하면 다음과 같다.

$$y = u^{10}v^{20}$$

② 두 함수 $u,\ v$ 의 도함수를 구하면 다음과 같다.

$$\frac{du}{dx} = 1,\ \frac{dv}{dx} = 2x - 1$$

③ 두 함수의 곱에 대한 미분법을 이용하면 다음과 같은 식을 구할 수 있다.

$$\begin{aligned}\frac{dy}{dx} &= \left\{\frac{d}{du}(u^{10})\frac{du}{dx}\right\}v^{20} + u^{10}\left\{\frac{d}{dv}(v^{20})\frac{dv}{dx}\right\} \\ &= (10u^9 \cdot 1)v^{20} + u^{10}[20v^{19} \cdot (2x-1)]\end{aligned}$$

④ $u = x + 2,\ v = x^2 - x + 1$을 도함수에 대입한다.

$$\frac{dy}{dx} = 10(x+2)^9(x^2-x+1)^{20} + 20(2x-1)(x+2)^{10}(x^2-x+1)^{19}$$
$$= 10(x+2)^9(x^2-x+1)^{19}(5x^2+5x-3)$$

■ 역함수의 미분법

미분가능한 함수 $y=f(x)$의 역함수 $x=f^{-1}(y)$가 존재하고 미분가능할 때, 역함수의 도함수 $\frac{dx}{dy}$를 구하고자 한다. 이를 위해 다음의 두 단계를 거친다.

❶ 역함수 $x=f^{-1}(y)$를 구한다.

❷ 이 역함수의 도함수 $\frac{dx}{dy}$를 구한다.

그러나 이런 과정으로 역함수의 도함수를 구하면 매우 번거로우며, 어떤 경우에 따라서는 역함수를 구하기 곤란하기도 하다. 그러므로 간단하게 구하기 위해 합성함수의 미분법을 이용하여 역함수의 도함수를 구하는 방법을 살펴볼 것이다. 먼저 미분가능한 함수 $y=f(x)$의 역함수 $x=f^{-1}(y)$가 존재하고 미분가능할 때, $f(x)$가 미분가능하므로 $\frac{dy}{dx}=f'(x)$이다. 여기서 $y=f(x)$의 양변을 y에 관해서 미분하면 좌변의 도함수는 [정리 3-6(2)]에 의해 $\frac{dy}{dy}=1$이고, 우변의 도함수는 [정리 3-9]에 의해 다음과 같다.

$$\frac{d}{dy}f(x) = \frac{d}{dx}f(x)\cdot\frac{dx}{dy} = f'(x)\cdot\frac{dx}{dy}$$

즉, $f'(x)\cdot\frac{dx}{dy}=1$이 성립한다. 따라서 $f'(x)\neq 0$이면 역함수 $x=f^{-1}(y)$의 도함수는 다음과 같다.

$$\frac{dx}{dy} = \frac{1}{f'(x)} = \frac{1}{\frac{dy}{dx}}$$

이를 정리하면 미분가능한 함수 $y=f(x)$의 역함수 $x=f^{-1}(y)$가 존재하고 미분가능할 때, 역함수의 도함수는 다음 [정리 3-10]과 같다.

정리 3-10 **역함수의 미분법**

미분가능한 함수 $y=f(x)$의 역함수 $x=f^{-1}(y)$가 존재하고 미분가능할 때, 역함수의 도함수는 다음과 같다.

$$\frac{dx}{dy}=\frac{1}{f'(x)}=\frac{1}{\frac{dy}{dx}}\left(\text{단}, \frac{dy}{dx}\neq 0\right)$$

예제 3-12

$x>0$일 때, 다음 함수에 대한 역함수의 도함수를 구하라.

(a) $y=x^3+x$ **(b)** $y=\frac{1}{x}$ **(c)** $y=4-x^2$

TIP $y=f(x)$의 도함수를 구하여 역수를 취한다.

풀이

(a) $y=x^3+x$의 도함수를 구하면 $\frac{dy}{dx}=3x^2+1$이다. 따라서 도함수의 역수를 취하면 $\frac{dx}{dy}=\frac{1}{3x^{2+1}}$이다.

(b) $y=\frac{1}{x}$의 도함수를 구하면 $\frac{dy}{dx}=-\frac{1}{x^2}$이다. 따라서 도함수의 역수를 취하면 $\frac{dx}{dy}=-x^2$이다.

(c) $y=4-x^2$의 도함수를 구하면 $\frac{dy}{dx}=-2x$이다. 따라서 도함수의 역수를 취하면 $\frac{dx}{dy}=-\frac{1}{2x}$이다.

음함수의 미분법

지금까지 살펴본 함수 $y=f(x)$는 독립변수가 x이고 종속변수가 y임을 보여준다. 그러나 원의 방정식 $x^2+y^2=1$의 경우에는 독립변수와 종속변수가 명확하게 정의되지 않는다. 이때 변수 y를 변수 x의 식으로 나타내면 다음과 같은 함수로 표현할 수 있다.

$$y=\sqrt{1-x^2} \quad \text{또는} \quad y=-\sqrt{1-x^2}$$

또한 이 식을 그림으로 나타내면 다음과 같다.

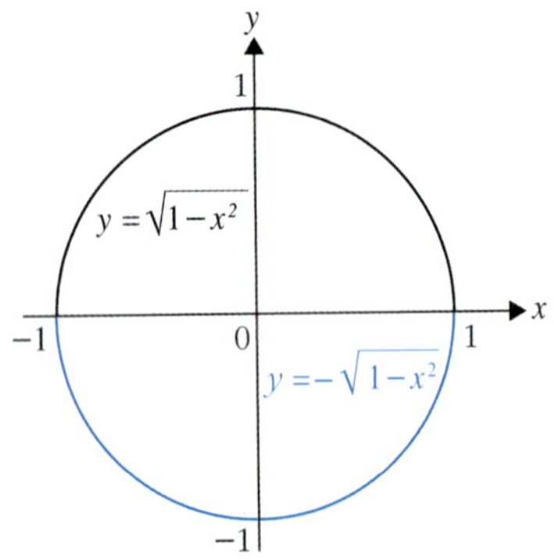

그림 3-12 $y=\sqrt{1-x^2}$ 과 $y=-\sqrt{1-x^2}$

이와 같이 방정식 $F(x, y)=0$에 대해 y를 x의 함수 $y=f(x)$로 생각할 때, y는 x의 **음함수** implicit function로 정의된다고 한다. 이때 음함수로 정의된 함수 $y=f(x)$의 도함수를 구하기 위해 다음의 순서를 생각한다.

❶ 양변을 x에 관해 미분한다. 즉, $\frac{d}{dx}F(x, y)=0$을 구한다. 이때 y는 x의 함수로 생각한다.

❷ y'에 관해 푼다.

예를 들어, 원의 방정식 $x^2+y^2=1$에서 y를 x의 함수로 생각하고 $\frac{dy}{dx}$를 다음과 같이 구한다.

① 양변을 x에 관해 미분한다. 즉, $\frac{d}{dx}(x^2+y^2)=\frac{d}{dx}(0)=0$을 구한다. 이때 y가 x의 함수이므로 연쇄법칙에 의해 좌변의 도함수는 다음과 같다.

$$\frac{d}{dx}(y^2)=\frac{d}{dy}(y^2)\,\frac{dy}{dx}=2y\frac{dy}{dx}$$

따라서 양변을 x에 관해 미분한 결과는 $2x+2y\frac{dy}{dx}=0$이다.

② 이제 마지막 식을 $\frac{dy}{dx}$에 관해 풀면 $\frac{dy}{dx}=-\frac{x}{y}$이다.

예제 3-13

데카르트 잎사귀선이라고 하는 방정식 $x^3 + y^3 = 6xy$의 곡선이 다음과 같다. 이 그래프를 보고 물음에 답하라.

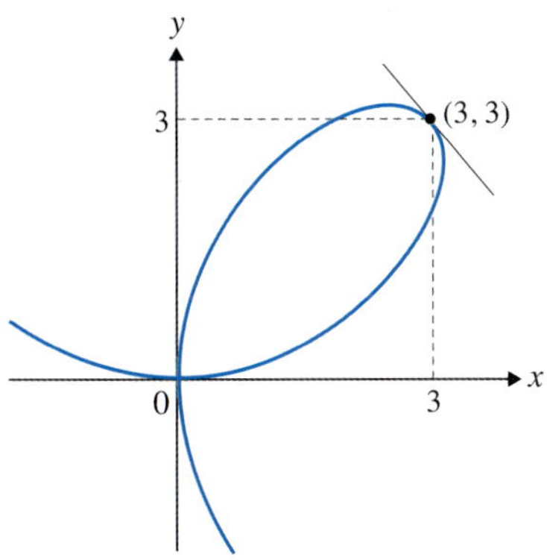

(a) y'을 구하라.

(b) 곡선 위의 점 $(3, 3)$에서 접선의 방정식을 구하라.

TIP y를 x의 함수로 생각하고 양변을 x로 미분한다.

풀이

(a) ① 연쇄법칙을 이용하여 양변을 x로 미분하면 다음과 같다.

$$\frac{d}{dx}(x^3 + y^3) = \frac{d}{dx}(6xy) \Rightarrow 3x^2 + \frac{d}{dx}(y^3) = 6y + 6x\frac{dy}{dx}$$

$$3x^2 + 3y^2\frac{dy}{dx} = 6y + 6x\frac{dy}{dx}$$

② 마지막 식을 $\dfrac{dy}{dx}$에 관해 풀면 $\dfrac{dy}{dx} = \dfrac{2y - x^2}{y^2 - 2x}$이다.

(b) ① 점 $(3, 3)$에서 접선의 기울기를 구한다. $x = 3$이면 $y = 3$이므로 다음과 같다.

$$\left(\frac{dy}{dx}\right)_{\substack{x=3\\y=3}} = \left(\frac{2y - x^2}{y^2 - 2x}\right)_{\substack{x=3\\y=3}} = -1$$

② 접선의 방정식을 구하면 다음과 같다.

$$y - 3 = (-1)(x - 3) \Rightarrow y = -x + 6$$

음함수의 도함수를 구하는 미분법을 이용하여 유리수 r에 대해 함수 $y = x^r$의 도함수를 구할 수 있다. 먼저, 유리수 r을 서로 소인 정수 n과 $m\,(m \neq 0)$을 이용하여 $r = \dfrac{n}{m}$으로 나타낸다. 이를 함수 $y = x^r$ 에 적용하면 $y = x^{\frac{n}{m}}$ 이므로 $y^m = x^n$ 이다. 여기에 연쇄법칙을 이용하여 식의 양변을 x 에 관해 미분하면 다음과 같다.

$$\frac{d}{dx}(y^m) = \frac{d}{dx}(x^n) \text{ 즉, } my^{m-1} \cdot \frac{dy}{dx} = nx^{n-1}$$

위의 식을 $\frac{dy}{dx}$ 에 관하여 풀면 다음과 같다.

$$\frac{dy}{dx} = \frac{n}{m}\frac{x^{n-1}}{y^{m-1}} = \frac{n}{m}\frac{x^{n-1}}{\left(x^{\frac{n}{m}}\right)^{m-1}} = \frac{n}{m}\frac{x^{n-1}}{x^{\frac{n(m-1)}{m}}} = \frac{n}{m}x^{\frac{n}{m}-1} = rx^{r-1}$$

이를 정리하면 유리수 r 에 대해 $f(x) = x^r$ 의 도함수는 다음과 같다.

정리 3-11 $f(x) = x^r$ **의 도함수**

유리수 r 에 대해 $f(x) = x^r$ 의 도함수는 $f'(x) = rx^{r-1}$ 이다.

예를 들어, $f(x) = \sqrt{x}$ 의 도함수를 [정리 3-11]을 이용하여 구하면 다음과 같다.

$$f'(x) = \frac{d}{dx}\sqrt{x} = \frac{d}{dx}\left(x^{\frac{1}{2}}\right) = \frac{1}{2}x^{\frac{1}{2}-1} = \frac{1}{2}x^{-\frac{1}{2}} = \frac{1}{2\sqrt{x}}$$

한편 1.4절에서 지수가 무리수 α 인 경우에는 지수가 유리수인 수열을 이용하여 표현하는 방법을 살펴보았다. 그러므로 무리수 α 에 대해 $f(x) = x^\alpha$ 의 도함수는 지수가 유리수인 함수의 도함수에 대한 수열의 극한으로 생각할 수 있다. 따라서 무리수 α 에 대해서도 [정리 3-11]이 성립한다. 그러면 임의의 실수 α 에 대해 $f(x) = x^\alpha$ 의 도함수는 $f'(x) = \alpha x^{\alpha-1}$ 이다.

예제 3-14

다음 함수의 도함수를 구하라.

(a) $y = \sqrt[4]{x^3}$ (b) $y = \frac{\sqrt{x}}{x+1}$

TIP 지수법칙을 이용하여 간단히 표현한다.

풀이

(a) 지수법칙을 이용하여 지수를 간단히 하면 $y = \sqrt[4]{x^3} = x^{\frac{3}{4}}$ 이다.

여기서 도함수를 구하면 $y' = \frac{3}{4}x^{\frac{3}{4}-1} = \frac{3}{4}x^{-\frac{1}{4}} = \frac{3}{4\sqrt[4]{x}}$ 이다.

(b) 지수법칙을 이용하여 지수를 간단히 하면 $y = \sqrt{x} = x^{\frac{1}{2}}$ 이다.

여기서 도함수를 구하면 $y' = \dfrac{\frac{1}{2}x^{-\frac{1}{2}}(x+1) - \sqrt{x}(1)}{(x+1)^2} = \dfrac{1-x}{2\sqrt{x}\,(x+1)^2}$ 이다.

지수함수와 로그함수의 도함수

지수함수와 로그함수는 서로 역함수 관계이므로 지수함수의 도함수를 구하면 [정리 3-10]에 따라 로그함수의 도함수도 쉽게 구할 수 있다.

1.3절의 [정리 1-3]에 따라 무리수 e를 다음과 같이 수열의 극한으로 정의했음을 알 수 있다.

$$\lim_{n \to \infty}\left(1 + \frac{1}{n}\right)^n = e$$

따라서 실수 x에 대해 $x \to \infty$ 일 때 함수 $f(x) = \left(1 + \frac{1}{x}\right)^x$ 의 극한은 다음과 같다.

$$\lim_{x \to \infty}\left(1 + \frac{1}{x}\right)^x = e$$

이때 $x = \frac{1}{t}$ 라 하면 $x \to \infty$ 일 때 $t \to 0$ 이므로 다음과 같이 극한을 얻는다.

$$\lim_{t \to 0}(1+t)^{\frac{1}{t}} = \lim_{x \to \infty}\left(1 + \frac{1}{x}\right)^x = e$$

이제 임의의 양수 a에 대해 극한 $\lim_{h \to 0}\frac{a^h - 1}{h}$을 구해 보자. 여기서 $a^h - 1 = t$라 하면, $a^h = t + 1$이므로 $h = \log_a(t+1)$이다. 따라서 $h \to 0$이면 $t \to 0$이고 로그함수의 성질에 의해 다음과 같이 극한을 얻는다.

$$\lim_{h \to 0} \frac{a^h - 1}{h} = \lim_{t \to 0} \frac{t}{\log_a(t+1)} = \lim_{t \to 0} \frac{1}{\frac{1}{t}\log_a(t+1)}$$

$$= \lim_{t \to 0} \frac{1}{\log_a(t+1)^{\frac{1}{t}}} = \frac{1}{\log_a e} = \ln a$$

위의 극한과 [정의 3-6] 도함수의 정의에 의해 밑이 a 인 지수함수 $f(x) = a^x$ 의 도함수는 다음과 같다.

$$f'(x) = \lim_{h \to 0} \frac{f(x+h) - f(x)}{h} = \lim_{h \to 0} \frac{a^{x+h} - a^x}{h}$$

$$= \lim_{h \to 0} \frac{a^x(a^h - 1)}{h} = a^x \lim_{h \to 0} \frac{a^h - 1}{h} = a^x \ln a$$

특히 $a = e$ 이면 $\ln e = 1$이므로 $f(x) = e^x$의 도함수는 다음과 같다.

$$f'(x) = e^x \ln e = e^x$$

따라서 위의 내용으로 지수함수의 도함수를 정리하면 다음과 같다.

정리 3-12 지수함수의 도함수

(1) 실수 $a\ (a > 0,\ a \neq 1)$에 대해 $f(x) = a^x$의 도함수는 $f'(x) = a^x \ln a$이다.

(2) 자연지수함수 $f(x) = e^x$의 도함수는 $f'(x) = e^x$이다.

한편 로그함수 $y = \log_a x$는 지수함수 $x = a^y$의 역함수이므로 [정리 3-12]에 의해 다음을 얻는다.

$$\frac{dx}{dy} = a^y \ln a = x \ln a$$

[정리 3-10]의 역함수의 도함수를 이용하여 로그함수 $y = \log_a x$의 도함수를 구하면 다음과 같다.

$$\frac{dy}{dx} = \frac{1}{\frac{dx}{dy}} = \frac{1}{x \ln a}$$

특히 $a = e$ 이면 $\ln e = 1$이므로 자연로그함수 $y = \ln x$ 의 도함수는 다음과 같다.

$$\frac{dy}{dx} = \frac{1}{x}$$

따라서 위의 내용으로 로그함수의 도함수를 정리하면 다음과 같다.

정리 3-13 로그함수의 도함수

(1) 실수 $a\ (a > 0,\ a \neq 1)$에 대해 $f(x) = \log_a x$의 도함수는 $f'(x) = \dfrac{1}{x \ln a}$이다.

(2) 자연지수함수 $f(x) = \ln x$ 의 도함수는 $f'(x) = \dfrac{1}{x}$이다.

예제 3-15

다음 함수의 도함수를 구하라.

(a) $y = 2^{2x-1}$

(b) $y = e^{x^2 - x + 1}$

(c) $y = \log_{10}(4x + 3)$

(d) $y = \ln(x^2 + 1)$

TIP 지수를 변수 u로 치환하고 연쇄법칙을 이용한다.

풀이

(a) ① 지수를 변수 $u = 2x - 1$이라 놓으면 함수 $y = 2^u$이다.

② 함수 $u = 2x - 1$과 함수 $y = 2^u$의 도함수를 구하면 다음과 같다.

$$\frac{dy}{du} = 2^u \ln 2\,,\quad \frac{du}{dx} = 2$$

③ 여기에 연쇄법칙을 이용하면 다음과 같다.

$$\frac{dy}{dx} = \frac{dy}{du}\,\frac{du}{dx} = (2^u \ln 2)(2)$$

④ 함수 $u = 2x - 1$을 위에서 구한 도함수에 대입하면 다음과 같다.

$$\frac{dy}{dx} = \frac{dy}{du}\,\frac{du}{dx} = (2\ln 2)(2^{2x-1}) = 2^{2x} \ln 2$$

(b) ① 지수를 변수 $u = x^2 - x + 1$이라 놓으면 함수 $y = e^u$이다.

② 함수 $u = x^2 - x + 1$과 함수 $y = e^u$의 도함수를 구하면 다음과 같다.

$$\frac{dy}{du} = e^u\,,\quad \frac{du}{dx} = 2x - 1$$

③ 여기에 연쇄법칙을 이용하면 다음과 같다.

$$\frac{dy}{dx} = \frac{dy}{du}\frac{du}{dx} = (2x-1)e^{u}$$

④ 함수 $u = x^2 - x + 1$을 위에서 구한 도함수에 대입하면 다음과 같다.

$$\frac{dy}{dx} = \frac{dy}{du}\frac{du}{dx} = (2x-1)e^{x^2-x+1}$$

(c) ① 지수를 변수 $u = 4x + 3$이라 놓으면 함수 $y = \log_{10} u$이다.

② 함수 $u = 4x + 3$과 함수 $y = \log_{10} u$의 도함수를 구하면 다음과 같다.

$$\frac{dy}{du} = \frac{1}{u \ln 10}, \quad \frac{du}{dx} = 4$$

③ 여기에 연쇄법칙을 이용하면 다음과 같다.

$$\frac{dy}{dx} = \frac{dy}{du}\frac{du}{dx} = \frac{1}{u \ln 10}(4)$$

④ 함수 $u = 4x + 3$을 위에서 구한 도함수에 대입하면 다음과 같다.

$$\frac{dy}{dx} = \frac{dy}{du}\frac{du}{dx} = \frac{4}{(4x+3)\ln 10}$$

(d) ① 지수를 변수 $u = x^2 + 1$이라 놓으면 함수 $y = \ln u$이다.

② 함수 $u = x^2 + 1$과 함수 $y = \ln u$의 도함수를 구하면 다음과 같다.

$$\frac{dy}{du} = \frac{1}{u}, \quad \frac{du}{dx} = 2x$$

③ 여기에 연쇄법칙을 이용하면 다음과 같다.

$$\frac{dy}{dx} = \frac{dy}{du}\frac{du}{dx} = \frac{1}{u}(2x)$$

④ 함수 $u = x^2 + 1$을 위에서 구한 도함수에 대입하면 다음과 같다.

$$\frac{dy}{dx} = \frac{2x}{x^2+1}$$

고계도함수

미분가능한 함수 $y = f(x)$의 도함수 $f'(x)$가 미분가능하다고 하자. $f'(x)$의 도함수는 $f(x)$를 연속적으로 두 번 반복하여 미분한 결과로, 2계 도함수라 하며 다음과 같이 나타낸다.

$$y'', \ f''(x), \{f'(x)\}', \ \frac{d^2y}{dx^2}, \ \frac{d^2f}{dx^2}, \ \frac{d^2}{dx^2}f(x), \ D^2f(x)$$

또한 2계 도함수 $f''(x)$가 미분가능할 때 $f''(x)$의 도함수를 $f(x)$의 3계 도함수라 하며 다음과 같이 나타낸다.

$$y''',\ f'''(x),\ \frac{d^3y}{dx^3},\ \frac{d^3f}{dx^3},\ \frac{d^3}{dx^3}f(x),\ D^3f(x)$$

반복하여 미분가능한 함수 $f(x)$를 n번 연속적으로 미분한 함수를 $f(x)$의 n계 도함수라 하며 $n \geq 4$일 때 다음과 같이 나타낸다.

$$y^{(n)},\ f^{(n)}(x),\ \frac{d^ny}{dx^n},\ \frac{d^nf}{dx^n},\ \frac{d^n}{dx^n}f(x),\ D^nf(x)$$

또한 2계 이상의 도함수를 통칭하여 **고계도함수**higher derivative라 한다.

예제 3-16

함수 $y = x^6$에 대한 3계 도함수를 구하라.

풀이

3계 도함수이므로 주어진 함수를 연속적으로 세 번 반복하여 미분한다.

① $y = x^6$의 1계 도함수를 구하기 위해 미분하면 $y' = 6x^5$이다.

② 2계 도함수를 구하기 위해 $y' = 6x^5$을 미분하면 $y'' = (6)(5)x^4 = 30x^4$이다.

③ 3계 도함수를 구하기 위해 $y'' = 30x^4$을 다시 한 번 미분하면 다음과 같다.

$$y''' = (30)(4)x^3 = 120x^2$$

3.4 평균값 정리

고속도로 어느 지점에서는 구간단속을 한다. 단속 구간의 시작점과 끝점 사이의 자동차 평균속력을 측정하여 과속을 단속하는데, 이와 같은 구간단속 방법은 평균값 정리를 응용한 것이다. 이 절에서는 이러한 평균값 정리의 의미와 이를 이용한 경영·경제학에의 응용에 대해 살펴볼 것이다.

평균값 정리

[정리 3-4]는 닫힌구간 $[a, b]$에서 연속인 함수 $f(x)$는 반드시 최댓값과 최솟값을 갖는다는 사실을 보여준다. 특히 닫힌구간 $[a, b]$에서 연속인 함수가 열린구간 (a, b)에서 미분가능할 때 성립하는 성질을 **롤의 정리** Rolle's theorem 라 하며, 내용은 다음과 같다.

정리 3-14 롤의 정리

함수 $f(x)$가 다음 세 가지 조건을 만족한다고 하자.

(1) $f(x)$는 닫힌구간 $[a, b]$에서 연속이다.

(2) $f(x)$는 열린구간 (a, b)에서 미분가능하다.

(3) 양 끝점에서 함숫값이 동일하다. 즉, $f(a) = f(b)$이다.

따라서 $f'(c) = 0$을 만족하는 c가 a와 b 사이에 적어도 하나 존재한다.

롤의 정리를 기하학적으로 나타내면 [그림 3-13]과 같다. 여기서 함수 $f(x)$가 [정리 3-14]의 조건을 만족하면 $f(c) = 0$을 만족하는 c가 a와 b 사이에 적어도 하나 존재함을 나타낸다. [그림 3-13]에 따르면 $x = c$에서 접선이 x축과 평행이고, 그 점에서 함수 $f(x)$는 최댓값 또는 최솟값을 가짐을 알 수 있다.

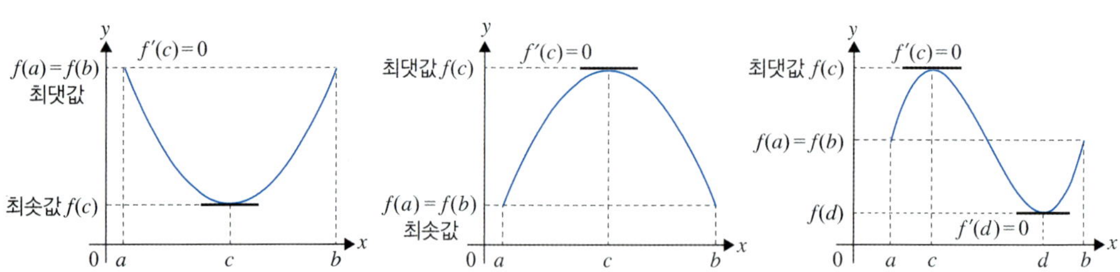

(a) $x = c$에서 국소적인 최솟값 (b) $x = c$에서 국소적인 최댓값 (c) 국소적인 최댓값과 최솟값

그림 3-13 롤의 정리에 대한 기하학적 의미

그러나 함수 $f(x)$가 [정리 3-14]의 세 가지 조건 중에서 어느 하나라도 만족하지 않으면 롤의 정리는 성립하지 않는다. 예를 들어, 함수 $f(x) = |x|$는 [그림 3-14]와 같이 닫힌구간 $[-1, 1]$에서 연속이고 $f(-1) = f(1)$이지만, 열린구간 $(-1, 1)$ 안의 $x = 0$에서 미분가능하지 않다. 그러므로 $f'(c) = 0$을 만족하는 c가 -1과 1 사이에 존재하지 않는다. 다시 말해서 열린구간 (a, b)에서 x축과 평행인 접선이 존재하지 않는다.

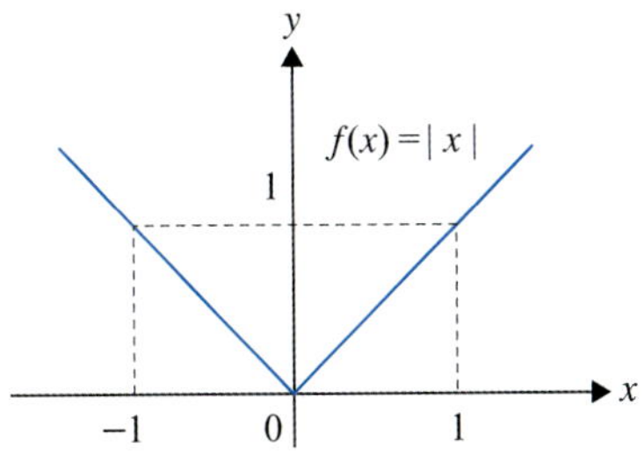

그림 3-14 $f(x) = |x|$의 그래프

한편 롤의 정리에서 $f(a) \neq f(b)$인 경우로 확장하면 **평균값 정리** mean value theorem를 얻으며, 내용은 다음과 같다.

> **정리 3-15 평균값 정리**
>
> 함수 $f(x)$가 ❶ 닫힌구간 $[a, b]$에서 연속이고, ❷ 열린구간 (a, b)에서 미분가능할 때, $f'(c) = \dfrac{f(b) - f(a)}{b - a}$를 만족하는 c가 a와 b 사이에 적어도 하나 존재한다. 이때 함수 $f(x)$가 다음 두 가지 조건을 만족한다고 하자.
>
> (1) $f(x)$는 닫힌구간 $[a, b]$에서 연속이다.
>
> (2) $f(x)$는 열린구간 (a, b)에서 미분가능하다.
>
> 따라서 $f'(c) = \dfrac{f(b) - f(a)}{b - a}$를 만족하는 c가 a와 b 사이에 적어도 하나 존재한다.

이 정리에서 $\dfrac{f(b) - f(a)}{b - a}$는 곡선 위의 양 끝점 $\mathrm{P}(a, f(a))$와 $\mathrm{Q}(b, f(b))$를 지나는 직선의 기울기이며, $f'(c)$는 곡선 $y = f(x)$ 위의 점 $(c, f(c))$에서 접선의 기울기이다. 이를 그림으로 나타내면 [그림 3-15]와 같다. 따라서 평균값 정리는 양 끝점 P와 Q를 잇는 직선과 평행한 접선이 열린구간 (a, b) 안에 적어도 하나 존재함을 나타낸다. 즉, 닫힌구간 $[a, b]$에서 평균변화율과 동일한 순간변화율을 갖는 점이 열린구간 (a, b) 안에 반드시 존재함을 의미한다.

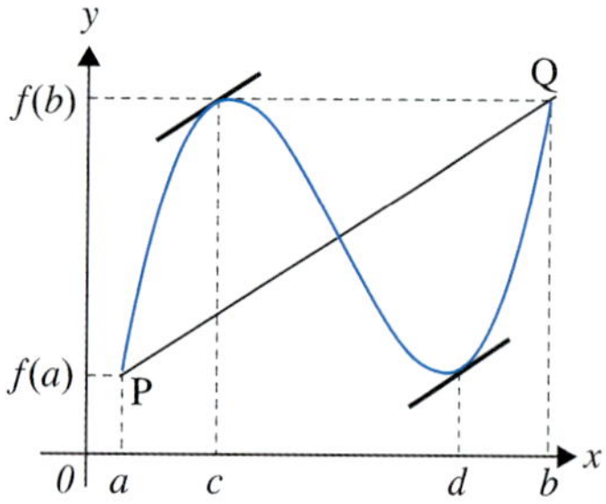

그림 3-15 평균값 정리에 대한 기하학적 의미

예제 3-17

닫힌구간 $[0, 2]$에서 함수 $f(x) = x^3$에 대해 평균값의 정리를 만족하는 x를 구하라.

TIP 닫힌구간에서 곡선의 양 끝점을 지나는 직선의 기울기와 도함수가 같은 x를 구한다.

풀이

① 함수 $f(x) = x^3$의 도함수를 구한다. 미분하면 $f'(x) = 3x^2$이다.

② 양 끝점을 지나는 직선의 기울기를 구한다. [정리 3-15]의 기울기 구하는 식을 이용하면, $\dfrac{f(2) - f(0)}{2 - 0} = 4$이다.

③ 주어진 구간 안에 있는 x를 구한다. $3x^2 = 4$, $0 \le x \le 2$이므로 $x = \dfrac{2}{\sqrt{3}} = \dfrac{2\sqrt{3}}{3}$이다.

평균값 정리의 응용

[정리 3-15]의 평균값 정리를 이용하면 미분가능한 점 $x = a$에서 $f(a)$의 선형함수에 의한 근삿값을 구할 수 있으며, $\dfrac{\infty}{\infty}$ 또는 $\dfrac{0}{0}$ 형태인 부정형의 극한을 쉽게 구할 수 있다.

■ 선형근삿값

계산기를 비롯한 특별한 도구가 없을 때 $\sqrt{16.02}$의 근삿값을 어떻게 구할 수 있을까? 이와 같은 근삿값을 구하기 위해 미분가능한 함수 $f(x)$의 $x = a$에 관한 선형근사식을 이용한다. $x = a$에서 미분가능한 함수 $y = f(x)$가 닫힌구간 $[a, b]$에서 연속이고 열린구간 (a, b)에서 미분가능하면 평균값 정리에 의해 다음이 성립한다.

$$f(b) - f(a) = f'(c)(b - a), \quad a < c < b$$

이때 $b-a=h$ 이고 $h \approx 0$ 이라 하면 $a \approx b$ 이므로 $c \approx a$ 이다. 또한, $f(x)$ 가 $x=a$ 에서 미분 가능하므로 다음을 얻는다.

$$f(a+h)-f(a) \approx f'(a)h \quad \text{또는} \quad f(a+h) \approx f(a)+f'(a)h$$

예를 들어 $\sqrt{16.02}$ 의 근삿값을 구하기 위해 함수 $f(x)=\sqrt{x}$ 를 생각한다. 이때 함수 $f(x)$의 도함수는 $f'(x)=\dfrac{1}{2\sqrt{x}}$ 이므로 $a=16$, $h=0.02$ 이라 하고 근삿값을 계산한다.

$$\begin{aligned}\sqrt{16.02} &= f(16+0.02) \approx f(16)+f'(16)\cdot(0.02) \\ &= \sqrt{16}+\frac{0.02}{2\sqrt{16}} = 4+\frac{0.02}{8} = 4.0025\end{aligned}$$

여기서 $f(a+h) \approx f(a)+f'(a)h$ 에서 $a+h=x$ 라 놓으면 다음의 관계식을 얻을 수 있으며, 이 식을 $x=a$ 에서 함수 $f(x)$의 **선형근사**linear approximation라 한다.

$$f(x) \approx f(a)+f'(a)(x-a)$$

이러한 사실을 이용하면 [정리 3-16]과 같은 주요한 함수의 선형근사를 얻는다.

정리 3-16 선형근사

$x \approx 0$ 일 때 다음 근사식이 성립한다.

(1) $(1+x)^n \approx 1+nx$

(2) $\sqrt{1+x} \approx 1+\dfrac{1}{2}x$

(3) $e^x \approx 1+x$

(4) $\ln(1+x) \approx x$

예제 3-18

다음의 근삿값을 구하라.

(a) 1.002^5

(b) $e^{0.004}$

풀이

(a) 1.002^5 의 근삿값을 구하기 위해 함수 $f(x)=x^5$을 생각한다. 이때 함수 $f(x)$의 도함수는 $f'(x)=5x$ 이므로 1.002에 대해 $a=1$, $h=0.002$로 두면 다음과 같은 근삿값을 얻는다.

$$1.002^5 = f(1.002) \approx f(1)+f'(1)(0.002) = 1+(5)(0.002) = 1.01$$

또한 [정리 3-16]을 이용하면 근삿값을 쉽게 구할 수 있다.

$$1.002^5 = (1+0.002)^5 \approx 1+(5)(0.002) = 1.01$$

(b) $e^{0.004}$의 근삿값을 구하기 위해 함수 $f(x)=e^x$을 생각한다. 이때 함수 $f(x)$의 도함수는 $f'(x)=e^x$이므로 $a=0$, $h=0.004$로 두면 다음과 같은 근삿값을 얻는다.

$$\begin{aligned} e^{0.004} &= f(0.004) \approx f(0) + f'(0)(0.004) \\ &= e^0 + (e^0)(0.004) = 1 + 0.004 = 1.004 \end{aligned}$$

또한, [정리 3-16]을 이용하면 근삿값을 쉽게 구할 수 있다.

$$e^{0.004} \approx 1 + 0.004 = 1.004$$

■ 로피탈의 정리

두 함수 $f(x)$와 $g(x)$에 대해 $x \to a$일 때 $f(x) \to 0$이고 $g(x) \to 0$이면 다음 형태의 극한을 $\frac{0}{0}$ 형태의 **부정형**indeterminate form이라 한다. 또한 $f(x) \to \pm\infty$이고 $g(x) \to \pm\infty$이면 다음 형태의 극한을 $\frac{\infty}{\infty}$ 형태의 부정형이라 한다.

$$\lim_{x \to a} \frac{f(x)}{g(x)}$$

이와 같은 부정형의 극한은 소위 로피탈의 정리라 일컫는 방법을 이용하여 쉽게 구할 수 있으며, **로피탈의 정리**L'Hospital's theorem는 평균값 정리를 일반화하여 얻을 수 있다.

정리 3-17 로피탈의 정리

함수 $f(x)$와 $g(x)$가 $x=a$를 포함하는 열린구간에서 미분가능하고 $g'(a) \neq 0$이라 하자.

(1) $\lim_{x \to a} f(x) = 0$, $\lim_{x \to a} g(x) = 0$

(2) $\lim_{x \to a} f(x) = \infty$ (또는 $-\infty$), $\lim_{x \to a} g(x) = \infty$ (또는 $-\infty$)

이때 조건 (1) 또는 (2)를 만족하고 다음 극한의 우변이 존재한다면 다음 관계가 성립한다.

$$\lim_{x \to a} \frac{f(x)}{g(x)} = \lim_{x \to a} \frac{f'(x)}{g'(x)}$$

예를 들어 다음 로지스틱함수에서 포화밀도 M이 한없이 증가하면, 즉 $M \to \infty$이면 x년도 후의 인구 $P(x)$의 극한은 $\frac{\infty}{\infty}$ 형태의 부정형이고 분모와 분자는 M에 관해 미분가능하다. 따라서 로피탈의 정리에 의해 $P(x)$의 극한은 다음과 같이 지수함수로 표현될 수 있다.

$$\lim_{M \to \infty} P(x) = \lim_{M \to \infty} \frac{MP_0}{P_0 + (M - P_0)e^{-ax}} = \lim_{M \to \infty} \frac{P_0}{e^{-ax}} = P_0 e^{ax}$$

예제 3-19

다음 극한을 구하라.

(a) $\displaystyle\lim_{x \to 2} \frac{x^2 - 4}{x - 2}$ (b) $\displaystyle\lim_{x \to \infty} \frac{x^2 - 4}{2x^2 + x - 2}$ (c) $\displaystyle\lim_{x \to \infty} \left(\sqrt{x^2 + 1} - x + 1\right)$

풀이

(a) $\displaystyle\lim_{x \to 2} \frac{x^2 - 4}{x - 2} = \lim_{x \to 2} \frac{2x}{1} = 4$

(b) $\displaystyle\lim_{x \to \infty} \frac{x^2 - 4}{2x^2 + x - 2} = \lim_{x \to \infty} \frac{2x}{4x + 1} = \lim_{x \to \infty} \frac{2}{4} = \frac{1}{2}$

(c) $\infty - \infty$ 형태의 부정형은 $\frac{\infty}{\infty}$ 또는 $\frac{0}{0}$ 형태로 변경한다.

① $\displaystyle\lim_{x \to \infty} \left(\sqrt{x^2 + 1} - x + 1\right)$은 $\displaystyle\lim_{x \to \infty} \sqrt{x^2 + 1} = \infty$, $\displaystyle\lim_{x \to \infty} (x - 1) = \infty$이다. 따라서 주어진 극한은 $\infty - \infty$ 형태의 부정형이다.

② 따라서 $\frac{\infty}{\infty}$ 형태로 변경한다. 변경한 식은 다음과 같다.

$$\frac{\sqrt{x^2 + 1} - (x - 1)}{1} = \frac{\left(\sqrt{x^2 + 1} - (x - 1)\right)\left(\sqrt{x^2 + 1} + (x - 1)\right)}{\sqrt{x^2 + 1} + (x - 1)}$$

$$= \frac{(x^2 + 1) - (x - 1)^2}{\sqrt{x^2 + 1} + (x - 1)} = \frac{2x}{\sqrt{x^2 + 1} + (x - 1)}$$

③ 위 식의 분자와 분모를 x로 나누어 극한을 구하면 다음과 같다.

$$\lim_{x \to \infty} \frac{2x}{\sqrt{x^2 + 1} + (x - 1)} = \lim_{x \to \infty} \frac{2}{\sqrt{1 + \frac{1}{x^2}} + 1 - \frac{1}{x}} = \frac{2}{2} = 1$$

④ ②에서 구한 식에 로피탈의 정리를 이용해도 동일한 해답을 얻을 수 있다.

3.5 함수의 극대와 극소

3.2절, 3.3절에서 한계수익함수 $R(x) = 200x - 2x^2$의 최댓값은 $R'(x) = 0$을 만족하는 $x = 50$일 때 나타나는 것을 살펴보았다. 이 절에서는 미분가능한 함수의 최댓값과 최솟값을 구하는 방법에 대해 알아볼 것이다.

함수의 증가와 감소

함수 $f(x)$가 어떤 구간 I에 속하는 임의의 두 실수 x_1, $x_2(x_1 < x_2)$에 대해 [그림 3-16(a)]와 같이 $f(x_1) < f(x_2)$이면 $f(x)$는 I에서 **증가**increasing한다고 한다. 또한 [그림 3-16(b)]와 같이 $f(x_1) > f(x_2)$이면 $f(x)$는 I에서 **감소**decreasing한다고 한다.

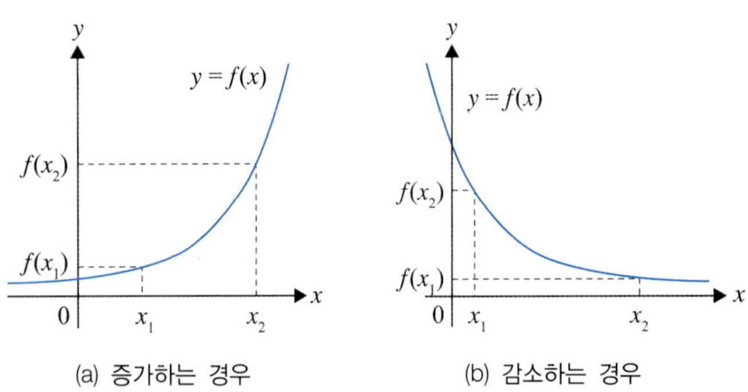

그림 3-16 함수의 증가와 감소

한편 함수 $f(x)$가 닫힌구간 $[a, b]$에서 연속이고 열린구간 (a, b)에서 미분가능하다고 하자. 함수 $f(x)$는 a와 b 사이에 있는 임의의 두 실수 x_1, $x_2(x_1 < x_2)$에 대해 닫힌구간 $[x_1, x_2]$에서 연속이고 열린구간 (x_1, x_2)에서 미분가능하다. 그러므로 평균값 정리에 의해 다음을 만족하는 c가 열린구간 (x_1, x_2)에 적어도 하나 존재한다.

$$\frac{f(x_2) - f(x_1)}{x_2 - x_1} = f'(c)$$

이때 열린구간 (a, b)에서 $f'(x)$의 부호에 따라 다음과 같이 두 가지 경우를 생각할 수 있다.

❶ $f'(x) > 0$인 경우 : $a < x_1 < c < x_2 < b$이므로 $f'(c) > 0$이고, $x_2 - x_1 > 0$이므로 $f(x_2) - f(x_1) > 0$이다. 이를 그림으로 나타내면 아래 [그림 3-17(a)]와 같다. 따라서 열

린구간 (a, b) 안에 속하는 임의의 두 실수 x_1, $x_2(x_1 < x_2)$에 대해 $f(x_1) < f(x_2)$이고 $f(x)$는 이 구간에서 증가함을 알 수 있다.

❷ $f'(x) < 0$인 경우 : $f'(c) < 0$이고, $x_2 - x_1 > 0$이므로 $f(x_2) - f(x_1) < 0$이다. 이를 그림으로 나타내면 [그림 3−17(b)]와 같다. 따라서 열린구간 (a, b) 안에 속하는 임의의 두 실수 x_1, $x_2(x_1 < x_2)$에 대해 $f(x_1) > f(x_2)$이고 $f(x)$는 이 구간에서 감소함을 알 수 있다.

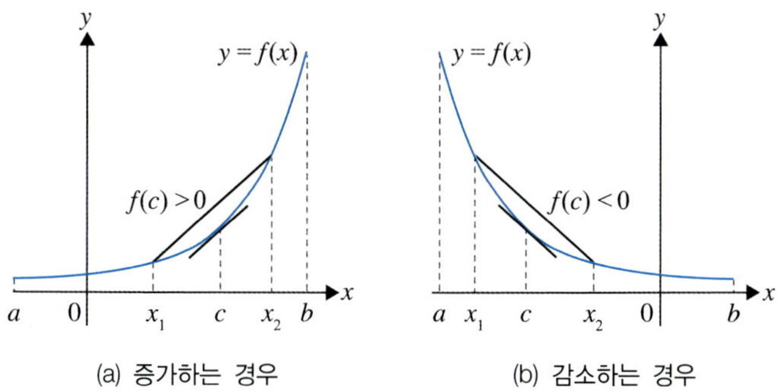

그림 3-17 $f'(x)$의 부호와 함수의 증감

위의 내용을 다음과 같이 정리할 수 있다.

정리 3-18 함수의 증가와 감소

함수 $f(x)$가 열린구간 I에서 미분가능할 때, 구간 I 안의 모든 x에 대해 다음이 성립한다.

(1) $f'(x) > 0$이면 열린구간 I에서 $f(x)$는 증가한다.

(2) $f'(x) < 0$이면 열린구간 I에서 $f(x)$는 감소한다.

예제 3-20

함수 $f(x) = x^3 - 3x^2 + 1$의 증가하는 구간과 감소하는 구간을 구하라.

TIP $f'(x) = 0$을 만족하는 x를 경계로 증감을 조사한다.

풀이

$f'(x)$를 구하면 다음과 같다.

$$f'(x) = 3x^2 - 6x = 3x(x - 2)$$

$f'(x) = 0$을 만족하는 x를 구하면 $x = 0$, $x = 2$이다.

$x < 0$, $0 < x < 2$, $x > 2$에서 $f'(x)$의 부호를 구하고, 함수의 증감을 판정한다.

① $x < 0$ 이면 $f'(x) > 0$ 이므로 $f(x)$는 증가한다.

② $0 < x < 2$ 이면 $f'(x) < 0$ 이므로 $f(x)$는 감소한다.

③ $x > 2$ 이면 $f'(x) > 0$ 이므로 $f(x)$는 증가한다.

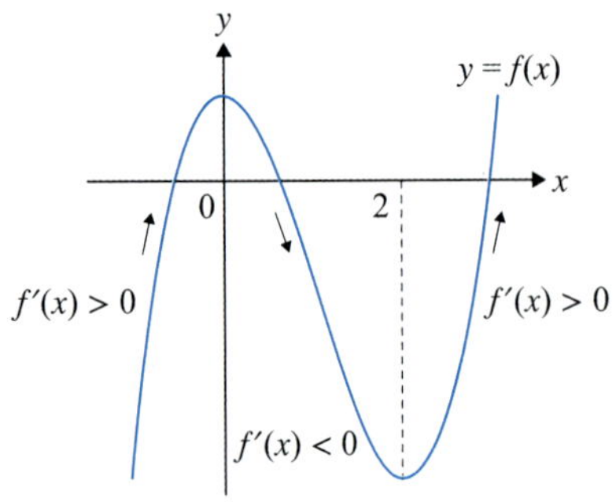

함수의 극대와 극소

지금까지 닫힌구간에서 연속인 함수의 최댓값과 최솟값을 살펴보았다. 이 절에서는 $x = a$를 포함하는 임의의 작은 구간에서 함수 $f(x)$의 극댓값과 극솟값을 정의하고, 그 값을 구하는 방법을 살펴볼 것이다.

정의 3-8 극대와 극소

(1) 함수 $f(x)$가 a를 포함하는 어떤 열린구간에서 다음을 만족한다면 $f(x)$는 $x = a$에서 **극대**local maximum라 하고 함숫값 $f(a)$를 **극댓값**local maximum value이라 한다.

$$f(x) \leq f(a)$$

(2) 함수 $f(x)$가 a를 포함하는 어떤 열린구간에서 다음을 만족한다면 $f(x)$는 $x = a$에서 **극소**local minimum라고 하고 $f(a)$를 **극솟값**local minimum value이라 한다.

$$f(x) \geq f(a)$$

극댓값과 극솟값을 통틀어 **극값**extreme value이라 하며, 함수 $f(x)$의 극대점과 극소점을 그림으로 나타내면 [그림 3-18]과 같다.

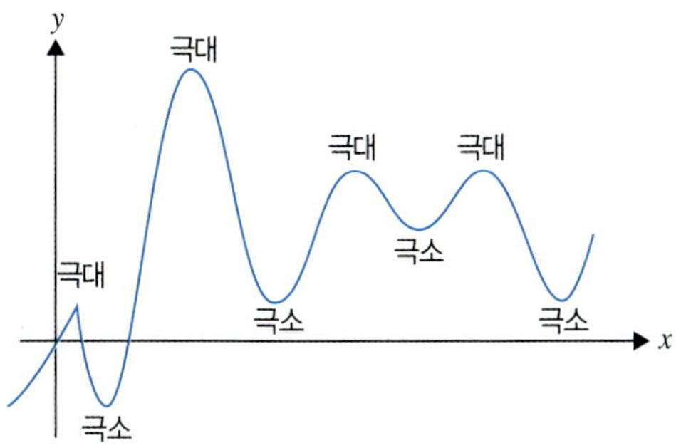

그림 3-18 함수의 극대와 극소

여기서 함수 $f(x)$가 $x = a$에서 극댓값을 갖고 미분가능할 때 $f'(a)$의 값을 알아본다. $f(x)$가 $x = a$에서 극대이므로 [그림 3-19]와 같이 적당한 양수 h에 대해 $a - h < x < a + h$일 때 다음을 만족한다.

$$f(x) \le f(a),\ 즉\ f(x) - f(a) \le 0$$

이때 $a < x < a + h$에 대해 $x - a > 0$이므로 다음이 성립한다.

$$\frac{f(x) - f(a)}{x - a} \le 0$$

또한, 함수 $f(x)$가 $x = a$에서 미분가능하므로 다음과 같은 우극한을 얻는다.

$$f'(a) = \lim_{x \to a^+} \frac{f(x) - f(a)}{x - a} \le 0$$

이때 $a - h < x < a$에 대해 $x - a < 0$이므로 다음이 성립한다.

$$\frac{f(x) - f(a)}{x - a} \ge 0$$

또한, 이 경우에 $f'(a)$를 구하면 다음과 같은 좌극한을 얻는다.

$$f'(a) = \lim_{x \to a^-} \frac{f(x) - f(a)}{x - a} \ge 0$$

따라서 $0 \le f'(a) \le 0$이므로 $f'(a) = 0$이다. 같은 방법으로 $f(x)$가 $x = b$에서 극솟값을 갖고 미분가능하면 $f'(b) = 0$이다. 이를 그림으로 나타내면 [그림 3-19]와 같다.

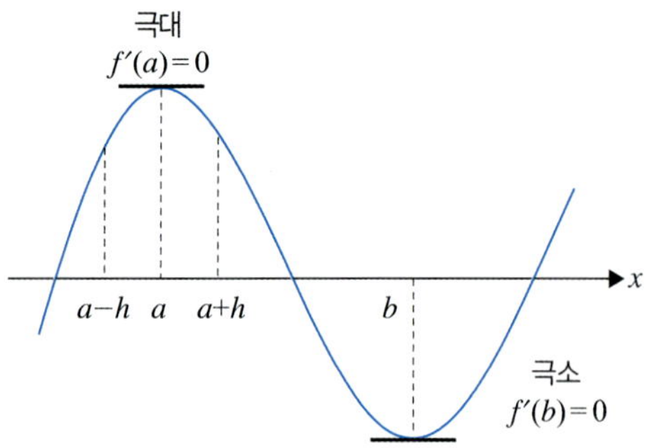

그림 3-19 **극값을 갖고 미분가능한 점**

그러나 함수 $f(x)$가 $x = a$에서 극값을 가질 때, $f'(a)$가 존재하지 않을 수 있다. 예를 들어, 함수 $f(x) = |x|$는 임의의 실수 x에 대해 $|x| \geq f(0) = 0$이므로 $x = 0$에서 극솟값을 갖지만 이 점에서 미분가능하지 않다. 일반적으로 [그림 3-18]의 그래프와 같이 뾰족한 점에서는 미분가능하지 않지만 극값은 가질 수 있다. 따라서 극값을 갖는 점에 대하여 다음과 같이 정리할 수 있으며, 이를 **페르마의 정리**Fermat's theorem라 한다.

> **정리 3-19 페르마의 정리**
>
> 함수 $f(x)$가 열린구간 I에서 연속이고 I 안의 어떤 점 $x = a$에서 극값을 갖는다면, $f'(a) = 0$이거나 $f'(a)$가 존재하지 않는다.

이와 같이 함수 $f(x)$가 I 안의 한 점 $x = a$에서 $f'(a) = 0$이거나 $f'(a)$가 존재하지 않을 때의 점 $x = a$를 함수 $f(x)$의 **임계점**critical point이라 한다. 따라서 $f(x)$가 점 $x = a$에서 극값을 갖는다면, $x = a$는 반드시 $f(x)$의 임계점이다. 그러나 역으로 $x = a$가 $f(x)$의 임계점이라 해서 $f(x)$가 $x = a$에서 반드시 극값을 갖지는 않는다. 예를 들어 $f(x) = x^3$에서 $f'(0) = 0$이지만 [그림 3-20]과 같이 $x = 0$의 좌우에서 극값을 갖지 않는다.

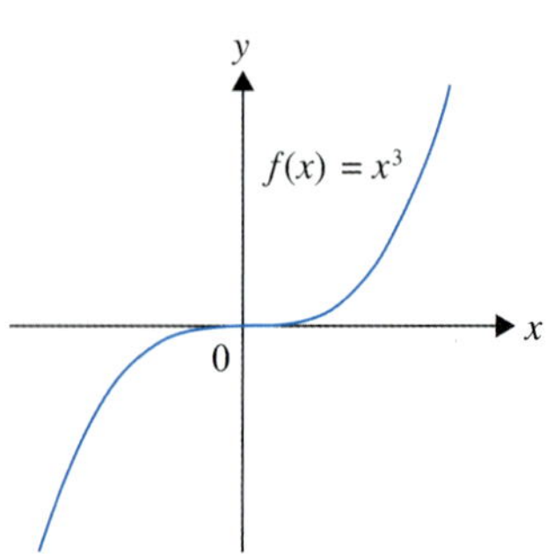

그림 3-20 $f(x) = x^3$ **의 그래프**

점 a를 포함하는 어떤 열린구간 I에서 함수 $f(x)$가 미분가능하고 $f'(a)=0$일 때 다음 두 가지 경우를 생각할 수 있다.

❶ $x<a$에서 $f'(x)>0$이고(즉, $f(x)$가 증가하고), $x>a$에서 $f'(x)<0$인(즉, $f(x)$가 감소하는) 경우 다음의 [그림 3-21(a)]와 같이 이 구간에서 $f(x) \le f(a)$이고 함수 $f(x)$는 $x=a$에서 극댓값을 갖는다.

❷ $x<a$에서 $f'(x)<0$이고(즉, $f(x)$가 감소하고), $x>a$에서 $f'(x)>0$인(즉, $f(x)$가 증가하는) 경우 다음의 [그림 3-21(b)]와 같이 이 구간에서 $f(x) \ge f(a)$이고 함수 $f(x)$는 $x=a$에서 극솟값을 갖는다.

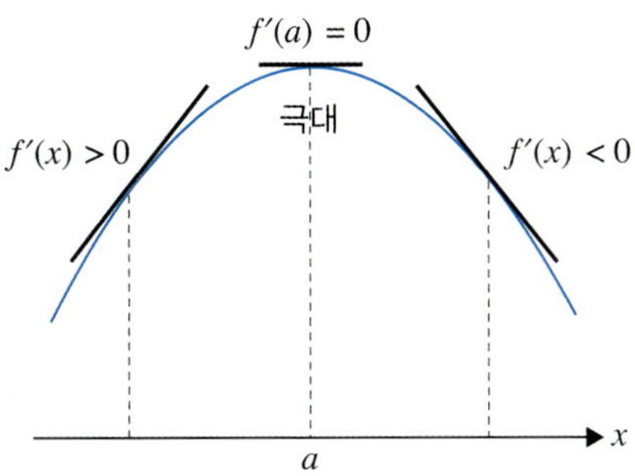

(a) $x=a$에서 극대인 경우

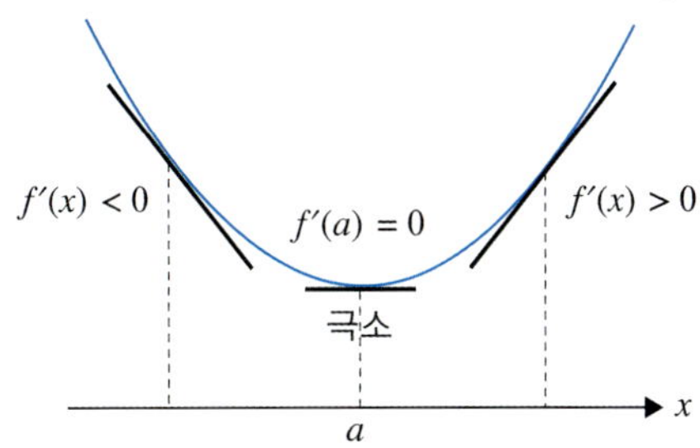

(b) $x=a$에서 극소인 경우

그림 3-21 극점 부근에서 $f'(x)$의 부호

위의 두 가지 경우를 종합하여 1계 도함수에 대한 극값 판정법을 얻을 수 있고, 점 $x=a$가 연속함수 $f(x)$의 임계점일 때의 다음과 같은 1계 도함수에 대한 극값 판정법을 얻을 수 있다.

정리 3-20 1계 도함수 극값 판정법

$x=a$가 연속함수 $f(x)$의 임계점일 때 다음과 같다.

(1) $x=a$의 좌우에서 $f'(x)$가 양의 부호(+)에서 음의 부호(−)로 변하면 $f(a)$는 극댓값이다.

(2) $x=a$의 좌우에서 $f'(x)$가 음의 부호(−)에서 양의 부호(+)로 변하면 $f(a)$는 극솟값이다.

(3) $x=a$의 좌우에서 $f'(x)$의 부호가 변하지 않으면 $f(a)$는 극값이 아니다.

예제 3-21

함수 $f(x)=x^3-3x^2+1$의 극댓값과 극솟값을 구하라.

TIP $f'(x)=0$ 또는 $f'(x)$가 존재하지 않는 점의 좌우에서 $f'(x)$의 부호를 조사한다.

풀이

[예제 3-20]에서 $f'(x) = 0$을 만족하는 $x = 0$, $x = 2$를 구했다.

$x = 0$, $x = 2$의 좌우에서 $f'(x)$의 부호를 구하고, 함수의 극대와 극소를 판정한다.

① $x < 0$이면 $f'(x) > 0$이고 $0 < x < 2$이면 $f'(x) < 0$, 즉 양의 부호에서 음의 부호로 변하므로 $x = 0$에서 극대이다.

② $0 < x < 2$이면 $f'(x) < 0$이고 $x > 2$이면 $f'(x) > 0$, 즉 음의 부호에서 양의 부호로 변하므로 $x = 2$에서 극소이다.

따라서 극댓값은 $f(0) = 1$이고 극솟값은 $f(2) = -3$이다.

함수의 볼록성

3.6절에서 살펴보겠지만 일반적으로 한계비용곡선은 아래로 볼록한 모양이고 한계생산곡선은 위로 볼록한 모양이다. 이 절에서는 이러한 곡선의 볼록성에 대한 개념을 학습할 것이다. 또한 볼록성을 이용한 극값을 구하는 방법에 대해 살펴보도록 한다. 지금까지는 함수 $f(x)$가 열린구간 (a, b)에서 증가하거나 감소하는 경우에 대해서 살펴보았다. 그러나 함수의 그래프를 정확하게 그리기 위해서는 그래프의 휘어진 모양을 조사해야 한다. 예를 들어 [그림 3-22]의 두 그래프는 함수 $f(x)$가 열린구간 (a, b)에서 증가하지만 휘어진 모양이 다르다. 이렇게 휘어진 모양을 조사하여 아래와 같이 정의할 수 있다.

정의 3-9 볼록성

(1) 닫힌구간 $[a, b]$에서 곡선 위의 두 점 $A(a, f(a))$와 $B(b, f(b))$를 잇는 선분 AB가 곡선 위쪽에 있을 때, 곡선 $y = f(x)$는 **아래로 볼록** convex downward이라 한다.

(2) 닫힌구간 $[a, b]$에서 곡선 위의 두 점 $A(a, f(a))$와 $B(b, f(b))$를 잇는 선분 AB가 곡선 아래쪽에 있을 때, 곡선 $y = f(x)$는 **위로 볼록** convex upward이라 한다.

[그림 3-22(a)]의 곡선 $y = f(x)$는 아래로 볼록이고, [그림 3-22(b)]의 곡선 $y = f(x)$는 위로 볼록이다.

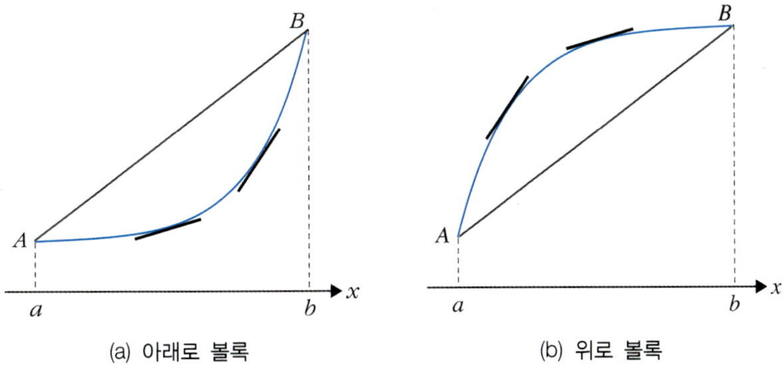

그림 3-22 **곡선의 볼록성**

또한 곡선 $y = f(x)$ 위의 한 점 $\mathrm{P}(c, f(c))$의 좌우에서 곡선이 아래로 볼록에서 위로 볼록으로 바뀌거나 위로 볼록에서 아래로 볼록으로 바뀔 때, 점 P를 곡선 $y = f(x)$의 **변곡점**inflection point이라 하며, [그림 3-23]과 같다.

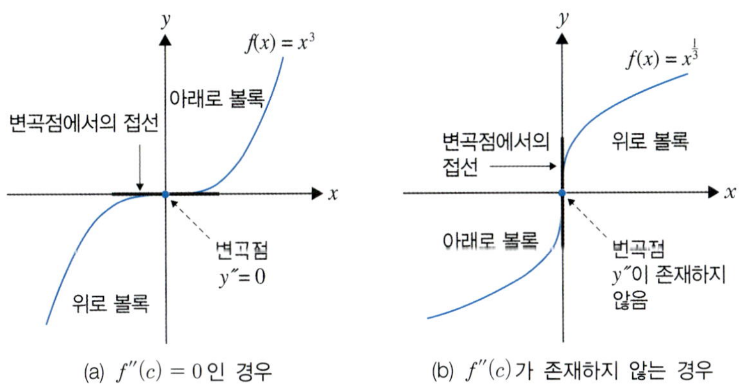

그림 3-23 **변곡점과 2계 도함수**

그림에 대해 다음 두 가지를 살펴볼 수 있다.

❶ [그림 3-23(a)]와 같은 함수 $f(x) = x^3$의 그래프를 보면, $x = 0$을 중심으로 위로 볼록에서 아래로 볼록으로 변함을 알 수 있다. 따라서 변곡점은 $(0, 0)$이다. 이때 $f''(x) = 6x < 0$이면 $x < 0$이며 곡선은 위로 볼록하고, $f''(x) > 0$이면 $x > 0$이며 곡선은 아래로 볼록하다. 또한 변곡점 $(0, 0)$에서 $f''(0) = 0$임을 알 수 있다.

❷ [그림 3-23(b)]와 같은 함수 $f(x) = x^{1/3}$의 그래프를 보면, $x = 0$을 중심으로 곡선이 아래로 볼록에서 위로 볼록으로 변함을 알 수 있다. 따라서 변곡점은 $(0, 0)$이다. 이때 $f''(x) = -\dfrac{2}{9x\sqrt[3]{x^2}}$로 $f''(x) > 0$이면 $x < 0$이며 곡선은 아래로 볼록하고, $f''(x) < 0$이면 $x > 0$이며 곡선이 위로 볼록하지만 변곡점 $(0, 0)$에서 $f''(0)$이 존재하지 않는다.

따라서 점 $(c, f(c))$가 곡선 $y = f(x)$의 변곡점이면, 이 점에서 $f''(c) = 0$이거나 $f''(c)$가 존재하지 않는다. 특히 함수의 볼록성과 2계 도함수 사이에는 다음이 성립한다.

정리 3-21 볼록성과 2계 도함수의 관계

어떤 열린구간 I에서 함수 $f(x)$의 2계 도함수 $f''(x)$가 존재할 때,

(1) 구간 I에서 $f''(x) > 0$이면 $f(x)$는 이 구간에서 아래로 볼록이다.

(2) 구간 I에서 $f''(x) < 0$이면 $f(x)$는 이 구간에서 위로 볼록이다.

함수 $f(x)$에 대해 $f'(a) = 0$일 때, a를 포함하는 어떤 열린구간 I에서 $f''(x) > 0$이라 하자. 그러면 [그림 3-24(a)]와 같이 구간 I에서 $f(x)$는 아래로 볼록하고 $x = a$에서 수평접선이 $f(x)$의 곡선 아래에 놓이므로 $x = a$에서 극소임을 알 수 있다. 여기서 구간 I에서는 $f''(x) > 0$이므로 $f''(a) > 0$이다. 또한 $f'(a) = 0$이고 a를 포함하는 어떤 구간에서 $f''(x) < 0$이라 하면, [그림 3-24(b)]와 같이 $f(x)$의 그래프는 이 구간에서 위로 볼록하다. 또한 $x = a$에서 수평접선이 $f(x)$의 곡선 위에 놓이므로 $x = a$에서 극대이고 $f''(a) < 0$임을 알 수 있다.

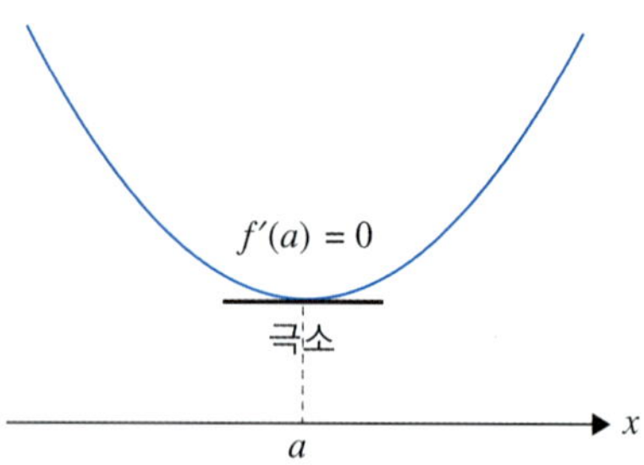

(a) 극소인 경우

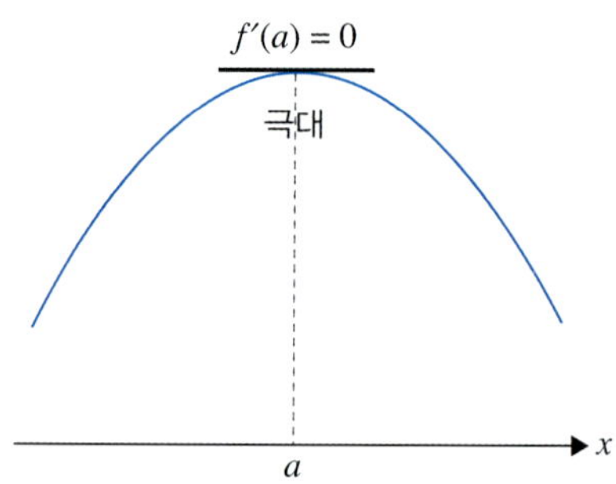

(b) 극대인 경우

그림 3-24 볼록성과 극값

따라서 다음과 같이 함수 $f(x)$의 2계 도함수를 이용하여 극값을 판정할 수 있다.

정리 3-22 2계 도함수 극값 판정법

함수 $f(x)$의 2계 도함수 $f''(x)$가 $x = a$ 부근에서 연속일 때,

(1) $f'(a) = 0$이고 $f''(a) > 0$이면 $f(x)$는 $x = a$에서 극솟값을 갖는다.

(2) $f'(a) = 0$이고 $f''(a) < 0$이면 $f(x)$는 $x = a$에서 극댓값을 갖는다.

■ 함수의 최대와 최소

[정리 3-4]의 최대·최소정리에 의해 함수 $f(x)$가 닫힌구간 $[a, b]$에서 연속이면, $f(x)$는 이 구간에서 최댓값과 최솟값을 갖는다. 이때 최댓값은 열린구간 (a, b)에서 함수 $f(x)$의 극값과 경곗값 $f(a)$, $f(b)$ 중에서 가장 큰 값이고, 최솟값은 $f(x)$의 극값과 경곗값 $f(a)$, $f(b)$ 중에서 가장 작은 값이다.

예제 3-22

함수 $f(x) = x^3 - 3x^2 + 1$에 대해 다음을 구하라.

(a) 위로 볼록인 구간과 아래로 볼록인 구간

(b) 2계 도함수 극값 판정법에 의한 극값

TIP 변곡점을 구하고 임계점에서 $f''(x)$의 부호를 살펴본다.

풀이

(a) 먼저, 2계 도함수를 구한다. $f'(x) = 3x^2 - 6x$이므로 두 번 미분하면 $f''(x) = 6x - 6$이다. 여기서 변곡점을 구하는데, $f''(x) = 6x - 6 = 0$이므로 $x = 1$이다. 이를 함수 $f(x)$에 대입하면 $f(1) = -1$이므로 변곡점은 $(1, -1)$이다. 변곡점을 경계로 $f''(x)$의 부호를 구한다.

① $x < 1$이면 $f''(x) < 0$이므로 위로 볼록이다.

② $x > 1$이면 $f''(x) > 0$이므로 아래로 볼록이다.

따라서 위로 볼록인 구간은 $x < 1$, 아래로 볼록인 구간은 $x > 1$이다.

(b) 먼저, 임계점을 구한다. 함수 $f(x)$를 미분하면 $f'(x) = 3x^2 - 6x = 0$이므로 $x = 0$, $x = 2$이다. **(a)**에서 2계 도함수는 $f''(x) = 6x - 6$임을 구하였으므로 임계점에서 2계 도함수 값을 구한다. [정리 3-22]에 따르면 $f''(0) = -6 < 0$이므로 $x = 0$에서 극댓값을 가지며, $f''(2) = 6 > 0$이므로 $x = 2$에서 극솟값을 가진다. 따라서 극값을 구하면 극댓값은 $f(0) = 1$이고, 극솟값은 $f(2) = -3$이다.

함수의 그래프와 응용

무한대 또는 특정한 점에서 함수의 극한, 임계점과 변곡점, 함수의 증감과 볼록성, 함수의 극값 등을 이용하면 함수 $f(x)$의 그래프를 정확하게 그릴 수 있다. 이때 함수의 그래프를 더욱 정확하게 그리기 위해 다음 사항들을 조사한다.

❶ 정의역을 조사한다.

❷ 절편을 확인한다.

$f(0)=k$이면 y축 절편은 k이고, $f(c)=0$이면 x축 절편은 $x=c$이다.

❸ 대칭성을 조사한다.

- $f(-x, y)=f(x, y)$이면 y축에 관하여 대칭이다.
- $f(x, -y)=f(x, y)$이면 x축에 관하여 대칭이다.
- $f(-x, -y)=f(x, y)$이면 원점에 관하여 대칭이다.

❹ 임계점을 구하고 함수의 증가범위와 감소범위를 구한다.

❺ 변곡점을 구하고, 볼록성을 조사한다.

❻ 1계 도함수 또는 2계 도함수 극값 판정법에 의하여 극값을 구한다.

❼ 점근선을 구한다. $\lim_{x\to a} f(x)=\pm\infty$이면 $x=a$가 수직점근선이고, $\lim_{x\to\pm\infty} f(x)=k$이면 $y=k$가 수평점근선이다.

예제 3-23

어느 회사에서 생산한 신상품의 소문이 인터넷에서 퍼져나가는 속도의 식이 다음과 같다고 한다.

$$f(x)=\frac{1}{1+e^{-x}}$$

여기서 $f(x)$는 $[0, x]$ 시간에서 그 소문을 알고 있는 네티즌의 비율일 때, 물음에 답하라.

(a) $\lim_{x\to\infty} f(x)$를 구하라.

(b) $f(x)$의 그래프를 그려라.

(c) 네티즌의 80%가 그 소문을 듣기까지 걸린 시간을 구하라.

풀이

(a) $\lim_{x \to \infty} f(x) = \lim_{x \to \infty} \dfrac{1}{1 + ae^{-kx}} = 1$

(b) $x > 0$ 에 대하여 $f'(x) = \dfrac{e^{-x}}{(1+e^{-x})^2} = \dfrac{e^{x}}{(1+e^{x})^2} > 0$이므로 [정리 3-18]에 따르면 $f(x)$는 증가함수이다.

또한 $f''(x) = -\dfrac{e^{x}(e^{x}-1)}{(1+e^{x})^3}$이므로 $x > 0$ 에서 $f''(x) < 0$ 이다. 따라서 [정리 3-21]에 따르면 $f(x)$는 위로 볼록이다.

특히 $f(0) = \dfrac{1}{2}$이므로 **(a)**에 의하여 수평점근선은 $y = 1$ 이므로 $f(x)$의 그래프는 다음과 같다.

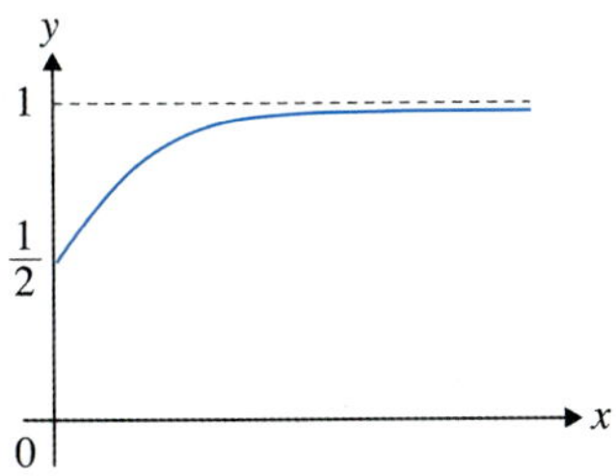

(c) 네티즌의 80%가 그 소문을 듣기까지 걸린 시간을 계산해 보면 다음과 같다.

$$\frac{1}{1+e^{\;x}} = \frac{8}{10} \Rightarrow e^{-x} = \frac{1}{4} \Rightarrow -x = \ln\frac{1}{4} = -2\ln 2 \Rightarrow x = 2\ln 2 \approx 1.39$$

따라서 네티즌의 80%가 그 소문을 듣기까지 걸린 시간은 1.39시간이다.

3.6 경영·경제에의 응용

함수의 미분법은 경영학에서 재고비용을 최소화하는 주문량 결정 및 학습곡선에서 활용되며, 경제학에서 수요와 공급함수의 가격탄력성과 한계생산, 한계비용, 한계효용에 대한 분석, 비교정태분석, IS-LM곡선의 분야에도 활발히 응용되고 있다. 이 절에서는 이렇게 함수의 미분법을 활용하는 경영·경제학에의 응용을 학습하도록 한다.

도함수를 이용한 가격변화 예측

M

어떤 기업이 개발한 신제품의 가격을 p천 원으로 잡았다고 하자. 그렇다면 판매량이 $3e^{-p}$천 개이고, 이 제품으로 인한 기업의 수익이 $f(p) = 3000pe^{-p}$천 원으로 예측될 때, 기업의 수익에 대해 CEO의 관심은 다음과 같을 것이다.

① 현재 책정한 가격 p가 4라고 할 때, 가격을 0.05 올린다면 기업의 수익이 얼마나 변하는가?

② 어떤 p의 값에 대해서 수익 $f(p)$가 증가 혹은 감소하는가? 또한, 수익 $f(p)$가 최대가 되는 적정한 가격 p는 얼마인가?

이와 같은 CEO의 관심은 해당 장에서 배운 도함수의 개념을 이용하면 간단하게 해결할 수 있다.

① 첫 번째 관심인 현재 책정한 가격 p가 4라고 할 때, 가격을 0.05 올리면 수익의 변화는 다음과 같이 구할 수 있다.

$$f(4.05) - f(4) = 3000(4.05)e^{-4.5} - 3000(4)e^{-4} \approx 211.68 - 219.79 = -8.11$$

여기서 음의 부호는 수익의 감소를 나타낸다. 한편 수익함수 $f(p)$의 도함수를 구하면 $f'(p) = -3000pe^{-p} + 3000e^{-p} = 3000e^{-p}(1-p)$이며, 이 도함수를 이용하여 수익의 변화를 구하면 다음과 같다.

$$f(4.05) - f(4) \approx f'(4)(0.05) = 3000e^{-4}(1-4)(0.05) \approx -8.24$$

따라서 기업의 수익은 -8.24 변한다.

② 두 번째 관심인 수익이 증가하기 시작하거나 감소하기 시작하는 판매 금액의 분기점은 $f'(p) = 0$이 되는 가격이므로 다음과 같이 구한다.

$$f'(p) = 0 \Rightarrow 3000e^{-p}(1-p) = 0 \Rightarrow p = 1$$

이때 $p<1$ 이면 $f'(p)>0$ 이므로 수익 $f(p)$가 증가하지만 $p>1$ 이면 $f'(p)<0$ 이므로 수익 $f(p)$가 감소한다. 특히 수익함수 $f(p)$는 $p=1$ 에서 극댓값을 가지므로 수익을 최대로 하는 적정 가격은 1천 원이고, 최대 수익은 $f(1)\approx 1103.64$천 원이다.

이와 같이 경영·경제와 관련하여 도함수의 개념을 이용하면 어떤 변수의 증감이 함숫값의 변화에 끼치는 영향을 파악할 수 있다.

재고의 경제적 주문량 모형 M

고객의 요구를 충족시키기 위해서 기업은 판매를 위한 재고를 보유한다. 그러나 재고가 너무 많으면 이와 관련한 여러 가지 보관비용 등이 발생하고, 너무 적으면 고객의 주문을 충분히 만족시키지 못하여 기회비용이 발생한다. 따라서 적당한 재고를 유지해야 한다. 재고이론의 목적은 고객의 욕구를 충족시킬 수 있는 재고를 유지하고 그와 관련된 비용을 최소화하는 데 있다. 그러므로 재고이론에서 제품을 주문해야 하는 시점과 주문량은 중요하다. 이 절에서는 모든 재고이론의 기본모형이라고 할 수 있는 경제적 주문량(EOQ)Economic Order Quantity 모형에 대해 설명하고, 앞서 배웠던 도함수와 미분법의 개념을 이용해 볼 것이다.

■ 재고와 관련된 비용

경제적 주문량 모형은 재고비용을 최소화하는 것을 목표로 하므로 재고와 관련된 비용의 구성요소를 결정하는 것은 중요하다. 이 모형에서 고려하는 주요 재고비용들은 다음과 같다.

❶ **주문비용**ordering cost과 **준비비용**setup cost : 재화를 주문하거나 내부적으로 제조하는 데 드는 많은 비용은 주문량 또는 제조량의 규모에 의존하지 않는다. 이때의 비용은 주문과 준비비용으로 언급되는데, 예를 들어 주문비용은 주문과 관련된 서류작업과 청구서 발송과 관련된 비용을 포함한다. 만약 제품을 내부적으로 만든다면, 제조를 위한 생산기계를 준비하는 비용과 유휴시간비용이 비용에 포함된다.

❷ **단위 구매비용**unit purchasing cost : 한 단위의 제품 구매와 관련하여 생기는 변동에 대한 비용을 단위 구매비용이라 한다. 전형적으로 변동에 대한 비용이란 노동비용, 간접비용, 원재료비용을 포함한다. 만약 재화가 외부에서 주문된다면 단위 구매비용은 선적비용을 포함할 수 있다.

❸ **유지비용**carrying cost 또는 **보유비용**holding cost : 한 기간에 한 단위의 재고를 유지하는 비용을 유지비용 또는 보유비용이라 한다. 만약 단위시간이 1년이라면 유지비용은 1년당 1단위로 표현된다. 유지비용은 보통 저장비용, 보험비용, 재고에 대한 세금, 훼손, 도난, 상품이 오래됨에 따른 가치 하락의 가능성으로 인한 비용을 포함한다. 그러나 일반적으로 유지비용의 가장 큰 요소는 재고에 묶인 자본에 의해 초래된 기회비용이다. 예를 들어 어떤 기업의 제품

1단위가 100만 원의 비용이 든다고 할 때, 그 비용으로 투자를 하면 매년 15%를 벌 수 있다고 가정한다. 이 기업이 1년 동안 재고 1단위를 보유하기 위한 비용은 $0.15 \times 100 = 15$, 즉 15만 원이다. 참고로, 보통 이자율이 높을 때 대부분의 기업은 연간유지비용이 단위 구매비용의 20 ~ 40%를 차지한다고 가정한다.

❹ **품절**stockout 또는 **부족비용**shortage cost : 어떤 제품이 품절 또는 부족이 발생하면, 고객이 제품을 요구하여도 그 요구가 충족되지 못한다. 그러나 고객이 나중에 제공, 즉 배송지연이 허용된다고 한다면 요구가 이월주문back-order될 수 있다고 하며, 수주잔고backlogged가 존재하는 경우에 허용된다. 만일 고객이 배송지연을 허용하지 않는다면 기업은 결손판매lost sales를 경험하게 된다. 반면 이월주문이 허용된다면, 보편적으로 이월주문으로 인하여 추가비용이 발생한다. 여기서 품절은 고객이 현재의 요구와 미래의 요구를 충족시키기 위해 다른 곳으로 옮겨가는 원인이 되기도 한다. 이는 판매 손실과 고객 호의의 손실로 연결된다. 또한 기업이 비즈니스에서 뒤처지는 원인이 되어 뒤처짐을 메꾸기 위해 공장이 제조시간을 초과하여 운영되고, 그에 따라 더 높은 비용이 들 수도 있다. 보통 품절비용은 주문, 구매, 유지비용보다 측정이 더 어렵다.

▪ 경제적 주문량 모형의 가정

경제적 주문량 모형이라는 수학적 모형이 제시되기 위해서는 재고의 상황을 현실적으로 단순화시킬 필요가 있다. 이를 위한 기본적이고 중요한 가정들은 다음과 같다.

❶ 수요는 결정되어 있으며, 일정한 비율로 발생한다고 가정한다. 연간 요구되는 단위의 수는 D이며, t개월 동안에 Dt의 수요량이 요구된다. 예를 들어 수요가 연간 1,000단위의 비율로 발생한다면 t개월 동안 발생한 수요는 $\dfrac{1000t}{12}$이다.

❷ 주문은 반복적으로 이루어지고, q단위 규모의 주문이 발주되면 주문과 준비비용 K가 발생한다. 단위 구매비용 p는 주문량 q에 의존하지 않는다고 가정하므로 대량주문에 따른 할인 등의 예외적인 상황은 제외한다고 할 때, 준비비용 K는 주문된 q단위를 구매하거나 제조하는 비용 pq에 덧붙여진다.

❸ 어떤 제품의 주문을 했을 때 발주되는 시간과 주문에 따른 제품이 도착하는 시간 사이의 길이를 **리드타임**lead time이라 한다. 각 주문당 리드타임 L은 고정된 상수로 이미 알고 있고 각 주문의 리드타임은 0이다. 예를 들어 $L = 3$이라 하면, 제품을 주문하고 3개월 후에 주문자에게 제품이 도착할 것이다. 이 가정은 각 주문이 발주되자마자 도착한다는 것을 전제한다.

❹ 부족이 발생하지 않는다. 이 가정은 모든 수요가 적시에 충족됨을 의미하며, 부정적인 재고 상태는 허용되지 않는다.

❺ 재고를 보유하는 연간비용은 h 원이다. 이 가정은 1단위가 1년 동안 보유되거나, 2단위가 반기 동안 보유되거나, $\dfrac{1}{4}$ 단위가 4년 동안 보유된다면 h 원의 유지비용이 초래됨을 의미한다. 따라서 I 단위가 T년 동안 보유된다면 ITh 원의 유지비용이 발생한다.

이러한 가정들 아래서 경제적 주문량모형은 주문비용, 구매비용, 유지비용의 연간 합의 최소화를 목표로 하며, 이를 **주문정책**ordering policy이라 한다. 비록 위의 가정은 매우 비현실적이지만, 단순한 상황에 기초한 경제적 주문량 모형이 위와 같이 개발된 후 각 가정을 완화한 모형이 적용되며 변형되어 왔다.

▪ EOQ 모형의 도출

주문이 즉시 도착하기 때문에 재고수준을 I라 할 때 0보다 크면 불필요한 유지비용을 초래한다고 보고 주문을 하지 않는다. 반면에 $I=0$이면 부족이 발생할 수도 있으므로 주문을 해야 한다. 연간비용을 최소화하는 정책이란 $I=0$일 때마다 주문하는 것을 의미한다. 이때 주문이 발주되는 모든 경우는 동일한 상황 $I=0$에 직면한 때이므로 주문하는 각 시기에 동일한 양을 주문해야 함을 의미한다. 각 $I=0$에서 주문량을 q라 하면 EOQ 모형은 연간비용을 최소화하는 주문량 q^*를 구하는 것이다. q 단위가 각 시간 $I=0$에 주문될 때, 초래되는 연간 총비용을 $TC(q)$라 하면 다음과 같다.

$$TC(q) = \text{연간 주문비용} + \text{연간 구매비용} + \text{연간 유지비용}$$

각 주문에서 주문량이 q 단위이므로 연간 수요량 D를 충족시키기 위한 연간 주문량은 $\frac{D}{q}$이다. 준비비용이 K이므로 연간 주문비용은 다음과 같다.

$$\frac{\text{주문비용}}{\text{년}} = \left(\frac{\text{주문비용}}{\text{주문량}}\right) \times \left(\frac{\text{주문량}}{\text{년}}\right) = \frac{KD}{q} \tag{3.1}$$

한편 모든 주문량 q에 대해 단위당 구매비용이 p이고, 연간 수요량 D이면 이미 매년 D단위를 구매하므로 연간 구매비용은 다음과 같다.

$$\frac{\text{구매비용}}{\text{년}} = \left(\frac{\text{구매비용}}{\text{구매된 단위}}\right) \times \left(\frac{\text{구매된 단위}}{\text{년}}\right) = pD \tag{3.2}$$

또한 연간유지비용과 관련하여 우리가 1년 동안에 I 단위를 보유한다면 발생하는 유지비용(h)은 다음과 같다.

$$I\text{단위} \times 1\text{년} \times h\text{원/단위/년} = hI$$

이때 연간유지비용을 분석하기 위해 시간에 따른 I의 변동을 생각할 필요가 있다. 이를 위해 주문량 q가 기간 0에 도착했다고 가정하면, 매년 수요량 D가 발생하기 때문에 재고가 다시 0에 도달하는 데 소요되는 시간은 $\frac{q}{D}$ 년이다. 한편 기간 t 년 동안에 발생하는 수요가 Dt 이므로 어떤 시간 사이에 재고수준은 기울기가 $-D$ 인 직선을 따라 줄어들 것이고, 재고가 0에 접근할 때 주문량 q 가 발주됨과 동시에 즉시 도착하므로 재고수준이 q 로 다시 돌아간다. 이러한 상황을 종합하여 I 의 변동을 나타내면 [그림 3-25]와 같다. 여기서 I 는 t 의 함수이므로 $I(t)$ 의 변동을 나타낸다.

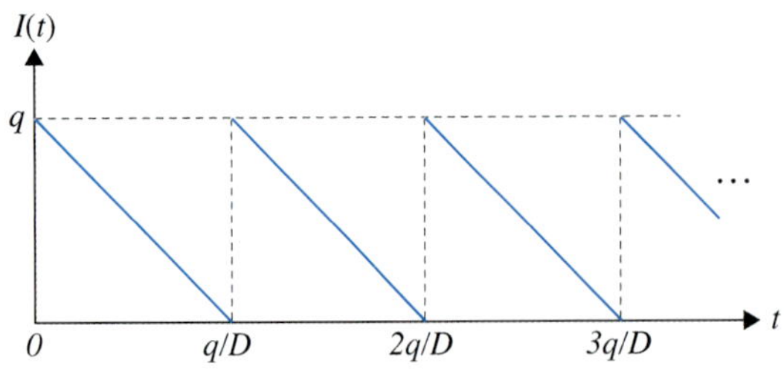

그림 3-25 기본 EOQ 모형에서 $I(t)$ 의 변동

[그림 3-25]는 단순히 $\frac{q}{D}$ 의 반복적인 일련의 과정으로 구성되는데, 여기서 한 구간은 주문의 도착부터 다음 주문을 받기 전까지의 어떤 시간의 간격을 의미한다. 따라서 연간 발생하는 일련의 과정, 즉 사이클은 다음과 같다.

$$\frac{1}{q\,/\,D} = \frac{D}{q}\,(\text{사이클})$$

어떤 사이클 동안 발생하는 평균 재고는 단순히 그 사이클 안에서 얻은 최대 재고수준의 $\frac{1}{2}$ 이다. 이 결과는 수요가 동일한 비율로 발생하고 재고부족이 허용되지 않는 어떤 모델에서 성립될 것이다. 따라서 EOQ 모형에서 한 사이클 동안에 발생하는 평균 재고수준은 $\frac{q}{2}$ 단위이며, 연간유지비용은 다음과 같다.

$$\frac{\text{유지비용}}{\text{년}} = \left(\frac{\text{유지비용}}{\text{사이클}}\right) \times \left(\frac{\text{사이클}}{\text{년}}\right)$$

여기서 한 사이클 동안에 발생하는 평균 재고수준이 $\frac{q}{2}$ 이고 한 사이클당 연도는 $\frac{q}{D}$ 이므로 한 사이클당 유지비용을 계산하면 다음과 같다.

$$\frac{\text{유지비용}}{\text{사이클}} = \frac{q}{2}\left(\frac{q}{D}\right)h = \frac{q^2 h}{2D}$$

따라서 연간 유지비용은 다음과 같다.

$$\frac{\text{유지비용}}{\text{년}} = \frac{q^2 h}{2D}\left(\frac{D}{q}\right) = \frac{hq}{2} \tag{3.3}$$

연간 주문비용인 식 (3.1)과 연간 구매비용인 식 (3.2), 연간 유지비용인 식 (3.3)을 이용하여 연간 총비용 $TC(q)$를 나타내면 다음과 같다.

$$TC(q) = \frac{KD}{q} + pD + \frac{hq}{2}$$

이제 총비용 $TC(q)$를 최소화하는 최적의 주문량 $q\,(q > 0)$를 구해 보자. 이를 위해 $TC(q)$의 임계점 q^*를 다음과 같이 구한다.

$$TC'(q) = 0 \Rightarrow TC'(q) = -\frac{KD}{q^2} + \frac{h}{2} = 0 \Rightarrow q^* = \sqrt{\frac{2KD}{h}}$$

특히 모든 $q > 0$에 대해 $TC''(q) = \dfrac{2KD}{q^3} > 0$이므로 $TC(q)$는 아래로 볼록이고 2계 도함수 극값 판정법에 의해 q^*에서 $TC(q)$는 극소가 된다. 이는 연간 총비용, 연간 유지비용, 연간 주문비용에 관한 그래프에서 확인할 수 있으며, 다음 [그림 3-26]과 같다.

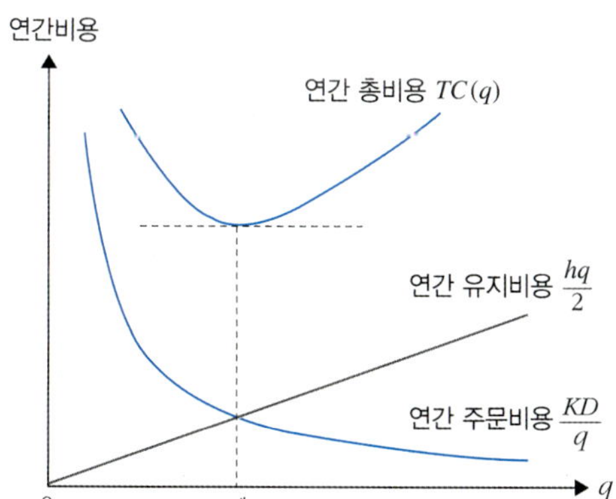

그림 3-26 유지비용과 주문비용 사이의 상충관계와 최솟값의 존재

또한 재고가 0에 접근할 때, 다음 1년 동안 필요한 주문횟수는 다음과 같다.

$$\frac{\text{주문}}{\text{년}} = \frac{D}{q^*}$$

여기서 주문의 발주 사이의 기간은 단순히 사이클의 길이이므로 주문 사이의 기간은 $\frac{q^*}{D}$ 이다.

예제 3-24

연간 2,000개의 양말을 판매하는 어떤 소매업체의 각 양말 1켤레당 소요되는 유지비용이 연간 7백 원이고, 한 주문당 2백 원이 들어간다고 하자. 이 양말의 구매가격이 1천 원일 때, 최적의 주문량과 총비용을 구하라.

TIP 총비용을 최소화하는 최적의 주문량과 총비용을 구한다.

풀이

① 문제로부터 연간 수요량 D, 연간 유지비용 h, 단위당 주문비용 K를 구한다(단, 수요량의 단위는 개, 계산할 때 비용의 단위는 백 원으로 한다).

$$D = 2000\,,\ h = 7\,,\ K = 2$$

② 최적의 주문량을 구한다.

$$q^* = \sqrt{\frac{2KD}{h}} = \sqrt{\frac{2\times 2\times 2000}{7}} \approx 33.8$$

③ 연간 총비용을 구하는 식 $TC(q) = \frac{KD}{q} + pD + \frac{hq}{2}$ 에 위에서 구한 값을 대입한다.

$$TC(q^*) = \frac{2\times 2000}{33.8} + 10\times 2000 + \frac{7\times 33.8}{2} \approx 20236.6$$

따라서 총비용은 반올림하면 20,237백 원으로, 최적의 주문량은 33.8개, 최적의 총비용은 2백 2만 3,700원이다.

학습곡선의 추정

M

1장에서 지수함수와 로그함수의 특성을 이용하면 무한대로의 발산을 얻을 수 있음을 배웠다. 이를 경영학에서는 적절한 생산량 추정, 부품 구매비용 추정, 이직률의 영향, 업무 프로세스 표준화, 품질관리와 학습 등 다양한 부분에 활용하고 있다.

경영학의 생산운영관리에서 자주 나오는 학습곡선 또는 경험곡선이 있다. 특정 활동의 반복횟수가 늘어날수록 활동이 이루어내는 성과가 달라지는 관계를 말하며, 일반적으로 이 개념의 Y축에는 성과를 나타내는 처리시간, 노동량, 단위비용, 생산수율, 처리량, 고객만족 등을 적용하고, X축에는 어떤 프로세스의 경험을 적용한다. 이를 나타낸 그래프가 [그림 3-27]이다. 그래프를 보면 경험이 증가할수록 처리시간, 노동량, 단위비용 등의 성과지표는 줄어들기 때문에 그래프가 아래로 기울어진다. 반면에 경험이 증가할수록 생산수율, 처리능력, 고객만족 등의 성과지표는 수준이 향상되어 그래프가 위로 기울어질 것이다. 이것이 바로 학습효과를 설명하는 학습곡선의 기본 개념이다.

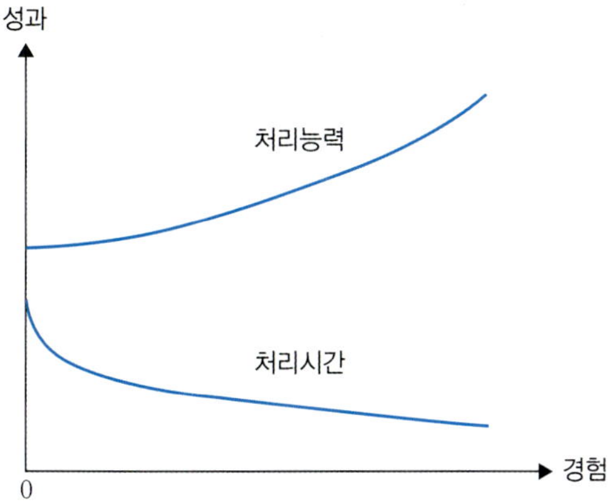

그림 3-27 **학습곡선의 개념**

위와 같은 학습곡선은 다양한 형태가 존재하는데, 그중 기하급수적인 증가는 마케팅에서 소비자의 시간에 따른 제품의 인지도를 증가하는 경우에 해당한다. 반면에 기하급수적인 감소는 신제품의 생산량이 늘어나면서 품질 불량이 감소하는 현상을 설명할 수 있다. 또한 수확체감하는 성장은 경험이 누적되면서 점진적으로 어떤 특정한 값에 수렴하는 형태로 난방에너지 효율성과 같은 기술적, 물리적 한계가 존재하는 학습곡선에 나타난다.

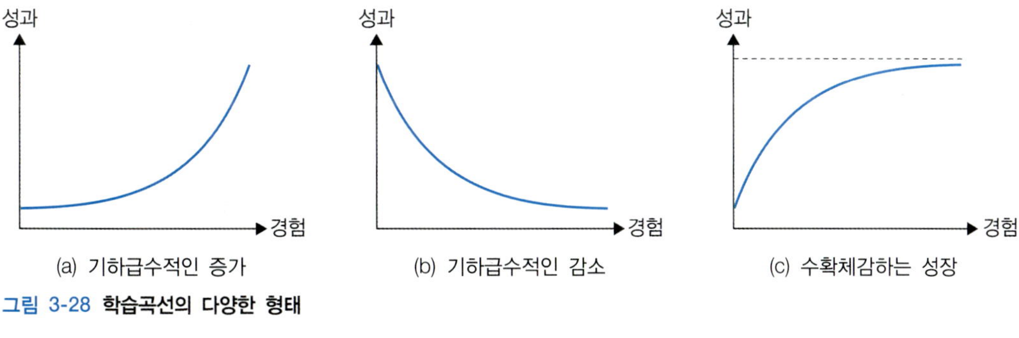

그림 3-28 **학습곡선의 다양한 형태**

이와 같은 학습곡선은 개념적으로는 쉽게 이해될 수 있으나 정확한 관리와 분석을 위해서는 실제 데이터를 이용해 측정할 필요가 있다. 이를 위해, 일반적인 학습곡선의 두 축인 종속변수 Y와 독립변수 X(이를 누적경험이라고 하자)를 정의한다. 종속변수 Y는 단위당 비용으로, 독립변수 X는 누적경험으로 가정한다. 여기서 누적경험은 특정 시점까지 생산된 총량으로 측정하며, 이를 누적산출량이라 한다. 누적경험의 양이 2배씩 증가한다고 하면 성과가 고정된 비율로 개선된다고 가정할 수 있는데, 이를 **멱법칙**power law이라고 한다.

한편 프로세스에서 i 번째 산출물을 만드는 데 소요되는 비용을 $c(i)$라 하고 식을 세워 보자. 누적산출량이 두 배로 늘어날 때마다 $c(i)$에 1보다 작은 양수를 곱한다. 여기서 1보다 작은 양수는 학습률(LR)Learning Rate이라 한다. 예를 들어 신제품의 첫 단위를 제조하는 데 단위당 100만 원의 비용이 소요되고, 학습률 LR은 0.8이라고 하자. 여기서 누적산출량이 2배로 증가하면 비용은 이전 단위비용의 80%가 되고, 두 번째 산출물을 생산하면 이전 누적산출량이 1에서 2로 늘어나고, 세 번째 산출물은 두 번째 산출물인 2의 2배인 4로 늘어나는 방식으로 비용이 소요된다. 따라서 i 번째 산출물을 만드는 데 소요되는 비용 $c(i)$는 다음과 같다.

$$
\begin{aligned}
c(1) &= 100 \\
c(2) &= c(1)LR = 100 \times 0.8 = 80 \\
c(4) &= c(2)LR = c(1) \times LR \times LR = 100 \times LR^2 = 100 \times 0.8^2 = 64 \\
c(8) &= c(4)LR = c(1) \times LR \times LR \times LR = 100 \times LR^3 = 100 \times 0.8^3 = 51.2 \\
c(16) &= c(8)LR = c(1) \times LR \times LR \times LR \times LR = 100 \times LR^4 = 100 \times 0.8^4 = 40.96
\end{aligned}
$$

결과적으로 단위당 비용은 누적산출량이 배로 증가할 때마다 20%$(=1-LR)$씩 줄어든다. 즉, 누적산출량은 2배로 증가할 때마다 고정비율로 개선되는 학습곡선이 수확체감의 특징을 가짐을 알 수 있다. 단위당 비용을 64에서 51.2로 12.8만큼 줄이기 위해 4개를 더 생산하면 되지만, 51.2에서 40.96으로 10.24만큼 줄이기 위해 더 생산해야 할 생산량은 8개이다. 결과적으로 단위당 비용은 다음과 같이 누적산출량의 함수로 나타낼 수 있다.

$$c(2^n) = c(1) \times LR^n \,(n = 0,\ 1,\ 2,\ \cdots)$$

이때 $c(2^n)$은 누적산출량을 n 번 반복하여 2배로 증가시킬 때 소요되는 비용이다. 이와 같이 학습률 LR이 일정한 경우에, 산출물이 한 단위 늘어날 때마다 단위비용의 절대적 감소량은 점점 줄어드는 반면, 매번 누적산출량이 2배로 늘어나는 지점에서의 감소비율은 일정하게 된다. 그러나 현실적으로 보면 이러한 가정은 완화될 수 있다. 예를 들어 X축에 누적산출량을 표시하고 Y축에 단위당 비용을 표시하는 대신에 X축에 누적산출량의 자연로그, Y축에 단위당 비용의 자연로그를 취한다. 그 결과는 [표 3-1]과 같이 계산되어 정리할 수 있다.

표 3-1 경험과 비용자료의 로그변환

경험	비용	ln(누적산출량)	ln(단위당 비용)
1	100	0.000	4.605
2	80	0.693	4.382
4	64	1.386	4.159
8	51.2	2.079	3.936
16	40.96	2.773	3.713
32	32.768	3.466	3.489
64	26.214	4.159	3.266
128	20.971	4.852	3.043

[표 3-1]의 자료를 그림으로 나타내면 [그림 3-29]와 같이 직선의 형태로 나타난다. 이는 학습률이 고정적이기 때문이다. 이러한 그래프를 로그-로그 그래프라 한다.

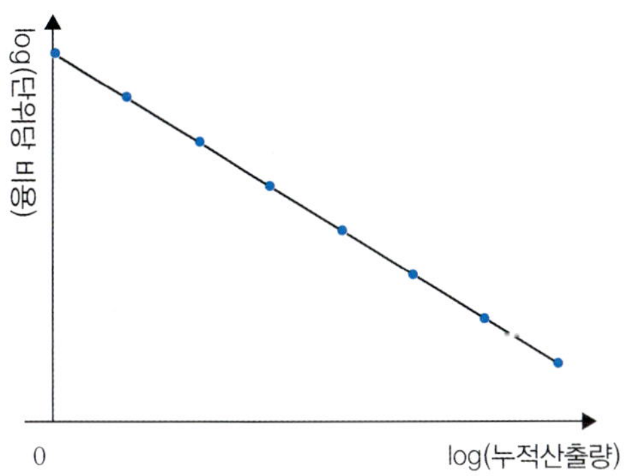

그림 3-29 $LR = 0.8$인 학습곡선의 로그-로그 그래프

로그-로그 그래프에 대한 직선의 방정식 $f(x) = ax + b$의 기울기를 추정하기 위해 $x_1 = 0.000$, $x_2 = 0.693$, $x_3 = 4.852$라 하면, $f(x_1) = 4.605$, $f(x_2) = 4.382$, $f(x_3) = 3.043$이므로 각 점을 이용한 기울기의 추정값은 각각 다음과 같다.

$$a \approx \frac{4.382 - 4.605}{0.693 - 0} \approx -0.3218\,,\ a \approx \frac{3.043 - 4.382}{4.852 - 0.693} \approx -0.3219\,,$$

$$a \approx \frac{4.043 - 4.605}{4.852 - 0} \approx -0.3219$$

따라서 [표 3-1] 자료의 값을 가장 잘 표현하는 [그림 3-29]의 직선의 기울기에 대한 추정값은 $a = -0.322$이다. 이는 곧 x의 한 단위 변화에 대해 y의 값이 -0.322의 비율로 감소하는 것을 보여주며, 학습곡선의 기울기는 학습률에 의해 결정된다. 만약 이 학습이 느리게 진행된다면 학습률

LR의 값은 1에 가까워지고 하향 기울기는 완만해진다. 그러나 학습이 더 빠르게 진행된다면 학습률 LR의 값은 작아지고 그 기울기는 더 가팔라진다. 결과적으로 로그-로그 함수에서 학습곡선의 기울기를 결정하는 유일한 변수가 학습률 LR이기 때문에 학습률과 기울기 간에 일대일 관계가 형성된다. 이와 같은 학습곡선과 추정방법은 학습을 고려한 적절한 생산량 추정, 부품 구매비용 추정, 이직률의 영향, 업무 프로세스 표준화, 품질관리와 학습 등 다양한 분야에 활용될 수 있다.

수요함수의 점탄력성

E

앞에서 학습한 3.2절 도함수의 개념을 이용하면 경제학에서 나타나는 점탄력성의 개념을 쉽게 이해할 수 있다. 이를 살펴보기 위해 다음과 같은 수요량 Q를 가격 p의 함수로 나타낸다.

$$Q = f(p)$$

일반적으로 어떤 수요함수의 **가격탄력성**price elasticity은 다음과 같이 정의된다.

$$\text{수요함수의 가격탄력성} = \frac{\Delta Q / Q}{\Delta p / p}$$

이 개념은 가격의 상대적 증감분에 대해 수요량의 상대적 증감분의 비율을 의미한다. 다시 말해서, 일정 구간에서 가격의 변동에 비해 수요량의 변동(즉, 증감)이 어떻게 나타나는지를 의미한다. 이때 $\Delta p \to 0$이면 $\Delta p \approx dp$, $\Delta Q \approx dQ$이고, 다음이 성립한다.

$$d(\ln p) = \frac{1}{p}dp,\ d(\ln Q) = \frac{1}{Q}dQ$$

이때 수요의 **점탄력성**point elasticity η_d는 다음과 같이 정의된다.[2]

$$\eta_d = -\frac{p}{Q}\frac{dQ}{dp} = -\frac{d(\ln Q)}{d(\ln p)}$$

이러한 점탄력성은 특정 값 P의 극한치를 의미하며, 수요함수의 한 점에서의 기울기를 나타낸다. 다시 말해서 $\frac{dQ}{dp}$는 수요함수의 도함수, 즉 한계함수이고 $\frac{Q}{p}$는 수요함수의 평균함수이므로 수요의 점탄력성은 다음과 같이 수요함수의 평균함수에 대한 한계함수의 비율로 표현된다.

---

2 η는 그리스 문자로 eta라 읽는다.

$$\text{평균비용} = \frac{\text{한계함수}}{\text{평균함수}}$$

이러한 개념은 수요함수뿐만 아니라 어떤 제품의 공급함수에 대해서도 동일하게 적용될 수 있다. 다만, 공급함수는 기울기가 양수이기 때문에 부호가 +이다. 여기서 탄력적인지 아닌지의 판단 여부는 점탄력성의 절댓값을 이용한다. 보통 $\eta_d > 1$이면 탄력적이고 $\eta_d = 1$이면 단위탄력적, $\eta_d < 1$이면 비탄력적, $\eta_d = 0$이면 완전비탄력적, $\eta_d \to \infty$이면 완전탄력적이라고 한다. 그러나 어떤 함수의 특정한 값에서 함수의 기울기가 변하기 때문에 점탄력성은 함수에 따라 고정되지 않고 가격에 따라 계속 변하게 된다. 어떤 제품이 탄력적이라는 의미는 가격의 변동에 비해 수요 및 공급이 더 큰 변동으로 민감하게 움직인다는 의미로 주로 사치재에 해당되고, 비탄력적이라는 의미는 가격의 변동에 비해 수요 및 공급이 더 작은 변동으로 움직이는 의미로 생필품과 같은 필수재가 주로 여기에 해당된다.

예제 3-25

수요함수 $Q = 80 - 2p$와 공급함수 $Q = 2p^2 - 5p$에 대해 $p = 20$일 때, 다음을 구하라.

(a) 수요함수의 점탄력성과 탄력적 수준을 구하라.

(b) 공급함수의 점탄력성과 탄력적 수준을 구하라.

풀이

(a) 수요함수에 대해 다음의 순서를 통해 점탄력성과 탄력적 수준을 구한다.

① 수요함수에 대해 $\dfrac{dQ}{dp} = -2$, $\dfrac{Q}{p} = \dfrac{80 - 2p}{p}$를 구한다.

② $p = 20$에서 점(가격)탄력성을 구하면 다음과 같다.

$$\eta_d = \left(-\frac{dQ/dp}{Q/p}\right)_{p=20} = \left(\frac{2p}{80 - 2p}\right)_{p=20} = \frac{2(20)}{80 - 2(20)} = 1$$

③ 따라서 수요함수는 단위탄력적임을 알 수 있다.

(b) 공급함수에 대해 다음의 순서를 통해 점탄력성과 탄력적 수준을 구한다.

① 공급함수에 대해 $\dfrac{dQ}{dp} = 4p - 5$, $\dfrac{Q}{p} = \dfrac{2p^2 - 5p}{p} = 2p - 5$를 구한다.

② $p = 20$에서 점(가격)탄력성을 구하면 다음과 같다.

$$\eta_s = \left(\frac{dQ/dp}{Q/p}\right)_{p=20} = \left(\frac{4p - 5}{2p - 5}\right)_{p=20} = \frac{4(20) - 5}{2(20) - 5} \approx 2.14$$

③ 따라서 공급함수는 탄력적임을 알 수 있다.

한계이익에 적용

E

총수입 TR과 총비용 TC의 차이를 **이익**profit이라 하고, 이를 기호로는 π로 나타낸다. 따라서 이익을 식으로 나타내면 $\pi = TR - TC$이다. 이때 총수입을 가격 p와 생산량 Q의 곱으로 생각하면 다음과 같이 정의할 수 있다.

$$\pi = pQ - TC$$

특히 Q단위를 생산할 때 생산비용을 $TC(Q)$, Q단위를 판매할 때 발생하는 수익을 $TR(Q)$라 하면 이익 $P(Q)$는 다음과 같다.

$$P(Q) = TR(Q) - TC(Q)$$

이제 비용과 총수익, 평균비용, 한계비용의 개념을 살펴본다.

■ 비용

한계비용은 기업이 재화를 1단위 더 생산할 때 추가적으로 필요한 비용이다. 이때 기업이 생산에 투입한 모든 비용을 총비용이라 하며, 총비용함수의 도함수가 한계비용이다. 즉, 총비용곡선 위의 한 점에서 접선의 기울기가 해당 생산량의 한계비용이다. 또한 기업이 해당 재화를 생산하는 데 평균적으로 드는 비용을 평균비용이라 하며, 평균비용은 다음과 같이 구한다.

$$\text{평균비용} = \frac{\text{총비용}}{\text{생산량}}$$

이러한 평균비용은 총비용곡선의 위의 한 점과 원점을 연결하는 기울기, 즉 평균변화율이 해당 생산량의 평균비용이다. 이에 따라 평균비용과 한계비용 사이에 어떤 관계가 성립하며, 이를 그래프로 나타내면 [그림 3-30]과 같다.

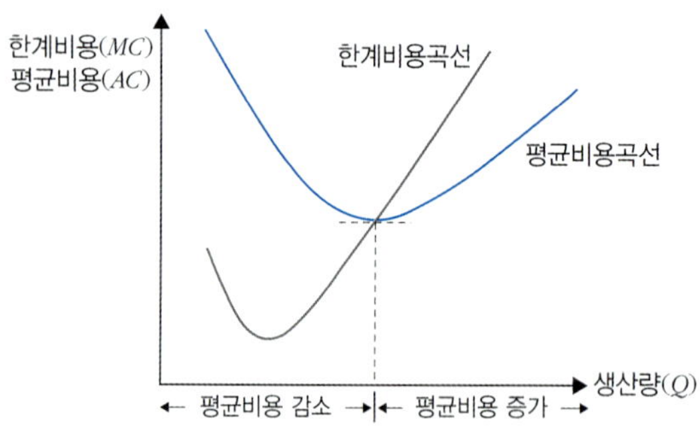

그림 3-30 **평균비용과 한계비용의 관계**

[그림 3-30]을 확인하였을 때, 다음과 같은 내용을 알 수 있다.

❶ 평균비용이 증가하는 구간에서는 한계비용이 평균비용보다 크다.

❷ 평균비용이 감소하는 구간에서는 한계비용이 평균비용보다 작다.

■ 생산

한계생산은 투입요소를 추가로 1단위 투입했을 때 총생산의 증가분이다. 이때 투입요소를 투입하여 생산된 재화의 총량을 총생산이라 하며, 총생산함수의 도함수를 한계생산이라 한다. 따라서 총생산곡선 위의 점에서 접선의 기울기가 해당 투입량의 한계생산을 나타낸다. 또한 투입요소를 투입했을 때 1단위당 생산량을 평균생산이라 한다. 즉, 평균생산은 다음과 같다.

$$\text{평균생산} = \frac{\text{총생산}}{\text{투입요소 투입량}}$$

이러한 평균생산은 총생산곡선의 위의 한 점과 원점을 연결하는 기울기, 즉 평균변화율이 투입요소 투입량의 평균생산이다. 이에 따라 평균생산과 한계생산 사이에 어떤 관계가 성립하는데, 이를 그래프로 나타내면 [그림 3-31]과 같다.

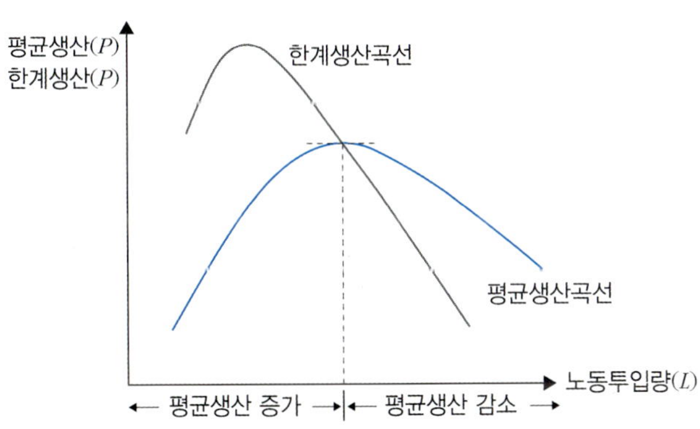

그림 3-31 평균생산과 한계생산의 관계

[그림 3-31]을 확인하였을 때, 다음과 같은 내용을 알 수 있다.

❶ 평균생산이 증가하는 구간에서는 한계생산이 평균생산보다 크다.

❷ 평균생산이 감소하는 구간에서는 한계생산이 평균생산보다 작다.

■ 수입

총수입 TR은 기업이 판매를 통해서 얻게 되는 가격과 판매량을 곱한 pQ로 정의되며, 평균수입은 총수입을 판매량으로 나눈 값 $\frac{TR}{Q}$, 한계수입은 총수입 증가분을 판매량 증가분으로 나눈 값 $\frac{\Delta TR}{\Delta Q}$

으로 정의한다. 따라서 평균수입은 제품 1단위당 얻는 수입이고, 평균수입은 식에 의해 가격과 동일하며 [그림 3-32(b)]와 같은 수요곡선을 나타낸다. 이때 총수입은 평균수입곡선 아래의 넓이이고, 그림으로 보면 [그림 3-32(c)]와 같다.

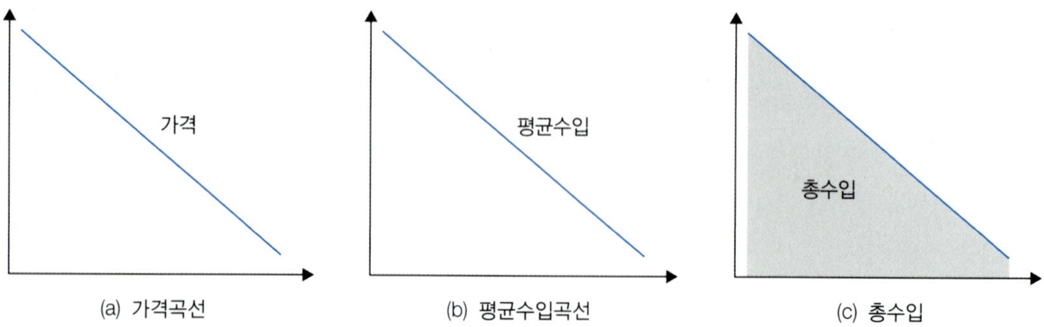

그림 3-32 **수요곡선과 평균수입곡선**

한계수입 MR은 생산자가 1단위의 제품을 추가로 더 판매할 때 얻는 추가 수입의 증가분을 의미하며 다음과 같다.

$$MR = \frac{dTR}{dQ} = \frac{dp}{dQ} \times Q + \frac{dQ}{dQ} \times P = P + Q\frac{dp}{dQ}$$

이러한 식에 기초한 한계수입곡선은 [그림 3-33]과 같으며, 한계수입이 0이 되는 점에서 총수입이 극대화된다.

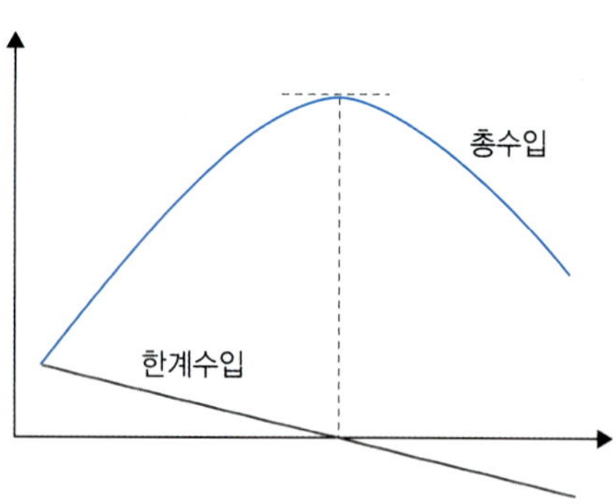

그림 3-33 **총수입과 한계수입의 관계**

이제 이익을 극대화하기 위한 조건을 찾아보자. 이는 한계수입과 한계비용 간의 관계를 이용하여 구할 수 있다. 독과점이 아닌 완전경쟁시장을 가정했을 때, 한계수입이 한계비용보다 크다면 생산량을 증가시켜야 이익이 높아진다. 반대로 한계수입이 한계비용보다 작다면 생산량을 감소시켜야 이익을 높일 수 있다. 따라서 [그림 3-34]와 같이 한계수입과 한계비용이 같을 때, 즉 $MR = MC$일 때 생산량 Q_1에서 수입이 최대가 되고 MC곡선은 공급곡선이 된다. 이는 가격이 오르면 수익을 극대화하기 위해 생산량 Q_B가 증가하기 때문이다. 따라서 한계비용곡선이 어떤 가격에서 기업의 생산량을 결정하므로 한계비용곡선을 공급곡선으로도 활용할 수 있다. 여기서 가격이 떨어지는 때는 당연히 생산량 Q_A가 줄어들 것이다.

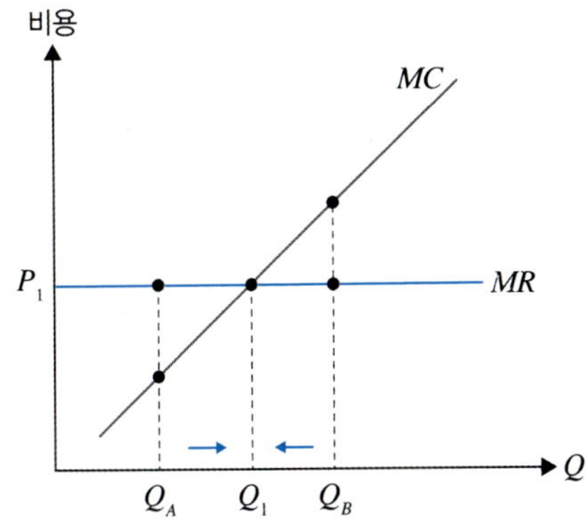

그림 3-34 이익 극대화 조건

예제 3-26

총수입함수가 $TR(Q) = Q(100 - 0.01Q)$이고 총비용함수가 $TC(Q) = 50Q + 10000$ 일 때 이익을 극대화하는 생산량을 구하고, 그에 따른 이익을 구하라. 단, 화폐 단위는 천 원이다.

TIP 이익함수 $P(Q)$를 구하고, 극댓값을 구한다.

풀이

① 식 $TR(Q) - TC(Q)$를 이용하여 이익함수 $P(Q)$를 구하면 다음과 같다.

$$\begin{aligned} P(Q) &= TR(Q) - TC(Q) = 100Q - 0.01Q^2 - 50Q - 10000 \\ &= -0.01Q^2 + 50Q - 10000 \end{aligned}$$

② 위 식에서 임계점을 구한다. 구한 값은 다음과 같다.

$$P'(Q) = -0.02Q + 50 = 0 \Rightarrow Q = 2500$$

③ 2계 도함수 극값 판정법을 이용하여 극값을 구하면 $P''(Q) = -0.02 < 0$이므로 $Q = 2500$에서 극댓값을 가진다.

④ 이를 이용하여 총수입(이익)을 구하면 다음과 같다.

$$P(2500) = -0.01(2500)^2 + 50(2500) - 10000 = 52500$$

따라서 총수입은 52,500천 원이다.

한계효용에 적용

E

미시경제학 분야에서 효용함수는 소비자선택에 영향을 미치는 중요한 개념이다. 효용이란 소비자가 재화나 서비스를 소비할 때 느끼는 주관적인 만족이다. 효용에 대한 크기는 절대적인 크기인 기수적 효용cardinal utility과 순서로서 다루는 서수적 효용ordinal utility으로 구분할 수 있으나, 여기서는 함수 형태를 다루기 위해 기수적 효용에 대해 살펴볼 것이다.

한편 소비자가 일정 기간 동안 재화나 서비스를 소비함으로써 얻게 되는 만족도의 총량을 **총효용(TU)**Total Utility이라 한다. 총효용은 재화나 서비스의 소비를 증가시킴에 따라 증가하지만 포화saturation 상태에 도달하게 되면 그 이상의 소비의 증가가 오히려 총효용을 감소시키게 된다. 예를 들어 맛있는 음식을 먹는 경우에 처음에는 만족도가 높지만, 배가 부른 다음부터 만족도가 감소하는 것과 같다. 또한 소비자가 일정 기간 동안 재화나 서비스를 소비할 때 재화 1단위당 효용을 **평균효용(AU)**Average Utility이라 한다. 평균효용은 다음과 같이 어떤 재화의 총효용을 소비량으로 나누어 구한다.

$$\text{평균비용}(AU) = \frac{\text{총효용}(TU)}{\text{소비량}(Q)}$$

또한 소비자가 일정 기간 동안 재화나 서비스를 소비할 때, 소비량을 1단위씩 변화시킴으로써 얻게 되는 총효용의 변화량을 **한계효용(MU)**Marginal Utility이라 하며, 다음과 같이 총효용의 변화량에 소비량의 변화량을 나누어 구한다.

$$\text{한계효용}(MU) = \frac{\text{총효용의 변화량}}{\text{소비량의 변화량}} = \frac{\Delta TU}{\Delta Q}$$

이에 따라 한계효용은 총효용곡선 위의 한 점에서 접선의 기울기를 의미하며, 다음과 같은 성질을 갖는다.

❶ [그림 3-35(a)]와 같이 총효용은 원점에서 시작하여 점차 효용이 증가하다가 포화점부터 감소한다.

❷ [그림 3-35(b)]와 같이 한계효용은 일정한 소비량 증가에 대해 총효용이 점차 감소하는 형태를 가지므로 점차 감소하고 포화점에서 한계효용이 음(−)으로 전환된다.

더욱이 [그림 3-35]에서 총효용이 증가하면 한계효용이 0보다 크고, 총효용이 최대이면 한계효용은 0이고, 총효용이 감소하면 한계효용이 0보다 작은 값임을 확인할 수 있다. 이때 경제학에서 중요한 개념 중 하나인 **한계효용체감의 법칙**law of diminishing marginal utility은 재화나 서비스의 소비량이 증가 혹은 감소할수록 재화의 한계효용이 감소 혹은 증가하는 현상이며, 그래프로는 [그림 3-35(b)]와 같다.

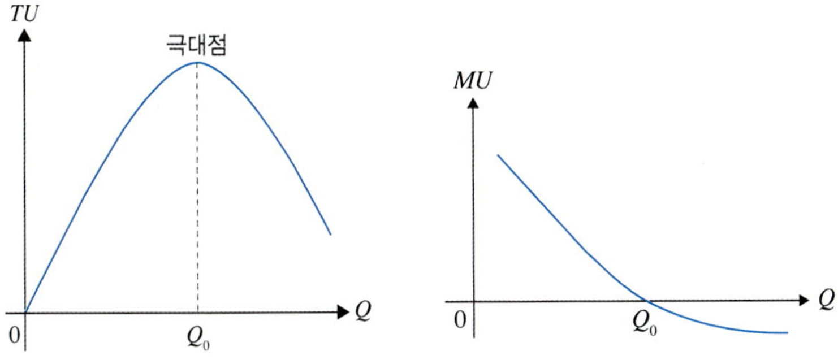

(a) 총효용 (b) 한계효용

그림 3-35 총효용과 한계효용의 관계

한편 두 재화 X와 Y만이 존재한다고 가정할 때, [그림 3-36]과 같이 두 재화의 소비를 통해 동일한 효용이 나타나는 점들을 연결한 무차별곡선을 그릴 수 있다.

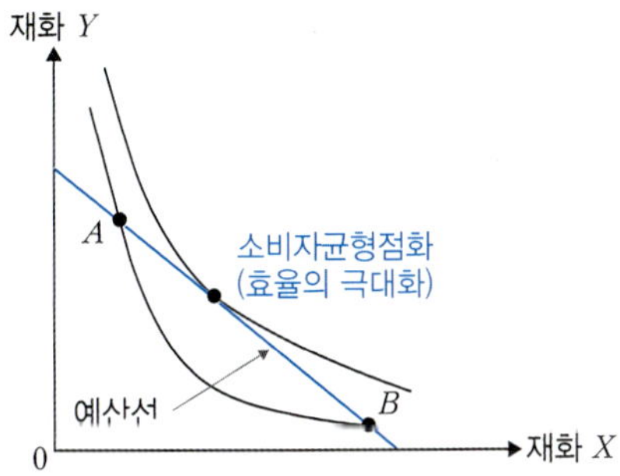

그림 3-36 무차별곡선

경제학에서는 각 재화나 서비스의 매입에 사용된 화폐 1단위의 한계효용이 균등할 때 소비자의 총효용이 최대가 된다고 하며, 이를 **한계효용균등의 법칙**law of equimarginal utilities이라 한다. 즉, 무차별곡선의 기울기와 예산선의 기울기가 같을 때 소비자 균형이 달성된다. 이때 무차별곡선의 기울기를 한계대체율이라고 하며, 재화 X의 증감 ΔQ_X, 재화 Y의 증감 ΔQ_Y, X의 한계효용 MU_X, Y의 한계효용 MU_Y로 다음과 같이 정의될 수 있다.

$$\Delta Q_X MU_X = -\Delta Q_Y MU_Y$$

결과적으로 [그림 3-36]에서 점 A와 B가 동일한 무차별곡선 위에 있으므로 효용은 동일하지만, 점 A에서 B로 이동하게 되면 X는 일정량 증가하고 Y는 일정량 감소하게 된다. 따라서 동일한 무차별곡선 위에 X에 대한 일정 증가분의 한계효용과 Y에 대한 일정 감소분의 한계효용은 같게 되며, 이를 수식으로 다시 정리하면 다음과 같다.

$$-\frac{\Delta Q_Y}{\Delta Q_X}=\frac{MU_X}{MU_Y}$$

이 기울기는 한계효용의 비율과 같으며, 수식으로 표현하면 $\frac{MU_X}{P_X}=\frac{MU_Y}{P_Y}$ 이다. 또한 예산의 제약을 고려하면, 재화의 구입에 사용할 수 있는 총예산은 $I=p_XQ_X+p_YQ_Y$와 같이 소득으로 볼 수 있다. 여기서 p_X는 재화 X의 가격, p_Y는 재화 Y의 가격을 나타낸다. 이 식을 Y에 대해 정리하면 다음 식을 얻는다.

$$Y=-\frac{p_X}{p_Y}Q_X+\frac{I}{p_Y}$$

이 식의 $\frac{p_X}{p_Y}$를 두 재화 X와 Y의 상대가격이라고 하는데, 결과적으로 한계대체율과 상대가격이 일치하는 수준에서 소비자는 최대의 효용을 달성할 수 있다. 이에 따라 다음의 관계식을 얻을 수 있다.

$$\frac{M_X}{M_Y}=\frac{p_X}{p_Y},\ \frac{M_X}{p_X}=\frac{M_Y}{p_Y}$$

위 식은 주어진 소득으로 여러 재화를 소비할 때와 효용을 극대화하기 위해 각 재화의 한계효용이 같도록 소비하는 것이 가장 합리적임을 나타낸다. 여기에 재화가 n개인 경우로 확대하면 다음과 같은 식을 얻을 수 있다.

$$\frac{M_1}{p_1}=\frac{M_2}{p_2}=\cdots=\frac{M_n}{p_n},\ p_1Q_1+p_2Q_2+\cdots+p_nQ_n=I$$

예제 3-27

다음과 같이 두 재화인 과자와 빵을 X와 Y로 놓고, 소비자에게 같은 만족을 제공하는 조합이 있다고 할 때 물음에 답하라.

	A	B	C	D	E
과자 수량(X)	10	20	30	40	50
빵 수량(Y)	13	9	6	4	3

(a) 위 표에 대한 X와 Y의 그래프를 그리고 그 특징을 설명하라.

(b) 두 재화 X와 Y의 교환비율을 구하라.

풀이

(a) 표의 X와 Y에 대한 무차별곡선을 그리면 다음과 같다.

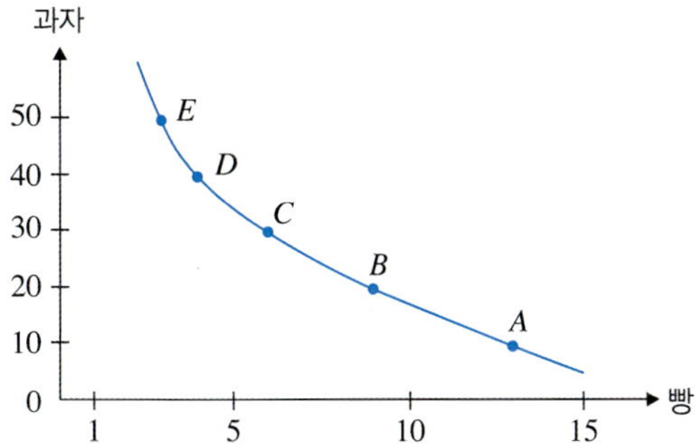

여기서 무차별곡선의 특징은 다음과 같다.

① 무차별곡선은 우하향하므로 두 재화의 대체가능성을 알 수 있다.

② 원점에 대해 볼록이므로 재화 X의 소비량이 증가함에 따라 재화 1단위에 대해 포기할 수 있는 재화 Y의 수량이 점차 감소한다.

③ 원점에서 멀리 떨어진 무차별곡선일수록 더 높은 효용을 나타내므로 소비할 수 있는 재화 X와 재화 Y의 총량이 증가한다면 더 많은 효용을 얻을 수 있다.

④ 한 개의 무차별곡선은 서로 교차할 수 없으므로 만일 이들이 겹친다면 특정 조합이 서로 다른 효용수준을 동시에 갖는다는 모순이 발생한다.

(b) 두 재화의 교환비율은 다음과 같이 구한다.

① 재화 X가 10에서 20으로 증가할 때 감소하는 Y의 양은 $13-9=4$이므로 증가량의 비율은 다음과 같다.

$$\frac{\Delta Y}{\Delta X}=\frac{13-9}{20-10}=0.4$$

따라서 추가된 재화 X의 1단위를 얻기 위해 포기할 수 있는 재화 Y의 수량은 0.4개이다.

② 다음으로 재화 X가 20에서 30으로 증가할 때 감소하는 재화 Y의 양은 $9-6=3$이므로 증가량의 비율은 다음과 같다.

$$\frac{\Delta Y}{\Delta X}=\frac{9-6}{30-20}=0.3$$

비교정태분석에 적용

E

2.6절의 '경제학의 균형분석'에서 언급한 바와 같이 어떤 균형에서 새로운 균형으로 이동할 때, 시간의 흐름에 따라 변화하는 상태를 분석하는 것을 동태분석이라 한다. 그러나 균형분석을 쉽게 수행하기 위해서는 일반적으로 시간의 개념이 포함되지 않는 모형, 즉 시간변수를 포함하지 않는 모형을 자주 사용한다. 예를 들어, 보이지 않는 손인 시장의 힘이 수요와 공급의 둘 사이를 연결시켜 균형을 유지하도록 만들어 준다.

그러나 이러한 균형도 어떤 교란이 발생하면 변하므로 교란이 발생하기 이전과 이후에 두 개의 균형 상태를 비교하는 것이 필요하다. 이를 **비교정태분석**comparative static analysis이라 한다. 예를 들어 수요와 공급이 균형을 이룬 시장에서 가계소득의 증가로 인해 수요가 증가한다면 [그림 3-37]과 같이 수요곡선이 우상향으로 이동하게 되는데, 이때 가격 또한 상승하게 된다. 이러한 새로운 균형과 기존의 균형을 비교하는 방법이 바로 비교정태분석이다. 비교정태분석은 외생효과나 정책의 변화가 미치는 영향을 이해하는 데 도움을 줄 수 있다.

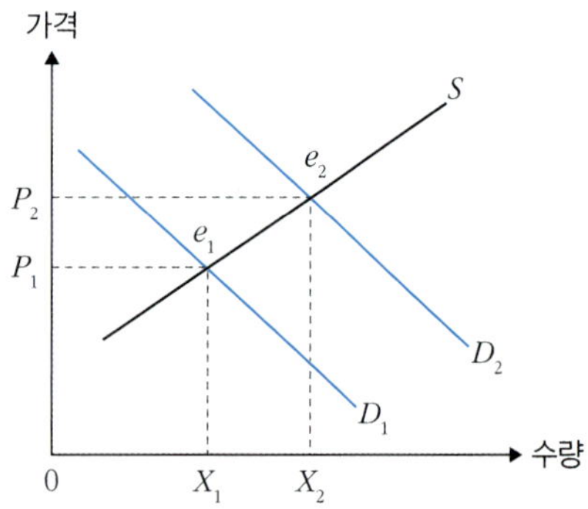

그림 3-37 **수요의 증가 시 균형의 변화**

예제 3-28

소득을 나타내는 외생변수 I에 대해 공급함수 Q_s와 수요함수 Q_d가 각각 다음과 같다고 하자.

$$Q_s = f(p) = 1 + p,\quad Q_d = g(p) = 5 - p + I$$

현재 소득 $I_0 = 10$에서 $I_1 = 14$로 소득이 증가했을 때, 비교정태분석의 개념을 이용하여 소득 변화가 균형가격과 균형량에 미치는 영향을 각각 구하라.

TIP 균형점 $Q_s = Q_d$에서 균형가격과 균형량이 결정된다.

풀이

$I_0 = 10$일 때 공급함수 Q_s와 수요함수 Q_d의 교차점에서의 가격 $p = p^*$와 함숫값 $Q_d = Q_s = Q^*$를 구하면 다음과 같다.

$$Q_s = Q_d \Rightarrow 1 + p = 5 - p + 10$$

여기서 Q_s 에 $p^* = 7$을 대입하면 다음과 같이 균형해 Q^*를 구할 수 있다.

$$p^* = 7 \Rightarrow Q^* = 8$$

균형가격에 미치는 영향을 구하면 다음과 같다.

① 가격이 $p > 7$ 이면 초과공급이 존재하고 이러한 초과공급과 초과수요는 미판매가 증가되어 가격인하와 공급량 감소가 요구된다.

② 가격이 $p < 7$ 이면 초과수요가 존재하여 그 제품의 가격이 균형가격까지 증가하며 인상된 가격에서는 기존보다 적은 소비량이 발생한다.

균형량에 미치는 영향을 구하면 다음과 같다.

① $I_1 = 14$ 에서 가격 $p = p^*$와 함숫값 $Q_d = Q_s = Q^*$를 구하면 다음과 같다.

$$1 + p = 5 - p + 14 \Rightarrow p^* = 9, \ Q^* = 10$$

② $I_0 = 10$에서 $I_1 = 14$로 소득이 변화할 경우, $\Delta I = 4$이면 가격의 변화는 $\Delta p = 9 - 7 = 2$이고 균형량의 변화는 $\Delta Q = 10 - 8 = 2$이다.

■ 변화율

비교정태분석은 수요와 공급의 균형에서 어떤 모수parameter나 외생변수의 변화에 대해 내생변수에 대한 균형값의 변화율을 찾는 문제가 주요 대상이다. 여기서 어떤 모수는 소득의 증가 등으로 볼 수 있고, 내생변수는 가격의 증가 등으로 볼 수 있다. 비교정태분석은 두 가지 관점, 즉 변화의 방향과 변화의 크기에 관심을 가진다. 또한 비교정태분석은 본질적으로 변화율을 찾는 문제이므로 이러한 분석을 위해서는 도함수의 개념을 자주 사용해야 한다. 외생변수 x와 균형을 이루어야 하는 내생변수 y 사이에 함수 $y = f(x)$가 성립한다고 하자. 그러면 변수 x가 x_0에서 x_1으로 변할 때, x의 변화량 $\Delta x = x_1 - x_0$에 대한 y의 변화량 $\Delta y = f(x_1) - f(x_0)$의 비율을 **차분몫**difference quotient이라 하며, 다음과 같이 나타낸다.

$$\frac{\Delta y}{\Delta x} = \frac{f(x_1) - f(x_0)}{x_1 - x_0}$$

즉 차분몫은 닫힌구간 $[x_0, x_1]$에서 함수 $y = f(x)$의 평균변화율이다. 따라서 특정한 외생변숫값 $x = x_0$에서의 순간변화율은 다음과 같다.

$$f'(x_0) = \lim_{\Delta x \to 0} \frac{\Delta y}{\Delta x} = \lim_{\Delta x \to 0} \frac{f(x_1) - f(x_0)}{x_1 - x_0}$$

■ 평균함수와 한계함수에의 적용

평균함수와 한계함수에 도함수를 적용한 두 가지 예를 살펴본다.

사례 1 **평균수입함수에의 적용**

평균수입함수 AR이 주어지면 총수입함수 R과 한계수입함수 MR은 각각 다음과 같다.

$$R = (AR)Q, \ MR = \frac{dR}{dQ}$$

이때 평균수입함수가 $AR = f(Q)$이면 총수입함수와 한계수입함수는 각각 다음과 같다.

$$R = Qf(Q), \quad MR = \frac{dR}{dQ} = f(Q) + Qf'(Q)$$

따라서 한계수입함수와 평균수입함수의 차이는 다음과 같이 $Qf'(Q)$이므로생산량 Q와 평균수입함수 AR의 기울기를 곱한 값이라고 할 수 있다.

$$MR - AR = MR - f(Q) = Qf'(Q)$$

사례 2 **평균비용함수에의 적용**

총비용함수가 $C = C(Q)$이면 평균비용 AC와 한계비용 MC는 각각 다음과 같다.

$$AC = \frac{C(Q)}{Q}, \ MC = \frac{dC}{dQ}$$

한편 평균비용과 한계비용 사이의 관계를 파악하기 위해 AC의 도함수를 구하면 다음과 같다.

$$\begin{aligned}\frac{dAC}{dQ} &= \frac{d}{dQ}\left(\frac{C(Q)}{Q}\right) = \frac{[C'(Q)Q - C(Q)]}{Q^2} \\ &= \frac{1}{Q}\left(C'(Q) - \frac{C(Q)}{Q}\right) = \frac{1}{Q}(MC - AC)\end{aligned}$$

위 식에서 평균비용의 기울기는 한계비용에 평균비용을 뺀 값에 Q로 나눈 값이 된다. 이때 Q는 생산량이므로 $Q > 0$이며 다음의 세 가지 조건이 성립한다.

❶ 한계비용이 평균비용보다 크면 평균비용함수의 기울기는 0보다 크다.

❷ 한계비용이 평균비용과 동일하면 평균비용함수의 기울기는 0이다.

❸ 한계비용이 평균비용보다 작으면 평균비용함수의 기울기는 0보다 작다.

위의 세 가지 조건에 대해 [예제 3-29]의 그래프에서 확인할 수 있다.

예제 3-29

평균수입함수와 총비용함수가 각각 다음과 같을 때, (a), (b)를 구하라.

$$AR = 10 - Q, \quad C = 0.004Q^3 - 0.09Q^2 + 25Q + 339$$

(a) 한계수입함수를 구하라.

(b) 평균비용함수와 한계비용함수를 구하고, 두 비용이 같아지는 생산량 Q를 구하라.

풀이

(a) 총수입함수는 $R = AR \times Q$이므로 $R = (10 - Q)Q = 10Q - Q^2$이고, 한계수입함수는 총수입함수의 미분한 값인 $MR = \dfrac{dR}{dQ}$이므로 $MR = \dfrac{dR}{dQ} = 10 - 2Q$이다.

(b) ① 평균비용함수와 한계비용함수를 구하면 각각 다음과 같다.

$$AC = \frac{C}{Q} = 0.004Q^2 - 0.09Q + 25 + \frac{339}{Q},$$

$$MC = \frac{dC}{dQ} = 0.012Q^2 - 0.18Q + 25$$

② 한계비용과 평균비용이 같아지는 생산량 Q를 구한다. $AC = MC$이므로 생산량 Q는 다음과 같이 구한다.

$$0.004Q^2 - 0.09Q + 25 + \frac{339}{Q} = 0.012Q^2 - 0.18Q + 25 \Rightarrow Q \approx 39$$

이를 그림으로 나타내면 다음과 같다.

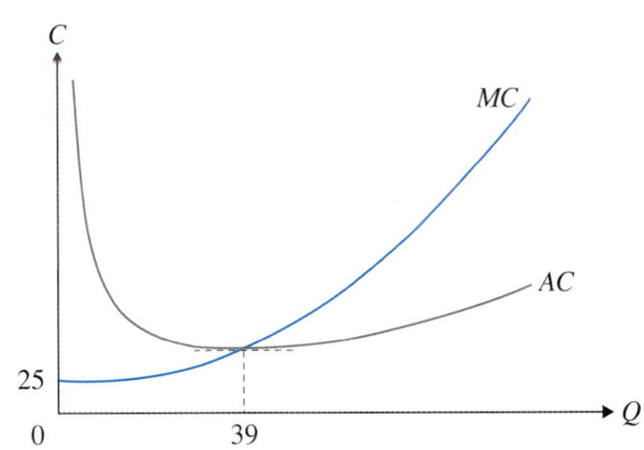

[예제 3-29]의 그래프에서 보면 평균비용 AC의 기울기가 0인 점 $Q \approx 39$의 왼쪽에서는 평균비용이 AC가 감소하고 이에 따라 한계비용 MC는 평균비용 AC의 아래에 위치함을 알 수 있다. 즉, 한계비용이 평균비용보다 작으면 평균비용함수의 기울기는 0보다 작다. 그러나 평균비용과 한계비용이 만나는 점 우측에서는 그 반대의 결과가 나온다.

수요의 소득탄력성

E

수요의 소득탄력성이란 소득수준의 변화에 대한 수요량의 변화 정도를 의미한다. 가령 수요의 소득탄력성은 소득이 1단위 증가(혹은 감소)했을 때 특정 제품의 수요가 몇 단위 변화하는지를 보여주는 개념으로서 다음과 같은 식으로 나타낼 수 있다.

$$\varepsilon_I = \frac{\text{수요변화율}}{\text{소득변화율}} = \frac{\Delta Q_d / Q_d}{\Delta I / I}$$

수요의 소득탄력성을 통해 재화의 특성을 구분할 수 있다. $\varepsilon_I > 1$이면 사치재(귀중품, 고가시계 등)이고, $0 < \varepsilon_I < 1$이면 필수재(비누 등)로 볼 수 있다. $\varepsilon_I > 0$이면 소고기 소비와 같이 소득이 증가하면 수요도 증가하는 정상재라 하며, $\varepsilon_I < 0$이면 버스와 같이 소득이 증가하면 수요가 오히려 감소하는 열등재라 한다.

예제 3-30

소득이 100만 원에서 110만 원으로 증가할 때, 어떤 재화의 수요량이 20개에서 25개로 증가했다고 하자. 이 수요의 소득탄력성을 구하고 재화의 특성을 말하라.

풀이

$\Delta I = 110 - 100 = 10$, $\Delta Q_d = 25 - 20 = 5$이므로 수요의 소득탄력성은 다음과 같다.

$$\varepsilon_I = \frac{\Delta Q_d / Q_d}{\Delta I / I} = \frac{5/20}{10/100} = 2.5$$

따라서 수요의 소득탄력성이 2.5이고, 소득탄력성이 1보다 크므로 이 재화는 사치재이다.

한편 대체재와 보완재라는 개념도 구분해야 한다. 대체재는 두 재화가 비슷한 유용성을 가지고 있으므로 한 재화의 수요가 증가하면 다른 재화의 수요가 감소한다(소고기와 돼지고기 등). 반면에 보완재는 한 재화의 수요가 증가하면 다른 재화의 수요도 같이 증가한다(고기와 쌈장 등). 이를 나타내기 위해 수요의 교차탄력성이라는 용어가 자주 사용되며 다음과 같이 정의된다.

$$\varepsilon_c = \frac{A\text{재 수요변화율}}{B\text{재 가격변화율}} = \frac{\Delta Q_A / Q_A}{\Delta P_B / P_B}$$

예제 3-31

재화 A의 가격이 1만 원일 때 재화 B의 수요는 100개이다. 재화 A의 가격이 500원 오를 때 재화 B의 수요가 10개 증가한다면, 재화 B의 수요의 교차탄력성을 구하라. 또한, 재화 A와 B가 대체재인지 보완재인지 보여라.

풀이

① 재화 B의 수요변화율과 재화 A의 가격변화율을 구한다. 재화 B의 수요변화율 $\frac{10}{100} = 0.1$ 이고, 재화 A의 가격변화율은 $\frac{500}{10000} = 0.05$ 이다.

② 재화 B의 수요의 교차탄력성을 구하려면 재화 B의 수요변화율에 재화 A의 가격변화율을 나눈다. 따라서 $\varepsilon_c = \frac{0.1}{0.05} = 2$ 이다.

③ 수요의 교차탄력성이 양의 부호를 갖기 때문에 대체재임을 알 수 있다.

위 [예제 3-31]에서 재화 B의 대체재인 재화 A의 가격이 오르면 재화 A를 구매하는 대신에 재화 B를 구매하려는 소비자들이 늘어난다. 즉, 재화 A의 가격이 오르면 재화 B의 가격이 상대적으로 저렴해져 재화 B의 수요가 증가하는 것이다. 만약 수요의 교차탄력성이 음의 부호를 갖는다면 유사한 논리로 보완재임을 알 수 있다.

IS-LM곡선의 기울기

E

거시경제학의 IS-LM모형에서 균형은 수학적 미분의 개념을 사용한다. 이 모형은 재화시장과 금융시장에서 동시에 균형을 결정하는 소득수준과 이자율로 특징되며 그래프는 [그림 3-38]과 같다. IS곡선과 LM곡선에 관하여는 뒤에서 설명할 것이다. 먼저 각 요소에 대한 것은 다음과 같다. Y는 **국내총생산(GDP)** gross domestic product 혹은 총소득이며, C, I, G, T는 각각 소비, 투자, 정부지출, 조세를 나타낸다. 재화시장은 다음과 같은 방정식으로 설명할 수 있다.

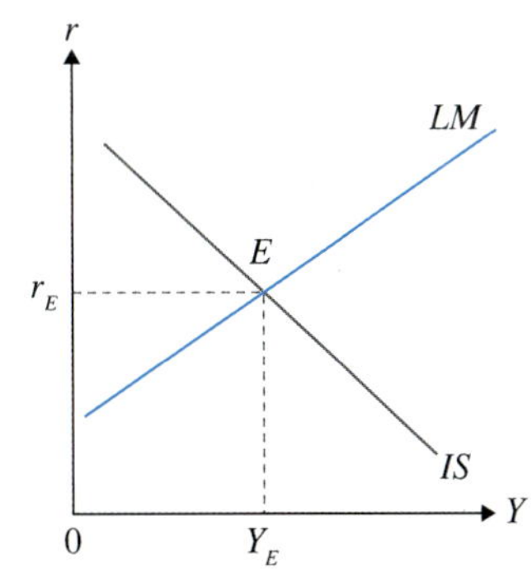

그림 3-38 IS-LM곡선

$$Y = C + I + G, \quad C = C(Y - T),$$
$$I = I(r), \qquad T = T(Y), \qquad G = G_0$$

이때 정부의 고정된 지출이 G_0이고, 소비 C는 가처분소득 Y^d의 증가함수라고 하자. $Y^d = Y - T$이며, 소비에 대한 한계성향은 $\dfrac{dC}{dY^d} = C'(Y^d)$이다. 이 식의 값은 0보다 크거나 같고 1보다 작거나 같다. 또한 투자 I는 이자율 r에 대한 감소함수이므로 다음이 성립한다.

$$\frac{dI}{dr} = I'(r) < 0$$

정부부문은 정부지출 G와 세금 T라는 두 변수에 의해 설명된다. 여기서 G는 외생적으로 결정되는 반면에 T는 소득의 증가함수라고 가정한다. 여기서 한계조세율은 $\dfrac{dT}{dY} = T'(Y)$이며, 값은 0보다 크거나 같고 1보다 작거나 같다. 한편, 재화시장에 대해 IS곡선은 다음과 같이 표현된다.

$$Y - C(Y^d) - I(r) - G_0 = 0 \Rightarrow Y - C(Y^d) = I(r) - G_0$$

위 식의 양변에 미분을 취하면 다음과 같은 식이 나온다.

$$d[Y - C(Y^d)] = d[I(r) - G_0] \Rightarrow dY - C'(Y^d)dY^d = I(r)dr$$

이때 $Y^d = Y - T$이므로 $\dfrac{dY^d}{dY} = 1 - T'(Y)$, 즉 $dY^d = [1 - T'(Y)]dY$이다. 따라서 이 식은 다음과 같이 표현할 수 있다.

$$dY - C'(Y^d)[1 - T'(Y)]dY = I'(r)dr$$
$$\text{또는 } \{1 - C'(Y^d)[1 - T'(Y)]\}dY = I'(r)dr$$

결과적으로 IS곡선의 기울기는 $\dfrac{dr}{dY} = \dfrac{1 - C'(Y^d)[1 - T'(Y)]}{I'(r)} < 0$이다. 이와 같이 IS곡선의 기울기가 음수로 나오면 더 높은 수준의 이자율이 투자를 감소시키고, 그에 따라 소비와 소득수준도 준다는 의미이다.

한편, 통화시장에서 통화에 대한 수요는 식 $M^d = L(Y, r)$에 의해 결정된다. 이는 통화에 대한 수요는 소득수준 Y와 비례하고, 이자율 r과 반비례함을 뜻한다. 따라서 실질통화의 균형 $M^d = L(Y, r)$은 다음과 같은 선형함수로 표현할 수 있다.

$$M^d = L(Y, r) = kY - hr\,(h > 0) \tag{3.4}$$

이때 상수 k는 소득이 증가할 때 실질통화의 균형수요가 얼마나 많이 증가하는지를 나타내며, h는 이자율이 증가할 때 실질통화의 균형수요가 얼마나 많이 감소하는지를 나타낸다. 통화시장에서 균형은 실질통화의 균형에 대한 수요가 실질통화의 균형에 대한 공급과 일치할 때 구축되며 다음 식이 성립한다.

$$\frac{M}{P} = kY - hr$$

위의 식을 LM곡선이라고 한다. 여기서 통화공급 M은 중앙은행에 의해 결정되고 P는 가격수준을 의미한다. 그러므로 통화시장에 대해 LM곡선의 기울기는 통화시장에서 통화에 대한 수요인 식 $M^d = L(Y, r)$이라 할 수 있다. 한편 L_Y는 소득의 함수로 표현한 통화수요로서 통화수요의 소득탄력성을 반영하고, L_r은 이자율의 함수로 표현한 통화수요로서 통화수요의 이자율탄력성을 반영한다. 특히 통화수요는 소득에 비례하므로 $L_Y > 0$이고, 이자율에 반비례하므로 $L_r < 0$이다. 다음은 통화공급과 균형조건에 대한 식이다.

① $M^s = M_0^s$, (M_0^s는 외생적) (3.5)

② $M^s = M^d$ (3.6)

여기서 식 (3.4)는 통화수요를 나타내고 식 (3.5)와 (3.6)은 각각 통화공급과 균형 조건을 의미한다. 금융시장은 이와 같은 세 가지 방정식으로 표현될 수 있다. 특히 통화의 공급과 수요가 균형이 이루어지는 경우에 LM곡선이 되며, $L(Y, r) = M_0^s$와 같은 관계가 성립한다. 따라서 IS곡선의 기울기와 동일한 방법을 적용하면 $L_Y\, dY + L_r\, dr = 0$이므로 LM곡선의 기울기는 다음과 같다. 단, $L_r < 0$이므로 기울기는 양수이다.

$$\frac{dr}{dY} = -\frac{L_Y}{L_r} > 0$$

이와 같이 LM곡선의 기울기가 양수라는 사실은 통화시장에서 소득수준과 이자율이 직접적으로 변동한다는 것을 의미한다. 즉, 화폐의 수요를 거래적 수요와 투기적 수요로 구분했을 때 소득에 비례하고, 이자율에 반비례하므로 이자율이 증가하면 재산증식을 위한 투기적 수요가 증가함을 의미한다. 향후 IS-LM곡선의 기울기탄력성과 곡선 자체의 이동은 상반된 주장을 하는 통화 논쟁에 대한 고전학파와 케인즈학파의 중요한 근거가 되며, 통화정책과 재정정책에 대한 거시경제학의 중요한 논쟁의 기본이 된다.

예제 3-32

다음 함수들에 의해 경제를 설명할 수 있을 때 물음에 답하라. 단, 정부지출, 조세, 통화공급, 가격수준은 상수로 생각한다.

$$Y = C + I + G,\ C = 120 + 0.5(Y - T),\ I = 100 - 10r,\ G = 50,\ T = 40$$

$$\left(\frac{M}{P}\right)^d = Y - 20r,\ M = 600,\ P = 2$$

(a) IS곡선의 식을 구하라.

(b) LM곡선의 식을 구하라.

(c) 균형이자율과 균형소득을 구하라.

풀이

(a) IS곡선을 구하기 위해 다음의 식을 이용한다. 이때 $T = 40$ 임을 이용한다.

$$\begin{aligned} Y &= C + I + G \\ &= [120 + 0.5(Y - T)] + (100 - 10r) + 50 \\ &= 250 + 0.5Y - 10r \end{aligned}$$

즉, $Y = 250 + 0.5Y - 10r$ 이므로 IS곡선은 $Y = 500 - 20r$ 이다.

(b) LM곡선을 구하기 위해 다음 식을 이용한다.

$$\left(\frac{M}{P}\right)^d = \left(\frac{M}{P}\right)^s = \frac{M}{P}$$

이때 $\left(\frac{M}{P}\right)^d = Y - 20r$, $M = 600$, $P = 2$ 이므로 LM곡선은 다음과 같다.

$$Y - 20r = \frac{600}{2} \Rightarrow Y = 20r + 300$$

(c) 균형이자율은 IS곡선과 LM곡선의 교점이므로 다음과 같다.

$$500 - 20r = 20r + 300 \Rightarrow r^* = 5$$

이때 균형소득은 $Y^* = 500 - 20(5) = 400$ 이다. 이 결과를 종합하여 그래프로 표현하면 다음과 같다.

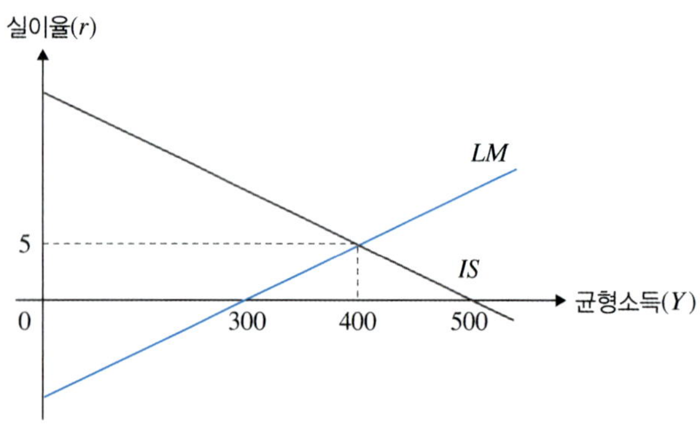

3장 연습문제

01. 다음 함수의 극한을 구하라.

(a) $\lim_{x \to 2}(x^2 - 2x + 3)$ (b) $\lim_{x \to 1}(x^3 - x)$ (c) $\lim_{x \to 3}\frac{x-3}{x^3-27}$

(d) $\lim_{x \to 1}\frac{2x^3 - x - 1}{x^2 - 1}$ (e) $\lim_{x \to 1}\sqrt{x^2 + x + 2}$ (f) $\lim_{x \to 1}\sqrt{\frac{x-1}{x^2-1}}$

(g) $\lim_{x \to 3}\frac{\sqrt{x+6}-3}{x-3}$ (h) $\lim_{x \to 8}\frac{\sqrt[3]{x^2}-4}{x-8}$ (i) $\lim_{x \to \infty}\frac{e^x}{e^x+1}$

(j) $\lim_{x \to \infty}\ln\left(1+\frac{1}{3x}\right)^{\frac{x}{3}}$ (k) $\lim_{x \to 0^-}(1-x)^{\frac{1}{x}}$ (l) $\lim_{x \to 1} e^{\frac{1-x}{x^2-1}}$

(m) $\lim_{x \to \infty} e^{\frac{1-x}{x^2-1}}$ (n) $\lim_{x \to \infty}[\ln(2x+1) - \ln(x-2)]$ (o) $\lim_{x \to 0}\frac{\ln(x+2)-\ln 2}{x}$

02. 다음 함수와 주어진 점에서 좌극한과 우극한을 구하라.

(a) $f(x) = e^{\frac{1}{1-x}}$, $x = 1$ (b) $f(x) = \frac{1}{|x|} - \frac{1}{x}$, $x = 0$

(c) $f(x) = \frac{x^2 - 3x + 2}{|x-1|}$, $x = 1$ (d) $f(x) = \frac{x^3 - 27}{|x-3|}$, $x = 3$

03. 함수 $y = \frac{x+1}{x-1}$의 그래프를 그리고, 다음 극한을 구하라.

(a) $\lim_{x \to \infty} f(x)$ (b) $\lim_{x \to -\infty} f(x)$ (c) $\lim_{x \to 1^-} f(x)$ (d) $\lim_{x \to 1^+} f(x)$

04. 주어진 점에서 다음 함수의 연속성을 조사하라. 연속이 아니면 그 이유를 말하라.

(a) $f(x) = \begin{cases} x-1, & x<0 \\ x^2-2x, & x \ge 0 \end{cases}$, $x = 0$ (b) $f(x) = \begin{cases} \frac{x^3-8}{x-2}, & x \ne 2 \\ 6, & x = 2 \end{cases}$, $x = 2$

(c) $f(x) = \begin{cases} x, & x<1 \\ 0, & x=1 \\ \frac{1}{x}, & x>1 \end{cases}$, $x = 1$ (d) $f(x) = [-x] + [x]$, $x = 0$

05. 주어진 닫힌구간에서 다음 함수의 최댓값과 최솟값을 구하라.

(a) $f(x) = x^2 - 3x + 2$, $[-1, 3]$ (b) $f(x) = -x^2 - x + 2$, $[-4, 4]$

06. 함수 $f(x) = x^3$에 대하여 $x = 1$에서 순간변화율과 접선의 방정식을 구하라.

3장 연습문제

07. $x=0$ 에서 다음 함수가 미분가능한지 조사하라.

(a) $f(x)=|x|+x$ (b) $f(x)=x|x|$

08. 도함수의 정의에 의해 다음 함수의 도함수를 구하라.

(a) $f(x)=\dfrac{1}{x}$ (b) $f(x)=\dfrac{1}{x-1}$

09. 다음 함수의 도함수를 구하라.

(a) $f(x)=x^2-2x+3$ (b) $f(x)=x^3+x$ (c) $f(x)=(x-3)(x^2+2)$

(d) $f(x)=(x^3-1)(x^2+2x+2)$ (e) $f(x)=\dfrac{x^2-1}{x-2}$ (f) $f(x)=\dfrac{x-1}{x^2+1}$

(g) $f(x)=\left(x-\dfrac{1}{x}\right)\left(x^2+\dfrac{1}{x^2}\right)$ (h) $f(x)=\left(x+\dfrac{1}{x}\right)\left(x^3-\dfrac{1}{x^3}\right)$ (i) $f(x)=\dfrac{e^x}{e^x+1}$

(j) $f(x)=x^2e^{2x}$ (k) $f(x)=e^{x^2-x+2}$ (l) $f(x)=\ln(x^2+2)$

(m) $f(x)=\ln\dfrac{x}{x^2+2}$ (n) $f(x)=\sqrt{x^2-1}$ (o) $f(x)=\sqrt{\dfrac{x+1}{x}}$

10. 주어진 범위에서 다음 함수에 대한 역함수의 도함수를 구하라.

(a) $y=\dfrac{1}{x-1}$, $x>1$

(b) $y=x^2-1$, $x>0$

(c) $y=(1+\sqrt[3]{x})^5$, $-\infty<x<\infty$

11. 다음 방정식에 대해 주어진 점에서 접선의 방정식을 구하라.

(a) $xy+y^2=x^2+2y$, $(0,2)$

(b) $y^2+3x^2y+x^2=-1$, $(1,-1)$

(c) $x^2+y^2=xy+1$, $(1,0)$

12. 다음 함수의 n 계 도함수를 구하라.

(a) $y=e^{2x}$ (b) $y=\ln x$

13. 주어진 구간에서 다음 함수에 대한 평균값 정리를 만족하는 x를 구하라.

(a) $y = x^3$, $[-1, 1]$ **(b)** $y = \sqrt{x}$, $[0, 4]$ **(c)** $y = \dfrac{x}{x+2}$, $[-1, 2]$

14. 로피탈의 정리를 이용하여 다음 극한을 구하라.

(a) $\lim_{x \to 3} \dfrac{x-3}{x^3 - 27}$ **(b)** $\lim_{x \to \infty} \dfrac{e^{2x}}{e^{2x} + 2x}$ **(c)** $\lim_{x \to \infty} \left(\sqrt{x^4 + 1} - x^2 \right)$

15. 다음 함수의 증가하는 구간과 감소하는 구간 그리고 극값을 구하라.

(a) $f(x) = 3x^4 - 8x^3 - 18x^2$ **(b)** $f(x) = 2x^3 + 9x^2 + 12x + 2$

(c) $f(x) = x^2 - \dfrac{1}{x}$ **(d)** $f(x) = \dfrac{1}{x^2 + 1}$

16. 다음 함수에 대해 아래로 볼록, 위로 볼록인 구간을 구하라.

(a) $f(x) = 3x^4 - 8x^3 - 18x^2$ **(b)** $f(x) = 2x^3 + 9x^2 + 12x + 2$

(c) $f(x) = x^2 - \dfrac{1}{x}$ **(d)** $f(x) = \dfrac{1}{x^2 + 1}$

17. M 개당 1,000원에 연간 40,000개의 마스크를 판매하는 어떤 소매업체는 각 마스크 하나당 판매가격의 15%의 유지비용이 들고 각 주문당 100원의 비용이 소요된다고 할 때, 다음을 구하라.

(a) 경제적 주문량 모델에 의한 최적의 주문량을 구하라.

(b) 최적의 주문량일 때의 총비용을 구하라.

18. E 수요함수 $q = 100 - 2p$에 대해 $p = 10$일 때 수요의 점탄력성과 탄력적 수준을 구하라.

19. E 한계이익 개념을 이용하여 다음을 구하라.

(a) 총비용함수가 $TC = Q^3 - 24Q^2 + 600Q$일 때, 평균비용과 한계비용의 최솟값을 구하라.

(b) 수요함수가 $P = 6 - \dfrac{1}{2}Q$인 제품의 수입을 극대화하는 생산수준을 구하라.

(c) $TR(Q) = 100Q - 0.01Q^2$, $TC(Q) = 60Q + 10000$일 때, 이익을 극대화하기 위한 생산량과 최대 이익을 구하라.

(d) 이익함수 $\pi(Q) = -\dfrac{1}{3}Q^3 - 2Q^2 + 480Q - 150$을 최적화하고 그래프를 그려라.

3장 연습문제

20. 소득이 2,200만 원인 어떤 사람에 대해 재화 X의 가격이 20만 원이고 재화 Y의 가격이 10만 원이다. 이 사람의 효용함수가 $U(X, Y) = XY$일 때, 물음에 답하라.
E

(a) 각 재화의 한계효용을 구하라. **(b)** 예산선을 구하라.

(c) 효용극대화 조건을 구하라. **(d)** 효용극대화 소비량과 최대 효용을 구하라.

21. 어떤 제품의 균형가격이 40이고 균형량이 1,000일 때, 수요함수와 공급함수가 다음과 같다.
E

$$Q_d = 1800 - 20P, \quad Q_s = 50P - 1000$$

여기에 수요를 증가시켜 수요함수가 $Q_d = 2400 - 20P$로 변화하고, 새로운 제조 프로세스가 생산성을 증가시켜 공급함수가 $Q_s = 50P - 400$으로 변화하였다면, 가격과 수량의 새로운 균형을 구하라.

22. 평균수입함수와 총비용함수가 각각 아래와 같을 때 물음에 답하라.
E

$$AR = 10 - 2Q, \quad C = 0.01Q^3 - 0.02Q^2 - 5Q + 10$$

(a) 한계수입함수를 구하라.

(b) 한계비용과 평균비용이 일치하는 생산량을 구하고 그 관계를 설명하라.

23. 수요의 소득탄력성 개념을 이용하여 다음을 구하라.
E

(a) 소득이 250만 원에서 300만 원으로 증가할 때, 어떤 재화의 수요량이 30개에서 35개로 증가했다고 하자. 이 수요의 소득탄력성을 구하고 이 재화가 사치재, 필수재, 정상재 중 어디에 속하는지를 결정하라.

(b) 재화 A의 가격이 1만 원일 때 재화 B의 수요는 50개이다. 재화 A의 가격이 500원 오르면 재화 B의 수요가 5개 감소한다고 할 때, 재화 B의 수요의 교차탄력성을 구하고 대체재인지 보완재인지 보여라.

24. 다음 함수들에 의해 경제가 설명될 때 물음에 답하라. 이때 정부지출, 조세, 통화공급, 가격수준은 상수로 생각한다.
E

$$Y = C + I + G, \ C = 100 + 0.3(Y - T), \ I = 200 - 5r, \ G = 40, \ T = 20$$
$$\left(\frac{M}{P}\right)^d = Y - 10r, \ M = 400, \ P = 2$$

(a) IS곡선, LM곡선의 식을 구하라.

(b) 균형이자율과 균형소득의 식을 구하라.

4장

편미분

CONTENTS

4.1 다변수함수와 편도함수
4.2 편미분법
4.3 이변수함수의 극대와 극소
4.4 경영·경제에의 응용
연습문제

학습목표

4장에서는 다변수함수와 편도함수, 편미분법, 이변수함수의 극대와 극소에 대해 다룬다. 이후 이를 응용할 수 있는 경영·경제학의 오일러 정리, 생산함수의 대체탄력성, 단일시장모형, 승수효과, 효용함수와 무차별곡선, 보완재와 대체재 등을 설명한다.

4.1 다변수함수와 편도함수

지금까지 독립변수가 하나뿐인 함수의 도함수를 구하는 방법에 대해 학습하였다. 그러나 경영·경제학에서는 여러 개의 독립변수를 가지는 경우가 많다. 예를 들어 기업은 생산비용을 최소화하기 위해 일반적으로 자본과 노동이라는 생산요소의 양을 선택한다. 따라서 생산량 Q는 투자 자본금 K와 노동량 L에 의해 결정되므로 Q는 두 독립변수 K와 L의 함수 $Q = f(K, L)$로 나타낼 수 있다. 이 절에서는 독립변수가 둘 이상인 함수의 편도함수와 극값을 구하는 문제에 대해 살펴본다.

다변수함수

여러 도형의 넓이를 구해 보자. 반지름의 길이가 x인 원의 넓이를 S라 하면 $S = \pi x^2$이므로 S를 x의 함수인 $S = f(x)$로 생각할 수 있다. 또한 가로와 세로의 길이가 각각 x, y인 직사각형의 넓이를 S라 하면, $S = xy$이므로 직사각형의 넓이 S는 x와 y의 함수 $S = f(x, y)$로 생각할 수 있다. 마찬가지로 가로와 세로와 높이의 길이가 각각 x, y, z인 직육면체의 부피를 V라 하면, $V = xyz$이므로 직육면체의 부피 V는 독립변수 x, y, z의 함수 $V = f(x, y, z)$로 생각할 수 있다. 이렇게 변수가 여러 개인 함수를 다변수함수라 하고 다음과 같이 정의한다.

정의 4-1 다변수함수

(1) 독립변수의 개수가 하나인 함수 $y = f(x)$를 **일변수함수** function of one variables라 한다.

(2) 독립변수의 개수가 두 개인 함수 $z = f(x, y)$를 **이변수함수** function of two variables라 한다.

(3) 독립변수의 개수가 세 개인 함수 $w = f(x, y, z)$를 **삼변수함수** function of three variables라 한다.

독립변수가 두 개 이상인 함수를 통칭하여 **다변수함수** function of multivariables라 한다.

지금까지 살펴본 바와 같이 일변수함수의 그래프는 평면 위에 그려지고, 이변수함수의 그래프는 공간에서 그려진다. 특히 이변수함수 중에서 변수 x와 y에 대한 **선형함수** linear function $f(x, y) = ax + by + c$의 정의역은 평면 $\mathbb{R}^2$의 전체이며, 이 함수의 그래프는 공간 안에서 평면을 나타낸다. 또한, 삼변수함수는 공간 안의 점 (x, y, z)를 실수 $w = f(x, y, z)$로 대응시키므로 그래프는 4차원 공간에서 나타난다. 이변수함수 $z = f(x, y)$의 정의역은 다음과 같이 함숫값 z가 존재하는 평면 안에 있는 점 (x, y)의 집합으로 정의된다.

$$D = \{(x, y) \in \mathbb{R}^2 \mid \exists z = f(x, y)\}$$ [1]

또한 삼변수함수 $w = f(x, y, z)$의 정의역도 다음과 같이 함숫값 w가 존재하는 공간 안의 점 (x, y, z)들의 집합으로 정의된다.

$$D = \{(x, y, z) \mid \exists\, w = f(x, y, z),\ (x, y, z) \in \mathbb{R}^3\}$$

이를 경영·경제학에 적용해 보자. 콥-더글라스 생산함수 Q는 다음과 같이 이변수인 노동량 L과 자본금 K에 대한 함수로 나타낸다.

$$Q = f(K, L) = bL^a K^{1-a}$$

여기서 $0 < a < 1$과 b는 양수이며, 이에 따라 노동량과 자본금이 결코 음수가 될 수 없으므로 함수 $Q = f(K, L)$의 정의역 D는 다음과 같이 나타낼 수 있다.

$$D = \{(L, K) \mid L \geq 0,\ K \geq 0\}$$

편도함수

일반적으로 이변수함수 $z = f(x, y)$의 그래프는 3차원 공간에서 곡면이며, $x = a$, $y = b$일 때 $c = f(a, b)$인 점은 [그림 4-1]과 같이 곡면 위의 점 $\mathrm{P}(a, b, c)$로 나타난다. 정의역 안에서 $y = b$로 고정하면 함수 $z = f(x, b)$는 x만의 함수로 나타나고, 함수 $f(x, b)$가 $x = a$에서 미분가능하면 다음과 같은 극한이 존재함을 알 수 있다.

$$\lim_{h \to 0} \frac{f(a+h, b) - f(a, b)}{h}$$

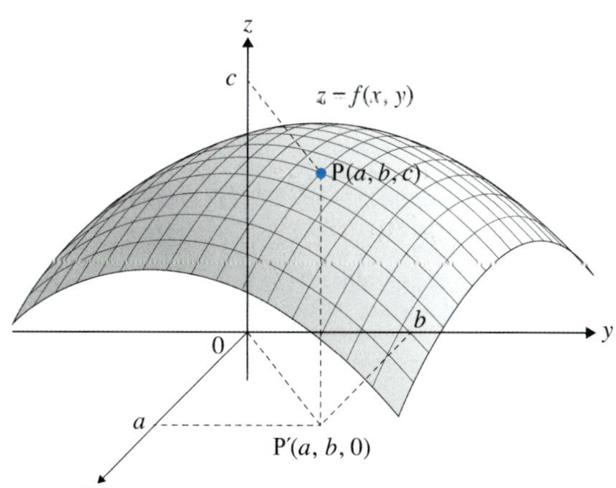

그림 4-1 이변수함수 $z = f(x, y)$의 그래프

위의 극한은 x에 관한 일변수함수 $z = f(x, b)$에 대해 $x = a$에서 순간변화율을 의미하며, [그림 4-2(a)]와 같이 x축 방향에서 접선의 기울기를 나타낸다. 같은 방법으로 고정된 $x = a$에 대해 y만의 함수 $z = f(a, y)$가 $y = b$에서 미분가능하면 다음 극한이 존재한다.

---

1 수학기호 ∃는 '존재한다'는 영어 단어 'Exist'의 E자에서 유래되었다.

$$\lim_{k \to 0} \frac{f(a, b+k) - f(a, b)}{k}$$

또한 이 극한은 y에 관한 일변수함수 $z = f(a, y)$에 대해 $y = b$에서 순간변화율을 의미하며, [그림 4-2(b)]와 같이 y축 방향에서 접선의 기울기를 나타낸다.

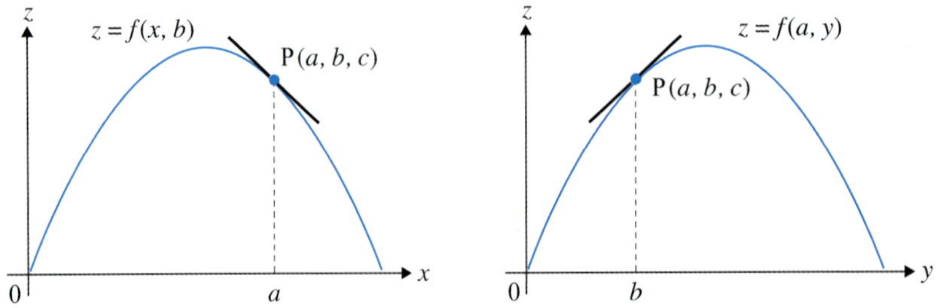

(a) x 편미분계수 (b) y 편미분계수

그림 4-2 **편미분계수**

따라서 이변수함수 $z = f(x, y)$에 대해 점 (a, b)에서 x축과 y축 방향의 순간변화율 또는 **편미분계수**partial derivative를 다음과 같이 정의한다.

정의 4-2 **편미분계수**

이변수함수 $z = f(x, y)$에 대해 극한이 다음과 같이 존재할 때, 이 극한을 점 (a, b)에서 x 편미분계수라 하고 $f_x(a, b)$로 나타낸다.

$$f_x(a, b) = \lim_{h \to 0} \frac{f(a+h, b) - f(a, b)}{h}$$

한편 극한이 다음과 같이 존재할 때, 이 극한을 점 (a, b)에서 $z = f(x, y)$의 y 편미분계수라 하고 $f_y(a, b)$로 나타낸다.

$$f_y(a, b) = \lim_{k \to 0} \frac{f(a, b+k) - f(a, b)}{k}$$

예제 4-1

포물곡면을 나타내는 이변수함수 $f(x, y) = x^2 + y^2$의 그래프가 다음과 같다. 이 곡면 위의 점 $(1, 2, 5)$에서 편미분계수 $f_x(1, 2)$, $f_y(1, 2)$를 구하라.

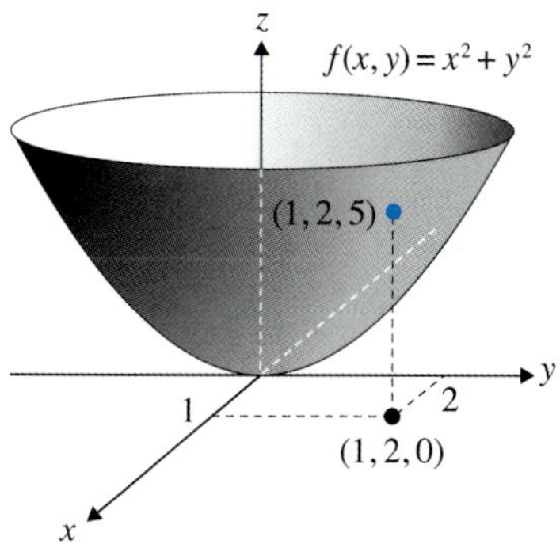

TIP 점 $(1, 2)$에서 x 편미분계수를 구할 때 $y = 2$이다.

풀이

① x 편미분계수는 극한 $f_x(a, b) = \lim_{h \to 0} \frac{f(a+h, b) - f(a, b)}{h}$를 이용하여 $f_x(1, 2)$의 값을 구한다.

$$f_x(1, 2) = \lim_{h \to 0} \frac{f(1+h, 2) - f(1, 2)}{h} = \lim_{h \to 0} \frac{[(1+h)^2 + 2^2] - (1^2 + 2^2)}{h}$$
$$= \lim_{h \to 0} \frac{h^2 + 2h}{h} = \lim_{h \to 0}(h + 2) = 2$$

② y 편미분계수는 극한 $f_y(a, b) = \lim_{k \to 0} \frac{f(a, b+k) - f(a, b)}{k}$를 이용하여 $f_y(1, 2)$의 값을 구한다.

$$f_y(1, 2) = \lim_{k \to 0} \frac{f(1, 2+k) - f(1, 2)}{k} = \lim_{k \to 0} \frac{[1 + (2+k)^2] - (1^2 + 2^2)}{k}$$
$$= \lim_{k \to 0} \frac{k^2 + 4k}{k} = \lim_{k \to 0}(k + 4) = 4$$

점 (a, b)에서 함수 $z = f(x, y)$의 x와 y에 관한 편미분계수가 존재할 때, 함수 $f(x, y)$는 점 (a, b)에서 **편미분 가능**partial differentiable하다고 한다. 이때 x 편미분계수 $f_x(a, b)$는 [그림 4-3(a)]와 같이 곡면 위의 점 P에서 x축 방향으로의 접선의 기울기를 나타내며, y편미분계수 $f_y(a, b)$는 [그림 4-3(b)]와 같이 점 P에서 y축 방향으로의 접선의 기울기를 나타낸다.

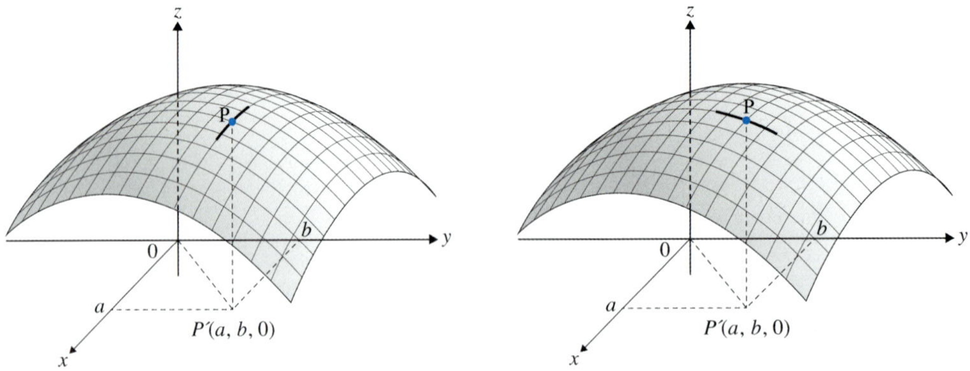

(a) x 편미분계수 $f_x(a, b)$ (b) y 편미분계수 $f_y(a, b)$

그림 4-3 $z = f(x, y)$의 편미분계수의 의미

일변수함수 $y = f(x)$가 미분가능한 모든 점에서 도함수를 구한 것과 같은 방법으로 이변수함수에 대해서 x와 y에 관한 편도함수를 다음과 같이 정의한다.

정의 4-3 편도함수

정의역 안에 있는 임의의 점 (x, y)에서 다음과 같이 정의되는 $f_x(x, y)$와 $f_y(x, y)$를 함수 $z = f(x, y)$의 **편도함수**partial derivative라 한다.

(1) **x편도함수** : $f_x(x, y) = \lim_{h \to 0} \dfrac{f(x+h, y) - f(x, y)}{h}$

(2) **y편도함수** : $f_y(x, y) = \lim_{k \to 0} \dfrac{f(x, y+k) - f(x, y)}{k}$

[정의 4-3]으로부터 편도함수에 대해 다음 두 가지 사실을 알 수 있다.

❶ x편도함수에서 변수 y는 상수로 취급하여 $f_x(x, y)$를 구하고, y편도함수에서 변수 x는 상수로 취급하고 $f_y(x, y)$를 구한다.

❷ 점 (a, b)에서 함수 $z = f(x, y)$의 편미분계수는 편도함수 $f_x(x, y)$와 $f_y(x, y)$에 각각 $x = a$와 $y = b$를 대입한 것과 같다.

일변수함수의 도함수와 같이 편도함수를 다음과 같이 다양하게 표현한다.

❶ x편도함수 : $f_x,\ f_x(x, y),\ z_x,\ \dfrac{\partial z}{\partial x},\ \dfrac{\partial f}{\partial x},\ D_x f(x, y),\ D_x z$

❷ y편도함수 : $f_y,\ f_y(x, y),\ z_y,\ \dfrac{\partial z}{\partial y},\ \dfrac{\partial f}{\partial y},\ D_y f(x, y),\ D_y z$

이러한 편도함수로 다음 [예제 4-2], [예제 4-3]과 같은 경영·경제 문제를 구할 수 있다.

예제 4-2

콥-더글라스 생산함수 $Q(K, L) = 1.5L^{0.5}K^{0.5}$에 대해 다음을 구하라.

(a) 자본금에 대한 편도함수 $Q_K(K, L)$과 노동량에 대한 편도함수 $Q_L(K, L)$을 구하라.

(b) $K = 100$, $L = 200$일 때, $Q_K(K, L)$과 $Q_L(K, L)$의 편미분계수를 구하라.

풀이

(a) K 편도함수 : L이 상수이므로 K만의 함수로 생각하고 구한다.

$$Q_K(K, L) = \frac{\partial}{\partial K} 1.5L^{0.5}K^{0.5} = \frac{3}{4}L^{0.5}K^{-0.5}$$

L 편도함수 : K가 상수이므로 L만의 함수로 생각하고 구한다.

$$Q_L(K, L) = \frac{\partial}{\partial L} 1.5L^{0.5}K^{0.5} = \frac{3}{4}L^{-0.5}K^{0.5}$$

(b) $K = 100$, $L = 200$일 때 $Q_K(K, L)$과 $Q_L(K, L)$의 편미분계수는 다음과 같다.

$$Q_K(100, 200) = \frac{3}{2\sqrt{2}}, \quad Q_L(100, 200) = \frac{3}{4\sqrt{2}}$$

예제 4-3

어떤 재화의 수요와 공급함수가 다음과 같다고 가정한다.

$$Q_d = a - q, \; Q_s = bq + c \; (b > 0, \; a > c > 0)$$

이때 a와 b의 증가에 따른 판매량의 변화를 분석하라.

풀이

① 균형가격에 대한 판매량을 결정한다.

$$Q_d = Q_s \Rightarrow a - q = bq + c \Rightarrow q^* = \frac{a-c}{1+b}$$

② a에 관한 q^*의 변화를 구하면 다음과 같다.

$$\frac{\partial q^*}{\partial a} = \frac{1}{1+b} > 0$$

③ 따라서 a가 증가하면 균형량 q^*가 증가함을 알 수 있다.

④ b에 관한 q^*의 변화를 구하면 $a > c > 0$이므로 다음과 같다.

$$\frac{\partial q^*}{\partial b} = \frac{-a+c}{(1+b)^2} < 0$$

⑤ 따라서 b가 증가하면 균형량 q^*는 감소함을 알 수 있다.

■ 고계편도함수

이변수함수 $z = f(x, y) = x^2 y^2$의 편도함수를 구하면 각각 다음과 같다.

$$\frac{\partial z}{\partial x} = f_x(x, y) = 2xy^2, \quad \frac{\partial z}{\partial y} = f_y(x, y) = 2x^2 y$$

두 편도함수 $f_x(x, y) = 2xy^2$, $f_y(x, y) = 2x^2y$는 x와 y에 대해 각각 편미분가능한 함수이다. 따라서 이 함수들을 각각 x와 y에 대해 편미분하면 다음과 같다.

$$\frac{\partial}{\partial x}\left(\frac{\partial z}{\partial x}\right) = 2y^2, \quad \frac{\partial}{\partial y}\left(\frac{\partial z}{\partial x}\right) = 4xy, \quad \frac{\partial}{\partial x}\left(\frac{\partial z}{\partial y}\right) = 4xy, \quad \frac{\partial}{\partial y}\left(\frac{\partial z}{\partial y}\right) = 2x^2$$

이때 $\frac{\partial}{\partial x}\left(\frac{\partial z}{\partial x}\right)$를 간단히 $\frac{\partial^2 z}{\partial x^2}$ 또는 $f_{xx}(x, y)$로 표현하고, $\frac{\partial}{\partial y}\left(\frac{\partial z}{\partial x}\right)$를 $\frac{\partial^2 z}{\partial y \partial x}$ 또는 $f_{xy}(x, y)$로 표현한다. 이와 같이 이변수함수 $z = f(x, y)$의 편도함수들 $f_x(x, y)$, $f_y(x, y)$는 x와 y의 함수이며, 이 편도함수들에 대한 x와 y 편도함수를 다음과 같이 나타낸다.

$$f_{xx}(x, y) = z_{xx} = \frac{\partial^2 z}{\partial x^2} = \frac{\partial^2 f}{\partial x^2} = D_{xx}, \qquad f_{xy}(x, y) = z_{xy} = \frac{\partial^2 z}{\partial y \partial x} = \frac{\partial^2 f}{\partial y \partial x} = D_{xy} f$$

$$f_{yx}(x, y) = z_{yx} = \frac{\partial^2 z}{\partial x \partial y} = \frac{\partial^2 f}{\partial x \partial y} = D_{yx}, \quad f_{yy}(x, y) = z_{yy} = \frac{\partial^2 z}{\partial y^2} = \frac{\partial^2 f}{\partial y^2} = D_{yy} f$$

이 편도함수들은 이변수함수 $z = f(x, y)$를 x와 y에 관하여 각각 두 번씩 편미분하였으며, 이를 함수 $f(x, y)$의 **2계 편도함수** second-order partial derivatives라 한다. 또한 2계 편도함수를 다시 x와 y에 관하여 편미분하여 3계 편도함수를 얻을 수 있는데, 이와 같은 2계 이상의 편도함수를 **고계 편도함수** higher partial derivatives라 한다. 2계 편도함수에 대해 다음 두 가지 성질을 유의해야 한다.

❶ 표현식 z_{xy} 와 $\dfrac{\partial^2 z}{\partial y \partial x}$ 는 동일한 2계 편도함수를 나타내지만 x 와 y 의 순서가 서로 반대이다.

❷ 일반적으로 $f(x, y)$에 대해 x 와 y 의 순서를 바꿔서 구한 2계 편도함수에 대해 $z_{xy} \neq z_{yx}$ 이다.

$f(x, y)$에 대해 x 와 y 의 순서를 바꿔서 구한 2계 편미분계수에 대해서 다음의 성질이 성립한다. 여기서 열린 원판은 [그림 4-4(a)]와 같이 중심이 (x_0, y_0)이고 반지름이 r 인 원의 경계를 제외한 내부를 의미한다. 반면, 경계를 포함하는 원의 내부를 닫힌 원판이라 한다.

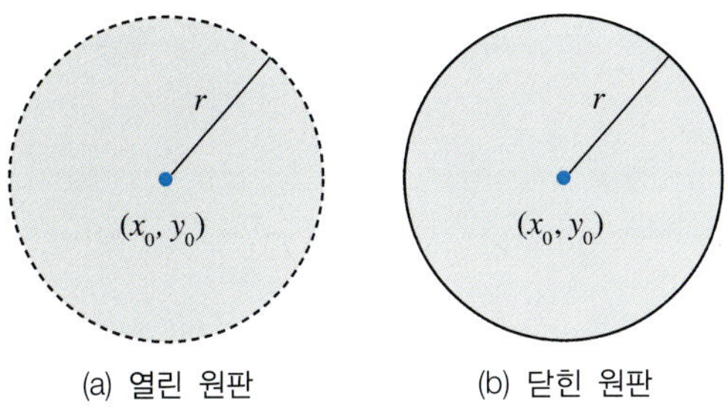

그림 4-4 원판

정리 4-1 클레로의 정리

$f(x, y)$가 점 (a, b)를 포함하는 열린 원판에서 정의되고 f_{xy}, f_{yx}가 이 원판에서 연속이면, $f_{xy}(a, b) = f_{yx}(a, b)$이다.

예제 4-4

이변수함수 $f(x, y) = x^2 + y^2 - xy + 2$의 그래프는 다음과 같다. 이변수함수 $f(x, y)$의 2계 편도함수를 구하라.

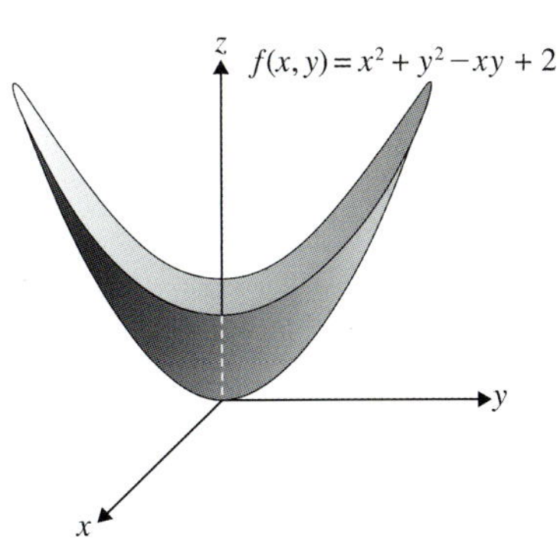

TIP 먼저 1계 편도함수 $f_x(x, y)$와 $f_y(x, y)$를 구한다.

풀이

① 1계 편도함수는 다음과 같다.

$$f_x(x, y) = 2x - y, \quad f_y(x, y) = 2y - x$$

② 다른 변수를 상수로 취급하여 2계 편도함수를 구한다. 이는 다음과 같다.

$$f_{xx}(x, y) = 2, \ f_{xy}(x, y) = -1, \ f_{yx}(x, y) = -1, \ f_{yy}(x, y) = 2$$

위 예제에서 $f_{xy}(x, y) = f_{yx}(x, y) = -1$ 임을 확인할 수 있다. 그러나 모든 함수에 대해 클레로의 정리가 성립하는 것이 아니다. [예제 4-4]의 함수 $f(x, y)$는 $f_{xy}(x, y)$와 $f_{yx}(x, y)$가 평면 안의 모든 점에서 연속이기 때문에 성립한다.

■ 접평면과 선형근사

어떤 점 $x = a$에서 미분가능한 일변수함수 $y = f(x)$에 대해 곡선 위의 점 $(a, f(a))$에서 접선의 방정식은 미분계수 $f'(a)$에 대해 $y - f(a) = f'(a)(x - a)$임을 학습하였다. 이와 마찬가지로 곡면 $z = f(x, y)$ 위의 점 $\mathrm{P}(a, b, f(a, b))$를 지나는 접평면의 방정식을 생각할 수 있다. [그림 4-5]와 같이 곡면 위의 점 P에서 x축 방향의 접선과 y축 방향의 접선을 포함하는 평면 $ABCD$를 이 점에서 곡면에 대한 **접평면**tangent plane이라 한다.

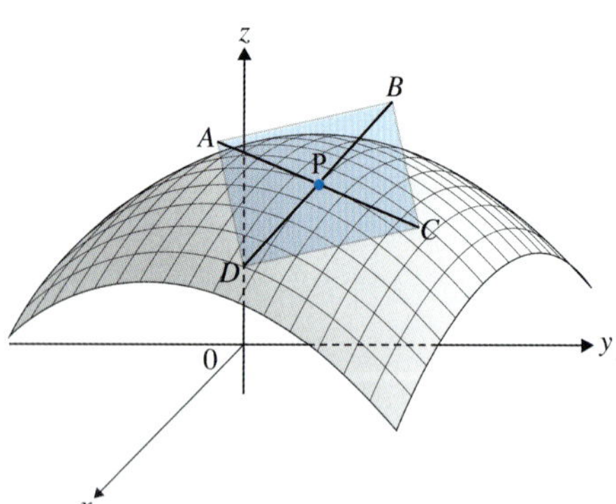

그림 4-5 접평면

따라서 접평면의 방정식은 x편도함수 $f_x(a, b)$와 y편도함수 $f_y(a, b)$에 대해 다음과 같다.

$$z - f(a, b) = f_x(a, b)(x - a) + f_y(a, b)(y - b)$$

예제 4-5

함수 $f(x, y) = x^2 + 2y^2 - x + 2y$ 의 곡면 위에 있는 점 $(1, 1, 4)$에서 접평면의 방정식을 구하라.

TIP 먼저 편미분계수 $f_x(1, 1)$과 $f_y(1, 1)$을 구한다.

풀이

① 1계 편도함수를 구하면 다음과 같다.

$$f_x(x, y) = 2x - 1, \quad f_y(x, y) = 4y + 2$$

② 여기서 편미분계수를 구하면 $f_x(1, 1) = 1$, $f_y(1, 1) = 6$이다.

③ 접평면의 방정식을 구하면 다음과 같다.

$$z - 4 = (x - 1) + 6(y - 1) \text{ 또는 } z = x + 6y - 3$$

일변수함수 $y = f(x)$가 $x = a$를 포함하는 작은 구간에서 미분가능할 때, 접선의 방정식을 이용하여 이 구간 안에 있는 임의의 x에 대한 $f(x)$의 근삿값을 구하는 선형근사식을 도출하면 다음과 같다.

$$f(x) \approx f(a) + f'(a)(x - a) \text{ 또는 } f(x + \Delta x) \approx f(a) + f'(a)\Delta x$$

마찬가지로 이변수함수 $z = f(x, y)$가 (a, b)를 포함하는 작은 원판에서 편미분가능하면, 이 원판 안의 임의의 점 (x, y)에 대한 $f(x, y)$의 근사식을 다음과 같이 구할 수 있다.

$$f(x, y) \approx f(a, b) + f_x(a, b)(x - a) + f_y(a, b)(y - b)$$
$$\text{또는 } f(a + \Delta x, b + \Delta y) \approx f(a, b) + f_x(a, b)\Delta x + f_y(a, b)\Delta y$$

여기서 $\Delta x \approx 0$, $\Delta y \approx 0$이다. 이 근사식을 (a, b)에서 $f(x, y)$의 **선형근사** 또는 **접평면근사** tangent plane approximation라 한다. 이와 같은 선형근사는 삼변수함수 $w = f(x, y, z)$에 대해서 동일한 형태로 주어지며, 식은 다음과 같다.

$$f(x, y, z) \approx f(a, b, c) + f_x(a, b, c)(x - a) + f_y(a, b, c)(y - b) + f_z(a, b, c)(z - c)$$
$$\text{또는}$$
$$f(a + \Delta x, b + \Delta y, c + \Delta z) \approx f(a, b, c) + f_x(a, b, c)\Delta x + f_y(a, b, c)\Delta y + f_z(a, b, c)\Delta z$$

예제 4-6

$\sqrt{(4.01)^2+(2.98)^2}$ 의 근삿값을 구하라.

TIP 근삿값을 구하기 위한 적절한 함수를 정의한다.

풀이

① 해당 수의 근삿값을 구하기 위한 함수 $f(x, y) = \sqrt{x^2+y^2}$ 으로 정의한다.

② 위의 함수를 이용하여 편도함수를 구한다. 구한 편도함수는 다음과 같다.

$$\frac{\partial f}{\partial x} = \frac{x}{\sqrt{x^2+y^2}}, \quad \frac{\partial f}{\partial y} = \frac{y}{\sqrt{x^2+y^2}}$$

③ 각 값을 지정한다. $a = 4$, $\Delta x = 0.01$, $b = 3$, $\Delta y = -0.02$ 라 하면 다음을 얻는다.

$$f(4, 3) = 5, \ f_x(4, 3) = \frac{4}{5}, \ f_y(4, 3) = \frac{3}{5}$$

④ 구하고자 하는 근삿값을 구하면 다음과 같다.

$$\begin{aligned}\sqrt{(4.01)^2+(2.98)^2} &\approx f(4, 3) + f_x(4, 3)\Delta x + f_y(4, 3)\Delta y \\ &= 5 + \frac{4}{5}\times(0.01) + \frac{3}{5}\times(-0.02) \\ &= 5 + 0.008 - 0.012 = 4.996\end{aligned}$$

4.2 편미분법

3장의 [정리 3-9]에서는 합성함수로 이루어진 일변수함수의 도함수를 구하기 위해 연쇄법칙을 사용하였다. 미분가능한 두 함수 $y = f(u)$와 $u = g(x)$의 합성함수 $y = f(g(x))$는 연쇄법칙에 의해 다음과 같이 나타낼 수 있다.

$$\frac{dy}{dx} = \frac{dy}{du}\frac{du}{dx}$$

이 절에서는 다변수함수의 유형에 따라 연쇄법칙을 적용하여 편도함수를 구하는 방법에 대해 살펴볼 것이다.

정리 4-2 연쇄법칙 1

함수 $z = f(x, y)$가 편미분가능하고 $x = g(t)$와 $y = h(t)$가 미분가능하면, 합성함수 $z = f(x(t), y(t))$는 t에 관해 미분가능하고 다음이 성립한다.

$$\frac{dz}{dt} = \frac{\partial f}{\partial x}\frac{dx}{dt} + \frac{\partial f}{\partial y}\frac{dy}{dt}$$

위의 [정리 4-2]는 삼변수 이상의 다변수함수에도 같은 방법으로 적용할 수 있다. 예를 들어, 함수 $w = f(x, y, z)$가 편미분가능하고 $x = g(t)$, $y = h(t)$, $z = k(t)$가 미분가능하면 $\dfrac{dw}{dt}$는 다음과 같다.

$$\frac{dw}{dt} = \frac{\partial f}{\partial x}\frac{dx}{dt} + \frac{\partial f}{\partial y}\frac{dy}{dt} + \frac{\partial f}{\partial z}\frac{dz}{dt}$$

[그림 4-6]은 [정리 4-2]에 대한 수형도를 나타낸다. 이 수형도를 이용하면 도함수를 쉽게 구할 수 있다.

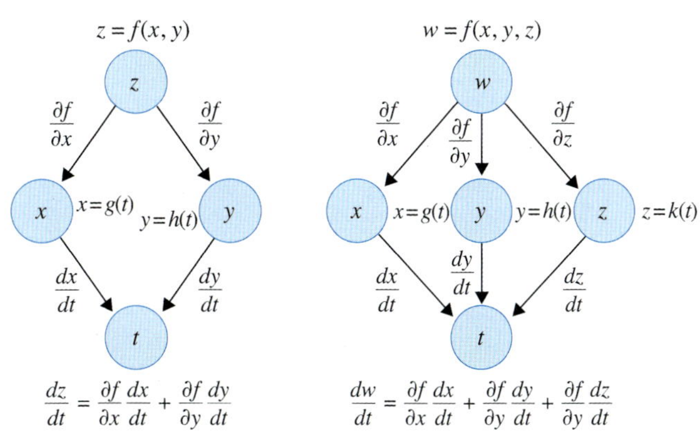

그림 4-6 연쇄법칙 1의 수형도

예제 4-7

생산함수가 $Q = f(K, L, t)$이고 자본이 $x = K(t)$, 노동이 $y = L(t)$라 할 때 자본과 노동이 시간에 따라 변한다는 가정하에 산출물의 변화율을 구하라.

풀이

$z = t$라 하면 $\dfrac{dz}{dt} = 1$이므로 [그림 4-6]에 의해 다음을 얻는다.

$$\begin{aligned}\frac{dQ}{dt} &= \frac{\partial f}{\partial x}\frac{dx}{dt} + \frac{\partial f}{\partial y}\frac{dy}{dt} + \frac{\partial f}{\partial z}\frac{dz}{dt} \\ &= \frac{\partial Q}{\partial K}\frac{dK}{dt} + \frac{\partial Q}{\partial L}\frac{dL}{dt} + \frac{\partial Q}{\partial t}\cdot 1\end{aligned}$$

일반적으로 함수 $y = f(x)$는 단일변수 x의 함수임을 의미하지만 x가 변수 s와 t에 관해 편미분가능한 함수 $x = g(s, t)$이면 함수 $y = f(x)$는 변수 s와 t에 관해 편미분가능한 합성함수 $y = f(g(s, t))$를 의미한다. 따라서 이 합성함수를 변수 s와 t에 관해 편도함수를 구하면 [정리 4-3]과 같다.

정리 4-3 연쇄법칙 2

함수 $y = f(x)$가 미분가능하고 $x = g(s, t)$가 편미분가능하면 $y = f(g(s, t))$는 s, t에 관해 편미분가능하고 다음이 성립한다.

$$\frac{\partial y}{\partial s} = \frac{dy}{dx}\frac{\partial x}{\partial s}, \quad \frac{\partial y}{\partial t} = \frac{dy}{dx}\frac{\partial x}{\partial t}$$

[정리 4-3]에 대한 수형도는 [그림 4-7]과 같다.

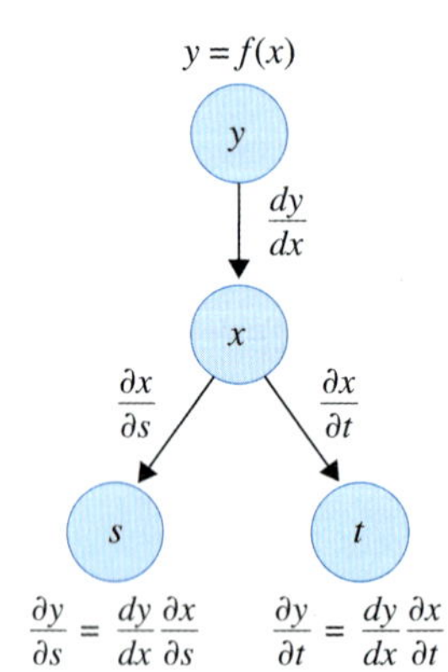

그림 4-7 연쇄법칙 2의 수형도

예제 4-8

$z = x + 2x^2$, $x = e^{2s+3t}$일 때 $\dfrac{\partial z}{\partial s}$와 $\dfrac{\partial z}{\partial t}$를 구하라.

풀이

$\dfrac{dz}{dx} = 1 + 4x$, $\dfrac{\partial x}{\partial s} = 2e^{2s+3t}$, $\dfrac{\partial x}{\partial t} = 3e^{2s+3t}$ 이므로 $\dfrac{\partial z}{\partial s}$와 $\dfrac{\partial z}{\partial t}$는 다음과 같다.

$$\frac{\partial z}{\partial s} = \frac{dz}{dx}\frac{\partial x}{\partial s} = (1+4x)(2e^{2s+3t}) = 2e^{2s+3t}(1+4e^{2s+3t})$$
$$\frac{\partial z}{\partial t} = \frac{dz}{dx}\frac{\partial x}{\partial t} = (1+4x)(3e^{2s+3t}) = 3e^{2s+3t}(1+4e^{2s+3t})$$

지금까지는 중간변수 $x = g(t)$와 $y = h(t)$가 단일변수의 함수인 경우를 살펴보았다. 이제 중간변수가 편미분가능한 이변수함수인 $x = g(s, t)$와 $y = h(s, t)$라 하자. 그러면 $z = f(x, y)$는 변수 s와 t의 함수이며, 두 변수에 관해 편도함수를 구하면 [정리 4-4]와 같다.

정리 4-4 연쇄법칙 3

함수 $z = f(x, y)$가 미분가능하고 $x = g(s, t)$, $y = h(s, t)$가 편미분가능하면 함수 f는 s와 t에 관해 편미분가능하고 다음이 성립한다.

$$\frac{\partial z}{\partial s} = \frac{\partial f}{\partial x}\frac{\partial x}{\partial s} + \frac{\partial f}{\partial y}\frac{\partial y}{\partial s}, \quad \frac{\partial z}{\partial t} = \frac{\partial f}{\partial x}\frac{\partial x}{\partial t} + \frac{\partial f}{\partial y}\frac{\partial y}{\partial t}$$

만일 함수 $w = f(x, y, z)$가 편미분가능하고, $x = g(s, t)$, $y = h(s, t)$, $z = k(s, t)$가 편미분가능하면 $\dfrac{\partial w}{\partial s}$와 $\dfrac{\partial w}{\partial t}$는 다음과 같다.

$$\frac{\partial w}{\partial s} = \frac{\partial f}{\partial x}\frac{\partial x}{\partial s} + \frac{\partial f}{\partial y}\frac{\partial y}{\partial s} + \frac{\partial f}{\partial z}\frac{\partial z}{\partial s}, \quad \frac{\partial w}{\partial t} = \frac{\partial f}{\partial x}\frac{\partial x}{\partial t} + \frac{\partial f}{\partial y}\frac{\partial y}{\partial t} + \frac{\partial f}{\partial z}\frac{\partial z}{\partial t}$$

[정리 4-4]에 대한 편도함수의 수형도는 [그림 4-8]과 같다.

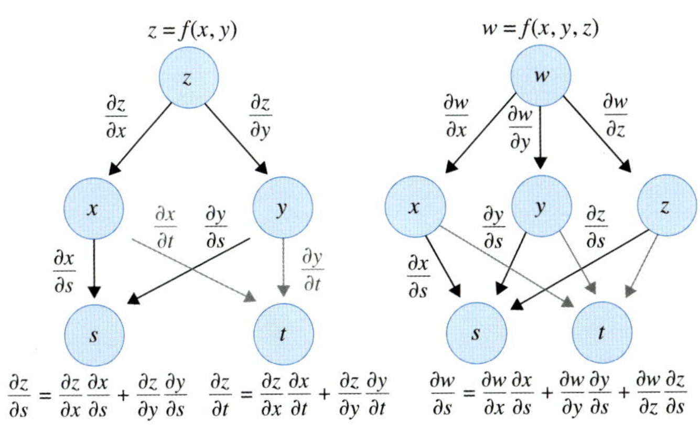

그림 4-8 연쇄법칙 3의 수형도

예제 4-9

$z = x^2 + y^2$, $x = s^2 + t^2$, $y = s^2 - t^2$에 대하여 $\frac{\partial z}{\partial s}$와 $\frac{\partial z}{\partial t}$를 구하라.

풀이

$\frac{\partial z}{\partial x} = 2x$, $\frac{\partial z}{\partial y} = 2y$, $\frac{\partial x}{\partial s} = 2s$, $\frac{\partial y}{\partial s} = 2s$, $\frac{\partial x}{\partial t} = 2t$, $\frac{\partial y}{\partial t} = -2t$이므로 편도함수 $\frac{\partial z}{\partial s}$와 $\frac{\partial z}{\partial t}$는 각각 다음과 같다.

$$\begin{aligned}\frac{\partial z}{\partial s} &= \frac{\partial f}{\partial x}\frac{\partial x}{\partial s} + \frac{\partial f}{\partial y}\frac{\partial y}{\partial s} \\ &= (2x)(2s) + (2y)(2s) = 4s\left[(s^2+t^2)+(s^2-t^2)\right] = 8s^3 \\ \frac{\partial z}{\partial t} &= \frac{\partial f}{\partial x}\frac{\partial x}{\partial t} + \frac{\partial f}{\partial y}\frac{\partial y}{\partial t} \\ &= (2x)(2t) + (2y)(-2t) = 4t\left[(s^2+t^2)-(s^2-t^2)\right] = 8t^3\end{aligned}$$

■ 음함수의 미분법

3.3절에서 두 변수 x와 y가 방정식 $F(x, y) = 0$으로 주어질 때, y를 x의 음함수로 생각하고 두 단계의 순서에 의해 $\frac{dy}{dx}$를 구했다. 그러나 편미분의 연쇄법칙을 이용하면 음함수의 미분법을 쉽게 얻을 수 있으며, 다음 두 가지의 유형으로 구분하여 구한다.

❶ 유형 1 : 방정식 $F(x, y) = 0$에서 y가 x의 미분가능한 음함수인 경우

y가 x의 미분가능한 함수 $y = f(x)$로 정의된다면 $F(x, y) = 0$은 $F(x, f(x)) = 0$임을 의미한다. 함수 F가 x에 대해 미분가능하면 좌변의 함수 F는 [정리 4-2]에 의해 다음과 같다.

$$\frac{dF}{dx} = \frac{\partial F}{\partial x}\frac{dx}{dx} + \frac{\partial F}{\partial y}\frac{dy}{dx} = F_x(x, y) + F_y(x, y)\frac{dy}{dx}$$

또한 우변은 상수 0이므로 $\frac{d}{dx}(0) = 0$이고, 다음이 성립한다.

$$F_x(x, y) + F_y(x, y)\frac{dy}{dx} = 0$$

이 관계식을 $\frac{dy}{dx}$에 대해 풀면 $F_y(x, y) \neq 0$일 때 다음과 같은 음함수의 미분법을 얻는다.

$$\frac{dy}{dx} = -\frac{F_x(x, y)}{F_y(x, y)}$$

❷ 유형 2 : 방정식 $F(x, y, z) = 0$ 에 대하여 z 가 x 와 y 의 음함수인 경우

z 가 x 와 y 의 함수 $z = f(x, y)$ 로 정의된다면 주어진 방정식은 $F(x, y, f(x, y)) = 0$ 이다. 이때 x 와 y 가 독립변수이므로 두 변수를 x 에 관해 미분하면 변수 y 를 상수로 취급하며 $\dfrac{dx}{dx} = 1$, $\dfrac{dy}{dx} = 0$ 이다. 두 변수를 y 에 관해 미분하면 변수 x 를 상수로 취급하므로 $\dfrac{dx}{dy} = 0$, $\dfrac{dy}{dy} = 1$ 이다. 또한 방정식 $F(x, y, z) = 0$ 의 우변의 상수 0을 x 와 y 에 관해 미분하면 0이 된다. 따라서 좌변의 이변수함수 F 가 x 와 y 에 관해 편미분가능하면 [정리 4-4]에 의해 다음을 얻는다.

$$\frac{\partial w}{\partial x} = \frac{\partial F}{\partial x}\frac{\partial x}{\partial x} + \frac{\partial F}{\partial y}\frac{\partial y}{\partial x} + \frac{\partial F}{\partial z}\frac{\partial z}{\partial x} = F_x \cdot 1 + F_y \cdot 0 + F_z \cdot \frac{\partial z}{\partial x} = 0$$

$$\frac{\partial w}{\partial y} = \frac{\partial F}{\partial x}\frac{\partial x}{\partial y} + \frac{\partial F}{\partial y}\frac{\partial y}{\partial y} + \frac{\partial F}{\partial z}\frac{\partial z}{\partial y} = F_x \cdot 0 + F_y \cdot 1 + F_z \cdot \frac{\partial z}{\partial y} = 0$$

그러므로 $F(x, y, z) = 0$ 에 대해 z 가 x 와 y 의 음함수로 정의된다면 다음과 같은 편도함수를 얻을 수 있다.

$$\frac{\partial z}{\partial x} = -\frac{F_x}{F_z}, \quad \frac{\partial z}{\partial y} = -\frac{F_y}{F_z}$$

예제 4-10

두 재화 x 와 y 로 구성된 생산함수가 $x^2 + 2xy + y^3 - 4 = 0$ 일 때 $\dfrac{dy}{dx}$ 를 구하라.

풀이

$f(x, y) = x^2 + 2xy + y^3 - 4$ 라 하면 $f_x(x, y) = 2x + 2y$, $f_y(x, y) = 2x + 3y^2$ 이다. 따라서 다음을 얻는다.

$$\frac{dy}{dx} = -\frac{f_x}{f_y} = -\frac{2x + 2y}{2x + 3y^2}$$

4.3 이변수함수의 극대와 극소

닫힌구간에서 연속인 일변수함수는 반드시 최댓값과 최솟값을 가지며, 이 값을 구하기 위해 극댓값과 극솟값을 구했다. 이와 마찬가지로 어떤 닫힌 영역에서 연속인 이변수함수도 반드시 최댓값과 최솟값을 갖는다. 이 절에서는 편도함수를 이용하여 이변수함수의 최댓값과 최솟값을 구하는 방법에 대해 살펴볼 것이다.

일변수함수 $y = f(x)$는 $x = a$를 포함하는 작은 열린구간 안에 있는 임의의 x에 대해 $f(x) \le f(a)$를 만족하면 함수 $f(x)$는 $x = a$에서 극댓값을 가지고, $f(a) \le f(x)$를 만족하면 함수 $f(x)$는 $x = a$에서 극솟값을 가짐을 학습하였다. 또한, 극값과 닫힌구간의 양 끝에서의 함숫값 중 가장 큰 값이 최댓값이고 가장 작은 값이 최솟값임을 이미 살펴보았다. 이와 마찬가지로 이변수함수에서의 극댓값과 극솟값을 다음과 같이 정의한다.

정의 4-4 극댓값과 극솟값

(1) 이변수함수 $z = f(x, y)$가 (a, b)를 포함하는 작은 열린 영역 안의 모든 점 (x, y)에 대해 다음을 만족하면 함수 $f(x, y)$는 (a, b)에서 **극댓값**local maximum value $f(a, b)$를 갖는다고 한다.

$$f(x, y) \le f(a, b)$$

(2) 이변수함수 $z = f(x, y)$가 (a, b)를 포함하는 작은 열린 영역 안의 모든 점 (x, y)에 대해 다음을 만족하면 함수 $f(x, y)$는 (a, b)에서 **극솟값**local minimum value $f(a, b)$를 갖는다고 한다.

$$f(a, b) \le f(x, y)$$

한편 이 영역의 경계에 있는 함숫값과 극값 중 가장 큰 값이 최댓값이고 가장 작은 값이 최솟값이다. [그림 4-9]는 이변수함수 $f(x, y)$의 극댓값과 극솟값을 나타내며, 이때 극댓값이 최댓값이고 극솟값이 최솟값임을 알 수 있다.

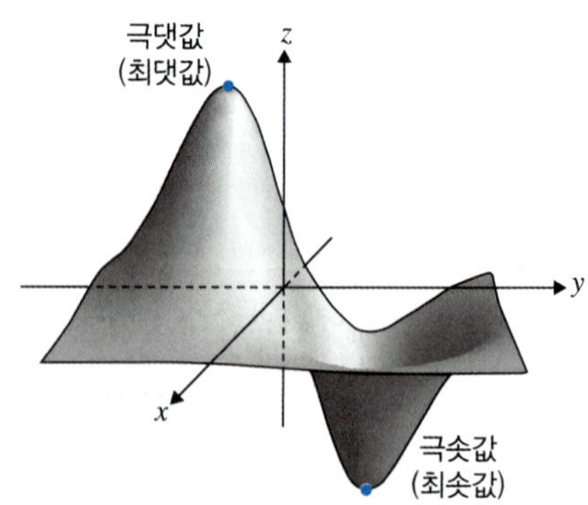

그림 4-9 이변수함수 $f(x, y)$의 극값

일변수함수 $f(x)$는 $x = a$에서 미분가능하고 극값을 갖는다면, 페르마의 정리에 의해 $f'(a) = 0$임을 살펴보았다. 다음의 정리는 이와 유사한 성질이 이변수함수에도 성립함을 보인다.

정리 4-5 이변수함수의 페르마의 정리

함수 $f(x, y)$가 (a, b)에서 극값을 갖고, 점 (a, b)에서 1계 편도함수를 갖는다면 다음이 성립한다.

$$f_x(a, b) = 0\,,\; f_y(a, b) = 0$$

일변수함수와 비슷하게 $f_x(a, b) = 0$, $f_y(a, b) = 0$이거나 둘 중 어느 하나가 존재하지 않는 점 (a, b)를 함수 $f(x, y)$의 **임계점** 또는 **정상점**stationary point이라 한다. 따라서 일변수함수와 동일하게 함수 $f(x, y)$가 점 (a, b)에서 극값을 가지면 (a, b)는 임계점이다. 그러나 일변수함수와 마찬가지로 임계점에서 반드시 극값을 갖는 것은 아니다.

예제 4-11

함수 $f(x, y) = y^2 - x^2$의 임계점을 구하고, 임계점에서 극값을 갖는지 조사하라.

TIP 1계 편도함수를 구하여 $f_x(a, b) = 0$, $f_y(a, b) = 0$을 만족하는 (a, b)를 구한다.

풀이

① 함수 $f(x, y) = y^2 - x^2$의 편도함수를 구하면 $f_x(x, y) = -2x$, $f_y(x, y) = 2y$이다.

② $-2x = 0$, $2y = 0$을 만족하는 임계점을 구하면 $(x, y) = (0, 0)$이다.

③ 임계점에서 극값을 갖는지 살펴보면 다음과 같다.

임계점 $(0, 0)$을 포함하는 작은 원판에서 $f(x, y) \le f(a, b)$ 또는 $f(x, y) \ge f(a, b)$임을 조사한다. 그러나 곡면 위의 점 $(0, 0, 0)$은 $y = 0$인 x축에서 $f(x, 0) = -x^2$이므로 $x = 0$에서 극댓값이지만 $x = 0$인 y축에서 $f(0, y) = y^2$이므로 $y = 0$에서 극솟값이다. 따라서 $f(x, y)$는 점 $(0, 0)$에서 극값을 갖지 않는다.

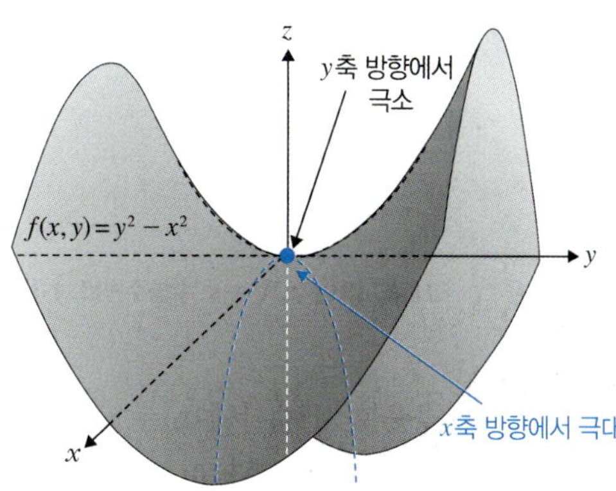

[예제 4-11]에서 주어진 함수 $f(x, y) = y^2 - x^2$의 그래프를 다른 각도에서 보면 [그림 4-10]과 같으며, x축을 따라 $f(x, 0) = -x^2$이고 y축을 따라 $f(0, y) = y^2$이다. 그러므로 점 $(0, 0)$은 함수 $f(x, y)$의 임계점이지만 이 점에서 극값을 갖지 않음을 알 수 있다. 한편 곡면 위의 점 $(0, 0, 0)$ 부근에서 곡면은 [그림 4-10]과 같이 마치 말안장과 같은 모양을 이루고 있으며, 이때 점 $(0, 0, 0)$을 **안장점**saddle point이라 한다.

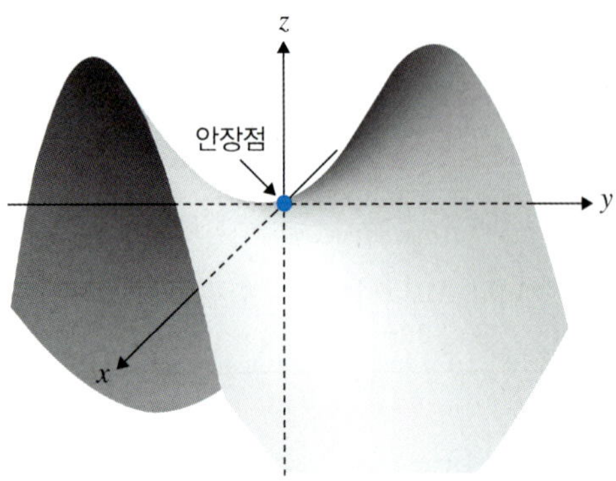

그림 4-10 이변수함수 $f(x, y)$의 안장점

일변수함수 $f(x)$가 극값을 갖는지 알기 위해 2계 도함수 극값 판정법을 이용하였듯이 이와 유사하게 이변수함수 $f(x, y)$가 임계점에서 극값을 갖는지 알아볼 수 있다. 이를 정리한 내용은 다음과 같다.

정리 4-6 2계 편도함수 극값 판정법

함수 $f(x, y)$의 2계 편도함수가 점 (a, b)를 포함하는 원판에서 연속이고 $f_x(a, b) = 0$, $f_y(a, b) = 0$이라 할 때, $D = f_{xx}(a, b) f_{yy}(a, b) - [f_{xy}(a, b)]^2$에 대하여 다음이 성립한다.

(1) $D > 0$이고 $f_{xx}(a, b) > 0$이면, $f(a, b)$는 극솟값이다.

(2) $D > 0$이고 $f_{xx}(a, b) < 0$이면, $f(a, b)$는 극댓값이다.

(3) $D < 0$이면, $f(x, y)$는 (a, b)에서 극값을 갖지 않고 (a, b, c), $c = f(a, b)$는 안장점이다.

(4) $D = 0$이면, 극값을 판정할 수 없다.

여기서 D는 다음과 같이 2차 행렬식을 이용하여 표현할 수 있다.

$$D = f_{xx}(a, b) f_{yy}(a, b) - [f_{xy}(a, b)]^2 = \begin{vmatrix} f_{xx} & f_{xy} \\ f_{yx} & f_{yy} \end{vmatrix}$$

이때 $f_{xx}(a, b) > 0$이면 (a, b) 부근에서 아래로 볼록이고, $f_{xx}(a, b) < 0$이면 (a, b) 부근에서 위

로 볼록임을 알고 있다. 이와 같이 정의역 안의 모든 (x, y)에 대해 $f(x, y)$가 아래로 볼록이면 **볼록 함수** convex function라 하고, 위로 볼록이면 **오목함수** concave function라 한다.

예제 4-12

함수 $f(x, y) = x^3 - 6xy - 3y^2$에 대해 다음을 구하라.

(a) 함수 $f(x, y)$의 극값을 구하라.

(b) 닫힌 영역 $A = \{(x, y) | -4 \le x \le 0,\ 0 \le y \le 4\}$에서 최댓값과 최솟값을 구하라.

TIP 극값을 구하고 경곗값과 비교하여 최댓값과 최솟값을 구한다.

풀이

(a) 먼저, 편도함수를 구하면 다음과 같다.

$$f_x(x, y) = 3x^2 - 6y\ ,\ f_y(x, y) = -6x - 6y$$

위 식에서 임계점을 구하면 다음과 같다.

$$3x^2 - 6y = 0\ ,\ -6x - 6y = 0 \Rightarrow 2y = x^2,\ x = -y$$
$$(x, y) = (0, 0),\ (x, y) = (-2, 2)$$

극값을 구하기 위해 2계 편도함수를 구하면 다음과 같다.

$$f_{xx}(x, y) = 6x\ ,\ f_{xy}(x, y) = -6\ ,\ f_{yy}(x, y) = -6$$

임계점에서의 D를 구한다.

① 점 $(0, 0)$에서 $f_{xx}(0, 0) = 0,\ f_{xy}(0, 0) = -6,\ f_{yy}(0, 0) = -6$이므로 $D = -36$이다.

② 점 $(-2, 2)$에서 $f_{xx}(-2, 2) = -12,\ f_{xy}(-2, 2) = -6,\ f_{yy}(-2, 2) = -6$이므로 $D = 36$이다.

따라서 극값은 다음과 같다.

① $D = -36 < 0$이므로 점 $(0, 0, 0)$에서 안장점이다.

② $D = 36 > 0$이고 $f_{xx}(-2, 2) = -12 < 0$이므로 점 $(-2, 2)$에서 극댓값 $f(-2, 2) = 4$를 가짐을 알 수 있다.

(b) 먼저, 주어진 닫힌 영역 A의 경계인 4개의 선분과 각 선분의 식을 구하면 다음과 같다.

- 선분 L_1 : $x = 0,\quad 0 \le y \le 4,\ f(0, y) = -3y^2$
- 선분 L_2 : $y = 4,\quad -4 \le x \le 0,\ f(x, 4) = x^3 - 24x - 48$
- 선분 L_3 : $x = -4,\quad 0 \le y \le 4,\ f(-4, y) = -3y^2 + 24y - 64$
- 선분 L_4 : $y = 0,\quad -4 \le x \le 0,\ f(x, 0) = x^3$

닫힌 영역 A의 경계인 각 선분에서 최댓값과 최솟값을 구한다.

① 선분 L_1에서 $f(x, y) = -3y^2$, $0 \le y \le 4$이므로 L_1에서 최댓값은 0, 최솟값은 -48 이다.

② 선분 L_2에서 $g(x) = f(x, -4) = -x^{3-24x-48}$, $-4 \le x \le 0$이다. 함수 $g(x)$의 임계점과 극값, 경계에서 함숫값은 각각 다음과 같다.

- 임계점 : $g'(x) = 0 \Rightarrow 3x^2 - 24 = 0 \Rightarrow x = -2\sqrt{2},\ 2\sqrt{2}$
- 극값 : $g(-2\sqrt{2}) = -48 + 32\sqrt{2}$, $g(2\sqrt{2}) = -48 - 32\sqrt{2}$
- 경계 함숫값 : $g(-4) = -16$, $g(0) = -48$

따라서 L_2에서 최댓값은 $-48 + 32\sqrt{2}$, 최솟값은 $-48 - 32\sqrt{2}$ 이다.

③ 선분 L_3에서 $g(y) = f(-4, y) = -3y^2 + 24y - 64 = -3(y-4)^2 - 16$, $0 \le y \le 4$ 이므로 L_3에서 최댓값은 -16 , 최솟값은 -64 이다.

④ 선분 L_4에서 $g(x) = f(x, 0) = x^3$, $-4 \le x \le 0$ 이므로 L_4에서 최댓값은 0, 최솟값은 -64이다.

⑤ 끝으로 4개의 선분에서 최댓값과 최솟값을 구하고 극값을 비교한다. 모든 선분에서 최댓값은 0이고 최솟값은 $-48 - 32\sqrt{2}$ 이다. 한편 임계점 $(-2, 2)$가 영역 A 안에 있으며, 이 점에서 $f(x, y)$의 극값은 4 이므로 구하고자 하는 최댓값은 4, 최솟값은 $-48 - 32\sqrt{2}$ 이다.

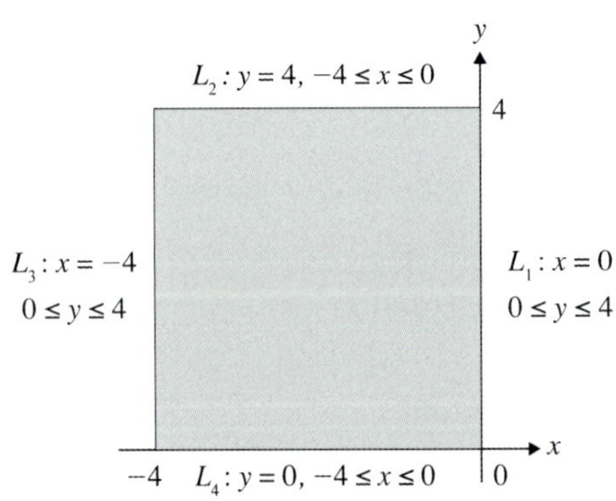

4.4 경영·경제에의 응용

편도함수의 개념은 경영·경제학에서 나타나는 다양한 형태의 다변수함수에 대한 극값 문제에 적용된다. 특히 재무관리 분야의 최소분산 포트폴리오, 자본자산 가격결정모형과 경제 분야의 대체탄력성, 비교정태분석, 균형국민소득모형(국가소득결정모형) 등에 많이 적용된다.

다변수함수의 최대·최소에 적용

M

경영·경제학에 자주 필요한 함수는 독립변수를 요구한다. 이는 다양한 상황을 설명해야 하기 때문이다. 예를 들어, 재화의 판매량 Q가 제품의 가격 p, 소비자 소득 Y, 광고비용 A에 의존한다고 가정하자. 그러면 판매량 Q는 $Q=f(p,\ Y,\ A)$와 같이 삼변수함수로 표현된다. 이때 광고비용이 판매량에 어떤 영향을 미치는지 알고 싶다면 제품의 가격 p와 소비자 소득 Y를 상수로 취급하고 광고비용 A만의 함수로 생각한다. 이렇게 나온 A에 관한 편도함수를 이용하여 한계효과를 결정하면 된다. 이에 대한 사례는 다음과 같다.

사례 1 만일 재화의 판매량, 재화의 가격, 소비자 소득, 광고비용 사이에 관계가 다음과 같다면, 광고비용 A에 따른 판매량 Q의 변화를 알기 위해 변수 p와 Y는 상수로 취급한다.

$$Q=1000-10p+0.01Y+0.2A-0.01Ap-0.001A^2$$

같은 방법으로 판매가격과 판매량 또는 소비자 소득과 판매량의 관계를 분석하고 싶다면, 다른 변수들은 상수로 취급한다.

한편 판매량 Q를 $A,\ p,\ Y$에 대해 나타낸 편도함수는 각각 다음과 같다.

- $\dfrac{\partial Q}{\partial A}=0.2-0.01p-0.0002A$
- $\dfrac{\partial Q}{\partial p}=-10-0.01A$
- $\dfrac{\partial Q}{\partial Y}=0.01$

위의 편도함수로부터 다음 사실을 알 수 있다.

❶ 광고비용이 1단위 증가하면 판매량은 가격과 광고비용이 클수록 감소한다.

❷ 가격이 1단위 증가할 때 판매량은 광고비용에 의존하면서 감소한다.

❸ 소득이 1단위 증가할 때 판매량은 0.01단위 증가한다.

따라서 다변수 형태로 나타나는 경제현상을 설명하는 함수에서 다른 독립변수가 고정되었을 때 어느 한 독립변수가 종속변수에 미치는 효과를 결정할 수 있다.

사례 2 어떤 프로젝트의 건축비 C가 숙련된 노동자의 수(x)와 비숙련된 노동자 수(y)에 의해 다음과 같이 결정된다고 하자(단, 단위는 만 원이다).

$$C(x, y) = 50000 + 9x^3 - 72xy + 9y^2$$

이때 프로젝트의 비용을 최소화하기 위해 편도함수를 이용할 수 있다. 비용함수 $C(x, y)$의 임계점을 구하기 위해 각 변수에 의한 편도함수를 다음과 같이 0으로 놓는다.

$$C_x(x, y) = 27x^2 - 72y = 0, \quad C_y(x, y) = -72x + 18y = 0$$

위의 연립방정식을 풀면 임계점은 $\left(\frac{32}{3}, \frac{128}{3}\right) \approx (10.67, 42.67)$이다. 또한, $C(x, y)$의 2계 편도함수를 구하면 다음과 같다.

$$C_{xx}(x, y) = 54x, \quad C_{xy}(x, y) = -72, \quad C_{yy}(x, y) = 18$$

위의 식에서 다음을 얻을 수 있다.

$$C_{xx}\left(\frac{32}{3}, \frac{128}{3}\right) = 576 > 0$$

$$D = C_{xx}\left(\frac{32}{3}, \frac{128}{3}\right) \cdot C_{yy}\left(\frac{32}{3}, \frac{128}{3}\right) - \left[C_{xy}\left(\frac{32}{3}, \frac{128}{3}\right)\right]^2 = 5184 > 0$$

따라서 2계 편도함수 극값 판정법에 의해 비용함수 $C(x, y)$는 $\left(\frac{32}{3}, \frac{128}{3}\right)$에서 극솟값(최솟값)을 가지며, x, y가 정수이므로 근삿값으로 $x=11$, $y=43$을 택하면 최소비용은 $C(11, 43) = 44564$이므로 44,564만 원, 즉 4억 4,564만 원이다.

예제 4-13

어떤 기업이 제품 1과 2를 생산하고, 각 제품의 가격이 p_1과 p_2, 생산량이 각각 Q_1과 Q_2라고 하자. 수익 R이 $p_1 Q_1 + p_2 Q_2$이고, 생산비용 C가 $C = Q_1^2 + Q_1 Q_2 + Q_2^2$일 때, 이익을 극대화하는 임계점을 구하라. 단, 가격은 시장에서 결정되고 외생적인 것을 고려하는 완전경쟁 시장을 가정한다.

풀이

① 이익은 수익에서 비용을 제외한 것이므로 이익함수는 다음과 같이 정의한다.

$$\pi = R - C = p_1 Q_1 + p_2 Q_2 - Q_1^2 - Q_1 Q_2 - Q_2^2$$

② 이익함수를 생산량 Q_1과 Q_2에 관해 편미분한 후 0으로 놓는다.

$$\frac{\partial \pi}{\partial Q_1} = p_1 - 2Q_1 - Q_2 = 0$$

$$\frac{\partial \pi}{\partial Q_2} = p_2 - Q_1 - 2Q_2 = 0$$

③ Q_1과 Q_2에 대해 식을 푼 다음 임계점을 구한다. 임계점 Q_1^*, Q_2^*는 다음과 같다.

$$Q_1^* = \frac{2p_1 - p_2}{3}, \quad Q_2^* = \frac{2p_2 - p_1}{3}$$

④ 극댓값인지 극솟값인지를 확인하기 위해 2차 편미분을 한다.

$$\frac{\partial^2 \pi}{\partial Q_1^2} = -2, \quad \frac{\partial^2 \pi}{\partial Q_2 \partial Q_1} = -1$$

$$D = \frac{\partial^2 \pi}{\partial Q_1^2}\frac{\partial^2 \pi}{\partial Q_1^2} - \left(\frac{\partial^2 \pi}{\partial Q_2 \partial Q_1}\right)^2 = (-2)(-2) - (-1)^2 = 3 > 0$$

따라서 $D > 0$ 이고 $\dfrac{\partial^2 \pi}{\partial Q_1^2} = -2 < 0$이므로 위의 값은 극댓값임을 알 수 있다.

동차함수를 위한 오일러 정리

E

두 변수 x, y에 관한 함수 $f(x, y)$가 음이 아닌 상수 n에 대해 다음을 만족할 때, 함수 $f(x, y)$를 n차의 **동차함수**homogeneous function라 한다.

$$f(\lambda x, \lambda y) = \lambda^n f(x, y) \tag{5.1}$$

예를 들어 함수 $f(x, y) = xy$라 하면, $f(\lambda x, \lambda y) = (\lambda x)(\lambda y) = \lambda^2(xy) = \lambda^2 f(x, y)$이므로 $f(x, y)$는 2차 동차함수이다. 반면에 $f(x, y) = xy + 1$이면 다음과 같다.

$$f(\lambda x, \lambda y) = (\lambda x)(\lambda y) + 1 = \lambda^2(xy) + 1 \neq \lambda^2(xy + 1)$$

이 식은 동차함수의 정의식 (5.1)과 등식이 성립하지 않으므로 $f(x, y)$는 동차함수가 아니다.
이제 함수 $Q = f(L, K)$가 n차 동차함수라 하면 다음이 성립하게 된다.

$$\lambda^n Q = f(\lambda L, \lambda K)$$

위 식의 양변을 λ에 관해 편미분하면 [정리 4-4]에 의해 다음을 얻게 된다.

$$n\lambda^{n-1}Q = \frac{\partial f(\lambda L, \lambda K)}{\partial(\lambda L)}\frac{\partial(\lambda L)}{\partial \lambda} + \frac{\partial f(\lambda L, \lambda K)}{\partial(\lambda K)}\frac{\partial(\lambda K)}{\partial \lambda} = \frac{\partial f}{\partial(\lambda L)}L + \frac{\partial f}{\partial(\lambda K)}K$$

앞의 식은 모든 λ에 대해 성립하므로 $\lambda = 1$이라 하면 다음과 같은 관계식을 얻는다. 이 식을 **오일러 정리** Euler theorem라 한다.

$$nQ = \frac{\partial f}{\partial L} L + \frac{\partial f}{\partial K} K$$

이때 $MP_L = \frac{\partial f}{\partial L} = \frac{\partial Q}{\partial L}$, $MP_K = \frac{\partial f}{\partial K} = \frac{\partial Q}{\partial K}$이므로 n차 동차함수 $Q = f(L, K)$에 대해 오일러 정리는 다음과 같이 표현할 수 있다.

$$nQ = MP_L L + MP_K K$$

위의 정리는 경제학에서의 공평한 분배와 관련된다. 여기서 다양한 관점이 나올 수 있는데, 그중 하나는 한계생산력이며, 각 생산요소가 생산에 기여한 만큼 받으면 공평한 분배라 본다. 생산요소 1단위에 따른 한계생산성과 생산요소의 투입량으로 생산에 기여한 정도를 나타낼 수 있다. 여기서 노동이 생산에 기여한 몫은 $MP_L L$로 나타내며, 노동이 생산에 기여한 몫은 노동자 입장에서는 소득이므로 MP_L은 임금률 w와 동일하다. 또한 자본이 생산에 기여한 몫은 $MP_K K$로 나타내며, 기업 입장에서는 자본비용(또는 자본소득)이므로 MP_K는 자본임대료율 r과 동일하다. 이를 식으로 나타내면 다음과 같다.

$$MP_L L = wL, \quad MP_K K = rK$$

더하여 총비용은 이들의 합인 $nQ = MP_L L + MP_K K$가 된다. 이때 한계생산성에 따라 분배한다면 다음과 같이 세 가지 경우를 생각할 수 있다.

❶ $n = 1$이면 기업이 생산한 것만큼 정확하게 분배되어 이익은 0이 된다.
❷ $n > 1$이면 기업의 입장에서 이익은 음수이다.
❸ $n < 1$이면 기업이 생산한 것보다 더 작은 양을 분배하므로 기업의 이익은 양수이다.

경우 ❶을 생산물이 완전히 소진된다고 한다. 경우 ❷에서는 $n = 2$이면 $2Q = MP_L L + MP_K K$이므로 기여한 양보다 생산의 2배를 더 분배해야 함을 알 수 있다. 따라서 기업의 이익이 음수, 즉 마이너스가 된다. 예를 들어 어떤 기업이 산출량 Q를 가격 p_Q에 판매한다고 하고, 콥-더글라스 생산함수가 다음과 같다고 하자.

$$Q = AK^{\alpha} L^{\beta}$$

여기서 A, α, β는 상수라 할 때 규모에 대한 수확불변일 경우에 생산물을 생산한 만큼 정확하게 분배한다. 만일 각 투입요소가 한계생산물가치와 동등한 가격으로 지불되고, 각 투입요소별로 공정한 분배가 이루어졌다는 가정 아래에 두 투입요소 K와 L의 가격을 구하면 다음과 같다. 여기서 한계생산 가치는 한계생산물에 최종 생산물이 팔린 가격을 곱한 것이다.

$$P_K = P_Q \times MP_K = P_Q \frac{\partial Q}{\partial K}, \quad P_L = P_Q \times MP_L = P_Q \frac{\partial Q}{\partial L}$$

이때 위 식을 이용하여 투입요소의 총지출을 계산하면 다음과 같이 나타낼 수 있다. 이는 투입요소 K와 K의 가격을 곱한 값과 투입요소 L과 L의 가격을 곱한 값의 합으로 나타낸다.

$$TC = KP_K + LP_L = K\left(P_Q \frac{\partial Q}{\partial K}\right) + L\left(P_Q \frac{\partial Q}{\partial L}\right) = P_Q\left(K\frac{\partial Q}{\partial K} + L\frac{\partial Q}{\partial L}\right)$$

한편 산출량의 판매액으로부터 발생한 총수입은 $TR = P_Q Q$이기 때문에 총지출과 총수입이 균형을 이루면, 즉 $TR = TC$이면 Q는 다음과 같다.

$$P_Q Q = P_Q\left(K\frac{\partial Q}{\partial K} + L\frac{\partial Q}{\partial L}\right) \Rightarrow Q = K\frac{\partial Q}{\partial K} + L\frac{\partial Q}{\partial L}$$

따라서 위의 관계가 유지되면 생산물은 완전히 소비되고, 그렇지 않으면 외부로부터의 수입 혹은 과잉 생산으로 인해 잉여가 발생한다.

예제 4-14

생산함수가 $f(x, y) = 2x^2y^2 + xy^3$이라 할 때, 다음을 구하라.

(a) 함수 $f(x, y)$가 동차함수인지 보여라.

(b) 오일러 정리를 만족하는지 보여라.

풀이

(a) 먼저, $f(\lambda x, \lambda y)$를 구하면 다음과 같다.

$$f(\lambda x, \lambda y) = 2(\lambda x)^2(\lambda y)^2 + \lambda x(\lambda y)^3 = 2\lambda^4 x^2 y^2 + \lambda^4 x y^3 = \lambda^4 f(x, y)$$

따라서 $f(\lambda x, \lambda y) = \lambda^4 f(x, y)$이므로 4차 동차함수이다.

(b) 먼저, 함수 $f(x, y)$의 편도함수를 구하면 다음과 같다.

$$\frac{\partial f}{\partial x} = 4xy^2 + y^3, \quad \frac{\partial f}{\partial y} = 4x^2y + 3xy^2$$

$x\dfrac{\partial f}{\partial x}+y\dfrac{\partial f}{\partial y}$ 를 구하면 $x\dfrac{\partial f}{\partial x}+y\dfrac{\partial f}{\partial y}=4x^2y^2+xy^3+4x^2y^2+3xy^3=8x^2y^2+4xy^3=4f(x, y)$이다. 따라서 $x\dfrac{\partial f}{\partial x}+y\dfrac{\partial f}{\partial y}=4f(x, y)$이므로 오일러 정리를 만족한다.

생산함수의 대체탄력성

E

이 절에서는 콥-더글라스 생산함수에 대해 생산요소의 대체탄력성이 어떤 개념인지 살펴본다. 생산량을 일정수준으로 유지하면서 한계기술대체율을 변화시킬 때 변화되는 정도를 나타내는 비율을 **대체탄력성**elasticity of substitution이라 하며, σ로 나타낸다. 여기서 σ는 다음과 같이 생산요소 투입비율의 변화율을 한계기술대체율($MRTS$)Marginal Rate of Technical Substitution의 변화율로 나누어 구한다.

$$\sigma=\frac{\dfrac{\Delta(K/L)}{K/L}}{\dfrac{\Delta MRTS}{MRTS}}=MRTS\left(\frac{L}{K}\right)\frac{1}{\dfrac{\Delta MRTS}{\Delta(K/L)}}$$

여기서 $MRTS$는 생산과정에서 ΔK만큼의 자본이 ΔL만큼의 노동으로 대체되어도 산출량에는 변화가 없는 수준 $\dfrac{\Delta K}{\Delta L}$를 의미한다. 따라서 자본과 노동의 투입비율에 대해 다음 세 가지 경우를 볼 수 있다.

1. 대체탄력성이 작으면 자본과 노동의 투입비율의 변화가 상대적으로 작다.
2. 대체탄력성이 크면 자본과 노동의 투입비율의 변화가 상대적으로 크다.
3. 대체탄력성이 0이면 두 생산요소가 보완적이고, 무한대이면 완전히 대체한다.

예제 4-15

한 국가의 총생산량이 $Q=AK^{\alpha}L^{\beta}$이라 하자. 여기서 K는 자본스톡(capital stock), L은 노동력(labor force)이다. 자본스톡과 노동력 함수가 다음과 같을 때, 자본과 노동의 비례성장률과 생산량의 성장률을 구하라.

$$L(t)=L_0e^{nt},\ K(t)=K_0e^{mt}$$

풀이

① 자본스톡과 노동력의 도함수를 구하면 다음과 같다.

$$\frac{dL}{dt} = nL_0 e^{nt} = nL(t), \quad \frac{dK}{dt} = mK_0 e^{mt} = mK(t)$$

② 노동과 자본은 각각 일정한 비율 n과 m으로 성장한다고 본다.

③ 연쇄법칙 $\frac{dQ}{dt} = \frac{\partial Q}{\partial K}\frac{dK}{dt} + \frac{\partial Q}{\partial L}\frac{dL}{dt}$을 이용하여 생산함수의 도함수를 구하며, 구한 식은 다음과 같다.

$$\begin{aligned}\frac{dQ}{dt} &= \alpha AK^{\alpha-1}L^{\beta} \times mK + \beta AK^{\alpha}L^{\beta-1} \times nL \\ &= \alpha mAK^{\alpha}L^{\beta} + \beta nAK^{\alpha}L^{\beta} = (\alpha m + \beta n)Q\end{aligned}$$

④ 생산량은 일정한 비율인 $\alpha m + \beta n$으로 성장한다.

예제 4-16

$Q(K, L) = K^{0.5}L^{0.5} = k$이고 $L = 4$, $K = 4$일 때 한계기술대체율을 구하라.

풀이

한계기술대체율은 생산과정에서 ΔK만큼의 자본이 ΔL만큼의 노동으로 대체되어도 산출량에는 변화가 없는 수준 $\frac{\Delta K}{\Delta L}$를 의미한다. 따라서 다음 식으로 계산된다.

$$MRTS = \frac{MP_L}{MP_K} = \frac{\frac{\partial}{\partial L}K^{0.5}L^{0.5}}{\frac{\partial}{\partial K}K^{0.5}L^{0.5}} = \frac{K}{L} = \frac{4}{4} = 1$$

따라서 한계기술대체율은 1이다.

단일시장모형 비교정태분석에 적용

E

3장에서 학습한 바와 같이 비교정태분석은 어떤 외생변수에 변화가 생길 때 내생변수의 균형값에 대한 변화를 분석한 것이다. 이제 양수 a, b, c, d에 대해 다음과 같은 단일시장모형을 생각한다. 이때 수요함수 Q_d와 공급함수 Q_s가 다음과 같다고 가정하자.

$$Q_d = a - bp,\quad Q_s = -c + dp$$

이러한 시장에서 $Q_d = Q_s$를 달성하는 균형가격 p^*와 균형량 Q^*는 다음과 같다.

$$p^* = \frac{a+c}{b+d},\quad Q^* = \frac{ad-bc}{b+d}$$

한편 a, b, c, d를 변수로 생각하면 균형가격의 편도함수는 다음과 같다.

$$\frac{\partial p^*}{\partial a} = \frac{1}{b+d} > 0,\quad \frac{\partial p^*}{\partial b} = -\frac{a+c}{(b+d)^2} < 0$$
$$\frac{\partial p^*}{\partial c} = \frac{1}{b+d} > 0,\quad \frac{\partial p^*}{\partial d} = -\frac{a+c}{(b+d)^2} < 0$$

예제 4-17

어떤 재화의 수요함수 Q_d와 공급함수 Q_s가 다음과 같을 때, a의 증가에 따른 판매량의 변화를 분석하라.

$$Q_d = a + f(q),\ Q_s = g(q),\ f'(q) < 0,\ g'(q) > 0$$

풀이

① 균형가격에 대한 판매량의 결정을 Q^*라 하면 다음 식이 성립한다.

$$a + f(Q^*) = g(Q^*)$$

② a에 따른 q^*의 변화를 구하고자 하므로 q^*를 a의 음함수로 표현하고, 위 식을 a에 관해 미분한다.

$$\frac{d}{da}[a + f(Q^*)] = \frac{d}{da}g(Q^*) \Rightarrow 1 + f'(Q^*)\frac{dQ^*}{da} = g'(Q^*)\frac{dQ^*}{da}$$

③ $\dfrac{dQ^*}{da}$를 구하면 다음과 같다.

$$\frac{dQ^*}{da} = \frac{1}{g'(Q^*) - f'(Q^*)} > 0$$

따라서 a가 증가하면 판매량 Q^*는 증가함을 알 수 있다.

균형국민소득모형에서 승수효과

E

2장에서 학습한 균형국민소득모형이 상수 $\alpha > 0$, $0 < \beta < 1$, $\gamma > 0$, $0 < \delta < 1$에 대해 다음과 같다고 하자. 여기서 국내총생산 또는 총소득은 Y이고 소비, 투자, 정부지출, 조세는 각각 C, I, G, T이다.

$$Y = C + I_0 + G_0,\ C = \alpha + \beta(Y - T),\ T = \gamma + \delta Y$$

위의 식에서 첫 번째 식은 국가소득의 균형 조건이며, 두 번째와 세 번째 식은 소비와 세금이 어떻게 결정되는지를 보여준다. 이때 α가 소비에 대한 한계성향을 나타내므로 비록 가처분소득이 0일지라도 $\alpha > 0$은 소비가 양수임을 의미한다. γ는 비록 Y가 0일지라도 정부 수익이 여전히 양수이므로 $\gamma > 0$이다. 또한 δ는 100%를 초과할 수 없는 소득세율이다. 한편, 세 개의 방정식을 결합하여 다음과 같은 균형소득을 얻을 수 있다.

$$Y^* = \frac{\alpha - \beta\gamma + I_0 + G_0}{1 - \beta + \beta\delta}$$

위의 균형소득을 이용하면 정부정책의 효과를 나타내는 비교정태적 도함수를 다음과 같이 얻을 수 있다.

① $\dfrac{\partial Y^*}{\partial G_0} = \dfrac{1}{1 - \beta + \beta\delta} > 0$

② $\dfrac{\partial Y^*}{\partial \gamma} = -\dfrac{\beta}{1 - \beta + \beta\delta} < 0$

③ $\dfrac{\partial Y^*}{\partial \delta} = -\dfrac{\beta(\alpha - \beta\gamma + I_0 + G_0)}{(1 - \beta + \beta\delta)^2} = -\dfrac{\beta Y^*}{(1 - \beta + \beta\delta)^2} < 0$

여기서 식 ①은 $\beta < 1$이고 $\beta\delta > 1$이므로 양수이며, 정부지출 **승수** multiplier를 나타낸다. 식 ②는 균형소득에 대한 γ 변화의 효과를 측정하므로 비소득세금승수이다. 또한, 식 ③은 균형소득에 대한 소득세율 변화의 효과를 보여준다. 이와 같은 승수의 개념은 경제학에서 매우 유용하다. 일반적으로 승수효과는 총지출의 증가가 더 크게 국민소득을 증가시키는 효과를 나타낸다. 소비지출, 투자지출, 정부지출, 순수출 등이 증가하면 국민소득은 더 크게 증가하는 것이다. 예를 들어 정부의 도로건설을 생각해 보자. 도로건설로 인해 1원의 정부지출이 증가하고, 이에 따라 유발되는 국민소득 증가폭이 식 ①과 같이 $\delta = 0$이면 정부지출 승수는 $\dfrac{\partial Y^*}{\partial G_0} = \dfrac{1}{1-\beta}$로 표현할 수 있다.

이러한 승수효과가 발생하는 단계는 세분화하여 본다. 정부가 건설현장의 생산자에게 임금을 지급하여 그 생산자의 소득이 증가함으로써 소비가 증가되고, 그 소비의 증가는 다시 소비재의 생산자에게 소득을 발생시킨다. 이처럼 정부지출의 증가는 연쇄적인 소득의 증가로 이어져 처음 정부지출 금액보다 몇 배의 크기로 국민소득에 영향을 미칠 수 있다. 그러나 위 식에서 보듯이 이자율은 투자의 감소로 이어져 국민소득에 음(−)의 파급효과를 미칠 수도 있다.

예제 4-18

소비는 $C = 0.8Y$이고, 투자는 $I(r) = \dfrac{100}{r}$이며, 이자율이 $r = 1\%$ 라고 하자. 정부가 지출을 100만큼 늘린다면, 국민소득 Y의 변화를 구하라.

풀이

$Y = C(Y) + I(r) + G$에서 I에 이자율 0.01을 대입한다. 계산하면 10,000이 나오며, 상수이다. 다른 상수와 조세 T가 지문에 제시되지 않았으므로 상수 10,000이 고정되었다고 보고 정부지출 승수를 계산할 수 있다. 계산하면 $\dfrac{1}{1-0.8} = 5$이다. 따라서 정부가 지출을 100만큼 늘리면 국민소득은 $5 \times 100 = 500$이 증가함을 알 수 있다.

한편 이러한 개념을 투자, 조세에도 적용하면 같은 논리로 투자승수와 조세승수를 얻을 수 있다.

효용함수와 무차별곡선 E

상수 k에 대해 두 재화 x와 y에 대한 효용함수가 $u(x, y) = k$라 하자. 소비자에게 동일한 만족수준을 제공하는 무차별곡선은 [그림 4-11]과 같다. 이때 무차별곡선 위 점 A로부터 B까지 소비자의 이동은 x의 변화(dx)와 y의 변화(dy)로 이어진다.

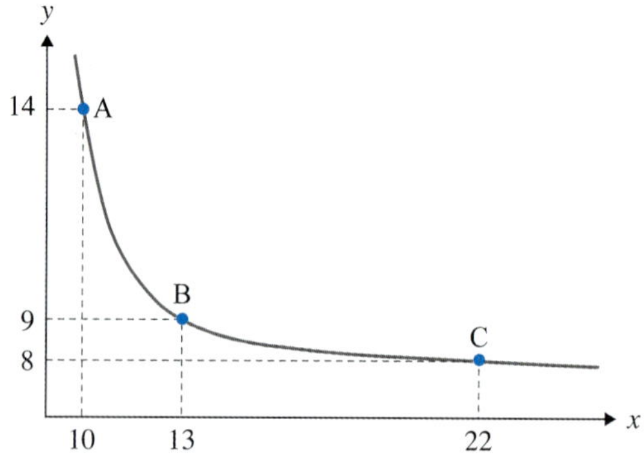

그림 4-11 재화 x와 y에 대한 무차별곡선

y의 변화로 인한 효용의 변화는 $M_y dy$이고, x의 변화로 인한 효용의 변화는 $M_x dx$일 때, 총효용의 변화는 다음과 같다.

$$M_x dx + M_y dy = 0 \Rightarrow M_y dy = -M_x dx \Rightarrow \frac{dy}{dx} = -\frac{M_x}{M_y}$$

여기서 $M_x = \dfrac{\partial u(x, y)}{\partial x}$, $M_y = \dfrac{\partial u(x, y)}{\partial y}$이다. 따라서 총효용의 변화는 무차별곡선의 기울기임을 알 수 있다.

한편, 소비자가 어떤 재화를 1단위 더 추가적으로 얻기 위해 포기해야만 하는 다른 재화의 크기는 **한계대체율(MRS)**Marginal Rate of Substitution이다. 이는 무차별곡선에 대한 접선의 기울기로 나타낼 수 있다. 결과적으로, 이 기울기에 음의 부호를 부여한 값이 바로 MRS이다. 다음 예제를 통해 한계대체율의 적용을 살펴보자.

예제 4-19

무차별곡선 $u(x, y) = xy = k$에 대해 곡선 위 임의의 점에서 접선의 기울기를 구하라. 또한 두 재화 A, B의 점이 A(2, 8), 점 B(8, 2)라 할 때, 두 재화의 한계대체율을 구하라.

풀이

먼저 M_x, M_y를 구한다. $M_x = \dfrac{\partial}{\partial x}(xy) = y$, $M_y = \dfrac{\partial}{\partial y}(xy) = x$

따라서 접선의 기울기는 $\dfrac{dy}{dx} = -\dfrac{M_x}{M_y} = -\dfrac{\frac{\partial}{\partial x}(xy)}{\frac{\partial}{\partial y}(xy)} = -\dfrac{y}{x}$이다.

① 두 재화의 한계대체율은 $\dfrac{dy}{dx}$의 절댓값이므로 점 A(2, 8)에서의 한계대체율은 다음과 같다.

$$MRS(2, 8) = \frac{y}{x} = \frac{8}{2} = 4$$

② 마찬가지로 점 B(8, 2)에서의 한계대체율은 다음과 같다.

$$MRS(8, 2) = \frac{y}{x} = \frac{2}{8} = 0.25$$

예제 4-20

효용함수가 다음과 같을 때 한계대체율을 구하라.

(a) $u(x, y) = x^a y^b (a > 0, b > 0)$

(b) $u(x, y) = a\ln x + b\ln y (a > 0, b > 0)$

풀이

(a) 각 변수로 미분한 값 u_x, u_y를 구한다. 그 식은 각각 다음과 같다.

$$u_x = ax^{a-1}y^b,\ u_y = bx^a y^{b-1}$$

이를 이용하여 $\frac{dy}{dx}$를 구하면 다음과 같다.

$$\frac{dy}{dx} = -\frac{u_x}{u_y} = -\frac{ax^{a-1}y^b}{bx^a y^{b-1}} = -\frac{ay}{bx}$$

한계대체율은 $\left|\frac{dy}{dx}\right|$이므로 $\frac{ay}{bx}$이다.

(b) 각 변수로 미분한 값 u_x, u_y를 구한다. 그 식은 각각 다음과 같다.

$$\frac{\partial u}{\partial x} = \frac{a}{x},\quad \frac{\partial u}{\partial y} = \frac{b}{y}$$

이를 이용하여 $\frac{dy}{dx}$를 구하면 다음과 같다.

$$\frac{dy}{dx} = -\frac{\partial u/\partial x}{\partial u/\partial y} = -\frac{a/x}{b/y} = -\frac{ay}{bx}$$

한계대체율은 $\left|\frac{dy}{dx}\right|$이므로 $\frac{ay}{bx}$이다.

보완재와 대체재의 판별 E

고기의 수요가 줄어들면 고기와 같이 먹는 쌈장의 수요도 줄어든다. 고기와 쌈장과 같이 두 재화가 서로 보완재일 때, 한 재화의 가격이 증가하여 수요가 감소하면 다른 재화의 가격이 고정된다는 조건에서 다른 재화의 수요도 감소한다. 이는 앞서 설명한 가격의 교차탄력성으로 설명될 수도 있지만 수요함수가 비선형함수일 때는 편미분을 이용하여 설명할 수도 있다. 결과적으로, 교차가격탄력성의 개념을이용하면 두 재화 x_1, x_2와 각 재화의 가격 p_1, p_2에 대해 편미분 식 $\frac{\partial x_1}{\partial p_2}$과 $\frac{\partial x_2}{\partial p_1}$ 모두 음수가 나온다. 이렇게 되면 두 재화는 보완재이다.

그러나 소고기와 돼지고기의 경우를 보면, 돼지고기의 가격이 오르면 소비자는 상대적으로 가격이 낮아지는 소고기를 더 소비하게 된다. 이와 같이 한 재화의 가격이 증가할 때 다른 재화의 가격이 고정되었다는 조건에서 다른 재화의 수요가 증가하는 경우에 두 재화는 경쟁재 혹은 대체재라 한다. 결과적으로, 두 재화 x_1, x_2와 각 재화의 가격 p_1, p_2에 대해 편미분 식 $\dfrac{\partial x_1}{\partial p_2}$과 $\dfrac{\partial x_2}{\partial p_1}$ 모두 양수가 나온다. 이렇게 되면 두 재화는 대체재이다.

예제 4-21

한 재화 x의 시장 수요 Q_x가 다음과 같다.

$$Q_x = 1{,}000 - 3p_x + 0.6p_y$$

여기서 p_x는 재화 x의 가격, p_y는 재화 y의 가격을 의미할 때, 물음에 답하라.

(a) $p_x = 200$, $p_y = 100$일 때 수요 Q_x를 구하라.

(b) 수요 Q_x를 p_y에 대해서 편미분하라.

(c) 재화 y의 가격이 **(a)**와 같을 때, $\epsilon_{xy} = \dfrac{\partial Q_x}{\partial p_y}\dfrac{p_y}{Q_x}$를 이용해 수요의 교차탄력성을 구하라.

(d) 보완재인지 대체재인지를 판별하라.

풀이

(a) 식에 각 수를 대입하면 $Q_x = 1{,}000 - 3(200) + 0.6(100) = 460$이다.

(b) 편미분하면 $\dfrac{\partial Q_x}{\partial p_y} = 0.6$이다.

(c) $\epsilon_{xy} = \dfrac{\partial Q_x}{\partial p_y}\dfrac{p_y}{Q_x}$에서 $\dfrac{\partial Q_x}{\partial p_y} = 0.6$이고, $Q_x = 460$임을 **(a)**, **(b)**에서 구하였다. 또한, 재화 y의 가격이 **(a)**와 같다고 하였으므로 이를 대입하면 교차탄력성은 $\epsilon_{xy} = \dfrac{\partial Q_x}{\partial p_y}\dfrac{p_y}{Q_x}$ $= 0.6\dfrac{100}{460} = 0.1304$이다.

(d) 교차탄력성의 계수가 양수이므로 대체재이다. 즉, 재화 y의 가격이 1% 증가하면 요구된 재화 x의 수량이 0.1304%씩 증가한다.

4장 연습문제

01. 다음 함수의 1계 편도함수를 구하라.

(a) $z = x^2 - y^2 + x + y$ **(b)** $z = 2x^2 + y^2 + xy$ **(c)** $z = \dfrac{1}{x^2 + 2y^2}$

(d) $z = \dfrac{x + y}{x^2 - y^2}$ **(e)** $z = \sqrt{x^2 + y^2 - 1}$ **(f)** $z = \sqrt{\dfrac{1}{x} + \dfrac{1}{y}}$

(g) $z = e^{x^2 + y^2}$ **(h)** $z = e^{x^2 + y^2 + x - y}$ **(i)** $z = \ln(x^2 + y^2 + xy)$

(j) $z = \ln\left(\dfrac{y}{x} - \dfrac{x}{y}\right)$ **(k)** $z = (x + y)e^{x + y}$ **(l)** $z = \dfrac{xy}{e^x + e^y}$

02. 다음 함수의 2계 편도함수를 구하라.

(a) $f(x, y) = x^5 + x^3y^2 - y^5$ **(b)** $f(x, y) = \dfrac{y}{x} + \dfrac{x}{y}$ **(c)** $f(x, y) = e^{x^2 + y^2}$

(d) $f(x, y) = (x + y)e^{x + 2y}$ **(e)** $f(x, y) = \ln(2x + y)$ **(f)** $f(x, y) = \sqrt{x - y}$

03. 다음 함수에 대해 주어진 점에서 편미분계수를 구하고 곡선 위의 점에서 접평면의 방정식을 구하라.

(a) $f(x, y) = x^2y^2 + 2x - 1$, $(1, 1)$ **(b)** $f(x, y) = x^2 - y^2 - 2x + 2y + 1$, $(1, -1)$

(c) $f(x, y) = 2x^2 + 3y^2 - xy$, $(1, 1)$ **(d)** $f(x, y) = 3x^2 - 2y^2 + x + y + 1$, $(0, 1)$

04. 다음 근삿값을 구하라.

(a) $(0.12)^{10} + (0.97)^3 - (0.12)(0.97)$ **(b)** $e^{2(0.02)^2 + 0.02 - (0.03)^2 + 0.03}$

(c) $\sqrt{(2.01)^2 + (2.98)^2 + (6.03)^2}$ **(d)** $\ln[(0.04)^2 + (1.01)^2]$

05. 연쇄법칙을 이용하여 도함수 $\dfrac{dz}{dt}$ 를 구하라.

(a) $z = x^2y + xy^2$, $x = t^2$, $y = 2t$ **(b)** $z = \ln(x^2 + y^2)$, $x = t^2 + 1$, $y = t^2 - 1$

(c) $z = \sqrt{x + y}$, $x = t + 1$, $y = 2t - 2$ **(d)** $z = e^{x - 2y}$, $x = 2t - 1$, $y = 3 - 2t$

06. 연쇄법칙을 이용하여 편도함수 $\dfrac{\partial z}{\partial s}$ 와 $\dfrac{\partial z}{\partial t}$ 를 구하라.

(a) $z = x^3 + x$, $x = st^2$ **(b)** $z = \ln(x^2 + 1)$, $x = s^2 + t^2$

(c) $z = x^2 + x - y^2$, $x = s^2 + t^2$, $y = 2s - t$ **(d)** $z = \dfrac{1}{x^2 + y^2}$, $x = 2st$, $y = s^2 + t^2$

07. 다음 방정식에서 $\frac{dy}{dx}$ 또는 $\frac{\partial z}{\partial x}$, $\frac{\partial z}{\partial y}$를 구하라.

(a) $x^3y - xy^3 = x + y$

(b) $\frac{y}{x} + \frac{x}{y} = x - y$

(c) $xyz + x^2z + y^2z = x + y - z$

(d) $e^{xyz} = x + y + z$

08. 다음 함수의 극값을 구하라.

(a) $f(x, y) = x^2 + y^2 + 2x - 2y + 1$

(b) $f(x, y) = x^3 + y^3 - x - y$

(c) $f(x, y) = 2x^2 + 3y^2 - xy$

(d) $f(x, y) = x^2 - y^2 + xy + 5x + 1$

09. M 어떤 기업이 x와 y라는 두 제품을 생산하고, 이익함수가 다음과 같을 때 이익을 극대화하는 임계점을 구하라.

$$\pi = 10x + 10y + xy - x^2 - y^2$$

10. E 동차함수를 위한 오일러 정리의 개념을 이용하여 다음을 구하라.

(a) 다음 함수의 동차함수 여부를 밝혀라.

$$f(x, y) = x^3 + 2x^2y - 3xy^2 + y^3$$

(b) 생산함수가 $Q = 2K^{0.6}L^{0.8}$ 인 기업이 투입물의 한계생산가치만큼 지불할 수 있는지 판단하라.

11. E 생산함수가 $Q = f(L, K) = \left[\alpha K^{-\theta} + (1-\alpha)L^{-\theta}\right]^{-\frac{1}{\theta}}$ 일 때, 한계기술대체율과 대체탄력성을 구하라. 단, 여기서 Q는 노동과 자본 L과 K에 대한 총생산량이다.

12. E 생산함수 $Q(K, L) = 5K^{1/3}L^{2/3}$를 이용하여 다음을 구하라. 단, 여기서 Q는 노동과 자본 L과 K에 대한 총생산량이다.

(a) 노동의 한계생산을 구하라.

(b) 노동자의 수가 증가할 때 노동의 한계생산을 구하라.

(c) 자본이 증가할 때 노동의 한계생산을 구하라.

4장 연습문제

13. 수요함수 Q_d와 공급함수 Q_s가 다음과 같은 단일 시장에서 a, b, c, d의 값에 따른 P^*의 변화를 예측하라.
E

$$Q_d = a - bP\,(a, b > 0)$$

$$Q_s = -c + dP\,(c, d > 0)$$

14. 승수효과 개념을 이용하여 다음을 구하라.
E

(a) 어떤 기업이 더 많은 생산과 판매를 위해 생산시설을 확장하는 100억 원의 자본투자를 한다고 가정한다. 새로운 생산시설을 최대로 운영하여 1년 뒤 소득을 200억 원으로 증가시켰을 때 승수효과를 구하라.

(b) 오직 실물부문만이 존재하는 경제에서 소비는 $C = 0.6Y$이고, 투자는 $I(r) = \dfrac{100}{r}$이며, 이자율이 $r = 2\%$라고 한다. 정부가 지출을 100만큼 늘릴 때, 국민소득 Y의 변화를 구하라.

15. 편미분을 이용한 효용함수와 무차별곡선 개념을 이용하여 다음을 구하라.
E

(a) 두 재화 x와 y에 대한 효용함수가 $u = x^{0.4}y^{0.6}$라 할 때, x의 한계효용과 y의 한계효용을 구하라.

(b) 효용함수가 다음과 같을 때 한계대체율을 구하라.

① $u(x, y) = x^a y^b \;\; (a > 0,\ b > 0)$

② $u(x, y) = a\ln x + b\ln y \;\; (a > 0,\ b > 0)$

16. 어떤 재화 x의 시장 수요 Q_x가 다음과 같다.
E

$$Q_x = 500 - 2p_x - 0.1p_y$$

여기서 p_x는 재화 x의 가격, p_y는 재화 y의 가격을 의미할 때, 물음에 답하라.

(a) $p_x = 50,\ p_y = 100$일 때 수요를 구하라.

(b) 수요 Q_x를 p_y에 대해서 편미분하라.

(c) 재화 y의 가격이 (a)와 같을 때, $\epsilon_{xy} = \dfrac{\partial Q_x}{\partial p_y}\dfrac{p_y}{Q_x}$를 이용하여 수요의 교차탄력성을 구하라.

(d) 보완재인지 대체재인지를 판별하라.

5장

최적화이론

CONTENTS

5.1 선형계획법

5.2 헤시안 극값 판정법

5.3 라그랑주 승수법

5.4 경영·경제에의 응용

연습문제

학습목표

5장에서는 선형계획법, 헤시안 극값 판정법, 라그랑주 승수법에 대해 다룬다. 이후 이를 응용할 수 있는 경영·경제학의 선형계획모형, 쌍대 문제, 정수계획법, 딥러닝 학습, 성과평가모형, 제로섬게임, 쿤-터커 조건, 마셜과 힉스 수요함수 등을 설명한다.

5.1 선형계획법

외국의 여러 도시를 여행하기 위해 계획을 세울 때 제한된 시간과 여행비로 숙박비, 교통비, 입장료 등을 고려하여 최대한 많은 지역을 방문하는 경로를 사전에 결정한다. 또한 온라인으로 어떤 물품을 구매하면 물류회사는 최소의 배송비용으로 물류창고에서 대리점으로, 대리점에서 고객에게로 물품을 배송할 것이다. 경영·경제학에서는 이렇게 주어진 선형적 제약조건을 만족시키면서 목푯값을 최대화 또는 최소화하는 의사결정을 하는데, 이 기법을 **선형계획법**linear programming이라 한다. 또한 경영학의 마케팅, 재무관리, 인사관리, 생산관리 등을 비롯한 미시 경제학, 네트워크 경로의 최적화 등의 많은 분야에서도 사용된다.

선형부등식

일반적으로 두 실수 a와 b가 주어지면, 이 두 실수 사이에 "a가 b보다 작다", "a와 b가 같다", "a가 b보다 크다" 중 어느 하나가 성립한다. 이 성립한 관계는 다음과 같이 나타낼 수 있다.

$$a < b\,,\ a = b\,,\ a > b$$

한편 $a < b$이거나 $a = b$인 경우에는 "a가 b보다 작거나 같다"라 하고, 기호로는 $a \leq b$로 나타낸다. 반대로 $a > b$이거나 $a = b$인 경우에는 "a가 b보다 크거나 같다"라 하고, 기호로는 $a \geq b$로 나타낸다. 이와 같이 부등호 $<$, $>$, $\leq$, $\geq$를 이용하여 수 또는 수식의 대소관계를 나타낸 식을 **부등식**inequality이라 한다.

한편 1.1절에서 살펴본 실수 전체의 집합 $\mathbb{R}$의 부분집합인 구간을 대표적인 예로 들 수 있다. $2 < 3$, $x < 3$, $3x - 1 \leq 2$, $x - 2 < 2x + 3$은 모두 부등호를 이용하여 나타낸 식이므로 부등식인데, 특히 $x < 3$, $3x - 1 \leq 2$, $x - 2 < 2x + 3$과 같은 부등식을 만족하는 미지수 x의 집합을 부등식의 **해집합**solution set이라 하고, 부등식의 모든 해를 구하는 것을 "부등식을 푼다"고 한다. 부등식에 대해서는 다음 성질이 성립한다.

❶ $a < b$이면 임의의 실수 c에 대해 $a \pm c < b \pm c$ 이다.

❷ $a < b$이면 임의의 양수 c에 대해 $ac < bc$, $\dfrac{a}{c} < \dfrac{b}{c}$이다. 즉, 임의의 양수로 곱하거나 나누면 부등호의 방향은 바뀌지 않는다.

❸ $a < b$이면 임의의 음수 c에 대해 $ac > bc$, $\dfrac{a}{c} > \dfrac{b}{c}$이다. 즉, 임의의 음수로 곱하거나 나누면 부등호의 방향이 바뀐다.

부등식의 해를 구하기 위해 이와 같은 부등식의 성질을 이용할 수 있다.

■ 수직선 위의 부등식

미지수가 하나인 부등식 $x - 2 < 2x + 3$ 을 만족하는 해를 구하기 위해 양변에서 $x - 2$를 빼면 다음을 얻는다.

$$(x-2)-(x-2)<(2x+3)-(x-2) \Rightarrow 0 < x+5$$

이를 "좌변의 항 $x - 2$를 우변으로 이항한다"고 하며, 우변의 상수항 5를 좌변으로 이항하면 주어진 부등식을 만족하는 해집합 $x > -5$를 얻는다. 이를 실직선 위에 나타내면 다음과 같다.

그림 5-1 **부등식 $x - 2 < 2x + 3$의 해집합**

> **정의 5-1 선형부등식**
>
> 부등식의 모든 항을 좌변 또는 우변으로 이항하여 정리한 후, 이 부등식이 일차식이면 **일차부등식** 또는 **선형부등식**linear inequality이라 한다.

예를 들어, 부등식 $x^2 - x - 2 < x^2 + 3$의 좌변을 모두 우변으로 이항하면 $0 < x + 5$이므로 이 부등식은 [정의 5-1]에 따르면 선형부등식이다. 그러나 부등식 $x^2 - x - 2 < x + 3$의 경우는 우변을 모두 좌변으로 이항하여도 $x^2 - 2x - 5 < 0$이고, 좌변의 식이 일차식이 아니므로 이 부등식은 선형부등식이 아니다. 또한 다음과 같이 두 개 이상의 선형부등식을 한 쌍으로 묶은 것을 **연립선형부등식**simultaneous linear inequality 또는 간단히 **연립부등식**simultaneous inequality이라 한다.

$$\begin{cases} 3x - 1 \le 2 \\ x - 2 < 2x + 3 \end{cases}$$

이 연립부등식을 구성하는 두 선형부등식을 동시에 만족하는 미지수 x를 "연립부등식의 해"라 한다. 위의 연립부등식의 해를 구해보면, 부등식 $3x - 1 \le 2$를 만족하는 해집합은 $x \le 1$이고 $x - 2 < 2x + 3$을 만족하는 해집합은 $x > -5$이므로 연립부등식을 만족하는 해집합은 $-5 < x \le 1$이다. 이를 실직선 위에 나타내면 [그림 5-2]와 같다.

그림 5-2 **연립선형부등식의 해집합**

■ 평면 위의 부등식

일반적으로 두 미지수 x와 y에 관한 선형부등식은 다음과 같은 형태를 갖는다.

$$ax + by + c < 0,\ ax + by + c > 0,\ ax + by + c \le 0,\ ax + by + c \ge 0$$

이와 같은 형태의 부등식을 만족하는 해집합은 평면에서 나타나며, 이 해집합을 구하는 방법은 미지수가 하나인 부등식의 경우와 같다. 예를 들어 일차부등식 $x+2y \le 3$의 해를 구한다고 하자. $x=0$, $y=1$이면 $x+2y=2$이므로 $x+2y \le 3$을 만족한다. 반면에 $x=2$, $y=1$이면 $x+2y=4$이므로 $x+2y \le 3$을 만족하지 않는다. 따라서 좌표평면 위의 점 $(0,1)$은 부등식 $x+2y \le 3$의 해이지만 점 $(2,1)$은 해가 아니다. 특히 $x=1$, $y=1$이면 $x+2y=3$이고 $3 \le 3$이므로 점 $(1,1)$은 부등식 $x+2y \le 3$의 해이다. 따라서, 부등식 $x+2y \le 3$의 해집합을 그래프로 나타내면 [그림 5-3]과 같다.

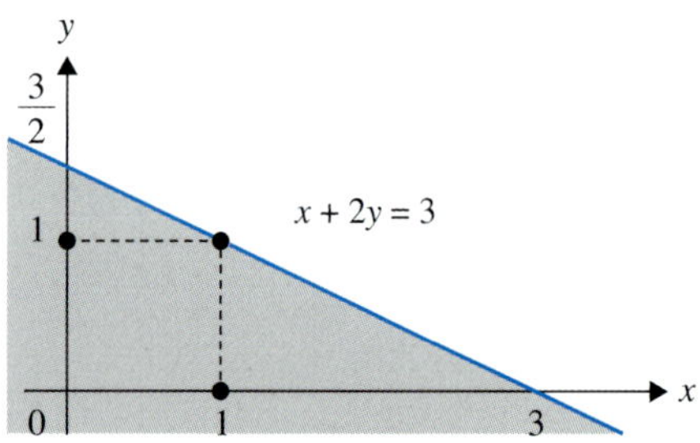

그림 5-3 선형부등식의 해집합

직선의 식 $x+2y=3$에 의해 평면을 두 개의 영역으로 나누고, 이 부등식의 해집합은 직선의 경계를 포함하여 직선 아래 부분임을 알 수 있다. 위에서 구한 점 $(0,1)$은 직선 아래에 있고 점 $(1,1)$은 직선의 경계에 있음을 알 수 있다. 즉, 다음 절차에 의해 평면 위의 선형부등식을 만족하는 해집합을 구할 수 있다.

❶ 직선의 식 $ax+by+c=0$의 그래프를 그린다.

❷ 그래프 위와 아래에 놓이는 임의의 점 (x, y)를 선택한다.

❸ 선택한 점 (x, y)가 부등식을 만족하면, 이 점을 포함하는 영역이 선형부등식의 해집합이다.

❹ 이때 부등호가 $<$ 또는 $>$ 이면 직선의 경계 위의 점은 해집합에 포함되지 않는다. 그러나 부등호가 $\le$ 또는 $\ge$ 이면 직선의 경계 위의 점도 해집합에 포함된다.

예제 5-1

다음 부등식을 만족하는 해집합을 구하고 좌표평면에 그림으로 표시하라.

(a) $x - y > 1$ **(b)** $2x + y < 2$ **(c)** $3x + 2y \leq 6$ **(d)** $2x - 3y \geq 6$

TIP 직선의 식을 좌표평면에 그린 다음, 주어진 조건에 맞는 영역을 구한다.

풀이

(a) 다음과 같이 해집합을 구한다.

① 직선의 식 $x - y = 1$을 그린다.

② 조건에 맞는 점을 찾는다. 점 $(0, 0)$을 선택하면 $x - y = 0$이므로 부등식을 만족하지 않지만, 점 $(2, 0)$을 선택하면 $x - y = 2$이므로 부등식을 만족한다.

③ 따라서, 해집합은 직선 $x - y = 1$의 아래쪽 영역이며 경계는 포함되지 않으므로 해집합을 구할 수 있다.

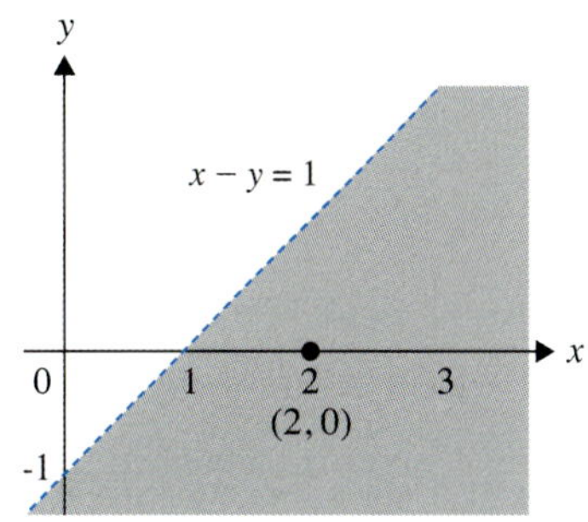

(b) 다음과 같이 해집합을 구한다.

① 직선의 식 $2x + y = 2$를 그린다.

② 조건에 맞는 점을 찾는다. 점 $(0, 0)$을 선택하면 $2x + y = 0$이므로 부등식을 만족하지만, 점 $(1, 1)$을 선택하면 $2x + y = 3$이므로 부등식을 만족하지 않는다.

③ 따라서, 해집합은 직선 $2x + y = 2$의 아래쪽 영역이며 경계는 포함되지 않으므로 해집합을 구할 수 있다.

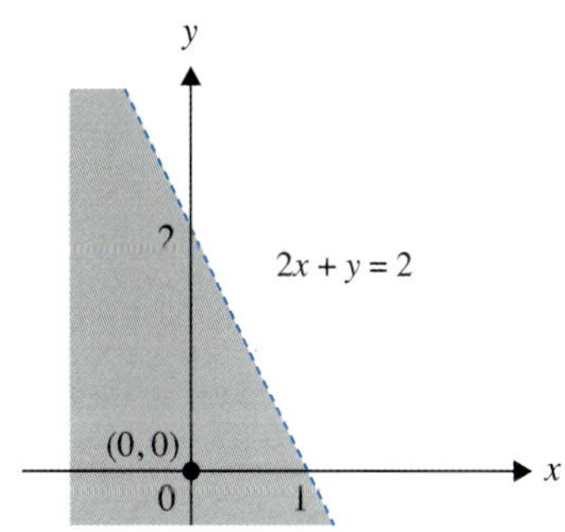

(c) 다음과 같이 해집합을 구한다.

① 직선의 식 $3x + 2y = 6$을 그린다.

② 조건에 맞는 점을 찾는다. 점 $(0, 0)$을 선택하면 $3x + 2y = 0$이므로 부등식을 만족하지만, 점 $(2, 1)$을 선택하면 $3x + 2y = 8$이므로 부등식을 만족하지 않는다.

③ 따라서, 해집합은 직선 $3x + 2y = 6$의 아래쪽 영역이며 경계가 포함되므로 해집합을 구할 수 있다.

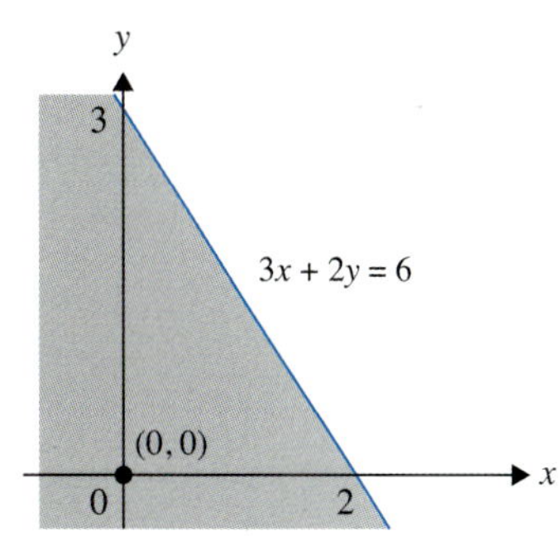

(d) 다음과 같이 해집합을 구한다.

① 직선의 식 $2x - 3y = 6$을 그린다.

② 조건에 맞는 점을 찾는다. 점 $(0, 0)$을 선택하면 $2x - 3y = 0$이므로 부등식을 만족하지 않지만, 점 $(3, -1)$을 선택하면 $2x - 3y = 9$이므로 부등식을 만족한다.

③ 따라서, 해집합은 직선 $2x - 3y = 6$의 아래쪽 영역이며 경계가 포함되므로 해집합을 구할 수 있다.

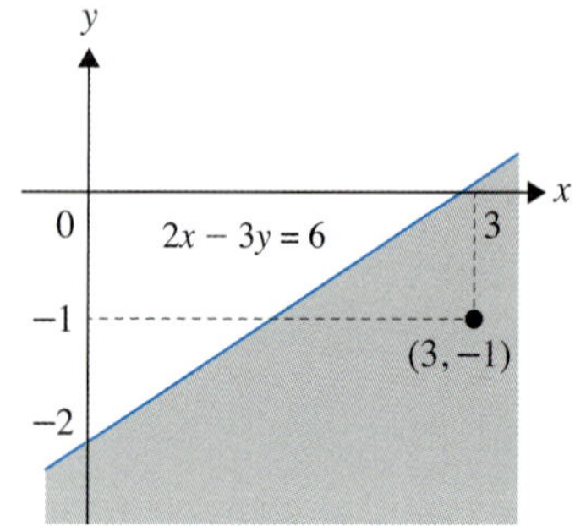

한편 두 개 이상의 선형부등식이 쌍으로 주어지는 연립부등식의 해집합은 두 선형부등식을 모두 만족하는 좌표평면 위의 영역이어야 한다. 따라서 연립부등식의 해집합은 각각의 선형부등식에 대한 해집합의 공통부분, 즉 교집합이다. 이 경우에도 각 직선에 의해 분할된 평면 안의 임의의 점 (x, y)를 선택하여 연립부등식을 만족하는 영역을 선택할 수 있다. 이때 각 직선이 만나는 교점의 x좌표와 y좌표를 중심으로 분할된 평면 안의 점을 임의로 선택한다. 이러한 풀이를 다음 [예제 5-2]를 통해 적용해 보자.

예제 5-2

다음 연립부등식을 만족하는 해집합을 구하라.

(a) $\begin{cases} 3x - y \geq 1 \\ 2x + y \leq 2 \end{cases}$

(b) $\begin{cases} 3x + 2y \geq 6 \\ 2x - 3y \leq 4 \\ x \geq 0 \end{cases}$

TIP 직선의 식을 좌표평면에 그린 다음, 주어진 조건에 맞는 영역을 구한다.

풀이

(a) 다음과 같이 해집합을 구한다.

① 교점의 좌표를 구한다. $x - y = 1$과 $2x + y = 2$의 교점을 구하면 $x = 1$, $y = 0$이다.

② 두 직선 $x - y = 1$과 $2x + y = 2$를 그린다.

③ 조건에 맞는 점을 찾는다. 4개의 분할된 영역에서 점 $(1, -1)$은 두 부등식을 모두 만족한다.

④ 해집합을 구한다. 해집합은 점 $(1, -1)$을 포함하는 분할된 영역이므로 그림과 같다.

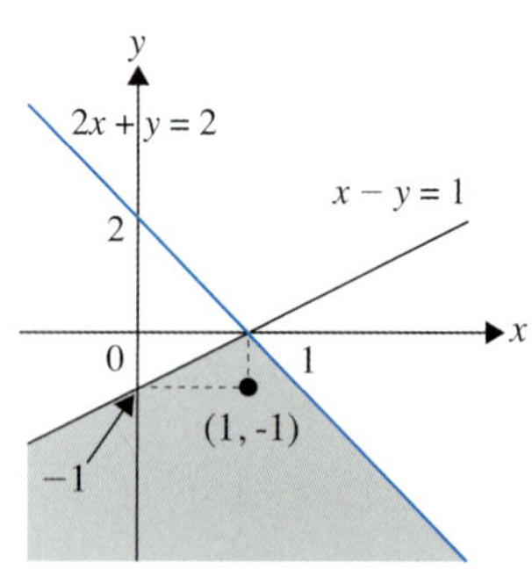

(b) 다음과 같이 해집합을 구한다.

① 교점의 좌표를 구한다. $3x+2y=6$과 $2x-3y=4$의 교점을 구하면 $x=2$, $y=0$이다.

② 두 직선 $3x+2y=6$과 $2x-3y=4$를 그린다.

③ 조건에 맞는 점을 찾는다. 4개의 분할된 영역에서 점 $(2, 1)$은 두 부등식을 모두 만족한다.

④ 해집합을 구한다. 해집합은 점 $(2, 1)$을 포함하는 분할된 영역 중에서 $x \ge 0$인 부분이므로 그림과 같다.

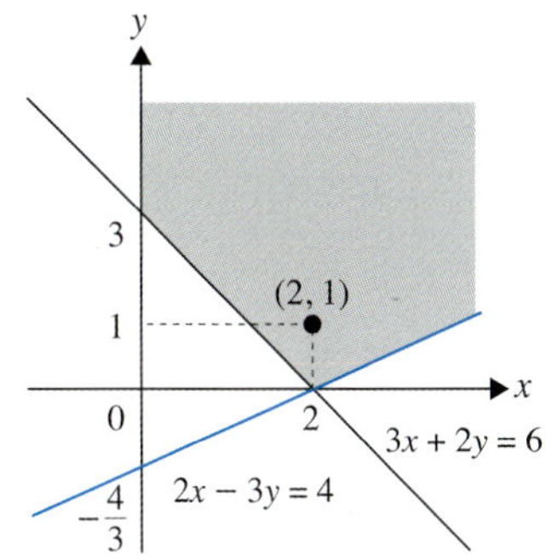

선형계획법

선형계획법이란 두 개 이상의 독립변수가 일차식(선형적)으로 관련될 때, 종속변수가 가질 수 있는 최적의 값을 찾는 기법이다. 광고매체 선정을 통한 마케팅, 생산품목의 결정, 원자재의 배합, 인력의 수급 및 교육훈련 계획, 수송 및 교통망 분야 등 다양한 곳에서 활용된다. 한정된 자원을 가장 효율적으로 활용하여 이익을 극대로 하거나 비용을 극소로 하는 값을 구해야 하기 때문이다.

정의 5-2 목적함수와 최적값

최대화 또는 최소화하고자 하는 목적값을 나타내는 함수를 **목적함수**objective function라 하고, 여러 가지 자원의 한정된 제약을 **제약조건**constraints이라 한다. 또한, 제약조건 아래서 목적함수의 최댓값 또는 최솟값을 **최적값**optimal value이라 한다.

예를 들어, 어떤 기업의 생산과 판매에서 A 제품의 1단위 생산에 소요되는 시간이 a이고 총생산시간이 b 이하라는 제약조건이 주어졌다고 하자. 생산량을 x라 하면, 음이 될 수 없고 다음과 같이 표현할 수 있다.

$$ax \le b(x \ge 0)$$

이때 제품 한 단위당 이익이 c이고 생산한 제품을 재고가 없이 시장에서 전부 판매한다고 할 때, 판매이익을 구하는 것이 목적이라 하자. 판매이익은 식 $p=cx$로 나타낼 수 있으며, 여기서 $p=cx$는 목적함수이다. '목적'이라는 용어를 사용하는 이유는 이 이익을 극대화하는 것이 기업 운영의 주된 목적이기 때문이며, 부등식 $ax \le b$는 목적함수를 극대화하는데 필요한 일종의 제약으로서 제약조건이 된다. 또한, $x \ge 0$도 생산량이 음수가 아니라는 조건을 충족시켜야 한다는 제약조건이다.

한편 목적함수식이나 제약조건식에서 미지수로 나타나는 변수를 **결정변수** decision variables라 하며, 이때 결정변수는 음수가 아니라는 조건을 기반으로 한다. 또한, 제약조건을 만족하는 영역을 **실현가능영역** feasible region이라 한다. 선형계획법은 실현가능영역에서 선형함수로 표현되는 목적함수를 최대화 또는 최소화할 수 있는 결정변수의 값을 구하는 방법이다. 이때, 목적함수의 최적값을 제공하는 결정변수의 값을 **최적해** optimal solution라 한다.

■ 최대화 문제

제약조건 $x+y \le 3$, $3x+y \le 4\,(x \ge 0,\ y \ge 0)$에서 목적함수 $z=2x+y$의 최댓값 $\max z$를 구해 보자. 이때 선형부등식으로 표시되는 제약조건에 의한 실현가능영역을 그리면 다음 [그림 5-4(a)]와 같이 꼭짓점 $\mathrm{O}(0,0)$, $\mathrm{A}(0,3)$, $\mathrm{B}\left(\frac{1}{2}, \frac{5}{2}\right)$, $\mathrm{C}\left(\frac{4}{3}, 0\right)$을 연결하여 생기는 영역의 내부이다.

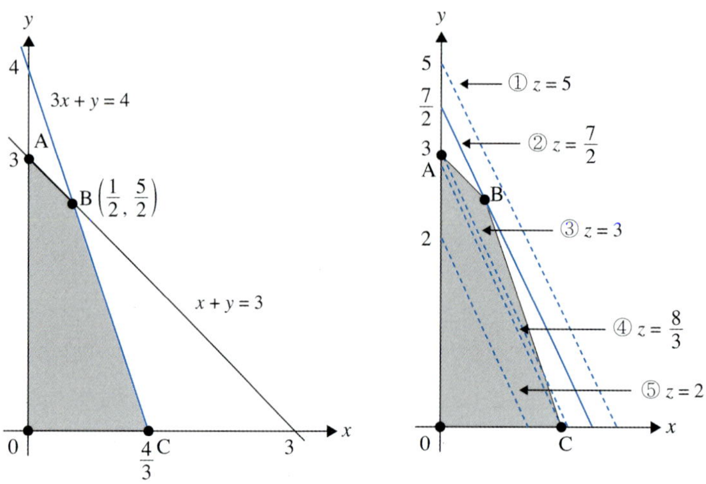

(a) 실현가능영역 (b) 목적함수의 최댓값

그림 5-4 최대화 문제의 실현가능영역과 목적함숫값

이제 목적함수 $z=2x+y$의 값이 최대가 되는 (x, y)를 구한다. 이때 $z=2x+y$는 $y=-2x+z$이므로 목적함숫값 z가 어떤 값을 갖더라도 기울기가 -2인 평행한 직선이다. 따라서 [그림 5-4(b)]에서 z 값에 따른 목적함수의 그래프에 대해 다음 결과를 얻는다.

- 직선 ①의 경우에 $(x, y)=(0, 5)$이면 목적함숫값은 $z=5$이지만 직선 $y=-2x+5$는 실현가능영역과 만나지 않는다. 따라서 실현가능영역 안에서 목적함수는 $z=5$가 될 수 없다.
- 직선 ②의 경우에 목적함수의 그래프가 실현가능영역 안에 있는 꼭짓점 B를 지나며 목적함숫값은 $z=1+\frac{5}{2}=\frac{7}{2}$이다.
- 직선 ③의 경우에 목적함수의 그래프가 실현가능영역 안에 있는 꼭짓점 A를 지나며 목적함숫값은 $z=0+3=3$이다.

- 직선 ④의 경우에 목적함수의 그래프가 실현가능영역 안에 있는 꼭짓점 C 를 지나며 목적함숫값은 $z = \frac{8}{3} + 0 = \frac{8}{3}$ 이다.
- 직선 ⑤의 경우에 목적함수의 그래프가 실현가능영역 안의 한 점 $(0, 2)$를 지난다면 목적함숫값은 $z = 0 + 2 = 2$ 이다.
- 목적함수의 그래프가 실현가능영역 안에 있는 원점 O 를 지는 경우에 목적함숫값은 $z = 0 + 0 = 0$ 이다.

이와 같은 분석 결과로부터 목적함수의 그래프가 실현가능영역 안의 점 B 를 지날 때, 목적함수 $z = 2x + y$ 의 최댓값은 $z = \frac{7}{2}$ 을 가지며, 이때 최적해는 $(x, y) = \left(\frac{1}{2}, \frac{5}{2}\right)$이다.

■ 최소화 문제

제약조건이 $x + y \geq 3$, $3x + y \geq 4$, $0 \leq x \leq 3$, $0 \leq y \leq 4$ 일 때, 목적함수 $z = 2x + y$ 의 최솟값 $\min z$ 를 구해 보자. 선형부등식으로 표시되는 제약조건에 의한 실현가능영역은 다음 [그림 5-5(a)]와 같이 꼭짓점 $A(0, 4)$, $B\left(\frac{1}{2}, \frac{5}{2}\right)$, $C(3, 0)$, $D(3, 4)$를 연결하는 영역의 내부이다.

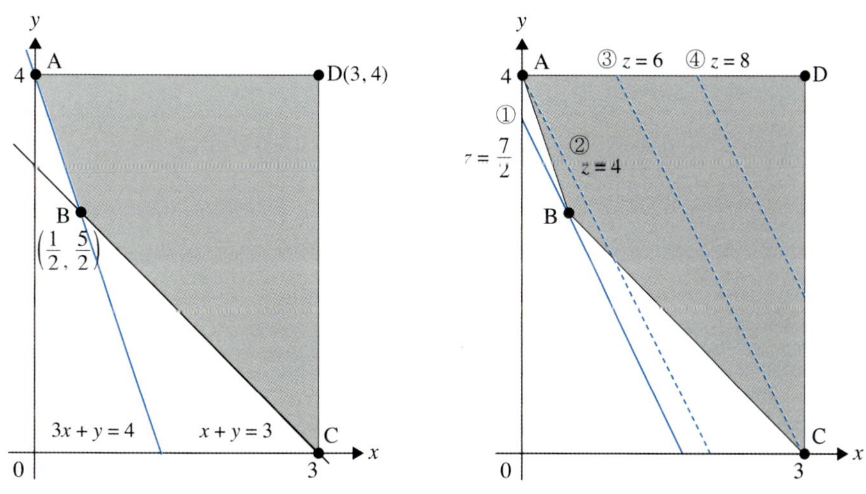

그림 5-5 최소화 문제의 실현가능영역과 목적함숫값

이제 목적함수 $z = 2x + y$ 의 값이 최소가 되는 (x, y)를 구한다. 이때 $z = 2x + y$ 는 $y = -2x + z$ 이므로 모든 z 에 대해 기울기가 -2 인 평행한 직선임을 알았다. 따라서 [그림 5-5(b)]에서 z 값에 따른 목적함수의 그래프에 대해 다음 결과를 얻는다.

- 직선 ①의 경우에, 목적함수의 그래프가 실현가능영역 안에 있는 꼭짓점 B를 지나며 목적함숫값은 $z = 1 + \frac{5}{2} = \frac{7}{2}$ 이다.

- 직선 ②의 경우에, 목적함수의 그래프가 실현가능영역 안에 있는 꼭짓점 A를 지나며 목적함숫값은 $z = 0 + 4 = 4$이다.
- 직선 ③의 경우에, 목적함수의 그래프가 실현가능영역 안에 있는 꼭짓점 C를 지나며 목적함숫값은 $z = 6 + 0 = 6$이다.
- 직선 ④의 경우에, 목적함수의 그래프가 실현가능영역 안의 한 점 (3, 2)를 지난다면 목적함숫값은 $z = 6 + 2 = 8$이다.
- 목적함수의 그래프가 실현가능영역 안에 있는 꼭짓점 D를 지나면 목적함숫값은 $z = 6 + 4 = 10$이다.

위의 결과로부터 목적함수의 그래프가 실현가능영역 안의 점 B를 지날 때, 목적함수 $z = 2x + y$는 최솟값 $z = \frac{7}{2}$를 가지며, 이 경우에 최적해는 $(x,\ y) = \left(\frac{1}{2},\ \frac{5}{2}\right)$이다. 최대화 문제, 최소화 문제를 종합하면 목적함수의 최적값은 실현가능영역을 이루는 각 꼭짓점에서 나타나는 것을 알 수 있다. 따라서 주어진 제약조건 아래서 목적함수의 최적값을 구하기 위해서는 다음과 같은 도해법 분석 단계 절차에 따른다.

❶ 1단계 : 제약조건에 따른 실현가능영역을 그린다.
❷ 2단계 : 실현가능영역의 각 꼭짓점의 좌표를 구한다.
❸ 3단계 : 각 꼭짓점에 대한 목적함숫값을 구한다.
❹ 4단계 : 목적함숫값들 중에서 목적함수의 최적값(최댓값 또는 최솟값)을 택한다.

위와 같은 도해법 분석 단계에 의해 목적함수의 최적값을 구하는 방법을 **도해법** graphical method이라 하며, 이는 결정변수가 두 개인 경우에만 적용된다. 한편 동일한 제약조건 아래서 목적함수의 계수가 다르면 목적함수의 최적값과 최적해는 다르게 나타나며, 제약조건과 목적함수에 따라 최적해가 무수히 많이 나타날 수 있다.

특히 [그림 5-4]와 [그림 5-5]의 실현가능영역 안에서 임의의 두 점을 택하여 두 점을 연결하는 선분을 그으면, 그 선분도 역시 영역 안에 놓이게 된다. 이와 같이 어떤 영역 안에서 임의의 두 점을 연결하는 선분이 그 집합에 포함될 때, 그 집합을 **볼록집합** convex set이라 한다. 다음의 [그림 5-6]은 볼록집합과 그렇지 않은 집합을 보여준다.

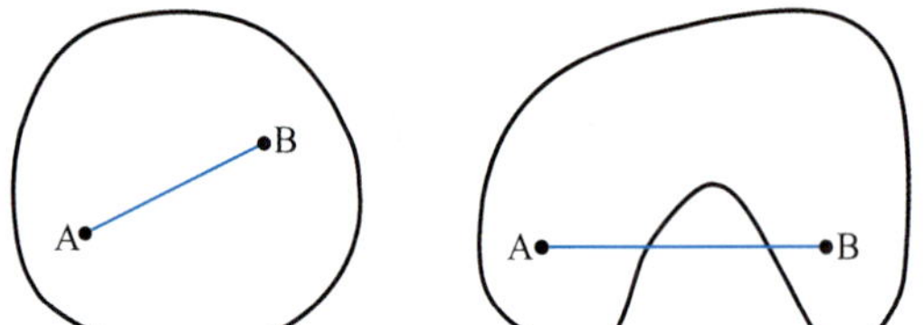

(a) 볼록집합 (b) 볼록이 아닌 집합(오목집합)

그림 5-6 볼록집합과 오목집합

예제 5-3

어느 제조회사는 두 제품 A와 B를 생산한다. 제품 A를 생산하는 데 절삭공정 2시간과 조립공정 3시간이 소요되고, 제품 B를 생산하는 데 절삭공정 3시간과 조립공정 1시간이 소요된다. 이 회사에서는 1주일당 절삭공정에 가용할 수 있는 시간이 200시간이고, 조립공정에 가용할 수 있는 시간이 300시간이다. 제품 A와 B를 제조하여 각각 20만 원과 30만 원의 이익을 남긴다고 할 때, 최대이익을 남기기 위한 A와 B의 생산량과 최대이익을 구하라.

TIP 실현가능영역을 그린 다음, 꼭짓점에서 목적함숫값을 구한다.

풀이

주어진 상황에 대해 표를 만들면 다음과 같다.

공정 \ 제품	개당 소요시간		주당 가용시간
	A	B	
절삭공정	2	3	200
조립공정	3	2	150
1개당 판매이익	20	30	

① 결정변수를 결정하기 위해 두 제품 A와 B의 생산량을 두 변수 x와 y로 나타낸다.

② 위의 두 변수로 목적함수를 결정한다. 제품 A와 B의 판매이익이 각각 20만 원과 30만 원이며, 목적함수는 두 제품을 제조하여 판매할 때의 최대이익이므로 $z = 20x + 30y$이다.

③ 여기서 제약조건을 구한다. 두 공정에서 일주일 동안 가용할 수 있는 시간에 대한 제약조건은 $2x + 3y \le 200$, $3x + 2y \le 150$, $x \ge 0$, $y \ge 0$이다.

④ 꼭짓점의 좌표를 구하기 위해 $2x + 3y = 200$과 $3x + 2y = 150$의 교점을 구하면 다음과 같다.

$$x = 10, \ y = 60$$

⑤ 이를 통해 실현가능영역을 그린다.

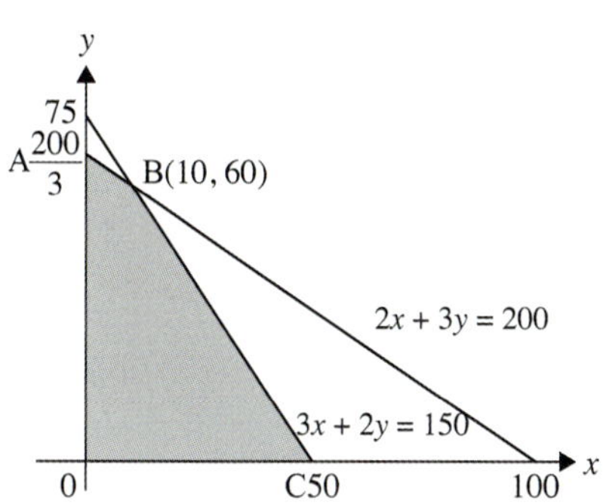

⑥ 각 꼭짓점에서 목적함숫값을 구한다. 점 A$\left(0, \frac{200}{3}\right)$, B$(10, 60)$, C$(50, 0)$에서 목적함수 $z = 20x + 30y$의 값을 구하면 각각 2000, 2000, 1000이다.

⑦ 목적함수의 최적값과 최적해를 구한다. 두 제품을 판매할 때 최대이익은 2,000만 원이고, 최적해는 꼭짓점 A와 B에서 나타난다. 특히 이 경우에 목적함수 $z = 20x + 30y$, 즉 $y = -\frac{2}{3}x + \frac{z}{30}$와 제약조건식 $2x + 3y \le 200$의 기울기가 같으므로 두 꼭짓점 A와 B를 잇는 선분 위의 모든 점이 최적해가 된다.

예제 5-4

어느 육우 목장은 두 종류의 사료 A와 B를 이용하여 육우를 생산한다. 사료 A는 kg당 영양분 1, 2의 함유량이 각각 100, 300칼로리이고, 사료 B의 영양분 1, 2의 함유량은 각각 400, 200이다. 이때 육우를 사육하기 위해 하루에 필요한 최소한의 영양분 1, 2는 각각 3,000, 2,000칼로리이고 사료 A와 B의 구입비용은 각각 kg당 1만 원과 1.5만 원이다. 이때 사료 구입비를 최소로 하기 위한 사료 A와 B의 구입량과 최대 구입비를 구하라.

TIP 실현가능영역을 그린 다음, 꼭짓점에서 목적함숫값을 구한다.

풀이

주어진 상황에 대해 표를 만들면 다음과 같다.

영양분 \ 사료	1kg당 영양분 함유량		1일 최소한의 영양분
	A	B	
영양분 1	100	400	3,000
영양분 2	300	200	2,000
1kg당 구입비	1.0	1.5	

① 결정변수를 결정하기 위해 두 사료 A와 B의 구입량을 두 변수 x와 y로 나타낸다.

② 위의 변수로 목적함수를 결정한다. 사료 A와 B의 구입비용이 각각 1만 원과 1.5만 원이며, 목적함수는 두 사료를 구입하는 소요되는 최소 비용이므로 $z = x + 1.5y$이다.

③ 여기서 제약조건을 구한다. 하루에 필요한 영양분 1, 2에 대한 제약조건은 다음과 같다.

$$100x + 400y \ge 3000,\ 300x + 200y \ge 2000,\ x \ge 0,\ y \ge 0$$

④ 꼭짓점의 좌표를 구하기 위해 $100x + 400y = 3000$, $300x + 200y = 2000$의 교점을 구하면 $x = 2$, $y = 7$이다.

⑤ 이를 통해 실현가능영역을 그린다. 실현가능영역은 무한히 뻗어 나가지만 $x \leq 30$, $y \leq 10$ 으로 적당히 제한하여 표현하면 다음과 같다.

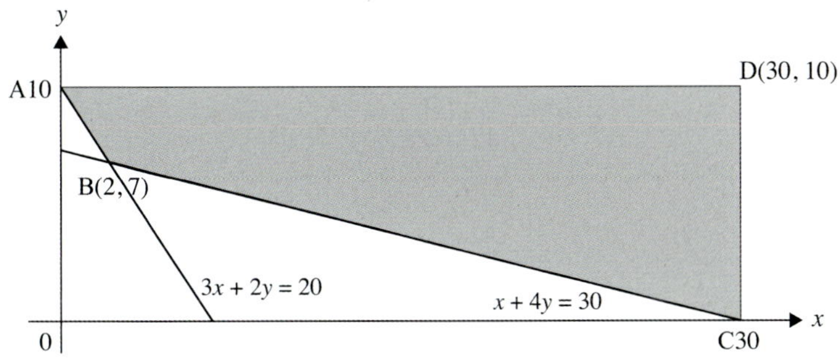

⑥ 각 꼭짓점에서의 목적함숫값을 구한다. A $(0, 10)$, B $(2, 7)$, C $(30, 0)$, D $(30, 10)$에서 목적함수 $z = x + 1.5y$ 의 값을 구하면 각각 15, 12.5, 30, 45 이다.

⑦ 목적함수의 최적값과 최적해를 구하면, 12.5 이므로 두 사료를 구입할 때 최소 비용은 12.5 만원이고, 이때 구입할 사료 A와 B의 양은 각각 2kg과 7kg임을 알 수 있다.

선형계획모형의 최적해를 구하기 위한 도해법은 의사결정변수가 2개까지만 적용될 수 있다. 따라서 도해법은 선형계획모형에서 최적해를 구하는 방법이고, 실제로 최적해를 도출할 때는 적용하지는 않는다. 이제 변수가 2개 이상인 선형계획법에서 최적해를 구할 때 적용되는 심플렉스법을 소개한다.

심플렉스법

m 개의 제약조건과 n 개의 의사결정변수 x_1, x_2, $\cdots$, x_n 을 갖는 선형계획모형의 표준형은 다음과 같다. 즉, m 개의 제약조건에 대한 목적함수 $z = c_1x_1 + c_2x_2 + \cdots + c_nx_n$ 의 최댓값 또는 최솟값을 구하기 위한 표준형은 다음과 같다. 여기서 's.t.'는 'subject to'의 약자로 '제약조건'을 의미한다.

$$
\begin{aligned}
\max(\min)\ z &= c_1x_1 + c_2x_2 + \cdots + c_nx_n \\
\text{s.t.}\quad & a_{11}x_1 + a_{12}x_2 + \cdots + a_{1n}x_n = b_1 \\
& a_{21}x_1 + a_{22}x_2 + \cdots + a_{2n}x_n = b_2 \\
& \quad\vdots \qquad\qquad \vdots \qquad\quad \vdots \\
& a_{m1}x_1 + a_{m2}x_2 + \cdots + a_{mn}x_n = b_m \\
x_i \geq 0,&\ i = 1, 2, \cdots, n
\end{aligned}
$$

여기서 $x_i \geq 0$이고, $i = 1, 2, \cdots, n$이다. 따라서 행벡터 $\mathrm{c} = (c_1, c_2, \cdots, c_n)$과 열벡터 $\mathrm{X} = (x_1, x_2, \cdots, x_n)'$을 이용하면 목적함수는 cX이고, 구하고자 하는 최적해는 $\max \mathrm{cX}$ 또는 $\min \mathrm{cX}$이다. 또한, 제약조건의 계수행렬 A와 상수항 열벡터 b를 정의하면 제약조건은 다음과 같은 $A\mathrm{X} = \mathrm{b}$이다.

$$A = \begin{bmatrix} a_{11} & a_{12} & \cdots & a_{1n} \\ a_{21} & a_{22} & \cdots & a_{2n} \\ & & \vdots & \\ a_{m1} & a_{m2} & \cdots & a_{mn} \end{bmatrix}, \ b = \begin{bmatrix} b_1 \\ b_2 \\ \vdots \\ b_m \end{bmatrix}$$

예제 5-5

다음 선형계획모형을 행렬로 표현하라. 단, $x_1, x_2 \geq 0$이다.

$$\begin{aligned} \min z = & \ 3x_1 + 5x_2 \\ \text{s.t.} & \ 3x_1 + 2x_2 = 36 \\ & \ 3x_1 + 5x_2 = 45 \end{aligned}$$

풀이

$\boldsymbol{c} = [3, \ 5]$ $A = \begin{bmatrix} 3 & 2 \\ 3 & 5 \end{bmatrix}$, $\boldsymbol{X} = \begin{bmatrix} x_1 \\ x_2 \end{bmatrix}$, $\mathrm{b} = \begin{bmatrix} 36 \\ 45 \end{bmatrix}$라 하자. 이때 목적함수는 $\min z = c\boldsymbol{X}$ $= [3, \ 5]\begin{bmatrix} x_1 \\ x_2 \end{bmatrix}$이고, 제약조건은 $A\boldsymbol{X} = \mathrm{b}$를 이용하므로 $\begin{bmatrix} 3 & 2 \\ 3 & 5 \end{bmatrix}\begin{bmatrix} x_1 \\ x_2 \end{bmatrix} = \begin{bmatrix} 36 \\ 45 \end{bmatrix}$이다.

■ 기저변수와 비기저변수

선형계획모형에 포함된 변수 중에 0 이외의 값을 갖는 변수를 **기저변수(BV)**Basic Variables라 하고, 0인 값을 갖는 변수를 **비기저변수(NBV)**Nonbasic Variables라 한다. 이때 연립방정식 $A\boldsymbol{X} = \mathrm{b}$의 계수행렬 A의 위수가 미지수의 개수 n과 같으면, 이 연립방정식은 유일한 해를 갖는다. 그러나 방정식의 개수 m보다 미지수의 개수 n이 큰 경우에 적어도 $n - m$개의 미지수에 의한 부정해를 갖는다. 따라서 $n > m$인 경우에, 연립방정식 $A\boldsymbol{X} = \mathrm{b}$에서 $n - m$개의 변숫값을 강제로 0으로 정하고 나머지 변숫값을 구한다. 즉, 연립방정식의 해를 구하기 위해 $n - m$개의 변수를 비기저변수로 놓고 나머지 m개의 기저변수의 해를 구한다. 예를 들어 변수의 개수가 $n = 3$이고 방정식의 개수가 $m = 2$인 다음의 연립방정식을 갖는다고 생각해 보자.

$$x_1 + x_2 = 3, \ -x_2 + x_3 = -1$$

그러면 변수의 개수가 방정식의 개수보다 1만큼 크므로 다음과 같이 세 가지 방법으로 기저변수와 비기저변수를 설정할 수 있다.

- 비기저변수가 x_1 인 경우 기저변수는 x_2, x_3 이다. 따라서 $x_1 = 0$ 이라 하면 기저변수의 값은 $x_2 = 3$, $-x_2 + x_3 = -1$ 로부터 기저해 $x_1 = 0$, $x_2 = 3$, $x_3 = 2$ 를 얻는다.
- 비기저변수가 x_2 인 경우 기저변수는 x_1, x_3 이다. 따라서 $x_2 = 0$ 이라 하면 기저변수의 값은 $x_1 = 3$, $x_3 = -1$ 로부터 기저해 $x_1 = 3$, $x_2 = 0$, $x_3 = -1$ 을 얻는다.
- 비기저변수가 x_3 인 경우 기저변수는 x_1, x_2 이다. 따라서 $x_3 = 0$ 이라 하면 기저변수의 값은 $x_1 + x_2 = 3$, $-x_2 = -1$ 로부터 기저해 $x_1 = 2$, $x_2 = 1$, $x_3 = 0$ 을 얻는다.

그러나 이와 같은 방법을 적용할 때 기저해가 항상 존재하는 것은 아니다.

■ 실행가능해

표준형 선형계획모형에서 음수가 아닌 기저해를 **기저실행가능해(bfs)**basic feasible solution라 한다. 따라서 기저해가 $x_1 = 2$, $x_2 = 1$, $x_3 = 0$ 이면 이 해들은 기저실행가능해이지만 $x_1 = 3$, $x_2 = 0$, $x_3 = -1$ 이면 $x_3 < 0$ 이므로 이 해들은 기저실행가능해가 아니다. 이러한 기저실행가능해와 관련하여 다음의 정리가 매우 유용하게 활용된다.

정리 5-1 선형계획 문제의 실행가능영역과 기저실행가능해

(1) 선형계획 문제의 실행가능영역은 볼록집합이고 어떤 선형계획법이 최적해를 갖는다면, 최적인 실행가능영역의 극점이 존재해야 한다.

(2) 선형계획법의 실행가능영역에서 기저실행가능해에 대응하는 극점이 유일하게 존재하면, 각 극점에 대응하는 기저실행가능해가 적어도 하나 존재한다.

[정리 5-1(1)]은 제약조건이 $A\boldsymbol{X} = \mathrm{b}$인 선형계획법에서 최적해는 실행가능영역의 극점에서 나타난다는 것을 의미하며, 도해법에서 최적해가 실현가능영역의 각 꼭짓점의 좌표임과 일치한다. 또한 [정리 5-1(2)]는 선형계획법에서 실행가능영역의 극점들이 $A\boldsymbol{X} = \mathrm{b}$의 기저실행가능해임을 의미한다. 따라서 [정리 5-1]로부터 주어진 선형계획법에 대한 최적해를 구하기 위해 $A\boldsymbol{X} = \mathrm{b}$에 대해 최적의 기저실행가능해, 즉 $\max z$ 또는 $\min z$를 구할 필요가 있다.

그렇다면 **심플렉스법**simplex method을 이용하여 선형계획법의 최적해를 구해 보자. 이를 위해 다음 다섯 단계와 같은 **심플렉스법 분석 단계**에 따른다.

❶ 1단계 : 선형계획모형을 표준형으로 전환한다.
❷ 2단계 : 표준형에서 bfs를 도출한다.
❸ 3단계 : 현재의 bfs가 최적인지를 결정한다.

❹ 4단계 : 구한 기저실행가능해가 최적이 아니라면, 더 좋은 목적함숫값을 갖는 새로운 bfs를 발견하기 위해 어떤 비기저변수가 기저변수가 되어야 하는지와 어떤 기저변수가 비기저변수가 되어야 하는지를 결정한다.

❺ 5단계 : 더 좋은 목적함수값을 갖는 새로운 bfs를 발견하기 위해 기본행연산을 이용하여 ❸으로 돌아간다.

이때 심플렉스법을 수행하기 위해 목적함수 $z = c_1x_1 + c_2x_2 + \cdots + c_nx_n$은 표준형의 형태인 우변을 0으로 만들기 위해 다음과 같이 표현한다.

$$z - c_1x_1 - c_2x_2 - \cdots - c_nx_n = 0$$

또한 부등식으로 표현된 각 제약조건을 등식으로 만들기 위해 어떤 상수 $s_i(i = 1, 2, \cdots, m)$를 좌변항에 더하며, 이 상수는 알려지지 않았으므로 변수로 취급한다. 이러한 변수를 **여유변수**slack variable라 한다. 이 여유변수는 좌변과 우변의 등식을 유지하기 위한 역할을 하는 가공의 변수이다. 이 변수의 값은 우연히 같은 값을 보일 수 있지만 일반적으로 다른 값을 보일 가능성이 높으므로 서로 다른 기호를 사용한다. 만약 최소화의 경우에 제약조건이 크거나 같다($\geq$)의 형식이면 어떤 양의 값을 빼주어야 하며, 이런 변수들을 **인공변수**artificial variable라 한다. 이제 심플렉스법을 이용하여 최적해를 구하기 위해 다음과 같은 선형계획모형을 생각하자.

$$\begin{aligned}
\max\ z = {} & 60x_1 + 30x_2 + 20x_3 \\
\text{s.t}\quad & 8x_1 + 6x_2 + x_3 \leq 48 \\
& 4x_1 + 2x_2 + 1.5x_3 \leq 20 \\
& 2x_1 + 1.5x_2 + 0.5x_3 \leq 8 \\
& x_2 \leq 5 \\
& x_1,\ x_2,\ x_3 \geq 0
\end{aligned}$$

그러면 심플렉스법 분석 단계에 따라 다음과 같이 최적해를 구한다.

❶ 1단계 : 선형계획모형을 표준형으로 전환한다.

목적함수를 행렬의 '0행'으로 지정하고, 다음과 같이 변형한다.

$$z - 60x_1 - 30x_2 - 20x_3 = 0$$

여유변수를 이용하여 같은 방법으로 제약조건도 다음과 같이 변형한다.

$$\begin{aligned} 8x_1 + \quad 6x_2 + \quad\ \ x_3 + s_1 &= 48 \\ 4x_1 + \quad 2x_2 + 1.5x_3 + s_2 &= 20 \\ 2x_1 + 1.5x_2 + 0.5x_3 + s_3 &= \ \ 8 \\ x_2 + \qquad\quad\ \ s_4 &= \ \ 5 \end{aligned}$$

이를 표준형 **심플렉스 표**simplex tableau로 나타낸다면 다음의 표준형 표로 전환할 수 있다.

표 5-1 표준형 심플렉스 표 0

		기저변수
(0행)	$z - 60x_1 - 30x_2 - 20x_3 = 0$	$z = 0$
(1행)	$8x_1 + 6x_2 + x_3 + s_1 = 48$	$s_1 = 48$
(2행)	$4x_1 + 2x_2 + 1.5x_3 + s_2 = 20$	$s_2 = 20$
(3행)	$2x_1 + 1.5x_2 + 0.5x_3 + s_3 = 8$	$s_3 = 8$
(4행)	$x_2 + s_4 = 5$	$s_4 = 5$

❷ 2단계 : 표준형에서 bfs를 도출한다.

[표 5-1]에서는 각 제약조건의 우변이 음수가 아니므로 bfs가 얻어질 수 있음을 알 수 있다. 앞서 보았던 심플렉스법 분석 단계와 같이 심플렉스법이란 초기 bfs로 시작하여 더 나은 bfs를 발견하기 위한 방법이다. 따라서 [표 5-1]을 얻은 후에 초기 bfs를 탐색해야 한다. 이를 적용하여 $x_1 = x_2 = x_3 = 0$을 설정하면 s_i를 행 i의 우번과 서로 같게 설정하여 s_1, s_2, s_3, s_4를 구할 수 있다. 따라서 기저변수는 $BV = \{s_1, s_2, s_3, s_4\}$이고, 비기저변수는 $NBV = \{x_1, x_2, x_3\}$가 된다. 이 기저변수 집합의 bfs는 $s_1 = 48$, $s_2 = 20$, $s_3 = 8$, $s_4 = 5$이고, $x_1 = x_2 = x_3 = 0$이다. 각 기저변수는 기저변수가 1의 계수를 갖는 표준형의 행과 관련될 수 있음이 중요하다. 따라서 [표 5-1]에서 s_i는 행 $i\,(i = 1, 2, 3, 4)$를 위한 기저변수로서 생각한다. 이 때 심플렉스법을 효과적으로 진행하기 위해 0행의 기저변수를 필요로 한다. z가 0행에서 1의 계수로 나타나고 z가 어떤 다른 행에 나타나지 않으므로 z를 기저변수로 사용한다. 따라서 초기 표준형에 대한 bfs를 구하면 기저변수는 $BV = \{z, s_1, s_2, s_3, s_4\}$이고, 비기저변수는 $NBV = \{x_1, x_2, x_3\}$가 된다. 이 기저변수 집합의 bfs는 $z = 0$, $s_1 = 48$, $s_2 = 20$, $s_3 = 8$, $s_4 = 5$이고, $x_1 = x_2 = x_3 = 0$이다. 따라서 최댓값 문제에서 [표 5-1]에서 z의 최적해는 항상 0이다.

❸ 3단계 : 현재의 bfs가 최적인지를 결정한다.

일단 bfs를 구했다면 그것이 최적인지를 결정할 필요가 있다. 만일 bfs가 최적이 아니라면 초기 bfs의 인근에 있는 최대화 문제에서 더 큰 z 값을 갖는 bfs를 구해야 한다. 이를 위해 다른 모든 비기저변수가 계속 0이 되도록 놓고, 어떤 비기저변수를 0인 값으로부터 증가시킴으로써 z가 증가할 방법이 있는지를 판단해야 한다. 각 비기저변수에 대해 비기저변수를 증가시킴으로써 z를 증가시킬지를 결정하기 위해 최초 목적함수인 $z = 60x_1 + 30x_2 + 20x_3$를 사용할 수 있다. 단, 여기서 모든 다른 비기저변수는 계속 0으로 유지한다. 예를 들어 다른 비기저변수 x_2와 x_3를 0으로 유지하고, x_1을 1만큼 증가시키면 목적함수는 z가 60만큼 증가한다. 같은 방법으로 다른 비기저변수 x_1과 x_3를 0으로 유지하고, x_2를 1만큼 증가시키면 z는 30만큼 증가한다. 결과적으로 x_1의 1단위 증가가 가장 큰 z의 증가율을 초래하므로 x_1의 증가를 선택할 수 있다. 여기서 위의 x_1을 기저변수로 들어가는 **진입변수**entering variable라 한다. [표 5-1]에서 진입변수는 0행의 가장 큰 음(−)의 계수를 갖는 변수를 선택한다. 만약 크기가 가장 큰 변수가 두 개 이상 존재하면 어느 것을 선택해도 무방하다.

❹ 4단계 : 어떤 비기저변수가 기저변수가 되어야 하는지와 어떤 기저변수가 비기저변수가 되어야 하는지를 결정한다.

그렇다면 x_1을 새로운 기저변수로 진입시키기 위해 얼마나 큰 값을 선택해야 할까? 가능한 큰 x_1을 진입시켜야 하지만 x_1을 얼마나 크게 만들어야 하는지 혹은 제한해야 하는지를 판단해야 한다. 만일 x_1이 증가하면 현재의 기저변수 s_1, s_2, s_3, s_4의 값도 변하며, 이는 x_1을 증가시킴으로써 기저변수가 음수가 될 수 있음을 의미한다. 그러나 모든 변수는 음수가 될 수 없다. 따라서 x_1을 어떻게 증가시키는 것이 현재의 기저변수 집합의 값을 변화시킬지를 확인해야 한다($x_2 = x_3 = 0$을 유지한다). 기저변수 s_1은 0보다 크거나 같다는 부호제약을 만족해야 한다. 또한 모든 변수가 음수여서는 안 된다는 제약조건을 반영하고, [표 5-1]의 1행에 따라 $s_1 \geq 0$ 또는 $48 - 8x_1 \geq 0\,(x_1 \leq 6)$인 수준까지만 x_1을 증가시킬 수 있다. 또한 2행에서 $s_2 = 20 - 4x_1$이고 $s_2 \geq 0$이라는 부호제약을 만족해야 하므로 x_1은 $20 - 4x_1 \geq 0$, 즉 $x_1 \leq 5$를 만족해야 한다. 마찬가지로 3행에서 $s_3 = 8 - 2x_1 \geq 0$이므로 $x_1 \leq 4$이며, 4행에서도 $s_4 = 5$이므로 x_1이 어떤 값을 갖든지 $s_4 \geq 0$이다. 이를 요약하자면 다음과 같다.

- $x_1 \leq 6$에서 $s_1 \geq 0$이다.
- $x_1 \leq 5$에서 $s_2 \geq 0$이다.
- $x_1 \leq 4$에서 $s_3 \geq 0$이다.
- 모든 x_1에 대해 $s_4 \geq 0$이다.

이에 따라 모든 기저변수를 음이 아닌 수로 유지하기 위한 x_1을 만들 수 있는 가장 큰 수는 x_1이 취할 수 있는 세 개의 상한값 4, 5, 6 중 가장 작은 수인 4이다. 만일 $x_1 > 4$인 x_1을 택하면 s_3은 음수가 되므로 더 이상 bfs를 갖지 않는다. 앞 단계에서 살펴본 바와 같이 어떤 진입변수의 증가 크기는 진입변수의 모든 값에 대해 각 행의 기저변수를 양수로 유지하도록 만들어야 한다. 이는 진입변수가 **비율 테스트** ratio test라고 부르는 다음 식을 초과하면, 어떤 행의 기저변수가 음수가 된다는 것이다.

$$\frac{\text{행의 우변 상수}}{\text{행의 진입변수의 계수}}$$

여기서 위에서 구했던 x_1 에 대해 가장 큰 값을 구해 보자. 위의 식을 이용한 비율 테스트 분석 결과는 다음과 같다.

- (1행) x_1 에 대한 제약 : $\frac{48}{8} = 6$
- (2행) x_1 에 대한 제약 : $\frac{20}{4} = 5$
- (3행) x_1 에 대한 제약 : $\frac{8}{2} = 4$
- (4행) x_1 에 대한 제약 : 제한이 없다.

따라서 x_1 에 대해 가장 큰 값은 최소의 비율 테스트 결과인 4이다. 이때 비율이 같으면 임의의 비율을 선택하면 되지만, 이는 퇴행이라는 문제를 초래하여 해의 개선이 이루어지지 않을 수 있다. 만약에 $x_1 = 4$ 이면 이는 기저변수가 되어야 한다. 1행 ~ 4행에서의 x_1을 1행에서 기저변수로 만들면 x_1 은 $48 \div 8 = 6$, 2행에서 x_1 은 $20 \div 4 = 5$, 3행에서 x_1 은 $8 \div 2 = 4$일 것이다. 그러나 x_1 이 4행에 나타나지 않기 때문에 x_1 은 4행에서 기저변수가 될 수 없다.

❺ 5단계 : 더 좋은 목적함숫값을 갖는 새로운 bfs를 발견하기 위해 기본행연산을 이용하여 ❸으로 돌아간다.

x_1 을 3행에서 기저변수로 만들기 위해 x_1 이 3행에서 1의 계수를 갖고 다른 모든 행에서 0의 계수를 갖도록 기본행연산자를 이용하면 된다.

❺에 대한 절차는 3행에 대한 **피봇팅** pivoting이라 하고 3행은 **피봇 행** pivot row이라 한다. 결과적으로 x_1 이 3행을 위한 기저변수로 x_3를 대체한다는 것이다. 진입하는 기저변수를 포함하는 피봇 행의 항은 **피봇 요소** pivot element라 한다. 그러면 다음과 같이 기본행연산을 이용하여 x_1을 3행에서 기저변수로 만들 수 있다.

① 행연산 $R_3(\frac{1}{2})$을 수행한다. 즉, 3행에 $\frac{1}{2}$을 곱하여 3행의 x_1의 계수가 1이 되도록 한다.

$$\begin{array}{lllllllll}
(0\text{행}) & z - 60x_1 - & 30x_2 - & 20x_3 & & & & = & 0 \\
(1\text{행}) & 8x_1 + & 6x_2 + & x_3 + s_1 & & & & = & 48 \\
(2\text{행}) & 4x_1 + & 2x_2 + & 1.5x_3 & + s_2 & & & = & 20 \\
(3\text{행}) & 2x_1 + & 0.75x_2 + & 0.25x_3 & & + 0.5s_3 & & = & 4 \\
(4\text{행}) & & x_2 & & & & + s_4 & = & 5
\end{array}$$

② 행연산 $R_{31}(60)$을 수행한다. 즉, 0행에서 x_1의 계수를 0으로 만든다.

$$\begin{array}{lllllllll}
(0\text{행}) & z & + 15x_2 - & 5x_3 & & + 30s_3 & & = & 240 \\
(1\text{행}) & 8x_1 & + 6x_2 + & x_3 + s_1 & & & & = & 48 \\
(2\text{행}) & 4x_1 & + 2x_2 + & 1.5x_3 & + s_2 & & & = & 20 \\
(3\text{행}) & 2x_1 & + 0.75x_2 + & 0.25x_3 & & + 0.5s_3 & & = & 4 \\
(4\text{행}) & & x_2 & & & & + s_4 & = & 5
\end{array}$$

③ 행연산 $R_{31}(-8)$, $R_{32}(-4)$를 수행한다. 즉, 3행과 4행에서 x_1의 계수를 0으로 만든다.

$$\begin{array}{lllllllll}
(0\text{행}) & z & + 15x_2 - & 5x_3 & & + 30s_3 & & = & 240 \\
(1\text{행}) & & - & x_3 + s_1 & & - 4s_3 & & = & 16 \\
(2\text{행}) & & - x_2 + & 0.5x_3 & + s_2 & - 2s_3 & & = & 4 \\
(3\text{행}) & 2x_1 & + 0.75x_2 + & 0.25x_3 & & + 0.5s_3 & & = & 4 \\
(4\text{행}) & & x_2 & & & & + s_4 & = & 5
\end{array}$$

이에 따라 다음과 같은 표준형 심플렉스 표 1을 얻는다.

표 5-2 표준형 심플렉스 표 1

									기저변수
(0행)	z		$+ 15x_2 -$	$5x_3$		$+ 30s_3$	=	240	$z = 240$
(1행)			$-$	$x_3 + s_1$		$- 4s_3$	=	16	$s_1 = 16$
(2행)			$- x_2 +$	$0.5x_3$	$+ s_2$	$- 2s_3$	=	4	$s_2 = 4$
(3행)		$2x_1$	$+ 0.75x_2 +$	$0.25x_3$		$+ 0.5s_3$	=	4	$s_3 = 4$
(4행)			x_2			$+ s_4$	=	5	$s_4 = 5$

그러면 새로운 기저변수 집합은 $BV = \{z, s_1, s_2, x_1, s_4\}$이고, 비기저변수 집합은 $NBV = \{s_3, x_2, x_3\}$이다.

또한 이 기저변수 집합의 bfs는 다음과 같다.

$$z = 240, \ s_1 = 16, \ s_2 = 4, \ x_1 = 4, \ s_4 = 5, \ x_2 = x_3 = s_3 = 0$$

[표 5-2]에서 z 값은 x_1이 증가된 각 단위가 60만큼씩 z를 증가시키므로 240이 나온다. 즉, x_1이 4단위만큼 증가되었으므로 [표 5-2]에서 z 값은 다음과 같이 구한다.

$$z = \text{초기 } z \text{ 값} + 4(60) = 0 + 240 = 240$$

결과적으로 [표 5-1]에서 [표 5-2]를 얻는 과정에서 초기 bfs 값에서 더 나은 bfs 값으로 이동됨을 확인하였다. 이미 도해법에서 보았듯이 초기 bfs와 더 나은 bfs는 인접한다. 이는 일반적으로 두 bfs가 $4 - 1 = 3$의 기저변수 s_1, s_2, s_4를 갖기 때문이다. 여기서 모든 표준형의 기저변수인 z를 배제한다. 이와 같이 한 bfs에서 더 좋은 인접하는 bfs를 찾아가는 절차를 심플렉스법의 **반복계산**iteration이라 한다.

이제 더 큰 z 값을 갖는 bfs를 계속 찾아보자. [표 5-2]의 심플렉스 표를 이용하여 어떤 비기저변수 값을 증가시켜야 z를 증가시킬 수 있는지를 살펴볼 것이다. 물론 이 경우에 다른 비기저변수를 모두 0으로 유지한다. 여기서 z에 대해 풀기 위해 0행은 다음과 같이 재배열한다.

$$z = 240 - 15x_2 + 5x_3 - 30s_3$$

이 식에서 $x_3 = s_3 = 0$을 유지하고 비기저변수 x_2를 1만큼 증가시키면 z는 15만큼 감소한다. 또한 $x_2 = x_3 = 0$을 유지하고 비기저변수 s_3를 1만큼 증가시키면 z는 30만큼 감소하므로 x_2와 s_3를 진입변수로 선택하지 않는다. 반면에 $x_2 = s_3 = 0$을 유지하고 x_3를 1만큼 증가시키면 z는 5만큼 증가하므로 기저해로 x_3를 진입변수로 선택한다. 이때 진입변수를 결정하는 규칙은 0행에서 가장 큰 음의 계수를 갖는 변수를 선택함을 알고 있다. [표 5-2]로부터 x_3가 0행에서 음의 계수를 갖는 유일한 변수이므로 기저해로 진입해야 한다. x_3를 1만큼 증가시키면 z는 5만큼 증가하므로 x_3를 가능한 가장 크게 만드는 것이 유리하다. 다시 말해 x_3는 현재의 기저해인 s_1, s_2, x_1, s_4가 음수가 아닌 한 계속 증가시킬 수 있다. 그러면 x_3를 얼마나 크게 할지 결정하기 위해 $x_2 = s_3 = 0$을 유지하면서 x_3의 관점으로 현재의 기저변숫값을 구해야 한다. 이에 따라 [표 5-2]로부터 다음 식을 얻을 수 있다.

- 1행에서 $s_1 = 16 + x_3$
- 2행에서 $s_2 = 4 - 0.5x_3$

- 3행에서 $x_1 = 4 - 0.25x_3$
- 4행에서 $s_4 = 5$

위의 방정식은 $s_1 \geq 0$과 $s_4 \geq 0$이 x_3의 모든 값에 대해 유지할 것이라고 설명한다. 2행에서 $4 - 0.5x_3 \geq 0$, 즉 $x_3 \leq 8$이면 $s_2 \geq 0$이 유지될 것이다. 3행에서 $4 - 0.25x_3 \geq 0$ 즉 $x_3 \leq 16$이면, $x_1 \geq 0$이 유지될 것이다. 따라서 x_3를 만들 수 있는 가장 큰 값은 $\max\{8, 6\} = 8$이다. 한편 각 행에 대한 비율 테스트는 다음과 같다.

- (1행) x_3에 대한 제약 : x_3가 1행에서 음의 계수를 가지므로 비율이 없다.
- (2행) x_3에 대한 제약 : $\dfrac{4}{0.5} = 8$
- (3행) x_3에 대한 제약 : $\dfrac{4}{0.25} = 16$
- (4행) x_3에 대한 제약 : x_3가 4행에 나타나지 않기 때문에 제한이 없다.

따라서 가장 작은 비율은 2행에서 나타나고 2행이 비율 테스트에서 승자가 된다. 결국 2행에서 x_3를 기저변수로 만들기 위해 행연산자를 이용한다.

① 행연산 $R_2(2)$를 수행한다. 즉, 2행에 2를 곱하여 2행의 x_3의 계수가 1이 되도록 한다.

$$
\begin{array}{lllllllllll}
(0\text{행}) & z & + & 15x_2 & - & 5x_3 & & & + & 30s_3 & = 240 \\
(1\text{행}) & & & & - & x_3 & + s_1 & & - & 4s_3 & = 16 \\
(2\text{행}) & & - & 2x_2 & + & x_3 & & + 2s_2 & - & 4s_3 & = 8 \\
(3\text{행}) & x_1 & + & 0.75x_2 & + & 0.25x_3 & & & + & 0.5s_3 & = 4 \\
(4\text{행}) & & & x_2 & & & & & & + s_4 & = 5
\end{array}
$$

② 행연산 $R_{20}(5)$, $R_{21}(1)$, $R_{23}(-0.25)$를 수행한다. 즉, 0행, 1행, 3행에서 x_3의 계수를 0으로 만든다.

$$
\begin{array}{llllllllll}
(0\text{행}) & z & + & 5x_2 & & & + & 10s_2 & + 10s_3 & = 280 \\
(1\text{행}) & & - & 2x_2 & & + s_1 & + & 2s_2 & - 8s_3 & = 24 \\
(2\text{행}) & & - & 2x_2 & + x_3 & & + & 2s_2 & - 4s_3 & = 8 \\
(3\text{행}) & x_1 & + & 1.25x_2 & & & - & 0.5s_2 & + 1.5s_3 & = 2 \\
(4\text{행}) & & & x_2 & & & & & + s_4 & = 5
\end{array}
$$

이에 따라 다음과 같은 표준형 심플렉스 표 2를 얻는다.

표 5-3 표준형 심플렉스 표 2

										기저변수
(0행)	z		$+\ 5x_2$			$+\ 10s_2$	$+\ 10s_3$		$= 280$	$z = 280$
(1행)			$-\ 2x_2$		$+\ s_1$	$+\ 2s_2$	$-\ 8s_3$		$= 24$	$s_1 = 24$
(2행)			$-\ 2x_2$	$+\ x_3$		$+\ 2s_2$	$-\ 4s_3$		$= 8$	$s_2 = 8$
(3행)		x_1	$+\ 1.25x_2$			$-\ 0.5s_2$	$+\ 1.5s_3$		$= 2$	$s_3 = 2$
(4행)			x_2					$+s_4$	$= 5$	$s_4 = 5$

이때 새로운 기저변수의 집합은 $BV = \{z,\ s_1,\ s_4,\ x_1,\ x_3\}$이고, 비기저변수의 집합은 $NBV = \{s_2, s_3, x_2\}$이다. 또한, 이 기저변수 집합의 bfs는 다음과 같다.

$$z = 280,\ s_1 = 24,\ x_3 = 8,\ x_1 = 2,\ s_4 = 5,\ s_2 = s_3 = x_2 = 0$$

[표 5-2]인 표준형 1에서 z 값은 x_1이 증가된 각 단위가 5만큼씩 z를 증가시키므로 z의 값은 280이다. 따라서 x_1이 8단위만큼 증가되었으므로 표준형 2의 z 값은 다음과 같이 280이 된다.

$$z = \text{표준형 1의 } z \text{ 값} + 8(5) = 240 + 40 = 280$$

이제 심플렉스법의 세 번째 반복계산을 수행하기 위해 0행을 재배열하고 z를 구하면 다음을 얻는다.

$$z = 280 - 5x_2 - 10s_2 - 10s_3$$

그러면 계수가 모두 음수이므로 x_2, s_2, s_3를 증가시키면 z 값은 오히려 감소하게 된다. 즉, 비기저변수의 증가가 z 값의 감소를 초래한다. 결과적으로 더 이상 최적해는 개선되기 어렵고 표준형 2의 bfs가 최적해가 된다. 따라서 최대화 문제에서 만약 각 비기저변수가 표준형의 0행에서 음이 아닌 계수를 갖는다면 표준형은 최적해이다. 최소화 문제에서는 같은 행에서 양의 계수를 갖는 경우이다.

예제 5-6

심플렉스법을 이용하여 다음 선형계획모형의 해를 구하라. 단, $x_1,\ x_2 \geq 0$이다.

$$\begin{aligned} \max\ \ z &= 2x_1 + 3x_2 \\ \text{s.t.}\ \ \ x_1 + 2x_2 &\leq 6 \\ 2x_1 + x_2 &\leq 8 \end{aligned}$$

풀이

① 다음과 같은 표준형 심플렉스 표 0을 작성한다.

									기저변수		
(0행)	z	$-$	$2x_1$	$-$	$3x_2$		$=$	0	z	$=$	0
(1행)			x_1	$+$	$2x_2$	$+ s_1$	$=$	6	s_1	$=$	6
(2행)			$2x_1$	$+$	x_2	$+ s_2$	$=$	8	s_2	$=$	8

새로운 기저변수와 비기저변수 집합은 각각 다음과 같다.

- 기저변수 : $BV = \{z,\ s_1,\ s_2\}$, 비기저변수 : $NBV = \{x_1,\ x_2\}$
- 기저변수 집합의 bfs : $z = 0,\ s_1 = 6,\ s_2 = 8,\ x_1 = x_2 = 0$

② [표 5-2]와 같은 표준형 심플렉스 표 1을 작성한다. 최초 목적함수인 $z = 2x_1 + 3x_2$에서 x_2의 계수가 x_1의 계수보다 크기 때문에 더 크게 목적함수의 값 z를 증가시키므로 x_2를 진입변수로 설정한다. 각 행에 대한 비율 테스트는 다음과 같다.

- (1행) x_2에 대한 제약 : $\dfrac{6}{2} = 3$
- (2행) x_2에 대한 제약 : $\dfrac{8}{1} = 8$

가장 작은 비율은 $\min\{3,\ 8\} = 3$이고 1행에서 나타나므로 1행에서 x_2의 계수를 1로 만들고 나머지 행에 있는 x_2의 계수는 모두 0으로 만든다. 즉, 피봇 요소는 1행에 있는 x_2의 계수 2이고, 1행의 최초 기저변수인 s_1은 x_2가 새롭게 기저변수로 진입하므로 기저변수 집합에서 제외한다. 이제 다음과 같은 순서로 행연산자를 수행한다.

첫 번째, 행연산 $R_1(1/2)$을 수행한다. 즉, 1행에 $1/2$을 곱하여 1행의 x_2의 계수가 1이 되도록 한다.

$$\begin{array}{lllllll}
(0\text{행}) & z - 2x_1 - 3x_2 & & & = & 0 \\
(1\text{행}) & \frac{1}{2}x_1 + x_2 + \frac{1}{2}s_1 & & & = & 3 \\
(2\text{행}) & 2x_1 + x_2 & & + s_2 & = & 8
\end{array}$$

두 번째, 행연산 $R_{10}(3)$, $R_{12}(-1)$을 수행한다. 즉, 0행과 2행에서 x_2의 계수를 0으로 만든다.

$$\begin{array}{lllll}
(0\text{행}) & z - \frac{1}{2}x_1 + \frac{3}{2}s_1 & & = & 9 \\
(1\text{행}) & \frac{1}{2}x_1 + x_2 + \frac{1}{2}s_1 & & = & 3 \\
(2\text{행}) & \frac{3}{2}x_1 - \frac{1}{2}s_1 + s_2 & & = & 5
\end{array}$$

따라서 다음과 같은 표준형 심플렉스 표 1을 얻는다.

									기저변수		
(0행)	$z -$	$\frac{1}{2}x_1$		$+ \frac{3}{2}s_1$		$=$	9		z	$=$	9
(1행)		$\frac{1}{2}x_1$	$+ x_2$	$+ \frac{1}{2}s_1$		$=$	3		s_1	$=$	3
(2행)		$\frac{3}{2}x_1$		$- \frac{1}{2}s_1$	$+ s_2$	$=$	5		s_2	$=$	5

이때 새로운 기저변수와 비기저변수 집합은 각각 다음과 같다.

- 기저변수 : $BV = \{z, \ x_2, \ s_2\}$, 비기저변수 : $NBV = \{s_1, \ x_1\}$
- 기저변수 집합의 bfs : $z = 9, \ x_2 = 3, \ s_2 = 5, \ s_1 = x_1 = 0$

③ 표준형 심플렉스 표 2를 작성한다. 이제 반복계산을 위해 0행을 보면 음수인 계수는 x_1 밖에 없으므로 각 행에 대한 비율 테스트는 다음과 같다.

- (1행) x_1에 대한 제약 : $\dfrac{3}{1/2} = 6$
- (2행) x_1에 대한 제약 : $\dfrac{5}{3/2} = \dfrac{10}{3} \approx 3.33$

따라서 2행에서 x_1의 계수가 피봇팅 요소가 되고 기저변수인 s_2가 탈락변수가 되므로 다음과 같은 행연산을 수행한다.

첫 번째, 행연산 $R_2(2/3)$를 수행한다. 즉, 2행에 $2/3$를 곱하여 2행의 x_1의 계수가 1이 되도록 한다.

$$
\begin{array}{llllll}
(0\text{행}) & z - \frac{1}{2}x_1 & & + \frac{3}{2}s_1 & & = 9 \\
(1\text{행}) & \quad \frac{1}{2}x_1 + & x_2 + & \frac{1}{2}s_1 & & = 3 \\
(2\text{행}) & \quad\quad x_1 & & - \frac{1}{3}s_1 + & \frac{2}{3}s_2 & = \frac{10}{3}
\end{array}
$$

두 번째, 행연산 $R_{20}(1/2), \ R_{21}(-1/2)$을 수행한다. 즉, 0행과 1행에서 x_1의 계수를 0으로 만든다.

$$
\begin{array}{llllll}
(0\text{행}) & z & & - \frac{4}{3}s_1 + & \frac{1}{3}s_2 & = \frac{32}{3} \\
(1\text{행}) & & x_2 + & \frac{1}{3}s_1 - & \frac{1}{3}s_2 & = \frac{4}{3} \\
(2\text{행}) & \quad x_1 & & - \frac{1}{3}s_1 + & \frac{2}{3}s_2 & = \frac{10}{3}
\end{array}
$$

이에 따라 다음과 같은 표준형 심플렉스 표 2를 얻는다.

		기저변수
(0행)	$z \qquad - \frac{4}{3}s_1 + \frac{1}{3}s_2 = \frac{32}{3}$	$z = \frac{32}{3}$
(1행)	$x_2 + \frac{1}{3}s_1 - \frac{1}{3}s_2 = \frac{4}{3}$	$x_2 = \frac{4}{3}$
(2행)	$x_1 \qquad - \frac{1}{3}s_1 + \frac{2}{3}s_2 = \frac{10}{3}$	$x_2 = \frac{10}{3}$

이때 새로운 기저변수와 비기저변수 집합은 각각 다음과 같다.

- 기저변수 : $BV = \{z,\ x_1,\ x_2\}$, 비기저변수 : $NBV = \{s_1,\ s_2\}$
- 저변수 집합의 bfs : $z = \frac{32}{3}$, $x_1 = \frac{10}{3}$, $x_2 = \frac{4}{3}$, $s_1 = s_2 = 0$

④ 결론적으로 z가 증가했으며 0행에서 더 이상 음의 계수가 나타나지 않으므로 목적함수의 값 z를 더 증가시킬 수 없다. 그러므로 심플렉스법의 반복은 여기서 중단하고 이 기저변수의 값이 바로 최적해가 된다. 따라서 최적해는 $\max\ z = \frac{32}{3}$이다.

■ 간략한 심플렉스 표

지금까지 선형계획모형의 최적값을 구하기 위한 방정식을 이용하였으나, 심플렉스법의 반복계산에서 변수를 생략하고 계수로 이루어진 표를 이용하면 편리하다. 예를 들어 [예제 5-6]의 선형계획모형에서 표준형 심플렉스 표 0에 대해 각 변수의 계수들로 이루어진 간략한 심플렉스 표를 작성할 수 있다.

표 5-4 표준형 심플렉스 표 0에 대한 간략한 심플렉스 표

z	x_1	x_2	s_1	s_2	우변(상수항)	기저변수	비율
1	−2	−3	0	0	0	$z=0$	
0	1	2	1	0	6	$s_1=6$	$\frac{6}{2}=3^*$
0	2	1	0	1	8	$s_2=8$	$\frac{8}{1}=8$

예제 5-7

심플렉스법을 이용하여 다음 선형계획모형의 해를 구하라. 단, $x_1,\ x_2 \le 0$이다.

$$\begin{aligned} \max \quad & z = 2x_1 - x_2 + 2x_3 \\ \text{s.t.} \quad & 2x_1 + x_2 \le 10 \\ & x_1 + 2x_2 - 2x_3 \le 20 \\ & x_1 + 2x_3 \le 5 \end{aligned}$$

풀이

① 먼저, 표준형 심플렉스 표 0을 작성한다. 이때, 간략하게 작성하기 위해 각 변수의 계수들로 이루어진 다음과 같은 표로 작성한다.

z	x_1	x_2	x_3	s_1	s_2	s_3	우변(상수항)	기저변수	비율
1	−2	1	−2	0	0	0	0	$z=0$	
0	2	1	0	1	0	0	10	$s_1=10$	없음
0	1	2	−2	0	1	0	20	$s_2=20$	음수
0	0	1	2	0	0	1	5	$s_3=5$	$\frac{10}{2}=5^*$

따라서 기저변수 집합의 bfs는 다음과 같다.

- 기저변수 집합의 bfs : $\{x_1,\ x_2,\ x_3,\ s_1,\ s_2,\ s_3\} = \{0,\ 0,\ 0,\ 10,\ 20,\ 5\}$

② 간략한 심플렉스 표 1을 작성한다. 최대화 문제에서는 0행 중 가장 큰 음수를 진입변수로 결정해야 한다. 여기서는 x_1과 x_3가 모두 -2의 값으로 같은 값을 보이고 있으므로 둘 중 어느 것을 선택해도 무방하다. 만일 x_3를 진입변수로 선택하면 비율 테스트 결과는 최소를 보이는 4번째 행의 기저변수가 5/2로 선택되며, 기존의 기저변수인 s_3가 기저변수에서 이탈한다. 따라서 피봇 요소를 통해 x_3의 계수 2를 피봇팅을 하면 다음과 같은 새로운 심플렉스 표가 완성된다.

z	x_1	x_2	x_3	s_1	s_2	s_3	우변(상수항)	기저변수	비율
1	−2	2	0	0	0	1	5	$z=5$	
0	2	1	0	1	0	0	10	$s_1=10$	$\frac{10}{2}=5^*$
0	1	3	0	0	1	1	25	$s_2=25$	$\frac{25}{1}=25$
0	0	$\frac{1}{2}$	1	0	0	$\frac{1}{2}$	$\frac{5}{2}$	$s_3=\frac{5}{2}$	없음

③ 간략한 심플렉스 표 2를 작성한다. 첫 행에 음의 계수가 존재하므로 목적함수 값은 더 증가시킬 수 있다. 가장 큰 음이 아닌 계수를 갖는 x_1을 새로운 도입변수로 하면 비율 테스트는 최소가 되는 $\frac{10}{2}=5$가 선택되고 s_1이 이탈변수가 된다. 따라서 다시 피봇팅을 하면 다음과 같은 두 번째 심플렉스 표를 얻는다.

z	x_1	x_2	x_3	s_1	s_2	s_3	우변(상수항)	기저변수	비율
1	0	3	0	1	0	1	15	$z=15$	
0	1	$\frac{1}{2}$	0	$\frac{1}{2}$	0	0	5	$x_1=5$	
0	0	$\frac{5}{2}$	0	$-\frac{1}{2}$	1	1	20	$s_2=25$	
0	0	$\frac{1}{2}$	1	0	0	$\frac{1}{2}$	$\frac{5}{2}$	$s_3=\frac{5}{2}$	

④ 결론적으로 첫 행에 음수가 존재하지 않으므로 이제 목적함수 값은 더 이상 증가시킬 수 없다. 따라서 이 단계에서 반복계산은 중단하고 최적해를 정리하면 최적해는 다음과 같으며 목적함수 값은 15 이다.

$$\{x_1,\ x_2,\ x_3,\ s_1,\ s_2,\ s_3\} = \left\{5,\ 0,\ \frac{5}{2},\ 0,\ 20,\ 0\right\}$$

예제 5-8

심플렉스법을 이용하여 다음 선형계획모형의 해를 구하라. 단, $x_1,\ x_2 \geq 0$ 이다.

$$\begin{aligned} \min z &= 2x_1 + 3x_2 \\ \text{s.t.} \quad x_1 + 2x_2 &\leq 6 \\ 2x_1 + x_2 &\leq 8 \end{aligned}$$

풀이

간략한 심플렉스 표를 이용하면 다음과 같은 표를 구할 수 있다.

z	x_1	x_2	s_1	s_2	우변(상수항)	기저변수	비율
1	-2	-3	0	0	0	$z=0$	
0	1	2	1	0	6	$s_1=6$	$\frac{4}{1}=4^*$
0	2	1	0	1	8	$s_2=8$	없음

심플렉스 표의 0행에서 모든 비기저변수가 음의 계수를 갖는다면 현재의 bfs가 최적이다. 즉, 심플렉스 표의 0행에서 음의 계수를 갖는 비기저변수를 증가시키는 것은 z 를 증가시키기 때문이다. 결과적으로 $x_1 = x_2 = 0$ 이고 목적함숫값은 0 이다.

5.2 헤시안 극값 판정법

지금까지 주어진 제약이 선형부등식일 때 목적함수의 최적값을 구하는 방법을 살펴보았다. 제약이 없는 경우의 최적화 문제는 도함수 또는 편미분의 개념을 이용하여 최댓값과 최솟값을 구한다. 이제 이변수함수 $z = f(x, y)$의 극값을 구하기 위해 2계 편도함수 극값 판정법을 다시 생각한다. 4.3절에서 다루었던 함수 $f(x, y)$의 극값에 대한 2계 편도함수 극값 판정법은 다음과 같다.

❶ $f(x, y)$의 임계점 (a, b)를 구한다. 즉, $f_x(x, y) = 0$과 $f_y(x, y) = 0$을 만족하는 (a, b)를 구한다.

❷ 임계점 (a, b)에 대해 2계 편도함수로 구성된 다음 2차 행렬식을 구한다.

$$D = f_{xx}(a, b)f_{yy}(a, b) - [f_{xy}(a, b)]^2 = \begin{vmatrix} f_{xx} & f_{xy} \\ f_{yx} & f_{yy} \end{vmatrix}$$

❸ $D > 0$이고 $f_{xx}(a, b) > 0$이면 $f(a, b)$는 극솟값이고, $f_{xx}(a, b) < 0$이면 $f(a, b)$는 극댓값이다.

❹ $D < 0$이면, $f(x, y)$는 (a, b)에서 극값을 갖지 않고 곡면 위의 점 $(a, b, f(a, b))$는 안장점이다.

이때 임계점 (a, b)에서 $f_{xx}(a, b) > 0$ 또는 $f_{xx}(a, b) < 0$은 다음과 같이 1차 행렬식으로 생각할 수 있다.

$$f_{xx}(a, b) = |f_{xx}(a, b)| > 0 \quad \text{또는} \quad f_{xx}(a, b) = |f_{xx}(a, b)| < 0$$

이제 위의 개념을 통해 삼변수함수 $w = f(x, y, z)$의 극값을 구하는 방법에 대해 살펴보자. 우선 함수 $w = f(x, y, z)$가 극값을 갖기 위한 1차 필요조건은 다음과 같으며, 이를 만족하는 임계점 (a, b, c)를 구한다.

$$f_x(a, b, c) = 0, \ f_y(a, b, c) = 0, \ f_z(a, b, c) = 0$$

또한 다음과 같은 $f(x, y, z)$의 2계 편도함수로 구성된 행렬을 구한다.

$$H = \begin{bmatrix} f_{xx} & f_{xy} & f_{xz} \\ f_{yx} & f_{yy} & f_{yz} \\ f_{zx} & f_{zy} & f_{zz} \end{bmatrix}$$

이 행렬을 **헤시안 행렬**Hessian matrix이라 한다. 이 행렬을 기반으로 다음과 같은 세 개의 행렬을 새로 정의한다.

$$H_1 = [f_{xx}], \ H_2 = \begin{bmatrix} f_{xx} & f_{xy} \\ f_{yx} & f_{yy} \end{bmatrix}, \ H_3 = H = \begin{bmatrix} f_{xx} & f_{xy} & f_{xz} \\ f_{yx} & f_{yy} & f_{yz} \\ f_{zx} & f_{zy} & f_{zz} \end{bmatrix}$$

그러면 행렬 H_1은 첫 번째 주대각원소에 의한 1차 행렬이고, H_2는 처음 두 주대각원소에 의한 2차 행렬이다. 또한, H_3는 $f(x, y, z)$의 헤시안 행렬이다. 이제 위의 ❷로 각 행렬의 행렬식 $|H_1|$, $|H_2|$, $|H_3|$를 구한다. 이때 이 행렬식을 첫 번째, 두 번째, 세 번째 **주소행렬식**principal minor determinant이라 하며, 특히 $|H_3| = |H|$를 **헤시안 행렬식**Hessian determinant이라 한다. 여기서 임계점 (a, b, c)에서 함수 $w = f(x, y, z)$의 극값은 다음과 같다.

정리 5-2 헤시안 극값 판정법 (1)

함수 $w = f(x, y, z)$의 임계점 (a, b, c)에 다음이 성립한다.

(1) $|H_1| < 0$, $|H_2| > 0$, $|H_3| < 0$ 이면, 극댓값 $f(a, b, c)$를 갖는다.

(2) $|H_1| > 0$, $|H_2| > 0$, $|H_3| > 0$ 이면, 극솟값 $f(a, b, c)$를 갖는다.

만일 [정리 5-2]를 이변수함수 $z = f(x, y)$에 적용하면 2계 편도함수 판정법과 일치한다. 한편 모든 (x, y, z)에 대해 [정리 5-2(1)]이 성립하면 $f(x, y, z)$는 오목함수이고, [정리 5-2(2)]가 성립하면 $f(x, y, z)$는 볼록함수이다.

예제 5-9

다음 함수의 극값을 구하라.

(a) $f(x, y) = x^2 + xy + 2y^2$

(b) $f(x, y) = \frac{1}{3}x^3 + xy^2 - 8xy + 1$

풀이

(a) ① 1계, 2계 편도함수를 구한다.

- 1계 편도함수 : $f_x(x, y) = 2x + y$, $f_y(x, y) = x + 4y$
- 2계 편도함수 : $f_{xx}(x, y) = 2$, $f_{xy}(x, y) = 1$, $f_{yx}(x, y) = 1$, $f_{yy}(x, y) = 4$

② 임계점을 구하면 다음과 같다.

$$2x + y = 0, \ x + 4y = 0 \Rightarrow x = 0, \ y = 0$$

③ 헤시안 행렬식과 주소행렬식을 구한다.

$$|H_1| = |2| = 2 > 0,\ |H_2| = \begin{vmatrix} 2 & 1 \\ 1 & 4 \end{vmatrix} = 7 > 0$$

④ 모든 (x, y)에 대해 $|H_1| > 0$, $|H_2| > 0$이므로 $f(x, y)$는 볼록함수이다.

⑤ 극값을 구하면 $f(x, y)$가 볼록함수이므로 극솟값 $f(0, 0) = 0$을 갖는다.

(b) ① 1계, 2계 편도함수를 구한다.

$$f_x(x, y) = x^2 + y^2 - 8y,\ f_y(x, y) = 2xy - 8x$$

$$f_{xx}(x, y) = 2x,\ f_{xy}(x, y) = 2y - 8,\ f_{yx}(x, y) = 2y - 8,\ f_{yy}(x, y) = 2x$$

② 임계점을 구한다. $x^2 + y^2 - 8y = 0$, $2xy - 8x = 0$이므로 식 $2xy - 8x = 0$은 $2x(y - 4) = 0$으로 바꿀 수 있다. 따라서 $x = 0$ 또는 $y = 4$이다. 이때 $x = 0$이면 $y^2 - 8y = 0$이고, 풀면 $y = 0$, $y = 8$이다. 또한, $y = 4$이면 $x^2 - 16 = 0$이고, 풀면 $x = -4$, $x = 4$이다. 따라서 임계점은 $(0, 0)$, $(0, 8)$, $(-4, 4)$, $(4, 4)$이다.

③ 헤시안 행렬식과 주소행렬식을 구한다.

$$|H_1| = |f_{xx}| = |2x| = 2x,$$

$$|H_2| = \begin{vmatrix} 2x & 2y - 8 \\ 2y - 8 & 2x \end{vmatrix} = 4x^2 - 4y^2 + 32y - 64$$

④ 임계점에서 $|H_1|$, $|H_2|$의 값을 구한다.

- $|H_1(0, 0)| = 0$, $|H_2(0, 0)| = -64$
- $|H_1(0, 8)| = 0$, $|H_2(0, 8)| = -64$
- $|H_1(-4, 4)| = -8$, $|H_2(-4, 4)| = 64$
- $|H_1(4, 4)| = 8$, $|H_2(4, 4)| = 64$

⑤ 극값을 구하면 $|H_2(0, 0)| < 0$, $|H_2(0, 8)| < 0$이므로 $(0, 0)$, $(0, 8)$에서 안장점을 갖는다. 또한 극댓값과 극솟값은 다음과 같이 구할 수 있다.

- $(-4, 4)$에서 $|H_1| < 0$, $|H_2| > 0$이므로 극댓값 $f(-4, 4) = \frac{131}{3}$을 갖는다.
- $(4, 4)$에서 $|H_1| > 0$, $|H_2| > 0$이므로 극솟값 $f(4, 4) = -\frac{125}{3}$를 갖는다.

예제 5-10

다음 함수의 극값을 구하라.

(a) $f(x, y, z) = x^2 + y^2 + z^2 + xy + yz + zx$

(b) $f(x, y, z) = -x^3 + 4y - y^2 - 2z^2 + 2xz$

풀이

(a) ① 함수의 극값을 구하기 위해 1계, 2계 편도함수를 구한다.

먼저, 1계 편도함수는 다음과 같다.

$$f_x(x, y, z) = 2x + y + z,\ f_y(x, y, z) = 2y + x + z,$$
$$f_z(x, y, z) = 2z + y + x$$

다음으로 2계 편도함수는 다음과 같다.

$$\begin{array}{lll} f_{xx}(x, y, z) = 2, & f_{xy}(x, y, z) = 1, & f_{xz}(x, y, z) = 1 \\ f_{yx}(x, y, z) = 1, & f_{yy}(x, y, z) = 2, & f_{yz}(x, y, z) = 1 \\ f_{zx}(x, y, z) = 1, & f_{zy}(x, y, z) = 1, & f_{zz}(x, y, z) = 2 \end{array}$$

② 임계점을 구하면 다음과 같다.

$$2x + y + z = 0,\ x + 2y + z = 0,\ x + y + 2z = 0$$
$$x = 0,\ y = 0,\ z = 0$$

③ 헤시안 행렬식과 주소행렬식을 구한다.

$$|H_1| = |2| = 2 > 0,\ |H_2| = \begin{vmatrix} 2 & 1 \\ 1 & 2 \end{vmatrix} = 3 > 0,\ |H_3| = \begin{vmatrix} 2 & 1 & 1 \\ 1 & 2 & 1 \\ 1 & 1 & 2 \end{vmatrix} = 4 > 0$$

④ 극값을 구한다. $|H_1| > 0, |H_2| > 0, |H_3| > 0$이므로 극솟값 $f(0, 0, 0) = 0$을 갖는다.

(b) ① 함수의 극값을 구하기 위해 1계, 2계 편도함수를 구한다.

먼저, 1계 편도함수는 다음과 같다.

$$f_x(x, y, z) = -3x^2 + 2z,\ f_y(x, y, z) = 4 - 2y,\ f_z(x, y, z) = -4z + 2x$$

다음으로 2계 편도함수는 다음과 같다.

$$\begin{array}{lll} f_{xx}(x, y, z) = -6x, & f_{xy}(x, y, z) = 0, & f_{xz}(x, y, z) = 2 \\ f_{yx}(x, y, z) = 0, & f_{yy}(x, y, z) = -2, & f_{yz}(x, y, z) = 0 \\ f_{zx}(x, y, z) = 2, & f_{zy}(x, y, z) = 0, & f_{zz}(x, y, z) = -4 \end{array}$$

② 임계점을 구한다. $-3x^2 + 2z = 0,\ 4 - 2y = 0,\ -4z + 2x = 0$이므로 $y = 2$이다. 또한 $-3x^2 + 2z = 0,\ -4z + 2x = 0$에서 z를 소거하면 $6x^2 = 2x$이므로 $-2x(1 - 3x) = 0$이다. 따라서 $(x, z) = (0, 0), \left(\frac{1}{3}, \frac{1}{6}\right)$이며, 임계점은 $(0, 2, 0), \left(\frac{1}{3}, 2, \frac{1}{6}\right)$이다.

③ 헤시안 행렬식과 주소행렬식을 구한다.

$$|H_1| = |-6x| = -6x,\ |H_2| = \begin{vmatrix} -6x & 0 \\ 0 & -2 \end{vmatrix} = 12x,$$
$$|H_3| = \begin{vmatrix} -6x & 0 & 2 \\ 0 & -2 & 0 \\ 2 & 0 & -4 \end{vmatrix} = -48x + 8$$

④ 임계점에서 $|H_1|, |H_2|, |H_3|$의 값을 구한다. 임계점 $(0, 2, 0)$에서의 $|H_1|, |H_2|, |H_3|$ 값은 $|H_1(0, 2, 0)| = 0$, $|H_2(0, 2, 0)| = 0$, $|H_{3(0,} 2, 0)| = 8$이고, $\left(\frac{1}{3}, 2, \frac{1}{6}\right)$에서의 값은 $|H_1(\frac{1}{3}, 2, \frac{1}{6})| = -2$, $|H_2(\frac{1}{3}, 2, \frac{1}{6})| = 4$, $|H_3(\frac{1}{3}, 2, \frac{1}{6})| = -8$이다.

⑤ $(0, 2, 0)$은 헤시안 판정법을 만족하지 않으므로 극값이 아니므로 $\left(\frac{1}{3}, 2, \frac{1}{6}\right)$에서의 극댓값을 구한다. 따라서, $|H_1| < 0, |H_2| > 0, |H_3| < 0$이므로 극댓값 $f(1/3, 2, 1/6) = \frac{271}{54}$을 갖는다.

이와 같은 헤시안 극값 판정법은 n변수 함수 $f(x_1, x_2, \cdots, x_n)$에도 적용할 수 있다. 이때 k번째 주소행렬은 다음과 같이 처음 $k(k = 1, 2, \cdots, n)$개의 주대각원소에 의한 소행렬이다.

$$H_1 = [f_{11}], H_2 = \begin{bmatrix} f_{11} & f_{12} \\ f_{21} & f_{22} \end{bmatrix}, \cdots, H_k = \begin{bmatrix} f_{11} & \cdots & f_{1k} \\ & \vdots & \\ f_{k1} & \cdots & f_{kk} \end{bmatrix}, \cdots, H_n = H = \begin{bmatrix} f_{11} & \cdots & f_{1n} \\ & \vdots & \\ f_{n1} & \cdots & f_{nn} \end{bmatrix}$$

여기서 $f_{ij} = \frac{\partial^2 f}{\partial x_i \partial x_j}$이고, k차 행렬 H_k를 헤시안 행렬 H의 k번째 **선도주소행렬** leading principal minor이라 한다. 그러면 다음과 같이 함수 $f(x_1, x_2, \cdots, x_n)$의 볼록성과 오목성을 판정할 수 있다.

정리 5-3 헤시안 극값 판정법 (2)

함수 $w = f(x_1, x_2, \cdots, x_n)$에 다음이 성립한다.

(1) $|H_1| < 0, |H_2| > 0, |H_3| < 0, \cdots, (-1)^n|H_n| > 0$이면, $w = f(x_1, x_2, \cdots, x_n)$은 오목함수이다.

(2) $|H_k| > 0$, $k = 1, 2, \cdots, n$이면, $w = f(x_1, x_2, \cdots, x_n)$은 볼록함수이다.

5.3 라그랑주 승수법

이 절에서는 제약조건이 등식인 경우에 대해 일반적으로 사용하는 라그랑주 방법에 대해 살펴볼 것이다. 라그랑지 승수는 그림자가격을 의미하는데, 이는 최적해에서 제약조건이 한 단위 변할 때 목적함숫값이 얼마나 변하는지를 보여주는 가격이다. 예를 들어 예산의 제약에서의 효용 극대화 문제를 본다고 할 때, 예산이 1단위 증가할 때의 효용이 얼마나 증가하는지를 나타낸다. 한편 다음과 같이 모든 제약조건이 등식으로 이루어진 **비선형계획모형(NLP)**nonlinear programming의 최적해를 구하기 위해 라그랑주 승수법을 사용한다.

$$
\begin{aligned}
\max\ (\min)\ z &= f(x_1, x_2, \cdots, x_n) \\
s.t. \quad & g_1(x_1, x_2, \cdots, x_n) = b_1 \\
& g_2(x_1, x_2, \cdots, x_n) = b_2 \\
& \vdots \\
& g_m(x_1, x_2, \cdots, x_n) = b_m
\end{aligned}
$$

이 절에서는 목적함수와 제약조건이 2개의 변수를 갖는 경우에 대해 이제 등식제약조건을 만족하는 최적해를 구하기 위해 라그랑주 함수와 승수를 정의한다.

정의 5-3 라그랑주 함수와 승수

목적함수 $f(x, y)$와 등식제약조건 $g(x, y) = b$에 대해 다음과 같이 정의되는 함수를 **라그랑주 함수**Lagrange function라 하며, 상수 λ를 **라그랑주 승수**Lagrange multiplier라 한다.

$$L(x, y, \lambda) = f(x, y) + \lambda[g(x, y) - b]$$

이제 상수 λ를 변수로 생각하고 3변수 함수인 라그랑주 함수의 극값을 구하기 위해 함수 L의 임계점을 구하면 다음과 같다.

$$
\begin{aligned}
L_x &= f_x(x, y) + \lambda g_x(x, y) = 0 \\
L_y &= f_y(x, y) + \lambda g_y(x, y) = 0 \\
L_\lambda &= g(x, y) = 0
\end{aligned}
$$

그러면 제약조건 아래서 목적함수 $z = f(x, y)$의 최적값을 구할 수 있다. 예를 들어 등식제약조건 $g(x, y) = x + y - 1 = 0$ 아래서 목적함수 $f(x, y) = x^2 + y^2$의 최적값을 구하기 위해 라그랑주 함수를 다음과 같이 정의한다.

$$L(x, y, \lambda) = f(x, y) + \lambda g(x, y) = x^2 + y^2 + \lambda(x + y - 1)$$

따라서 함수 L 의 임계점을 구하기 위해 다음을 만족하는 x, y, λ를 구한다.

$$L_x(x, y, \lambda) = 0, \ L_y(x, y, \lambda) = 0, \ L_\lambda(x, y, \lambda) = 0$$

이때 x, y, λ에 대한 위의 방정식은 각각 다음과 같다.

$$\begin{aligned} L_x &= f_x(x, y) + \lambda g_x(x, y) = 2x + \lambda = 0 \\ L_y &= f_y(x, y) + \lambda g_y(x, y) = 2y + \lambda = 0 \\ L_\lambda &= g(x, y) = x + y - 1 = 0 \end{aligned}$$

이 방정식을 만족하는 x, y, λ를 구하기 위해 다음 순서에 따른다.

① 두 식 L_x와 L_y에서 $x = -\frac{\lambda}{2}$, $y = -\frac{\lambda}{2}$이다.

② 이것을 식 L_λ에 대입하면 $-\lambda - 1 = 0$이고, $\lambda = -1$이므로 $x = \frac{1}{2}$, $y = \frac{1}{2}$을 얻는다.

그러면 $\lambda = -1$일 때 $x = \frac{1}{2}$, $y = \frac{1}{2}$이 목적함수 $f(x, y) = x^2 + y^2$의 최적해이므로 헤시안 행렬식을 이용하여 목적함수의 최적값을 구할 수 있다. 먼저, 목적함수의 1계, 2계 편도함수를 구한다.

$$f_x(x, y) = 2x, \quad f_y(x, y) = 2y$$
$$f_{xx}(x, y) = 2, \quad f_{xy}(x, y) = 0, \quad f_{yx}(x, y) = 0, \quad f_{yy}(x, y) = 2$$

$x = \frac{1}{2}$, $y = \frac{1}{2}$에 대해 헤시안 행렬식과 주소행렬식은 다음과 같다.

$$|H_1| = |1| = 1 > 0, \ |H_2| = \begin{vmatrix} 2 & 0 \\ 0 & 2 \end{vmatrix} = 4 > 0$$

이때 모든 (x, y)에 대해 $|H_1| > 0$, $|H_2| > 0$이므로 $f(x, y)$는 볼록함수이고 극솟값 $f\left(\frac{1}{2}, \frac{1}{2}\right) = \frac{1}{2}$을 갖는다. 이와 같이 라그랑주 함수를 이용하여 목적함수의 최적값을 구하는 방법을 **라그랑주 승수법** method of Lagrange multiplier이라 하며, 분석 단계는 다음과 같다.

정리 5-4 라그랑주 승수법 분석 단계

(1) 1단계 : 목적함수 $f(x, y)$와 등식제약조건 $g(x, y) = b$에 대한 다음의 라그랑주 함수를 정의한다.

$$L(x, y, \lambda) = f(x, y) + \lambda[g(x, y) - b]$$

(2) 2단계 : $L(x, y, \lambda)$의 1계 편도함수가 0이 되는 최적해 $x = x^*$, $y = y^*$, $\lambda = \lambda^*$를 구한다.

(3) 3단계 : 목적함수 $f(x, y)$의 1계, 2계 편도함수를 구하고 헤시안 행렬식과 주소행렬식을 구한다.

(4) 4단계 : 헤시안 극값 판정법을 이용하여 목적함수의 최적값을 구한다.

예제 5-11

TV의 광고비용이 분당 3백만 원이고 라디오의 광고비용이 분당 1백만 원일 때, 어떤 기업은 광고비로 10백만 원을 지출하여 TV와 라디오 광고를 각각 x분과 y분을 구매한다고 한다. 이때 예상하는 수익이 다음과 같은 함수라 하면, 이 기업의 최대 수익을 구하라.

$$f(x, y) = -2x^2 - y^2 + xy + 8x + 3y$$

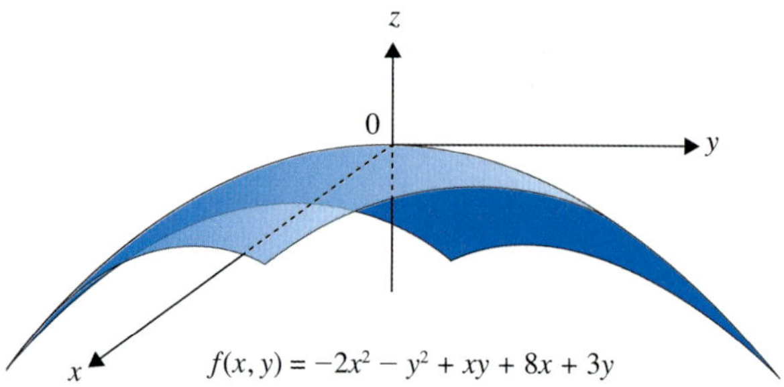

TIP 제약조건 $g(x, y)$와 목적함수 $f(x, y)$의 최적해를 구하고, 헤시안 행렬식 값을 구한다.

풀이

① 제약조건을 구한다. $3x + y = 10$이므로 $g(x, y) = 3x + y - 10 = 0$이다.

② 다음과 같이 라그랑주 함수를 정의한다.

$$\begin{aligned} L(x, y, \lambda) &= f(x, y) + \lambda g(x, y) \\ &= -2x^2 - y^2 + xy + 8x + 3y + \lambda(3x + y - 10) \end{aligned}$$

③ 여기서 라그랑주 함수의 1계 편도함수를 구한다.

$$L_x = -4x + y + 8 + 3\lambda, \ L_y = -2y + x + 3 + \lambda, \ L_\lambda = 3x + y - 10$$

④ 결정변수의 최적해를 구한다. 즉, $L_x = 0$, $L_y = 0$, $L_\lambda = 0$을 만족하는 x, y, λ를 구한다. 먼저 식 L_x와 L_y를 연립하여 x, y를 구하면, $x = \frac{19}{7} + \lambda$, $y = \frac{20}{7} + \lambda$이다. x, y를 식 L_λ에 대입하면 $L_\lambda = 3\left(\frac{19}{7} + \lambda\right) + \left(\frac{20}{7} + \lambda\right) - 10 = 0$이고, λ를 구하면 $\lambda = -\frac{1}{4}$이다.

⑤ 최적해를 구하기 위해 $\lambda = -\frac{1}{4}$을 $x = \frac{19}{7} + \lambda$, $y = \frac{20}{7} + \lambda$에 대입하면 $(x, y, \lambda) = \left(\frac{69}{28}, \frac{73}{28}, -\frac{1}{4}\right)$이다.

⑥ $f(x, y)$의 1계, 2계 편도함수를 구한다.

먼저, 1계 편도함수는 다음과 같다.

$$f_x(x, y) = -4x + y + 8, \ f_y(x, y) = -2y + x + 3$$

그리고 2계 편도함수는 다음과 같다.

$$f_{xx}(x, y) = -4,\ f_{xy}(x, y) = 1,\ f_{yx}(x, y) = 1,\ f_{yy}(x, y) = -2$$

⑦ 최적해 (x, y)에서 $f(x, y)$의 헤시안 행렬식과 첫 번째 주소행렬식을 구한다.

$$|H_1| = |-4| = -4,\ |H_2| = \begin{vmatrix} -4 & 1 \\ 1 & -2 \end{vmatrix} = 7$$

⑧ $|H_1| < 0$, $|H_2| > 0$ 이므로 극댓값은 최댓값이며, $f\left(\frac{69}{28}, \frac{73}{28}\right) = \frac{841}{56}$ 이다.

예제 5-12

어떤 기업이 두 제품 x와 y를 생산하며, 정부의 할당량으로 인해 두 제품의 합이 42여야 한다는 제약이 있다. 여기서 이 기업의 비용함수가 $C(x, y) = 8x^2 - xy + 12y^2$ 일 때, 비용을 최소화하는 생산량을 구하라.

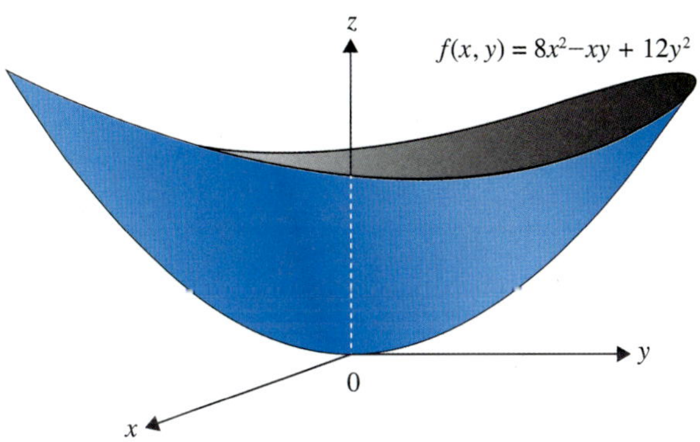

TIP 제약조건 $g(x, y)$과 목적함수 $f(x, y)$의 최적해를 구하고, 헤시안 행렬식 값을 구한다.

풀이

① 제약조건을 구한다. $x + y = 42$ 이므로 $g(x, y) = x + y - 42 = 0$ 이다.

② 다음과 같이 라그랑주 함수를 정의한다.

$$L(x, y, \lambda) = C(x, y) + \lambda g(x, y) = 8x^2 - xy + 12y^2 + \lambda(x + y - 42)$$

③ 여기서 라그랑주 함수의 1계 편도함수를 구한다.

$$L_x = 16x - y + \lambda,\ L_y = -x + 24y + \lambda,\ L_\lambda = x + y - 42$$

④ 결정변수의 최적해를 구하기 위해 $L_\lambda = 0$, $L_x = 0$, $L_y = 0$을 만족하는 x, y, λ를 구한다. 먼저, 식 L_x와 L_y를 연립하여 x, y를 구하면 $x = -\frac{25\lambda}{383}$, $y = -\frac{17\lambda}{383}$ 이다. 여기서 x, y를 식 L_λ에 대입하면 $L_\lambda = -\frac{25\lambda}{383} - \frac{17\lambda}{383} - 42 = 0$ 이고, λ를 구하면 $\lambda = -383$ 이다.

⑤ $\lambda = -383$을 $x = -\dfrac{25\lambda}{383}$, $y = -\dfrac{17\lambda}{383}$에 대입하여 최적해를 구하면 $(x, y, \lambda) = (25, 17, -383)$이다.

⑥ $C(x, y)$의 1계, 2계 편도함수를 구한다.

- 1계 편도함수 : $C_x(x, y) = 16x - y$, $C_y(x, y) = -x + 24y$
- 2계 편도함수 : $C_{xx}(x, y) = 16$, $C_{xy}(x, y) = -1$, $C_{yx}(x, y) = -1$, $C_{yy}(x, y) = 24$

최적해 (x, y)에서 $f(x, y)$의 헤시안 행렬식과 첫 번째 주소행렬식을 구하면 다음과 같다.

$$|H_1| = |16| = 16\,,\ |H_2| = \begin{vmatrix} 16 & -1 \\ -1 & 24 \end{vmatrix} = 383$$

⑦ $|H_1| > 0$, $|H_2| > 0$이므로 극솟값은 최솟값이고 $f(25, 17) = 8043$을 갖는다.

이 개념은 뒤에 나오는 선형계획법 쌍대모형의 그림자가격과도 같은 내용이나 본 교재에서는 더 이상 설명하지 않는다.

5.4 경영·경제에의 응용

선형계획모형

M E

선형계획법의 선형최적화모형은 과학적 의사결정의 중요한 핵심모형이다. 경제학에서 최적의 자원배분에서 잘 다룰 뿐 아니라 경영학에서도 경영과학, 생산 및 서비스운영, 공급사슬관리, 재무, 마케팅, 인적자원 등 거의 모든 분야에서 핵심모형으로 다루고 있다. 특히 경영과학 중 수송 및 할당법, 정수계획법, 목표계획법, 네트워크모형, 게임이론 등에 적용된다. 이 절에서는 이와 같이 대표적으로 선형계획법이 잘 사용되는 몇 가지 모형을 소개할 것이다.

■ 다이어트 문제

다이어트를 위해 식사량을 조절한다고 가정하자. 그중 식사할 수 있는 다음의 네 가지 음식의 최적 비율을 고려하고 싶을 것이다. 하루에 최소 섭취할 수 있는 양은 2,000칼로리이며, 이 중 탄수화물은 100g, 지방은 60g, 단백질은 80g이다. 현재 소비할 수 있는 음식의 종류가 냉면, 피자, 치킨, 라면이라고 하자. 이때, 냉면 한 그릇이 12,000원, 피자 한 조각이 25,000원, 치킨 한 조각이 26,000원, 라면 한 개가 2,500원이고, 각 음식에 포함된 영양분이 아래의 [표 5-5]와 같다. 이를 이용하여 매일 최소의 비용으로 요구되는 영양을 충족시킬 수 있는 선형계획모형을 수립해볼 수 있다. 이때 각 음식을 의사결정변수로 정의하는데, 매일 먹는 냉면의 수를 x_1, 매일 먹는 피자의 수를 x_2, 매일 먹는 치킨의 수를 x_3, 매일 먹는 라면의 수를 x_4로 놓는다. 그러면 다음의 [표 5-5]와 같이 각 음식별 영양분의 표를 작성할 수 있다.

표 5-5 각 음식별 영양분

음식	칼로리(cal)	탄수화물(g)	지방(g)	단백질(g)
냉면 한 그릇	1,000	50	30	20
피자 한 조각	1,500	80	45	40
치킨 한 조각	1,200	30	40	55
라면 한 개	500	55	25	15

이때 목적함수는 비용의 최소화를 나타내므로 단위가 천 원인 다음의 목적함수를 가진다.

$$\min\ z = 12x_1 + 25x_2 + 26x_3 + 2.5x_4$$

위의 조건에 따라 다음과 같은 제약조건을 수립한다.

① **제약조건 1** : 네 개의 음식을 섭취함으로써 매일 발생하는 칼로리는 최소한 2,000cal이어야 하며, 각 음식별 영양분은 섭취하는 양에 선형적으로 비례하여 증가하므로 $1000x_1 + 1500x_2 + 1200x_3 + 500x_4 \geq 2000$(단위 : cal)로 표현할 수 있다.

② **제약조건 2** : 매일 섭취하는 탄수화물은 최소한 100g이어야 한다. 이는 $50x_1 + 80x_2 + 30x_3 + 55x_4 \geq 100$(단위 : g)으로 표현할 수 있다.

③ **제약조건 3** : 매일 섭취하는 지방은 최소한 60g이어야 한다. 이는 $30x_1 + 45x_2 + 40x_3 + 25x_4 \geq 60$(단위 : g)으로 표현할 수 있다.

④ **제약조건 4** : 매일 섭취하는 단백질은 최소한 80g이어야 한다. 이는 $20x_1 + 40x_2 + 55x_3 + 15x_4 \geq 80$(단위 : g)으로 표현할 수 있다.

여기서 섭취량은 음수가 될 수 없으므로 음이 아닌 조건을 결합하면 다음 선형계획모형을 만들 수 있다.

$$\begin{aligned} \min z = \ & 12x_1 + 25x_2 + 26x_3 + 2.5x_4 \\ & 1000x_1 + 1500x_2 + 1200x_3 + 500x_4 \geq 2000 \\ & 50x_1 + 80x_2 + 30x_3 + 55x_4 \geq 100 \\ & 30x_1 + 45x_2 + 40x_3 + 25x_4 \geq 60 \\ & 20x_1 + 40x_2 + 55x_3 + 15x_4 \geq 80 \\ & x_i \geq 0 \ (i = 1, 2, 3, 4) \end{aligned}$$

위의 선형계획모형을 풀면 목적함수 값은 $z \fallingdotseq 13.3333$이며, 의사결정변수는 $x_1 = 0$, $x_2 = 0$, $x_3 = 0$, $x_4 \fallingdotseq 5.3333$이다. 즉, 다이어트를 하기 위해 매일 먹어야 하는 음식의 수는 라면은 5.3333개이고 나머지 냉면, 피자, 치킨은 먹지 말아야 한다. 이때 최소 비용은 약 13,000원이다.

▪ 업무일정 문제

어떤 택시 회사는 매주 요일별로 택시기사 직원 수를 다음 [표 5-6]과 같이 요구한다.

표 5-6 요구되는 최소 택시회사 직원 수

요일	요구되는 최소 직원 수
월요일 (1)	140
화요일 (2)	110
수요일 (3)	100
목요일 (4)	100
금요일 (5)	140
토요일 (6)	120
일요일 (7)	80

그러나 쉬는 날을 고려해야 하므로 직원은 5일 연속 일하고 2일 연속 쉬어야 한다. 이 택시회사가 직원의 요구사항을 충족시키면서, 채용해야 하는 직원의 수를 최소화할 수 있는 선형계획모형을 수립해 보자. 단, 선형계획모형은 의사결정변수를 다음의 두 가지 경우로 분리하여 각각 수립한다.

- 각 요일 i에 일을 하고 있는 직원의 수를 x_i(i = 월, 화, 수, 목, 금, 토, 일)로 설정한다.
- 각 요일 i에 일을 시작하는 직원의 수를 x_i(i = 월, 화, 수, 목, 금, 토, 일)로 설정한다.

이 경우에 의사결정변수를 얼마나 잘 정의함에 따라 모형이 쉽게 결정된다. 선형계획모형을 수립하기 위해 각 각 요일 i에 일을 하고 있는 직원의 수를 의사결정변수 x_i(i = 월, 화, 수, 목, 금, 토, 일)로 설정할 수 있으나 5일 연속 일하고 2일 연속 쉰다는 조건을 반영하기 쉽지 않다. 이러한 의사결정변수에서 흔하게 수립되는 일반적인 선형계획모형은 다음과 같다.

$$
\begin{aligned}
\min z = x_1 + x_2 + x_3 + x_4 + x_5 + x_6 + x_7 & \\
\text{s.t.} \quad x_1 \qquad\qquad\qquad\qquad\qquad & \geq 140 \\
x_2 \qquad\qquad\qquad\qquad & \geq 110 \\
x_3 \qquad\qquad\qquad & \geq 100 \\
x_4 \qquad\qquad & \geq 100 \\
x_5 \qquad & \geq 140 \\
x_6 \quad & \geq 120 \\
x_7 & \geq 80 \\
x_i \geq 0\,(i = 1,\ 2,\ \cdots,\ 7) &
\end{aligned}
$$

그러나 위의 모형은 두 가지 문제점이 있다. 첫 번째, 목적함수가 직원의 수가 아니다. 이 목적함수는 각 직원의 수를 한 번이 아니라 다섯 번 계산한다. 예를 들어 일주일에 하루만 일하면 중복으로 계산되지 않겠지만, 5일 연속 일해야 한다는 조건을 고려한다면 월요일에 일을 시작하는 직원은 월요일부터 금요일까지 일하므로 x_1, x_2, $\cdots$, x_5의 각 요일에 일을 하고 있는 직원에 중복되어 포함될 것이다. 두 번째는 모든 의사결정변수가 서로 연관되어 있으나, 이러한 연관성이 앞의 제약조건에 포함되지 않는다. 예를 들어, 월요일에 일을 하고 있는 직원 중 일부는 화요일에도 일을 하고 있을 것이다. 이는 x_1과 x_2가 서로 연관이 있으나 x_1의 값이 x_2의 값에 어떤 영향을 미치는지 제약조건에 명시되지 않았다는 문제가 생긴다. 따라서 의사결정변수를 몇 명의 직원이 각 요일에 일을 시작하는지로 수정해야 한다. 이를 위해 요일 i에 일을 시작하는 기사 수를 x_i(i = 월, 화, 수, 목, 금, 토, 일)라 하면 목적함수는 다음과 같다.

$$\min z = x_1 + x_2 + x_3 + x_4 + x_5 + x_6 + x_7$$

각 직원이 정확히 어떤 요일에 일을 시작하므로 위의 표현은 중복으로 계산된 직원을 포함하지 않는다. 또한, 요일별 요구되는 최소 직원 수를 고려해야 한다. 예를 들어, 월요일에 일을 하고 있는 사람은 화요일 또는 수요일에 일을 시작하는 직원을 제외한 모든 직원이다. 따라서 월요일에 일을 하고 있는 직원의 수는 $x_1 + x_4 + x_5 + x_6 + x_7 \geq 140$이다. 이를 다른 요일로 확장한 제약조건을 적용하고, 직원 수가 음수가 될 수 없으므로 음이 아닌 조건을 추가하면 다음과 같은 완전한 선형계획모형이 수립된다.

$$
\begin{aligned}
\min z = {} & x_1 + x_2 + x_3 + x_4 + x_5 + x_6 + x_7 \\
\text{s.t.} \quad & x_1 + x_4 + x_5 + x_6 + x_7 \geq 140 \quad (\text{월요일 제약조건}) \\
& x_1 + x_2 + x_5 + x_6 + x_7 \geq 110 \quad (\text{화요일 제약조건}) \\
& x_1 + x_2 + x_3 + x_6 + x_7 \geq 100 \quad (\text{수요일 제약조건}) \\
& x_1 + x_2 + x_3 + x_4 + x_7 \geq 100 \quad (\text{목요일 제약조건}) \\
& x_1 + x_2 + x_3 + x_4 + x_5 \geq 140 \quad (\text{금요일 제약조건}) \\
& x_2 + x_3 + x_4 + x_5 + x_6 \geq 120 \quad (\text{토요일 제약조건}) \\
& x_3 + x_4 + x_5 + x_6 + x_7 \geq 80 \quad (\text{일요일 제약조건}) \\
& x_i \geq 0 \, (i = 1, 2, \cdots, 7)
\end{aligned}
$$

위의 선형계획모형을 풀면 목적함수 값 $z = 166.6667$이고, 의사결정변수는 다음과 같다.

$$x_1 = 16.6666, \; x_2 = 0, \; x_3 = 26.6666, \; x_4 = 26.6666, \; x_5 = 40, \; x_6 = 26.6666, \; x_7 = 0$$

즉, 5일 연속 일하고 2일 연속으로 쉬면서 근무인원을 최소로 하기 위해서는 월요일에 근무를 시작하는 사람을 46.6666명, 수요일에 근무를 시작하는 사람을 26.6666명, 목요일에 근무를 시작하는 사람을 26.6666명, 금요일에 근무를 시작하는 사람을 40명, 토요일에 근무를 시작하는 사람을 26.6666명으로 하면 된다. 여기서 소숫점은 어떻게 판단해야 할 것인지가 중요하다. 예를 들어 46.6666명이라면 47명으로 반올림을 해야 할 수 있으나 이 값은 실행가능영역을 벗어나므로 최적해가 아니게 된다. 이러한 문제를 해결하기 위해 의사결정변수의 값이 오직 정수만을 갖도록 하는 정수계획법이 사용된다. 이 방법은 뒷부분에서 설명하도록 한다.

■ 자본예산 문제

어떤 기업이 다섯 개의 투자안에 관심이 있으며, 투자안의 현금유출, 현재가치, 순현재가치가 [표 5-7]과 같다고 하자.

표 5-7 투자안의 현금유출, 현재가치, 순현재가치(단위: 백만 원)

	투자안 1	투자안 2	투자안 3	투자안 4	투자안 5
현재의 현금유출	10	34	8	10	30
1년 뒤 현금유출	5	7	8	2	23
순현재가치	14	15	20	22	45

이때 의사결정변수 x_i를 다음과 같이 정의한다.

- x_i : 이 기업에 의해 수행된 투자안 i의 비율 ($i = 1, 2, 3, 4, 5$)

이 기업은 현재 투자에 3천만 원을 이용할 수 있고, 1년 뒤에는 5천만 원을 이용할 수 있다. 각 투자안의 일부를 구매할 수 있고 현재에 남은 금액을 1년 뒤에 사용할 수 없을 때, 투자함으로써 얻을 수 있는 순현재가치를 극대화하는 선형계획모형을 수립해 보자. 이 경우는 기업의 목표가 투자로부터 얻는 순현재가치를 극대화함이므로 목적함수는 다음과 같다.

$$\max\ z = 14x_1 + 15x_2 + 20x_3 + 22x_4 + 45x_5$$

주어진 조건을 고려한다면 제약조건은 다음과 같은 세 가지가 포함되어야 한다. 여기서, 화폐의 단위는 백만 원이다.

① 제약조건 1 : 현재에 30백만 원을 초과하여 투자할 수 없다. 이는 $10x_1 + 34x_2 + 8x_3 + 10x_4 + 30x_5 \le 30$으로 나타낼 수 있다.

② 제약조건 2 : 1년 뒤에 50백만 원을 초과하여 투자할 수 없다. 이는 $5x_1 + 7x_2 + 8x_3 + 2x_4 + 23x_5 \le 50$으로 나타낼 수 있다.

③ 제약조건 3 : 투자안 i에 100%를 초과하여 투자할 수 없다. 이는 $x_i \le 1\,(i = 1, 2, \cdots, 5)$로 나타낼 수 있다.

이를 종합하면 다음 선형계획모형을 설정할 수 있다.

$$\begin{aligned}
\max\ z = {} & 14x_1 + 15x_2 + 20x_3 + 22x_4 + 45x_5 \\
\text{s.t}\quad & 10x_1 + 34x_2 + 8x_3 + 10x_4 + 30x_5 \le 30 \\
& 5x_1 + 7x_2 + 8x_3 + 2x_4 + 23x_5 \le 50 \\
& x_1 \le 1 \\
& x_2 \le 1 \\
& x_3 \le 1 \\
& x_4 \le 1 \\
& x_5 \le 1 \\
& 0 \le x_i \le 1 \quad (i = 1, 2, \cdots, 5)
\end{aligned}$$

이 선형계획모형을 풀면 목적함수 값 $z=60$, 의사결정변수 $x_1=0$, $x_2=0$, $x_3=1$, $x_4=1$, $x_5=0.4$로 결과된다. 즉, 이 기업은 투자안 3과 4에 각 100%, 투자안 5에 40%를 투자해야 여러 조건을 충족시키면서 순현재가치가 60백만 원으로 극대화된다.

■ 수송법 문제

어떤 닭 농장 기업이 보유한 세 개의 닭 농장은 4개의 주요 도시에 필요한 닭을 납품하고 있다. 이때 각 농장의 공급량과 각 도시의 수요량 그리고 각 농장에서 각 도시까지 닭 1백만 마리를 운송하는 데 드는 비용은 [표 5-8]과 같으며, 여기서 단위는 만 원이다.

표 5-8 닭 농장 기업의 수송비용

부터	까지				공급량 (백만 마리)
	도시 1	도시 2	도시 3	도시 4	
농장 1	20	25	30	20	50
농장 2	25	40	25	50	30
농장 3	15	30	40	25	20
수요량(백만 마리)	30	35	15	20	100

이때, 최소 비용으로 각 도시의 최고 수요량을 충족시키는 선형계획모형을 수립해 보자. 여기서 의사결정변수는 다음과 같이 정의한다.

- x_{ij} : 농장 i에서 생산해 도시 j로 보내는 닭의 마리 수

이 경우에 각 농장에서 각 도시로 최대 수요를 공급하는 총비용은 다음과 같다.

- 농장 1에서 닭을 보내는 비용 : $20x_{11}+25x_{12}+30x_{13}+20x_{14}$
- 농장 2에서 닭을 보내는 비용 : $25x_{21}+40x_{22}+25x_{23}+50x_{24}$
- 농장 3에서 닭을 보내는 비용 : $15x_{31}+30x_{32}+40x_{33}+25x_{34}$

이때 닭 농장 기업은 다음과 같은 두 가지 제약에 직면하며, 각각 식으로 표현할 수 있다.

① 제약조건 1 : 각 농장에서 공급되는 닭의 총 수는 농장의 공급량을 초과할 수 없다.

$$\begin{aligned} x_{11}+x_{12}+x_{13}+x_{14} &\le 50 \\ x_{21}+x_{22}+x_{23}+x_{24} &\le 30 \\ x_{31}+x_{32}+x_{33}+x_{34} &\le 20 \end{aligned}$$

② 제약조건 2 : 각 도시는 최대 수요를 충족시키기 위한 충분한 닭의 공급량을 보장해야 한다.

$$
\begin{aligned}
x_{11}+x_{21}+x_{31} &\geq 30\\
x_{12}+x_{22}+x_{32} &\geq 35\\
x_{13}+x_{23}+x_{33} &\geq 15\\
x_{14}+x_{24}+x_{34} &\geq 20
\end{aligned}
$$

그러면 이 기업의 목표를 달성하기 위한 선형계획모형은 다음과 같다.

$$
\begin{aligned}
\min\ z = {} & 20x_{11}+25x_{12}+30x_{13}+20x_{14}+25x_{21}+40x_{22}+25x_{23}\\
& +50x_{24}+15x_{31}+30x_{32}+40x_{33}+25x_{34}\\
\text{s.t.}\quad & x_{11}+x_{12}+x_{13}+x_{14} \leq 50\\
& x_{21}+x_{22}+x_{23}+x_{24} \leq 30\\
& x_{31}+x_{32}+x_{33}+x_{34} \leq 20\\
& x_{11}+x_{21}+x_{31} \geq 30\\
& x_{12}+x_{22}+x_{32} \geq 35\\
& x_{13}+x_{23}+x_{33} \geq 15\\
& x_{14}+x_{24}+x_{34} \geq 20\\
& x_{ij} \geq 0\ (i=1,2,3,\ j=1,2,3,4)
\end{aligned}
$$

이 선형계획모형을 풀면 목적함수 값 $z=1{,}825$이고 의사결정변수는 다음과 같다.

$$
x_{11}=15,\ x_{12}=15,\ x_{13}=0,\ x_{14}=20,\ x_{21}=15,\ x_{22}=0,\ x_{23}=15,\ x_{24}=0,
$$
$$
x_{31}=0, x_{32}=20,\ x_{33}=0,\ x_{34}=0
$$

위의 결과에 따르면 이 기업은 농장 1에서 도시 1로 15백만 마리, 도시 2로 15백만 마리, 도시 4로 20백만 마리, 농장 2에서 도시 1로 15백만 마리, 도시 3으로 15백만 마리, 농장 3에서 도시 2로 20백만 마리를 보낼 때 수요량과 공급량 조건을 충족시키면서 운송비용이 1,825만 원으로 최소가 된다.

선형계획모형의 쌍대 문제 M E

표준형 선형계획모형과 비표준형 선형계획모형의 쌍대모형을 구분하여 쌍대모형을 살펴본다.

■ 표준형 선형계획모형의 쌍대모형

쌍대모형은 경영·경제학에서 최적해에 접근하는 편리한 방법을 제공할 뿐 아니라 그림자가격과 이용 가능한 자원양의 변화 등을 고려해서 모수의 변화에 대해 쉽게 최적해를 도출하는 유용한 경제적 해석을 가능하게 한다.

한편 모든 선형계획모형은 그 모형과 동일한 목적함숫값을 제공하는 **쌍대모형**dual model을 가지며, 쌍대모형과 비교하여 원래의 모형을 **원모형**primal model이라 한다. 여기서는 다음과 같은 표준형 선형계획모형에 대한 쌍대모형으로의 전환에 대해서 설명한다.

$$\begin{aligned} \max z = \; & c_1 x_1 + c_2 x_2 + \cdots + c_n x_n \\ \text{s.t.} \; & a_{11} x_1 + a_{12} x_2 + \cdots + a_{1n} x_n \le b_1 \\ & a_{21} x_1 + a_{22} x_2 + \cdots + a_{2n} x_n \le b_2 \\ & \vdots \\ & a_{m1} x_1 + a_{m2} x_2 + \cdots + a_{mn} x_n \le b_m \\ & (x_i \ge 0,\; i = 1, 2, \cdots, m) \end{aligned}$$

이와 같은 선형계획모형을 표준형이라고 부르는 이유는 모든 변수가 음이 아니고, 최대화 문제에서 제약조건 형태가 작거나 같다로 표현되기 때문이다. 이 모형에 대한 쌍대모형은 다음과 같다.

$$\begin{aligned} \min w = \; & b_1 y_1 + b_2 y_2 + \cdots + b_m y_m \\ \text{s.t.} \; & a_{11} y_1 + a_{21} y_2 + \cdots + a_{m1} y_m \ge c_1 \\ & a_{12} y_1 + a_{22} y_2 + \cdots + a_{m2} y_m \ge c_2 \\ & \vdots \\ & a_{1n} y_1 + a_{2n} y_2 + \cdots + a_{mn} y_m \ge c_n \\ & (y_i \ge 0,\; i = 1, 2, \cdots, m) \end{aligned}$$

그렇다면 원모형과 쌍대모형의 식을 비교해 보자. 최대화(max)는 최소화(min)로 바꾸고 최소화는 최대화로 바꾼다. 그다음 원모형의 공헌계수는 쌍대모형의 제약조건의 우변항의 상수로, 원모형의 우변항의 상수는 쌍대모형의 목적함수의 공헌계수로 변경한다. 여기서 기술계수는 행과 열을 전치하는 형태로 바뀌고 제약조건의 부호는 최대화의 작거나 같다(≤)에서 크거나 같다(≥)로 변경된다. 이는 다음 '비표준형 선형계획모형의 쌍대모형'에서 좀 더 자세히 다룬다.

■ 비표준형 선형계획모형의 쌍대모형

다음과 같은 선형계획모형을 생각하자.

$$\begin{aligned} \max z = \; & x_1 + 2x_2 \\ \text{s.t.} \; & x_1 + x_2 = 3 \\ & 2x_1 - 3x_2 \ge 2 \\ & x_1 - 2x_2 \le 1 \\ & (x_1 \ge 0 \; x_2) \end{aligned}$$

이 식은 최대화 문제이지만 제약조건이 '등식(=)'과 '크거나 같다(≥)'를 포함하고 있다. x_2는 부호의 제약이 없는데, 이를 urs~unrestricted in sign~라 표현한다. 이러한 원모형의 쌍대모형은 다음과 같은 순서에 의해 원모형을 표준형으로 변환시킬 수 있다.

① 1단계 : 제약조건에서 크거나 같다는 양변에 −1을 곱하여 작거나 같다(≤)로 변형한다.

따라서, $2x_1 - 3x_2 \ge 2$는 $-2x_1 + 3x_2 \le -2$로 변형한다.

② 2단계 : 제약조건에서 등식은 '≥'와 '≤'의 부등식제약조건으로 변경한다. 예를 들어, $x_1 + x_2 = 3$은 $x_1 + x_2 \le 3$과 $x_1 + x_2 \ge 3$으로 대체되고 '≥' 제약조건에서 양변에 -1을 곱하여 '≤'로 변환한다. 따라서 $x_1 + x_2 \ge 3$은 $-x_1 - x_2 \le -3$으로 변형한다.

③ 3단계 : urs 변수인 x_2는 $x_2 = x_2' - x_2''$(여기서, $x_2' \ge 0$, $x_2'' \ge 0$)으로 변환한다.

그러면 최종적으로 다음과 같은 표준화 선형계획모형을 얻는다.

$$\begin{aligned} \max z = \;& x_1 + 2x_2' - 2x_2'' \\ \text{s.t.}\;\; & x_1 + x_2' - x_2'' \le 3 \\ & -x_1 - x_2' + x_2'' \le -3 \\ & -2x_1 + 3x_2' - 3x_2'' \le -2 \\ & x_1 - 2x_2' + 2x_2'' \le 1 \\ & x_1,\, x_2',\, x_2'' \ge 0 \end{aligned}$$

이제 이 표준 선형계획모형을 쌍대모형으로 전환하면 다음과 같다.

$$\begin{aligned} \min w = \;& 3y_1 - 3y_2 - 2y_3 + y_4 \\ \text{s.t.}\;\; & y_1 - y_2 - 2y_3 + y_4 \ge 1 \\ & y_1 - y_2 + 3y_3 - 2y_4 \ge 2 \\ & -y_1 + y_2 - 3y_3 + 2y_4 \ge -2 \end{aligned}$$

그러면 이 모형을 원래대로 돌리는 추가 작업이 필요하다. 즉, $y_1 - y_2 = y^*$ (여기서 $y_1 \ge 0$, $y_2 \ge 0$)라 하면, 위의 모형은 다음과 같이 변환된다.

$$\begin{aligned} \min w = \;& 3y^* - 2y_3 + y_4 \\ \text{s.t.}\;\; & y^* - 2y_3 + y_4 \ge 1 \\ & y^* + 3y_3 - 2y_4 \ge 2 \\ & -y^* - 3y_3 + 2y_4 \ge -2 \end{aligned}$$

다시 y^*를 urs로 회복시키고, 기호를 간단하게 $y^* \to y_1$, $y_3 \to y_2$, $y_4 \to y_3$로 바꾼다. 그 다음 두 번째 제약조건에 -1을 곱하면 다음을 얻는다.

$$\begin{aligned} \min w = \;& 3y_1 - 2y_2 + y_3 \\ \text{s.t.}\;\; & y_1 - 2y_2 + y_3 \ge 1 \\ & y_1 + 3y_2 - 2y_3 = 2 \\ & (y_1 \text{ urs},\; y_2 \le 0,\; y_3 \ge 0) \end{aligned}$$

예제 5-13

원모형인 다음 선형계획모형의 쌍대모형을 수립하라.

(a)
$$\begin{aligned} \max\ z &= 2x_1 + 3x_2 \\ \text{s.t.}\quad x_1 + 2x_2 &\le 6 \\ 2x_1 + x_2 &\le 8 \\ (x_1,\ x_2 &\ge 0) \end{aligned}$$

(b)
$$\begin{aligned} \min\ z = \ & x_1 - 3x_2 - 2x_3 \\ \text{s.t.}\quad & 3x_1 - x_2 + 2x_3 \le 7 \\ & 2x_1 - 4x_2 \ge 12 \\ & -4x_1 + 3x_2 + 8x_3 = 10 \\ & (x_1 \ge 0,\ x_2 \ge 0,\ x_3 \text{ urs}) \end{aligned}$$

풀이

(a)
$$\begin{aligned} \min\ w &= 6y_1 + 8y_2 \\ \text{s.t.}\quad y_1 + 2y_2 &\ge 2 \\ 2y_1 + y_2 &\ge 3 \\ (y_1 \ge 0,\ y_2 &\ge 0) \end{aligned}$$

(b) 모든 $\le$ 제약조건은 -1을 곱하여 $\ge$로 전환하고 x_3가 부호제약이 없으므로 쌍대모형에서 세 번째 제약조건은 등식이 되어 다음을 얻는다.

$$\begin{aligned} \max\ w = \ & -7y_1 + 12y_2 + 10y_3 \\ \text{s.t.}\quad & -3y_1 + 2y_2 - 4y_3 \le 1 \\ & y_1 - 4y_2 + 3y_3 \le -3 \\ & -2y_1 + 8y_3 = -2 \\ & (y_1 \ge 0,\ y_2 \ge 0,\ y_3 \text{ urs}) \end{aligned}$$

정수계획법

M

지금까지 살펴본 선형계획법에서 사용한 의사결정변수 x_i는 실수로 나타났다. 그러나 비행기나 선박과 같은 경우에는 최적해가 소수점으로 나오면 의미를 나타내기 어려워질 수 있다. 따라서 의사결정변수의 해가 오직 정수인 선형계획모형을 고려할 필요가 있으며, 이를 **정수계획법**integer programming이라 한다. 특히 정수계획법에서 의사결정변수의 해가 0과 1뿐인 경우를 0-1정수계획법이라 한다. 먼저 다음의 예를 살펴보자. 어떤 기업이 현재 자금 17억 원으로 투자를 하고자 한다. 이 기업은 네 가지 투자안에 관심을 가지고 있으며, 각 투자안의 순현재가치와 투자안별로 필요한 현금유출은 [표 5-9]와 같다.

표 5-9 투자안의 현금유출과 순현재가치(단위: 억 원)

	투자안 1	투자안 2	투자안 3	투자안 4
현금유출	4	8	6	7
순현재가치	20	25	15	5

이때 의사결정변수가 다음과 같이 정의된다고 하자.

$$x_j = \begin{cases} 1, & j\text{에 투자가 이루어지면} \\ 0, & \text{그렇지 않으면} \end{cases} \qquad (j = 1, 2, 3, 4)$$

이 경우에 투자로부터 순현재가치를 극대화하는 선형계획모형을 수립한다면, 의사결정변수를 0-1 정수로 정의했으므로 다음과 같은 0-1 정수계획모형을 얻는다.

$$\begin{aligned} \max\ z &= 20x_1 + 25x_2 + 15x_3 + 5x_4 \\ \text{s.t.}\quad & 4x_1 + 8x_2 + 6x_3 + 7x_4 \le 17 \\ & (x_j = 0 \text{ 또는 } 1,\ j = 1, 2, 3, 4) \end{aligned}$$

한편 이 기업에 다음과 같은 제약이 추가된다고 하자.

- 기껏해야 최대 두 개의 투자안에만 투자할 수 있다.
- 투자안 2에 투자하면, 사업 특성상 투자안 1에도 반드시 투자해야 한다.
- 투자안 2에 투자하면, 투자안 4에는 투자할 수 없다.

이때 앞에서 설정한 선형계획모형에서 추가되는 제약조건을 구하면 다음과 같다.

- 제약조건에 $x_1 + x_2 + x_3 + x_4 \le 2$를 추가한다.
- $x_2 - x_1 \le 0$을 추가한다.
- $x_2 + x_4 \le 1$을 추가한다.

이때 $x_2 = 1$이면 제약조건식에 의해 $x_1 \ge 1$이고 x_1이 취할 수 있는 값이 0과 1뿐이므로 $x_1 = 1$이다. $x_2 = 0$이면 제약조건식에 의해 $x_1 \ge 0$이므로 $x_1 = 0$ 또는 $x_1 = 1$이 가능하므로 투자안 2에 투자하면 사업 특성상 투자안 1에도 반드시 투자해야 한다는 조건을 충족시킨다. 또한 $x_2 = 1$이면 $x_4 \le 0$이므로 투자안 2에 투자하면 투자안 4에는 투자할 수 없다는 조건을 만족시킨다. $x_2 = 0$이면 제약조건 식에 의해 $x_4 \le 1$이므로 $x_4 = 0$ 또는 $x_4 = 1$이 가능하다. 따라서 주어진 제약조건 식이 조건을 만족시킨다.

■ 광고매체선택 문제

광고매체선택 문제는 특정 계획기간 동안 대중에게 노출할 바람직한 빈도와 수를 만족하는 최적의 방법을 결정하는 문제이다. 계속적인 광고에 대한 청중의 관심도와 증가하는 비용은 광고를 수행할 매체의 선택이라는 중요한 의사결정 문제가 된다. 광고매체선택에 영향을 미치는 요소로는 정성적 요소와 정량적 요소로 분류된다. 정성적 변수는 목표하는 시장에 어떤 매체가 적합한지를 고려해야 하며 독자층의 나이, 소득, 지역, 이미지 등과 매체의 인지도, 신용도, 설득력 등을 고려해야 한다. 그러나 이 정성적 요소는 평가하기 어려우므로 매체의 구독자 수, 광고예산, 할인 등의 정량적 요소가 자주 사용된다. 따라서 광고매체선택에 대한 선형계획모형은 주로 정량적 요소에 초점을 두고 모형화를 시도하는 경향이 있다.

광고매체선택 문제에는 다음의 두 가지의 결정이 중요하다.

❶ **목적함수의 결정 :** 광고를 하는 궁극적인 목적은 이익 혹은 매출과 관련이 있지만, 광고가 매출에 미치는 영향을 측정하기는 매우 어려우므로 목표 청중에게 미치는 노출 수의 극대화를 목표로 한다. 이때 의사결정변수는 다음과 같다.

- w_i : 매체 i의 정성적 요소를 고려한 가중치(공헌계수)로서 계층분석법(AHP)를 적용한다.
- e_i : 매체 i의 노출 횟수(구독률)
- x_i : 매체 i의 선택 횟수

이러한 변수를 적용한 목적함수는 다음과 같다.

$$\max\ z = w_1 e_n x_1 + w_2 e_n x_2 + \cdots + w_n e_n x_n$$

❷ **제약조건의 결정 :** 광고매체의 선택은 주어진 예산 아래서 수행되어야 하므로 광고예산을 설정해야 하며, 다음과 같이 결정한다.

$$c_1 x_1 + c_2 x_2 + \cdots + c_n x_n \le b$$

여기서 c_i는 매체 i의 1회당 광고비용, b는 총 광고예산이다. 또한 여기서 수량할인이 이루어진다면 광고예산이 절약되는 효과를 볼 수 있고, 이용할 수 있는 광고예산이 고정되어 있다면 수량할인의 효과는 결국 광고예산의 증가효과와 동일하다고 볼 수 있으며, 다음과 같이 결정한다.

$$\begin{aligned}
& c_1 x_1 + c_2 x_2 + \cdots + c_n x_n \le \sum_{i=1}^{n} r_k b_k y_k \\
& y_1 + y_2 + \cdots + y_n = 1 \\
& (y_k = 0 \text{ 또는 } 1)
\end{aligned}$$

여기서 k는 수량할인의 단계를 의미하는 것으로서 1일 경우에는 한 번의 수량할인, 2일 경우에는 두 번의 수량할인을 나타낸다. r_k는 k단계의 할인으로 발생하는 광고예산의 증가분을 계산하며 할인율이 r일 경우에는 광고예산에 $1+r$의 예산증가계수를 곱하게 된다. 또한 중복노출로 인한 노출 감소효과가 있으며, 노출 수의 구분선형함수 등의 표현을 0-1 정수계획법을 적용하여 표현한다.

그 밖에도 기타 광고상황에 따른 제약조건 추가 등이 있다. 이제 다음 사례를 통해 광고매체선택 문제를 풀어보자.

사례 1 K 사는 주력제품의 광고를 기존의 네 가지 잡지를 통해 수행하였으나 이제 그 범위를 확장하여 다른 종류의 잡지에도 수행하고자 한다. K 사는 6개월 단위로 매체선택을 계획하고 있으며, 매체로 선정하고자 하는 잡지는 시사지, 월간지, 청소년지이다. 이 중 가장 구독률이 높은 잡지 6개를 추가로 선정하여 기존 잡지를 대상으로 적절한 매체의 조합을 선택하고자 한다. 여기서 각 매체의 구독자 수를 위한 가중치는 [표 5-10]과 같다.

표 5-10 매체별 구독자 수

매체	1	2	3	4	5	6	7	8	9	10
구독자 수	14	14	8	12	6	6	3	10	15	2

그러면 의사결정변수는 다음과 같이 정의한다.

- x_i : 매체의 선택횟수
- y_i : 0-1변수
- x : 총 광고횟수

이때 목적함수는 다음과 같다.

$$\max z = 14x_1 + 14x_2 + 8x_3 + 12x_4 + 6x_5 + 6x_6 + 3x_7 + 10x_8 + 15x_9 + 2x_{10}$$

또한 제약은 다음과 같다고 하자.

① 제약조건 1 : 매체의 균형과 관계를 고려하여 만약 7번 매체가 선택된다면 최소한 3회 이상은 선택해야 한다.

$$x_7 - 10y_1 \le 0$$
$$x_7 + 10y_1 \le 7$$

② 제약조건 2 : 한 매체는 최대한 6번까지 선택할 수 있다.

$$x_i \le 6 \, (i = 1, 2, \cdots, 10)$$

③ 제약조건 3 : 전략적으로 매체 3, 7, 9는 최소한 한 번 이상 선택해야 한다.

$$x_i \geq 1(i = 3,\ 7,\ 9)$$

④ 제약조건 4 : 전체 광고횟수는 필요에 따라 3회를 추가할 수 있다.

$$x_1 + x_2 + \cdots + x_{10} - x \leq 3$$

그러면 목표 대상에게 미치는 노출 수를 극대화하기 위한 선형계획모형은 다음과 같다.

$$\max\ z = 14x_1 + 14x_2 + 8x_3 + 12x_4 + 6x_5 + 6x_6 + 3x_7 + 10x_8 + 15x_9 + 2x_{10}$$

$$\begin{aligned} \text{s.t.} \quad & x_7 - 10y_1 \leq 0 \\ & -x_7 + 10y_1 \leq 7 \\ & x_i \leq 6\ \ (i = 1, 2, \cdots, 10) \\ & x_i \geq 1\ \ (i = 3, 7, 9) \\ & x_1 + x_2 + \cdots + x_{10} - x \leq 3 \\ & (x_i = 0 \text{ 또는 } 1,\ i = 1, 2, \cdots, 10,\ x \text{는 정수}) \end{aligned}$$

이 선형계획모형을 풀면 목적함수 값 $z = 90$이고, 의사결정변수는 $x_1 = 1$, $x_2 = 1$, $x_3 = 1$, $x_4 = 1$, $x_5 = 1$, $x_6 = 1$, $x_7 = 1$, $x_8 = 1$, $x_9 = 1$, $x_{10} = 1$이므로 $x = 7, y_1 = 0.80$의 값을 갖는다. 즉, 1부터 10까지의 매체에 한 번씩 광고를 하면 총 노출의 수는 90회로서 가장 큰 효과를 발휘하게 된다.

딥러닝에서 학습

M

자율주행차, 안면인식, 서비스 로봇, 챗봇과 같은 개체에서 제대로 된 학습을 위한 인공신경망은 실제로 층이 매우 많다. 단일 층은 선형이지만 층의 수가 증가할수록 비선형의 학습범위로 확대되며, 이를 딥러닝이라 한다. [그림 5-7]과 같이 입력받은 데이터에 각각 다른 가중치를 곱해서 다음 층의 뉴런(그림에서 원으로 표현)으로 전달하는 과정을 계속 반복하면 마지막에 최종 출력치를 계산한다.

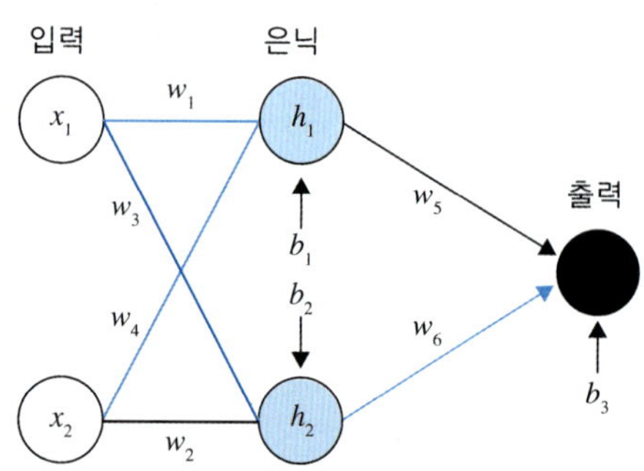

그림 5-7 신경망의 가중치

이 그림에서 입력값은 이미 알고 있거나 가중치 w, 편향 b, 활성화 함수 h를 알면 구할 수 있는 값이며, 이 중에서 가중치와 편향 값이 중요하다. 결국 인공지능에서 학습한다는 것은 기존의 데이터를 학습해서 가장 적절한 가중치와 편향 값을 찾아냄을 의미한다. 즉, 성능이 좋은 딥러닝은 어떤 수치의 최적해를 효율적이고 효과적으로 찾아낸다. 이때 최적해는 실제값과 출력값의 차이를 줄이는 방식으로 찾아내며, 이의 차이는 양수와 음수가 될 수 있다. 따라서 실제값과 출력값의 차이에 대한 제곱 $(출력값 - 실제값)^2$이 손실함수가 되고, 어떤 한 w_i의 변화에 따른 $(출력값 - 실제값)^2$의 변화량을 구하는 과정을 거친다. 결국 $(출력값 - 실제값)^2$을 w_i로 미분한다는 것과 같다. 이 과정은 신경망을 구성하는 모든 가중치(초기 가중치는 보통 무작위로 설정한다)와 편향을 [그림 5-7]의 방식으로 출력층에서 입력층으로 하나씩 수정해 나가며, 이와 같은 역방향 과정을 **역전파 방식**back propagation이라 한다.

위의 과정으로 신경망을 개선하여 새로운 출력값을 구하고 다시 실제값과의 차이를 구한 다음에 이 차이를 또 줄이도록 모든 가중치와 편향을 조금씩 수정한다. 결과적으로 이를 계속 반복하면 어떤 시점에서 최적화된 가중치와 편향값을 구할 수 있다. 일반적으로 활성함수는 미분하기 쉬운 다음과 같이 정의되는 시그모이드 함수를 이용한다.

$$f(x) = \frac{1}{1 + e^{-x}}$$

[그림 5-8]은 위의 시그모이드 함수의 그래프이다.

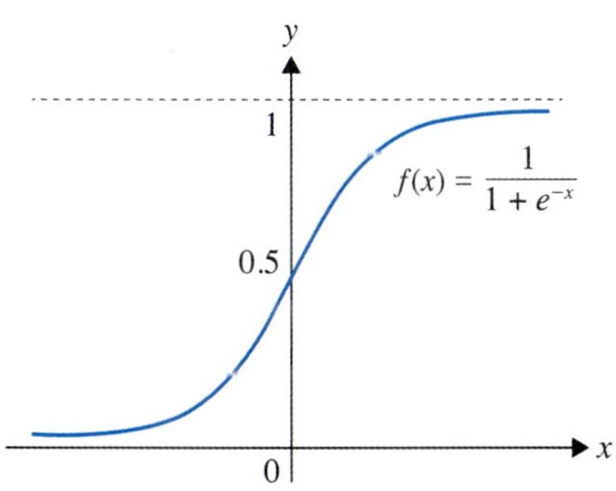

그림 5-8 시그모이드 함수

계단함수는 출력값을 0과 1로 이루어진 이진수 값만으로 변환함으로써 사이에 존재하는 값은 무시한다는 단점이 있다. 그러나 계단함수의 각진 부분을 매끄럽게 만들기 위해 시그모이드 함수가 적절할 수 있다. 예를 들어 오차를 계산해야 할 때, 전체 오차 E는 다음과 같이 계산한다.

$$E = E_{o1} + E_{o2} + \cdots = \frac{1}{2}\sum(\text{출력값} - \text{실제값})^2$$

그러면 구하고자 하는 목표는 오차 E를 최소로 하는 것이고, 이를 위해 모든 가중치가 오차 E에 영향을 미치고 있으므로 E를 각각의 가중치로 편미분한다. 이러한 원리는 **경사하강법**gradient descent이라는 비선형계획법의 적용을 통해서 해결할 수 있으나, 여기서는 단지 하나의 가중치 갱신 방법을 설명한다. 이 방법은 모든 입력값으로부터 얻어지는 출력값 o_{pj}와 실제값 t_{pj} 사이의 오차제곱합을 최소화하도록 연결강도, 즉 가중치를 조정한다. 이때, 가중치 변화량에 대한 식은 다음과 같다.

$$\Delta_p w_{ji} = \eta (t_{pj} - o_{pj}) x_{\pi}$$

여기서 x_π는 입력값이고, $t_{pj} - o_{pj}$는 오차 δ, η는 학습률을 나타내며, 가중치를 갱신하는 양은 이 세 가지에 의해 결정된다. 이때 가중치 갱신은 오차를 최소화하는 방향으로 설정해야 하므로 다음 식에 의해 이루어진다.

$$w_{ji}(t+1) = w_{ji}(t) - \frac{\partial E(t)}{\partial w_{ji}}$$

이 식은 가중치가 다음과 같이 정의되는 오차함수 E에 얼마나 영향을 미치는가에 따라 E를 줄이는 방향으로 갱신한다.

$$E = \sum_p E_p = \frac{1}{2}\sum_p \sum_{j=1} (t_{pj} - o_{pj})^2$$

그러면 함수 E가 t와 o에 대한 함수이고 t와 o는 w의 함수이므로 연쇄법칙을 적용하여 $-\frac{\partial E_p}{\partial w_{ji}} = -\frac{\partial E_p}{\partial o_{pj}} \times \frac{\partial o_{pj}}{\partial w_{ji}}$를 얻는다. 이 식에서 $\frac{\partial E_p}{\partial o_{pj}}$와 $\frac{\partial o_{pj}}{\partial w_{ji}}$는 각각 다음과 같다.

$$\begin{aligned}
\frac{\partial E_p}{\partial o_{pj}} &= \frac{1}{2}\frac{\partial}{\partial o_{pj}}\left(\sum_{j=1}(t_{pj} - o_{pj})^2\right) = \frac{1}{2} \times 2 \times (t_{pj} - o_{pj})(-1) \\
&= -(t_{pj} - o_{pj}) = -\delta_{pj} \\
\frac{\partial o_{pj}}{\partial w_{ji}} &= \frac{\partial}{\partial w_{ji}}\left(\sum_{i=1} w_{ji} x_\pi\right) = \frac{\partial}{\partial w_{ji}}(w_{j1}x_{p1} + w_{j2}x_{p2} + \cdots + w_{ji}x_\pi + \cdots) = x_\pi
\end{aligned}$$

그러므로 가중치의 갱신양은 다음과 같이 오차와 입력값의 곱으로 나타난다.

$$-\frac{\partial E_p}{\partial w_{ji}} = \frac{\partial E_p}{\partial o_{pj}} \times \frac{\partial o_{pj}}{\partial w_{ji}} = -(-\delta_{pj} x_\pi) = \delta_{pj} x_\pi$$

성과평가모형

M E

2.5절에서 DEA모형이 다수의 투입물과 산출물의 가중된 크기를 비교하여 조직의 생산성을 측정하는 비모수적 모형임을 배웠다. 또한, 의사결정단위인 조직 또는 기업 사이의 효율성을 비교하기 위해 조직을 효율적 단위와 비효율적 단위로 판별하였다. DEA모형에서는 모든 단위가 효율적 운영을 하기 위해 노력한다는 가정 아래 경험에 의한 실제 투입물과 산출물들을 이용한다. 이때 DEA모형의 측정을 위해 선형계획법(이하, LP라 한다)을 이용한다. 즉 다수의 투입물과 산출물을 갖는 의사결정단위의 효율성을 투입물의 가중합과 산출물의 가중합의 비율로 측정한 후, 유사한 활동을 수행하는 다른 의사결정단위들의 효율성과 비교하여 상대적인 효율성을 나타내는 것이다. 이를 위해 다음과 같이 모든 비교 대상 의사결정단위의 효율성이 1보다 작거나 같다는 제약조건 아래서, 평가하고자 하는 의사결정단위의 효율성을 극대화하는 모형이 제안되었다.

$$
\begin{aligned}
\max \ & \frac{\sum_{r=1}^{s} u_r y_{rk}}{\sum_{i=1}^{m} v_i x_{ik}} \\
\text{s.t.} \ & \frac{\sum_{r=1}^{s} u_r y_{rj}}{\sum_{i=1}^{m} v_i x_{ij}} \le 1 \quad (j = 1, 2, \cdots, n) \\
& u_r \ge 0, \ v_i \ge 0, \ r = 1, 2, \cdots, s, \ i = 1, 2, \cdots, m
\end{aligned}
$$

여기서 x_{ij}와 y_{rj}는 의사결정단위 j의 투입물 i과 산출물 r의 실제 관찰값이고, v_i와 u_r은 투입물 i와 산출물 r에 부여되는 가중치를 의미한다. 또한, $j = k$는 평가받는 의사결정단위를 나타내므로 고려하는 모든 의사결정단위의 효율성을 평가하기 위해서는 위 모형을 의사결정단위의 수만큼 n번 분석해야 한다. 그러나 이 식은 목적함수가 변수의 분수형태인 **선형분수계획모형**linear fractional programming의 형태를 취하고 있다. 이러한 모형은 다음과 같은 ε을 도입하여 일반적인 선형계획모형으로 전환될 수 있다.

$$
\begin{aligned}
\max \ & \sum_{r=1}^{s} u_r y_{rk} \\
\text{s.t.} \ & \sum_{i=1}^{m} v_i x_{ik} = 1 \\
& \sum_{r=1}^{s} u_r y_{rj} - \sum_{i=1}^{m} v_i x_{ij} \le 0, \ j = 1, 2, \cdots, n \\
& u_r \ge \varepsilon > 0, \ v_i \ge \varepsilon > 0, \ r = 1, 2, \cdots, s, \ i = 1, 2, \cdots, m
\end{aligned}
$$

여기서 가중치 v_i와 u_r은 분석을 위해 10^{-6}까지 계산한다. 예를 들어, 어느 은행의 각 지점별 투입물과 산출물이 [표 5-11]과 같으며 세 지점의 효율성에 대해 평가한다고 하자.

표 5-11 은행별 투입물과 산출물

지점	투입물		산출물		
	투입물 1	투입물 2	산출물 1	산출물 2	산출물 3
1	7	10	6	7	12
2	6	9	5	6	20
3	10	12	7	5	19

여기서 투입물, 산출물의 단위는 다음과 같다.

- 투입물 1 : 1년간 직원 수(명)
- 투입물 2 : 1년간 사용 공간(m^2)
- 산출물 1 : 1년간 예금 규모(천억 원)
- 산출물 2 : 1년간 대출 규모(천억 원)
- 산출물 3 : 1년간 발급한 카드 수(천 개)

그러면 각 은행의 효율성 평가를 위한 LP는 다음과 같다. 이때 LP의 의사결정변수로서 산출물 1, 2, 3의 가중치를 u_1, u_2, u_3라 하고 투입물 1, 2의 가중치를 v_1, v_2라 한다.

- 지점 1의 효율성 평가를 위한 LP는 다음과 같다.

$$
\begin{aligned}
\max \quad & z = 6u_1 + 7u_2 + 12u_3 \\
\text{s.t.} \quad & 7v_1 + 10v_2 = 1 \\
& -6u_1 - 7u_2 - 12u_3 + 7v_1 + 10v_2 \geq 0 \\
& -5u_1 - 6u_2 - 20u_3 + 6v_1 + 9v_2 \geq 0 \\
& -7u_1 - 5u_2 - 19u_3 + 10v_1 + 12v_2 \geq 0 \\
& u_1 \geq 0.000001 \\
& u_2 \geq 0.000001 \\
& u_3 \geq 0.000001 \\
& v_1 \geq 0.000001 \\
& v_2 \geq 0.000001
\end{aligned}
$$

• 지점 2의 효율성 평가를 위한 LP는 다음과 같다.

$$
\begin{aligned}
\max \quad & z = 5u_1 + 6u_2 + 20u_3 \\
\text{s.t.} \quad & 6v_1 + 9v_2 = 1 \\
& -6u_1 - 7u_2 - 12u_3 + 7v_1 + 10v_2 \ge 0 \\
& -5u_1 - 6u_2 - 20u_3 + 6v_1 + 9v_2 \ge 0 \\
& -7u_1 - 5u_2 - 19u_3 + 10v_1 + 12v_2 \ge 0 \\
& u_1 \ge 0.000001 \\
& u_2 \ge 0.000001 \\
& u_3 \ge 0.000001 \\
& v_1 \ge 0.000001 \\
& v_2 \ge 0.000001
\end{aligned}
$$

• 지점 3의 효율성 평가를 위한 LP는 다음과 같다.

$$
\begin{aligned}
\max \quad & z = 7u_1 + 5u_2 + 19u_3 \\
\text{s.t.} \quad & 10v_1 + 12v_2 = 1 \\
& -6u_1 - 7u_2 - 12u_3 + 7v_1 + 10v_2 \ge 0 \\
& -5u_1 - 6u_2 - 20u_3 + 6v_1 + 9v_2 \ge 0 \\
& -7u_1 - 5u_2 - 19u_3 + 10v_1 + 12v_2 \ge 0 \\
& u_1 \ge 0.000001 \\
& u_2 \ge 0.000001 \\
& u_3 \ge 0.000001 \\
& v_1 \ge 0.000001 \\
& v_2 \ge 0.000001
\end{aligned}
$$

결국, 세 가지 선형계획법의 목적함숫값이 해당 은행지점의 효율성에 대한 평가점수이며, 목적함숫값이 1이면 최대 효율성을 보인다고 평가할 수 있으나 1보다 작으면 다른 지점과 비교하여 상대적으로 비효율성을 보이는 지점이라고 평가할 수 있다.

예제 5-14

어느 대학이 동일한 평가기준에 의해 각 학과의 효율성을 평가하여 다음의 표와 같은 투입물과 산출물의 관찰값을 얻었다고 하자.

학과	투입물		산출물		
	1	2	1	2	3
1	11	150	10	95	9
2	15	140	5	99	9
3	9	90	9	89	8

여기서 앞의 표의 단위가 다음과 같다고 할 때, 세 학과의 효율성에 기초한 성과평가에 대한 선형계획법을 수립하라.

- 투입물 1 : 교수 수(개)
- 투입물 2 : 학과 전용 강의실 공간(m^2)
- 산출물 1 : 연간 전문학술지 논문발표 수(개)
- 산출물 2 : 취업률(%)
- 산출물 3 : 학생 만족도(10점 만점)

풀이

선형계획법의 의사결정변수로서 산출물 1, 2, 3 의 가중치를 u_1, u_2, u_3 라 하고 투입물 1, 2 의 가중치를 u_1, u_2 라 하자.

① 학과 1의 LP는 다음과 같다.

$$
\begin{array}{ll}
\max & z = 10u_1 + 95u_2 + 9u_3 \\
\text{s.t.} & 11v_1 + 150v_2 = 1 \\
& -10u_1 - 95u_2 - 9u_3 + 11v_1 + 150v_2 \geq 0 \\
& -5u_1 - 99u_2 - 9u_3 + 15v_1 + 140v_2 \geq 0 \\
& -9u_1 - 89u_2 - 8u_3 + 9v_1 + 90v_2 \geq 0 \\
& u_1 \geq 0.000001 \\
& u_2 \geq 0.000001 \\
& u_3 \geq 0.000001 \\
& v_1 \geq 0.000001 \\
& v_2 \geq 0.000001
\end{array}
$$

② 학과 2의 LP는 다음과 같다.

$$
\begin{array}{ll}
\max & z = 5u_1 + 99u_2 + 9u_3 \\
\text{s.t.} & 15v_1 + 140v_2 = 1 \\
& -10u_1 - 95u_2 - 9u_3 + 11v_1 + 150v_2 \geq 0 \\
& -5u_1 - 99u_2 - 9u_3 + 15v_1 + 140v_2 \geq 0 \\
& -9u_1 - 89u_2 - 8u_3 + 9v_1 + 90v_2 \geq 0 \\
& u_1 \geq 0.000001 \\
& u_2 \geq 0.000001 \\
& u_3 \geq 0.000001 \\
& v_1 \geq 0.000001 \\
& v_2 \geq 0.000001
\end{array}
$$

③ 학과 3의 LP는 다음과 같다.

$$\begin{aligned}
\max \quad & z = 9u_1 + 89u_2 + 8u_3 \\
\text{s.t.} \quad & 9v_1 + 90v_2 = 1 \\
& -10u_1 - 95u_2 - 9u_3 + 11v_1 + 150v_2 \ge 0 \\
& -5u_1 - 99u_2 - 9u_3 + 15v_1 + 140v_2 \ge 0 \\
& -9u_1 - 89u_2 - 8u_3 + 9v_1 + 90v_2 \ge 0 \\
& u_1 \ge 0.000001 \\
& u_2 \ge 0.000001 \\
& u_3 \ge 0.000001 \\
& v_1 \ge 0.000001 \\
& v_2 \ge 0.000001
\end{aligned}$$

2인 제로섬게임

M E

게임이론은 경영·경제학에서 자주 활용하는 의사결정 전략 도구이다. 경제시장에서 여러 이해관계자뿐 아니라 기업의 단일 의사결정자들은 모두 최적의 의사결정을 도출하려 노력한다. 그러나 둘 이상의 의사결정자들이 동시에 어떤 행동을 취할 경우에 그들이 기대하는 효과는 처음 기대했던 효과와 다르게 전개될 수 있다. 예를 들어 서로 경쟁하는 각 기업의 의사결정자들은 자신의 기업을 위한 최선의 전략(예, 상품의 가격책정, 광고 등)을 선택할 수 있으나, 각 기업의 의사결정이 다른 기업의 이익 혹은 매출에 영향을 미칠 수 있다. 이러한 현상은 게임이론으로 설명될 수 있다. 이 절에서는 가장 단순한 게임의 형태인 **2인 제로섬게임**two-person zero-sum game에 대해 살펴본다.[1] 이와 같은 게임은 다음 성질을 갖는다.

❶ 두 명의 선수(선수 1, 선수 2)만 존재한다.

❷ 선수 1은 m 개의 전략 중 하나를 선택하고 동시에 선수 2는 n 개의 전략 중 하나를 선택한다.

❸ 선수 1이 i 번째 전략을 선택하고 선수 2가 j 번째 전략을 선택하면, 선수 1은 a_{ij} 의 보상을 받고 선수 2는 a_{ij} 를 잃는다.

성질 ❸에서 선수 1의 보상 a_{ij} 는 선수 2로부터 나오며, 따라서 두 선수에 대한 보상의 합은 항상 0이므로 이 게임을 제로섬게임이라 하는 것이다. 이는 두 선수가 완전히 충돌하는 이익을 갖고 두 선수의 협력이 전혀 발생하지 않는 상황을 나타낸다. 이를 이해하기 쉽게 표로 나타내면 [표 5-12]와 같다.

1 본 내용은 Wayne Winston(1994), Operations Research, Duxbury Press의 내용을 참고하였다.

표 5-12 2인 제로섬게임의 보상행렬

선수 1의 전략	선수 2의 전략			
	1열	2열	$\cdots$	n 열
1행	a_{11}	a_{12}	$\cdots$	a_{1n}
2행	a_{21}	a_{22}	$\cdots$	a_{2n}
$\vdots$	$\vdots$	$\vdots$	$\vdots$	$\vdots$
m 행	a_{m1}	a_{m2}	$\cdots$	a_{mn}

예를 들어 축구의 승부차기에서 키커는 왼쪽이나 오른쪽으로만 골을 찰 수 있으며, 키퍼는 반대로 왼쪽이나 오른쪽으로만 막을 수 있다고 하자. 단, 여기에 편의상 키커와 골키퍼가 마주보고 있지만 키커와 골키퍼의 왼쪽과 오른쪽은 같은 방향이라고 가정하고 설명한다. 만일 키커가 공을 찬 방향과 동일한 방향으로 키퍼가 막는다면 키커는 점수를 얻지 못하지만, 키커의 방향과 골키퍼의 방향이 다르면 키커는 1점을 획득한다. 이를 표로 나타내면 다음 [표 5-13]과 같으며, 이를 **게임행렬표**game matrix table 라 한다.

표 5-13 승부차기의 게임행렬표

키커의 전략	골키퍼의 전략	
	왼쪽	오른쪽
왼쪽	0	1
오른쪽	1	0

이때 키커가 항상 왼쪽으로 공을 찬다는 사실을 골키퍼가 알고 있다면 골키퍼는 왼쪽으로 막으면서 점수를 지켜낼 수 있지만, 반대로 골키퍼가 항상 왼쪽으로만 방어한다는 사실을 키커가 알고 있다면 키커는 오른쪽으로 공을 참으로써 항상 점수를 따낼 수 있다. 따라서 키커나 골키퍼가 항상 한쪽 방향으로 공을 차거나 방어하는 전략은 바람직하지 않으며, 두 사람은 확률적으로 공격과 수비전략을 수립해야 한다. 그러면 키커는 자신이 얻을 수 있는 점수를 최대로 높이는 전략을 세울 것이며, 반대로 골키퍼는 키커가 얻을 것으로 기대되는 점수를 최소로 하는 것이 목표가 될 것이다. 제로섬게임은 키커가 얻을 것으로 기대되는 최대 점수와 골키퍼가 지켜내는 키커가 얻을 점수에 대한 최소 점수가 동일하다는 것이다.

이러한 게임의 기본적인 전제조건은 "각 선수는 경쟁자가 자신이 따르는 전략을 알고 있다는 가정 아래서 그가 할 수 있는 최선의 선택을 한다"는 것이다. 이제 선수 1이 전략 1행, 2행, 3행을 실행하고, 선수 2가 전략 1열, 2열, 3열을 실행한다고 할 때 점수는 다음 [표 5-14]와 같다고 하자.

표 5-14 안장점을 갖는 게임

선수 1의 전략	선수 2의 전략			행 최솟값
	1열	2열	3열	
1행	4	4	10	4
2행	2	3	1	1
3행	6	5	7	5
열 최댓값	6	5	10	

❶ **선수 1의 입장 :** 선수 1이 1행을 선택한다면 1행에서 가장 작은 점수인 4이므로 선수 2는 1열 또는 2열을 선택하고, 선수 1은 1행에서 최솟값인 점수 4를 획득한다. 마찬가지로 선수 1이 2행을 선택하면 선수 2가 3열을 선택하여 선수 1은 2행에서 최솟값인 점수 1을 획득하고, 선수 1이 3행을 선택하면 선수 2는 3행의 최솟값인 2열을 선택하므로 선수 1은 점수 5를 획득한다. 따라서 선수 1은 각 전략 중 가장 큰 최솟값을 갖는 행을 선택해야 함을 알 수 있다. 즉, $\max(4, 1, 5) = 5$이므로 선수 1은 3행을 선택해야 하며, 선수 1은 최소한 점수 5를 기대할 수 있다.

❷ **선수 2의 입장 :** 선수 2가 1열을 선택하면 선수 1은 선수 2의 손실을 가능한 크게 만들고 자신의 점수를 가능한 크게 만드는 전략을 선택할 것이므로 선수 2가 1열을 선택하면 선수 1은 1열에서 가장 큰 수가 포함된 3행을 선택할 것이므로 선수 1은 점수 6을 얻고 선수 2는 그만큼의 손실을 얻는다. 마찬가지로 선수 2가 2열을 선택하면 선수 1은 2열에서 가장 큰 수 5가 포함된 3행을 선택하고, 선수 2가 3열을 선택하면 선수 2는 10이 포함된 1행을 선택함으로써 선수 2가 최대 손실이 되도록 선택할 것이다. 따라서 선수 2는 2열을 선택함으로써 이 손실을 열의 최댓값 중 가장 작은 5로 유지할 수 있다. 결과적으로 선수 1은 최소한 점수 5를 얻을 것이고 선수 2는 선수 1의 점수를 기껏해야 5로 묶을 수 있다. 이 게임의 결과로 선수 1이 정확히 점수 5를 얻고, 선수 2가 선수 1의 획득 점수를 5로 묶을 수 있으므로 선수 1은 점수 5 이상의 점수를 기대할 수 없다.

이러한 결과를 최적 전략이라 하며, 이와 같은 제로섬게임은 다음 조건을 만족한다는 특징을 가진다. 이를 폰노이만[2]의 **최소극대화정리** minimax theorem라 한다.

$$\max(\text{행 최솟값}) = \min(\text{열 최댓값})$$

이 조건은 선수 1이 각 행의 최솟값 중 가장 큰 점수를 선택하고, 선수 2가 각 열의 최댓값들 중 가장 작은 점수를 선택하면, 선수 둘의 점수는 동일함을 의미한다. 이 예에서 선수 1은 3행을 선택하고 선수 2는 2열을 선택하여 선수 1은 최소극대화를, 선수 2는 최대극소화 전략을 사용하였고, 일치하는

2 폰 노이만(Johann Ludwig von Neumann, 1903~1957)은 헝가리 출신으로 미국(망명)에서 활동한 수학자이다.

위치의 점수가 5가 되었다. 이와 같이 선수 1의 입장에서 최대이고 선수 2의 입장에서 최소를 만족하는 위 조건을 **안장점 조건**saddle point condition이라 하며, 이 조건을 만족하는 위치를 **안장점**saddle point이라 한다.[3] 그리고 게임행렬의 3행 2열, 즉 (3, 2)의 성분 5와 같이 안장점 조건을 만족하는 값을 **게임의 값(ν)**value of game이라 한다. 안장점을 발견하는 쉬운 방법은 게임행렬표에서 말 안장과 같이 행을 살펴보면 최솟값이고 열을 살펴보면 최댓값이 되는 성분을 관찰하는 것이다.

이와 같은 안장점은 어떤 한 선수가 일방적으로 전략을 변화한다고 해도 이익을 볼 수 없다는 점을 고려하면, 두 선수가 서로 균형을 이루는 **균형점**equilibrium point으로 생각할 수 있으며, 이러한 균형점을 **내쉬균형**Nash equilibrium이라 한다. 예를 들어 선수 1이 3행을 선택하는 위의 전략에서 1행 또는 2행 중 어느 하나로 변경한다면 그의 보상은 줄어들 것이다. 반면에 선수 2가 2열을 선택하는 위의 전략에서 1열 또는 3열 중에서 어느 하나로 변경한다면 선수 1의 보상과 선수 2의 손실은 증가할 것이다. 따라서 안장점은 어떤 한 선수가 다른 전략을 선택하지 않는다는 점에서 안정적이다. 그러나 2인 제로섬 게임에서 안장점을 갖지 않는 경우도 많다. 예를 들어 다음의 [표 5-15]는 행 최솟값의 최대가 -1이고 열 최댓값의 최대가 +1이므로 안장점이 존재하지 않는다.

표 5-15 안장점이 없는 게임

선수 1의 전략	선수 2의 전략		행 최솟값
	1열	2열	
1행	−1	+1	−1
2행	+1	−1	−1
열 최댓값	+1	+1	

이 경우에는 다음이 성립하게 된다.

$$\max(\text{행 최솟값}) = -1 < \min(\text{열 최댓값}) = +1$$

예제 5-15

[표 5-13]의 승부차기 게임행렬표에 대해 2인 제로섬게임의 안장점이 존재하는지 살펴보고, 존재한다면 게임의 값을 구하라.

TIP max(행 최솟값) = min(열 최댓값)을 이용한다.

3 한쪽 방향에서 최대이고 다른 쪽 방향에서 최소가 되는 점으로 편도함수에서 살펴본 안장점과 동일한 의미이다.

풀이

① 게임행렬표를 작성한다.

키커의 전략	골키퍼의 전략		행 최솟값
	왼쪽	오른쪽	
왼쪽	0	1	0
오른쪽	1	0	0
열 최댓값	1	1	

② max(행 최솟값) = 0 < min(열 최댓값) = 1이므로 안장점이 존재하지 않으며, 따라서 게임의 값도 존재하지 않는다.

예제 5-16

다음과 같은 게임행렬에 대해 게임의 값과 최적 전략을 구하라.

선수 1의 전략	선수 2의 전략				행 최솟값
	1열	2열	3열	4열	
1행	5	3	5	6	3
2행	5	7	6	7	5
3행	5	7	5	4	4
4행	5	6	3	4	3
열 최댓값	5	7	6	7	

풀이

① max(행 최솟값) = min(열 최댓값) = 5이므로 게임의 값은 5이다.

② 선수 1은 2인 제로섬게임에서 내쉬균형을 이루는 2행의 전략을 취하고 선수 2는 1열의 전략을 취하는 것이 최적 전략이다.

지금까지는 어떤 선수가 게임을 할 때마다 그 자신은 동일한 전략을 선택할 것이라고 가정하였다. 즉, 어느 선수의 전략은 자신이 취할 수 있는 여러 행동 중에서 어느 하나를 확실하게 선택하는 게임이었다. 그러나 현실적으로 각 게임마다 선수들은 다른 행동을 선택할 수 있다. 이는 각 선수가 자신이 사용할 어떤 행동을 확률적으로 취하는 전략을 사용할 수 있음을 의미하며, 이러한 전략을 **혼합전략**mixed strategy 또는 **무작위전략**randomized strategy이라 한다. 그러면 이 경우의 2인 제로섬게임은 선형계획모형을 이용해서 해결이 가능하다.

이를 살펴보기 위해 [표 5-16]과 같은 가위바위보 게임의 보상행렬을 생각하자. 이 게임에서 두 사람이 같은 모양의 손을 내밀면 무승부이고, 가위가 보를 이기고, 바위가 가위를 이기고, 보가 바위를 이기는 게임이다. 물론, 게임에서 이기게 되면 다른 선수로부터 1점을 얻는다. 이때 이 게임은 어떤 전략도 지배하지 않으며 안장점도 갖고 있지 않다.

표 5-16 가위바위보 게임의 보상행렬

선수 1의 전략	선수 2의 전략			행 최솟값
	1열	2열	3열	
1행	0	−1	+1	−1
2행	+1	0	−1	−1
3행	−1	+1	0	−1
열 최댓값	+1	+1	+1	

어느 선수가 가위, 바위, 보를 각각 $\frac{1}{3}$의 확률로 내민다면, 혼합전략은 $\left(\frac{1}{3}, \frac{1}{3}, \frac{1}{3}\right)$로 나타낼 수 있다. 그러나 이 선수가 가위를 낼 확률이 $\frac{1}{3}$이고 바위를 낼 확률이 $\frac{1}{3}$이라 하면, 나머지 보를 낼 확률은 자동적으로 $\frac{1}{3}$이 되므로 두 개의 행동에 대한 확률만으로도 표현할 수 있다. 이제 두 선수의 최적인 혼합전략을 결정하기 위해 다음 변수를 정리하자.

- x_1 : 선수 1이 1행(가위)을 선택하는 확률
- x_2 : 선수 1이 2행(바위)을 선택하는 확률
- x_3 : 선수 1이 3행(보)을 선택하는 확률
- y_1 : 선수 2가 1열(가위)을 선택하는 확률
- y_2 : 선수 2가 2열(바위)을 선택하는 확률
- y_3 : 선수 2가 3열(보)을 선택하는 확률

이때 각 x_i가 1이라 하면 선수 1이 세 개의 가능한 행동 중 i 번째 행동을 확실하게 선택하는 전략을 사용하는 것이다. 이와 같은 전략을 **순수전략**pure strategy이라 한다. 물론 선수 2의 경우인 y_i에 대해서도 마찬가지이다. 순수전략은 어떤 선수가 항상 동일한 행동을 취하는 혼합전략의 특별한 경우인 것이다. 다음의 사례 두 가지를 통해 두 선수의 선형계획모형을 살펴보도록 한다.

사례 1 **선수 1의 선형계획모형**

선수 1이 혼합전략 (x_1, x_2, x_3)를 선택할 때 선수 2의 전략과 그에 대한 기대보상은 다음의 [표 5-17]과 같다.

표 5-17 선수 1의 기대보상

선수 2의 선택	선수 1이 (x_1, x_2, x_3)를 선택할 때 선수 1의 기대 보상
1	$x_2 - x_3$
2	$-x_1 + x_3$
3	$x_1 - x_2$

선수 1이 혼합전략을 선택한다면, 선수 2는 선수 1의 기대 보상이 $\min(x_2 - x_3, -x_1 + x_3, x_1 - x_2)$와 일치하도록 만드는 전략을 선택할 것이다. 이에 반하여 선수 1은 이 값을 가능한 크게 만들기 위한 (x_1, x_2, x_3)를 선택할 것이다. 따라서 선수 1에게 최적의 전략을 만드는 선형계획모형은 어떤 x_1, x_2, x_3에 대해서 $\min(x_2 - x_3, -x_1 + x_3, x_1 - x_2)$가 $x_2 - x_3, -x_1 + x_3, x_1 - x_2$이하인 최댓값 ν를 선택하는 것이다. 그리고 x_1, x_2, x_3이 확률이므로 이들은 모두 음이 아니며, $x_1 + x_2 + x_3 = 1$을 만족해야 한다. 따라서 선수 1의 최적인 전략은 다음 선형계획모형을 해결함으로서 얻을 수 있다.

$$
\begin{aligned}
\max\ z &= \nu \\
\text{s.t.}\quad \nu &\le \quad\quad\ x_2 - x_3 \quad (\text{바위 제약조건}) \\
\nu &\le -x_1 \quad\ + x_3 \quad (\text{보 제약조건}) \\
\nu &\le x_1 - x_2 \quad\quad\ \ (\text{가위 제약조건}) \\
& x_1 + x_2 + x_3 = 1 \\
& (x_1, x_2, x_3 \ge 0, \quad \nu\ \text{urs})
\end{aligned}
$$

이 선형계획모형에는 선수 2의 각 전략에 대한 제약조건이 존재한다. 선수 2가 어떤 전략(순수전략 또는 혼합전략)을 선택하더라도 이 선형계획모형에서 최적인 값 ν는 선수 1의 기대보상에서 **바닥**floor이 된다.

사례 2 **선수 2의 선형계획모형**

선수 2가 혼합전략 (y_1, y_2, y_3)를 선택할 때, 선수 1의 전략과 그에 대한 기대보상은 [표 5-18]과 같다.

표 5-18 선수 1의 기대보상

선수 1의 선택	선수 2가 (y_1, y_2, y_3)를 선택할 때 선수 1의 기대 보상
1	$-y_2 + y_3$
2	$y_1 - y_3$
3	$-y_1 + y_2$

선수 1이 (y_1, y_2, y_3)을 알고 있다고 전제하기 때문에, 그 선수 1은 $\max(-y_2+y_3, y_1-y_3, -y_1+y_2)$의 기대 보상을 얻는 것을 보장하는 전략을 선택할 것이다. 따라서 선수 2는 이 값을 가능한 작게 만들도록 (y_1, y_2, y_3)를 선택할 것이다. 따라서 선수 2에게 최적의 전략을 만들기 위한 선형계획모형은 어떤 y_1, y_2, y_3의 선택에 대해 $\max(-y_2+y_3, y_1-y_3, -y_1+y_2)$가 $-y_2+y_3$, y_1-y_3, $-y_1+y_2$ 이하인 최솟값(ω)을 선택하는 것이다. 이 y_1, y_2, y_3가 확률이므로 이들은 모두 음이 아니며, $y_1+y_2+y_3=1$을 만족해야 한다. 따라서 선수 2는 다음 선형계획모형을 해결함으로서 자신의 전략을 최적화할 수 있다.

$$\begin{aligned}
&\min z = \omega \\
&\text{s.t.} \quad \omega \geq \quad -y_2+y_3 \qquad (\text{바위 제약조건}) \\
&\qquad\ \ \omega \geq y_1 \quad\ -y_3 \qquad (\text{보 제약조건}) \\
&\qquad\ \ \omega \geq -y_1+y_2 \qquad\quad (\text{가위 제약조건}) \\
&\qquad\qquad y_1+y_2+y_3=1 \\
&\qquad\qquad (y_1, y_2, y_3 \geq 0, \quad \omega \text{ urs})
\end{aligned}$$

위 식은 선수 1이 취할 수 있는 각 전략에 상응하는 제약조건이 포함된다. 또한 이러한 선형계획모형을 해결하는 혼합전략(y_1, y_2, y_3)을 선택함으로써 선수 2는 자신의 기대손실이 선수 1의 각 전략에 대응해 기껏해야 ω일 것을 보장할 수 있으므로 최적의 목적함수 ω는 선수 2의 기대손실에서 **천장**ceiling이 된다.

예제 5-17

[표 5-16]과 같은 가위바위보 게임에서 두 선수 각각 최적인 전략 선형계획모형을 수립하라.

풀이

두 선형계획모형은 서로에 대해 쌍대모형이다.

① 선수 1의 선형계획법을 다시 정리하면 다음과 같다.

$$\begin{aligned}
&\max z = \nu \\
&\text{s.t.} \qquad\quad -x_2+x_3+\nu \leq 0 \\
&\qquad\qquad x_1 \qquad -x_3+\nu \leq 0 \\
&\qquad\quad -x_1+x_2 \qquad\ +\nu \leq 0 \\
&\qquad\qquad x_1+x_2+x_3 \qquad = 1 \\
&\qquad\qquad (x_1, x_2, x_3 \geq 0, \nu \text{ urs})
\end{aligned}$$

② 이 원모형의 쌍대모형을 위해 제약조건의 쌍대변수를 y_1, y_2, y_3와 ω라고 하면 이 모형의 쌍대모형은 다음과 같다.

$$\begin{aligned}
&\min z = \omega \\
&\text{s.t.} \qquad\qquad y_2-y_3+\omega \geq 0 \\
&\qquad\quad -y_1 \qquad +y_3+\omega \geq 0 \\
&\qquad\qquad y_1-y_2 \qquad +\omega \geq 0 \\
&\qquad\qquad y_1+y_2+y_3 \qquad = 1 \\
&\qquad\qquad (y_1, y_2, y_3 \geq 0, \omega \text{ urs})
\end{aligned}$$

쿤-터커 조건의 적용

E

다음과 같은 비선형계획법을 생각하자. 여기서 제약조건은 등식이 아닌 작거나 같다($\le$)의 형태이다.

$$
\begin{aligned}
\max \text{ (또는 } \min) \quad & f(x_1, x_2, \cdots, x_n) \\
\text{s.t.} \quad & g_1(x_1, x_2, \cdots, x_n) \le b_1 \\
& g_2(x_1, x_2, \cdots, x_n) \le b_2 \\
& \vdots \\
& g_m(x_1, x_2, \cdots, x_n) \le b_m
\end{aligned}
$$

이와 같은 NLP 문제의 최적해 $(\bar{x}_1, \bar{x}_2, \cdots, \bar{x}_n)$을 구하기 위해 모든 제약조건은 '$\le$'로 변환되어야 한다. 이러한 변환은 이미 쌍대 문제에서 다른 방법과 동일하게 '$\ge$' 형태인 제약조건의 양변에 -1을 곱한다. 또한 '$=$' 형태의 제약조건은 '$\le$'와 '$\ge$'의 두 개의 제약조건으로 분리한 후 다시 '$\ge$' 형태인 제약조건의 양변에 -1을 곱한다. 이러한 전형적 NLP에서 최적해는 다음의 정리에 기초하여 해결된다. 이 조건을 NLP 문제의 필요조건인 **쿤-터커 조건** Kuhn-tucker conditions이라 한다.

정리 5-5 최대화 문제의 쿤-터커 조건

최대화 문제를 가정하여 만약 $\bar{x} = (\bar{x}_1, \bar{x}_2, \cdots, \bar{x}_n)$이 다음 NLP의 최적해라 한다.

$$
\begin{aligned}
\max \text{ (또는 } \min) \quad & f(x_1, x_2, \cdots, x_n) \\
\text{s.t.} \quad & g_1(x_1, x_2, \cdots, x_n) \le b_1 \\
& g_2(x_1, x_2, \cdots, x_n) \le b_2 \\
& \vdots \\
& g_m(x_1, x_2, \cdots, x_n) \le b_m
\end{aligned}
$$

그리면 이 최적해는 m 개의 제약조건과 다음을 만족시키는 승수 $\bar{\lambda}_1, \bar{\lambda}_2, \cdots, \bar{\lambda}_m$이 존재해야 한다.

(1) $\dfrac{\partial f(\bar{x})}{\partial x_j} - \displaystyle\sum_{i=1}^{m} \bar{\lambda}_i \dfrac{\partial g_i(\bar{x})}{\partial x_j} = 0 \, (j = 1, 2, \cdots, n)$

(2) $\bar{\lambda}_i [b_i - g_i(\bar{x})] = 0 \, (i = 1, 2, \cdots, m)$

(3) $\bar{\lambda}_i \ge 0 \, (i = 1, 2, \cdots, m)$

여기서 $\dfrac{\partial f(\bar{x})}{\partial x_j}$ 는 $\bar{x}$ 에서 평가된 변수 x_j 에 관한 함수 f 의 편도함수이다. 한편 최소화 문제에 대한 쿤-터커 조건은 [정리 5-5(1)]을 다음과 같이 바꾸면 된다.

$$
\frac{\partial f(\bar{x})}{\partial x_j} + \sum_{i=1}^{m} \bar{\lambda}_i \frac{\partial g_i(\bar{x})}{\partial x_j} = 0 \, (j = 1, 2, \cdots, n)
$$

이와 같은 최대화 또는 최소화 문제의 쿤-터커 조건이 유지되기 위해서는 g_1, g_2, $\cdots$, g_m 이 특정한 **정규성 조건**regularity condition을 충족시켜야 하며, 제약조건이 선형이면 정규성 조건이 항상 만족된다. 이에 대한 적용방법을 이해하기 위해 다음의 문제를 생각해 보자.

$$\begin{aligned} \max \quad & f(x) \\ \text{s.t.} \quad & a \leq x \leq b \end{aligned}$$

쿤-터커 조건을 적용하기 위해 제약조건을 다음과 같이 변환시킨다.

$$\begin{aligned} \max \quad & f(x) \\ \text{s.t.} \quad & -x \leq -a \\ & x \leq b \end{aligned}$$

이제 쿤-터커 조건을 적용하면 다음을 얻는다.

$$\begin{aligned} & f'(x) + \lambda_1 - \lambda_2 = 0 \\ & \lambda_1(-a + x) = 0 \\ & \lambda_2(b - x) = 0 \\ & \lambda_1 \geq 0 \\ & \lambda_2 \geq 0 \end{aligned}$$

이때 각 승수 $\lambda_i (i = 1, 2)$가 음이 아니라는 사실을 이용할 필요가 있으며, 다음 네 가지 경우를 생각할 수 있다.

① 경우 1 : $\lambda_1 = \lambda_2 = 0$ 인 경우 $f'(x) + \lambda_1 - \lambda_2 = 0$ 이므로 $f'(\overline{x}) = 0$ 을 얻는다.

② 경우 2 : $\lambda_1 = 0$, $\lambda_2 > 0$ 인 경우 $\lambda_2 > 0$ 이므로 $\lambda_2(b - x) = 0$ 으로부터 $\overline{x} = b$ 가 된다. 이를 위의 ①에 대입하면 $f'(b) + \lambda_1 - \lambda_2 = f'(b) - \lambda_2 = 0$, 즉 $f'(b) = \lambda_2 > 0$ 이므로 $f'(b) > 0$ 을 얻는다.

③ 경우 3 : $\lambda_1 > 0$, $\lambda_2 = 0$ 인 경우 $\lambda_1 > 0$ 이므로 $\lambda_1(-a + x) = 0$ 으로부터 $\overline{x} = a$ 가 된다. 이를 위의 ①에 대입하면 $f'(a) + \lambda_1 - \lambda_2 = f'(a) + \lambda_1 = 0$, 즉 $f'(a) = -\lambda_1 < 0$ 이므로 $f'(a) < 0$ 을 얻는다.

④ 경우 4 : $\lambda_1 > 0$, $\lambda_2 > 0$ 인 경우 $\lambda_1(-a + x) = 0$ 과 $\lambda_2(b - x) = 0$ 으로부터 $\overline{x} = a$, $\overline{x} = b$ 를 얻는다. 따라서 두 개의 최적해를 얻는 모순이 발생하므로 ④는 발생할 수 없다.

제약조건이 선형이므로 $f(x)$가 오목함수이면 이러한 쿤-터커 조건은 처음의 NLP 문제에 최적해를 산출할 수 있다.

예제 5-18

어느 독점기업이 원료가 되는 화학제품을 kg당 10천 원으로 17.25kg까지 구매할 수 있다. 이 원료는 kg당 3천 원의 비용으로 1kg의 제품 1을 생산하거나 kg당 5천 원의 비용으로 1kg의 제품 2를 생산한다. 만일 제품 1의 생산량이 $x_1$kg이면 이 제품은 kg당 $30-x_1$ 천 원으로 판매되고, 제품 2의 생산량이 $x_2$kg이면 kg당 $50-2x_2$천 원으로 판매된다. 이때 독점기업에 대한 규제로 판매량이 일정 부분 이상 늘어날 수 없으며, 규제가 없더라도 시장에서 유일한 독점기업이므로 가격을 계속 내리지 않고 어떤 수준에서 고정 혹은 증가시킴으로써 판매량이 증가하므로 가격이 음수가 되는 상황은 발생하지 않는다. 이 독점회사의 이익을 극대화하는 방법을 구하라.

풀이

변수를 다음과 같이 정의한다.

- x_1: 제품 1의 생산량(kg)
- x_2: 제품 2의 생산량(kg)
- x_3: 구입한 원료량 kg

그러면 이익은 제품 1, 제품 2의 생산량에 따른 가격에 사용된 비용을 빼면 되므로 다음의 NLP 문제로 전환할 수 있다.

$$\begin{aligned}
\max\ z &= x_1(30-x_1)+x_2(50-2x_2)-3x_1-5x_2-10x_3 \\
\text{s.t.}\quad x_1+x_2 &\le 3 \quad \text{또는} \quad x_1+x_2-x_3 \le 0 \\
x_3 &\le 17.25 \\
x_1,\ x_2,\ x_3 &\ge 0
\end{aligned}$$

여기서 목적함수는 오목함수의 합이므로 오목함수이고 제약조건은 선형이므로 볼록함수이다. 따라서 쿤-터커 조건에 따르면 $(x_1,\ x_2,\ x_3)$가 주어진 문제의 최적해라는 것에 필요충분조건이다. 쿤-터커 조건을 적용하면 다음을 얻는다.

$$\begin{aligned}
30-2x_1-3-\lambda_1 &= 0 \\
50-4x_1-5-\lambda_1 &= 0 \\
10+\lambda_1-\lambda_2 &= 0 \\
\lambda_1(-x_1-x_2+x_3) &= 0 \\
\lambda_2(17.25-x_3) &= 0 \\
\lambda_1 &\ge 0 \\
\lambda_2 &\ge 0
\end{aligned}$$

이때 다음 네 가지 경우를 생각한다.

① 경우 1 : $\lambda_1=\lambda_2=0$인 경우 $-10+\lambda_1-\lambda_2=0$에 위배되므로 발생할 수 없다.

② 경우 2 : $\lambda_1=0,\ \lambda_2>0$인 경우 $\lambda_1=0$이면 $-10+\lambda_1-\lambda_2=0$에서 $\lambda_2=-10$

이고, $\lambda_2 > 0$에 위배된다.

③ 경우 3 : $\lambda_1 > 0$, $\lambda_2 = 0$인 경우 $-10 + \lambda_1 - \lambda_2 = 0$에서 $\lambda_1 = 10 (> 0)$을 얻는다. 따라서 첫 번째 조건 $30 - 2x_1 - 3 - \lambda_1 = 0$에서 $x_1 = 8.5$이고, 두 번째 조건 $50 - 4x_2 - 5 - \lambda_1 = 0$에서 $x_2 = 8.75$를 얻는다. 또한 x_1, x_2를 세 번째 조건 $\lambda_1(-x_1 - x_2 + x_3) = 0$에 대입하면 $x_3 = 17.25$를 얻는다. 따라서 $\overline{x}_1 = 8.5$, $\overline{x}_2 = 8.75$, $\overline{x}_3 = 17.25$, $\overline{\lambda}_1 = 10$, $\overline{\lambda}_2 = 0$이 쿤-터커 조건을 만족한다.

④ 경우 4 : $\lambda_1 > 0$, $\lambda_2 > 0$인 경우 ③이 최적해를 산출하므로 ④는 생각할 필요가 없다.

따라서 최적해는 화학제품 17.25kg을 구매하여 제품 1과 제품 2를 각각 8.5kg, 8.75kg을 생산하는 것이다. 여기서 작은 Δ에 대해 $\overline{\lambda}_1 = 10$은 Δkg의 화학제품이 어떠한 비용도 없이 추가적으로 얻어진다면 이익이 10Δ만큼 증가함을 의미한다. 또한, $-10 + \lambda_1 - \lambda_2 = 0$을 통해서 $\overline{\lambda}_2 = 0$임을 알고 있으며, 이는 Δkg의 화학제품을 추가로 구매해도 이익은 증가하지 않음을 나타낸다.

마셜과 힉스 수요함수 E

제약조건이 주어진 대표적인 수요함수로 **마셜 수요함수**Marshallian demand function과 **힉스 수요함수**Hicksian demand function를 생각할 수 있다. 두 제품 x, y의 가격이 각각 p_x, p_y이고, 소비에 수용되는 총 예산을 I라 하자. 그러면 두 수용함수는 각각 다음과 같다.

❶ **마셜 수요함수** : 보통수요함수라고도 하며, 주어진 예산제약조건 아래서 효용을 극대화하는 수요함수로서 다음과 같이 표현된다.

$$\begin{aligned} &\max\ U(x, y) \\ &\text{s.t. } p_x x + p_y y = I \end{aligned}$$

❷ **힉스 수요함수** : 보상수요함수라고도 하며, 주어진 효용 $\overline{U}$를 달성하기 위한 지출을 최소화하는 수요함수로서 다음과 같이 표현된다.

$$\begin{aligned} &\min\ p_x x + p_y y \\ &\text{s.t. } U(x, y) = \overline{I} \end{aligned}$$

예를 들어, 효용함수 $u(x, y) = f(x, y)$를 이용하여 마샬 수요함수를 구해 보자. 이때 예산에 대한 제약조건은 100, 즉 $x + y \leq 100$이다. 그러면 효용을 극대화하는 수요함수는 다음과 같이 표현된다.

$$\begin{aligned} &\max\ u = f(x, y) \\ &\quad \text{s.t.} \quad x + y \leq 100 \end{aligned}$$

그러면 등식의 제약조건이 주어진 최대화 문제이므로 다음과 같은 라그랑주 함수를 이용한다.

$$L = f(x, y) + \lambda(100 - x - y)$$

이제 다음과 같이 변수 x, y, λ에 관한 편도함수를 구하고, 이 방정식의 해를 구하면 최적해를 구할 수 있다.

$$\frac{\partial L}{\partial x} = f_x - \lambda = 0\,,\ \frac{\partial L}{\partial y} = f_y - \lambda = 0\,,\ \frac{\partial L}{\partial \lambda} = 100 - x - y = 0$$

좀 더 일반적으로 효용함수가 $U(x, y) = xy$일 때 다음 선형계획법의 최적해를 구해 보자.

$$\begin{aligned} &\max\ U(x, y) = xy \\ &\quad \text{s.t.} \quad p_x x + p_y y = I \end{aligned}$$

그러면 라그랑주 함수는 $L = xy + \lambda(I - p_x x - p_y y)$이고, 이 함수의 1계 편도함수는 각각 다음과 같다.

$$\frac{\partial L}{\partial x} = y - \lambda = 0\,,\ \frac{\partial L}{\partial y} = x - \lambda = 0\,,\ \frac{\partial L}{\partial \lambda} = I - p_x x - p_y y = 0$$

이 연립방정식을 풀면 $x^M = \dfrac{I}{2p_x}$, $y^M = \dfrac{I}{2p_y}$, $\lambda = \dfrac{I}{2p_x p_y}$이다. 이제 2계 편도함수를 이용한 헤시안 행렬을 구하면 최대 또는 최소를 판단할 수 있다. 여기서 x^M과 y^M은 소비자의 마샬 수요함수이다.

예제 5-19

다음 경우에 대한 힉스 수요함수를 구하라.

$$\begin{aligned} &\min\ p_x x + p_y y \\ &\text{s.t. } xy = \bar{I} \end{aligned}$$

풀이

라그랑주 함수 $L = p_x x + p_y y + \lambda(\bar{I} - xy)$에 대한 1계 편도함수를 구하면 다음과 같다.

$$\frac{\partial L}{\partial x} = p_x - \lambda y = 0,\ \frac{\partial L}{\partial y} = p_x - \lambda x = 0,\ \frac{\partial L}{\partial \lambda} = \bar{I} - xy = 0$$

이 연립방정식의 해를 구하면 $x^H = \left(\frac{p_y \bar{I}}{p_x}\right)^{\frac{1}{2}}$, $y^H = \left(\frac{p_x \bar{I}}{p_y}\right)^{\frac{1}{2}}$, $\lambda = \left(\frac{p_x p_y}{\bar{I}}\right)^{\frac{1}{2}}$ 이고, 여기서 x^H와 y^H는 소비자의 힉스 수요함수이다.

5장 연습문제

01. 다음 부등식을 만족하는 해집합을 구하라.

(a) $2x + y \geq 1$, $x - y \geq -1$

(b) $x - 2y \geq 3$, $3x + y \leq 3$

(c) $x - y \leq 2$, $-x - y \leq 2$, $x \geq 0$

(d) $-3x + 2y \geq 2$, $2x - 3y \leq 1$

02. $x \geq 0$, $y \geq 0$일 때, 제약조건 아래서 목적함수의 최적값과 최적해를 구하라.

(a) 제약조건 $2x + 3y \leq 6$, $4x + y \leq 4$, 목적함수 $z = 2x + y$의 최댓값

(b) 제약조건 $5x + 2y \leq 10$, $x + y \leq 3$, 목적함수 $z = -3x + 6y$의 최댓값

(c) 제약조건 $5x + 4y \leq 15$, $5x + 2y \leq 10$, $x - 2y \leq 1$, 목적함수 $z = x + y$의 최댓값

(d) 제약조건 $5x + 4y \leq 20$, $x - y \leq 2$, $y \leq 4$, 목적함수 $z = 3x + 2y$의 최댓값

(e) 제약조건 $x + 2y \geq 6$, $5x + 4y \geq 20$, 목적함수 $z = 3x + 2y$의 최솟값

(f) 제약조건 $4x + 3y \geq 12$, $3x + 4y \geq 12$, $x \leq 4$, $y \leq 3$, 목적함수 $z = 2x + 2y$의 최솟값

(g) 제약조건 $5x + 2y \geq 10$, $4x + 3y \geq 12$, $x + 2y \geq 4$, 목적함수 $z = x + 3y$의 최솟값

(h) 제약조건 $x + y \geq 1$, $x - y \leq 1$, $x - y \geq -1$, $x \leq 2$, $y \leq 2$, 목적함수 $z = x + 2y$의 최솟값

03. 주어진 등식제약조건 $g(x, y)$ 아래서 목적함수 $f(x, y)$의 극댓값 또는 극솟값을 구하라.

(a) $g(x, y) = x - 2y + 8 = 0$, $f(x, y) = x^2 + y^2 + 2x + 4$

(b) $g(x, y) = -3x - 4y + 2 = 0$, $f(x, y) = x^2 + y^2 - 25$

(c) $g(x, y) = x + y - 100 = 0$, $f(x, y) = xy$

(d) $g(x, y) = x + 2y - 1 = 0$, $f(x, y) = 2x^2 + y^2 - 10$

04. ME 다이어트를 위해 다음의 세 가지 음식의 최적비율을 고려하고자 한다. 최소한 하루에 섭취해야 하는 양은 1,000cal, 탄수화물 100g, 단백질 220g이다. 현재 소비할 수 있는 음식은 치킨, 자장면, 라면이고 이 각각의 구매비용이 치킨 한 조각, 자장면 한 그릇, 라면 한 개에 대해 각각 20,000원, 7,000원, 4,000원이라고 한다. 각 음식에 포함된 영양분이 다음의 표와 같다고 할 때, 매일 최소의 비용으로 매일의 섭취해야 할 양을 충족시키는 데 사용될 수 있는 선형계획모형을 수립하라.

	칼로리(cal)	탄수화물(g)	단백질(g)
치킨 한 조각	500	50	60
자장면 한 그릇	1,500	80	30
라면 한 개	1,500	85	30

05. 다음의 **조건**을 충족시키면서 근무하는 소방관 수를 최소화하는 업무 일정을 수립하는 선형계획모형을 작성하라.
M E

조건

① A 소방서는 각 4시간 동안 소방관 근무인원을 다음과 같이 필요로 한다.

시간	요구된 최소 소방관 수
자정 12시 - 오전 4시	5
오전 4시 - 오전 8시	4
오전 8시 - 정오 12시	8
정오 12시 - 오후 4시	8
오후 4시 - 오후 8시	6
오후 8시 - 자정 12시	5

② 각 소방관은 연속적으로 4시간씩 총 8시간을 일한다.

06. 다른 현금흐름을 갖는 투자안 1, 2의 기간별 현금흐름이 다음의 표와 같다고 할 때, 현재 2천만 원을 투자할 수 있고 1년 뒤에 1천만 원을 투자할 수 있다. 이자율이 10%라고 가정하여 다음 표의 투자안으로부터 얻은 순현재가치(NPV)를 극대화하는 선형계획모형을 수립하라.
M E

	기간별 현금흐름(단위 : 백만 원)			
기간(년 뒤)	현재	1	2	3
투자안 1	−6	−5	7	9
투자안 2	−8	−3	9	7

07. 어떤 중소기업이 세 고객사 1, 2, 3에게 각 40만 단위의 부품을 납품한다. 창고에서 각 고객사까지 1단위에 다음의 표와 같은 운송비용이 들며, 이에 따른 최대 공급량과 최소 수요량은 다음과 같다. 각 고객사의 수요량을 충족시키는 비용을 최소화하기 위한 선형계획모형을 수립하라.
M E

부터	까지			최대 공급량 (만 단위)
	고객사 1	고객사 2	고객사 3	
창고 1	13	32	23	70
창고 2	8	48	38	100
최소 수요량(만 단위)	25	85	60	170

08. 어떤 신도시 6개 지역에 소방서를 만들려고 한다. 이 도시는 최소한 10분 내에 소방차량으로 모든 지역에 접근할 수 있도록 보장하는 최소의 소방서 수를 결정하고자 한다. 각 지역 간의 차량 이동시간이 다음의 표와 같다고 할 때 얼마나 많은 소방서가 만들어져야 하는지와 어떤 지역에 만들어야 하는지를 결정하는 선형계획모형을 수립하라.

M

부터	까지					
	지역 1	지역 2	지역 3	지역 4	지역 5	지역 6
지역 1	0	7	15	20	15	10
지역 2	7	0	5	15	20	15
지역 3	15	5	0	15	25	25
지역 4	20	15	15	0	8	10
지역 5	15	20	25	8	0	5
지역 6	10	15	25	10	5	0

09. 정부가 동일한 평가기준에 의해 각 공항의 연간 효율성을 평가하여 다음 표와 같은 투입물과 산출물의 관찰값을 얻었다.

ME

공항	투입물			산출물	
	1	2	3	1	2
1	5	13	4	8	10
2	10	8	3	5	9
3	80	30	8	10	12

각 투입물과 산출물의 단위도 다음과 같을 때, 세 공항의 효율성에 기초한 성과평가를 위한 선형계획모형을 수립하라.

- 투입물 1 : 연간 운영인원(십 명)
- 투입물 2 : 연간 운영비용(백억 원)
- 투입물 3 : 게이트 수(개)
- 산출물 1 : 연간 운송인원(십만 명)
- 산출물 2 : 연간 이착륙횟수(천 회)

5장 연습문제

10. 콥-더글라스 효용함수가 다음과 같이 주어졌다고 할 때, 이 효용함수를 이용하여 마셜 수요함수를 구하라.
E

$$u(x, y) = x^{\alpha} y^{\beta}$$

11. 효용함수 $u(x, y) = x\, y^2$가 주어졌을 때, 이 함수에 대한 힉스 수요함수를 구하라.
E

6장

적분법

CONTENTS

6.1 부정적분
6.2 치환적분법과 부분적분법
6.3 정적분
6.4 이상적분
6.5 경영·경제에의 응용
연습문제

학습목표

6장에서는 부정적분, 치환적분법과 부분적분법, 정적분, 이상적분에 대해 다룬다. 이후 이를 응용할 수 있는 경영·경제학의 확률질량함수와 한계분석, 신문팔이 문제, 입찰모형, 한계와 총계, 소비자 잉여와 생산자 잉여 등을 설명한다.

6.1 부정적분

경제학에서 동태분석을 실시하면 순간변화율과 같이 이미 알고 있는 변화유형으로 어떤 변수의 연속 시간에 따른 경로를 설명하게 된다. 이때 적분의 개념을 이용하며, 이 절에서는 부정적분의 의미와 그 성질에 대해 살펴보도록 한다.

부정적분의 의미

함수 $F(x) = x^2$, $G(x) = x^2 + 1$, $H(x) = x^2 - 5$의 도함수는 모두 동일하게 $2x$이다. 즉 $F(x)$, $G(x)$, $H(x)$와 같이 미분가능하다면, 이 함수의 도함수 $F'(x)$, $G'(x)$, $H'(x)$를 구할 수 있다. 반대로 이 절에서는 도함수 $F'(x)$를 알고 있을 때 함수 $F(x)$를 구하는 방법을 알아볼 것이다. 즉 도함수를 구하는 과정의 역산이다.

정의 6-1 원시함수

미분가능한 어떤 함수 $F(x)$의 도함수가 $f(x)$라 하자. 즉 $F'(x) = f(x)$일 때, 함수 $F(x)$를 $f(x)$의 **원시함수**primitive function라 하고 다음과 같이 나타낸다.

$$F(x) = \int f(x)\,dx$$

예를 들어 앞의 세 함수 $F(x)$, $G(x)$, $H(x)$의 도함수가 $f(x) = 2x$이므로 이 함수는 함수 $f(x)$의 원시함수이고 다음과 같이 나타낸다.

$$\int 2x\,dx = x^2, \quad \int 2x\,dx = x^2 + 1, \quad \int 2x\,dx = x^2 - 5$$

그러면 $f(x) = 2x$의 원시함수에서 살펴보는 바와 같이 어떤 함수 $f(x)$에 대해 다음 두 가지 사실을 얻는다.

❶ 함수 $f(x)$의 원시함수는 유일하지 않다.

❷ 원시함수는 단지 상수에서 차이가 있다.

따라서 함수 $F(x)$가 $f(x)$의 특정한 원시함수라면, 일반적으로 임의의 상수 C에 대해 $f(x)$의 원시함수는 다음과 같다.

$$\int f(x)dx = F(x) + C$$

이때 $F(x)+C$를 $f(x)$의 **부정적분**indefinite integral이라 하고, 임의의 상수 C를 **적분상수**integration constant라 한다. 또한 기호 $\int$ 을 **적분기호**symbol of ntegral라 하고, $f(x)$를 **피적분함수**integrand, x를 **적분변수**variable of integrand라 한다. 그러면 부정적분 $F(x)$와 피적분함수 $f(x)$ 사이에 다음 관계가 성립한다.

$$F(x) = \int f(x)dx \quad \Leftrightarrow \quad F'(x) = f(x)$$

기본 적분법

적분은 미분의 역산이므로 미분법을 역으로 생각하면 다음과 같은 기본적인 적분법을 얻는다.

❶ **[성질 1] 상수 배의 적분 :** 상수 배의 도함수는 도함수의 상수 배와 같다는 사실을 역으로 계산한다. 함수 $F(x)$가 $f(x)$의 원시함수라 하면, $F'(x) = f(x)$이므로 $[kF(x)]' = kf(x)$가 성립하므로 다음과 같은 성질을 얻는다.

$$\int kf(x)dx = kF(x) = k\int f(x)dx$$

❷ **[성질 2] 합의 적분 :** 두 함수의 합에 대한 도함수는 도함수의 합과 같으므로 역으로 두 함수의 합에 대한 부정적분은 두 부정적분의 합과 같다. 즉 $F'(x) = f(x)$, $G'(x) = g(x)$이면 $[F(x) + G(x)]' = f(x) + g(x)$이므로 역으로 다음이 성립한다.

$$\int [f(x) + g(x)]\,dx = F(x) + G(x) = \int f(x)dx + \int g(x)dx$$

위의 두 가지 성질을 이용하면 $\int [af(x) + bg(x)]\,dx = a\int f(x)dx + b\int g(x)dx$ 임을 알 수 있다.

❸ **[성질 3] 실수 지수를 갖는 함수의 적분 :** 임의의 실수 $a\,(\neq -1)$에 대해 $(x^{a+1})' = (a+1)x^a$이므로 역산으로 ❶에 의해 다음을 얻는다.

$$\int (a+1)x^a dx = (a+1)\int x^a dx = x^{a+1} + C_1$$

즉, 임의의 실수 $a\,(\neq -1)$에 대해 함수 x^a의 부정적분은 다음과 같다. 여기서 $C = C_1/(a+1)$이다.

$$\int x^a dx = \frac{1}{a+1} x^{a+1} + C$$

❹ **[성질 4] 로그함수와 관련된 적분 :** 로그함수의 도함수를 이용하면 ❸에서 $a = -1$인 경우의 부정적분을 구할 수 있다. 자연로그함수의 정의역이 $x > 0$이고 $(\ln x)' = \dfrac{1}{x}$이므로 함수 $\dfrac{1}{x}$의 부정적분은 다음과 같다.

$$\int x^{-1} dx = \int \frac{1}{x} dx = \ln|x| + C$$

❺ **[성질 5] 지수함수의 적분 :** 실수 a $(a > 0,\ a \neq 1)$에 대해 $(a^x)' = a^x \ln a$이므로 다음 역산을 얻는다.

$$\int a^x (\ln a) dx = (\ln a) \int a^x dx = a^x + C_1$$

따라서 밑이 a인 지수함수의 부정적분은 다음과 같다. 여기서 $C = C_1/(\ln a)$이다.

$$\int a^x dx = \frac{1}{\ln a} a^x + C$$

특히 $a = e$인 자연지수함수의 부정적분은 다음과 같다.

$$\int e^x dx = e^x + C$$

예제 6-1

어떤 곡선 $y = f(x)$의 위의 점 (x, y)에서 접선의 기울기가 $2x + \frac{1}{x}$이다. 이 곡선이 점 $(1, 2)$를 지날 때, 이 곡선의 방정식을 구하라.

TIP 주어진 조건에 맞는 원시함수를 구한다.

풀이

① 조건을 만족하는 부정적분을 구한다. 곡선 위의 점 (x, y)에서 접선의 기울기는 $f'(x) = 2x + \frac{1}{x}$이므로 다음을 얻는다.

$$f(x) = \int \left(2x + \frac{1}{x}\right) dx = \int 2x\,dx + \int \frac{1}{x}\,dx = x^2 + \ln|x| + C$$

② 적분상수를 구한다. 이 함수가 점 $(1, 2)$를 지나므로 다음 적분상수를 얻는다.

$$f(1) = 1^2 + \ln 1 + C = 2 \;\Rightarrow\; 1 + C = 2 \;\Rightarrow\; C = 1$$

③ 곡선의 방정식을 구한다. 구하고자 하는 함수는 $f(x) = x^2 + \ln|x| + 1$이다.

6.2 치환적분법과 부분적분법

합성함수의 미분법을 이용하여 합성함수 같은 복잡한 형태의 함수의 도함수를 구하였으며, 두 함수의 곱에 대한 미분법을 살펴보았다. 이 절에서는 이러한 도함수의 역산, 즉 피적분함수가 합성함수 모양이거나 두 함수의 곱인 형태일 때 부정적분을 구하는 방법에 대해 살펴본다.

치환적분법

함수 $y = f[g(x)]$의 도함수를 구하기 위해 $y = f(u)$, $u = g(x)$라 놓고 연쇄법칙에 의해 다음을 얻었다.

$$\frac{d}{dx}f[g(x)] = \frac{dy}{dx} = \frac{dy}{du}\frac{du}{dx} = f'[g(x)]g'(x)$$

따라서 함수 $f'[g(x)]g'(x)$의 원시함수는 $f[g(x)]$임을 알 수 있다. 이제 함수 $y = F(u)$를 $f(u)$의 원시함수라 하면 다음이 성립한다.

$$F'(u) = f(u) \quad \Leftrightarrow \quad F(u) = \int f(u)\,du$$

이때 $u = g(x)$가 미분가능한 함수라 하면 $\frac{du}{dx} = g'(x)$, $F(u) = F[g(x)]$이고 연쇄법칙에 의해 다음을 얻는다.

$$\frac{d}{dx}F[g(x)] = \frac{d}{du}F(u)\frac{du}{dx} = f(u)g'(x) = f[g(x)]g'(x)$$

그러면 $f[g(x)]g'(x)$의 원시함수는 $F[g(x)] = F(u)$이고 $F(u)$는 $f(u)$의 원시함수이므로 다음이 성립한다.

$$\int f[g(x)]g'(x)\,dx = F[g(x)] = F(u) = \int f(u)\,du$$

피적분함수가 $f[g(x)]g'(x)$ 형태이면 $u = g(x)$로 치환하여 부정적분을 구하며, 이와 같은 방법을 **치환적분법** integration by substitution이라 한다. 치환적분법에 대한 구조를 살펴보면 [그림 6-1]과 같다.

$$\int f[g(x)]g'(x)dx = \int f(u)du = F(u) + C = F[g(x)] + C$$

$u = g(x)$

$du = g'(x)dx$

그림 6-1 치환적분의 구조

치환적분법을 이용하면, 다음과 같은 적분 공식을 얻는다.

❶ $\displaystyle\int [f(x)]^n f'(x)dx = \frac{1}{n+1}[f(x)]^{n+1} + C,\ n \neq -1$

❷ $\displaystyle\int (ax+b)^n dx = \frac{1}{a(n+1)}(ax+b)^{n+1} + C,\ n \neq -1,\ a \neq 0$

❸ $\displaystyle\int \frac{f'(x)}{f(x)}dx = \ln|f(x)| + C$

예제 6-2

다음 함수의 부정적분을 구하라.

(a) $\displaystyle\int (x^2+x-1)^2(2x+1)dx$ **(b)** $\displaystyle\int 4xe^{x^2}dx$

(c) $\displaystyle\int \frac{2x}{(x^2+1)^2}dx$ **(d)** $\displaystyle\int \sqrt{x^2-x+3}\,(2x-1)dx$

TIP 치환한 함수의 도함수가 피적분함수 안에 포함되어 있는지 관찰한다.

풀이

(a) ① $u = x^2 + x - 1$ 이라 하면 $du = (2x+1)dx$ 이다.

② 치환적분을 이용하여 부정적분을 구한다.

$$\int (x^2+x-1)^2(2x+1)dx = \int u^2 du = \frac{1}{3}u^3 + C$$

③ $u = x^2 + x - 1$ 을 부정적분에 대입한다.

$$\int (x^2+x-1)^2(2x+1)dx = \frac{1}{3}(x^2+x-1)^3 + C$$

(b) ① $u = x^2$ 이라 하면 $du = 2x\,dx$ 이다.

② 치환적분을 이용하여 부정적분을 구한다.

$$\int 4xe^{x^2}dx = 2\int e^u du = 2e^u + C$$

③ $u = x^2$ 을 부정적분에 대입한다.

$$\int 4x e^{x^2} dx = 2e^{x^2} + C$$

(c) ① $u = x^2 + 1$ 이라 하면 $du = 2x\,dx$ 이다.

② 치환적분을 이용하여 부정적분을 구한다.

$$\int \frac{2x}{(x^2+1)^2} dx = \int \frac{1}{u^2} du = \int u^{-2} du = -\frac{1}{u} + C$$

③ $u = x^2 + 1$ 을 부정적분에 대입한다.

$$\int \frac{2x}{(x^2+1)^2} dx = -\frac{1}{x^2+1} + C$$

(d) ① $u = x^2 - x + 3$ 이라 하면 $du = (2x-1)dx$ 이다.

② 치환적분을 이용하여 부정적분을 구한다.

$$\int \sqrt{x^2 - x + 3}\,(2x-1)dx = \int \sqrt{u}\,du = \int u^{1/2} du = \frac{2}{3}u^{3/2} + C$$

③ $u = x^2 - x + 3$ 을 부정적분에 대입한다.

$$\begin{aligned}\int \sqrt{x^2 - x + 3}\,(2x-1)dx &= \frac{2}{3}(x^2 - x + 3)^{3/2} + C \\ &= \frac{2}{3}(x^2 - x + 3)\sqrt{x^2 - x + 3} + C\end{aligned}$$

부분적분법

미분가능한 두 함수 $u = f(x)$, $v = g(x)$ 의 곱에 대한 도함수는 $\frac{d}{dx}f(x)g(x) = f'(x)g(x) + f(x)g'(x)$이다. 그러므로 $f'(x)g(x) + f(x)g'(x)$의 원시함수는 $f(x)g(x)$이고 다음 관계식을 얻는다.

$$\int [f'(x)g(x) + f(x)g'(x)]\,dx = f(x)g(x)$$

부정적분의 선형적 성질을 이용하면 위 식을 다음과 같이 변형할 수 있다.

$$\int f(x)g'(x)dx = f(x)g(x) - \int f'(x)g(x)dx \quad \text{또는} \quad \int uv'dx = uv - \int u'v\,dx$$

위와 같이 $f(x)g'(x)$ 또는 uv'의 부정적분을 구하는 방법을 **부분적분법** integration by parts이라 한다. 부분적분법은 다항함수와 초월함수의 곱을 적분하거나 초월함수와 초월함수의 곱을 적분할 때 많이 사용한다. 특히 다항함수와 초월함수의 곱을 적분할 때 다항함수를 u로 놓고, 초월함수를 v'으로 놓는 것이 수월하다. 이때 유의할 점은 우변의 피적분함수가 좌변의 피적분함수보다 간단한 형태가 되도록 유도하는 것이다. 예를 들어 $\int xe^x\,dx$를 구하기 위해 $u=x$, $v'=e^x$으로 놓는다. 그러면 $u'=1$, $v=e^x$이므로 부정적분 $\int xe^x\,dx = uv - \int u'v\,dx = x\cdot e^x - \int 1\cdot e^x\,dx = xe^x - e^x + C$를 얻는다. 특히 다항함수와 초월함수의 곱에 대해 부분적분법을 적용하면 다음과 같은 결과를 얻는다.

❶ 다항함수는 0이 될 때까지 반복하여 미분하고 초월함수는 그 단계까지 반복하여 적분한다.

❷ 다음 [그림 6-2]와 같이 대각선으로 다항함수와 초월함수를 반복적으로 부호를 바꾸면서 곱한다.

❸ ❷에서 얻은 함수들을 모두 더한다.

예를 들어 $\int (x^2-x+1)e^{-x}\,dx$를 구한다고 하자. 그러면 [그림 6-2]와 같이 x^2-x+1은 반복적으로 미분하고 e^{-x}는 반복적으로 적분한다. 그다음 + 부호와 − 부호를 반복적으로 부여하여 모두 더한다.

미분 : $x^2-x+1 \;\rightarrow\; 2x-1 \;\rightarrow\; 2 \;\rightarrow\; 0$

$\qquad\qquad\qquad\searrow\oplus \qquad\quad \searrow\ominus \qquad \searrow\oplus$

적분 : $e^{-x} \;\rightarrow\; -e^{-x} \;\rightarrow\; e^{-x} \;\rightarrow\; -e^{-x}$

결과 : $[(x^2-x+1)(-e^{-x})]-[(2x-1)e^{-x}]+[2(-e^{-x})] = -(x^2+x+2)e^{-x}$

그림 6-2 **부분적분법의 간편 계산**

한편 부분적분법을 이용하면 자연로그함수의 부정적분을 구할 수 있다. 이때 $u=\ln x$, $v'=1$이라 하면 $u'=\dfrac{1}{x}$, $v=x$이므로 다음 부정적분을 얻는다.

$$\begin{aligned}\int \ln x\,dx &= uv - \int u'v\,dx = (\ln x)\cdot x - \int \frac{1}{x}\cdot x\,dx\\ &= x\ln x - \int 1\,dx = x\ln x - x + C\\ &= x(-1+\ln x) + C\end{aligned}$$

즉 자연로그함수의 부정적분은 $\int \ln x\,dx = x(-1+\ln x)+C$이다.

예제 6-3

다음 함수의 부정적분을 구하라.

(a) $\int (x^2+1)e^x\,dx$ **(b)** $\int (x^2+x+1)e^{2x}\,dx$

TIP 다항함수는 반복하여 미분하고 지수함수는 반복하여 적분한다.

풀이

(a) ①

$$\begin{array}{ccccccc} x^2+1 & \rightarrow & 2x & \rightarrow & 2 & \rightarrow & 0 \\ & \searrow^{+} & & \searrow^{-} & & \searrow^{+} & \\ e^x & \rightarrow & e^x & \rightarrow & e^x & \rightarrow & e^x \end{array}$$

② 적분결과는 다음과 같다.

$$\int (x^2+1)e^x\,dx = (x^2+1)(e^x) - (2x)(e^x) + (2)(e^x) = (x^2-2x+3)e^x + C$$

(b) ①

$$\begin{array}{ccccccc} x^2+x+1 & \rightarrow & 2x+1 & \rightarrow & 2 & \rightarrow & 0 \\ & \searrow^{+} & & \searrow^{-} & & \searrow^{+} & \\ e^{2x} & \rightarrow & \frac{1}{2}e^{2x} & \rightarrow & \frac{1}{4}e^{2x} & \rightarrow & \frac{1}{8}e^{2x} \end{array}$$

② 적분결과는 다음과 같다.

$$\int (x^2+x+1)e^{2x}\,dx = \frac{1}{2}(x^2+x+1)e^{2x} - \frac{1}{4}(2x+1)e^{2x} + \frac{1}{8}(2)e^{2x} + C$$

$$= \frac{1}{2}(x^2+1)e^{2x} + C$$

6.3 정적분

이 절에서는 정적분의 개념을 정의하고 부정적분과 정적분의 관계를 살펴본다. 특히 정적분은 경제학의 공급과 수요를 이용한 시장분석에 많이 이용되므로 자세히 살펴볼 필요가 있다.

정적분의 정의

반지름이 r 인 원의 넓이는 πr^2 이다. 이때, 이 넓이는 어떠한 방식으로 도출된 것일까? 먼저, 원을 [그림 6-3]과 같이 이미 넓이를 구하는 방법을 알고 있는 같은 크기의 삼각형으로 나눈다. 그러면 정사각형, 정팔각형, 정십육각형 등과 같이 원에 내접하는 정n 각형으로 원이 나뉘게 된다. 그러면 원의 중심을 꼭짓점으로 갖는 n 개의 같은 모양 삼각형이 생기며, n 이 커질수록 n 개 삼각형의 넓이의 합은 원의 넓이에 근사함을 알 수 있다.

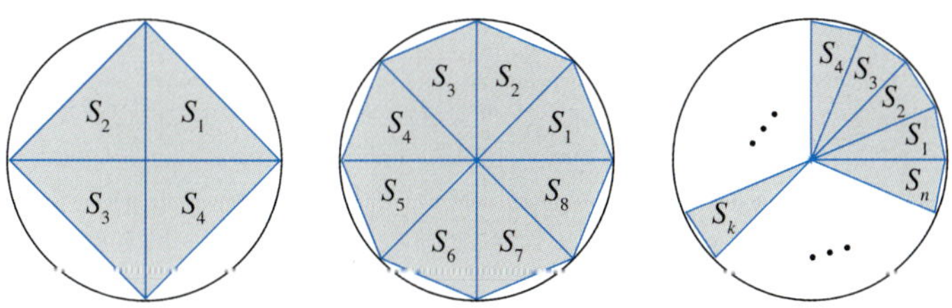

그림 6-3 원의 넓이와 구분구적법

이때 각 삼각형의 밑변의 길이를 l_n, 높이를 r_n 이라 하면 정n 각형의 넓이 S_n 은 $S_n =$ (삼각형 하나의 넓이) $\times n = \dfrac{1}{2} \times l_n \times r_n \times n$이다. 한편 $n \to \infty$ 이면 삼각형의 높이는 반지름 r 에 가까워지고, 밑변의 길이는 원주 $2\pi r$ 의 n 등분에 가까워진다. 따라서 반지름이 r 인 원의 넓이 S 는 다음과 같이 정n 각형의 넓이 S_n 의 극한으로 생각할 수 있다.

$$S = \lim_{n \to \infty} S_n = \lim_{n \to \infty} \frac{1}{2} \times l_n \times r_n \times n = \frac{1}{2} \times r \times \frac{2\pi r}{n} \times n = \pi r^2$$

이와 같은 방법으로 도형의 넓이를 구하는 것을 **구분구적법**mensuration by parts이라 한다. 이러한 구분구적법을 이용하여 닫힌구간 $[a, b]$에서 연속이고 $f(x) \ge 0$ 인 함수 $y = f(x)$에 대해, 구간 $[a, b]$에서 곡선과 x 축으로 둘러싸인 부분의 넓이 S 를 구해 보자. [그림 6-4]와 같이 구간 $[a, b]$를 n 등분한 닫힌구간인 소구간 $[x_{k-1}, x_k]$ 사이에 있는 임의의 점 x_k^* 인 점에서 함숫값 $f(x_k^*)$를 높이로 갖는 사각형들의 넓이의 합을 S_n^* 라 하자.

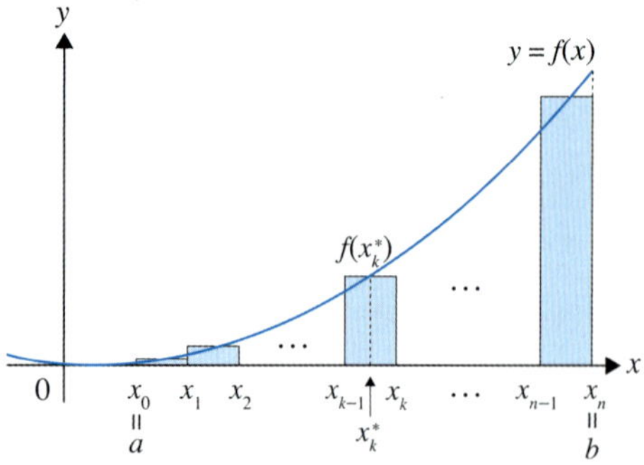

그림 6-4 일반적인 곡선 $f(x)$의 넓이

이때 각 소구간의 길이는 $\Delta x = \dfrac{b-a}{n}$ 이고 S_n^* 는 다음과 같다.

$$\begin{aligned} S_n^* &= f(x_1^*)\Delta x + f(x_2^*)\Delta x + \cdots + f(x_n^*)\Delta x \\ &= \sum_{k=1}^{n} f(x_k^*)\Delta x \end{aligned}$$

또한, $\lim\limits_{n\to\infty} S_n = \lim\limits_{n\to\infty} s_n = S$ 이므로 $S = \lim\limits_{n\to\infty} S_n^* = \lim\limits_{n\to\infty}\sum\limits_{k=1}^{n} f(x_k^*)\Delta x$ 가 성립한다. 이 극한값을 닫힌구간 $[a, b]$에서 $f(x)$의 **정적분**definite integral이라 하고 다음과 같이 나타낸다.

$$S = \int_a^b f(x)\,dx = \lim_{n\to\infty}\sum_{k=1}^{n} f(x_k^*)\Delta x$$ [1]

또한 S가 존재하면, $f(x)$는 닫힌구간 $[a, b]$에서 **적분가능**integrable하다고 한다. 이때 a를 **적분하한**lower limit of ntegration, b를 **적분상한**upper limit of integration이라 한다. 예를 들어 닫힌구간 $[0, 1]$에서 함수 $f(x) = x^2$ 의 정적분은 $\displaystyle\int_0^1 x^2\,dx = \frac{1}{3}$ 이다.

예제 6-4

닫힌구간 $[0, 2]$에서 x축과 함수 $f(x) = 2x$로 둘러싸인 부분의 넓이 S를 구하라.

TIP 닫힌구간 $[0, 2]$를 n등분한 점에서 함숫값을 높이로 갖는 직사각형들의 넓이를 더하여 극한을 취한다.

1 적분기호 $\int$은 '합한다'는 뜻의 영문 'Sum'의 첫 글자인 S를 위와 아래로 늘려서 만든 기호이다.

풀이

① $[0,\ 2]$를 n 등분한 점을 구한다. 구간의 길이가 2 이므로 소구간의 길이는 $\dfrac{2}{n}$ 이고 분할점은

$x_0 = 0\,,\ x_1 = \dfrac{2}{n}\,,\ x_2 = \dfrac{4}{n}\,,\ \cdots\,,\ x_k = \dfrac{2k}{n}\,,\ \cdots\,,\ x_n = \dfrac{2n}{n} = 2$ 이다.

② 오른쪽 끝점에서 함숫값을 구한다.

$$f(x_1) = \frac{4}{n}\,,\ f(x_2) = \frac{8}{n}\,,\ \cdots\,,\ f(x_k) = \frac{4k}{n}\,,\ \cdots\,,\ f(x_n) = 4$$

③ 직사각형 넓이의 합을 구한다.

$$\sum_{k=1}^{n} \frac{2}{n} f(x_k) = \sum_{k=1}^{n} \frac{2}{n}\left(\frac{4k}{n}\right) = \frac{8}{n^2}\sum_{k=1}^{n} k = \frac{8}{n^2}\,\frac{n(n+1)}{2} = \frac{4(n+1)}{n}$$

④ 합에 대해 극한을 취한다.

$$S = \int_0^2 (2x)\,dx = \lim_{n\to\infty} \frac{4(n+1)}{n} = 4$$

따라서 주어진 도형은 밑변이 2, 높이가 4 인 직각삼각형이며 이 삼각형의 넓이는 다음과 같다.

$$S = \frac{1}{2} \times 2 \times 4 = 4$$

정적분의 성질

닫힌구간 $[a,\ b]$에서 적분가능한 함수 $f(x)$, $g(x)$에 대하여 다음 성질이 성립한다.

정리 6-1 정적분의 기본성질

(1) 함수 $f(x)$가 닫힌구간 $[a,\ b]$에서 연속이면, 이 구간에서 $f(x)$는 적분가능하다.

(2) $a < b$ 인 실수 a와 b에 대해 $\displaystyle\int_b^a f(x)\,dx = -\int_a^b f(x)\,dx$ 이다.

(3) $\displaystyle\int_a^a f(x)\,dx = 0$

(4) $\displaystyle\int_a^b k\,dx = k(b-a)$

(5) $\displaystyle\int_a^b [\alpha f(x) + \beta g(x)]\,dx = \alpha\int_a^b f(x)\,dx + \beta\int_a^b g(x)\,dx$, α와 β는 임의의 실수

(6) $\displaystyle\int_a^b f(x)\,dx = \int_a^c f(x)\,dx + \int_c^b f(x)\,dx$

[정리 6-1(2)]는 적분상한과 적분하한을 교환하면 정적분 결과는 절댓값이 같고 부호가 서로 반대임을 보인다. [정리 6-1(3)]은 한 점에서의 정적분은 0 임을 의미하며, [정리 6-1(4)]는 밑변의 길이가 $b-a$ 이고 높이가 k 인 직사각형의 넓이를 의미한다. 또한, [정리 6-1(5)]는 정적분에도 선형적 성질이 성립함을 의미한다. 한편 [정리 6-1(6)]은 $a<c<b$ 인 임의의 한 점 c 에 대하여 닫힌구간 $[a, b]$를 $[a, c]$와 $[c, b]$로 분할하면, 닫힌구간 $[a, b]$에서 $f(x)$의 정적분을 두 소구간에서의 정적분의 합으로 나타낼 수 있음을 의미한다.

한편 함수 $f(x)$의 구조적 특성에 두 가지 형태를 생각할 수 있다. 만일 모든 실수 x 에 대해 $f(x)=f(-x)$를 만족하면 $f(x)$를 **우함수**even function라 한다.[2] 예를 들어, x^2, x^4-2x^2+1 과 같은 함수는 우함수이며, 우함수는 [그림 6-5(a)]와 같이 y 축에 대해 대칭이다. 반면에 $f(x)=-f(x)$를 만족하면 $f(x)$를 **기함수**odd function라 한다. 예를 들어 x^3, x^3-2x 와 같은 함수는 기함수이며, 기함수는 [그림 6-5(b)]와 같이 원점에 대해 대칭이다.

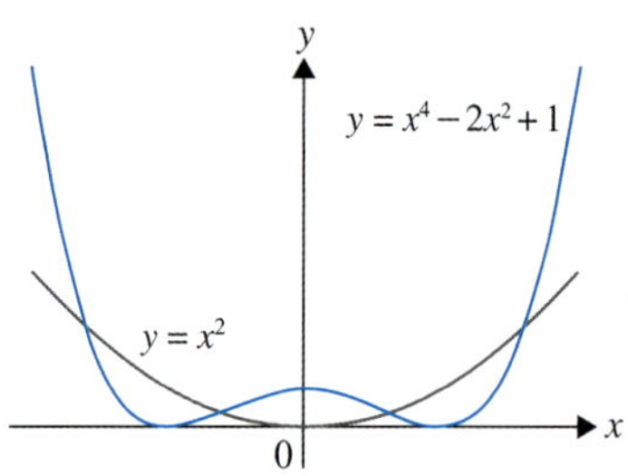

(a) 우함수

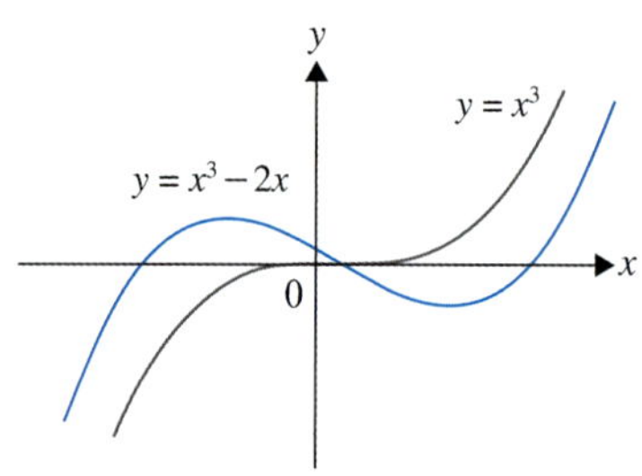

(b) 기함수

그림 6-5 우함수와 기함수

예를 들어 x^3, x^5 과 같은 함수는 기함수이며, 기함수는 원점에 대해 대칭이다. 이러한 대칭성을 이용하면 정적분에 대해 다음과 같은 성질을 얻는다.

정리 6-2 우함수와 기함수에 대한 정적분

(1) 닫힌구간 $[-a, a]$, $a>0$에서 $f(x)$가 우함수이면 $\int_{-a}^{a} f(x)\,dx = 2\int_{0}^{a} f(x)\,dx$ 이다.

(2) 닫힌구간 $[-a, a]$, $a>0$에서 $f(x)$가 기함수이면 $\int_{-a}^{a} f(x)\,dx = 0$ 이다.

---

2 우함수를 짝함수, 기함수를 홀함수라고도 한다.

예제 6-5

다음 정적분을 구하라.

(a) $\int_{-1}^{1} x^2 dx$　　　　**(b)** $\int_{-1}^{1} (x^3 + x) dx$

TIP 피적분함수가 우함수인지 기함수인지 구분한다.

풀이

(a) ① 함수 x^2은 우함수이다. $\int_{-1}^{1} x^2 dx = 2\int_{0}^{1} x^2 dx$

② 적분을 구한다. $\int_{0}^{1} x^2 dx = \frac{1}{3}$ 이므로 $\int_{-1}^{1} x^2 dx = \frac{2}{3}$

(b) 함수 $x^3 + x$는 기함수이므로 $\int_{-1}^{1} (x^3 + x) dx = 0$ 이다.

■ 미적분학의 기본정리

이제 적분과 미분의 관계와 부정적분을 이용하여 정적분을 손쉽게 구하는 방법을 살펴본다. 함수 $f(t)$가 닫힌구간 $[a, b]$에서 연속이고 $f(t) \geq 0$이라 하면, $a \leq x \leq b$인 임의의 x에 대하여 닫힌 구간 $[a, x]$에서 $f(t)$는 적분가능하다. 이때 [그림 6-6(a)]와 같이 닫힌구간 $[a, x]$에서 곡선 $y = f(t)$와 t축으로 둘러싸인 부분의 넓이를 $G(x)$라 하면 다음과 같다.

$$G(x) = \int_{a}^{x} f(t) dt$$

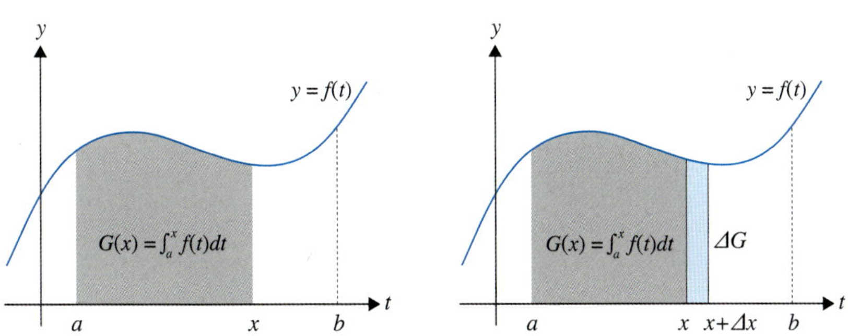

(a) $[a, x]$에서 곡선 아래 넓이 $G(x)$　　(b) $G(x)$의 증분 ΔG

그림 6-6 $G(x)$의 기하학적 의미

이때 x의 증분 Δx에 대한 $G(x)$의 증분 ΔG는 [정리 6-1(6)]에 의해 $\Delta G = G(x+\Delta x) - G(x) = \int_x^{x+\Delta x} f(t)\,dt$와 같다. 특히 $\Delta x \approx 0$에 대해 ΔG는 [그림 6-6(b)]와 같이 밑변의 길이가 Δx이고 높이가 $f(x)$인 직사각형의 넓이에 근사하므로 $G(x+\Delta x) - G(x) \approx f(x)\Delta x$ 또는 $\dfrac{G(x+\Delta x) - G(x)}{\Delta x} \approx f(x)$가 성립한다. 따라서 $\Delta x \to 0$이면 다음과 같은 $G(x)$의 도함수를 얻는다.

$$G'(x) = \lim_{\Delta x \to 0} \frac{G(x+\Delta x) - G(x)}{\Delta x} = f(x)$$

즉 $G'(x) = \dfrac{d}{dx}\displaystyle\int_a^x f(t)\,dt = f(x)$이다. 그러면 $G'(x) = f(x)$이므로 $G(x)$는 $f(x)$의 원시함수이고, $f(x)$의 또 다른 원시함수를 $F(x)$라 하면 $G(x) = F(x) + C$이다. 이때 $G(a) = \displaystyle\int_a^a f(t)\,dt = 0$이므로 $C = -F(a)$이고, 따라서 다음이 성립한다.

$$G(x) = \int_a^x f(t)\,dt = F(x) - F(a)$$

위의 내용에 따라 다음과 같은 **미적분학의 기본정리** fundamental theorem of calculus를 얻을 수 있다. 이는 함수 $f(x)$의 한 원시함수를 구하면 정적분을 구할 수 있음을 보여준다.

정리 6-3 미적분학의 기본정리

$f(x)$가 닫힌구간 $[a, b]$에서 연속이라 하자.

(1) $a \le x \le b$에 대하여 $G(x) = \displaystyle\int_a^x f(t)\,dt$는 (a, b)에서 미분가능하고, $G'(x) = f(x)$이다.

(2) $F(x)$가 $[a, b]$에서 $f(x)$의 원시함수이면 다음이 성립한다.

$$\int_a^b f(x)\,dx = F(b) - F(a) \left(= F(x)\big|_a^b\right)$$

[정리 6-3(1)]은 $\dfrac{d}{dx}\displaystyle\int_a^x f(t)\,dt = f(x)$와 같이 적분과 미분의 관계를 나타낸다. 즉, 피적분함수를 임의의 상수 a에서 x까지 적분한 결과를 다시 x에 관해 미분하면 원래 주어진 피적분함수가 되는 것을 보여준다. 단, 이때 피적분함수의 변수 t가 x로 바뀜을 주의한다. 또한 [정리 6-3(2)]는 정적분의 결과가 피적분함수 $f(x)$에 대한 임의의 원시함수 $F(x)$를 구한 후에 적분상한 b와 적분하한 a에 대한 $F(x)$ 함숫값의 차이임을 보여준다.

예제 6-6

다음 정적분을 구하라.

(a) $\displaystyle\int_0^1 (x^2 - x + 1)\,dx$ **(b)** $\displaystyle\int_1^2 \frac{2x}{(x^2+1)^2}\,dx$ **(c)** $\displaystyle\int_0^1 (x^2+1)e^x\,dx$

TIP 대표적인 원시함수를 구하고 적분상한과 적분하한 값을 대입하여 뺀다.

풀이

(a) ① 원시함수를 구한다. $F(x) = \displaystyle\int (x^2 - x + 1)\,dx = \frac{1}{3}x^3 - \frac{1}{2}x^2 + x$

② 정적분을 구한다.

$$\int_0^1 (x^2 - x + 1)\,dx = F(1) - F(0) = \left(\frac{1}{3} - \frac{1}{2} + 1\right) - 0 = \frac{5}{6}$$

(b) ① 원시함수를 구한다. [예제 6-2] **(c)**에서 $F(x) = \displaystyle\int \frac{2x}{(x^2+1)^2}\,dx = -\frac{1}{x^2+1}$

② 정적분을 구한다. $\displaystyle\int_1^2 \frac{2x}{(x^2+1)^2}\,dx = F(2) - F(1) = -\frac{1}{5} - \left(-\frac{1}{2}\right) = \frac{3}{10}$

(c) ① 원시함수를 구한다. [예제 6-3] **(a)**에서 다음의 값을 이미 구했다.

$$\int (x^2+1)e^x\,dx = (x^2 - 2x + 3)e^x$$

② 이를 이용하여 정적분을 구한다. $\displaystyle\int_0^1 (x^2+1)e^x\,dx = F(1) - F(0) = 2e - 3$

■ 정적분의 치환적분법

닫힌구간 $[a, b]$에서 연속인 함수 $f(u)$의 한 원시함수를 $F(u)$라 하면 [정리 6-3]에 의해 다음이 성립한다.

$$\int_a^b f(u)\,du = F(b) - F(a)$$

또한, 미분가능한 함수 $u = g(x)$에 대해 부정적분의 치환적분법으로 다음이 성립한다.

$$\int f(u)\,du = \int f[g(x)]\,g'(x)\,dx = F[g(x)]$$

이때 $a = g(\alpha)$, $b = g(\beta)$ 이고 $g(x)$의 도함수 $g'(x)$가 닫힌구간 $[\alpha, \beta]$에서 연속이면 다음을 얻는다.

$$\begin{aligned}\int_\alpha^\beta f[g(x)]g'(x)dx &= F[g(\beta)] - F[g(\alpha)] \\ &= F(b) - F(a) = \int_a^b f(u)du\end{aligned}$$

따라서 치환적분법을 정적분에 적용할 수 있으며 다음과 같은 결과가 나온다.

정리 6-4 **정적분의 치환적분법**

닫힌구간 $[a, b]$에서 연속인 함수 $f(u)$에 대해 미분가능한 함수 $u = g(x)$의 도함수 $g'(x)$가 닫힌구간 $[\alpha, \beta]$에서 연속이고 $a = g(\alpha)$, $b = g(\beta)$이면 다음이 성립한다.

$$\int_\alpha^\beta f[g(x)]g'(x)dx = \int_a^b f(u)du$$

■ 정적분의 부분적분법

부정적분의 부분적분법과 [정리 6-3]에 의해 두 함수 $f(x)$와 $g(x)$의 곱에 대한 정적분은 다음과 같다.

$$\int_a^b [f'(x)g(x) + f(x)g'(x)]\,dx = \big[f(x)g(x)\big]_a^b$$

그러면 정적분의 선형적 성질을 이용하면 위의 식을 다음과 같이 변형할 수 있다.

$$\int_a^b f(x)g'(x)dx = \big[f(x)g(x)\big]_a^b - \int_a^b f'(x)g(x)dx$$

그러므로 부분적분법을 정적분에 적용할 수 있으며 다음 [정리 6-5]와 같은 결과가 나온다.

정리 6-5 **정적분의 부분적분법**

미분가능한 두 함수 $f(x)$, $g(x)$에 대해 $f'(x)$, $g'(x)$가 닫힌구간 $[a, b]$에서 연속이면 다음이 성립한다.

$$\int_a^b f(x)g'(x)dx = \big[f(x)g(x)\big]_a^b + \int_a^b f'(x)g(x)dx$$

예제 6-7

다음 정적분을 구하라.

(a) $\int_1^2 x(x^2-1)\,dx$　　**(b)** $\int_1^2 x\sqrt{x^2+1}\,dx$

(c) $\int_1^2 2x\ln(x^2+1)\,dx$　　**(d)** $\int_0^1 xe^{-x^2}\,dx$

TIP 치환하면 적분상한과 적분하한이 변한다.

풀이

(a) ① 치환한다. $u = x^2 - 1$이라 하면 $x\,dx = \frac{1}{2}du$이고 u의 적분구간은 $[0, 3]$이다.

② 정적분을 구한다. $\int_0^1 x(x^2-1)\,dx = \frac{1}{2}\int_0^3 u\,du = \left[\frac{1}{4}u^2\right]_0^3 = \frac{9}{4}$

(b) ① 치환한다. $u = x^2 + 1$이라 하면 $x\,dx = \frac{1}{2}du$이고 u의 적분구간은 $[2, 5]$이다.

② 정적분을 구한다.

$$\int_1^2 x\sqrt{x^2+1}\,dx = \frac{1}{2}\int_2^5 \sqrt{u}\,du = \left[\frac{1}{3}u\sqrt{u}\right]_2^5 = \frac{1}{3}(5\sqrt{5} - 2\sqrt{2})$$

(c) ① 치환한다. $u = x^2 + 1$이라 하면 $2x\,dx = du$이고 u의 적분구간은 $[2, 5]$이다.

② 정적분을 구한다. $\int \ln x\,dx = x(-1+\ln x)$이므로 다음과 같다.

$$\begin{aligned}\int_1^2 2x\ln(x^2+1)\,dx &= \int_2^5 \ln u\,du = \left[u(-1+\ln u)\right]_2^5 \\ &= 5(-1+\ln 5) - 2(-1+\ln 2) \\ &= -3 + \ln\frac{5^5}{2^2} = -3 + \ln\frac{3125}{4}\end{aligned}$$

(d) ① 치환한다. $u = -x^2$이라 하면 $x\,dx = -\frac{1}{2}du$이고 u의 적분상한은 -1, 적분하한은 0이다.

② 정적분을 구한다.

$$\int_0^1 xe^{-x^2}\,dx = -\frac{1}{2}\int_0^{-1} e^u\,du = \frac{1}{2}\int_{-1}^0 e^u\,du = \left[\frac{1}{2}e^u\right]_{-1}^0 = \frac{1}{2}(1-e^{-1})$$

■ 정적분을 이용한 넓이

정적분을 정의하기 위해 닫힌구간 $[a, b]$에서 연속이고 $f(x) \geq 0$인 함수 $y = f(x)$의 곡선과 x축으로 둘러싸인 부분의 넓이를 이용했으며, 이때 넓이는 $S = \int_a^b f(x)\,dx$이다.

한편 닫힌구간 $[a, b]$에서 연속이지만 $f(x) \leq 0$인 함수 $y = f(x)$의 곡선과 x축으로 둘러싸인 부분의 넓이를 구하기 위해 [그림 6-7(a)]를 생각하자.

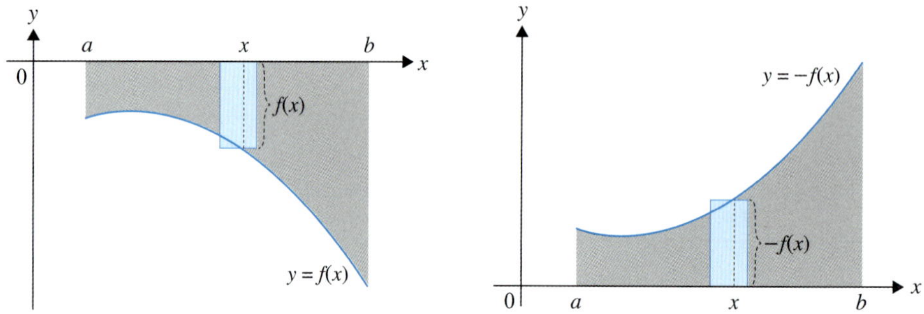

(a) $f(x) \leq 0$인 경우 (b) x축에 관해 대칭이동한 함수

그림 6-7 **곡선의 넓이**

이때 [그림 6-7(b)]와 같이 함수 $f(x)$를 x축에 관해 대칭이동하면 닫힌구간 $[a, b]$에서 곡선 $f(x)$와 x축으로 둘러싸인 영역은 곡선 $-f(x)$와 x축으로 둘러싸인 영역과 같다. 특히 이 구간에서 함수 $y = -f(x)$는 닫힌구간 $[a, b]$에서 연속이고 $-f(x) \geq 0$이다. 따라서 $[a, b]$에서 연속이지만 $f(x) \leq 0$인 함수 $y = f(x)$의 곡선과 x축으로 둘러싸인 부분의 넓이 S는 다음과 같다.

$$S = \int_a^b [-f(x)]\,dx$$

그러므로 닫힌구간 $[a, b]$에서 연속인 함수 $y = f(x)$의 곡선과 x축으로 둘러싸인 부분의 넓이는 다음과 같다.

$$S = \int_a^b |f(x)|\,dx$$

이제 닫힌구간 $[a, b]$에서 연속이고 $f(x) \geq g(x)$인 두 함수 $f(x)$와 $g(x)$로 둘러싸인 부분의 넓이를 구하는 방법을 생각하자. 그러면 구하고자 하는 영역의 넓이는 [그림 6-8]과 같이 닫힌구간 $[a, b]$에서, 곡선 $f(x)$와 x축으로 둘러싸인 부분의 넓이에서 곡선 $g(x)$와 x축으로 둘러싸인 부분의 넓이를 뺀 것과 같으며, 식으로는 다음과 같다.

$$S = \int_a^b f(x)\,dx - \int_a^b g(x)\,dx = \int_a^b [f(x) - g(x)]\,dx$$

따라서 닫힌구간 $[a, b]$에서 연속인 두 함수 $f(x)$와 $g(x)$로 둘러싸인 부분의 넓이는 $S = \int_a^b |f(x) - g(x)|\,dx$이다.

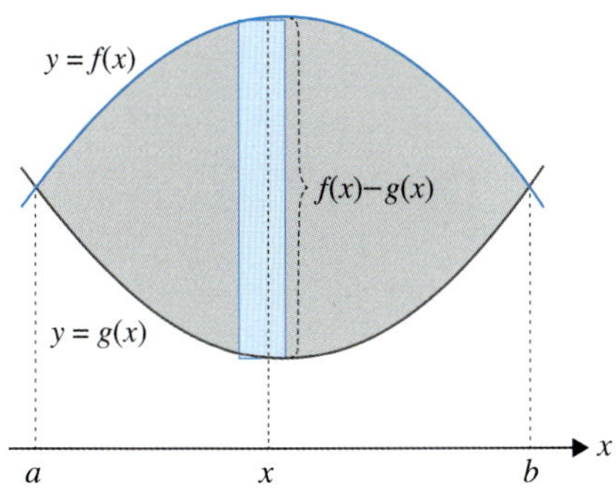

그림 6-8 두 곡선으로 둘러싸인 부분의 넓이

예제 6-8

다음 곡선과 x축으로 둘러싸인 부분의 넓이를 구하라.

(a) $y = x^3 - x$ **(b)** $y = (x+1)(x-2)$

TIP 함수 $f(x)$가 음인 경우에 $|f(x)|$를 취한다.

풀이

(a) ① x축 절편을 구한다. $y = x(x-1)(x+1)$이므로 x축 절편은 $x = -1,\ 0,\ 1$이다.

② $f(x)$가 양 또는 음인 구간을 구한다. $-1 < x < 0$에서 $f(x) > 0$, $0 < x < 1$에서 $f(x) < 0$이다.

③ $f(x)$가 음인 구간에서 $|f(x)|$를 구한다. $0 < x < 1$에서 $|f(x)| = -(x^3 - x)$이다.

④ 두 영역에서 정적분을 구하여 더한다.

$$\begin{aligned} S &= \int_{-1}^{0} (x^3 - x)\,dx + \int_0^1 (x - x^3)\,dx \\ &= \left[\frac{1}{4}x^4 - \frac{1}{2}x^2\right]_{-1}^{0} + \left[\frac{1}{2}x^2 - \frac{1}{4}x^4\right]_0^1 = \frac{1}{4} + \frac{1}{4} = \frac{1}{2} \end{aligned}$$

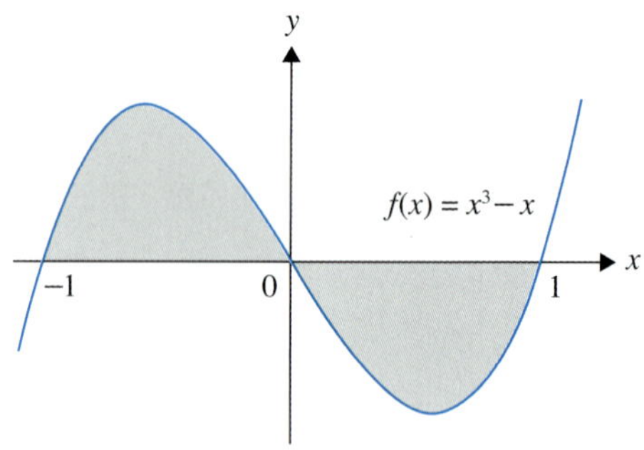

(b) ① x축 절편을 구한다. $y = (x+1)(x-2)$이므로 x축 절편은 $x = -1,\ 2$이다.

② $f(x)$가 양 또는 음인 구간을 구한다. $-1 < x < 2$에서 $f(x) < 0$이다.

③ $|f(x)|$를 구한다. $|f(x)| = -(x+1)(x-2)$이다.

④ 정적분을 구한다.

$$S = (-1)\int_{-1}^{2}(x+1)(x-2)\,dx = (-1)\int_{-1}^{2}(x^2-x-2)\,dx$$

$$= (-1)\left[\frac{1}{3}x^3 - \frac{1}{2}x^2 - 2x\right]_{-1}^{2} = (-1)\left(-\frac{9}{2}\right) = \frac{9}{2}$$

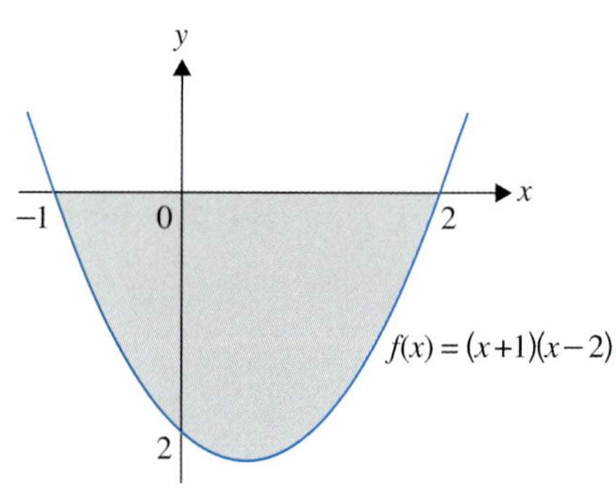

예제 6-9

다음 두 곡선으로 둘러싸인 부분의 넓이를 구하라.

(a) $xy = 1,\ 4x + y = 5$ **(b)** $y = x^2,\ y = \sqrt{x}$

TIP 두 함수의 x 교점을 구하여 $|f(x) - g(x)|$를 적분한다.

풀이

(a) ① x 교점을 구한다. $\frac{1}{x} = 5 - 4x$ 이므로 x 교점은 $x = \frac{1}{4}$, 1 이다.

② $|f(x) - g(x)|$을 구한다. $\frac{1}{4} < x < 1$ 에서 $|f(x) - g(x)| = 5 - 4x - \frac{1}{x}$

③ 정적분을 구한다.

$$S = \int_{1/4}^{1}\left(5 - 4x - \frac{1}{x}\right)dx = \left[5x - 2x^2 - \ln|x|\right]_{1/4}^{1}$$
$$= 3 - \left(\frac{9}{8} + \ln 4\right) = \frac{15}{8} - 2\ln 2$$

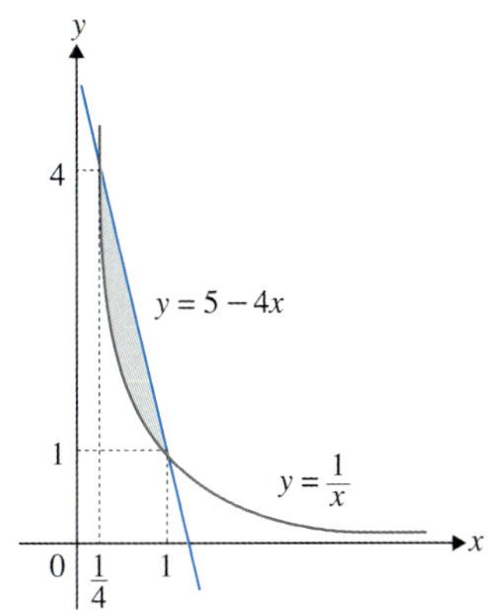

(b) ① x 교점을 구한다. $x^2 = \sqrt{x}$ 이므로 x 교점은 $x = 0$, 1 이다.

② $|f(x) - g(x)|$를 구한다. $0 < x < 1$ 에서 $|f(x) - g(x)| = \sqrt{x} - x^2$

③ 정적분을 구한다.

$$S = \int_{0}^{1}(\sqrt{x} - x^2)\,dx = \left[\frac{2}{3}x\sqrt{x} - \frac{1}{3}x^3\right]_0^1 = \frac{1}{3} - 0 = \frac{1}{3}$$

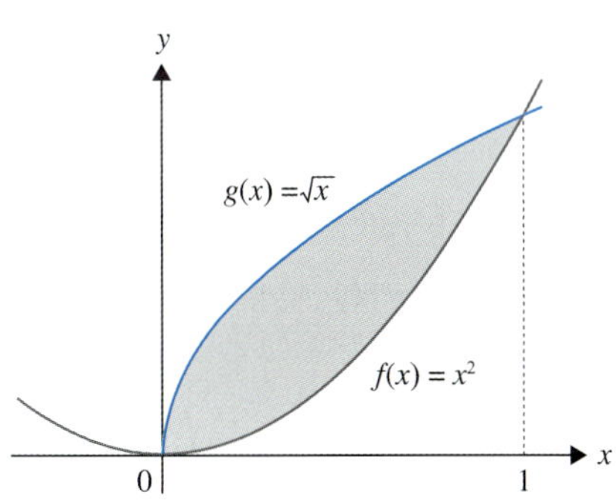

6.4 이상적분

6.3절에서 정적분을 정의할 때 피적분함수 $f(x)$에 대해 제약조건이 다음의 두 가지였다.

❶ 적분구간이 유한인 닫힌구간 $[a, b]$이다.

❷ 이 구간에서 $f(x)$가 연속이다.

이 절에서는 적분구간이 유한하지 않거나 닫힌구간이 아닌 경우와 피적분함수가 연속이 아닌 경우에 대해 정적분을 정의한다. 이와 같은 정적분을 **이상적분**improper integral이라 하며, 이 개념을 이용하여 연속확률변수에 대한 확률분포를 정의한다.

이상적분의 유형

적분구간이 열린구간인 경우와 적분구간 안에 불연속인 점이 있는 경우의 이상적분을 다음과 같이 정의한다.

■ 유형 1 : 유한구간에서 무한 불연속을 갖는 이상적분

적분구간이 유한하지만 어느 한쪽 끝에서 무한불연속을 갖는 경우에 다음과 같이 정의한다.

❶ 적분구간이 $[a, b)$인 경우 : [그림 6-9(a)]와 같이 임의의 $a < t < b$에 대해 우변의 극한이 존재할 때, 구간 $[a, b)$에서 함수 $f(x)$의 이상적분을 다음과 같이 정의한다.

$$\int_a^{\infty} f(x)\,dx = \lim_{t \to b^-} \int_a^t f(x)\,dx$$

❷ 적분구간이 $(a, b]$인 경우 : [그림 6-9(b)]와 같이 임의의 $a < t < b$에 대해 우변의 극한이 존재할 때, 구간 $(a, b]$에서 함수 $f(x)$의 이상적분을 다음과 같이 정의한다.

$$\int_{-\infty}^b f(x)\,dx = \lim_{t \to a^+} \int_t^b f(x)\,dx$$

❸ 적분구간이 (a, b)인 경우 : [그림 6-9(c)]와 같이 임의의 실수 t와 u, $a < t < u < b$에 대하여 우변의 극한이 존재할 때, 개구간 (a, b)에서 함수 $f(x)$의 이상적분을 다음과 같이 정의한다.

$$\int_a^b f(x)\,dx = \lim_{\substack{t \to a^+ \\ u \to b^-}} \int_t^u f(x)\,dx$$

이때 각 경우의 극한이 존재하면 각 구간에서 이상적분이 **수렴한다**converge 하고, 극한이 존재하지 않는 경우에 이상적분은 **발산한다**diverge고 한다.

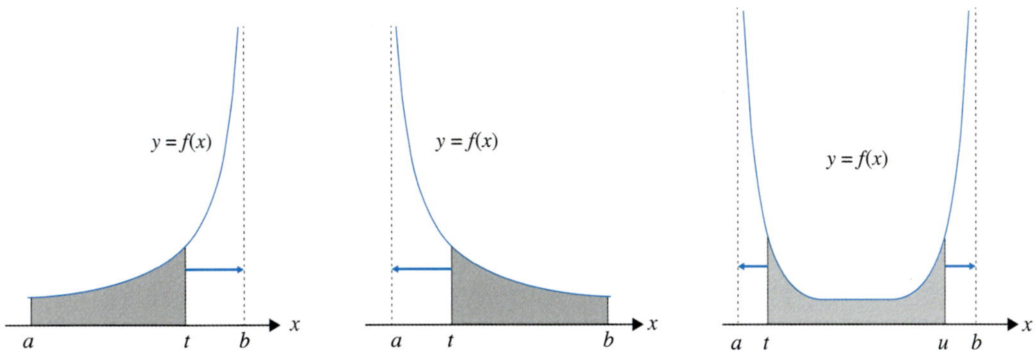

(a) 적분구간이 $[a, b)$인 경우 (b) 적분구간이 $(a, b]$인 경우 (c) 적분구간이 (a, b)인 경우

그림 6-9 끝점에서 무한 불연속인 경우

❹ 한 점 c에서 무한불연속을 갖는 경우 : [그림 6-10]과 같이 $[a, c)$와 $(c, b]$에서 이상적분이 존재할 때, 닫힌구간 $[a, b]$ 안의 한 점 c에서 무한불연속을 갖는 함수 $f(x)$의 이상적분을 다음과 같이 정의한다.

$$\int_a^b f(x)\,dx = \int_a^c f(x)\,dx + \int_c^b f(x)\,dx$$

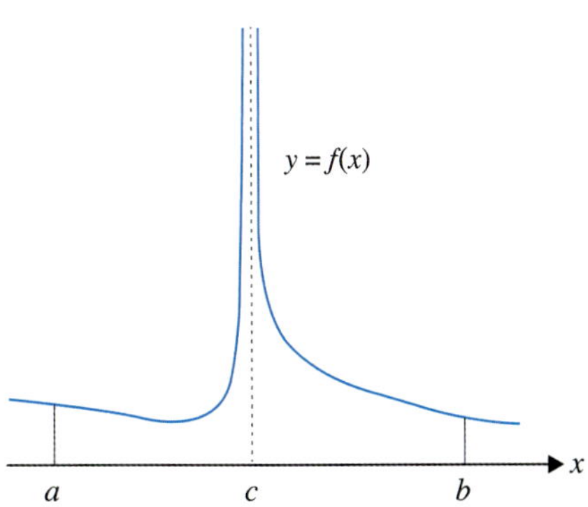

그림 6-10 한 점 c에서 무한불연속을 갖는 경우

예제 6-10

다음 이상적분을 구하라.

(a) $\displaystyle\int_0^2 \frac{1}{\sqrt{2-x}}\,dx$ (b) $\displaystyle\int_0^1 \frac{1}{x}\,dx$ (c) $\displaystyle\int_{-1}^1 \frac{1}{1-x^2}\,dx$

TIP 적분구간에서 피적분함수가 불연속인 점을 찾는다.

풀이

(a) ① 불연속점을 찾는다. 피적분함수는 $x=2$에서 무한불연속을 갖는다.

② 피적분함수에 대한 원시함수를 구한다. $u=2-x$라 하면 $dx=(-1)du$이다.

$$\int \frac{1}{\sqrt{2-x}}\,dx = \int \frac{1}{\sqrt{u}}(-1)\,du = -\int u^{-1/2}\,du$$
$$= (-1)\left(2u^{1/2}\right) = -2\sqrt{2-x}$$

③ 이상적분을 구한다.

$$\int_0^2 \frac{1}{\sqrt{2-x}}\,dx = \lim_{t\to 2^-}\int_0^t \frac{1}{\sqrt{2-x}}\,dx = \lim_{t\to 2^-}\left[-2\sqrt{2-x}\,\right]_0^t$$
$$= \lim_{t\to 2^-}\left(-2\sqrt{2-t}+2\sqrt{2}\right) = 2\sqrt{2}$$

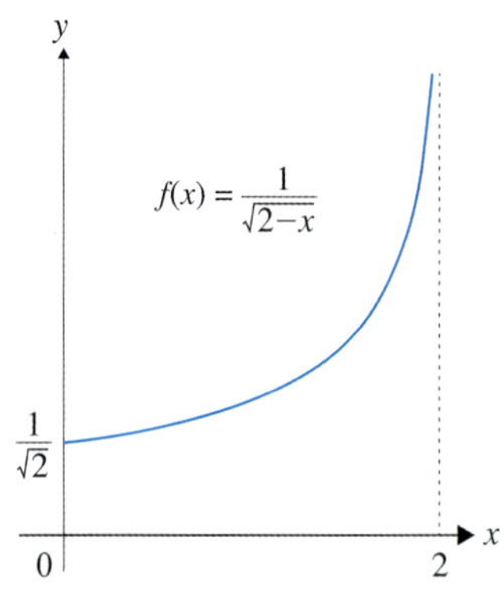

(b) ① 불연속점을 찾는다. 피적분함수는 $x=0$에서 무한불연속을 갖는다.

② 피적분함수에 대한 원시함수를 구한다. $\displaystyle\int \frac{1}{x}\,dx = \ln|x|$

③ 이상적분을 구한다. 구하고자 하는 이상적분은 발산한다.

$$\int_0^1 \frac{1}{x}\,dx = \lim_{t\to 0^+}\int_t^1 \frac{1}{x}\,dx = \lim_{t\to 0^+}\left[\ln|x|\,\right]_t^1 = (-1)\lim_{t\to 0^+}\ln|x| = \infty$$

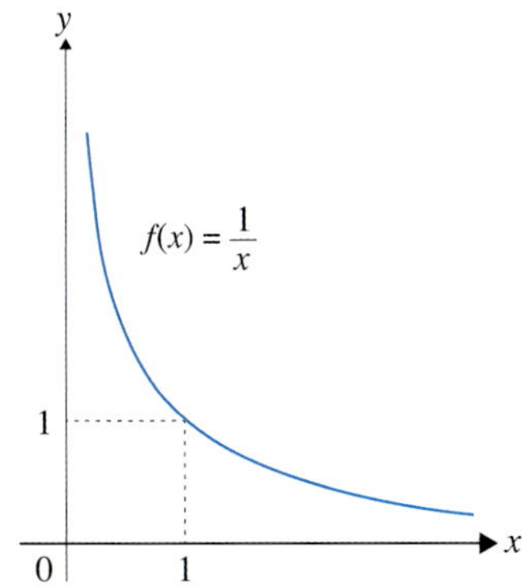

(c) ① 불연속점을 찾는다. 피적분함수는 $x=-1,\ 1$ 에서 무한불연속을 갖는다.

② 피적분함수를 부분분수로 분해한다. $\dfrac{1}{1-x^2}=\dfrac{1}{2}\left(\dfrac{1}{x+1}-\dfrac{1}{x-1}\right)$

③ 피적분함수에 대한 원시함수를 구한다. $u=x+1$ 과 $t=x-1$ 로 치환하면 $du=dx$, $dt=dx$ 이다.

$$\begin{aligned}\int\frac{1}{1-x^2}dx&=\frac{1}{2}\int\frac{1}{1+x}dx-\frac{1}{2}\int\frac{1}{x-1}dx\\&=\frac{1}{2}\int\frac{1}{u}du-\frac{1}{2}\int\frac{1}{t}dt=\frac{1}{2}(\ln|u|-\ln|t|)\\&=\frac{1}{2}(\ln|x+1|-\ln|x-1|)=\frac{1}{2}\ln\left|\frac{x+1}{x-1}\right|\end{aligned}$$

④ 이상적분을 구한다. 구하고자 하는 이상적분은 발산한다.

$$\begin{aligned}\int_{-1}^{1}\frac{1}{1-x^2}dx&=\lim_{\substack{t\to-1^+\\u\to1^-}}\int_t^u\frac{1}{1-x^2}dx=\lim_{\substack{t\to-1^+\\u\to1}}\left[\frac{1}{2}\ln\left|\frac{x+1}{x-1}\right|\right]_t^u\\&=\lim_{u\to1^-}\frac{1}{2}\ln\left|\frac{u+1}{u-1}\right|-\lim_{t\to-1^+}\frac{1}{2}\ln\left|\frac{t+1}{t-1}\right|\\&=\infty-(-\infty)=\infty\end{aligned}$$

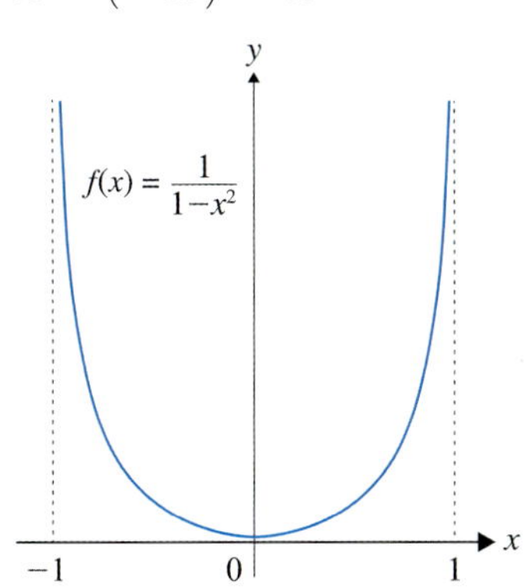

■ 유형 2 : 무한구간에서의 이상적분

적분구한이 무한인 경우에 적분구간의 형태에 따라 다음과 같이 정의한다.

❶ 적분구간이 $[a, \infty)$인 경우 : [그림 6-11(a)]와 같이 임의의 $t > a$에 대해 우변의 극한이 존재할 때, 무한구간 $[a, \infty)$에서 함수 $f(x)$의 이상적분을 다음과 같이 정의한다.

$$\int_a^{\infty} f(x)\,dx = \lim_{t \to \infty} \int_a^t f(x)\,dx$$

❷ 적분구간이 $(-\infty, b]$인 경우 : [그림 6-11(b)]와 같이 임의의 $t < b$에 대해 우변의 극한이 존재할 때, 무한구간 $(-\infty, b]$에서 함수 $f(x)$의 이상적분을 다음과 같이 정의한다.

$$\int_{-\infty}^{b} f(x)\,dx = \lim_{t \to -\infty} \int_t^b f(x)\,dx$$

두 경우에 대해 각각 극한이 존재할 때 이상적분 $\int_a^{\infty} f(x)\,dx$와 $\int_{-\infty}^{b} f(x)\,dx$는 **수렴한다**converge하고, 극한이 존재하지 않는 경우에 이상적분은 **발산한다**diverge고 한다.

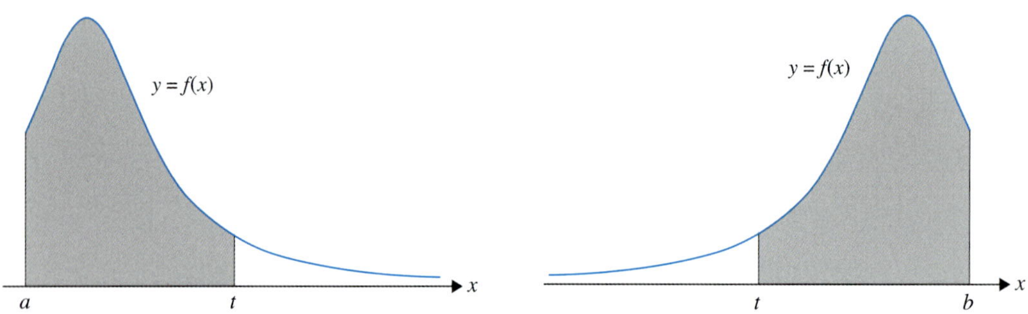

(a) 적분구간이 $[a, \infty)$인 경우

(b) 적분구간이 $(-\infty, b]$인 경우

그림 6-11 적분구간이 무한인 경우

❸ 적분구간이 $(-\infty, \infty)$인 경우 : 임의의 실수 a에 대해 $\int_{-\infty}^{a} f(x)\,dx$와 $\int_a^{\infty} f(x)\,dx$가 존재할 때, 구간 $(-\infty, \infty)$에서 이상적분을 다음과 같이 정의한다.

$$\int_{-\infty}^{\infty} f(x)\,dx = \int_{-\infty}^{a} f(x)\,dx + \int_a^{\infty} f(x)\,dx$$

❹ 적분구간이 (a, ∞)인 경우 : [그림 6-12(a)]와 같이 임의의 실수 t와 u, $a < t < u$에 대하여 우변의 극한이 존재할 때, 무한개구간 (a, ∞)에서 함수 $f(x)$의 이상적분을 다음과 같이 정의한다.

$$\int_a^\infty f(x)\,dx = \lim_{\substack{t \to a^+ \\ u \to \infty}} \int_t^u f(x)\,dx$$

❺ 적분구간이 $(-\infty, b)$인 경우 : [그림 6-12(b)]와 같이 임의의 실수 t와 u, $t < u < b$에 대하여 우변의 극한이 존재할 때, 무한구간 $(-\infty, b)$에서 함수 $f(x)$의 이상적분을 다음과 같이 정의한다.

$$\int_{-\infty}^b f(x)\,dx = \lim_{\substack{u \to b^- \\ t \to -\infty}} \int_t^u f(x)\,dx$$

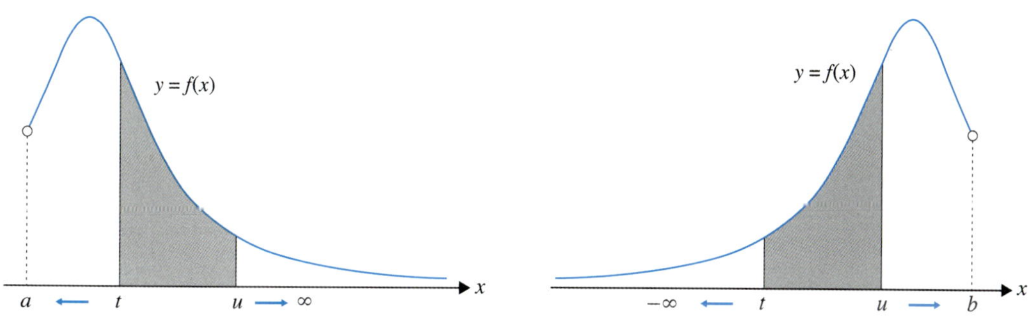

(a) 적분구간이 (a, ∞)인 경우

(b) 적분구간이 $(-\infty, b)$인 경우

그림 6-12 적분구간이 무한구간인 경우

이때 $(-\infty, \infty)$에서 이상적분에 대하여 $\int_{-\infty}^{\infty} f(x)\,dx \neq \lim_{a \to \infty} \int_{-a}^{a} f(x)\,dx$와 같은 사실을 유의해야 한다.

예제 6-11

다음 이상적분을 구하라.

(a) $\int_0^\infty e^{-x}\,dx$

(b) $\int_{-\infty}^0 x e^x\,dx$

TIP 적분구간 안에 임의의 점 t를 선정하여 정적분을 구하여 극한을 취한다.

풀이

(a) $\displaystyle\int_0^{\infty} e^{-x}\,dx = \lim_{t\to\infty}\int_0^t e^{-x}\,dx$

$$= \lim_{t\to\infty}\left[-e^{-x}\right]_0^t$$

$$= \lim_{t\to\infty}\left(1-e^{-t}\right) = 1$$

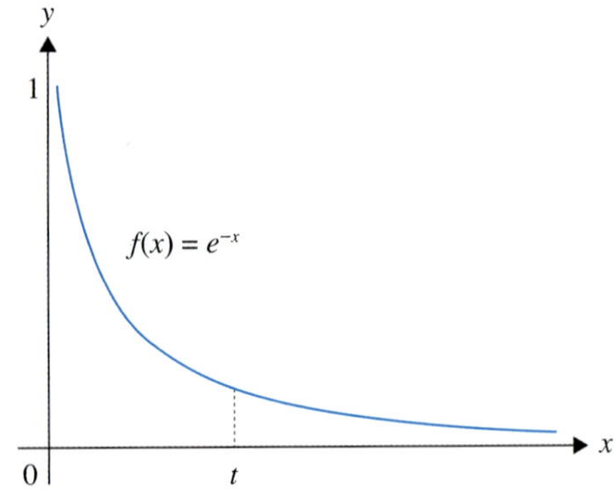

(b) ① 원시함수를 구한다. $u = x$, $v' = e^x$ 이라 하면 $u' = 1$, $v = e^x$ 이므로

$$\int x e^x\,dx = xe^x - \int e^x\,dx = xe^x - e^x = (x-1)e^x$$

② 이상적분을 구한다.

$$\int_{-\infty}^0 xe^x\,dx = \lim_{t\to-\infty}\int_t^0 xe^x\,dx = \lim_{t\to-\infty}\left[(x-1)e^x\right]_t^0$$

$$= \lim_{t\to-\infty}\left[-1-(t-1)e^t\right]$$

$$= -1 - \lim_{t\to-\infty}(t-1)e^t$$

$$= -1 - \lim_{t\to-\infty}\frac{t-1}{e^{-t}} = -1 - \lim_{t\to-\infty}\frac{1}{-e^{-t}}$$

$$= -1$$

마지막 극한에서 로피탈의 정리를 이용한다.

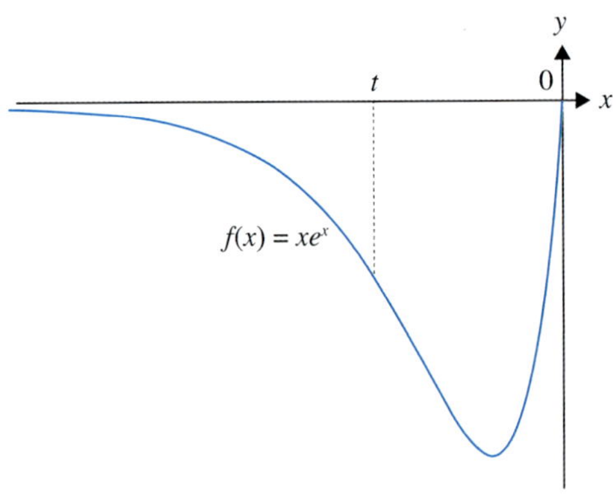

확률밀도함수

무한구간 $(-\infty, \infty)$에서 다음과 같이 정의되는 함수 $f(x)$를 생각하자.

$$f(x) = \begin{cases} e^{-x}, & x \geq 0 \\ 0, & x < 0 \end{cases}$$

그러면 $x \geq 0$에서 $e^{-x} > 0$이므로 모든 실수 x에 대해 $f(x) \geq 0$이다. 또한 [예제 6-11(a)]와 같이 $\int_0^{\infty} e^{-x} dx = 1$이므로 $(-\infty, \infty)$에서 $f(x)$의 이상적분은 다음과 같다.

$$\int_{-\infty}^{\infty} f(x) dx = \int_{-\infty}^{0} 0 dx + \int_0^{\infty} e^{-x} dx = 0 + 1 = 1$$

정의 6-2 확률밀도함수

(1) 다음을 만족하는 함수 $f(x)$를 확률변수 X의 **확률밀도함수(p.d.f.)** probability density function라 한다.

❶ 모든 실수 x에 대해 $f(x) \geq 0$이다.

❷ $\int_{-\infty}^{\infty} f(x) dx = 1$

(2) 확률변수 X가 가질 수 있는 값들의 집합이 모든 실수들의 집합 $\mathbb{R}$일 때, X를 **연속확률변수** continuous random variable라 한다.

특히 임의의 양수 k에 대해 다음과 같은 확률밀도함수를 가지는 확률분포를 **지수분포** exponential distribution라 한다.

$$f(x) = \begin{cases} ke^{kx}, & x \geq 0 \\ 0, & x < 0 \end{cases}$$

한편 연속확률변수 X가 a와 b 사이에 있을 확률은 다음과 같으며, 이 확률은 기하학적으로 [그림 6-13]과 같이 닫힌구간 $[a, b]$에서 곡선 $f(x)$와 x축으로 둘러싸인 부분의 넓이와 같다.

$$P(a \leq X \leq b) = \int_a^b f(x) dx$$

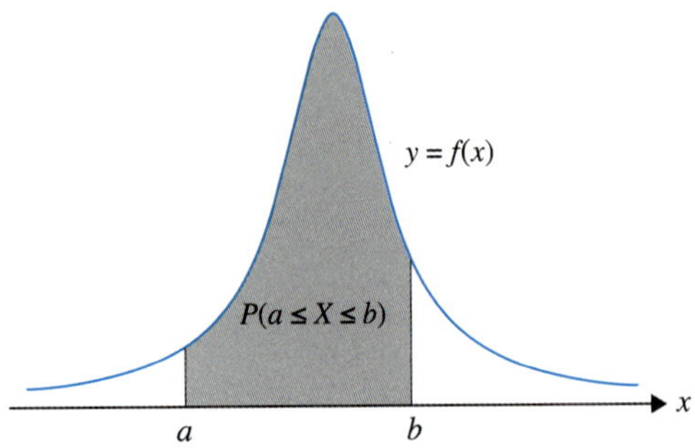

그림 6-13 $P(a \le X \le b)$의 기하학적 의미

특히 임의의 실수 x에 대해 확률변수 X가 x보다 작거나 같을 확률 $P(X \le x)$를 X의 **분포함수** distribution function라 하고 $F(x)$로 나타낸다. 그러면 연속확률변수 X의 분포함수는 다음과 같이 이상적분으로 정의된다.

$$F(x) = P(X \le x) = \int_{-\infty}^{x} f(u)\,du$$

그러면 임의의 두 실수 a와 b, $a < b$에 대하여 다음과 같이 연속확률변수 X의 분포함수를 이용하여 확률을 구할 수 있다.

❶ $P(X \le a) = F(a)$

❷ $P(a \le X \le b) = P(X \le b) - P(X \le a) = F(b) - F(a)$

❸ $P(X \ge a) = 1 - P(X < a) = 1 - F(a)$

또한 미분적분학의 기본정리에 의해 연속확률변수 X의 분포함수 $F(x)$와 확률밀도함수 $f(x)$ 사이에 다음 관계가 성립한다.

$$f(x) = \frac{d}{dx}F(x)$$

예제 6-12

어느 회사에서 생산한 스마트폰에 사용되는 배터리의 수명 X의 확률밀도함수가 다음과 같다. 단, 단위는 년이다. 물음에 답하라.

$$f(x) = \begin{cases} \frac{1}{3}e^{-x/3}, & x \ge 0 \\ 0, & x < 0 \end{cases}$$

(a) X의 분포함수를 구하라.

(b) 이 배터리를 1년 이하로 사용할 확률을 구하라.

(c) 이 배터리를 1년 이상 3년 이하로 사용할 확률을 구하라.

(d) 이 배터리를 3년 이상 사용할 확률을 구하라.

풀이

(a) $x<0$ 이면 $f(x)=0$ 이므로 구하고자 하는 분포함수는 다음과 같다.

$$P(X \le x) = \int_{-\infty}^{x} f(u)\,du = \int_{-\infty}^{0} f(u)\,du + \int_{0}^{x} f(u)\,du$$

$$= \frac{1}{3}\int_{0}^{x} e^{-u/3}\,du = \frac{1}{3}\left[(-3)e^{-u/3}\right]_0^x = 1 - e^{-x/3}\ (x>0)$$

(b) $P(X \le 1) = F(1) = 1 - e^{-1/3} \approx 0.283$

(c) $P(1 \le X \le 3) = F(3) - F(1) = (1 - e^{-3/3}) - (1 - e^{-1/3})$

$$= e^{-1/3} - e^{-1} \approx 0.349$$

(d) $P(X \ge 3) = 1 - F(3) = 1 - (1 - e^{-3/3}) = e^{-1} \approx 0.368$

■ 평균과 분산

어느 회사에서 생산한 배터리의 수명을 확률변수 X라 할 때, 이 회사에서 생산한 전체 배터리의 평균 수명을 생각할 수 있다. 이와 같이 연속확률변수 X의 확률밀도함수가 $f(x)$일 때, X의 **기댓값** expected value 또는 **평균** mean을 다음과 같이 정의하며 μ로 나타낸다. 그러면 평균 μ는 확률분포의 중심 위치를 나타낸다.

$$\mu = E(X) = \int_{-\infty}^{\infty} x f(x)\,dx$$

또한, 다음과 같이 정의되는 X와 평균 μ의 편차 제곱에 대한 기댓값 $E[(X-\mu)^2]$을 X의 **분산** variance이라 하며 σ^2 또는 $Var(X)$로 나타낸다.

$$\sigma^2 = Var(X) = E[(X-\mu)^2] = \int_{-\infty}^{\infty} (x-\mu)^2 f(x)\,dx$$

분산은 확률분포가 평균을 중심으로 흩어지거나 밀집한 정도를 나타내는 척도를 의미한다. 한편 분산의 양의 제곱근 σ를 X의 **표준편차** standard deviation라 하며, [그림 6-14]와 같이 표준편차가 작을수록 확률분포는 평균에 밀집하고 클수록 넓게 분포한다.

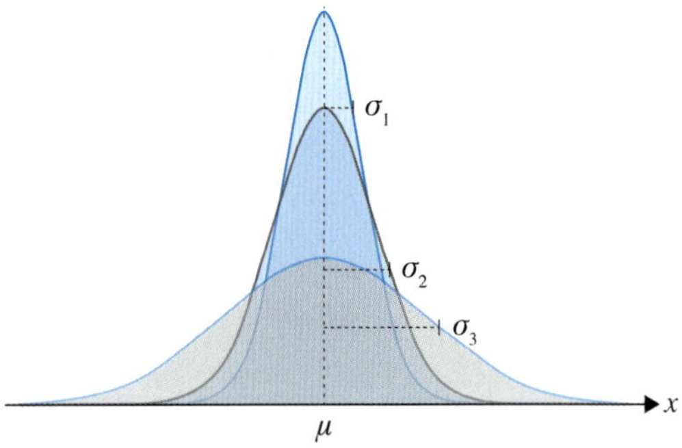

그림 6-14 평균 μ와 표준편차 $\sigma_1 < \sigma_2 < \sigma_3$의 비교

이때 평균 μ에 대해 X의 분산은 다음과 같이 쉽게 계산할 수 있다.

$$\sigma^2 = E(X^2) - \mu^2 = \int_{-\infty}^{\infty} x^2 f(x)\,dx - \mu^2$$

예제 6-13

[예제 6-12]의 확률변수 X의 평균과 분산을 구하라.

풀이

① 평균 μ를 구한다. $x < 0$이면 $f(x) = 0$이므로 X의 평균은 다음과 같다.

$$\mu = \frac{1}{3}\int_0^{\infty} x e^{-x/3}\,dx = \frac{1}{3}\lim_{t\to\infty}\int_0^t x e^{-x/3}\,dx$$

부분적분법에 대한 간편계산을 이용하면 다음을 얻는다.

$$\begin{array}{lllll} \text{미분 : } x & \rightarrow & 1 & \rightarrow & 0 \\ & \searrow\oplus & & \searrow\ominus & \\ \text{적분 : } e^{-x/3} & \rightarrow & -3e^{-x/3} & \rightarrow & 9e^{-x/3} \end{array}$$

$$\text{결과 : } x(-3e^{-x/3}) - (1)(9e^{-x/3}) = -3(x+3)e^{-x/3}$$

$$\int x e^{-x/3}\,dx = -3(x+3)e^{-x/3}$$

따라서 로피탈의 정리를 이용하면 평균 μ는 다음과 같다.

$$\begin{aligned} \mu = E(X) &= \frac{1}{3}\int_0^{\infty} x e^{-x/3}\,dx = \lim_{t\to\infty}\frac{1}{3}\int_0^t x e^{-x/3}\,dx \\ &= 3 - \lim_{t\to\infty}(t+3)e^{-t/3} = 3 \end{aligned}$$

② 간편계산법에 의해 $\int x^2 e^{-x/3}\,dx$를 구하면 다음과 같다.

미분 : $x^2 \quad \rightarrow \quad 2x \quad \rightarrow \quad 2 \quad \rightarrow \quad 0$

$\searrow\oplus \qquad \searrow\ominus \qquad \searrow\oplus$

적분 : $e^{-x/3} \quad \rightarrow \quad -3e^{-x/3} \quad \rightarrow \quad 9e^{-x/3} \quad \rightarrow \quad -27e^{-x/3}$

결과 : $x^2(-3e^{-x/3})-(2x)(9e^{-x/3})+2(-27e^{-x/3})=-3(x^2+6x+18)e^{-x/3}$

$$\int x^2 e^{-x/3}dx = -3(x^2+6x+18)e^{-x/3}$$

③ 로피탈의 정리를 이용하여 $E(X^2)$을 구한다.

$$\begin{aligned} E(X^2) &= \frac{1}{3}\int_0^\infty x^2 e^{-x/3}dx = \lim_{t\to\infty}\frac{1}{3}\int_0^t x^2 e^{-x/3}dx \\ &= 18 - \lim_{t\to\infty}(t^2+6t+18)e^{-t/3} = 18 \end{aligned}$$

④ X의 분산을 구한다. $\sigma^2 = E(X^2)-\mu^2 = 18-9 = 9$

■ 정규분포

평균 μ와 분산 σ^2인 연속확률변수 X의 확률밀도함수가 다음과 같을 때, 이 확률분포를 **정규분포** normal distribution라 하고 $X \sim N(\mu, \sigma^2)$으로 나타낸다.

$$f(x) = \frac{1}{\sqrt{2\pi}\,\sigma}e^{-(x-\mu)^2/(2\sigma^2)} \quad (-\infty < x < \infty)$$

이 함수 $f(x)$는 부정적분을 구할 수 없으나 $\int_{-\infty}^{\infty}\frac{1}{\sqrt{2\pi}\,\sigma}e^{-(x-\mu)^2/(2\sigma^2)}dx = 1$이 성립함이 알려져 있다.[3] 그러면 정규분포 $N(\mu, \sigma^2)$의 확률밀도함수 $f(x)$는 다음 성질을 갖는다.

❶ $f(x)$는 $x=\mu$를 중심으로 좌우대칭이다. $P(X \le \mu) = P(X \ge \mu) = 0.5$이다.

❷ $f(x)$는 $x=\mu$에서 최댓값을 갖는다.

❸ $f(x)$는 $x=\mu\pm\sigma$에서 변곡점을 갖는다. 이때 $P(\mu-\sigma \le X \le \mu+\sigma\mu) \approx 0.683$이다.

❹ $x=\mu\pm 3\sigma$에서 x축에 거의 접하고, $P(\mu-3\sigma \le X \le \mu+3\sigma\mu) \approx 0.997$이다. 또한 $x\to\pm\infty$이면 $f(x)\to 0$이다.

이와 같은 성질을 이용하면 정규분포 곡선은 [그림 6-15]와 같이 종 모양을 이룬다. 이렇게 평균이 $\mu=0$이고 분산이 $\sigma=1$인 정규분포 $N(0, 1)$을 **표준정규분포** standard normal distribution라 한다.

3 이중적분을 이용하면 결과를 얻을 수 있으나, 이 교재의 범위를 넘는다.

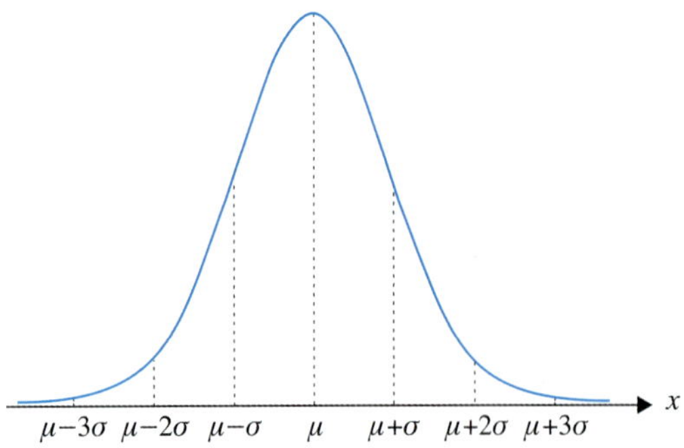

그림 6-15 정규분포 확률밀도함수의 그래프

한편 임의의 확률변수 X의 평균 μ와 표준편차 σ에 대해 확률변수 $Z = \dfrac{X-\mu}{\sigma}$를 X의 **표준화 확률변수** standardized random variable라 하며, 확률변수 Z의 평균과 분산은 $E(Z) = 0$, $Var(Z) = 1$과 같다. 그러면 정규분포와 표준정규분포 사이에 다음이 성립한다.

$$X \sim N(\mu, \sigma^2) \iff Z = \frac{X-\mu}{\sigma} \sim N(0, 1)$$

따라서 일반적인 정규분포에 대한 확률을 구하기 위해 표준화 과정을 거쳐 표준정규분포의 확률로 변환하여 구할 수 있다.

$$P(a \le X \le b) = P\left(\frac{a-\mu}{\sigma} \le Z \le \frac{b-\mu}{\sigma}\right)$$

한편 표준정규분포에서 확률을 계산하기 위해 [부록]에 주어진 표준정규분포의 누적확률표를 이용한다. 이 표를 이용하여 확률 $P(Z \le 1.15)$를 구한다면, 표준정규분포의 누적확률표인 [그림 6-16]을 이용하여 다음 순서에 따른다.

❶ z 열에서 소수점 첫 째 자리까지 숫자 1.1을 선택한다.
❷ z 행에서 소수점 둘 째 자리 숫자 .05를 선택한다.
❸ z 열이 1.1인 행과 z 행이 .05인 열이 만나는 위치의 수 .8749를 선택한다.
❹ $P(Z \le 1.15) = 0.8749$이다.

z	.00	.01	.02	.03	.04	.05	.06	.07	.08	.09
0.6	.7257	.7291	.7324	.7357	.7389	.7422	.7454	.7486	.7517	.7549
0.7	.7580	.7611	.7642	.7673	.7704	.7734	.7764	.7794	.7823	.7852
0.8	.7881	.7910	.9739	.7967	.7995	.8023	.8051	.8078	.8106	.8133
0.9	.8159	.8186	.8212	.8238	.8264	.8289	.8315	.9340	.8365	.8389
1.0	.8413	.8438	.8461	.8485	.8508	.8531	.8554	.8577	.8599	.8621
1.1	.8643	.8665	.8686	.8708	.8729	.8749	.8770	.8790	.8810	.8830
1.2	.8949	.8869	.8888	.8907	.8925	.8944	.8962	.8980	.8997	.9015
1.3	.9032	.9049	.9066	.9182	.9099	.9115	.9131	.9147	.9162	.9177
1.4	.9192	.9207	.9222	.9236	.9251	.9265	.9279	.9292	.9306	.9319

그림 6-16 **표준정규분포의 누적확률표**

예제 6-14

100명의 학생이 수강하는 경영통계 교과목에서 종합적으로 평가한 점수가 평균 75, 표준편차 4인 정규분포를 따른다고 담당교수가 발표하였다. 단, 기대학생 수와 점수는 소수점 첫째 자리에서 반올림한다고 할 때, 다음을 구하라.

(a) 81점 이상인 학생에게 A 학점을 부여할 때 A 학점을 받을 기대학생 수를 구하라.

(b) 76점 이상 81점 미만인 점수에 B 학점을 부여할 때 B 학점을 받을 기대학생 수를 구하라.

(c) 하위 10%인 점수에 F 학점을 부여한다면, F 학점을 피하기 위한 최소의 점수를 구하라.

풀이

개개의 학생이 받은 점수를 확률변수 X라 하고 표준화하면 다음과 같다.

$$X \sim N(75, 4^2) \quad \Leftrightarrow \quad Z = \frac{X - 75}{4} \sim N(0, 1)$$

(a) $P(X \geq 81) = P\left(Z \geq \frac{81 \quad 75}{4}\right) = P(Z \geq 1.5) = 1 - P(Z < 1.5)$

$$= 1 - 0.9332 = 0.0668\,(= 6.68\%)$$

따라서 기대학생 수는 $E(X) = 100\,(0.0668) \approx 7$, 즉 7명이다.

(b) $P(76 \leq X < 81) = P\left(\frac{76 - 75}{4} \leq Z < \frac{81 - 75}{4}\right)$

$$= P(Z \leq 1.5) - P(Z < 0.25)$$

$$= P(Z < 1.5) - P(Z < 0.25)] = 0.9332 - 0.5987$$

$$= 0.3345\,(= 33.45\%)$$

따라서 기대학생 수는 $E(X) = 100\,(0.3345) \approx 33$, 즉 33명이다.

(c) 하위 10%인 경계점수를 a라 하면 $P(X \le a) = P\left(Z < \dfrac{a-75}{4}\right) = 0.1$이 성립한다. $P(Z \le 1.29) \approx 0.90$이므로 $P(Z \le -1.29) = P(Z \ge 1.29) \approx 0.1$이고, 다음이 성립한다.

$$\frac{a-75}{4} = -1.29 \Rightarrow a = (-1.29)(4) + 75 = 69.8\,(\approx 70)$$

따라서 70점이다.

6.5 경영·경제에의 응용

적분은 경제학에서 총비용, 총생산, 총이익 같은 총계 개념과 소비자 잉여, 생산자 잉여 같은 잉여 개념에 주로 사용된다. 특히, 확률 또는 확률밀도함수에 대한 개념은 마케팅, 경매, 포트폴리오를 설명하기 위한 필수적인 도구로 사용된다.

확률질량함수와 한계분석

M E

■ 확률질량함수

동전을 두 번 던지는 게임에서 나타날 수 있는 모든 경우는 (그림, 그림), (그림, 숫자), (숫자, 그림), (숫자, 숫자)와 같이 모두 네 가지이다. 이와 같이 어떤 통계실험에서 나타날 수 있는 모든 결과의 집합을 **표본공간**sample space이라 하고, 기호 S로 나타낸다. 예를 들어, 동전을 두 번 던지는 게임에 대한 표본공간은 $S = \{(\text{그림, 그림}), (\text{그림, 숫자}), (\text{숫자, 그림}), (\text{숫자, 숫자})\}$이다. 이때 그림이 나온 횟수를 확률변수 X로 나타내면, X가 가질 수 있는 값은 다음과 같다. 이때 그림을 H, 숫자를 T로 나타낸다.

$$\{\mathrm{HH}\} \Leftrightarrow X = 2, \quad \{\mathrm{HT}, \mathrm{TH}\} \Leftrightarrow X = 1, \quad \{\mathrm{TT}\} \Leftrightarrow X = 0$$

그러면 X가 가질 수 있는 값의 집합은 $\{0, 1, 2\}$이고 각 경우의 확률은 다음과 같다.

$$P(\mathrm{HH}) = P(X = 2) = \frac{1}{4}, \; P(\mathrm{HT}, \mathrm{TH}) = P(X = 1) = \frac{1}{2}, \; P(\mathrm{TT}) = P(X = 0) = \frac{1}{4}$$

한편 '1'의 눈이 나올 때까지 주사위를 던진다고 하자. 그러면 처음 주사위를 던져서 1이 나오면 주사위를 던진 횟수는 1이고, 처음에 '1'이 나오지 않고 두 번째 던졌을 때 '1'이 나온다면 주사위를 던진 횟수는 2이다. 이와 같은 방법으로 '1'이 나올 때까지 주사위를 던진 횟수를 확률변수 X로 나타내면, X가 가질 수 있는 값의 집합은 $\{1, 2, 3, \cdots\}$이다. 또한, 확률은 $P(X = n) = \frac{1}{6}\left(\frac{5}{6}\right)^{n-1}$이다(단, $n = 1, 2, 3, \cdots$).

이와 같이 확률변수 X가 가질 수 있는 값이 유한개이거나 무한히 많더라도 셈을 할 수 있으면 이 확률변수를 **이산확률변수**discrete random variable라 한다. 또한, X가 가질 수 있는 값의 집합을 **상태공간**state space이라 하고 S_X로 나타낸다. 이때 X의 상태공간 S_X 안에 있는 각각의 x에 대하여 $f(x) =$

$P(X=x)$이고 S_X 안에 있지 않은 모든 실수 x에 대해 $f(x)=0$으로 정의한 함수 $f(x)$, 즉 다음과 같이 정의되는 함수 $f(x)$를 이산확률변수 X의 **확률질량함수**probability mass function라 한다.

$$f(x)=\begin{cases} P(X=x), & x \in S_X \\ 0, & x \notin S_X \end{cases}$$

이때 어떤 실수 a와 b에 대해 $a \le X \le b$일 확률은 $P(a \le X \le b)=\sum_{a \le x \le b} f(x)$이다. 한편, 이산확률변수 X의의 분포함수는 임의의 실수 x에 대해 $F(x)=P(X \le x)=\sum_{u \le x} f(u)$로 정의한다.

예제 6-15

공정한 주사위를 두 번 던지기 게임을 할 때, 두 눈의 합을 확률변수 X라 한다. 물음에 답하라.

(a) 표본공간, 상태공간, 확률질량함수를 구하라.

(b) 두 눈의 합이 4 이상 7 이하일 확률을 구하라.

풀이

(a) ① 처음 나온 눈의 수를 i, 두 번째 나온 눈의 수를 j라 하면 $i, j=1, 2, \cdots, 6$이므로 표본공간은 다음과 같다.

$$S=\{(i, j) \mid i, j=1, 2, \cdots, 6\}$$

② 확률변수 X는 두 눈의 합이므로 $X=i+j$이고, 따라서 X의 상태공간은 다음과 같다.

$$S_X=\{i+j \mid i, j=1, 2, \cdots, 6\}=\{2, 3, 4, \cdots, 12\}$$

③ 표본공간 안의 각각의 결과와 확률변수 사이에 다음이 성립한다.

$$\{(1, 1)\} \Leftrightarrow X=2, \ \{(1, 2), (2, 1)\} \Leftrightarrow X=3, \cdots, \ \{(6, 6)\} \Leftrightarrow X=12$$

따라서 각 경우의 확률은 다음과 같다.

$$P(X=2)=\frac{1}{36}, \quad P(X=3)=\frac{2}{36}, \quad P(X=4)=\frac{3}{36},$$

$$P(X=5)=\frac{4}{36}, \quad P(X=6)=\frac{5}{36}, \quad P(X=7)=\frac{6}{36},$$

$$P(X=8)=\frac{5}{36}, \quad P(X=9)=\frac{4}{36}, \quad P(X=10)=\frac{3}{36},$$

$$P(X=11)=\frac{2}{36}, \quad P(X=12)=\frac{1}{36}$$

그러면 확률질량함수는 다음과 같다.

$$f(x) = \begin{cases} \dfrac{1}{36}, & x = 2, 12 \\ \dfrac{2}{36}, & x = 3, 11 \\ \dfrac{3}{36}, & x = 4, 10 \\ \dfrac{4}{36}, & x = 5, 9 \\ \dfrac{5}{36}, & x = 6, 8 \\ \dfrac{6}{36}, & x = 7 \\ 0, & \text{다른 곳에서} \end{cases}$$

(b) 구하고자 하는 확률은 다음과 같다.

$$P(4 \le X \le 7) = f(4) + f(5) + f(6) + f(7) = \frac{3}{36} + \frac{4}{36} + \frac{5}{36} + \frac{6}{36} = \frac{1}{2}$$

한편 확률변수 X의 확률분포에 대한 중심 위치를 나타내는 X의 **기댓값**expected value 또는 평균을 정의하면 다음과 같다.

$$\mu = E(X) = \sum_{\text{모든 } x} x P(X = x) = \sum_{\text{모든 } x} x f(x)$$ [4]

또한, 평균을 중심으로 흩어지거나 밀집한 정도를 나타내는 분산은 다음과 같이 정의된다.

$$\sigma^2 = Var(X) = E[(X - \mu)^2] = \sum_{\text{모든 } x} (x - \mu)^2 f(x) dx$$

그러면 평균 μ에 대해 X의 분산은 다음과 같이 쉽게 계산할 수 있다.

$$\sigma^2 = E(X^2) - \mu^2 = \sum_{\text{모든 } x} x^2 f(x) - \mu^2$$

특히 상수 $a(a \ne 0)$와 b에 대해 평균과 분산은 다음 성질을 갖는다.

❶ $E(aX + b) = aE(X) + b$

❷ $Var(aX + b) = a^2 Var(X)$

---

4 수학기호 Σ는 '합한다'는 영어 단어인 'Sum'의 첫 문자 S에 대응하는 그리스 문자이다.

예제 6-16

어떤 기업에서 사용하는 특정한 기계의 고장횟수와 그 확률이 다음과 같다고 한다. 물음에 답하라.

고장횟수	0	1	2	3
확률	0.25	0.38	0.21	0.16

(a) 고장횟수를 X라 할 때, X의 평균과 표준편차를 구하라.

(b) X의 분포함수를 구하라.

(c) 기계의 고장에 따라 수리비용이 발생한다. 고장에 따른 비용은 고정비용 1,500만 원과 고장횟수에 비례하여 200만 원씩 증가하는 변동비용이 발생한다. 이때 총비용의 평균과 분산을 구하라.

풀이

(a) ① 평균을 구한다. $P(X=1)=0.25$, $P(X=1)=0.25$, $P(X=1)=0.25$, $P(X=1)=0.25$이므로 다음과 같이 구한다.

$$\mu = \sum_{\text{모든 } x} xP(X=x) = (0)(0.25)+(1)(0.38)+(2)(0.21)+(3)(0.16)=1.28$$

② $$E(X^2) = \sum_{\text{모든 } x} x^2 P(X=x)$$
$$= (0)^2(0.25)+(1)^2(0.38)+(2)^2(0.21)+(3)^2(0.16)$$
$$= 2.66$$

③ 분산을 구한다. $\sigma^2 = E(X^2)-\mu^2 = 2.66-(1.28)^2 = 1.0216$

④ 표준편차를 구한다. $\sigma = \sqrt{1.0216} \approx 1.011$

(b) 고장횟수는 음수가 될 수 없으므로 $P(X<0)=0$이다. 이제 고장횟수 0, 1, 2, 3이 되는 경우까지 각 확률을 누적하여 더하면 분포함수는 다음과 같다.

$$F(x) = P(X \le x) = \begin{cases} 0, & x < 0 \\ 0.25, & 0 \le x < 1 \\ 0.63, & 1 \le x < 2 \\ 0.84, & 2 \le x < 3 \\ 1, & x \ge 3 \end{cases}$$

(c) ① 총비용(C)을 구한다. 고정비용 1,500만 원과 고장횟수에 따라 200만 원 변동비용이 발생하므로 총비용은 $C = 200X + 1500$이다.

② 총비용의 평균 : $E(C) = E(200X+1500) = 200E(X)+1500$
$$= (200)(1.28)+1500 = 1756$$

③ 총비용의 분산 : $Var(C) = Var(200X + 1500) = (200)^2 Var(X)$

$$= (200)^2(1.0216) = 40864$$

■ 한계분석

신문팔이 문제[5]를 이해하기 위해서 한계분석의 개념을 먼저 살펴본다. 이산확률변수 D는 정수값을 가지며, 정수 d에 대해 D의 확률함수를 $p(d) = P(D = d)$라 하자. 주문량 Q와 수요량 d에 대해 발생하는 비용이 $c(d, Q)$일 때 의사결정자의 기대비용이 $E(Q)$라고 하면 다음이 성립한다.

$$E(Q) = E[c(d, Q)] = \sum_d p(d)c(d, Q)$$

대부분의 실제 사례에서 $E(Q)$는 Q에 대한 볼록집합이며, $Q = Q^*$에서 $E(Q)$가 최소라 하면 $E(Q)$의 그래프는 [그림 6-17]과 같다.

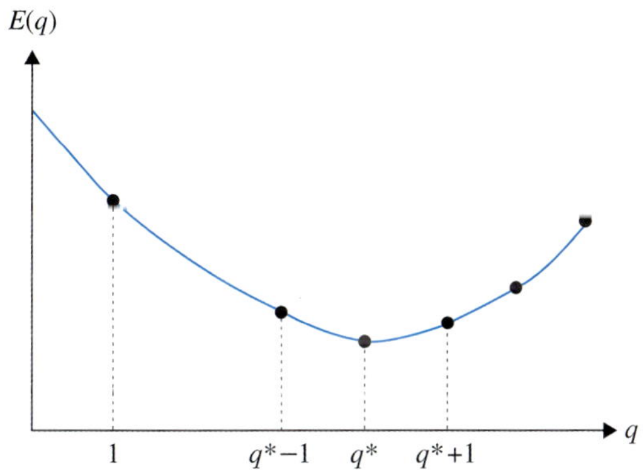

그림 6-17 의사결정자의 기대비용

이때 $E(Q+1) - E(Q)$는 주문량(의사결정변수) Q를 $Q+1$로 증가시킬 때 발생하는 기대비용의 변화이다. 이제 $E(Q)$를 최소로 하는 $Q = Q^*$를 결정하기 위해 $Q = 0$부터 1단위씩 증가시키면서 기대비용의 차이를 살펴본다. $E(Q)$가 볼록집합이므로 Q를 0에서 1로 증가시킴으로써 $E(1) - E(0) \le 0$이므로 기대비용이 감소한다. 그리고 q를 1에서 2로 증가시킴으로써 $E(2) - E(1) \le 0$이므로 기대비용이 감소한다. 이와 같은 방법을 반복하면 $Q = Q^*$에서 $E(Q)$가 최소이므로 $E(Q^* - 1) - E(Q^*) \le 0$을 얻는다. 그러나 Q^*에서 $Q^* + 1$로 1단위 증가시키면 기대비용은 증가하고 $E(Q^* + 1) - E(Q^*) \ge 0$이 된다. 또한, 그 이후로 1단위씩 증가

5 신문팔이 문제와 입찰모형은 Wayne Winston(1994), Operations Research, Duxbury Press의 내용을 참고하였다.

시킬 때 기대비용이 증가하고 $E(Q+1)-E(Q) \geq 0$을 유지한다. 그러면 Q^*는 $E(Q)$를 최소화하는 Q의 값이며, 이러한 논리는 $E(Q)$가 볼록집합이므로 성립한다. 따라서 $Q=Q^*$에 대해 다음이 성립한다.

$$E(Q^*-1)-E(Q^*) \leq 0, \quad E(Q^*+1)-E(Q^*) \geq 0$$

이와 같이 Q의 값에 한계 단위를 추가하는 효과를 반복적으로 분석함으로써 Q^*를 결정하는 접근방법을 **한계분석**marginal analysis이라 한다. 이 분석방법은 $E(Q+1)-E(Q)$라는 단순한 표현의 결정이 쉬울 때 매우 유용하게 활용된다.

이산형 수요의 신문팔이 문제

M

신문팔이 문제는 생산운영 및 경영과학에서 단일기간 재고관리 문제를 해결하기 위해 많이 사용하지만, 수요의 확률분포를 이용한 마케팅 또는 경매 등의 분야에서도 자주 이용된다.

■ 신문팔이 문제의 개념

어떤 조직이 다음과 같은 재고 문제에 직면한다고 하자.

① 조직은 얼마나 많은 단위를 주문할지를 결정한다. 이 주문량을 Q라고 하자.

② 수요량이 d단위일 확률은 $p(d)$이다. 이때 d는 수요량이므로 음이 아닌 정수이고, 확률변수 D는 수요량을 나타낸다.

③ d와 q에 의존하여 비용 $c(d, q)$가 발생한다.

이와 같은 재고 문제를 **신문팔이 문제**news vendor problem라 한다. 매일 신문사로부터 얼마나 많은 신문을 주문할지 결정하는 신문팔이를 생각하자. 만일 너무 많은 신문을 주문한다면 신문팔이는 그날 밤에 팔리지 않은 신문을 많이 남기게 된다. 반면에 너무 적은 신문을 주문하면 신문팔이는 고객의 수요를 충족시키지 못함으로써 신문판매로 벌어들이는 이익을 잃는다. 따라서 신문팔이는 적당한 수의 신문을 주문해야 한다. 이때 수요량이 이산확률변수이고 비용 $c(d, Q)$가 다음 형태로 나타난다면, 한계분석을 이용하여 신문팔이 문제를 해결할 수 있다.

① $c(d, Q)=c_o Q+(Q\text{를 포함하지 않는 항})(d \leq Q)$ (6.1)

② $c(d, Q)=-c_u Q+(Q\text{를 포함하지 않는 항})(d \geq Q+1)$ (6.2)

식 (6.1)에서 $d \leq Q$이면 요구된 것 이상으로 주문을 한 결과로, 과잉재고가 발생한다. c_o는 과잉재고된 단위당 비용이다. 주문량의 크기가 Q에서 $Q+1$로 증가한다면, 식 (6.1)에서 비용은 c_o만큼씩 증가한다. 따라서 c_o 는 과잉재고된 단위당 비용이며, 이를 **과잉재고비용** overstocking cost 이라 한다. 같은 방법으로 $d \geq Q+1$ 이면 주문량이 수요보다 적기 때문에 과소재고가 된다. 이 경우에 한 단위씩 주문량의 규모를 증가시키면 한 단위만큼 적게 과소재고가 되므로 식 (6.2)에서 비용이 c_u 만큼씩 줄어든다. 따라서 c_u 는 과소재고된 단위당 비용을 의미하는 **과소재고비용** understocking cost 이라 한다.

한계분석을 이용하여 최적 주문량을 결정하기 위해 Q단위의 주문이 이루어질 때 기대비용을 $E(Q)$라 하면 의사결정자의 목표는 $E(Q)$를 최소화하는 Q^*를 구하는 것이다. 만약 $c(d, Q)$가 위의 조건을 만족하고 $E(Q)$가 Q의 볼록집합이라 하면 한계분석이 Q^*를 결정하는 데 사용될 수 있다. 한계비용에서 설명한 $E(Q+1) - E(Q) \geq 0$을 만족하는 Q의 최솟값을 결정해야 한다. $E(Q+1) - E(Q)$를 계산하기 위해 다음 두 가지 가능성을 생각한다.

1. **[경우 1] $d \leq Q$인 경우** : 이 경우에 Q 대신에 $Q+1$ 단위를 주문하는 것은 한 단위 이상 초과재고가 발생한다. 이는 비용을 c_o 만큼씩 증가시킨다. 이와 같은 경우가 발생할 확률은 $P(D \leq q)$이다.
2. **[경우 2] $d \geq Q+1$인 경우** : 이 경우에 Q 대신에 $Q+1$ 단위를 주문하는 것은 한 단위 더 부족하게 만든다. 이는 c_u 만큼씩 비용을 줄일 것이다. 이러한 경우가 발생할 확률은 $P(D \geq Q+1) = 1 - P(D \leq Q)$이다.

이것을 요약하면 [경우 1]에서 수요가 $P(D \leq Q)$인 확률로 발생할 때, $Q+1$ 단위를 주문하는 것은 q 단위를 주문하는 것 이상의 c_o의 비용이 발생한다. 그리고 [경우 2]에서 수요가 $1 - P(D \leq Q)$의 확률로 발생할 때, $Q+1$ 단위를 주문하는 것은 q단위의 주문보다 적은 c_u의 비용이 발생한다. 따라서 평균적으로 $Q+1$ 단위를 주문하는 것은 Q단위보다 큰 다음의 비용이 발생한다.

$$c_o P(D \leq Q) - c_u [1 - P(D \leq Q)]$$

이 식을 다시 정리하면 다음이 성립한다.

$$\begin{aligned} E(Q+1) - E(Q) &= c_o P(D \leq Q) - c_u [1 - P(D \leq Q)] \\ &= (c_o + c_u) P(D \leq Q) - c_u \end{aligned}$$

이때 Q가 증가함에 따라 $P(D \leq Q)$가 증가하므로 $E(Q+1) - E(Q)$도 증가하고, $c_o + c_u \geq 0$이면 $E(Q)$는 Q의 볼록집합이고 한계집합이 가능해진다. 결과적으로 다음이 성립하면 $E(Q+1) - E(Q) \geq 0$이 유지될 것이다.

$$(c_o + c_u)P(D \le Q) - c_u \ge 0 \text{ 또는 } P(D \le Q) \ge \frac{c_u}{c_o + c_u}$$

또한 수요 분포함수를 $F(Q) = P(D \le Q)$라 하면, 한계분석이 적용할 수 있으므로 $E(Q)$는 다음을 만족하는 Q의 가장 작은 값 Q^*에 의해 최소화될 것이다.

$$F(Q^*) \ge \frac{c_u}{c_o + c_u}$$

예제 6-17

어떤 꽃집은 어버이날을 맞아 어느 정도의 카네이션을 주문할지를 4월 말까지 결정해야 한다. 카네이션은 백화점에서 2,000원에 구매되어 4,500원에 판매한다. 어버이날 이후에 판매되지 않은 카네이션은 농장에 반납하고 카네이션 1송이당 750원씩의 반환 수수료를 지불한다. 이 꽃집은 어버이날까지 판매되는 카네이션의 수가 다음과 같은 확률분포를 가질 것이라고 믿는다. 이 꽃집이 카네이션 판매로 기대순이익을 극대화하고자 할 때, 4월 말에 주문해야 하는 카네이션의 양을 구하라.

판매된 카네이션 수	확률
100	0.30
150	0.20
200	0.30
250	0.15
300	0.05

풀이

변수는 다음과 같이 정의한다.

- q : 4월 말에 주문하는 카네이션의 수
- d : 어버이날까지 요구되는 카네이션의 수

① $d \le q$이면, 다음 표와 같은 총비용이 발생한다. $c(d, q) = c_o q + (q$를 포함하지 않는 항$)$을 이용하면 $c_o = 1250$이다. 이때 수익은 음의 비용이다.

카네이션 수	비용(원)
개당 2,000원에 q개 카네이션을 구매	$2000q$
개당 4,500원에 d개 카네이션을 판매	$-4500d$
개당 750원에 $(q-d)$개의 카네이션을 반환	$-750(q-d)$
총비용	$1250q - 3730d$

② $d \geq q+1$이면, 다음 표와 같은 비용이 발생한다. $c(d, q) = -c_u q +$(q를 포함하지 않는 항)을 이용하면 $-c_u = -2500$, 즉 $c_u = 2500$이다.

카네이션 수	비용
개당 2,000원에 q개 카네이션을 구매	$2000q$
개당 4,500원에 q개 카네이션을 판매	$-4500d$
총비용	$-2500q$

그러면 $\dfrac{c_u}{c_o + c_u} = \dfrac{2500}{3750} = \dfrac{2}{3}$를 얻는다.

$F(q^*) \geq \dfrac{c_u}{c_o + c_u}$를 이용하여 이 꽃집은 q^*개의 카네이션을 주문해야 하며, q^*는 $P(D \leq q^*) \geq \dfrac{2}{3}$를 만족하는 가장 작은 수이다. 따라서 $q = 100, 150, 200, 250, 300$일 때에만 q의 함수로서 $P(D \leq q)$가 증가한다. $P(D \leq 100) = 0.30$, $P(D \leq 150) = 0.50$, $P(D \leq 200) = 0.80$이고, $P(D \leq 200) = 0.80 \geq \dfrac{2}{3}$이므로 $q^* = 200$, 즉 200송이의 카네이션을 주문해야 한다.

연속형 수요의 신문팔이 문제

M

이제 연속형인 수요가 존재할 경우의 신문팔이 문제를 살펴본다. 수요 D가 확률밀도함수 $f(d)$를 갖는 연속확률변수일 때 한계분석을 수정함으로써 의사결정자의 기대비용은 q^* 단위를 주문하여 최소화될 수 있다. 여기서 q^*는 다음을 만족시킨다.

$$P(D \leq q^*) \geq \frac{c_u}{c_o + c_u}$$

이때 수요가 연속확률변수이므로 부등식을 등식으로 대체해도 된다. 따라서 최적의 주문량은 다음을 만족시키는 q^*를 구하면 된다.

$$P(D \leq q^*) = \frac{c_u}{c_o + c_u} \quad \text{또는} \quad P(D \geq q^*) = \frac{c_o}{c_o + c_u}$$

이 식으로부터 주문된 마지막 단위가 $\dfrac{c_o}{c_o + c_u}$와 같은 점까지 주문하는 것이 판매될 가능성을 갖는 최적임을 알 수 있다.

예제 6-18

서울에서 제주까지 비행요금은 200천 원이고 각 비행기는 최대 100명의 승객을 태울 수 있다. 보통 편도로 표를 구매한 승객 중에는 노쇼를 보이기도 한다. 이와 같은 노쇼에 대비하여 항공사는 각 비행에 100매 이상의 항공권을 판매하려고 노력한다. 이를 초과예약이라 하는데, 이러한 초과예약으로 인하여 정당하게 표를 예약한 고객이 탑승하지 못하는 경우가 발생할 수 있으므로 이러한 승객에 대해 보상금 100천 원을 지불한다. 과거의 자료에 의하면 서울-제주 항공편의 노쇼 수는 평균 20, 표준편차 5인 정규분포에 따른다. (기대수익 − 보상비용)을 최대화하기 위해 항공사가 각 비행마다 판매해야 할 항공권 수를 구하라(단, 노쇼로 표를 사용하지 않는 승객은 규약에 의해 200천 원의 전액을 환불을 받는다).

풀이

변수는 다음과 같이 정의한다.

- q : 항공사에 의해 판매된 항공권 수
- d : 노쇼의 수

그러면 비행에 실제로 나타난 승객 수는 $q-d$이다.

① $q-d \le 100$이면 모든 승객이 탑승할 수 있으며, 항공사에 대한 비용은 다음과 같다.

$$-200(q-d) = 200d - 200q$$

② $q-d > 100$이면 100명의 승객이 항공사에 $200(100) = 20{,}000$천 원을 지불하면서 탑승하고, $(q-d-100)$명의 승객이 탑승하지 못하고 돌아가게 된다. 그러면 이 $(q-d-100)$명의 승객은 $100(q-d-100)$의 보상을 받는다. 따라서 만약 $q-d \ge 100$이면 항공사의 총비용은 다음과 같다.

$$100(q-d-100) - 200(100) = 100(q-100) - 100d - 20000$$

이 항공사의 총비용을 정리하면 다음과 같다.

	총비용(천 원)
$d \le q-100$	$100(q-100) - 100d - 20000$
$d \ge q-100$	$200d - 200(q-100) - 200(100)$

만약 $q-100$을 의사결정변수라 하면 $-c_u = -200$과 $c_o = 100$인 신문팔이 문제를 생각할 수 있다. $P(D \le q^*) = \dfrac{c_u}{c_o + c_u}$를 이용해 다음을 만족시키기 위해 $q-100$을 선택해야 한다.

$$P(D \le q-100) = \frac{c_u}{c_o + c_u} = \frac{2}{3}$$

D가 평균 20, 표준편차 5인 정규분포에 따르는 확률변수이므로 다음을 얻는다.

$$P\left(\frac{D-20}{5} \le \frac{q^* - 100 - 20}{5}\right) = P\left(Z \le \frac{q^* - 120}{5}\right) = \frac{2}{3} \approx 0.6667$$

한편 표준정규분포의 누적확률표로부터 $P(Z \le 0.43) \fallingdotseq 0.6664$이므로 다음을 얻는다.

$$\frac{q^* - 120}{5} \approx 0.43 \;\Rightarrow\; q^* \approx (0.43)(5) + 120 = 122.15$$

항공사가 각 비행마다 판매할 항공권 수는 122 또는 123장이다.

입찰모형

M

이미 3.6절에서 재고이론의 기본모형이라 할 수 있는 최적의 경제적 주문량(EOQ) 모형을 살펴보았다. 단일기간의 재고관리모형에서 신문팔이모형을 이용할 수 있으나, 한계분석을 쉽게 이용할 수 없는 경우에는 의사결정변수 q의 함수 $f(q)$를 목적함수를 표현하여 문제를 해결할 수 있다. 이때 의사결정함수는 기대이익 또는 기대비용이 되며, 임계점 $f'(q) = 0$을 만족하는 q를 이용하여 $f(q)$의 최댓값 또는 최솟값을 구할 수 있다. 예를 들어 완성될 때까지 2백만 원이 소요되는 어떤 중요한 관급공사에 두 건설사 A와 B가 입찰 중이라 하자. 건설사 A는 경쟁회사인 건설사 B의 입찰가가 균일하게 2백만 원에서 4백만 원 사이에 있다고 믿는다. 이때 건설사 A의 기대이익을 극대화하기 위한 입찰금액을 구해 보자. 이를 위해 변수는 다음과 같이 정의한다.

- B : 건설사 B의 입찰금액을 나타내는 확률변수
- b : 건설사 B의 실제 입찰금액

그러면 단위를 백만 원이라 할 때, B의 밀도함수 $f(b)$는 다음과 같다.

$$f(b) = \begin{cases} \frac{1}{2}, & 2 \le b \le 4 \\ 0, & \text{다른 곳에서} \end{cases}$$

건설사 A의 입찰금액을 q라 할 때, $b > q$이면 A는 경쟁자보다 더 비싼 값을 부르고, 이익금은 $(q-2)$백만 원이다. 반면에 $b < q$이면 A는 B에 의해 더 비싸게 불리고, 아무것도 얻지 못한다. 한편 $b = q$인 사건은 발생할 확률이 거의 0이므로 무시할 수 있다. 건설사 A의 입찰금액이 q일 때 A의 기대이익을 $E(q)$라 하면 다음과 같다.

$$
\begin{aligned}
E(q) &= \int_2^q (0) f(b)\, db + \int_q^4 (q-2) f(b)\, db \\
&= \frac{1}{2}\int_q^4 (q-2)\, db = \frac{(q-2)(4-q)}{2} \\
&= \frac{1}{2}(-q^2 + 6q - 8)
\end{aligned}
$$

$E(q)$의 극댓값을 구하기 위해 1계 도함수 판정법을 이용해도 되지만, $E(q)$가 이차함수이므로 다음과 같이 완전제곱식으로 변형하면 쉽게 극댓값을 구할 수 있다.

$$E(q) = \frac{1}{2}(-q^2 + 6q - 8) = -\frac{1}{2}[(q-3)^2 - 1]$$

따라서 $q = 3$(백만 원)일 때 기대이익의 최댓값은 $E(3) = \frac{1}{2}$(백만 원), 즉 최대 기대이익은 50만 원이다.

한계와 총계 개념 E

3장에서는 한계비용, 한계생산, 한계이익, 한계효용 등을 각각 총비용, 총생산, 총이익, 총효용을 미분하여 구했다. 여기서 미분과 적분은 서로 역산 관계이므로 한계비용, 한계생산, 한계이익, 한계효용 등을 적분하면 총비용, 총생산, 총이익, 총효용을 구할 수 있다. 예를 들어, 어느 기업의 한계이익함수가 $f(x) = 2x^2 - x + 5$이면, 이 기업의 총이윤함수는 다음과 같이 구할 수 있다.

$$F(x) = \int (5 - x + 2x^2)\, dx = \frac{2}{3}x^3 - \frac{1}{2}x^2 + 5x + C$$

따라서 $x = 1$일 때, 이 기업의 총이윤은 $F(1) = \frac{2}{3}(1)^3 - \frac{1}{2}(1)^2 + 5(1) = \frac{31}{6}$이다.

소비자 잉여와 생산자 잉여 E

후생경제학은 자원의 배분에 따라 사람의 후생에 미치는 영향을 연구한다. 대표적인 경제적 후생에는 소비자 잉여와 생산자 잉여가 있다. 이 절에서는 두 개념에 대해 학습해 볼 것이다.

일반적으로 회사는 상품을 더 많이 팔기 위해서 가격을 낮춘다. 회사가 상품을 x단위 판매할 때 이 회사가 책정할 수 있는 단위당 가격인 수요함수 $p(x)$는 감소함수이다. 소비자는 특정 상품에 대해

서로 다른 가치를 부여하므로 그 상품에 대해 지불하고자 하는 최고 금액도 다르다. 이때, 상품에 대해 소비자가 지불할 용의가 있는 최고 금액과 실제 지불금액의 차이가 발생하는데, 이를 **소비자 잉여(CS)** Consumer Surplus라 한다. 소비자 잉여는 시장에서의 수요와 공급이 일치하는 균형가격의 차이이다. 다음 사례를 통해 소비자 잉여의 개념을 알아보자.

사례 1 가수 E의 공연 입장권에 소비자 A가 20,000원 지불할 용의가 있다. 그러나 입장권 한 장에 17,000원이라 하면, A가 입장권 한 장에 대해 느끼는 가치보다 3,000원이 적으므로 소비자에게 3,000원의 잉여를 제공한다. 같은 방식으로 입장권 한 장에 25,000원의 가치가 있다고 생각하는 소비자 B에게는 8,000원의 잉여를 가져다주며, 17,000원으로 생각하는 소비자 C에게는 0원의 잉여를 가져다준다. 그러나 입장권 한 장을 15,000원에 구입하고자 하는 소비자 D는 더 많은 금액을 지불해야 하므로 입장권을 구입하지 않을 것이다. 그러면 소비자들이 30,000개의 입장권을 구매한다고 할 때, 소비자 잉여는 수요곡선 아래와 시장가격 위에 있는 영역의 넓이와 같으며, 이는 [그림 6-18]에서의 삼각형의 넓이이다. 이 경우에 삼각형의 높이는 시장가격인 17,000원과 **수요폐색가격** demand choke price과의 차이이고, 밑변의 길이는 판매량 수이다. 이때 구매하려는 소비자가 없는 판매량이 0이 되는 가격을 수요폐색가격이라 한다.

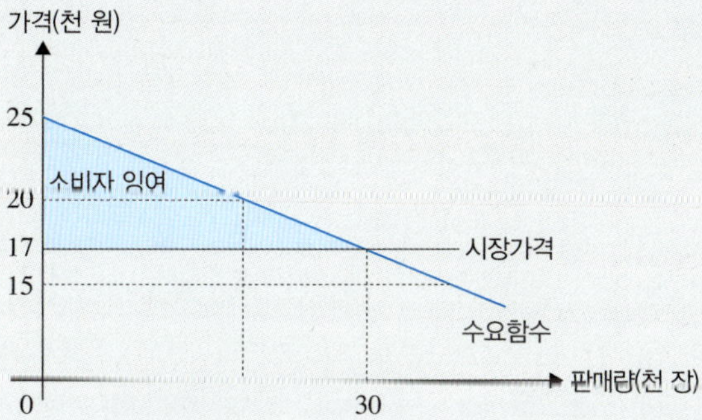

그림 6-18 소비자 잉여

따라서 소비자 잉여는 $CS = \frac{1}{2} \times 30 \times 8 = 120$ 으로 120천 원이다.

이 경우에 수요함수를 구하면 기울기는 $(25-17)/30$ 이고, 절편이 25이므로 $p = d(q) = -\frac{4}{15}q + 25$ 이다. 소비자 잉여는 균형거래량 $Q^* = 30$ 과 균형가격 $p^* = 17$ 에 대해 닫힌구간 $[0, q^*] = [0, 30]$ 에서 수요함수 $p = d(q)$ 의 정적분에서 밑변의 길이가 $Q^* = 30$ 이고 높이가 $p^* = 17$ 인 직사각형의 넓이를 뺀 것과 같다. 따라서 균형점 (Q^*, p^*) 에 대해 소비자 잉여는 다음과 같이 적분을 이용하여 구할 수 있다.

$$CS = \int_0^{30} d(q)\,dq - (17)(30) = \int_0^{Q^*} d(Q)\,dq - p^* Q^*$$

다시 말해서, 소비자 잉여는 실제로 지불할 용의가 있는 최대가격에서 실제로 지불한 가격의 차이를 반영한 결과이며, 수요함수 $p = d(q)$와 균형점 (Q^*, p^*)에 대해 다음과 같이 구한다.

$$CS = \int_0^{q^*} d(q)\,dq - p^* q^*$$

예제 6-19

어떤 상품의 수요함수가 $p(x) = 6000 - x - \frac{1}{500}x^2$ (원)이다. 이 상품의 판매량이 1,000개일 때 소비자 잉여를 구하라. 단, 단위는 천 원이다.

풀이

① 이 상품의 판매량이 1,000개이므로 수요함수를 통해 시장가격을 구한다.

$$p(1000) = 6000 - 1000 - \frac{1000^2}{500} = 3000$$

② 소비자 잉여를 구한다. 소비자 잉여는 다음과 같이 그래프에서 색칠된 부분의 넓이이다.

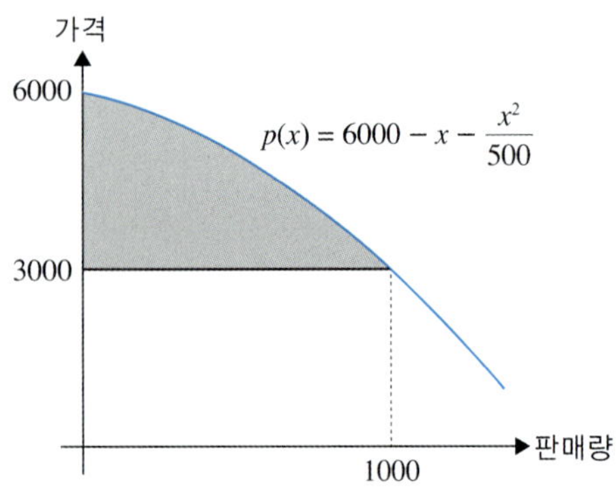

즉, 계산하면 다음과 같다.

$$CS = \int_0^{1000} [p(x) - 3000]\,dx = \int_0^{1000} \left(3000 - x - \frac{1}{500}x^2\right) dx$$

$$= \left[3000x - \frac{x^2}{2} - \frac{x^3}{1500}\right]_0^{1000} = \frac{5500000}{3} \approx 1833.33$$

따라서 소비자 잉여는 1833.33천 원으로 1,833,330원이다.

한편 소비자의 관점에서 살펴본 소비자 잉여와 유사한 개념을 기업에도 적용할 수 있다. 생산자가 상품을 판매할 용의가 있는 가격과 그 상품을 팔아서 받는 가격 사이의 차이를 **생산자 잉여(PS)**Producer Surplus라 한다. 다음 두 번째 사례를 통해 소비자 잉여의 개념을 알아보자.

사례 2 30,000개의 어떤 상품을 판매할 때 1개당 적정 시장가격이 28,000원이라 하자. 이때 A 회사가 이 상품을 1개당 20,000원에 판매할 용의가 있었다면 이 회사는 8,000원의 생산자 잉여를 얻는다. 반면, B 회사가 25,000원에 판매할 용의가 있었다면 이 회사는 3,000원의 생산자 잉여를 얻으나, C 가게가 28,000원에 판매할 용의가 있었다면 생산자 잉여를 얻지 못한다. D 회사가 30,000원에 판매하고자 한다면 판매할 용의가 있는 가격보다 적정 시장가격이 낮으므로 이 회사는 시장에서 제외될 것이다. 그러면 총 생산자 잉여는 모든 판매의 생산자 잉여를 합한 것이고, 이는 시장가격의 아래와 공급곡선 위에 있는 영역의 넓이이다. 이는 [그림 6-19]에서 삼각형의 넓이와 같다.

즉, 생산자 잉여를 나타내는 삼각형의 높이는 시장가격과 공급폐색가격과의 차이이고, 밑변의 길이는 판매량(거래량) 수이다. 여기서 생산하고자 하는 기업이 없어 공급량이 0이 되는 가격을 **공급폐색가격**supply choke price이라 한다.

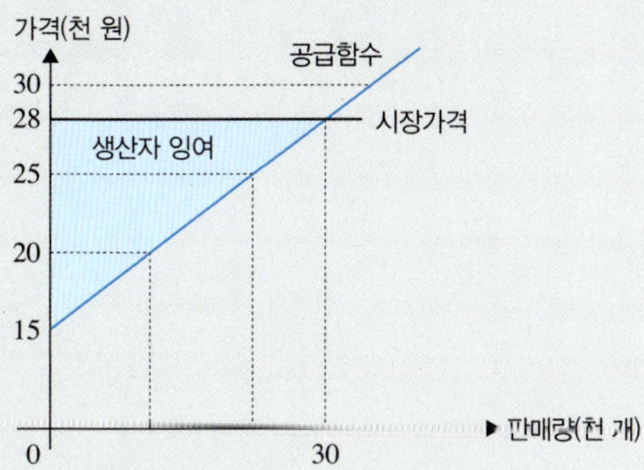

그림 6-19 생산자 잉여

따라서 생산자 잉여는 $PS = \frac{1}{2} \times 30 \times 13 = 195$ 이다.

이 경우에 공급함수는 $p = s(q) = \frac{13}{30}q + 15$ 이다. 그리고 생산자 잉여는 균형거래량 $Q^* = 30$과 균형가격 $p^* = 28$에 대해 밑변의 길이가 $Q^* = 30$이고 높이가 $p^* = 28$인 직사각형의 넓이에서 닫힌구간 $[0, q^*] = [0, 30]$ 내 공급함수 $p = s(q)$의 정적분을 뺀 것과 동일하다. 따라서 균형점 (Q^*, p^*)에 대해 생산자 잉여는 다음과 같이 적분을 이용하여 구할 수 있다.

$$PS = (28)(30) - \int_0^{30} s(q)\,dq - 17 \times 30 = p^* q^* - \int_0^{q^*} s(q)\,dq$$

다시 말해서, 생산자 잉여는 생산자가 어떤 상품을 판매하여 얻는 실제 수입이 생산자가 그 상품을 판매하여 최소한으로 받겠다는 금액을 초과한 부분이며, 공급함수 $p = s(q)$와 균형점 (Q^*, p^*)에 대해 다음과 같이 구한다.

$$PS = p^* Q^* - \int_0^{q^*} d(Q)\,dQ$$

특히 [그림 6-19]와 같이 수요곡선과 공급곡선이 만나는 점을 균형점이라 하며, 이 점에서 수요량과 공급량이 일치하는 균형가격이 형성된다. 이때 소비자 잉여와 생산자 잉여의 합을 **사회적 잉여(SS)**Social Surplus라 한다. 이는 다음 [그림 6-20]에서 삼각형 ACE의 넓이이다.

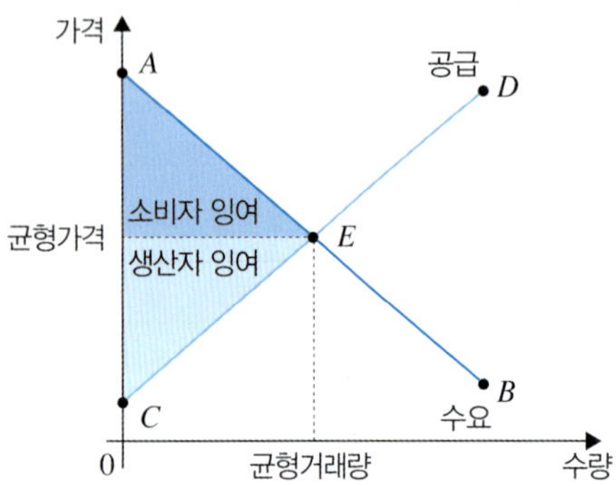

그림 6-20 균형가격과 균형거래량

시장가격이 하락하면 소비자 잉여는 증가하고 생산자 잉여는 감소한다. 시장에서 결정된 거래량은 소비자 잉여와 생산자 잉여의 합을 극대화하는 수량으로서 이를 **시장 효율성**market efficiency이라고 한다. 소비자는 생산자보다 더 높은 가치를 제품에 부여하므로 모든 거래는 상호 간에 이익을 제공한다. 따라서 소비자와 생산자는 각자 자신의 이익을 극대화하기 위해 시장거래에 참여하지만, 그 행동은 시장에 의해 효율성이 극대화되도록 조정된다. 물론 이러한 효율성은 독과점, 외부효과, 세금과 최저임금 등으로 인해 수요량의 균형거래량 이하로 감소하고, 자원배분의 효율성이 성립하지 않는 현상인 **시장실패**market failure가 발생하지 않을 때 나타난다. 만일 시장실패가 발생하면 정부의 개입이 필요할 것이다.

예제 6-20

한계비용이 $3x$ 인 어느 기업이 t 의 생산량을 단위당 10원씩 판매할 때 생산자 잉여를 구하라.

풀이

① 총비용을 구한다. $\int_0^t 3x\,dx = \dfrac{3t^2}{2}$

② 생산자 잉여를 구한다. 단위가격 10원씩 t 단위를 팔면, 총수입이 $10t$ 이므로 생산자 잉여 PS 는 다음과 같다.

$$PS = 10t - \int_0^t 3x\,dx = 10t - \frac{3t^2}{2}$$

예제 6-21

어떤 상품의 수요함수와 공급함수가 각각 다음과 같을 때 물음에 답하라.

$$p(x) = 122 - 4x\,, \quad s(x) = 12x - 6$$

(a) 균형가격과 수량을 구하라. 단위는 각각 1,000원과 1,000개이다.

(b) 균형가격에서 소비자 잉여와 생산자 잉여를 구하라.

(c) 균형가격에서 사회적 잉여를 구하라.

풀이

(a) 균형가격은 $p(x) = s(x)$에서 발생하므로 구하고자 하는 균형가격은 다음과 같다.

$$122 - 4x = 12x - 6 \;\Rightarrow\; 16x = 128 \;\Rightarrow\; x = 8$$

이때 상품의 균형수량은 $p(8) = 122 - 4 \times 8 = 90$ 이다.

(b) ① 수요폐색가격과 공급폐색가격을 구한다.

$$\text{수요폐색가격}:\ 122 - 4x = 0 \;\Rightarrow\; x = 30.5$$

$$\text{공급폐색가격}:\ 12x - 6 = 0 \;\Rightarrow x = 0.5$$

② 수량에 따른 가격을 나타내는 수요곡선과 공급곡선을 구한다.

균형수량 90개에 대한 균형가격을 나타내는 점 $(90, 8)$과 수요폐색가격을 나타내는 점 $(0, 30.5)$, 그리고 공급폐색가격을 나타내는 점 $(0, 0.5)$를 연결하는 직선의 식을 구하면 수요곡선과 공급곡선을 얻는다. 사실상 이 곡선들은 $p(x) = 122 - 4x$와 $s(x) = 12x - 6$의 역함수를 구하면 쉽게 얻을 수 있다. 즉 수요곡선과 공급곡선의 함수식과 그래프는 각각 다음과 같다.

$$y = p^{-1}(x) = \frac{1}{4}(122 - x),\ y = s^{-1}(x) = \frac{1}{12}(x + 6)$$

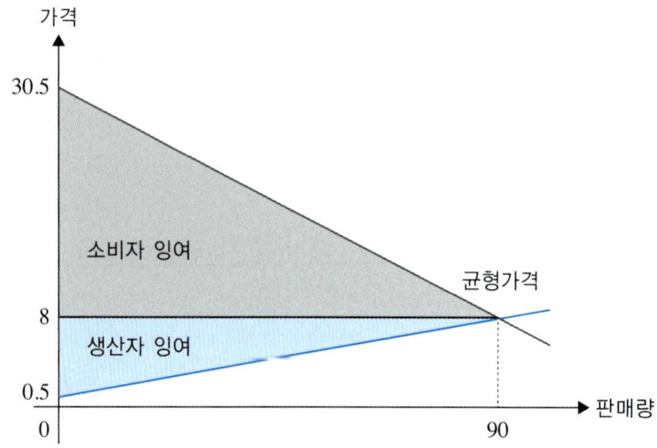

③ 소비자 잉여 CS와 생산자 잉여 PS를 구한다. 여기서 단위는 백만 원이다.

$$CS = \frac{1}{2} \times (30.5 - 8) \times 90 = 1012.5$$

$$PS = \frac{1}{2} \times (8 - 0.5) \times 90 = 337.5$$

(c) 균형가격에서 사회적 잉여는 소비자 잉여 CS와 생산자 잉여 PS의 합이므로 다음과 같다.

$$SS = CS + PS = 1012.5 + 337.5 = 1350(\text{백만 원})$$

따라서 사회적 잉여는 1,350백만 원이다.

6장 연습문제

01. 다음 적분을 구하라.

(a) $\int (3x+1)\,dx$

(b) $\int (2-4x)\,dx$

(c) $\int (2x^3+x-4)\,dx$

(d) $\int (5x^4+4x^2-2x)\,dx$

(e) $\int \frac{x}{2x^2+1}\,dx$

(f) $\int \frac{2x}{(x^2+1)^3}\,dx$

(g) $\int \frac{2x}{\sqrt{x^2-2}}\,dx$

(h) $\int \frac{2x-1}{\sqrt{x^2-x+1}}\,dx$

(i) $\int (3x+2)^4\,dx$

(j) $\int \left(\frac{x}{4}-1\right)^{11}dx$

(k) $\int \frac{x}{x^2-1}\,dx$

(l) $\int \frac{x^2+1}{x^3+3x-1}\,dx$

(m) $\int x^2(x^3-2)\,dx$

(n) $\int (2x-1)(x^2-x+2)^5\,dx$

(o) $\int (2x+1)e^{x^2+x}\,dx$

(p) $\int (x-1)e^{-x^2+2x}\,dx$

(q) $\int (x^2-1)\,e^x\,dx$

(r) $\int (x^2+x+1)\,e^{-x}\,dx$

02. [연습문제 01]에서 구한 부정적분을 이용하여 다음 정적분을 구하라.

(a) $\int_2^3 (3x+1)\,dx$

(b) $\int_{-1}^3 (2 \quad 4x)\,dx$

(c) $\int_0^2 (2x^3+x-4)\,dx$

(d) $\int_0^1 (5x^4+4x^2-2x)\,dx$

(e) $\int_{-2}^1 \frac{x}{2x^2+1}\,dx$

(f) $\int_0^2 \frac{2x}{(x^2+1)^3}\,dx$

(g) $\int_3^{10} \frac{2x}{\sqrt{x^2-2}}\,dx$

(h) $\int_0^4 \frac{2x-1}{\sqrt{x^2-x+1}}\,dx$

(i) $\int_{-1}^0 (3x+2)^4\,dx$

(j) $\int_0^4 \left(\frac{x}{4}-1\right)^{11}dx$

(k) $\int_2^3 \frac{x}{x^2-1}\,dx$

(l) $\int_1^2 \frac{x^2+1}{x^3+3x-1}\,dx$

(m) $\int_1^3 x^2(x^3-2)\,dx$

(n) $\int_0^1 (2x-1)(x^2-x+2)^5\,dx$

6장 연습문제

(o) $\int_{-1}^{1}(2x+1)e^{x^2+x}\,dx$

(p) $\int_{0}^{1}(1-x)e^{-x^2+2x}\,dx$

(q) $\int_{0}^{1}(x^2-1)\,e^{x}\,dx$

(r) $\int_{0}^{1}(x^2+x+1)\,e^{-x}\,dx$

03. 어떤 곡선 $y=f(x)$ 위의 점 (x, y)에서 접선의 기울기가 다음과 같다. 주어진 점을 지나는 곡선의 방정식을 구하라.

(a) $f(x)=2x^2+2x-1$, $(1, 1)$

(b) $f(x)=x^2-3x+2$, $(2, 1)$

(c) $f(x)=x+e^x$, $(0, 2)$

(d) $f(x)=\dfrac{x}{x^2+1}$, $(0, 1)$

04. 다음 곡선과 x축으로 둘러싸인 부분의 넓이를 구하라.

(a) $y=x^2+2x-3$

(b) $y=x^3+3x^2-x-3$

(c) $y=-x^3+3x^2-2x$

(d) $y=-x^4+3x^3-2x^2$

05. 다음 두 곡선으로 둘러싸인 부분의 넓이를 구하라.

(a) $y=x^2+2x-3$, $y=x+3$

(b) $y=-x^2+3x-1$, $y=x-1$

(c) $y=x^2+2x-3$, $y=-x^2+1$

(d) $y=2x^2-3x-2$, $y=x^2+x+3$

06. 다음 이상적분을 구하라.

(a) $\int_0^1 \frac{1}{x-1}\,dx$

(b) $\int_0^2 \frac{1}{(x-1)^{2/3}}\,dx$

(c) $\int_0^\infty x\,e^{-2x}\,dx$

07. 확률변수 X의 확률밀도함수가 다음과 같다.

$$f(x) = \begin{cases} \frac{1}{10}, & 0 \le x \le 10 \\ 0, & \text{다른 곳에서} \end{cases}$$

(a) 확률 $P(X \le 4)$를 구하라.

(b) 확률 $P(3 \le X \le 5)$를 구하라.

(c) 확률변수 X의 평균 μ를 구하라.

(d) 확률변수 X의 평균 σ^2을 구하라.

08. M 감정평가협회는 직원 하계세미나를 위해 컨벤션 호텔의 숙소에 객실을 어느 정도 예약할지를 결정해야 한다. 세미나가 열리기 6개월 전에 객실당 50천 원의 비용으로 예약할 수 있으나 어느 정도의 식원이 참여할시를 확실히 일지 못한다. 여기에 협회는 필요한 객실의 수가 평균 5,000개라고 생각하며, 표준편차가 2,000개를 갖는 정규분포라고 생각한다. 만일 필요한 객실의 수가 호텔에 예약된 객실의 수를 초과하면 추가비용이 객실당 80천 원으로 인근 호텔에 예약해야 한다. 그러나 세미나 참가자가 인근 호텔에 머무는 것은 불편을 초래하므로 인근 호텔에서 구한 각 객실에 대해서는 10,000원의 비용이라 본다. 협회와 회원에 기대된 비용을 최소화한다고 할 때, 컨벤션 호텔에 예약할 객실 수를 구하라.

09. M 어떤 마트는 시골에서 도매로 배를 10백 원에 선별구매해 간단한 포장과 상표를 붙인 후 시장에서 25백 원에 판매한다. 이 마트에서 판매할 수 있는 배의 수량이 평균 100과 표준편차 30의 정규분포라면 이 마트는 얼마나 많은 배를 구매해야 하는지 구하라.

6장 연습문제

10. 어떤 기업의 한계비용함수가 $f(x) = -2x^2 + \frac{1}{3}x$ 이고, 최초로 1억을 투자하려 한다. 이 기업의 총비용함수 $F(x)$를 구하라.
E

11. 커피시장에서 커피에 대한 수요 x는 가격 p의 함수이고, $x = 100 - p$ 라고 하자. 어느 소비자가 1잔에 50원씩 지불하는 조건으로 50잔의 커피를 소비할 때, 지불해야 할 실제 금액과 소비자의 잉여를 구하라.
E

12. 시장의 수요곡선과 공급곡선이 각각 다음과 같을 때, 시장에서의 균형가격과 수량을 구하고 이 균형가격에서 사회적 잉여를 구하라.
E

$$Q^d = -10p + 100, \quad Q^s = 90p - 10$$

7장

기초 회귀분석

CONTENTS

7.1 결합분포와 조건부분포

7.2 단순선형회귀모형

7.3 선형회귀직선의 모수 추정

7.4 결정계수

7.5 경영·경제에의 응용

연습문제

학습목표

7장에서는 결합분포와 조건부분포, 단순선형회귀모형, 선형회귀직선의 모수 추정, 결정계수에 대해 다룬다. 이후 이를 응용할 수 있는 경영·경제학의 회귀분석, 시계열자료, 선형관계 등을 설명한다.

7.1 결합분포와 조건부분포

6장에서 하나의 확률변수 X에 대한 확률모형과 그에 대한 기댓값을 살펴보았다. 그러나 경영·경제학에서는 두 개 이상의 확률변수(X, Y, Z 등)가 사용되는 경우가 많다. 예를 들어 가격이 수요에 미치는 영향, 직원의 스트레스와 효능감이 업무성과에 미치는 영향, 광고비와 사회적 자본이 기업 매출에 미치는 영향 등이 있으며 각 요소를 확률변수로 놓는다. 이 절에서는 둘 이상의 확률변수가 결합된 확률분포에 대해 살펴볼 것이다.

결합분포

동전을 세 번 반복하여 던지는 실험을 한다. 그림이 있는 동전의 앞면이 나오면 H, 숫자가 있는 동전의 뒷면이 나오면 T라 할 때, 표본공간은 $S = \{HHH, HHT, HTH, THH, HTT, THT, TTH, TTT\}$로 나온다. 이때 확률변수 X는 처음 던졌을 때 앞면이 나오면 1이라 하고 뒷면이 나오면 0이라 하며, Y는 세 번 중에서 앞면이 나온 횟수라 한다. 그러면 표본공간을 이루는 각각의 원소에 대한 두 확률변수의 값은 [표 7-1]과 같다.

표 7-1 표본공간의 원소와 두 확률변수의 값

S	HHH	HHT	HTH	THH	HTT	THT	TTH	TTT
X	1	1	1	0	1	0	0	0
Y	3	2	2	2	1	1	1	0

그러면 확률변수 X가 취할 수 있는 모든 값은 0과 1뿐이며, 확률변수 Y가 취할 수 있는 모든 값은 0, 1, 2, 3이다. 즉, 두 확률변수 X와 Y의 상태공간 S_X, S_Y는 각각 다음과 같다.

$$S_X = \{0, 1\}, \ S_Y = \{0, 1, 2, 3\}$$

한편 $X = 1$이고 $Y = 3$인 사건은 처음에 앞면이 나오면서 동시에 세 번 모두 앞면이 나오는 사건 $\{HHH\}$를 나타내고, $X = 1$이고 $Y = 2$인 사건은 처음에 앞면이 나오면서 동시에 세 번 중에서 앞면이 두 번 나오는 사건 $\{HHT, HTH\}$를 나타낸다. 따라서 두 확률변수 X와 Y에 대해 $X = 1$이고 $Y = 3$일 확률과 $X = 1$이고 $Y = 2$일 확률은 각각 다음과 같다.

$$P(X = 1, \ Y = 3) = \frac{1}{8}, \ P(X = 1, \ Y = 2) = \frac{2}{8}$$

같은 방법으로 $x=0$, 1과 $y=0$, 1, 2, 3에 대해 결합확률 $P(X=x, Y=y)$는 [표 7-2]와 같다.

표 7-2 X와 Y의 결합확률

X \ Y	0	1	2	3
0	$\frac{1}{8}$	$\frac{2}{8}$	$\frac{1}{8}$	0
1	0	$\frac{1}{8}$	$\frac{2}{8}$	$\frac{1}{8}$

두 개 이상의 확률변수가 결합된 확률분포를 **결합확률분포** joint probability distribution 라 한다. 특히 다음과 같이 두 이산확률변수 X와 Y의 상태공간 $S_X=\{x_1, x_2, \cdots, x_n\}$, $S_Y=\{y_1, y_2, \cdots, y_m\}$에 대해 $f(x, y)=P(X=x, Y=y)$를 대응시키고, 상태공간 이외의 x와 y에 대해 $f(x, y)=0$을 대응시킨 함수 $f(x, y)$를 이산확률변수 X와 Y의 **결합확률질량함수** joint probability mass function 라 한다.

$$f(x, y)=\begin{cases} P(X=x, Y=y), & x \in S_X, \ y \in S_Y \\ 0, & \text{다른 곳에서}^{1} \end{cases}$$

그리면 이산확률변수 X와 Y의 결합확률질량함수 $f(x, y)$는 다음 성질을 갖는다.

❶ 모든 실수 x, y에 대해 $f(x, y) \ge 0$이다.

❷ $\sum_{\text{모든 } x} \sum_{\text{모든 } y} f(x, y)=1$이다.

특히 확률변수 X와 Y가 평면 위의 직사각형 $A=\{(x, y) \mid a \le x \le b, \ c \le y \le d\}$ 안에 놓일 확률은 다음과 같다.

$$P(a \le X \le b, c \le Y \le d)=\sum_{a<x \le b} \sum_{c<y \le d} f(x, y)$$

이제 [표 7-2]에 제시된 두 확률변수 X와 Y의 결합확률을 [표 7-3]과 같이 행 방향으로 더하면 X의 확률질량함수 $f_X(x)$를 얻으며, 또한 열 방향으로 더하면 Y의 확률질량함수 $f_Y(y)$를 얻는다.

1 $x \in S_X$, $y \in S_y$가 아닌 x와 y를 나타낸다는 의미이다.

표 7-3 X와 Y의 결합확률과 각각의 확률질량함수

X \ Y	0	1	2	3	$f_X(x)$
0	$\frac{1}{8}$	$\frac{2}{8}$	$\frac{1}{8}$	0	$\frac{1}{2}$
1	0	$\frac{1}{8}$	$\frac{2}{8}$	$\frac{1}{8}$	$\frac{1}{2}$
$f_Y(y)$	$\frac{1}{8}$	$\frac{3}{8}$	$\frac{3}{8}$	$\frac{1}{8}$	1

즉, 확률질량함수 $f_X(x)$, $f_Y(y)$는 다음과 같다.

$$f_X(x) = \begin{cases} \frac{1}{2}, & x = 0 \\ \frac{1}{2}, & x = 1 \\ 0, & \text{다른 곳에서} \end{cases}, \quad f_Y(y) = \begin{cases} \frac{1}{8}, & y = 0, 3 \\ \frac{3}{8}, & y = 1, 2 \\ 0, & \text{다른 곳에서} \end{cases}$$

이러한 X와 Y의 결합분포로부터 다음과 같은 X와 Y의 확률질량함수를 얻을 수 있다. 이러한 확률질량함수를 **주변확률질량함수** marginal probability mass function라 한다.

$$f_X(x) = P(X = x) = \sum_{\text{모든 } y} f(x, y), \quad x \in S_X$$

$$f_Y(y) = P(Y = y) = \sum_{\text{모든 } x} f(x, y), \quad y \in S_Y$$

예제 7-1

두 이산확률변수 X와 Y의 결합확률이 다음 표와 같을 때 물음에 답하라.

X \ Y	1	2	3	$f_X(x)$
1	0.02	0.06	①	0.33
2	0.04	②	0.15	0.31
3	③	0.16	0.05	④
$f_Y(y)$	0.21	0.34	⑤	1.00

(a) 결합확률표를 완성하라.

(b) X와 Y의 주변확률질량함수를 구하라.

(c) 확률 $P(X \le 2)$, $P(Y \le 2)$, $P(X \le 2, Y \le 2)$를 구하라.

TIP 결합확률표를 완성한다.

풀이

(a) $P(X=1) = 0.02 + 0.06 + ① = 0.33$ 이므로 $① = 0.25$ 이다.

$P(X=2) = 0.04 + ② + 0.15 = 0.31$ 이므로 $② = 0.12$ 이다.

$P(Y=1) = 0.02 + 0.04 + ③ = 0.21$ 이므로 $③ = 0.15$ 이다.

$P(X=3) = ③ + 0.16 + 0.05 = ④$, $③ = 0.15$ 이므로 $④ = 0.36$이다.

$P(Y=3) = ① + 0.15 + 0.05 = ⑤$, $① = 0.25$ 이므로 $⑤ = 0.45$이다.

따라서 결합확률표를 완성하면 다음과 같다.

X \ Y	1	2	3	$f_X(x)$
1	0.02	0.06	0.25	0.33
2	0.04	0.12	0.15	0.31
3	0.15	0.16	0.05	0.36
$f_Y(y)$	0.21	0.34	0.45	1.00

(b) X와 Y의 주변확률질량함수는 각각 다음과 같다.

$$f_X(x) = \begin{cases} 0.33, & x=1 \\ 0.31, & x=2 \\ 0.36, & x=3 \\ 0, & \text{다른 곳에서} \end{cases}, \quad f_Y(y) = \begin{cases} 0.21, & y=1 \\ 0.34, & y=2 \\ 0.45, & y=3 \\ 0, & \text{다른 곳에서} \end{cases}$$

(c) 구하고자 하는 확률은 각각 다음과 같다.

$$P(X \le 2) = f_X(1) + f_X(2) = 0.33 + 0.31 = 0.64$$

$$P(Y \le 2) = f_Y(1) + f_Y(2) = 0.21 + 0.34 = 0.55$$

$$P(X \le 2,\ Y \le 2) = f(1,1) + f(1,2) + f(2,1) + f(2,2)$$
$$= 0.02 + 0.06 + 0.04 + 0.12 = 0.24$$

조건부분포

[표 7-3]에서 보인 X와 Y의 결합확률에서 $X=1$이 주어졌다고 생각하자. 그러면 $X=0$인 사건은 무시하고 [표 7-4]와 같이 $X=1$인 경우만 생각한다.

표 7-4 $X=1$이 주어진 경우

$X \backslash Y$	0	1	2	3	$f_X(x)$
1	0	$\frac{1}{8}$	$\frac{2}{8}$	$\frac{1}{8}$	$\frac{1}{2}$
$f_Y(y)$	$\frac{1}{8}$	$\frac{3}{8}$	$\frac{3}{8}$	$\frac{1}{8}$	1

이러한 조건에서 $Y=2$일 확률을 $P(Y=2|X=1)$로 나타낸다. 이 확률은 $P(X=1)$에 대한 $P(X=1,\ Y=2)$의 비율로 정의하는데, 따라서 식 $P(Y=2|X=1)=\dfrac{2/8}{1/2}=\dfrac{1}{2}$로 나타낼 수 있다. 그러면 이 확률은 다음과 같음을 알 수 있다.

$$P(Y=2|X=1)=\frac{2/8}{1/2}=\frac{P(X=1,\ Y=2)}{P(X=1)}$$

이와 같이 $P(X=x)>0$인 사건 $X=x$가 주어졌다는 조건에서 $Y=y$일 확률을 **조건부 확률** conditional probability 이라 하며, 다음과 같이 정의한다.

$$P(Y=y\,|\,X=x)=\frac{P(X=x,\ Y=y)}{P(X=x)}$$

또한 $P(X=x)>0$일 때 사건 $X=x$가 주어졌다는 조건에서 이 조건부 확률에 대응하는 함수를 확률변수 Y의 **조건부 확률질량함수** conditional probability mass function 라 하며, 다음과 같은 $f(y\,|\,x)$로 나타낸다.

$$f(y|x)=\begin{cases}P(Y=y|X=x), & y\in S_Y\\ 0 & ,\ \text{다른 곳에서}\end{cases}$$

즉, $X=x$가 주어졌다는 조건 아래서 확률변수 Y의 조건부 확률질량함수는 $f(y|x)=\dfrac{f(x,\ y)}{f(x)}$ $(f(x)>0)$이다. 이때 Y의 조건부분포는 또 하나의 새로운 확률분포이며, 이와 같은 Y의 조건부분포에 대한 중심의 위치를 나타내는 기댓값을 **조건부 기댓값** conditional expectation 또는 **조건부 평균** conditional mean 이라 한다. $X=x$인 조건에서 확률변수 Y의 조건부 기댓값은 다음과 같이 $E(Y|X=x)$ 또는 $\mu_{Y|X=x}$로 나타낸다.

$$\mu_{Y|X=x}=E(Y|X=x)=\sum_{\text{모든 } y} yf(y|x)=\sum_{\text{모든 } y}\frac{yf(x,\ y)}{f_X(x)}$$

또한 확률변수 Y의 **조건부 분산**conditional variance을 다음과 같이 정의하고, $Var(Y|X=x)$ 또는 $\sigma^2_{Y|X=x}$로 나타낸다.

$$\begin{aligned}\sigma^2_{Y|X} &= Var(Y|X=x) = E[(Y-\mu_{Y|X=x})^2|X=x] \\ &= \sum_{\text{모든 } y} (y-\mu_{Y|X=x})^2 f(y|x)\end{aligned}$$

그러면 조건부 분산을 다음과 같이 간편하게 계산할 수 있다.

$$\begin{aligned}Var(Y|X=x) &= E(Y^2|X=x) - \mu^2_{Y|X=x} \\ &= \sum_{\text{모든 } y} y^2 f(y|x) - \mu^2_{Y|X=x}\end{aligned}$$

예제 7-2

두 확률변수 X와 Y의 결합확률질량함수가 다음과 같을 때 물음에 답하라.

$$f(x,y) = \begin{cases} \dfrac{x+y}{21}, & x=1,2,\ y=1,2,3 \\ 0, & \text{다른 곳에서} \end{cases}$$

(a) X의 주변확률질량함수와 $P(X=2)$를 구하라.

(b) $X=2$일 때 Y의 조건부 확률질량함수를 구하라.

(c) $X=2$일 때 조건부 확률 $P(Y=2|X=2)$를 구하라.

(d) $X=2$일 때 Y의 조건부 평균과 조건부 분산을 구하라.

TIP 결합확률표를 완성한다.

풀이

(a) ① 결합확률표를 완성하면 다음과 같다.

X \ Y	1	2	3	$f_X(x)$
1	$\frac{2}{21}$	$\frac{3}{21}$	$\frac{4}{21}$	$\frac{9}{21}$
2	$\frac{3}{21}$	$\frac{4}{21}$	$\frac{5}{21}$	$\frac{12}{21}$
$f_Y(y)$	$\frac{5}{21}$	$\frac{7}{21}$	$\frac{9}{21}$	1

② X의 주변확률질량함수는 다음과 같다.

$$f_X(x) = \begin{cases} \dfrac{9}{21}, & x = 1 \\ \dfrac{12}{21}, & x = 2 \\ 0\ , & \text{다른 곳에서} \end{cases}$$

③ $P(X=2) = f_X(2) = \dfrac{12}{21}$

(b) ① $X = 2$일 때 결합확률 $P(X=2,\ Y=y)$를 구한다.

$$P(X=2,\ Y=1) = \frac{3}{21},$$
$$P(X=2,\ Y=2) = \frac{4}{21},$$
$$P(X=2,\ Y=1) = \frac{5}{21}$$

② Y의 조건부 확률을 구한다.

$$P(Y=1|X=2) = \frac{P(X=2,\ Y=1)}{P(X=2)} = \frac{3/21}{12/21} = \frac{3}{12}$$
$$P(Y=2|X=2) = \frac{P(X=2,\ Y=2)}{P(X=2)} = \frac{4/21}{12/21} = \frac{4}{12}$$
$$P(Y=3|X=2) = \frac{P(X=2,\ Y=3)}{P(X=2)} = \frac{5/21}{12/21} = \frac{5}{12}$$

③ Y의 조건부 확률질량함수를 구한다.

$$f(y|2) = \begin{cases} \dfrac{3}{12}, & y = 1 \\ \dfrac{4}{12}, & y = 2 \\ \dfrac{5}{12}, & y = 3 \\ 0\ , & \text{다른 곳에서} \end{cases}$$

(c) $P(Y=2|X=2) = \dfrac{4}{12} = \dfrac{1}{3}$

(d) ① 조건부 평균을 구한다.

$$\mu_{Y|X=x} = \sum_{y=1}^{3} yf(y|x) = 1\times\frac{3}{12} + 2\times\frac{4}{12} + 3\times\frac{5}{12} = \frac{26}{12} = \frac{13}{6}$$

② $E(Y^2|X=x)$를 구한다.

$$E(Y^2|X=2) = \sum_{y=1}^{3} y^2 f(y|2) = 1\times\frac{3}{12} + 4\times\frac{4}{12} + 9\times\frac{5}{12} = \frac{64}{12} = \frac{16}{3}$$

③ 조건부 분산을 구한다.

$$Var(Y|X=2) = E(Y^2|X=2) - \mu^2_{Y|X=x} = \frac{16}{3} - \left(\frac{13}{6}\right)^2 = \frac{23}{36}$$

7.2 단순선형회귀모형

두 확률변수 X와 Y 사이에 선형적 관계가 있는 경우를 살펴보자. 예를 들어, 어느 치킨 회사에서 광고비에 따른 매출액을 알기 위해 광고 이후의 매출액을 조사하여 다음과 같은 [표 7-5]를 얻었다고 하자.

표 7-5 광고비에 따른 매출액 비교

광고비 X(천만 원)	3	3.5	4	4.5	5	5.5	6
매출액 Y(십억 원)	9.3	9.5	9.9	11.2	12.4	12.4	12.3

그러면 광고비 증가에 따라 매출액도 증가하지만 5천만 원 이상부터는 매출액이 거의 비슷하게 나타남을 알 수 있다. 이러한 광고비 X와 매출액 Y 사이의 관계를 알기 위해 [그림 7-1]과 같이 산점도를 그릴 수 있다. 특히 산점도 안에 광고비와 매출액을 나타내는 각 점을 가장 적합하게 나타내는 직선인 추세선을 그리면 광고비와 매출액 사이에 일차함수인 $y = 1.2357x + 5.4393$의 관계가 있음을 알 수 있다.

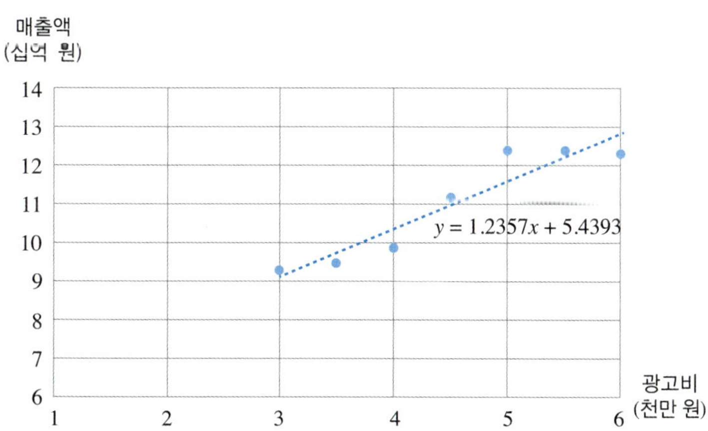

그림 7-1 산점도와 추세선

이때 광고비와 같이 매출액에 영향을 미치는 변수를 **독립변수**independent variable 또는 **설명변수**explanatory variable라 하고, 매출액과 같이 독립변수에 영향을 받는 변수를 **종속변수**dependent variable 또는 **반응변수**response variable라 한다. 이러한 독립변수와 종속변수의 관계를 통계적으로 분석하는 방법을 **회귀분석**regression analysis이라 하며, 독립변수와 종속변수가 각각 하나뿐인 경우에는 두 변수 사이의 관계를 추론하는 방법을 **단순회귀분석**simple regression analysis이라 한다. 설명변수 X와 반응변수 Y 사이에 성립하는 함수 관계를 **회귀방정식**regression equation이라 하며, 회귀방정식을 그래프로 나타내면 [그림 7-2]와 같이 직선이거나 곡선으로 표현된다. 특히 [그림 7-2(a)]와 같이 두 변수 사이에 선형적 관계가 성립하는 경우에 이 직선 $y = \alpha + \beta x$를 **선형회귀직선**linear regression line이라 한다. 이와 같은 하나의 설명변수와 하나의 반응변수 사이의 선형적 관계에 대해 분석하는 방법을 **단순선형회귀분석**simple linear regression analysis이라 한다.[2]

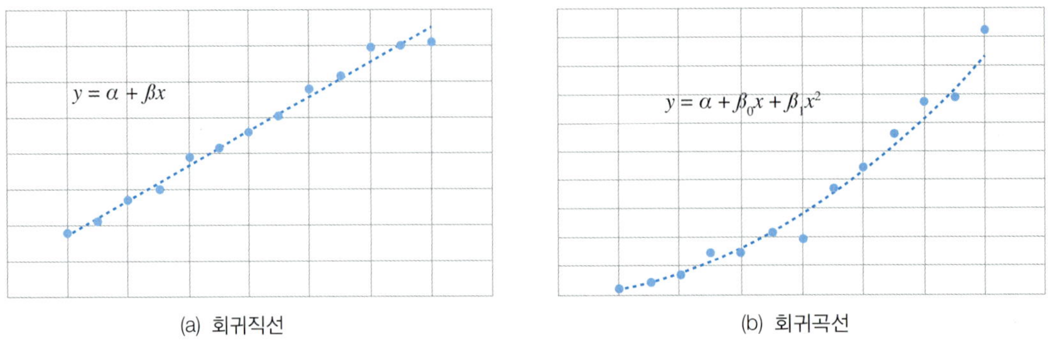

그림 7-2 **회귀방정식과 회귀곡선**

단순선형회귀

광고비와 매출액의 경우를 다시 생각하자. [표 7-5]에 따르면 광고비가 3천만 원이면 매출액이 9.3억 원으로 조사되었으나, 사실상 광고비는 6천만 원 이하에서 선택이 되며 매출액은 9.3억 원보다 크거나 작을 수 있다. 따라서 광고비 X와 매출액 Y는 확률변수이며, 이 경우에 $X = 3$이라는 조건에서 $Y = 9.3$의 관찰값, 즉 $X = 3$일 때 Y의 조건부 관찰값이 9.3억 원임을 의미한다. 따라서 회귀직선 $y = \alpha + \beta x$는 $X = x$일 때 Y의 기댓값이 $\alpha + \beta x$인 것으로 이해할 수 있으며, 회귀직선은 다음과 같이 $X = x$일 때 Y의 추정되는 기댓값으로 정의된다.

$$E(Y | X = x) = \alpha + \beta x$$

여기서 α는 y절편으로 $x = 0$일 때 종속변수 y의 값을 나타내고, β는 회귀직선의 기울기로 x가 1단위 증가할 때 y의 변동량을 나타내며 이를 **회귀계수**coefficient of regression라 한다. [그림 7-1]과 같이 투입된 광고비에 대한 매출액이 회귀직선과 일치하는 것은 아니며, 실제 매출액과 추정 매출액 사이에는 오차가 발생한다. $X = x_i$일 때 Y의 실제 측정값을 Y_i, 추정값을 $\hat{Y}_i$, 오차를 ε_i라 하면 $Y_i = \hat{Y}_i + \varepsilon_i$의 관계가 성립한다.

2 독립변수(설명변수)가 두 개 이상인 선형회귀분석을 다중선형회귀분석이라 한다.

즉, $X = x_i$ 일 때 실제 측정값 Y_i 와 추정값 $\hat{Y}_i$ 사이의 오차는 다음과 같다.

$$\varepsilon_i = Y_i - \hat{Y}_i = Y_i - E(Y_i | X = x_i) = Y_i - (\alpha + \beta x_i)$$

이때 실제 측정값 Y가 확률변수이므로 오차 ε은 X와 관계가 없는 확률변수이며, 이를 **오차항**random error term이라 한다. 한편 α, β, ε은 모집단에서 두 변수 X, Y 사이의 관계를 나타내는 모수이며, 표본을 이용하여 이러한 모수를 추정한다. 따라서 표본으로부터 모수 α, β, ε을 추정하기 위한 통계량으로 a, b, e를 사용하며 표본으로부터 얻은 추정값은 다음과 같다.

$$\hat{y}_i = a + bx + e_i$$

이때 모집단의 오차항 ε과 구분하기 위해 표본의 오차 e를 **잔차**residual라 한다.

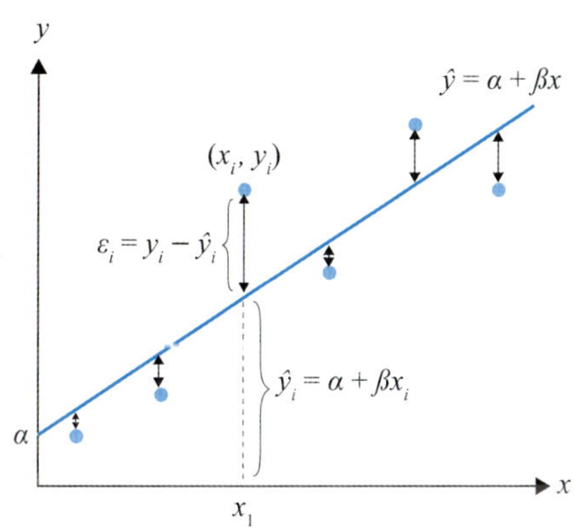

그림 7-3 표본의 회귀직선과 오차

한편, 오차항 ε은 다음과 같은 성질을 갖는다고 가정한다.

❶ 모든 오차항 ε의 평균은 0이다. 즉, $E(\varepsilon_i | X = x_i) = 0 (i = 1, 2, \cdots, n)$이다.

❷ 모든 오차항 ε의 분산은 σ^2이다. 즉, $Var(\varepsilon_i) = \sigma^2 (i = 1, 2, \cdots, n)$이다.

❸ 모든 ε_i는 정규분포를 이룬다.

❹ 모든 ε_i는 독립이다.

성질 ❶은 $X = x_i$가 주어질 때, 실제 측정값 Y_i의 중심이 회귀직선 위에 있음을 의미한다. 성질 ❷는 모든 오차에 대한 분산이 동일함을 나타낸다. 성질 ❸은 각각의 ε_i가 정규분포를 이루므로 반응변수 Y도 정규분포에 따르는 것을 의미하며, 성질 ❶~❸에 의해 $\varepsilon_i \sim N(0, \sigma^2) (i = 1, 2, \cdots, n)$임을 알 수 있다. 성질 ❹는 오차항 ε이 설명변수 X의 관찰값 x_1, x_2, $\cdots$, x_n과 아무 관련이 없음을 의미하므로 단순선형회귀모형에서 $X = x_i$ 일 때 종속변수 Y_i 의 평균과 분산은 각각 다음과 같다.

- **평균** : $E(Y_i | X = x_i) = E(\alpha + \beta x_i + \varepsilon_i) = \alpha + \beta x_i + E(\varepsilon_i) = \alpha + \beta x_i$
- **분산** : $Var(Y_i | X = x_i) = Var(\alpha + \beta x_i + \varepsilon_i) = Var(\varepsilon_i) = \sigma^2$

따라서 성질 ❸에 의해 Y_i 의 확률분포는 $Y_i \sim N(\alpha + \beta x_i, \sigma^2)$이고 그래프는 [그림 7-4]와 같다.

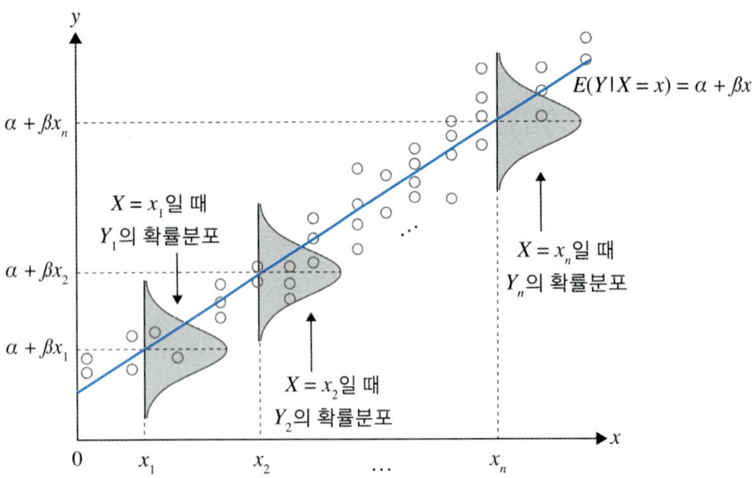

그림 7-4 $X = x_i$ 일 때 종속변수 Y_i 의 확률분포

두 변수 X와 Y 사이에 선형적 관계 $y = \alpha + \beta x$ 가 성립한다면, 2.5절에서 살펴본 바와 같이 $\beta > 0$ 이면 X와 Y는 양의 상관관계이고, $\beta < 0$ 이면 X와 Y는 음의 상관관계가 있음을 알 수 있다. 여기서 $\beta = 0$ 이면 설명변수의 변화가 반응변수의 분포에 아무런 영향을 미치지 않는다. [그림 7-5]는 기울기 모수에 따른 반응변수와 설명변수 사이의 관계를 보여 준다.

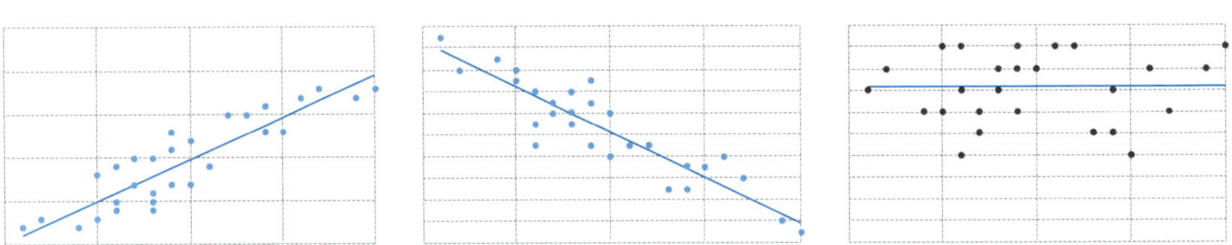

(a) $\beta > 0$ (양의 상관관계) (b) $\beta < 0$ (음의 상관관계) (c) $\beta = 0$ (무상관관계)

그림 7-5 기울기 모수에 따른 반응변수와 설명변수의 관계

7.3 선형회귀직선의 모수 추정

단순선형회귀모형에서 회귀직선 $y = \alpha + \beta x$를 정확히 알고 있다면 $X = x_i$에 대한 설명변수의 관찰값 y_i를 구할 수 있으나, 실제로 모수 α와 β는 알려져 있지 않으므로 표본으로 그 값을 추정해야 한다. 한편 회귀직선은 여러 방법으로 설정할 수 있으며, 그중 관찰값을 가장 적합하게 나타내는 직선을 구해야 한다. 즉, 가장 적합한 절편 모수 α와 기울기 모수 β의 추정값 a와 b를 구해야 한다. 이러한 회귀계수를 추정하는 방법으로 최대우도추정, 적률생성방법, 최소제곱법 등이 있으나 여기서는 가장 이해하기 쉬운 방법인 최소제곱법에 대해 살펴볼 것이다.

최소제곱법

오차항 ε의 분산 σ^2은 관찰값으로부터 추정할 수 있으며, 이 값이 작을수록 측정값 $(x_i,\ y_i)$는 직선 $\hat{y} = a + bx$에 가까워진다. 그러므로 [그림 7-3]과 같이 종속변수의 관찰값 y_i와 적합선의 추정값 $\hat{y}$의 차의 제곱인 잔차제곱합을 최소로 하는 직선을 선택하며, 이 직선을 **최소제곱직선**least squares line이라 한다. 이 직선을 얻기 위해 **잔차제곱합(SSE)**Sum of Squares for Error을 최소로 하는 a와 b를 구해야 한다.

$$\text{SSE} = \sum_{i=1}^{n} \varepsilon_i^2 = \sum_{i=1}^{n} (y_i - \hat{y}_i)^2 = \sum_{i=1}^{n} [y_i - (a + bx_i)]^2$$

여기서 a와 b는 각각 모수 α와 β의 추정값이다. 이러한 방법으로 회귀직선을 구하는 것을 **최소제곱법**least squares method이라 하고, 이렇게 얻은 직선 $\hat{y} = a + bx$를 **추정회귀직선**estimated regression line이라 한다. a와 b는 각각 다음과 같다.

$$a = \overline{y} - b\overline{x},\ \ b = \frac{S_{xy}}{S_{xx}}$$

여기서 S_{xy}는 2.6절에서 정의한 X와 Y의 표본 공분산이고 S_{xx}는 X의 표본분산으로 다음과 같다.

$$S_{xy} = \frac{1}{n-1}\sum (x_i - \overline{x})(y_i - \overline{y}) = \frac{1}{n-1}\left(\sum x_i y_i - n\overline{x}\,\overline{y}\right)$$

$$S_{xx} = \frac{1}{n-1}\sum (x_i - \overline{x})^2 = \frac{1}{n-1}\left[\sum x_i^2 - n\overline{x}^2\right]$$

따라서 최소제곱법에 의한 추정회귀직선은 다음과 같다.

$$\hat{y} = a + bx = \bar{y} + b(x - \bar{x})$$

참고 **α와 β의 추정값인 a와 b를 구하는 방법**

잔차제곱합 SSE를 최소로 하는 a와 b를 구하기 위하여 다음과 같이 SSE를 a와 b로 각각 편미분한다.

$$\frac{\partial \mathrm{SSE}}{\partial a} = -2\sum[y_i - (a + bx_i)]$$
$$\frac{\partial \mathrm{SSE}}{\partial b} = -2\sum x_i [y_i - (a + bx_i)]$$

또한 이 결과를 각각 0이라 놓고 다음과 같은 방정식의 해 a와 b를 구한다.

$$\sum y_i = na + b\sum x_i, \ \sum x_i y_i = a\sum x_i + b\sum x_i^2$$

이러한 방정식을 **정규방정식**normal equation이라 한다. 이 정규방정식의 해 a와 b를 구하면 각각 다음과 같다.

$$b = \frac{\sum(x_i - \bar{x})(y_i - \bar{y})}{\sum(x_i - \bar{x})^2} = \frac{n\sum x_i y_i - \sum x_i \sum y_i}{n\sum x_i^2 - (\sum x_i)^2}$$

$$a = \frac{1}{n}\sum y_i - \frac{b}{n}\sum x_i = \bar{y} - b\bar{x}$$

예제 7-3

크기가 $n = 10$인 표본에서 얻은 결과가 다음과 같다. 물음에 답하라.

$$\sum x_i = 16, \ \sum y_i = 45, \ \sum x_i^2 = 36, \ \sum x_i y_i = 156$$

(a) 최소제곱법으로 α와 β의 추정값을 구하라.

(b) $x = 8$일 때 y의 추정값을 구하라.

풀이

(a) ① 평균 $\bar{x}$, $\bar{y}$를 구한다. $\bar{x} = \frac{1}{10}\sum x_i = 1.6$, $\bar{y} = \frac{1}{10}\sum y_i = 4.5$

② S_{xy}와 S_{xx}를 구한다.

$$S_{xy} = \frac{1}{9}\left(\sum x_i y_i - (10)\bar{x}\,\bar{y}\right) = \frac{1}{9}[156 - (10)(1.6)(4.5)] \approx 9.3333$$

$$S_{xx} = \frac{1}{9}\left(\sum x_i^2 - n\bar{x}^2\right) = \frac{1}{9}[36 - (10)(1.6)^2] \approx 1.1556$$

③ α과 β의 추정값을 구한다.

$$b = \frac{S_{xy}}{S_{xx}} \approx \frac{9.3333}{1.1556} \approx 8.0766$$

$$a = \overline{y} - b\,\overline{x} = 4.5 - (8.0766)(1.6) \approx -8.4226$$

(b) ① 추정회귀직선을 구한다. $\hat{y} = -8.4226 + 8.0766\,x$

② $x = 8$일 때 y의 추정값을 구한다. $\hat{y}|_{x=8} = -8.4226 + (8.0766)(8) = 56.1054$

예제 7-4

어느 은행에서는 차장급 이상을 대상으로 컴퓨터 학습을 위한 위탁교육을 시행하고 있다. 이 은행은 위탁교육 성적이 실무의 예금유치능력과 얼마나 관련이 있는지 조사하고자 한다. 위탁교육 종료 후 학습자 10명을 무작위로 선정하여 측정한 성적 X와 1년 동안 학습자가 유치한 예금액 Y가 다음과 같이 점수 x_i(점수), 예금액 y_i(천만 원)이라 한다. 물음에 답하라.

x_i(점수)	18	26	28	34	36	42	48	52	54	60
y_i(천만 원)	54	64	54	62	68	70	76	66	76	74

(a) 이 자료에 대한 산점도를 그린 후 성적에 대한 유치 예금액의 선형회귀직선 방정식을 구하라.

(b) 실험에 선정되지 않은 학습자 세 명의 점수가 40, 50, 70일 때 이 세 명이 유치했을 예금액을 구하라.

TIP 주어진 자료에 대한 $\sum x_i$, $\sum y_i$, $\sum x_i^2$, $\sum x_i y_i$를 구한다.

풀이

(a) ① 표를 작성하면 아래와 같다.

번호	x_i	y_i	x_i^2	$x_i y_i$
1	18	54	324	972
2	26	64	676	1,664
3	28	54	784	1,512
4	34	62	1,156	2,108
5	36	68	1,296	2,448
6	42	70	1,764	2,940
7	48	76	2,304	3,648
8	52	66	2,704	3,432
9	54	76	2,916	4,104
10	60	74	3,600	4,440
합계	398	664	17,524	27,268

② 평균 $\bar{x}$, $\bar{y}$를 구한다. $\bar{x} = \frac{1}{10}\sum x_i = 39.8$, $\bar{y} = \frac{1}{10}\sum y_i = 66.4$

③ S_{xy}와 S_{xx}를 구한다.

$$S_{xy} = \frac{1}{9}\left(\sum x_i y_i - (10)\bar{x}\,\bar{y}\right) = \frac{1}{9}\left[27268 - (10)(39.8)(66.4)\right] \approx 93.4222$$
$$S_{xx} = \frac{1}{9}\left(\sum x_i^2 - (10)\bar{x}^2\right) = \frac{1}{9}\left[17524 - (10)(39.8)^2\right] \approx 187.0667$$

④ α와 β의 추정값을 구한다.

$$b = \frac{S_{xy}}{S_{xx}} = \frac{93.4222}{187.0667} \approx 0.4994$$
$$a = \bar{y} - b\bar{x} = 66.4 - (0.4994)(39.8) \approx 46.5239$$

(b) ① 추정회귀직선을 구한다. $\hat{y} = 46.5239 + 0.4994x$

② $x = 40$, 50, 70일 때 유치한 기대 예금액 y의 추정값을 구한다.

$$\hat{y}\,|_{x=40} = 46.5239 + 0.4994(40) = 66.4999$$
$$\hat{y}\,|_{x=50} = 46.5239 + 0.4994(50) = 71.4939$$
$$\hat{y}\,|_{x=70} = 46.5239 + 0.4994(70) = 81.4819$$

③ 산점도와 회귀직선을 그리면 다음과 같다.

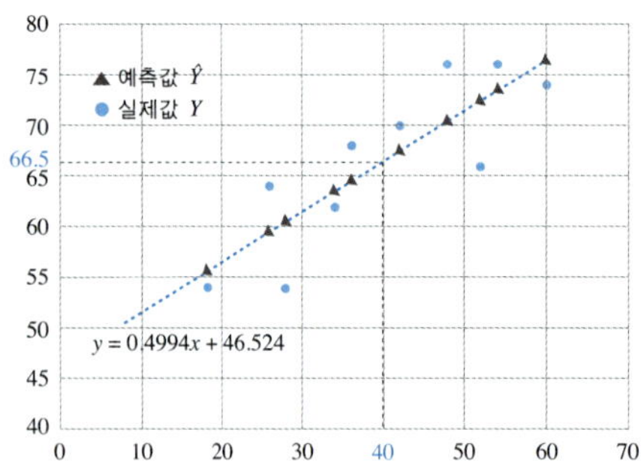

7.4 결정계수

선형회귀직선은 설명변수 Y의 형태를 설명하기 위해서 반응변수 X에 관한 정보를 제공하는 것으로 볼 수 있다. 회귀분석에 의해서 선형회귀직선을 산출하였더라도 표본의 선정에 따라 설명변수의 관찰값은 다양하게 나타난다. 그뿐만 아니라 최소제곱법을 이용하여 얻은 추정회귀직선은 반응변수 x 이외의 다른 요인에 의해 오차가 생길 수 있다. 따라서 표본으로부터 얻은 추정회귀직선이 자료의 변동을 설명하는 정도를 평가하기 위해 회귀직선에 의한 변동과 오차항에 의한 변동을 살펴볼 필요가 있다. 오차항 $\varepsilon_i (i = 1, 2, \cdots, n)$는 독립이고 정규분포 $N(0, \sigma^2)$을 이루므로 오차분산 σ^2이 작을수록 측정값 (x_i, y_i)는 추정회귀직선 $\hat{y} = a + bx$에 더 가까워진다. 따라서 바람직한 추정회귀직선을 얻기 위해 오차분산을 가능한 한 작게 만들어야 한다.

오차분산 σ^2의 추정

오차분산 σ^2은 실제 관측값 y_i와 추정값 $\hat{y}_i$의 편차를 이용하여 추정할 수 있다. 잔차는 [그림 7-3]과 같이 실제 관측값 y_i와 최소제곱직선에 의한 추정값 $\hat{y}_i$의 편차이며, $e_i = y_i - \hat{y}_i (i = 1, 2, \cdots, n)$이다. 이때 앞에서 정의한 잔차제곱합은 추정회귀직선 주변의 실제 관측값의 변동성을 나타내는 척도이며, 다음과 같이 간단히 구할 수 있다.

$$\mathrm{SSE} = \sum_{i=1}^{n} e_i^2 = (n-1)\left(S_{yy} - \frac{S_{xy}^2}{S_{xx}}\right) = (n-1)(S_{yy} - b\,S_{xy})$$

여기서 S_{yy}는 종속변수 Y의 분산이다. 또한, 오차분산 σ^2은 다음과 같이 정의되는 **평균제곱오차(MSE)**Mean Square Error를 이용하여 추정한다.

$$\mathrm{MSE} = \frac{\mathrm{SSE}}{n-2}$$

참고 **SSE의 간편 계산법**

$$\begin{aligned}\text{SSE} &= \Sigma(y_i - \hat{y}_i)^2 = \Sigma[y_i - (a + bx_i)]^2 = \Sigma[(y_i - \bar{y}) - b(x_i - \bar{x})]^2 \\ &= \Sigma(y_i - \bar{y})^2 - 2b\Sigma(x_i - \bar{x})(y_i - \bar{y}) + b^2\Sigma(x_i - \bar{x})^2 \\ &= (n-1)S_{yy} - 2\frac{S_{xy}}{S_{xx}}(n-1)S_{xy} + \frac{S_{xy}^2}{S_{xx}^2}(n-1)S_{xx} \\ &= (n-1)\left(S_{yy} - \frac{S_{xy}^2}{S_{xx}}\right) \\ &= (n-1)(S_{yy} - bS_{xy})\end{aligned}$$

예제 7-5

[예제 7-4]의 자료에 대한 SSE와 MSE를 구하라.

풀이

① [예제 7-4]에서 $S_{xy} = 93.4222$, $S_{xx} = 187.0667$, $b = 0.4994$, $\bar{y} = 66.4$를 얻었다.

② Y 자료의 분산을 구한다. $\Sigma y_i^2 = 44680$이므로 분산은 다음과 같다.

$$S_{yy} = \frac{1}{9}\left(\Sigma y_i^2 - (10)\bar{y}^2\right) = \frac{1}{9}[44680 - (10)(66.4)^2] = 65.6$$

③ SSE와 MSE를 구한다.

$$\text{SSE} = (n-1)(S_{yy} - bS_{xy}) = (9)[65.6 - (0.4994)(93.4222)] \approx 170.5046$$

$$\text{MSE} = \frac{\text{SSE}}{n-2} = \frac{170.5046}{8} \approx 21.3131$$

결정계수

이제 최소제곱법으로 구한 선형회귀모형이 얼마나 좋은지 판단하기 위한 척도를 구하기 위해 총제곱합과 회귀제곱합을 살펴보자. 우선 다음과 같은 설명변수 y_i의 평균차 $y_i - \bar{y}$의 제곱합을 **총제곱합(SST)**total sum of squares이라 한다.

$$\text{SST} = \Sigma(y_i - \bar{y})^2$$

각각의 총편차 $y_i - \bar{y}$ 는 [그림 7-6]과 같다. 이 그림에서 $y_i - \hat{y}_i$ 는 오차항에 의해 설명되는 부분이고 $\hat{y}_i - \bar{y}$ 는 회귀직선에 의해 설명되는 부분을 나타낸다.

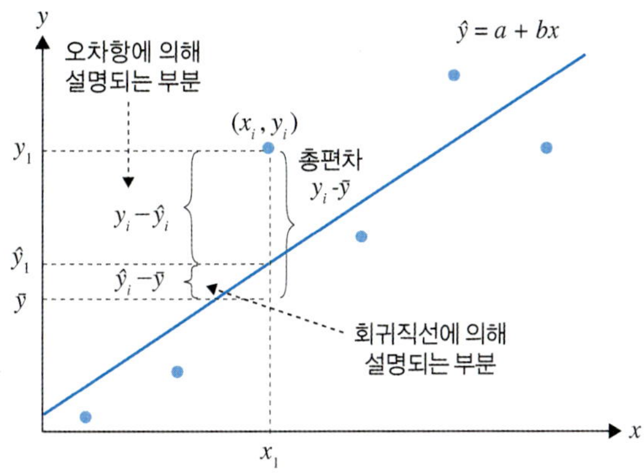

그림 7-6 **총 편차**

따라서 다음과 같이 총편차는 추정회귀직선에 의해 설명되지 않고 오차항에 의해 설명되는 변동과 회귀직선에 의해 설명되는 변동의 합으로 표현된다.

$$y_i - \bar{y} = (y_i - \hat{y}_i) + (\hat{y}_i - \bar{y})$$

그러면 총제곱합 SST는 다음과 같이 두 제곱합으로 분해된다.

$$\mathrm{SST} = \Sigma\,(y_i - \hat{y}_i)^2 + \Sigma\,(\hat{y}_i - \bar{y})^2$$

여기서 $\Sigma\,(y_i - \hat{y}_i)^2$ 은 [그림 7-7(a)]와 같이 오차항에 의해 설명이 되는 y 의 변동 부분인 잔차제곱합 SSE 이고, $\Sigma\,(\hat{y}_i - \bar{y})^2$ 은 [그림 7-7(b)]와 같이 회귀직선의 변동에 의해 설명되는 y 의 변동 부분인 **회귀제곱합(SSR)**Sum of Squares for Regression이다.

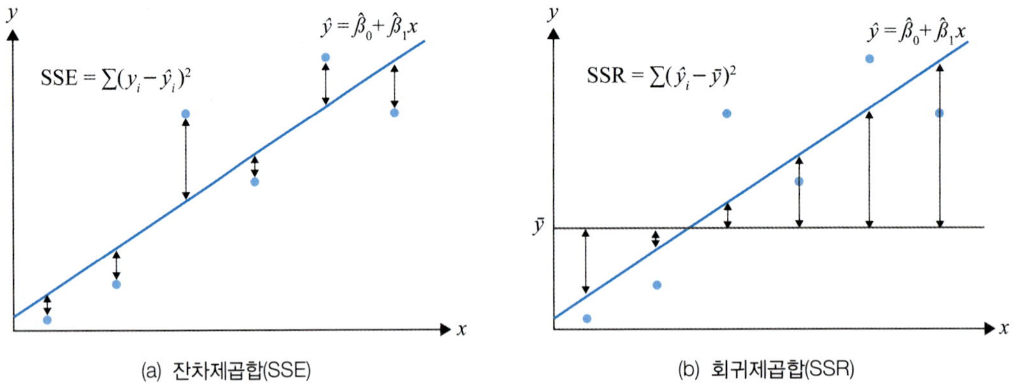

(a) 잔차제곱합(SSE) (b) 회귀제곱합(SSR)

그림 7-7 잔차제곱합과 회귀제곱합

따라서 총제곱합은 다음과 같이 잔차제곱합과 회귀제곱합으로 표현된다.

$$\mathrm{SST} = \mathrm{SSE} + \mathrm{SSR}$$

> **참고** **SST의 분해**
>
> 회귀제곱합(SST)의 정의에 따르면 SST는 다음 식으로 나타낼 수 있다.
>
> $$\mathrm{SST} = \Sigma\,(y_i - \overline{y}\,)^2 = \Sigma\,(y_i - \hat{y}_i)^2 + \Sigma\,(\hat{y}_i - \overline{y}\,)^2 + 2\Sigma\,(y_i - \hat{y}_i)(\hat{y}_i - \overline{y}\,)$$
>
> 이 식의 마지막 항은 절편모수 $a = \overline{y} - b\overline{x}$를 이용하여 다음과 같이 표현할 수 있다.
>
> $$\begin{aligned}\Sigma\,(y_i - \hat{y}_i)(\hat{y}_i - \overline{y}\,) &= \Sigma\,[y_i - (a + bx_i)]\,b(x_i - \overline{x}) \\ &= b\Sigma\,x_i(y_i - a - bx_i\,) - b\overline{x}\;\Sigma\,(y_i - a - bx_i\,) \\ &= b\left(\Sigma\,x_i\,y_i - a\Sigma\,x_i - b\Sigma\,x_i^2\right) - b\overline{x}\;\left(\Sigma\,y_i - na - b\Sigma\,x_i\right)\end{aligned}$$
>
> 이제 $a = \overline{y} - b_1\overline{x}$, $b = S_{xy}/S_{xx}$를 대입하면 마지막 식의 괄호 안에 주어진 값들이 모두 0이 된다. 즉 $\Sigma(y_i - \hat{y}_i)(\hat{y}_i - \overline{y}) = 0$이 성립한다. 따라서 $\mathrm{SST} = \Sigma\,(y_i - \hat{y}_i\,)^2 + \Sigma\,(\hat{y}_i - \overline{y}\,)^2$이다.

만일 실제 관측값이 추정한 선형회귀직선 주위에 나타난다면 SSE는 SSR과 비교하여 상대적으로 작아지며, 관측값이 이 회귀직선에서 멀리 떨어질수록 SSE는 SSR과 비교하여 상대적으로 커질 것이다. 즉, SSE가 작을수록 또는 SSR이 클수록 회귀모형은 자료들을 잘 설명해 준다. 이와 같은 회귀모형의 적합도를 나타내는 척도로 다음과 같이 정의되는 **결정계수**coefficient of determination 또는 **설명력**explanatory power을 사용한다.

$$R^2 = \frac{\mathrm{SSR}}{\mathrm{SST}} = 1 - \frac{\mathrm{SSE}}{\mathrm{SST}}$$

이 결정계수는 회귀직선에 의해 설명되는 종속변수 y에 대한 총변동 중 x의 변동에 의해 설명되는 비율로 0과 1 사이의 값이다. 이때 R^2이 클수록 SSE가 작아지며, $R^2 = 1$이면 회귀모형은 완전하다고 한다. 반면에 SSE가 SST에 가까울수록 R^2이 0에 가까워지고, 이 경우 회귀모형은 매우 나쁘다고 한다. [그림 7-8]은 결정계수와 추정선형회귀직선 사이의 관계를 보여준다.

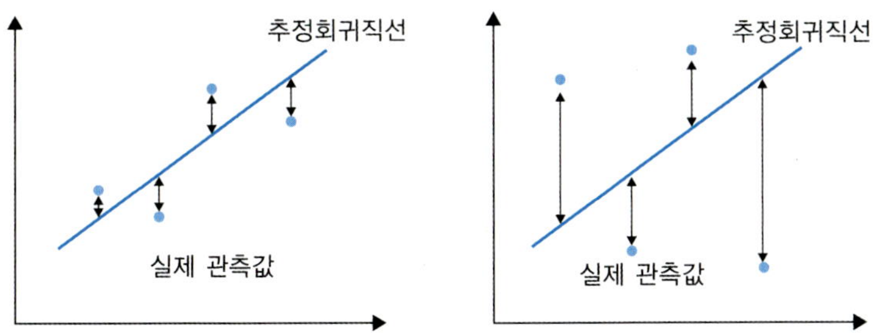

그림 7-8 **결정계수와 추정선형회귀직선**

특히 $\text{SST} = (n-1)S_{yy}$이고 $\text{SSE} = (n-1)(S_{yy} - bS_{xy})$이므로 결정계수를 다음과 같이 간단히 구할 수 있다.

$$R^2 = b\frac{S_{xy}}{S_{yy}}$$

예제 7-6

[예제 7-4]의 자료에 대한 결정계수를 구하라.

풀이

① [예제 7-4]와 [예제 7-5]에서 $S_{xy} = 93.4222$, $S_{yy} = 65.6$, $b = 0.4994$를 얻었다.

② 결정계수를 구한다. $R^2 = \dfrac{(0.4994)(93.4222)}{65.6} \approx 0.7112$

위 [예제 7-6]의 결과를 보면 표본의 변동성의 71%가 이 선형회귀선에 의해서 설명되고 있음을 알 수 있다.

7.5 경영·경제에의 응용

회귀분석은 하나 이상의 설명변수가 변함에 따라 다른 반응변수의 변화에 대한 인과적 영향을 분석하고, 설명변수의 변화에 따른 반응변수의 변화를 예측하는 데 많이 사용하는 통계적 모형이다. 예를 들어, 소유집중도의 변화가 총자산수익률 또는 자기자본수익률에 어떤 변화를 보이는지를 보거나 시장경제에서 수요를 예측함으로써 공급을 조절하기도 한다. 이와 같이 회귀분석은 경영·경제학에서 필수불가결한 통계기법이다.

회귀분석을 통한 인과관계

M E

어떤 연구자가 흡연이 시험 성적에 미치는 영향을 알아보기 위해 흡연자들을 대상으로 하루 흡연량과 그에 따른 중간시험 성적을 조사하였다. 흡연자들의 하루 흡연량 X와 중간시험 성적 Y의 자료는 다음과 같다.

표 7-6 흡연자들의 하루 흡연량과 중간시험 성적

하루 흡연량 X(개피)	10	12	13	14	16	20
중간시험 성적 Y(점)	40	38	33	38	27	23

이 자료를 이용하여 선형회귀직선을 얻기 위해 다음 표를 작성한다.

표 7-7 흡연자들의 하루 흡연량과 중간시험 성적을 이용한 선형회귀직선

번호	x_i	y_i	x_i^2	y_i^2	$x_i\, y_i$
1	10	40	100	1,600	400
2	12	38	144	1,444	456
3	13	33	169	1,089	429
4	14	38	196	1,444	532
5	16	27	256	729	432
6	20	23	400	529	460
합계	85	199	1,256	6,835	2,709

여기서 하루 흡연량의 평균 $\overline{x}$는 $\overline{x} = \frac{85}{6} \approx 14.16$이고, 중간시험 성적의 평균 $\overline{y}$는 $\overline{y} = \frac{199}{6} \approx 33.16$이다. 또한 $\sum x_i^2 = 1256$, $\sum x_i\, y_i = 2709$이므로 회귀계수의 추정값은 다음과 같다.

$$b = \frac{n\sum x_i y_i - \sum x_i \sum y_i}{n\sum x_i^2 - (\sum x_i)^2} = \frac{(6)(2709) - (85)(199)}{(6)(1265) - (85)^2} = -1.81$$

$$a = \bar{y} - b\bar{x} = 33.16 - (-1.81)(14.16) \approx 58.79$$

따라서 하루 흡연량 X와 중간시험 성적 Y의 회귀직선은 다음과 같다.

$$y = -1.81x + 58.78$$

따라서 회귀직선의 기울기가 음수이므로 연구자는 "흡연량이 많을수록 성적이 떨어진다."는 결론을 얻게 된다. 그러나 이러한 결론과 정반대의 상황으로, 성적이 떨어져서 받는 스트레스로 인하여 흡연량이 늘어나는 경우도 충분히 생각할 수 있다.

이와 같이 선형회귀분석을 이용하여 두 변수 사이의 관계를 설명할 때, 일반적으로 한 변수를 '원인'으로 놓고 다른 변수를 '결과'로 놓는다. 특히 경영·경제학에서는 이러한 인과관계분석을 위해 회귀분석을 많이 시도한다. 회귀모형에서 독립변수는 원인이고 종속변수를 결과로 해석하기 때문에 독립변수를 설명변수, 종속변수를 반응변수라 한다.

그러나 인과관계를 규명하는 것은 매우 어렵다. 실제로 인과관계는 직접 관찰될 수 없고 단지 연구자에 의해 가정되는데, 이는 하나의 변수가 다른 변수의 원인이 됨을 직접 증명하는 것이 매우 어렵기 때문이다. 다만 경험적 증거를 통해 인과관계에 대한 반증이 없다면 존재를 입증할 수 있을 뿐이다. 특히 경영·경제학에서 인과관계는 '결정적'이지 않고 '확률적'이기 때문에 규명하기가 더욱 어렵다.

일반적으로 X가 Y에 영향을 미친다면 X는 Y의 원인이 되는 설명변수라고 한다. 엄밀히 말해, 이러한 인과관계가 존재하기 위해서는 다음 세 가지 조건이 충족되어야 한다.

❶ **연관성** : 두 변수 X와 Y 사이의 변동에 대한 관련성이 존재하며, 이를 상관관계가 존재한다고도 한다.

❷ **시간순서** : 항상 원인이 결과에 선행하므로 두 변수가 적절한 시간순서를 가져야 한다. 예를 들어, 성적 대 흡연의 관계와 같이 인종, 나이, 성 등은 어떤 태도와 성과보다 선행하기 때문에 결과가 아닌 원인이 될 수 있다. 그러나 시간 순서는 항상 명확하게 결정되는 것은 아니므로 시간순서를 고정시키기 위해 실험설계를 적용할 수 있다. 예를 들어, 새로 개발한 약의 처치효과를 보기 위해 환자에 대한 실험을 수행한 처치 후에 관찰된 실험 대상자의 결과를 보는 것이다.

❸ **대안적 해석의 제거** : 예를 들어, 비행기 조종사는 난기류를 만나면 승객에게 안전벨트 사인을 보내고, 그 이후에 난기류로 인해서 비행기가 요동친다. 그렇다고 해서 이 사인이 난기류의 원인이 된다고 할 수는 없다. 이것을 대안적 해석의 한 유형으로 볼 수 있다.

여기서 대안적 해석의 유형으로는 다음과 같은 몇 가지 상황이 있다.

① **관계가 그럴듯하게 보이지만 거짓일 수 있는 의사적 관계가 존재하는 상황 :** 실제로 두 변수 사이에 인과관계가 존재하지 않지만 제3의 변수에 의해 우연히 발견되는 통계적 연관성이 나오는 경우를 말한다. 예를 들어, 키와 수학점수와의 인과관계를 검토한다고 가정하면 거의 대부분 키가 점수에 영향을 미치는 것으로 결과가 나올 것이다. 나이가 많을수록 키가 크므로 수학점수도 높아질 것이기 때문이다.

② **관계가 다른 변수의 값에 대해 조건적일 수 있는 상황 :** 이는 다른 변수를 통제하여 해결할 수 있다. 앞서 키와 수학점수 사이의 연관성 문제에서 나이를 통제하여 같은 나이의 그룹을 대상으로 분석하면 아무런 관계가 나오지 않을 가능성이 높다. 그러나 실험조건의 통제가 용이한 과학 분야와는 달리 경영·경제학에서는 변수를 통제하기 쉽지 않다.

③ **관계가 두 변수 사이를 개입하는 다른 변수를 통해 성립될 수 있는 상황 :** 두 변수 사이에 직접적인 연관성이 존재하는 것처럼 보이지만 실제로는 다른 변수가 두 변수 사이를 매개할 경우가 있다. 이 경우에는 매개변수를 통제되면 기존의 두 변수 사이 연관성이 사라지게 된다. 예를 들어, 부모 소득과 수학점수 사이의 연관성이 높은데 학습시간이라는 새로운 변수를 통제되면 이 연관성이 사라질 가능성이 높다.

④ **우연에 의해 증거가 제외되는 상황 :** 흡연과 폐암의 인과관계를 생각할 때, 일반적으로는 흡연이 원인이고 폐암이 결과가 될 것이다. 또한 폐암이 흡연 후 발생하므로 적절한 시간순서를 보유하고 있고, 흡연과 폐암의 인과관계는 의학적으로도 입증되었으며 그 관계를 설명하는 다른 대안은 존재하지 않는다. 그러나 우연의 증거도 존재한다. 어느 90세가 넘는 할머니는 담배를 즐기고 있다. 하지만 모든 사람이 담배를 핀다고 해서 오래 사는 것은 아니다. 이와 같은 우연한 증거는 인과관계를 부정하는데 충분하지 않으며, 인과관계를 설명하는 세 가지 조건 중 하나를 위반하지 않는다면 이 우연한 증거는 인과관계를 부정할 수 없게 된다.

시계열자료에 대한 회귀분석[3]

M E

재무분석가는 다음과 같은 20개의 자료를 이용하여 어떤 기업의 코스피 200 수익률 X에 대한 주가수익률 Y를 분석하고자 한다.

$$\sum_{i=1}^{20} x_i = 25.4,\ \sum_{i=1}^{20} y_i = 22.6,\ \sum_{i=1}^{20} x_i^2 = 145.7,\ \sum_{i=1}^{20} x_i y_i = 150.5$$

이때 코스피 200 수익률과 주가수익률의 평균은 다음과 같다.

$$\bar{x} = \frac{25.4}{20} = 1.27,\ \bar{y} = \frac{22.6}{20} = 1.13$$

그러면 표본 선형회귀직선의 기울기와 절편에 대한 추정값은 다음과 같다.

$$b = \frac{150.5 - 20(1.27)(1.13)}{145.7 - 20(1.27)^2} = \frac{121.798}{113.442} \approx 1.07$$

$$a = 1.13 - (1.07)(1.27) \approx -0.23$$

따라서 이 기업의 코스피 200 수익률에 대한 주가수익률의 선형회귀직선은 다음과 같이 추정된다.

$$y = 1.07x - 0.23$$

따라서 기울기가 양수이므로 이 기업의 주가수익률은 코스피 200의 수익률보다 1.07배 더 증가하는 모습을 보임을 알 수 있다. 반면에 코스피 200 수익률이 0일 때 이 기업의 주가수익률은 음수이다.

예제 7-7

과거 3년간 어떤 제품의 분기별 수요 자료가 다음과 같다. 경험상 과거의 수요 행태에 의해 미래의 수요가 결정된다고 할 때, 이 자료를 근거로 미래의 수요를 추정할 수 있는 선형회귀선을 구하라.

기간 x_i	1	2	3	4	5	6	7	8	9	10	11
수요 y_i	3	5	4	6	7	5	6	8	7	7	9

3 일반적으로 시계열자료에 대한 분석은 x_t로 표현하나 이 책에서는 x_i로 표현하였다.

풀이

① 다음 표를 작성한다.

번호	x_i	y_i	$x_i-\bar{x}$	$y_i-\bar{y}$	$(x_i-\bar{x})^2$	$(x_i-\bar{x})(y_i-\bar{y})$
1	1	3	−5	−3.09	25	15.45
2	2	5	−4	−1.09	16	4.36
3	3	4	−3	−2.09	9	6.27
4	4	6	−2	−0.09	4	0.18
5	5	7	−1	0.91	1	−0.91
6	6	5	0	−1.09	0	0
7	7	6	1	−0.09	1	−0.09
8	8	8	2	1.91	4	3.82
9	9	7	3	0.91	9	2.73
10	10	7	4	0.91	16	3.64
11	11	9	5	2.91	25	14.55
합계	66	67	0	0	110	50

② 평균 $\bar{x}$, $\bar{y}$를 구한다. $\bar{x}=\frac{1}{11}\Sigma x_i=6$, $\bar{y}=\frac{1}{11}\Sigma y_i\approx 6.09$

③ S_{xy}와 S_{xx}를 구한다.

$$S_{xy}=\frac{1}{10}\Sigma(x_i-\bar{x})(y_i-\bar{y})=\frac{50}{10}=5$$
$$S_{xx}=\frac{1}{10}\Sigma(x_i-\bar{x})^2=\frac{110}{10}=11$$

④ 모수 α와 β의 추정값 a, b를 구한다.

$$b=\frac{S_{xy}}{S_{xx}}=\frac{5}{11}\approx 0.4545,\ a=\bar{y}-b\bar{x}=6.09-(0.4545)(6)=3.363$$

⑤ 선형회귀직선을 구하면 $\hat{y}=a+bx=3.363+0.4545x$이다.

두 변수 사이의 선형관계

M E

경제학에서는 경제현상의 인과관계를 규명하기 위해 많은 연구를 하고 있다. 그중 수요와 공급곡선은 일반적으로는 비선형함수로 나타날지라도 단순화하기 위해 주로 선형함수로 표현하였다. 실제로 어떤 자료가 주어졌을 때, 이 자료에 기초한 수요와 공급곡선을 선형함수로 추정하고자 한다면 회귀분석을 통해 그 함수를 추정할 수 있다. 예를 들어 어떤 제품의 과거 가격별 수요량에 대한 자료가 [표 7-8]과 같을 때 수요량을 추정해 본다고 하자.

표 7-8 과거 가격별 수요량

가격 $X(x_i)$	10	12	13	12	16	15
수요량 $Y(y_i)$	40	38	43	45	37	43

이 제품의 수요함수를 선형으로 추정하고 가격이 20(천 원)일 때 수요량(만 개)을 추정해 보자. 가격 X와 수요량 Y 사이에 성립하는 선형회귀직선을 추정하기 위해 다음 표를 만든다.

표 7-9 가격과 수요량 사이에 성립하는 선형회귀직선

번호	x_i	y_i	x_i^2	y_i^2	$x_i\,y_i$
1	10	40	100	1,600	400
2	12	38	144	1,444	456
3	13	43	169	1,849	559
4	12	45	144	2,025	540
5	16	37	256	1,369	592
6	15	43	225	1,849	645
합계	78	246	1,038	10,136	3,192

그러면 가격과 수요량의 평균은 각각 다음과 같다.

$$\overline{x} = \frac{78}{6} = 13, \ \overline{y} = \frac{246}{6} = 41$$

따라서 회귀직선의 계수는 다음과 같으며 그에 따라 선형회귀직선을 구할 수 있다.

$$b = \frac{n\sum x_i\,y_i \quad \sum x_i \sum y_i}{n\sum x_i^2 - \left(\sum x_i\right)^2} = \frac{(6)(3192) - (78)(246)}{(6)(1038) - (78)^2} = -0.25$$

$$a = \overline{y} - b\,\overline{x} = 41 - (-0.25)(13) = 44.25$$

$$y = -0.25x + 44.25$$

따라서 가격이 20일 때 수요량은 $y = -0.25(20) + 44.25 = 39.25$이다. 경제에서 이러한 선형함수의 도출은 엥겔지수(식비 지출과 전체 소비 사이의 관계), 국민소득과 행복수준, 해외 직접투자수준과 국가 경제성장률 등과 같이 경제학의 거의 모든 분야의 기본 이론을 보여준다.

예제 7-8

다음 7개 국가의 인구증가율 X와 1인당 국가소득 Y의 관계를 분석하라. 여기서 증가율의 단위는 %이고, GDP 단위는 만 달러이다.

인구증가율 $X(x_i)$	1	2	3	4	5	6	7
1인당 GDP $Y(y_i)$	9	8	10	12	11	13	14

풀이

① 다음 표를 작성한다.

번호	x_i	y_i	x_i^2	y_i^2	$x_i y_i$
1	1	9	1	81	9
2	2	8	4	64	16
3	3	10	9	100	30
4	4	12	16	144	48
5	5	11	25	121	55
6	6	13	36	169	78
7	7	14	49	196	98
합계	28	77	140	875	334

② 평균 $\bar{x}$, $\bar{y}$를 구한다. $\bar{x} = \frac{28}{7} = 4$, $\bar{y} = \frac{77}{7} = 11$

③ 모수 α와 β의 추정값 a, b를 구한다.

$$b = \frac{n\sum x_i y_i - \sum x_i \sum y_i}{n\sum x_i^2 - (\sum x_i)^2} = \frac{(7)(334) - (28)(77)}{(7)(140) - (28)^2} = \frac{182}{196} = 0.929$$

$$a = \bar{y} - b\bar{x} = 11 - (0.929)(4) = 7.284$$

$$y = 0.929x + 7.284$$

따라서 인구증가율은 1인당 GDP와 긍정적인 연관성을 갖는다.

7장 연습문제

01. 다음은 크기가 $n = 11$ 인 표본에서 얻은 결과이다. 이 결과를 이용하여 회귀계수 α와 β를 구하고, 이를 이용하여 추정회귀직선을 구하라.

$$\sum x_i = 65\,,\ \sum y_i = 45\,,\ \sum x_i^2 = 401\,,\ \sum x_i y_i = 258$$

02. 다음은 크기가 $n = 6$ 인 표본에서 얻은 결과이다. 이 결과를 이용하여 회귀계수 α와 β를 구하고, 이를 이용하여 추정회귀직선을 구하라.

$$\sum x_i = 21\,,\ \sum y_i = 33\,,\ \sum x_i^2 = 91\,,\ \sum x_i y_i = 133$$

03. 독립변수 x와 종속변수 y에 대한 자료가 다음과 같을 때, x와 y의 선형회귀방정식을 구하라.

x	1	2	3	3	4	8	14
y	2	5	6	4	8	9	15

04. 독립변수 x와 종속변수 y에 대한 자료가 다음과 같을 때, x와 y의 선형회귀방정식을 구하라.

x	10	15	20	25	30	35	40
y	32	27	24	22	17	14	11

05. 독립변수 x와 종속변수 y에 대한 자료가 다음과 같다. 물음에 답하라.

x	2	4	6	8	10	12	14	16	18	20
y	17	13	18	16	16	13	14	10	8	5

(a) 상관계수와 상관관계
(b) 선형회귀방정식
(c) 잔차제곱합
(d) 총제곱합
(e) 회귀제곱합
(f) 결정계수

06. 독립변수 x와 종속변수 y에 대한 자료가 다음과 같다. 물음에 답하라.

x	3	4	6	8	9	10	11	12	13	14
y	12	13	12	14	12	15	13	14	13	12

(a) 상관계수와 상관관계
(b) 선형회귀방정식
(c) 잔차제곱합
(d) 총제곱합
(e) 회귀제곱합
(f) 결정계수

07. 스타트업의 다양성수준과 창업성과가 다음과 같다. 물음에 답하라. 점수는 10점이 만점이다.
E

스타트업의 다양성수준	3	5	4	3	5	5	2	6	4	3
창업성과	4	4	5	3	4	7	3	3	3	4

(a) 추정 회귀방정식을 구하라.
(b) 스타트업의 수준과 창업성과의 관계를 설명하라.
(c) 스타트업의 수준이 8일 때 기대되는 창업성과를 구하라.
(d) 오차분산에 대한 평균제곱오차를 구하라.
(e) 결정계수를 구하라.

08. 공급사슬 회복성수준이 기업의 재무성과에 미치는 영향을 조사한 결과가 다음과 같다. 물음에 답하라. 점수는 10점이 만점이다.
M

공급사슬 회복성수준	3	5	4	3	5	4	2	4	5	7
재무성과	4	5	5	3	4	7	3	3	6	8

(a) 추정 회귀방정식을 구하라.
(b) 공급사슬 회복성수준과 재무성과의 관계를 설명하라.
(c) 공급사슬 회복성수준이 6일 때 기대되는 재무성과를 구하라.
(d) 오차분산에 대한 평균제곱오차를 구하라.
(e) 결정계수를 구하라.

09. 직원의 창의성수준이 기업의 혁신 수준에 미치는 영향을 조사한 결과가 다음과 같다. 물음에 답하라. 점수는 10점이 만점이다.
M

직원의 창의성수준	3	5	4	3	5	5	2	4	1	3
기업의 혁신수준	5	2	3	3	5	3	3	5	4	7

(a) 추정 회귀방정식을 구하라.
(b) 두 수준 사이의 관계를 설명하라.
(c) 창의성수준이 7일 때 기대되는 기업의 혁신수준을 구하라.
(d) 오차분산에 대한 평균제곱오차를 구하라.
(e) 결정계수를 구하라.

10. 농작물 생산을 위해 사용한 퇴비 사용량과 생산량이 다음과 같다. 물음에 답하라. 퇴비 단위는 kg이고 생산량 단위는 톤이다.

M

퇴비 사용량	9	11	15	17	18	20	21	23	27	29
생산량	8	10	12	15	25	23	28	28	30	31

(a) 추정 회귀방정식을 구하라.

(b) 퇴비 사용량과 생산량의 관계를 설명하라.

(c) 퇴비사용량이 35kg일 때 기대되는 생산량을 구하라.

(d) 오차분산에 대한 평균제곱오차를 구하라.

(e) 결정계수를 구하라.

부록

표준정규분포표

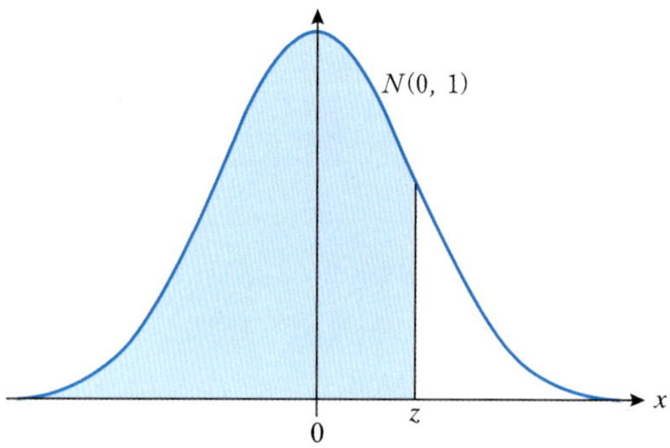

$$P(Z \leq z) = \int_{-\infty}^{z} \frac{1}{\sqrt{2\pi}} e^{-\frac{x^2}{2}} dx$$

z	0.00	0.01	0.02	0.03	0.04	0.05	0.06	0.07	0.08	0.09
0.0	0.5000	0.5040	0.5080	0.5120	0.5160	0.5199	0.5239	0.5279	0.5319	0.5359
0.1	0.5398	0.5438	0.5478	0.5517	0.5557	0.5596	0.5636	0.5675	0.5714	0.5753
0.2	0.5793	0.5832	0.5871	0.5910	0.5948	0.5987	0.6026	0.6064	0.6103	0.6141
0.3	0.6179	0.6217	0.6255	0.6293	0.6331	0.6368	0.6406	0.6443	0.6480	0.6517
0.4	0.6554	0.6591	0.6628	0.6664	0.6700	0.6736	0.6772	0.6808	0.6844	0.6879
0.5	0.6915	0.6950	0.6985	0.7019	0.7054	0.7088	0.7123	0.7157	0.7190	0.7224
0.6	0.7257	0.7291	0.7324	0.7357	0.7389	0.7422	0.7454	0.7486	0.7517	0.7549
0.7	0.7580	0.7611	0.7642	0.7673	0.7703	0.7734	0.7764	0.7794	0.7823	0.7852
0.8	0.7881	0.7910	0.7939	0.7967	0.7995	0.8023	0.8051	0.8078	0.8106	0.8133
0.9	0.8159	0.8186	0.8212	0.8238	0.8264	0.8289	0.8315	0.8340	0.8365	0.8389
1.0	0.8413	0.8438	0.8461	0.8485	0.8508	0.8531	0.8554	0.8577	0.8599	0.8621
1.1	0.8643	0.8665	0.8686	0.8708	0.8729	0.8749	0.8770	0.8790	0.8810	0.8830
1.2	0.8849	0.8869	0.8888	0.8907	0.8925	0.8944	0.8962	0.8980	0.8997	0.9015
1.3	0.9032	0.9049	0.9066	0.9082	0.9099	0.9115	0.9131	0.9147	0.9162	0.9177
1.4	0.9192	0.9207	0.9222	0.9236	0.9251	0.9265	0.9279	0.9292	0.9306	0.9319
1.5	0.9332	0.9345	0.9357	0.9370	0.9382	0.9394	0.9406	0.9418	0.9429	0.9441
1.6	0.9452	0.9463	0.9474	0.9484	0.9495	0.9505	0.9515	0.9525	0.9535	0.9545
1.7	0.9554	0.9564	0.9573	0.9582	0.9591	0.9599	0.9608	0.9616	0.9625	0.9633
1.8	0.9641	0.9649	0.9656	0.9664	0.9671	0.9678	0.9686	0.9693	0.9699	0.9706
1.9	0.9713	0.9719	0.9726	0.9732	0.9738	0.9744	0.9750	0.9756	0.9761	0.9767

z	0.00	0.01	0.02	0.03	0.04	0.05	0.06	0.07	0.08	0.09
2.0	0.9772	0.9778	0.9783	0.9788	0.9793	0.9798	0.9803	0.9808	0.9812	0.9817
2.1	0.9821	0.9826	0.9830	0.9834	0.9838	0.9842	0.9846	0.9850	0.9854	0.9857
2.2	0.9861	0.9864	0.9868	0.9871	0.9875	0.9878	0.9881	0.9884	0.9887	0.9890
2.3	0.9893	0.9896	0.9898	0.9901	0.9904	0.9906	0.9909	0.9911	0.9913	0.9916
2.4	0.9918	0.9920	0.9922	0.9925	0.9927	0.9929	0.9931	0.9932	0.9934	0.9936
2.5	0.9938	0.9940	0.9941	0.9943	0.9945	0.9946	0.9948	0.9949	0.9951	0.9952
2.6	0.9953	0.9955	0.9956	0.9957	0.9959	0.9960	0.9961	0.9962	0.9963	0.9964
2.7	0.9965	0.9966	0.9967	0.9968	0.9969	0.9970	0.9971	0.9972	0.9973	0.9974
2.8	0.9974	0.9975	0.9976	0.9977	0.9977	0.9978	0.9979	0.9979	0.9980	0.9981
2.9	0.9981	0.9982	0.9982	0.9983	0.9984	0.9984	0.9985	0.9985	0.9986	0.9986
3.0	0.9987	0.9987	0.9987	0.9988	0.9988	0.9989	0.9989	0.9989	0.9990	0.9990
3.1	0.9990	0.9991	0.9991	0.9991	0.9992	0.9992	0.9992	0.9992	0.9993	0.9993
3.2	0.9993	0.9993	0.9994	0.9994	0.9994	0.9994	0.9994	0.9995	0.9995	0.9995
3.3	0.9995	0.9995	0.9995	0.9996	0.9996	0.9996	0.9996	0.9996	0.9996	0.9997
3.4	0.9997	0.9997	0.9997	0.9997	0.9997	0.9997	0.9997	0.9997	0.9997	0.9998
3.5	0.9998	0.9998	0.9998	0.9998	0.9998	0.9998	0.9998	0.9998	0.9998	0.9998

찾아보기

ㄱ ㄴ

가격탄력성 244
감소 222
게임의 값(ν) 366
게임행렬표 364
결정계수 460
결합확률분포 443
결합확률질량함수 443
경사하강법 358
경제적 주문량 235
계층분석법 161
고계도함수 215
고윳값 143
공분산 148
공분산 행렬 151
과소재고비용 425
과잉재고비용 425
광고매체선택 문제 354
구분구적법 391
균형국민소득모형 168, 297
균형분석 167
극값 224
극대 224
극댓값 224
극솟값 224
기댓값 421
기술통계학 147
기저변수 318
기저실행가능해 319
내쉬균형 366

ㄷ ㄹ

다이어트 문제 343
단순선형회귀분석 450
대체탄력성 294
도함수 198
독립변수 449
동차함수 291
동태분석 167
딥러닝 165, 356
라그랑주 함수 338
레온티에프 행렬 172
로피탈의 정리 220
롤의 정리 216

ㅁ ㅂ

마셜 수요함수 374
마코프 체인 155
멱법칙 242
무작위전략 367
미분가능하다 195
미분계수 195
미분법 198
미분한다 198
미적분학의 기본정리 396
반복계산 325
반응변수 449
발산한다 183
변곡점 229
부분적분법 389
부정형 220
분산 148
불연속 189
비교정태분석 254, 296
비기저변수 318
비율 테스트 323
비표준형 선형계획모형의 쌍대모형 350

ㅅ

사치재 258
사회네트워크 행렬 153
사회적 잉여 434
산업연관분석 171
상관계수 149
생산가능함수 152
생산자 잉여 432
선형회귀직선 450
설명변수 449
성과평가모형 359
소비자 잉여 431
소시오그램 153
소시오매트릭스 154
수렴한다 180
수송법 문제 348
수요의 소득탄력성 258
순간변화율 195
순수전략 368
승수 297
시장 효율성 434
시장실패 434
신경망 165
신문팔이 문제 424
심플렉스법 317
심플렉스 표 321
쌍대모형 349
쌍대비교행렬 163

ㅇ

아래로 볼록 228
안장점 366
안정상태 분포 158
업무일정 문제 344

에르고딕 연쇄 158
여유변수 320
역전파 방식 357
연속 189
열등재 258
오일러 정리 292
오차제곱합 358
오차항 451
원모형 349
이산확률변수 419
인과관계분석 463
임계점 226
입찰모형 429

ㅈ

자료포괄분석 152
자본예산 문제 346
잔차 451
잔차제곱합 453
적분가능 392
적분기호 383
적분변수 383
적분상수 383
적분상한 392
적분하한 392
점탄력성 244
정규방정식 454
정상재 258
정수계획법 352
정태분석 167
조건부 기댓값 446
조건부 분산 447
조건부 확률 446
조건부 확률질량함수 446
종속변수 449
좌극한 181
주변확률질량함수 444
증가 222

ㅊ ㅋ ㅌ

첨점 197
총제곱합 458
최소극대화정리 365
최소제곱법 453
추정회귀직선 453
콥-더글라스 생산함수 86
쿤-터커 조건 371
투입산출분석 171

ㅍ

평균 147, 421
평균변화율 194
평균비용 246
평균비용함수 256
평균생산 247
평균수입함수 256
평균제곱오차 457
평균효용 250
표준편차 148
표준형 선형계획모형의 쌍대모형 349
피적분함수 383
필수재 245

ㅎ

학습곡선 240
학습률 242
한계기술대체율 294
한계대체율 299
한계비용 197
한계생산 247
한계생산력 292
한계생산성 292
한계효용 250
한계효용균등의 법칙 251
한계효용체감의 법칙 250
혼합전략 367
확률질량함수 420
회귀계수 450
회귀방정식 450
회귀분석 449
회귀제곱합 459
효용함수 298
힉스 수요함수 374

A B

AHP(Analytic Hierarchy Process) 161
AU(Average Utility) 250
back propagation 357
bfs(basic feasible solution) 319
BV(Basic Variables) 318

C D

coefficient of determination 460
coefficient of regression 450
comparative static analysis 254
conditional expectation 446
conditional probability 446
conditional probability mass function 446
conditional variance 447
correlation coefficient 149
covariance matrix 151
covariance 148

찾아보기

CS(Consumer Surplus) 431
DEA(Data Envelopment Analysis) 152
DEA모형 359
deep learning 165
dependent variable 449
descriptive statistics 147
discrete random variable 419
dual model 349
dynamic analysis 167

E F G

elasticity of substitution 294
EOQ(Economic Order Quantity) 235
ergodic chain 158
Euler theorem 292
expected value 421
explanatory variable 449
game matrix table 364
gradient descent 358

H I

Hicksian demand function 374
homogeneous function 291
independent variable 449
input-output analysis 171
integer programming 352
inter-industry analysis 171
IS-LM모형 259
iteration 325

J K L

joint probability distribution 443
joint probability mass function 443
Kuhn-tucker conditions 371
law of diminishing marginal utility 250
law of equimarginal utilities 251
least squares method 453
Leontief matrix 172
linear regression line 450
LR(Learning Rate) 242

M N

marginal probability mass function 444
market efficiency 434
market failure 434
Marshallian demand function 374
mean 147
minimax theorem 365
mixed strategy 367
MRS(Marginal Rate of Substitution) 299
MRTS(Marginal Rate of Technical Substitution) 294
MSE(Mean Square Error) 457
MU(Marginal Utility) 250
multiplier 297
Nash equilibrium 366
NBV(Nonbasic Variables) 318
neural network 165
news vendor problem 424

O P Q R

overstocking cost 425
pairwise comparison matrix 163
point elasticity 244
power law 242
price elasticity 244
primal model 349
probability mass function 420
PS(Producer Surplus) 432
pure strategy 368
random error term 451
randomized strategy 367
ratio test 323
regression analysis 449
regression equation 450
residual 451
response variable 449

S T U V

saddle point 366
simple linear regression analysis 450
simple regression analysis 449
simplex tableau 321
slack variable 320
social network analysis 153
sociogram 153
sociomatrix 154
SS(Social Surplus) 434
SSE(Sum of Squares for Error) 453
SSR(Sum of Squares for Regression) 459
SST(total sum of squares) 458
standard deviation 148
static analysis 167
steady-state distribution 158
understocking cost 425
value of game 366
variance 148

기 타

2인 제로섬게임 363